Programmation
OpenOffice.org
et LibreOffice

Macros OOoBASIC et API

Dans la même collection

J. Vernus. – **3DVIA Studio.** *Le guide officiel. La 3D en temps réel pour tous.*
N°12174, 2011, 212 pages.

R. Goetter. – **CSS avancées.** *Vers HTML 5 et CSS 3.*
N°12826, 2011, 400 pages.

C. Blaess. – **Développement système sous Linux.** *Ordonnancement multitâches, gestion mémoire, communications, programmation réseau.*
N°12881, 2011, 1004 pages.

F. Daoust, D. Hazaël-Massieux. – **Basculer vers le Web mobile.** *Bonnes pratiques de conception et de développement.*
N°12828, 2011, 300 pages.

P. Ficheux. – **Linux embarqué.**
N°12452, 2010, 3e édition, 378 pages.

A. Vannieuwenhyuze. – **Programmation Flex 4.** *Applications Internet riches avec Flash ActionScript 3, Spark, MXML et Flash Builder.*
N°12725, 2010, 604 pages.

P. Chatelier. – **Objective-C pour le développeur avancé**. *Le langage iPhone/iPad et Mac OS X pour les développeurs C++/Java/C#.*
N°12751, 2010, 240 pages.

E. Sarrion. – **XHTML/CSS et JavaScript pour le Web mobile.** *Développement iPhone et Android avec et iUI et XUI.*
N°12775, 2010, 274 pages.

J. Stark. – **Applications iPhone avec HTML, CSS et JavaScript.** *Conversion en natifs avec PhoneGap.*
N°12745, 2010, 190 pages.

D. Guignard, E. Robles, N. Sorel, J. Chable. – **Programmation Android.**
N°12587, 2010, 486 pages.

P. Borghino, O. Dasini, A. Gadal. – **Audit et optimisation MySQL 5.** *Bonnes pratiques pour l'administrateur.*
N°12634, 2010, 266 pages.

Chez le même éditeur

S. Roukine. – **Améliorer ses taux de conversion web.** *Vers la performance des sites web au-delà du webmarketing.*
N°12858, 2011, 260 pages.

C. Huc. – **Préserver son patrimoine numérique.** *Classer, archiver et sauvegarder ses e-mails, photos et vidéos, contacts, documents administratifs – Guide à l'usage des particuliers et des entrepreneurs individuels.*
N°12789, 2010, 344 pages.

F.-X. Bois, L. Bois. – **WordPress 3 pour le blogueur efficace.** *Installation, personnalisation, administration – Référencement et marketing – Monétisation – Usage nomade (iPhone/iPad, Android...)*
N°12829, 2010, 360 pages.

Y. Brault. – **Concevoir et déployer ses sites web avec Drupal.** *Drupal 6 – Présentation de Drupal 7.*
N°12780, 2010, 420 pages.

Programmation OpenOffice.org et LibreOffice

Macros OOoBASIC et API

Laurent Godard

Bernard Marcelly

Préface de l'Aful

Couvre OpenOffice.org version 3.3

EYROLLES

ÉDITIONS EYROLLES
61, bld Saint-Germain
75240 Paris Cedex 05
www.editions-eyrolles.com

Préface

Depuis le début des années 2000, le monde de l'informatique assiste à une révolution attendue depuis des décennies par les professionnels : la standardisation.

Certes les premiers standards ont pris naissance dès les années 1960, sous l'impulsion des industriels tels IBM ou Bull mais, avec l'apparition massive des logiciels propriétaires dans les années 1980, l'informatique est devenue peu à peu une science exacte non écrite.

En effet, les éditeurs, au prétexte de protéger leurs investissements, ont pris l'habitude de livrer à leurs clients des suites logicielles d'une grande richesse fonctionnelle, mais sans fournir la moindre documentation sur le fonctionnement interne des composants, ni sur la manière dont ils communiquent entre eux.

Or en matière de communication, les experts savent parfaitement que l'absence de standards conduit inexorablement à l'émergence de monopoles. Ce qui devait arriver arriva, et la fin des années 1980 a vu se profiler la domination d'un système d'exploitation, d'une suite bureautique, d'un outil de CAO et de bien d'autres logiciels dans des domaines plus spécialisés.

Heureusement, quelques années plus tard, l'explosion d'Internet, une technologie construite entièrement sur des standards ouverts, a fait comprendre qu'il était possible d'imaginer des modèles économiques particulièrement lucratifs basés sur le partage de la connaissance.

C'est ainsi que des organisations telles que l'IETF, le W3C, OASIS et bien d'autres ont collaboré avec les principaux acteurs du marché pour spécifier des standards de communication et des formats d'échange. Beaucoup d'entre eux sont devenus des normes ISO et permettent tous les jours à de nouveaux arrivants de se positionner sur le marché, d'apporter un sang neuf et d'innover.

Parmi ces standards, ODF occupe une place de choix. Validé par OASIS en 2005 puis adopté comme norme par l'ISO en 2006, il s'agit du seul standard bureautique qui soit totalement spécifié et effectivement adopté nativement par des éditeurs. Grâce à ce standard, une dizaine de suites bureautiques concurrentes, libres ou propriétaires, sont totalement compatibles entre elles. La plus connue d'entre elles, bien sûr, est OpenOffice.org.

Malheureusement l'existence d'un standard, si elle est nécessaire pour lutter contre un monopole, est loin d'être suffisante. Les alternatives ont surtout besoin d'être attractives pour donner envie aux utilisateurs de changer leurs habitudes. OpenOffice.org apporte aux utilisateurs l'ensemble des fonctionnalités qu'ils ont l'habitude de trouver dans une suite bureautique. Mais en tant que challenger, il faut proposer plus. Beaucoup plus. Il faut étendre ses fonctionnalités. C'est ici que ce livre joue un rôle essentiel.

Les API sont précisément un moyen d'étendre, à différents niveaux, les capacités d'un logiciel. Au fil de cet ouvrage, le lecteur se familiarisera avec les mécanismes qui permettent de prendre le contrôle du logiciel. Non seulement il deviendra possible de manipuler les documents par d'autres moyens que ceux proposés par la classique interface utilisateur, mais on pourra également effectuer des opérations impossibles à mettre en œuvre autrement que par programmation.

Pour s'en convaincre il suffit de consulter la liste déjà bien longue des extensions disponibles pour OpenOffice.org qui comprend par exemple une interface pour convertir un fichier PDF en feuilles de dessin, un générateur de rapports, un colorieur syntaxique, un générateur de formulaires, de codes barres, des fonctionnalités de conception assistée, et des centaines d'autres. Certes, nombre de ces extensions dépassent un peu les objectifs de cet ouvrage, mais il y a fort à parier que bon nombre de lecteurs, enthousiasmés par le potentiel et par la grande cohérence des API d'OpenOffice.org et motivés par le succès de leurs premières expérimentations avec l'interface Basic, auront envie de s'aventurer plus loin. Ils pourront alors apprendre à naviguer dans la documentation en ligne qui détaille l'interface Java, très similaire bien que moins abordable, bien sûr, mais ouvrant sur un univers qui ne sera limité que par l'imagination.

Mais il ne faudrait pas s'arrêter en si bon chemin. L'adoption d'OpenOffice.org par le plus grand nombre d'utilisateurs passe par la disponibilité d'un maximum d'extensions, et surtout par leur pertinence par rapport à des besoins réels. Aussi le développeur doit toujours garder à l'esprit que si son travail est utile pour lui ou pour ses collègues, il l'est certainement pour beaucoup d'autres. Et c'est là le principal succès que l'Association Francophone des Utilisateurs de Logiciels libres (AFUL) souhaite à cet ouvrage : parvenir à créer parmi ses lecteurs une dynamique qui leur donne vraiment envie de partager leur travail. Du code, en Basic ou dans n'importe quel autre langage, est avant tout de la connaissance formalisée, qu'il est toujours bon de diffuser.

Selon cette logique, le raisonnement est simple : plus ce livre aura de lecteurs, plus on pourra espérer voir remonter de nouvelles fonctionnalités pour OpenOffice.org sous forme d'extensions, plus la suite deviendra attrayante, et plus on trouvera de documents au format ODF. La victoire de ce standard s'en trouvera alors largement facilitée.

Cette cohérence entre l'utilisation des standards et le partage de la connaissance est à la base des actions de l'AFUL qui défend depuis plus de douze ans l'utilisation des logiciels libres et l'adoption de standards ouverts.

OpenOffice.org est un logiciel libre qui, grâce au potentiel développé par l'existence de ses API, est susceptible de gagner là où toute l'industrie a finalement renoncé, c'est-à-dire redonner à l'utilisateur les trois atouts qui font la devise de l'AFUL : la Liberté de choisir sa suite bureautique, la Pérennité des documents grâce aux standards ouverts et l'Interopérabilité entre les suites concurrentes qui respectent la norme ODF.

En conclusion, il s'avère que dans la société de l'information, dans laquelle le xxie siècle nous a fait entrer, la maîtrise des formats et logiciels, canalisateurs de notre savoir et de sa diffusion n'est pas seulement une affaire de professionnels. L'Histoire n'est pas encore écrite et chacun peut devenir acteur, comme le montre d'ailleurs la naissance récente de LibreOffice, soutenue d'abord par une communauté d'utilisateurs et de développeurs, soucieux de préserver sur le long terme les fondamentaux d'une liberté égalitaire et fraternelle.

Association Francophone des Utilisateurs de Logiciels libres (AFUL),

par la plume de Philippe Allart (trésorier)
et les lumières de Véronique Fritière et Jean Peyratout

Table des matières

DEUXIÈME PARTIE
Le langage OOoBasic **49**

CHAPITRE 2
Introduction au Basic **51**

TROISIÈME PARTIE
Manipuler les documents OpenOffice.org 213

CHAPITRE 7
Les documents OpenOffice.org 215

CHAPITRE 13

Avant-propos

Rappelons en guise de préambule qu'OpenOffice.org, suite bureautique libre et gratuite, est constituée des modules habituels de traitement de texte, de tableur, de présentation, ainsi que de modules de dessin et d'édition de formules mathématiques. Tournant aussi bien sous Windows et Linux que sous Mac OS X, elle peut être utilisée en lieu et place de la suite Microsoft Office.

À NOTER OpenOffice.org et ses dérivés

OpenOffice.org est une base à partir de laquelle diverses variantes ont été dérivées. Sun MicroSystems avait commercialisé StarOffice. Depuis, Sun a été absorbé par Oracle, qui commercialise Oracle Open Office, version non libre dont le nom crée une ambigüité... Parmi les versions libres et gratuites, certaines sont adaptées à des distributions Linux, et NeoOffice est plus orienté Mac. Plus récemment, LibreOffice, qui se veut plus indépendant et plus évolutif, est porté sur tous les systèmes d'exploitation. Soulignons que LibreOffice est loin de constituer un simple produit dérivé. Bien au contraire, il s'agit là d'une séparation majeure sous l'égide de l'OpenDocument Foundation, et nombreux sont les contributeurs qui prennent position pour cette nouvelle initiative. Nous vous recommandons donc de suivre son évolution.
Tous ces produits dérivés d'OpenOffice.org témoignent d'une dynamique d'évolution fonctionnelle tout en assurant la pérennité des documents bureautiques produits manuellement ou par programmation.
Le contenu de ce livre s'applique généralement à toutes ces variantes et nous en resterons à la dénomination générique OpenOffice.org.

À qui s'adresse ce livre ?

Vous êtes un utilisateur de la suite OpenOffice.org 2 ou 3 (ou un dérivé comme LibreOffice) et vous connaissez bien ses nombreuses possibilités. Cependant, dans certains cas, vous souhaitez simplifier des manipulations répétitives. Le langage de macros Basic d'OpenOffice.org, intégré dans la suite, peut répondre à votre besoin. Il est conçu pour être simple d'emploi, tout en étant puissant.

Avec ce livre, vous apprendrez à programmer la suite OpenOffice.org, par exemple pour ajouter une fonctionnalité personnelle déclenchée par un bouton sur une barre d'outils ou par un raccourci. Vous pourrez même automatiser des traitements, par exemple effectuer des modifications dans toute une série de documents Writer, ou lire une base de données pour en extraire des informations et les insérer dans un document Writer.

> Ce livre est-il accessible à un débutant en programmation ? Les connaissances de base de la programmation sont exposées dans les premiers chapitres. Nous avons aussi inclus des conseils et des bonnes pratiques, qui vous éviteront bien des déboires. À chaque étape, nous avons choisi des exemples volontairement simples, chacun focalisé sur le point à expliquer. Évidemment, le chemin sera plus ardu et plus long si vous en êtes à vos tout débuts : avancez très progressivement, en écrivant de nombreux petits programmes pour vous approprier les concepts de base. Ne craignez pas les erreurs, elles sont source de connaissances. Progressivement, vos programmes s'enrichiront et deviendront toujours plus utiles, à votre grande satisfaction.

Si vous avez l'expérience de la programmation, la première partie vous semblera facile. Méfiez-vous cependant des analogies avec d'autres langages, car chacun a ses particularités. Si vous connaissez la programmation orientée objet, vous comprendrez plus facilement les principes de l'API OpenOffice.org, qui sera utilisée à partir de la troisième partie ; mais ce n'est pas indispensable.

Si vous êtes dans un service informatique chargé d'automatiser des processus utilisant la suite OpenOffice.org ou StarOffice, ou de migrer des applications écrites pour la suite MS-Office, cet ouvrage vous économisera de très nombreuses heures de recherche et de tâtonnements et accélérera la phase d'apprentissage. Comme la mémoire humaine a ses limites, vous souhaiterez garder ce livre à portée de main. Il est cependant probable que vous rencontrerez des besoins non décrits ici, mais la base de connaissances acquises vous facilitera l'étude de l'API OpenOffice.org. Même si votre projet n'emploie pas Basic, celui-ci peut vous aider à trouver plus rapidement comment utiliser telle ou telle fonctionnalité et en déduire le codage équivalent dans votre langage.

> PRÉCAUTION
>
> Pour tirer parti de ce livre, il est recommandé de bien connaître les possibilités qu'OpenOffice.org offre au niveau de son interface utilisateur, dans les domaines sur lesquels vous souhaitez intervenir par macro. En effet, autant éviter un développement si quelques manipulations résolvent votre problème ou le simplifient. Savez-vous bien utiliser les styles de paragraphe, de caractère, de page ? les modèles de document ? la recherche générique ? le copier-coller avec ou sans formatage ? l'utilisation des bases de données ? Savez-vous ce qu'est un signet ? N'hésitez pas à lire ces excellents livres donnant toutes les astuces pour être productif sous OpenOffice.org.
>   *OpenOffice.org 2.2 efficace* de Sophie Gautier, Christian Hardy, Frédéric Labbé, Michel Pinquier, éditions Eyrolles 2007.
>   *OpenOffice.org 3.2 efficace* de Sophie Gautier, Gilles Bignebat, Christian Hardy et Michel Pinquier, éditions Eyrolles 2010.

Contenu de l'ouvrage

Vous trouverez une description complète et précise du Basic OpenOffice.org, rédigée pour être compréhensible pour un débutant en programmation, tout en apportant des informations indispensables au programmeur expérimenté.

Vous apprendrez comment utiliser facilement l'interface de programmation d'application (API) pour lire, écrire, modifier les documents OpenOffice.org, accéder aux bases de données, et dialoguer avec l'utilisateur. L'API d'OpenOffice.org est extrêmement riche et parfois complexe. Il nous a fallu privilégier les sujets les plus courants et les vérifier chacun par des macros. Si vous ne trouvez pas la réponse à une question dans cet ouvrage, c'est peut-être qu'il s'agit d'un cas rare et particulièrement difficile à réaliser.

L'API est une interface indépendante du langage de programmation. À cet égard, les descriptions des fonctionnalités sont valides pour divers environnements : les langages de script intégrés à OpenOffice.org (Basic, Python, JavaScript, BeanShell, cités au chapitre 1), le pilotage par un langage externe via COM (abordé au chapitre 14), voire même dans des composants développés en Java ou C++. Un développeur d'applications pourra facilement transposer dans un autre langage les exemples Basic donnés dans cet ouvrage. L'annexe A décrit les principes de l'API, son utilisation par le Basic OpenOffice.org, et comment aller plus loin avec Xray et la documentation de l'API et les outils d'introspection (Xray et similaires).

Notre souci a été d'être clair et progressif, sans trop entrer dans des considérations théoriques. Nous avons pour cela créé des centaines d'exemples de macros Basic, avec des documents spécialement configurés pour chaque essai. Tous les exemples ont été testés, et pour la plupart retestés, sur les versions récentes. Ils sont mis à votre disposition en téléchargement libre sur le site www.editions-eyrolles.com – cela vous épargnera l'effort de frappe et les erreurs de ressaisie. Ces exemples peuvent servir de modèles pour créer rapidement de nouvelles macros, en quelques copier-coller.

Prenez votre temps en lisant les explications et les exemples : chaque phrase est importante. Nulle prétention littéraire pour ce texte technique. N'hésitez pas à relire des passages que vous pensez connaître.

La source de documentation étant presque exclusivement en anglais, nous avons choisi d'aider le lecteur peu familier de cette langue en traduisant les termes importants et en utilisant des noms de variables en français. À l'usage, le fait d'employer des noms français facilite beaucoup l'assimilation, même si on lit couramment l'anglo-américain.

Ce livre n'est pas une simple traduction de documents anglais, ni une collection d'astuces récoltées sur les forums. Il est une synthèse de connaissances et présente de façon directement utile beaucoup d'informations peu connues, mal documentées ou non documentées. Nous signalons notamment des anomalies de fonctionnement, des limitations, ou des erreurs de documentation afin de vous éviter les difficultés que nous avons rencontrées.

Nous mettons aussi à votre disposition en téléchargement un grand nombre de routines utilitaires pour simplifier de nombreux codages. Leur liste est donnée à l'annexe B.

L'interface utilisateur des versions successives présente inévitablement de petites modifications par rapport à notre version de travail. De plus, la forme des icônes peut varier d'une distribution à l'autre, selon le système d'exploitation, ou la configuration choisie par l'utilisateur. Cela ne devrait pas vous empêcher de retrouver l'équivalent de ce qui est imprimé dans ce livre.

La **première partie** montre l'utilité de la programmation OpenOffice.org, et présente les langages de script et les diverses manières de déclencher un script. Vous verrez comment utiliser l'enregistreur de macro, et pourquoi il est finalement assez limité. Contrairement à la concurrence, OpenOffice.org supporte plusieurs langages de script ; nous en faisons une comparaison. Le but de la programmation Open-Office.org est souvent d'ajouter des fonctionnalités. Les extensions sont un moyen de les diffuser facilement, nous en montrerons les possibilités ainsi que les outils pour les produire.

Dans la **deuxième partie,** nous décrivons le langage OOoBasic. Vous faites connaissance avec l'environnement de développement intégré, et vous l'utilisez pour écrire et exécuter votre première macro. Vous apprenez les diverses manières d'exécuter une macro. Même si vous connaissez déjà un Basic (par exemple Visual Basic™ qui lui est proche), parcourez les chapitres de cette partie. En cas de problème d'exécution, relisez-la, elle contient bien des détails importants et souvent non décrits dans la documentation officielle.

À partir de la **troisième partie**, vous apprenez à écrire ou modifier des documents OpenOffice.org : Writer, Calc, Draw, etc. Vous aurez besoin d'utiliser l'API, cœur de la programmation OpenOffice.org dans quelque langage que ce soit. Mais nous éviterons les exposés théoriques rébarbatifs pour nous concentrer sur les solutions à des besoins réels. OpenOffice.org réutilise des concepts généraux dans chaque type de documents, mais avec des variations propres à chacun. Nous avons regroupé les principes communs dans le chapitre « Les documents OpenOffice.org », puis décrit les aspects spécifiques aux documents Writer, Calc et Draw/Impress dans les chapitres suivants. Dans chacun de ces chapitres, il n'est nul besoin d'effectuer une lecture complète : après avoir acquis les notions de base, utilisez ensuite le livre comme une référence, et n'approfondissez que les sujets qui vous sont utiles.

La **quatrième partie** va au-delà des manipulations de documents pour vous permettre de construire des applications élaborées. Vous y apprenez à afficher des dialogues tout à fait semblables à ceux des applications classiques, à utiliser une base de données et des formulaires élaborés. Des aspects plus transversaux sont ensuite traités : gestion de la configuration, gestion de fichiers depuis l'API, utilisation du Dispatcher, interaction avec le monde MS-Windows, et diverses méthodes bien utiles.

Les **annexes** présentent de nombreuses informations complémentaires. Nous expliquons ce qu'est l'API et comment en obtenir des informations pour aller encore plus loin. Nous présentons ensuite une liste de routines utilitaires dont certaines ont été utilisées pour simplifier nos exemples. Nous signalons enfin les ressources Internet incontournables pour qui souhaite se tenir à jour : il s'agit de forums où chercher assistance, ou de sites fournissant des exemples de macros, des documents explicatifs et des outils.

ASPECTS JURIDIQUES

Les descriptions, les exemples et les divers logiciels de cet ouvrage et des fichiers disponibles en téléchargement sont fournis comme potentiellement utiles, mais *sans aucune garantie*, ni explicite ni implicite, y compris les garanties de commercialisation ou d'adaptation dans un but spécifique. Les exemples sont fournis dans un but d'explication et leurs principes sont librement réutilisables.
Quelques routines utilitaires sont soumises à la licence LGPL (comme indiqué en commentaire dans le codage, voir le Zip téléchargeable). Cette licence, peu contraignante, est décrite sur le site http://www.gnu.org/copyleft/lesser.html. Une traduction non officielle de la licence LGPL est disponible sur le site http://www.linux-france.org/article/these/licence/lgpl/lgpl_monoblock.html.

Changements par rapport à la précédente édition

Avec cette nouvelle édition, totalement revue et réorganisée, nous avons ajouté des notions qui n'avaient pas été décrites, tenu compte des modifications et ajouts apportés par les versions successives d'OpenOffice.org 2 et 3, amélioré de nombreux codages, mis à jour les références d'adresses Internet, et signalé des outils apparus depuis la version précédente de notre livre.

Pour alléger la lecture, nous avons supprimé ce qui était spécifique de l'ancienne version 1 d'OpenOffice.org, et les limitations propres à la version initiale 2.0. Sauf indication contraire dans le texte, ce qui est décrit est aussi valable pour les dernières versions 2 (versions 2.3.1 et plus récentes). Les copies d'écran sont faites avec la version 3.

Principaux ajouts

Chapitre 1 : les extensions.

Chapitre 2 : information sur la compatibilité VBA.

Chapitre 3 : type `Byte`, sous-type `Decimal`, type `Collection`, type défini par l'utilisateur.

Chapitre 4 : boucle `For Each`.

Chapitre 5 : opérateur `Like`, fonctions `DateDiff`, `DateAdd`, `DatePart`, `Format`.

Chapitre 7 : description complète des options d'export PDF, valeurs d'encodage de caractères pour import et export CSV et texte, propriétés de document définies par l'utilisateur.

Chapitre 8 : surlignement, statistiques du document, tableaux irréguliers en version 3, actualiser un document Writer.

Chapitre 9 : fusion de cellules, filtrage, fonction matricielle, liens vers un autre classeur, exemples de *Listener*.

Chapitre 10 : méthodes et propriétés pour gérer un diaporama en cours.

Chapitre 11 : ajout dynamique des contrôles de dialogue, dialogues et messages multi-lingues.

Chapitre 12 : valeurs d'encodage de caractères pour une base plate, connexion à une base non enregistrée, publipostage plus détaillé.

Chapitre 13 : description systématique des contrôles de formulaire, ajout dynamique des contrôles de formulaire, macros dans un document Base, ouvrir et fermer un formulaire depuis un autre formulaire de fichier Base.

Chapitre 14 : lire et modifier la configuration OpenOffice.org, écrire et lire un fichier texte encodé, formatage par l'API, exemples d'utilisation du Dispatcher.

Documents disponibles en téléchargement

Sur le site web des éditions Eyrolles, www.editions-eyrolles.com, vous trouverez la fiche de ce livre, où vous pourrez télécharger gratuitement un fichier Zip. Ce fichier se décompacte dans un répertoire `MacrosLivre` comprenant autant de sous-répertoires que de chapitres donnant des exemples de macros. Les macros d'un chapitre se trouvent dans des documents OpenOffice.org, ainsi que les fichiers associés éventuels. La référence du fichier contenant la macro est indiquée en première ligne de chaque macro reproduite dans cet ouvrage.

Avant exécution, il vous faudra copier les fichiers nécessaires dans un répertoire de travail de votre ordinateur, là où, justement, leur exécution est autorisée.

Remerciements

Nous remercions tous les intervenants français et étrangers dans les divers forums OpenOffice.org, soit qu'ils aient apporté leur pierre à la compréhension du produit, soit qu'ils nous aient incités à approfondir tel ou tel domaine grâce à la grande diversité de leurs questions.

Nous remercions tous ceux qui ont bien voulu publier leurs macros, car leur lecture est une source d'information inestimable autant pour les débutants que pour les programmeurs confirmés.

Enfin, merci à Sun, racheté par Oracle, pour avoir laissé en Open Source la suite OpenOffice.org, donnant ainsi à quiconque la possibilité d'étudier la structure d'un logiciel moderne et de très grande envergure. Nous espérons que cet esprit sera conservé.

Merci enfin aux développeurs d'OpenOffice.org pour leur souci constant de rendre automatisable et accessible par l'API tous leurs développements internes.

Introduction à la programmation OpenOffice.org

Cette première partie vous montre l'utilité de la programmation OpenOffice.org à travers quelques exemples. Si différents langages de script peuvent être utilisés pour les obtenir, Basic est le plus accessible d'entre eux.

Vous apprendrez comment sécuriser l'utilisation des scripts ou macros, et les diverses manières de déclencher un script. Vous ferez connaissance avec l'enregistreur de macros Basic, puis avec les interfaces utilisateur propres à chaque langage de script supporté (à l'exception de Basic, qui sera le sujet de la partie suivante).

1

Les scripts dans OpenOffice.org

Le terme macro évoque plutôt le langage Basic, qui sera d'ailleurs notre principal langage de programmation dans ce livre. Mais il n'est pas le seul, comme nous allons le voir. On devrait maintenant employer le terme plus général de script, mais les habitudes ont la vie dure, et le terme macro est employé partout dans les interfaces utilisateur.

OpenOffice.org offre différents langages de programmation (langages de script), contrairement à la concurrence. Sa structure permet même d'en rajouter d'autres. Nous serons amenés à signaler quelques concepts avancés, qui seront plus clairs après lecture du reste du livre.

De l'automatisation d'OOo à l'application d'entreprise

Avant de vous lancer dans l'aventure, vous vous demandez peut-être ce qu'on peut bien réaliser d'intéressant avec OOoBasic et l'API d'OpenOffice.org. Eh bien, tout est fonction du besoin. Une « bonne » macro est une macro qui satisfait un besoin, qu'il soit récurrent ou ponctuel. Il n'est pas nécessaire de bâtir un environnement applicatif complet (même si cela est tout à fait possible) et quelques lignes suffisent parfois à rendre des services inestimables au quotidien.

Les macros d'OpenOffice.org permettent d'adapter le logiciel à un besoin spécifique, avec cet avantage indéniable que dans le cas des macros OOoBasic, tout est déjà intégré et prêt à l'utilisation. OOoBasic offre un cadre d'exécution commun pour élaborer des additifs logiciels. Une macro « arrivant » sur un poste est certaine de retrouver ce cadre de travail, et ce quelle que soit la plate-forme utilisée.

Des macros pour les utilisateurs d'OpenOffice.org

Les utilisations des macros sont multiples. On peut bien sûr intervenir directement sur un document en cours pour reproduire une tâche répétitive ou fastidieuse, mais aussi fédérer plusieurs documents pour des traitements transversaux. Bien des utilisateurs ont leurs propres macros, non publiées, qui leur font gagner du temps dans leurs activités quotidiennes, depuis l'application d'un style de caractère en cliquant sur une simple icône jusqu'à la mise en forme de plusieurs documents à la fois.

Une macro d'intérêt général peut être distribuée sous la forme d'une extension. Une extension est un fichier reconnu par OpenOffice.org qui permet de lui ajouter facilement une nouvelle fonctionnalité.

Des applications à part entière pour l'entreprise

Un nombre croissant d'entreprises et d'administrations développent des applications internes basées sur OOoBasic et l'API d'OpenOffice.org. Des outils internes à l'API peuvent notamment permettre d'envisager une utilisation à travers un réseau voire Internet. Là encore, de nombreuses fonctionnalités sont présentes en interne.

Par exemple, si un important fonds documentaire est disponible dans un certain format et qu'il devient nécessaire d'en effectuer une migration pour obtenir une version PDF des documents, les fonctionnalités d'import/export le permettent.

Si des données sont éparpillées dans plusieurs sources et qu'il devient nécessaire de les fédérer voire d'en construire des graphes à intervalles donnés, l'accessibilité à l'API de Calc va pouvoir répondre au besoin.

Si un mailing requiert des interventions particulières ou s'il devient nécessaire de récupérer des données dans des documents contenant des champs utilisateurs afin de les consolider, là encore, l'API et les macros peuvent être utilisées.

Enfin, les macros peuvent servir à faire de petits scripts simples complètement déconnectés du contexte bureautique, comme des « moulinettes » sur des fichiers texte.

Les macros et la sécurité

La puissance des macros comporte un revers : des individus peuvent écrire des documents anodins contenant des programmes conçus dans un but malveillant. Les utilisateurs de MS-Outlook, MS-Word et MS-Excel en savent quelque chose. En réalité, il est heureusement rare de récupérer de tels documents, mais beaucoup plus courant qu'un correspondant de bonne foi vous envoie un document avec une macro de son cru, et que celle-ci provoque des dégâts dans votre PC ou dans votre configuration OpenOffice.org. Ainsi, d'une manière générale, un document destiné à être diffusé devra être lisible sans macro.

Dans OpenOffice.org, l'utilisateur définit les conditions d'exécution des macros à partir du menu Outils>Options>OpenOffice.org>Sécurité. La figure 1-1 reproduit ce panneau.

Figure 1–1
Entrée vers le panneau
de sécurité des macros

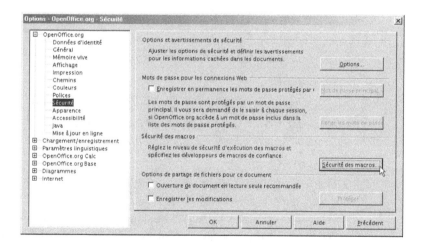

En fait, tout se passe dans le panneau qui apparaît en cliquant le bouton Sécurité des macros, qui concerne tous les scripts, pas seulement Basic. Ce panneau comporte deux onglets, le premier est reproduit à la figure 1-2. Les textes explicatifs de chaque niveau ne sont pas tous corrects, nous allons voir exactement ce qu'il en est.

Les différents niveaux de sécurité

Ces niveaux de sécurité ne concernent que les macros contenues dans un document. Les macros intégrées dans votre exemplaire d'OpenOffice.org sont supposées inoffensives (il s'agit des macros hébergées dans les zones Mes macros et Macros OpenOffice.org, et des extensions installées).

Figure 1–2
Onglet Niveau de sécurité
des macros

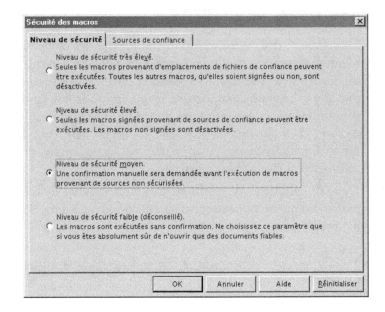

Niveau faible

Ce niveau de sécurité autorise toute macro, quelle que soit l'origine du document. Ne l'utilisez que si vous aimez vivre dangereusement.

Niveau moyen

Le niveau de sécurité moyen vous avertit si le document contenant la macro ne se trouve dans aucun de vos répertoires de confiance (voir l'onglet Sources de confiance). Une bonne sécurité consiste à déclarer quelques répertoires de confiance, ceux où vous savez que certains documents nécessitent des macros. Quand vous récupérez un document inconnu, placez-le dans un répertoire ordinaire. Si le document contient des macros, OpenOffice.org vous en avertit (figure 1-3 pour des macros signées ou figure 1-4 pour des macros non signées) en vous donnant plusieurs possibilités d'action :

- Fermer la fenêtre (case X) désactive l'exécution des macros.
- Dans le cas de la figure 1-3, si vous cochez la case Toujours faire confiance aux macros provenant de cette source, les macros seront activées, le certificat sera ajouté dans la liste des certificats de confiance (figure 1-7) et la question ne vous sera plus posée pour les documents avec des macros portant la même signature, quel que soit leur emplacement. Ne cochez la case qu'après avoir cliqué sur le bouton Afficher les signatures. En effet, le certificat peut être invalide, ou le niveau de confiance faible s'il est délivré gratuitement par Internet.

- Dans le cas de la figure 1-4, ou si vous ne cochez pas la case de la figure 1-3, vous pouvez activer ou non l'exécution des macros pour cette fois-ci. Le fait de les désactiver n'empêche absolument pas d'ouvrir le document, ni de visualiser les instructions avec l'éditeur de macros (que nous verrons au chapitre 2).

Figure 1–3
Niveau moyen,
avertissement de macro signée

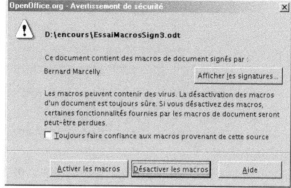

Figure 1–4
Niveau moyen,
avertissement de macro

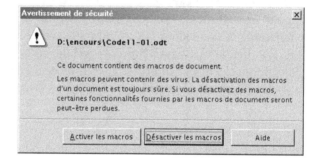

Niveau élevé

Ce niveau autorise l'exécution des macros dont le document se trouve dans un des répertoires de confiance. Si le document se trouve en dehors de ces répertoires, OpenOffice.org considère deux cas :

- Soit les macros ne sont pas signées : elles sont systématiquement désactivées et OpenOffice.org affiche le message d'avertissement de la figure 1-5.

Figure 1–5
Niveau élevé, avertissement
de macro

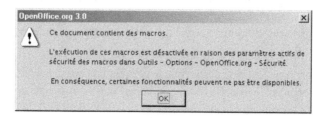

- Soit les macros sont signées, vous obtenez alors le message de la figure 1-6.

Figure 1–6
Niveau élevé, avertissement
de macro signée

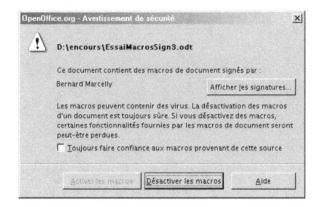

Si vous cochez la case Toujours faire confiance aux macros provenant de cette source, vous accédez au bouton Activer les macros. Après ouverture du document, le certificat sera ajouté dans la liste des certificats de confiance (figure 1-7) et la question ne vous sera plus posée pour les documents avec des macros portant la même signature, quel que soit leur emplacement. Ne cochez la case qu'après avoir cliqué sur le bouton Afficher les signatures. En effet, le certificat peut être invalide, ou le niveau de confiance faible s'il est délivré gratuitement par Internet. Si vous ne cochez pas la case, l'exécution de macros du document est désactivée.

Niveau très élevé

La sécurité se base exclusivement sur les répertoires de confiance. Les macros de documents situés en dehors de ces répertoires sont systématiquement désactivées et OpenOffice.org affiche le message d'avertissement de la figure 1-5.

Les sources de confiance

L'onglet Sources de confiance est reproduit à la figure 1-7.

La zone du haut liste les certificats de confiance qui représentent des signatures acceptables pour les macros. Lorsque, sur le message des figures 1-4 ou 1-6, vous cochez Toujours faire confiance aux macros de cette source, le certificat correspondant est automatiquement ajouté dans la liste des certificats de confiance.

La zone du bas liste les répertoires de confiance. Pour chacun, la confiance s'étend à toute l'arborescence de sous-répertoires qu'il contient. Évitez de mettre la racine d'un disque principal car tout le disque serait alors considéré comme de confiance, ce qui n'aurait plus de signification.

Figure 1–7
Onglet Sources de confiance

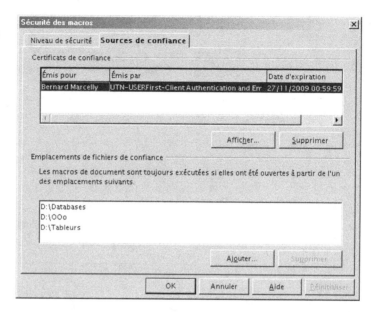

Les signatures numériques

La création ou l'importation de certificats permettant de valider une signature numérique nécessite d'autres logiciels comme Firefox et autres navigateurs Internet. Nous ne détaillerons pas ici les procédures.

> **Se documenter**
>
> Dans l'aide (F1), cherchez dans l'index **Signature** et **Utilisation des signatures numériques**.

Un document OpenOffice.org peut être certifié numériquement par un ou plusieurs certificats. Notez qu'avec la version 3 d'OpenOffice.org les documents à signer doivent être sauvegardés au format ODF 1.2. On certifie un document avec le panneau obtenu par Fichier>Signatures numériques. Une fois certifié OpenOffice.org calcule une signature numérique sur le document. Cette signature de document est indépendante de la signature éventuelle des macros du document. De manière similaire, les macros d'un document peuvent être signées avec le panneau de la figure 1-8, obtenu avec le menu Outils>Macro>Signature numérique.

Le processus est le suivant :

1 Sauvez votre document, sans le fermer.

2 Ouvrez le panneau de la figure 1-8 et ajoutez un ou plusieurs certificats.

3 Fermez le document _sans_ le sauver !

Figure 1–8
Signatures numériques
des macros

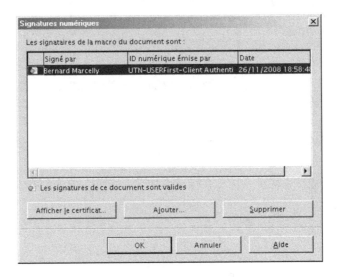

Le document peut être copié ou déplacé, il gardera ses signatures.

Plus tard, après toute modification du document, répétez exactement le processus, car la sauvegarde supprime les signatures pour éviter qu'un tiers ne modifie les macros en gardant une apparence de sécurité.

L'enregistreur de macros

L'enregistreur de macros enregistre les séquences de manipulations de l'utilisateur sous forme d'une macro, ce qui permet ensuite de reproduire à volonté la même séquence. La méthode est très simple et ne nécessite pas de connaissances de programmation.

Comment enregistrer une macro ?

L'enregistrement est déclenché en cliquant sur Outils>Macros>Enregistrer une macro. À partir de cet instant, toutes les actions sur le document OpenOffice.org contenu dans la même fenêtre sont enregistrées. Vous remarquerez une petite fenêtre en avant-plan : elle vous permet de terminer l'enregistrement.

Ayant cliqué sur cette fenêtre de terminaison de macro, un autre panneau apparaît. Choisissez dans quelle bibliothèque et quel module vous souhaitez sauvegarder votre macro. Nous expliquerons plus loin ces termes et ce panneau. Essentiellement, vous avez le choix entre un module d'une bibliothèque disponible en permanence dans

OpenOffice.org et une bibliothèque propre au document en cours. En général, spécialement pour un débutant, il suffit de choisir la bibliothèque Standard du document en cours et de cliquer le bouton **Enregistrer** (enregistrer la macro). Un nouveau panneau apparaît, qui vous demande de choisir le nom du module, par exemple Module1. Maintenant, votre macro est écrite dans le module et elle a pour nom Macro1 ou un nom similaire. Vous pouvez changer ce nom dans l'éditeur de macros qui s'affiche.

Notre document exemple Code-02-01.odt contient dans sa bibliothèque Standard une séquence réalisée avec l'enregistreur de macros : aller à la fin du document, écrire un texte et terminer le paragraphe. Voici le codage obtenu (les lignes blanches sont omises).

```
sub BonjourEnregistreur
rem ---------------------------------------------------------------
rem define variables
dim document   as object
dim dispatcher as object
rem ---------------------------------------------------------------
rem get access to the document
document   = ThisComponent.CurrentController.Frame
dispatcher = createUnoService("com.sun.star.frame.DispatchHelper")
rem ---------------------------------------------------------------
dispatcher.executeDispatch(document, ".uno:GoToEndOfDoc", "", 0, Array())
rem ---------------------------------------------------------------
dim args2(0) as new com.sun.star.beans.PropertyValue
args2(0).Name = "Text"
args2(0).Value = "L'enregistreur de macros vous salue !"
dispatcher.executeDispatch(document, ".uno:InsertText", "", 0, args2())
rem ---------------------------------------------------------------
dispatcher.executeDispatch(document, ".uno:InsertPara", "", 0, Array())
end sub
```

Le document exemple contient d'autres scripts réalisant exactement la même chose en Basic, JavaScript, BeanShell, Python. En comparant les codages, vous constaterez que l'enregistreur de macro produit un codage très différent des autres : en effet il n'utilise pas les fonctions de l'API, mais seulement un mécanisme appelé *dispatch*.

Un outil limité

L'enregistreur de macros souffre de limitations assez sévères :

- Il n'est disponible que sous Writer et Calc.
- Il ne sait que « mimer » des actions de l'utilisateur, et encore, pas toutes.
- Il utilise des commandes peu documentées (les « slot ID »).
- Il ne permet pas d'écrire des macros interactives.

- Il produit un codage Basic non optimisé qui est assez difficile à lire, sans rapport avec un « vrai » codage Basic OpenOffice.org.

Par ailleurs, mais c'est le principe d'un tel enregistreur, il ne peut produire que du codage linéaire (c'est-à-dire qu'il est incapable de faire par exemple une boucle pour répéter une action sur une liste d'objets ou de choisir entre plusieurs alternatives).

Pour avoir plus de possibilités, il faut écrire soi-même les instructions de la macro, ce qui nécessite de connaître un langage de programmation et l'API OpenOffice.org. C'est la voie qui est développée dans ce livre.

Il est cependant des cas où l'enregistreur de macros nous sera utile : lorsque l'API ne permet pas certaines manipulations que peut réaliser l'enregistreur, ou seulement au prix de développements complexes. Il est alors possible de résoudre la difficulté en combinant un codage Basic avec les instructions créées par l'enregistreur.

Les différents langages de script

Depuis la version 2, OpenOffice.org intègre plusieurs langages de script, et pas seulement Basic. Chaque langage a ses avantages et ses défauts, et un programmeur expérimenté préférera celui qui est le plus adapté à son projet, ou même à une partie du projet. Nous appellerons macro ou script tout programme réalisé avec un de ces langages.

Certains détails de cette section sont destinés aux lecteurs ayant acquis une bonne connaissance de la programmation avec OpenOffice.org.

Basic OpenOffice.org

Basic sera notre langage de développement dans ce livre, mais nous ne l'aborderons qu'avec le chapitre 2. Pour vous donner un avant-goût, voici une petite macro BonjourBasic, que vous trouverez dans la bibliothèque Library1 du document exemple Code-02-01.odt. Elle réalise l'équivalent de l'exemple de l'enregistreur de macros.

```
Sub BonjourBasic
Dim monDocument As Object, monTexte As Object, monCurseur As Object
monDocument = ThisComponent
monTexte = monDocument.Text
monCurseur = monTexte.createTextCursor
monCurseur.gotoEnd(false)
monTexte.insertString(monCurseur, "Basic et l'API vous saluent !", false)
monTexte.insertControlCharacter(monCurseur, _
com.sun.star.text.ControlCharacter.PARAGRAPH_BREAK, false)
End Sub
```

Particularités des autres langages de script

Les langages autres que Basic sont gérés par le Scripting Framework, qui fait l'objet d'un chapitre complet dans le *Developer's Guide* (documentation en anglais) disponible en ligne à l'adresse suivante :

http://wiki.services.openoffice.org/wiki/Documentation/DevGuide/
OpenOffice.org_Developers_Guide

Une variable prédéfinie XSCRIPTCONTEXT est disponible dans un script. Cet objet expose trois méthodes :

- getDocument() renvoie l'objet document en cours.
- getDesktop() renvoie l'objet application OpenOffice (équivalent du Basic StarDesktop).
- getComponentContext() renvoie le contexte, nécessaire pour appeler certaines méthodes.

Les dialogues, que nous verrons au chapitre 11, peuvent être appelés par un script quelconque, et les événements de dialogue peuvent aussi être traités par un script.

Il est plus facile de développer un script non Basic dans Mes macros, quitte à le transférer ensuite dans un document avec adaptation éventuelle.

Java compilé

OpenOffice.org peut exécuter des scripts en Java compilé (fichiers .jar). Mais il n'existe pas de panneau Macros correspondant, et leur installation devra être faite manuellement par un programmeur confirmé ou par le biais d'extensions.

JavaScript

Langage bien connu des créateurs de sites web, JavaScript est utilisé ici comme langage de programmation indépendant de toute page web. Chaque macro JavaScript est contenue dans un fichier portant l'extension .js, stocké dans un répertoire bibliothèque. Le panneau Macros JavaScript de la figure 1-9 est obtenu par le menu Outils>Macros>Gérer les macros>JavaScript. Ici la macro se trouve dans la bibliothèque Library3 du document Code01-01.odt.

Vous pouvez créer une nouvelle bibliothèque ou une nouvelle macro dans celle sélectionnée. Le bouton Éditer affiche le contenu de la macro dans la fenêtre de l'éditeur OpenSource Rhino (voir figure 1-10). Il offre des possibilités d'évaluation de variables, de pas-à-pas et de point d'arrêt ; mais il n'y a ni coloration syntaxique ni aide en ligne sur les instructions. Il souffre actuellement de défauts rédhibitoires (Issue 70176, Issue 70215) qui conduisent à le déconseiller et préférer un éditeur séparé pour modifier le fichier.

Figure 1–9
Panneau Macros JavaScript

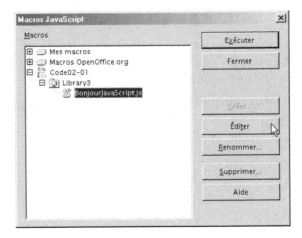

Figure 1–10
Éditeur de JavaScript

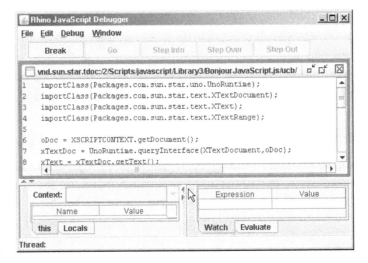

Quand vous créez une nouvelle macro JavaScript, OpenOffice.org écrit automatiquement un codage de type HelloWorld. S'il peut servir d'exemple sous Writer, il est inutilisable sous Calc, Draw, etc.

Voici le codage du script `BonjourJavaScript.js`. Comme pour Java, il est nécessaire d'obtenir explicitement chaque interface dont on utilise une méthode. Par contre il n'y a pas de typage de données.

```
importClass(Packages.com.sun.star.uno.UnoRuntime);
importClass(Packages.com.sun.star.text.XTextDocument);
importClass(Packages.com.sun.star.text.XText);
importClass(Packages.com.sun.star.text.XTextRange);
```

```
oDoc = XSCRIPTCONTEXT.getDocument();
xTextDoc = UnoRuntime.queryInterface(XTextDocument,oDoc);
xText = xTextDoc.getText();
xTCursor = xText.createTextCursor();
xTCursor.gotoEnd(false);
xText.insertString( xTCursor, "JavaScript vous salue ! " , false);
xText.insertControlCharacter(xTCursor,
Packages.com.sun.star.text.ControlCharacter.PARAGRAPH_BREAK, false);
```

Les arguments passés à une macro JavaScript sont récupérés dans une variable globale prédéfinie ARGUMENTS qui est un tableau de valeurs de type Object. Par exemple, ici on récupère l'objet événement transmis par le déclenchement d'un bouton de formulaire :

```
evt = ARGUMENTS[0];
```

Pour aller plus loin

Site web de Rhino, en anglais :
▸ http://www.mozilla.org/rhino/
Un site web français sur JavaScript :
▸ http://www.toutjavascript.com/

BeanShell

BeanShell est une sorte de Java interprété et plus simple au niveau des déclarations. Chaque macro BeanShell est contenue dans un fichier portant l'extension .bsh, stocké dans un répertoire bibliothèque. Le panneau Macros BeanShell de la figure 1-11 est obtenu par le menu Outils>Macros>Gérer les macros>BeanShell. Ici la macro se trouve dans la bibliothèque Library2 du document Code01-01.odt.

Figure 1–11
Panneau Macros BeanShell

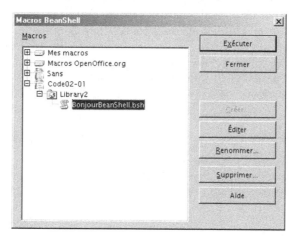

Vous pouvez créer une nouvelle bibliothèque ou une nouvelle macro dans celle sélectionnée. Le bouton Éditer affiche le contenu de la macro dans la fenêtre de l'éditeur BeanShell (voir figure 1-12). C'est un éditeur rustique qui n'offre ni police à espacement fixe, ni coloration syntaxique, et aucun outil de mise au point.

Figure 1–12
Éditeur de BeanShell

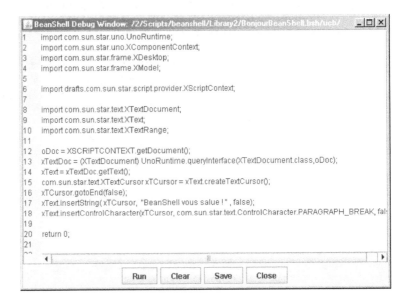

Comme avec JavaScript, lorsque vous créez une nouvelle macro BeanShell, OpenOffice.org présente automatiquement un codage type « HelloWorld ». Il peut servir d'exemple sous Writer, mais il est inutilisable sous Calc, Draw, etc.

Voici le codage du script `BonjourBeanShell.bsh`. Comme pour Java, il est nécessaire d'obtenir explicitement chaque interface dont on utilise une méthode. Le principal intérêt de BeanShell réside dans sa capacité à utiliser des codages Java tout en profitant d'un langage plus souple pour les types de données.

```
import com.sun.star.uno.UnoRuntime;
import com.sun.star.uno.XComponentContext;
import com.sun.star.frame.XDesktop;
import com.sun.star.frame.XModel;

import drafts.com.sun.star.script.provider.XScriptContext;

import com.sun.star.text.XTextDocument;
import com.sun.star.text.XText;
import com.sun.star.text.XTextRange;
```

```
oDoc = XSCRIPTCONTEXT.getDocument();
xTextDoc = (XTextDocument) UnoRuntime.queryInterface(
  XTextDocument.class,oDoc);
xText = xTextDoc.getText();
com.sun.star.text.XTextCursor xTCursor = xText.createTextCursor();
xTCursor.gotoEnd(false);
xText.insertString( xTCursor, "BeanShell vous salue ! " , false);
xText.insertControlCharacter(xTCursor,
  com.sun.star.text.ControlCharacter.PARAGRAPH_BREAK, false);

return 0;
```

Les arguments passés à une macro BeanShell sont récupérés dans une variable globale prédéfinie ARGUMENTS, qui est un tableau de valeurs de type Object. Par exemple, ici on récupère l'objet événement transmis par le déclenchement d'un bouton de formulaire :

```
evt = (ActionEvent) ARGUMENTS[0];
```

> **Plus d'informations**
> ▸ http://www.beanshell.org/

Python

Python est un langage Open Source, très puissant et original. Les points remarquables, par rapport à Basic, sont les suivants :

- L'indentation obligatoire facilite la relecture.
- Les variables ne sont pas déclarées mais leur usage est contrôlé. Elles peuvent changer de type dynamiquement.
- Les algorithmes sont plus simples grâce aux fonctions puissantes incluses dans Python et ses modules principaux.
- La gestion des erreurs est celle des langages modernes.
- La programmation objet facilite la conception de programmes complexes.

Python permet la création de composants UNO, contrairement à Basic. Un composant UNO ajoute un service API qui peut être utilisé par tout autre langage.

Chaque macro Python est une fonction déclarée dans un fichier ayant l'extension .py, stocké dans le sous-répertoire Scripts/python/ ou un sous-répertoire de celui-ci. Le panneau Macros Python de la figure 1-13 est obtenu par le menu Outils>Macros>Gérer les macros>Python. Ici la macro se trouve dans la bibliothèque Library3 du document Code01-01.odt. Un fichier source peut comporter plusieurs fonctions appelables.

Figure 1–13
Panneau Macros Python

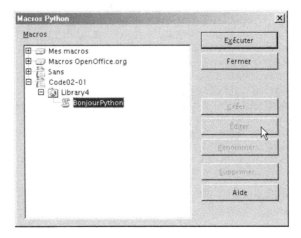

Vous remarquerez sur la figure 1-13 que les boutons Créer, Éditer, Renommer, Supprimer sont inactifs ; ce qui ne laisse en fait que la possibilité d'exécuter un codage existant. OpenOffice.org n'offre pas encore d'éditeur pour Python. Le développeur de macros Python doit donc utiliser un éditeur externe pour modifier son fichier et travaillera dans Mes macros. Il n'y a pas d'outil de mise au point, et les messages d'erreur apportent malheureusement peu d'informations utiles.

Les programmeurs Python noteront qu'il est nécessaire d'utiliser l'interpréteur Python intégré à OpenOffice.org, et que l'IDLE n'est pas non plus utilisable pour exécuter un script dans OpenOffice.org. Ces limitations sont dues au manque de développeurs. Souhaitons que quelques développeurs ou des entreprises généreuses proposent leur aide à la communauté OpenOffice.org afin de mieux intégrer ce langage. Dans l'état actuel, les avantages de Python dans OpenOffice sont plutôt réservés aux programmeurs expérimentés sachant de surcroît lire l'anglais.

Voici le codage du script BonjourPython. L'utilisation de l'API OpenOffice.org est très semblable à Basic.

Faites attention à ne pas oublier deux particularités de Python : respecter la casse (majuscules/minuscules) pour les noms de variables, et mettre des parenthèses vides dans tout appel d'une méthode sans argument.

```
from com.sun.star.text.ControlCharacter import PARAGRAPH_BREAK

def BonjourPython( ):
    """Ecrit un texte dans le document Writer"""
    monDocument = XSCRIPTCONTEXT.getDocument()
    monTexte = monDocument.Text
    monCurseur = monTexte.createTextCursor()
    monCurseur.gotoEnd(False)
```

```
monTexte.insertString(monCurseur, "Python vous salue !", False)
monTexte.insertControlCharacter(monCurseur, PARAGRAPH_BREAK, False)
return None
```

Pour plus d'informations

Deux pages web de référence, en anglais, à lire attentivement pour développer des macros en Python :
> http://wiki.services.openoffice.org/wiki/Python_as_a_macro_language
> http://udk.openoffice.org/python/python-bridge.html/
Le site web Python, en anglais :
> http://www.python.org/
L'Association francophone Python :
> http://www.afpy.org/

Exécuter une macro depuis OpenOffice.org

Une macro s'intègre dans les mécanismes de votre exemplaire d'OpenOffice.org, ajoutant ainsi une fonctionnalité, soit dans le contexte d'un type de document, soit pour tous les documents. Vous pouvez alors la déclencher de différentes façons.

Exécuter une macro depuis le menu Outils

Avec le menu Outils>Macros>Exécuter la macro vous obtenez le panneau reproduit à la figure 1-14.

Figure 1–14
Panneau du
Sélecteur de macro

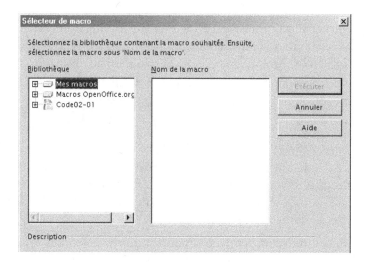

Remarquez qu'il existe trois arbres contenant chacun des bibliothèques de macros :

- **Mes macros** correspond aux macros que vous avez ajoutées et qui sont disponibles pour toute application OpenOffice.org et depuis tout document.
- **Macros OpenOffice.org** contient des bibliothèques de macros fournies par Open-Office.org. Dans une installation réseau, l'administrateur peut y ajouter des bibliothèques qui seront alors disponibles pour tous les utilisateurs OpenOffice.org.
- **Code02-01** est le nom d'un document que nous avons ouvert. Un document peut aussi contenir des bibliothèques de macros.

Développez l'arborescence jusqu'à trouver le module contenant votre macro, sélectionnez-la, et cliquez sur le bouton **Exécuter**. Dans la figure 1-15 nous avons choisi une macro Basic contenue dans **Mes macros**.

Figure 1–15
Sélection d'une macro Basic

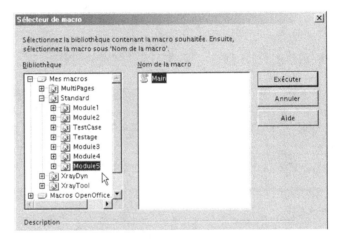

Ce même panneau permet de choisir une macro écrite dans un autre langage que Basic. Il en existe quelques-unes fournies avec l'installation, dans la branche **Macros OpenOffice.org**. La figure 1-16 vous en montre plusieurs :

- `helloworld.bsh` est une macro BeanShell ;
- `helloworld.js` est une macro JavaScript ;
- `HelloWorld.printHW` est une macro en Java compilé ;
- `HelloWorldPython` est une macro en Python.

Vous remarquerez que, sauf pour les macros Basic, il est possible d'afficher un commentaire descriptif de la macro. Le document exemple `Code01-01.odt`, disponible dans le Zip téléchargeable sur le site des éditions Eyrolles, contient lui aussi des macros écrites dans ces langages.

Vous retrouverez la même structure arborescente dans les autres manières de déclencher une macro par l'interface utilisateur.

Figure 1–16
Macros écrites
en divers langages

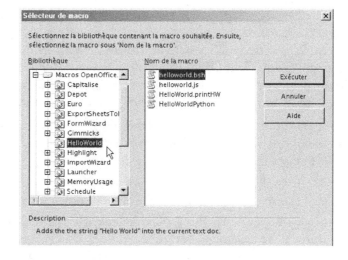

Exécuter une macro depuis un raccourci clavier

Avec le menu Outils>Personnaliser vous obtenez le panneau Personnaliser, qui comporte un onglet Clavier. Cet onglet est représenté sur la figure 1-17.

Figure 1–17
Ajouter un raccourci clavier

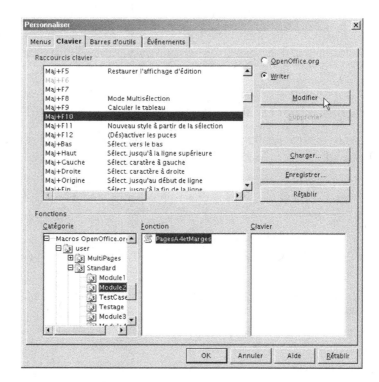

Pour affecter une macro à un raccourci clavier afin de pouvoir ensuite l'exécuter d'une simple combinaison de touches, il faut commencer par déterminer si la macro sera disponible pour une application particulière (ici tous les documents Writer), ou pour toute application OpenOffice.org (Calc, Draw, Writer, etc). Selon ce choix, le cadre Raccourcis clavier présente la liste des raccourcis possibles, en indiquant ceux déjà utilisés. Choisissez un raccourci inutilisé ou supprimez un raccourci déjà attribué.

Passez ensuite à la minuscule fenêtre Catégorie. Il faut utiliser les ascenseurs pour l'explorer. Dans la partie inférieure sont regroupées les macros dans la branche Macros OpenOffice.org. Cliquez sur les signes + et vous trouvez :

- user : correspond à l'arborescence Mes macros vue avec le menu Outils.
- share : correspond à l'arborescence Macros OpenOffice.org du menu Outils.
- un nom de document : regroupe les macros éventuellement présentes dans un document actuellement ouvert. Attention, il faut jamais utiliser une macro de document ! En effet, le raccourci sera valable pour tout document.

En cliquant successivement pour développer l'arborescence, vous finissez par faire apparaître dans la fenêtre Fonctions une liste de noms de macros. Une fois que le bon raccourci et la bonne commande sont tous deux sélectionnés dans les panneaux du haut et du bas, cliquez sur le bouton Modifier. La touche ou combinaison de touches s'affiche dans la fenêtre Clavier et le nom de la macro s'inscrit en face du raccourci. Cliquez sur OK pour refermer la boîte de dialogue.

Dans votre document, saisissez un paragraphe, puis testez la macro en l'invoquant par son raccourci. À l'appel du raccourci clavier, la macro s'exécute.

Exécuter une macro avec un bouton de barre d'outils

Vous pouvez également lancer votre macro en cliquant sur un nouveau bouton dans une des barres d'outils.

Cliquez sur la flèche descendante tout au bout à droite sur la barre d'outils. Dans le menu contextuel, choisissez Personnaliser la barre d'outils. Vous obtenez le panneau de la figure 1-18.

Choisissez d'enregistrer dans OpenOffice.org ou dans une des applications (ici Writer). Cliquez sur la position de votre futur bouton, puis cliquez sur Ajouter. Vous obtenez le panneau de la figure 1-19.

Le choix de la macro s'effectue comme pour un raccourci clavier. Vous aurez sans doute envie d'affecter une icône à ce nouveau bouton. Dans le panneau de la figure 1-18 cliquez sur le bouton Modifier puis choisissez Changement d'icône dans le menu.

Figure 1–18
Personnaliser
une barre d'outils

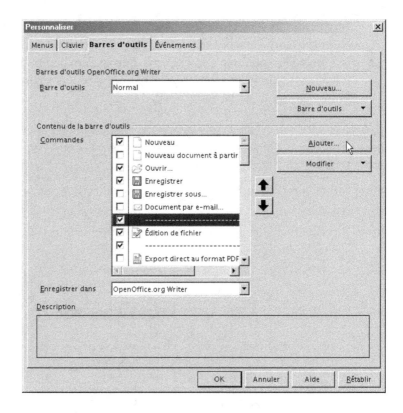

Figure 1–19
Ajouter une macro
sur une barre d'outils

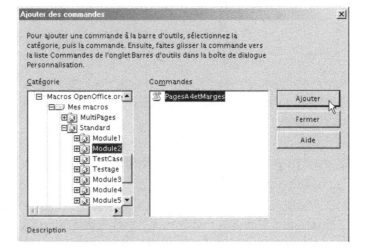

Exécuter une macro par une entrée de menu

OpenOffice.org vous permet de modifier les éléments dans une liste de menu. Il est ainsi possible d'ajouter un élément qui déclenchera une macro. Avec le menu Outils>Personnaliser vous obtenez le panneau Personnaliser, qui comporte un onglet Menus, représenté sur la figure 1-20.

Figure 1–20
Personnaliser
une entrée de menu

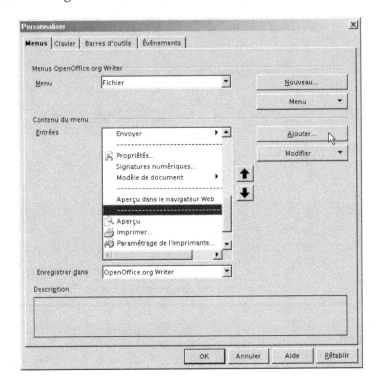

Choisissez d'enregistrer l'entrée de menu dans l'application (ici, Writer) ou dans un document ouvert. Le reste de la procédure est identique à celle présentée à la section précédente.

Exécuter une macro depuis une extension

Une extension peut apporter une nouvelle barre d'outils, ou modifier une barre d'outils existante, ou encore ajouter des entrées de menu ; tout dépend du concepteur de l'extension. Une fois installée, les macros de l'extension peuvent être déclenchées avec les nouveaux boutons ou les nouvelles entrées de menu.

Exécuter une macro depuis un document

Un simple bouton de formulaire déposé sur une page de document Writer, Calc ou Draw permet de déclencher une macro. Les contrôles de formulaire utilisent très fréquemment des macros, comme nous le verrons au chapitre 13. Une forme dessinée dans Writer, Calc, Draw, Impress peut déclencher une macro lorsque l'utilisateur clique dessus.

Sur une page de document Writer, vous pouvez insérer un champ permettant de déclencher une macro par hyperlien. Pour cela, dans le menu Insertion>Champs>Autres, cliquez sur l'onglet Fonctions et dans le cadre Type de champ, cliquez sur Exécuter la macro. Choisissez votre macro, puis tapez le texte du lien dans la zone Annotation, et insérez.

Dans Calc, il est possible de créer (avec une macro) votre fonction de calcul pour l'utiliser dans une formule de cellule. Nous verrons au chapitre 9 comment procéder. Notez également que le contrôle de validité d'une cellule peut appeler une macro en cas d'entrée non valide.

Exécuter une macro sur un événement

Pour certains usages, il est parfois intéressant de déclencher automatiquement une macro sur un événement tel que l'ouverture ou la fermeture d'un document. Pour cela, nous utilisons l'onglet Événements du panneau Personnaliser (voir la figure 1-21).

Figure 1–21
Déclencher une macro
sur un événement

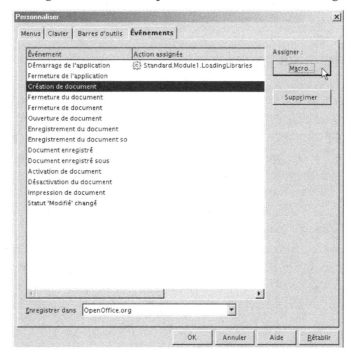

Déterminez si l'affectation doit concerner OpenOffice.org ou le document ouvert. Choisissez l'événement. Cliquez sur le bouton Macro. Le panneau Sélecteur de macro apparaît, la suite est identique aux cas précédents. La figure montre qu'une macro est déjà affectée à l'événement Démarrage de l'application.

Bien d'autres événements peuvent faire l'objet d'un traitement par macro, par exemple un clic de souris, une touche enfoncée, etc.

Exécuter une macro en ligne de commande

Il est parfaitement possible de lancer OpenOffice.org pour simplement exécuter une macro, sans passer par l'interface utilisateur. La syntaxe diffère selon le système d'exploitation. Nous décrirons surtout l'appel d'une macro Basic sous MS-Windows, puis nous verrons comment exécuter des macros d'autres langages. Enfin, nous signalerons les particularités propres à Linux.

Cette section nécessite des connaissances de base sur les programmes en ligne de commande (MS-DOS ou Unix Shell). Nous supposons en outre que vous avez une connaissance minimale du Basic OpenOffice.org, sinon nous vous conseillons de vous reporter auparavant au chapitre 2.

Sous Windows

Lancer une macro Basic résidente

On appelle « résidente » une macro qui se trouve dans une des bibliothèques de Mes macros ou Macros OpenOffice.org, et qui est donc indépendante de tout document. Pour l'exécuter, il faut indiquer successivement les éléments suivants dans la ligne de commande :

1 Le chemin d'accès et le nom de l'exécutable d'OpenOffice.org (`soffice.exe`). Notons que ce chemin dépend du système d'exploitation, de la version et des conditions d'installation d'OpenOffice.org.

2 Le paramètre optionnel `-headless` si on souhaite empêcher l'affichage de tout message à destination de l'utilisateur.

3 Une séquence de caractères qui se présente sous la forme du mot `macro` suivi du nom de la bibliothèque, du nom du module, du nom de la macro, et de ses arguments :

```
macro:///maLib.monModule.maMacro(Arg1, Arg2,...)
```

> **Ressources**
>
> Dans le Zip téléchargeable, vous trouverez dans le dossier des macros de ce chapitre, les fichiers corres-
> pondants à nos exemples.

Dans **Mes Macros**, créez la bibliothèque `maBibli1` et le module `monModule`. Dans ce
dernier, écrivez la macro suivante, ou faites un copier-coller de la même macro qui se
trouve dans le fichier `Code01-02.odt` :

```
' écrit un fichier texte comportant n fois le caractère c
Sub bavard(c As String, n As Integer)
Dim f As Integer
f = FreeFile

open "C:\essaiMacro.txt" for Output As f
Write #f, Time & " bavard a dit : " & String(n, c)
close #f

msgbox "bavard a terminé"
end sub
```

Cette macro écrit l'heure courante et un texte dépendant de la valeur de ses arguments. Adaptez éventuellement le chemin du fichier résultat `essaiMacro.txt` à votre
propre configuration.

Réalisez ce fichier batch (fichier `LanceBavard1.bat`) contenant ceci (l'instruction
principale doit être écrite en une seule ligne).

```
rem lancement de la macro
"C:\Program Files\OpenOffice.org 3\program\soffice.exe"
➡ "macro:///maBibli1.monModule.bavard(A, 20)"
pause
```

Modifiez si besoin le chemin d'accès à `soffice`, il dépend de la version Open-
Office.org utilisée. Mettez ce fichier batch dans un répertoire où OpenOffice.org
autorise les exécutions de macros.

Arrêtez l'application OpenOffice.org, y compris le lanceur. Exécutez le fichier batch.
La fenêtre MS-DOS va s'ouvrir, puis le logo de démarrage d'OpenOffice.org va
s'afficher et, après un certain temps, le message « bavard a terminé » apparaîtra dans
un petit panneau. Cliquez sur **OK**, puis terminez l'exécution du batch en appuyant sur
une touche. Vérifiez que le fichier `essaiMacro.txt` est bien écrit.

Réalisez un deuxième fichier batch, (`LanceBavard2.bat`) contenant cette variante :

```
rem lancement de la macro
"C:\Program Files\OpenOffice.org 3\program\soffice.exe"
  ➥ -headless "macro:///maBibli1.monModule.bavard(B, 15)"
pause
```

Arrêtez l'application OpenOffice.org, y compris le lanceur. Exécutez le fichier batch. La fenêtre MS-DOS va s'ouvrir et, après un certain temps, affichera l'attente. Aucun autre message n'est apparu. Terminez l'exécution du batch en appuyant sur une touche. Vérifiez que le fichier `essaiMacro.txt` est bien écrit avec cette deuxième commande.

Lorsque l'argument `-headless` est employé, les éventuelles boîtes de dialogue de OOo, comme la confirmation de lancement des macros, reçoivent la réponse par défaut.

Ouvrez un document OpenOffice.org quelconque et relancez le même fichier batch `LanceBavard2.bat`. Cette fois-ci, le message « bavard a terminé » s'affiche, malgré l'option `-headless`.

Arguments d'appels de la macro

Comme vous l'avez constaté, le premier argument est considéré comme une chaîne d'un seul caractère ; le deuxième est aussi une chaîne de caractères, mais Basic la convertit en une valeur numérique valide pour le paramètre n de la macro.

Une chaîne de caractères est transmise telle quelle, sans ajouter de guillemets, sous Windows XP. Sous d'autres versions de MS-Windows, il peut être nécessaire d'ajouter des guillemets. Il n'est pas possible de transmettre une chaîne de caractères comportant un guillemet ou une virgule, et les lettres accentuées sont modifiées.

On peut transmettre à la macro les arguments d'appel du fichier batch, par exemple :

```
"macro:///maBibli1.monModule.bavard(%1, %2)"
```

Lancer une macro Basic contenue dans un document

Si le batch appelle une macro contenue dans un document OpenOffice.org la méthode diffère sur plusieurs points :

- On doit ajouter le chemin d'accès au document s'il n'est pas déjà chargé.
- L'argument `macro` doit comporter le nom court, sans extension, du document, sous cette forme (attention au nombre de caractères /) : `macro://monDoc/maLib.monModule.maMacro(Arg1, Arg2,...)`
- Le document ne se fermera pas automatiquement.

Sur le dernier point, il est possible d'écrire à la fin de la macro une instruction fermant le document, voir le chapitre 7.

Réalisez ce fichier batch (`LanceBavard3.bat`) :

```
rem lancement de la macro
"C:\Program Files\OpenOffice.org 3\program\soffice.exe"
  "Code01-02.odt" "macro://Code01-02/Standard.monModule.bavard(C,20)"
pause
```

Mettez ce batch ainsi que le fichier `Code01-02.odt` (disponible dans le Zip téléchargeable) dans un même répertoire, qui doit être le répertoire courant pour la ligne de commande.

Arrêtez l'application OpenOffice.org, y compris le lanceur. Exécutez le fichier batch. La fenêtre MS-DOS va s'ouvrir, puis le document va s'afficher et, après un certain temps, le message « bavard a terminé » apparaîtra dans un petit panneau. Cliquez sur OK. Le document reste ouvert. L'exécution du batch ne reprend qu'à la fermeture d'Open-Office.org. Vérifiez que le fichier `essaiMacro.txt` est bien écrit. L'option `-headless` donnerait le même résultat.

Si le document contenant la macro est déjà chargé, le fichier batch est un peu simplifié (`LanceBavard4.bat`) :

```
rem lancement de la macro
"C:\Program Files\OpenOffice.org 3\program\soffice.exe"
  "macro://Code01-02/Standard.monModule.bavard(D,20)"
pause
```

Chargez au préalable le document `Code01-02.odt`. Exécutez le fichier batch. La fenêtre DOS va s'ouvrir et, après un certain temps, le message « bavard a terminé » apparaîtra dans un petit panneau. Cliquez sur OK. Le batch reprend son exécution (et pause). Le fichier reste ouvert.

Lancer un script autre que Basic

Pour lancer un script d'un langage quelconque, il faut employer le Scripting Framework, qui a deux limitations quand on l'utilise depuis un batch :

- On ne peut lancer qu'un script « résident » (situé dans Mes macros ou dans Macros OpenOffice.org). Il est impossible de lancer un script d'un document.
- On ne peut pas transmettre d'argument au script.

L'argument du programme `soffice.exe` est une chaîne de caractères dont la structure générale est :

```
vnd.sun.star.script:alpha?language=beta&location=gamma
```

Respectez les majuscules et minuscules pour tous les caractères. Nous employons les mots `alpha`, `bêta`, `gamma` pour désigner des termes que nous allons expliciter.

• Le mot `bêta` est à remplacer par le nom du langage de script, exemples : `Java`, `JavaScript`, `BeanShell`, `Python`.
• Le mot `gamma` est à remplacer par le terme `user` si le script se trouve dans **Mes macros**, ou par le terme `share` si le script se trouve dans **Macros OpenOffice.org**.
• Le mot `alpha` est à remplacer par une séquence dépendant du langage.

Pour un script JavaScript ou BeanShell créé avec l'interface utilisateur, `alpha` se compose du nom de bibliothèque, d'un point, et du nom du fichier avec son extension.

```
HelloWorld.helloworld.bsh
```

Pour un script Python, `alpha` se compose du chemin vers le fichier python, en adressage relatif par rapport au répertoire `python/`, ensuite un caractère `$`, et enfin le nom de la fonction à appeler.

```
tata/exemple.py$maFonction
```

Quand un script est appelé par commande, il reçoit un argument. Cet argument n'a aucune utilité, mais il faut en tenir compte dans la déclaration de la fonction appelée (Python ou macro Java). Cet argument parasite n'a pas de conséquence sur les macros JavaScript ou BeanShell, car elles ne sont pas déclarées comme des fonctions.

Voici un exemple de ligne batch (`HelloJavaScript.bat`) appelant le script JavaScript `Hello World` qui se trouve dans **Macros OpenOffice.org**. Ouvrez un nouveau document Writer avant de lancer le batch car ce script écrit un texte dans le document Writer courant.

```
"C:\Program Files\OpenOffice.org 3\program\soffice.exe"
➥ "vnd.sun.star.script:HelloWorld.helloworld.js?
➥ language=JavaScript&location=share"
```

Basic peut lui aussi être lancé via le Scripting Framework, mais cela n'a pas d'intérêt, et implique une syntaxe encore différente.

Pour terminer sur ce point, signalons enfin que l'appel d'un script d'une extension installée utilise un argument plus complexe.

Sous Linux

Le principe est le même que sous MS-Windows. Les chemins suivront évidemment la syntaxe Unix, les arguments d'un shell seront obtenus par $1 etc.

Il faut ajouter dans le fichier shell une redirection vers un terminal X. Faites attention aux guillemets.

```
export DISPLAY=":0.0"
/usr/bin/soffice -headless "macro:///maBibli1.monModule.bavard("$1,
15")"
```

Les extensions

De quoi s'agit-il ?

Le concept d'extension remplace et améliore considérablement le concept d'add-on des versions anciennes d'OpenOffice.org tout en restant compatible avec lui. Une extension est un fichier qui permet d'étendre les fonctionnalités d'OpenOffice.org (par exemple l'export au format LaTeX). Le nom d'un fichier extension a maintenant pour extension .oxt, mais les anciennes versions utilisent .zip ou .uno.pkg.

Vous pouvez créer des extensions vous-même, ou profiter de celles qui sont disponibles sur un site web. Soyez prudent dans ce dernier cas : une extension peut potentiellement, comme toute macro, provoquer des dégâts, intentionnels ou non. En installant une extension, vous acceptez implicitement son exécution, quel que soit le niveau de sécurité que vous avez choisi. La communauté OpenOffice.org a créé un site pour regrouper les extensions disponibles, ce qui facilite leur évaluation et réduit les risques :

http://extensions.services.openoffice.org/

Vous y trouverez de très nombreuses extensions téléchargeables, la plupart gratuites, certaines payantes. Bien entendu, la qualité et l'utilité des extensions est très variable.

Une extension peut se limiter à installer un fichier de configuration. C'est le cas des dictionnaires écrits pour OpenOffice.org.

Une extension est souvent un moyen pour diffuser facilement une bibliothèque de scripts sur différents postes de travail. Elle peut simplement contenir une seule macro Basic, ou un ensemble de macros, mais ce n'est pas limitatif : tous les langages de script que nous avons vus peuvent être utilisés, ainsi que des bibliothèques de code objet compilé. Si nécessaire, une extension peut comporter des parties codées avec différents langages de programmation et plusieurs bibliothèques.

Une extension peut apporter un composant UNO, créé en Java, C++ ou Python. Ce composant peut être un nouveau service qui enrichit l'API, ou un add-in pour Calc, ou encore un add-in pour diagrammes.

En pratique, les extensions élaborées nécessitent de modifier l'interface utilisateur afin de les rendre plus conviviales. Aussi, une extension peut :

- ajouter une barre d'outils avec plusieurs boutons ayant des icônes spécifiques ;
- ajouter ou supprimer des boutons dans des barres d'outils existantes ;
- ajouter une entrée ou un sous-menu dans l'entrée Outils>Add-ons ;
- ajouter ou supprimer de nouvelles entrées ou même une arborescence de sous-menus dans les menus principaux (Fichier, Édition, Affichage, etc.) ;
- ajouter des pages qui seront intégrées au système d'aide OpenOffice.org ; la page correspondant au contexte étant appelée comme pour une fonctionnalité de l'application.

Ces ajouts et modifications peuvent être propres à chaque application d'Open-Office.org concernée (Writer, Calc, Writer-HTML, etc). Par exemple, un bouton n'apparaît que pour Calc, un autre pour Writer, Calc, Draw et Impress.

Ajoutons que, pour permettre une diffusion internationale, tout le système d'extension est multilingue : il est possible de préparer tous les textes (menus, pages d'aide, etc.) pour plusieurs langues. S'ils sont disponibles, les textes apparaîtront automatiquement dans la langue de l'interface utilisateur.

D'autres mécanismes facilitent la gestion d'extensions d'envergure professionnelle :

- un identifiant unique, spécifique à l'extension (pour éviter les conflits de noms entre auteurs d'extensions) ;
- un numéro de version ;
- un nom « commercial » ;
- une icône symbolisant l'extension dans le gestionnaire des extensions ;
- un texte descriptif affiché par le gestionnaire des extensions ;
- un texte de la licence du produit, affiché à l'installation ;
- un contrôle d'adéquation entre l'extension et le poste utilisé (version d'Open-Office.org, plate-forme matérielle) ;
- l'ajout de pages d'options spécifiques dans le menu Outils>Options ;
- un système de recherche de mise à jour vers une version plus récente de l'extension ;
- des liens vers le site de l'éditeur du logiciel ;
- un lien vers un site affichant les notes de livraison.

Installer une extension

Quand une extension est installée sur un seul poste, les scripts sont visibles dans la section Mes Macros. Dans une installation OpenOffice en réseau, le responsable réseau a la possibilité d'installer une extension en mode partagé, accessible depuis tous les postes. Les scripts de l'extension apparaissent alors dans Macros OpenOffice.org. Sur un système multi-utilisateur comme Windows XP Home, depuis OpenOffice.org version 3.0 vous pouvez installer l'extension pour un utilisateur ou pour tous.

Installation depuis OpenOffice.org

Le gestionnaire des extensions permet d'ajouter ou de supprimer très facilement des extensions. Vous y accédez par le menu Outils>Gestionnaire des extensions. Le panneau obtenu (figure 1-22) liste les extensions déjà installées. Celles comportant un petit cadenas sont installées pour tous les utilisateurs.

Figure 1–22
Le gestionnaire
des extensions

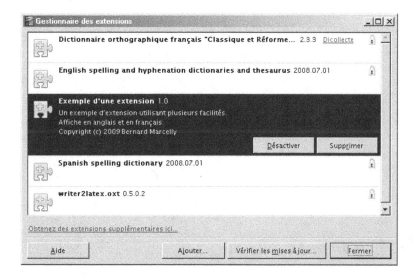

Il suffit de cliquer sur le bouton Ajouter et de choisir le fichier extension. Le panneau qui apparaît (figure 1-23) vous donne le choix de l'installer pour un seul utilisateur ou pour tous les utilisateurs. Le même panneau sert à supprimer une extension ou à voir s'il existe des mises à jour pour les extensions installées.

À partir de la version 3.0, il est possible d'installer une extension en la lançant depuis un gestionnaire de fichiers, par exemple avec un double-clic.

42   **Introduction à la programmation OpenOffice.org**

PREMIÈRE PARTIE

Figure 1–23
Installer une extension

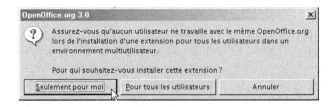

Installation depuis la ligne de commande

Le responsable informatique qui préfère l'installation en ligne de commande, lancera la commande `unopkg` qui se trouve dans le sous-répertoire `program/` du répertoire d'installation d'OpenOffice.org. Dans ces exemples des principaux modes de lancement nous n'avons pas écrit le chemin complet du fichier `monExtension.oxt`.

```
*** ajouter une extension pour un utilisateur
unopkg add monExtension.oxt
*** ajouter une extension pour tous les utilisateurs
unopkg add --shared monExtension.oxt
*** supprimer une extension à partir de son identifiant unique
unopkg remove xxx.yyyy.zzz.monExtension
unopkg remove --shared xxx.yyyy.zzz.monExtension
*** lancer unpkg en mode interactif
unopkg gui
*** interactif, en désignant le fichier (OOo 3.0 minimum)
unopkg gui monExtension.oxt
*** lister les options de unopkg
unopkg -h
```

Attention, pendant l'installation pour tous les utilisateurs le responsable informatique doit s'assurer que personne d'autre n'utilise OpenOffice.org.

Concevoir une extension

Une extension se présente sous la forme d'une archive Zip qui regroupe différents fichiers. Réaliser une extension comportant toutes les possibilités que nous avons décrites représente parfois un effort plus important que le codage du script, en particulier pour une extension multilingue avec pages d'aide. Une telle extension comporte souvent des dizaines de fichiers. La plupart d'entre eux sont des fichiers XML dont les contenus sont codifiés selon des syntaxes précises.

Certains développeurs créent une extension en se basant sur une extension existante. Pour cela, il faut :

1 dézipper l'archive ;

2 modifier les fichiers XML manuellement avec un éditeur ;

3 ajouter et remplacer les fichiers propres à la nouvelle extension (bibliothèque Basic, fichiers images, etc) ;

4 et enfin zipper le dossier.

POUR LES EXPERTS **Documentation officielle**

Les extensions sont décrites techniquement dans le *Developer's Guide*, section *Extensions*. Ces pages, en anglais, sont disponibles à cette adresse :

▸ http://wiki.services.openoffice.org/wiki/Documentation/DevGuide/Extensions/Extensions

---

En pratique créer ainsi une extension est pénible et long si on veut profiter des possibilités existantes. Si vous ne connaissez pas bien la syntaxe des différents sous-fichiers de l'extension, l'échec est assuré. Nous présentons ici trois manières plus efficaces de créer une extension.

Exporter une extension minimale

Un codage Basic réalisé dans une bibliothèque Basic autre que `Standard` est exportable en tant qu'extension simple, en cliquant sur un bouton dans le gestionnaire de macros Basic, comme sur la figure 1-24. Une fois l'export effectué, supprimez la bibliothèque Basic existante, puis installez l'extension, ce qui rétablira la bibliothèque.

Figure 1–24
Créer une extension à partir d'une bibliothèque Basic

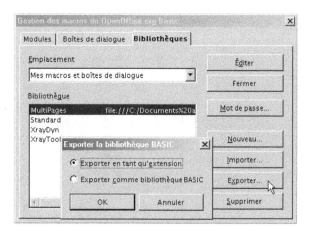

Ainsi, il est facile d'ajouter ou de supprimer une bibliothèque de macros pour différents utilisateurs. Ceux-ci pourront les employer dans leurs codages ou configurer manuellement leur poste pour les appeler d'un clic sur un bouton de barre d'outils, ou par un raccourci clavier. En contrepartie on n'utilise aucune des possibilités avancées décrites plus haut.

L'outil BasicAddonBuilder

L'outil Open Source BasicAddonBuilder a été élaboré par Paolo Mantovani. Il sert à créer une extension à partir d'une bibliothèque de macros Basic, et à ajouter une barre d'outils et des menus. Un Assistant très bien conçu facilite sa mise en œuvre (voir les figures 1-25 et 1-26).

Figure 1–25
BasicAddonBuilder, étape 1

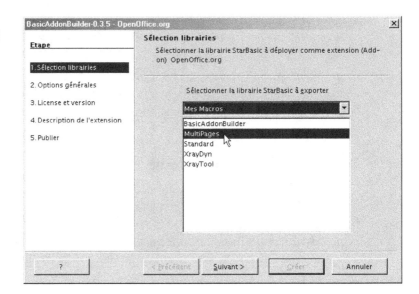

Figure 1–26
BasicAddonBuilder, étape 2

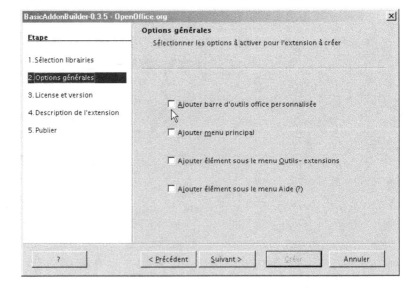

Pour la petite histoire, BasicAddonBuilder est une extension, réalisée en plusieurs langues, dont le français. Cet outil est idéal pour une extension comportant des macros Basic, une barre d'outils et quelques menus. L'inconvénient est que, dans la version actuelle, si vous voulez modifier quelque chose vous devez ré-exécuter toutes les étapes de l'Assistant sans vous tromper, ce qui peut devenir pénible.

Pour télécharger BasicAddonBuilder, rendez-vous à la page :

http://wiki.services.openoffice.org/wiki/Extensions_Packager

L'outil Extension Compiler

Un des auteurs de ce livre a créé l'outil Open Source Extension Compiler, seulement disponible en anglais. Il permet de réaliser tous types d'extensions, pas seulement Basic, et supporte tous les mécanismes connus, ce qui implique en contrepartie un effort de compréhension plus important. Pour le télécharger, rendez-vous à l'adresse suivante :

http://wiki.services.openoffice.org/wiki/Extensions_Packager

L'outil se présente sous la forme d'un modèle de document Writer (extension .ott). En l'ouvrant par un double-clic, vous obtenez un nouveau document que vous allez personnaliser. Commencez par le sauver sous le nom de votre future extension, et dans un répertoire dédié. Dans ce répertoire (ou dans des sous-répertoires), vous devrez mettre toutes les bibliothèques que votre extension apporte (Basic, Python, etc), les fichiers images, et tous autres fichiers spécifiques qu'elle utilise. Ainsi, tous les éléments nécessaires à la création de l'extension se trouvent dans le répertoire dédié.

Ce document est à la fois un outil réalisé en Basic, la documentation de l'outil, et le support sur lequel vous décrivez votre extension. Vous allez écrire dans ce document :

- Une succession linéaire de macro-instructions (en fait des appels de sous-programmes Basic) dans une macro déjà préparée ; le document décrit la syntaxe d'utilisation de chaque macro-instruction.
- Si vous le souhaitez, un ou plusieurs textes destinés à être affichés par l'extension (descriptions, licences, pages d'aide), en une ou plusieurs langues pour chacun.

Voici à titre d'exemple le début des instructions Basic nécessaires pour compiler une extension multilingue.

```
beginDescription("org.bmarcelly.ExtExample", "1.0", "user")
  beginDependencies
    setOOoDependency("2.4", "OpenOffice.org 2.4.0 minimal")
  endDependencies
  setExtensionDescription("en, fr")
  setLicense("en, fr", "", "user", True)
  setDisplayName("en", "Example of an extension")
  setDisplayName("fr", "Exemple d'une extension")
```

```
    setHelp("en, fr")
endDescription

beginAnnexes
  useLibrary("Basic", "basTest4/")
endAnnexes

beginAddonUI
  beginAddonMenu
    beginMenu
      beginTitles("Writer")
        setTitle("Calling scripts", "en")
        setTitle("Appel de scripts", "fr")
      endTitles
      beginMenuItems
        beginCommand
          beginTitles
            setTitle("Basic : display time", "en")
            setTitle("Basic : afficher l'heure", "fr")
          endTitles
          setURL("Basic", "basTest4", "Module1", "WhatTimeIsIt")
        endCommand
        beginCommand
          beginTitles
            setTitle("Basic : Hello", "en")
            setTitle("Basic : Hello", "fr")
          endTitles
          setURL("Basic", "basTest4", "Module1", "HelloBas")
          setImage("Images/greenPage")
        endCommand
        addSeparator
rem --- etc... ---
```

La compilation s'effectue en lançant l'exécution du programme Basic. Tous les fichiers de configuration nécessaires sont créés, l'ensemble est zippé, et le fichier extension est obtenu après quelques secondes. S'il détecte une erreur grave, le compilateur fournit un message diagnostic et stoppe. Il suffit alors de corriger la ligne en cause et de relancer la compilation.

Le compilateur signale par un message d'avertissement les incompatibilités potentielles entre les options choisies et le numéro de version minimal d'OpenOffice.org accepté. En effet, comme les fonctionnalités liées aux extensions ont été introduites au fil des versions successives d'OpenOffice.org, il faut éviter qu'un utilisateur n'installe une extension sur une version incompatible.

Si vous décidez par la suite d'améliorer votre extension, il vous suffira de reprendre le document, d'y apporter les modifications nécessaires et de le recompiler pour obtenir la nouvelle version de l'extension.

Conclusion

Après ce tour d'horizon des scripts dans OpenOffice.org, il est temps d'aborder Basic, le langage le plus couramment utilisé, ainsi que son environnement de développement intégré. Ceci nous permettra de voir le contenu d'une macro, de l'éditer et de l'exécuter.

DEUXIÈME PARTIE

Le langage OOoBasic

Il existe de nombreuses variantes du langage Basic. Ils se ressemblent, mais chacun a ses particularités. L'application OpenOffice.org intègre un langage Basic spécifique, ainsi qu'un environnement de développement pour créer et mettre au point vos programmes en OOoBasic.

Même si vous connaissez déjà un autre Basic, par exemple Visual Basic™ qui lui est proche, prenez le temps de parcourir les chapitres de cette partie. En cas de problème d'exécution, relisez-la, car elle contient bien des détails importants et pas toujours indiqués dans la documentation officielle.

À l'intention des néophytes, nous indiquons aussi quelques règles de bonne programmation, non pas pour vous enlever le plaisir de programmer, mais au contraire pour vous éviter échecs et découragements.

2

Introduction au Basic

Le Basic OpenOffice.org est le langage que nous utilisons dans les exemples de ce livre. Après l'avoir situé parmi ses confrères, nous verrons l'environnement de développement intégré (EDI en français ou IDE en anglais), outil essentiel pour écrire et mettre au point aisément les codages en Basic. Nous commencerons par nous familiariser avec ses différents menus et comprendre leur utilité pour développer des programmes Basic. Nous aborderons alors les règles de syntaxe de ce langage, ainsi que quelques bonnes pratiques de programmation.

Premier aperçu du langage OpenOffice.org Basic

Le langage Basic de la suite OpenOffice.org est parfois appelé en abrégé OOoBasic afin de le distinguer des autres langages Basic, et nous reprendrons ce terme. Absorbée par Oracle, la société Sun préférait le terme StarOffice Basic ou StarBasic, car elle diffusait la suite StarOffice™ qui était basée sur OpenOffice.org.

OOoBasic, langage de script d'OpenOffice.org

Son nom rappelle un des plus anciens langages, Basic, conçu à l'origine pour des débutants en programmation disposant de moyens informatiques parfois très limités. En réalité OOoBasic n'a plus qu'un lointain rapport avec son ancêtre. Bien qu'il reste d'un abord simple, OOoBasic est un langage de programmation moderne permettant de développer des applications sophistiquées. C'est un langage de programmation modulaire : fini les numéros de lignes, les GOTO et la programmation « spaghetti » ; les macros sont regroupées en modules et en bibliothèques réutilisables.

OOoBasic est conçu pour écrire, lire et modifier des documents OpenOffice.org en utilisant l'API (interface de programmation d'application) propre à OpenOffice.org. Il est entièrement intégré à OpenOffice.org, et ce dernier comporte un environnement de développement intégré (EDI) servant à écrire les macros et à les mettre au point. L'exécution du codage est immédiate, sans nécessiter de compilation explicite. Ceci en fait une base très pratique (et gratuite) pour s'initier à la programmation ou pour vérifier rapidement un codage utilisant une fonction de l'API.

OOoBasic n'est pas un langage de programmation autonome : il a besoin d'Open-Office.org pour s'exécuter. C'est un langage orienté vers l'automatisation de besoins de bureautique, il ne remplace pas les langages généralistes comme C++, Java, Delphi, Python et autres. Les langages généralistes offrent des structures de données plus élaborées et généralement des bibliothèques de fonctions utilitaires dans divers domaines. Ils seront donc plutôt employés dans un cadre applicatif plus global que les documents OpenOffice.org. Il est bien plus facile de recourir à l'API par le biais d'OOoBasic (ou Python, Delphi) qu'avec Java ou C++. En contrepartie, seuls ces derniers permettent d'intervenir au cœur de l'API pour y ajouter ou modifier des fonctionnalités. Il serait donc faux de croire que « qui peut le plus peut le moins » : une très bonne connaissance de l'informatique, du concept UNO et de l'anglais écrit sont nécessaires pour cela.

Les macros OOoBasic peuvent être intégrées soit dans un document, soit dans OpenOffice.org. Elles sont transportables d'un ordinateur à un autre, et même distribuables sur un réseau de machines. Elles sont exécutables sur tous les systèmes d'exploitation reconnus par OpenOffice.org, ce qui constitue un atout important pour les échanges de documents.

Il existe divers moyens pour déclencher une macro : manuellement, en cliquant sur un bouton d'une barre d'outils, en cliquant sur un bouton dans un document, en utilisant une entrée de menu, avec un raccourci clavier, lors de divers événements comme le chargement ou la fermeture du document, ou automatiquement de manière invisible.

Les manipulations de documents OpenOffice.org se font normalement à travers l'API, quel que soit le langage utilisé. OOoBasic n'y fait pas exception, et malgré son apparence simplicité, il est capable d'utiliser pratiquement toutes les fonctionnalités offertes par l'API OpenOffice.org. Ainsi, les concepts décrits dans cet ouvrage sont largement réutilisables avec un autre langage.

OOoBasic et VBA

Lorsqu'un utilisateur ou une entreprise décide d'utiliser OpenOffice.org à la place de la suite MS-Office, la conversion des documents Word et Excel existants est effectuée généralement correctement ; en revanche, les macros Visual Basic for Application (VBA™) dans ces documents ne sont pas exécutables telles quelles avec OOoBasic. La raison est qu'il n'y a pas d'équivalence simple entre les deux langages car les réalisations logicielles sous-jacentes sont différentes bien que les possibilités soient comparables. Plus précisément, VBA intègre à la fois un langage de programmation Basic et des fonctions d'accès à l'API MS-Office présentées sous la forme de pseudo-instructions.

Les instructions du langage OOoBasic lui-même sont très similaires et souvent identiques à celles du langage Visual Basic. Il existe toutefois de nombreuses différences de détails, qui peuvent nécessiter une modification de l'algorithme. Si vous connaissez déjà VBA, ne faites pas de supposition sur OOoBasic : lisez attentivement la description du Basic dans ce livre, vous découvrirez des nombreuses différences, souvent subtiles, mais dont vous devez tenir compte.

L'équivalent des fonctions d'accès à l'API MS-Office est l'ensemble des services de l'API d'OpenOffice.org, accessibles depuis différents langages de programmation. Contrairement à l'éditeur de code de VBA, l'éditeur de OOoBasic ne propose pas l'auto-complétion, c'est-à-dire la proposition en cours de frappe des propriétés et méthodes des objets de l'API. L'outil Xray, décrit dans l'annexe A, permet de les afficher, mais seulement en ajoutant une instruction dans la macro à exécuter. Les objets de l'API OpenOffice.org sont souvent très différents, et seule une bonne connaissance des deux principes de programmation permettra d'écrire un algorithme équivalent, lorsque c'est possible. L'effort intellectuel de conversion pouvant être assez important, il est souhaitable de se demander si le document est encore utile, et dans l'affirmative, de déterminer quel est le but à atteindre avec des macros, plutôt que tenter une conversion instruction par instruction ou macro par macro.

Le Basic avec un goût de VBA

Avant d'aborder la description du Basic OpenOffice, il est nécessaire de préciser de quoi nous allons parler. En effet, au fil des évolutions d'OpenOffice.org, différentes variantes sont apparues dans le but de permettre une meilleure compatibilité avec VBA de Microsoft.

Dans les premières versions d'OpenOffice.org 2, Sun MicroSystems avait introduit deux modificateurs permettant une meilleure compatibilité avec VBA : la déclaration `Option Compatible`, et l'instruction `CompatibilityMode`.

À la même époque, Novell a démarré un projet ambitieux visant à exécuter directement des macros VBA existantes. Les résultats de ce projet sont intégrés dans les développements OpenOffice.org à partir de la version 2.4.1 ainsi que dans LibreOffice. Les modificateurs de Sun sont remplacés par une seule déclaration `Option VBASupport` en tête du module, avant toute déclaration de macro ou de donnée.

```
Option VBASupport 1
```

Cette option a quatre effets :

- Dans le module considéré, l'analyseur syntaxique est légèrement modifié pour traiter la syntaxe VBA. Par exemple, l'appel d'une routine avec plusieurs arguments ne doit pas les englober de parenthèses.
- Dans le module considéré, certains objets VBA sont reconnus, comme `ActiveSheet`, `ThisWorkBook`, etc.
- Certaines instructions VBA deviennent disponibles (par exemple `InStrRev`) dans ce module.
- Pour une meilleure compatibilité, le comportement de Basic change pour certaines instructions (`Mid`, `Dir`, `RmDir`, par exemple). Ceci peut causer des comportements bizarres si votre code utilise à la fois des modules avec `VBASupport` et des modules OOoBasic.

En fonction des options du menu **Outils>Options>Chargement/Enregistrement>Propriétés VBA**, les macros d'un document MS-Office sont soit ignorées, soit mises en commentaires dans des modules de macros. À partir de la version 3.0, une option permet de rendre exécutables les macros d'un document Excel, en utilisant le mécanisme de compatibilité développé par Novell. Il en sera bientôt de même pour les documents Word.

En pratique, il existe de très nombreuses différences mineures entre OOoBasic et VBA qui empêchent l'exécution directe de macros VBA. Elles ne sont pas toujours documentées par Microsoft, mais elles sont utilisées. Par exemple, le mot-clé `Name` peut être employé comme nom de variable dans VBA, mais pas dans OOoBasic qui le considère comme un mot réservé. Novell est ainsi conduit à multiplier les « petites » améliorations du mode de compatibilité à mesure qu'il découvre des problèmes en analysant des macros VBA. Ces modifications sont introduites au fil des versions mineures d'OpenOffice.org.

Il ne faut pas s'illusionner sur cette option de compatibilité : les implémentations de MS-Office et de VBA d'une part, et de OOoBasic et de l'API OpenOffice d'autre part, diffèrent dans leur principe et dans leur logique. Une parfaite compatibilité est impossible. Le seul intérêt de cette option est de permettre d'exécuter avec peu ou pas de modifications des macros VBA simples, et de réduire ainsi le travail de portage, ce qui est déjà très appréciable. Cependant, un programmeur devra effectuer manuellement la conversion des macros complexes ou trop éloignées des principes

OpenOffice. Il faudra alors repenser les macros et les récrire en ayant une parfaite connaissance de l'API OpenOffice.

C'est pourquoi nous n'utiliserons pas l'option de compatibilité VBA. Ce livre ne décrit que le Basic spécifiquement OpenOffice.org, encore appelé OOoBasic, et nous l'utiliserons pour montrer les possibilités de l'API propre à OpenOffice.org.

Premiers pas dans l'environnement de développement Basic

Anatomie de la fenêtre Macros Basic

Créez un nouveau document Writer, sauvegardez-le et gardez-le ouvert. Ouvrez le menu Outils>Macros>Gérer les macros>OpenOffice.org Basic. Vous obtenez le panneau reproduit à la figure 2-1.

Figure 2–1
Le premier panneau
Macros Basic

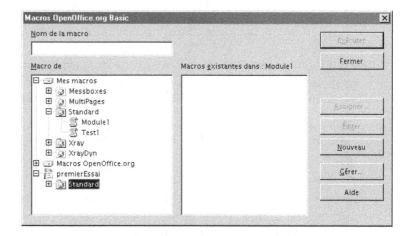

L'aspect exact de l'arborescence au-dessous de Macro de dépend des macros qui sont disponibles dans votre environnement OpenOffice.org. Vous aurez toujours une racine Mes macros et une racine Macros OpenOffice.org. Ces deux racines contiennent des macros disponibles tant qu'OpenOffice.org est chargé sur votre ordinateur. Il est important de savoir qu'elles correspondent à un seul conteneur de bibliothèques, appelé `soffice` dans les versions précédentes. Nous utiliserons ce terme à différents endroits de ce livre, car il est encore utilisé dans la documentation technique.

Le panneau affiche aussi une racine pour chaque document ouvert : chacune est un conteneur de bibliothèques de macros. Vous remarquerez un élément mis en valeur dans la figure, `Standard`, qui est une branche du document `premierEssai.odt` ; cette bibliothèque par défaut est toujours présente, même vide. De même, il existe une bibliothèque nommée Standard dans **Mes macros.**

Cliquez sur le bouton **Gérer....** Vous obtenez un autre panneau, **Gestion des macros de OpenOffice.org Basic** qui comporte trois onglets : **Modules, Boîtes de dialogue,** et **Bibliothèques** (voir la figure 2-2). Restez sur l'onglet **Modules.**

Figure 2–2
Onglet Modules :
les bibliothèques
de codage Basic

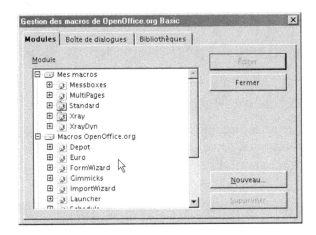

En utilisant l'ascenseur et en cliquant sur les **+**, explorez l'arborescence. Dans notre exemple, nous avons développé le premier niveau de **Macros OpenOffice.org.** Nous avons ainsi affiché la liste de ses bibliothèques de codage Basic.

Examinez encore l'arborescence de la figure 2-2 : la bibliothèque Euro est de couleur blanche pour signifier qu'elle n'est pas chargée actuellement. Pour exécuter une macro d'une bibliothèque, celle-ci doit être chargée.

Double-cliquez sur l'icône de la bibliothèque Euro. Une arborescence apparaît, comme sur la figure 2-3, et l'icône devient jaune. Vous venez de charger la bibliothèque Euro. Remarquez qu'une fois chargée, il n'est pas possible de la décharger. En fait, il faudrait fermer complètement OpenOffice.org pour cela, ou fermer le document si la bibliothèque appartient à un document.

L'arborescence de la bibliothèque Euro nous montre des noms de modules (on peut effectivement choisir des noms plus parlants que Module1, Module2, etc.). Le codage Basic est mémorisé dans ces modules.

Cliquez maintenant sur l'onglet **Boîtes de dialogue.** Cette page n'affiche que les modules de dialogue existant dans chaque bibliothèque (voir figure 2-4). Chaque module contient une boîte de dialogue.

Les dialogues affichent des informations et posent des questions à l'utilisateur pour obtenir des réponses de manière semblable aux panneaux d'OpenOffice.org. Nous

Figure 2–3
Les modules
de la bibliothèque Euro

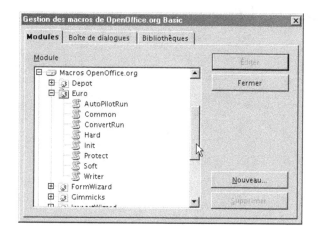

Figure 2–4
Onglet Dialogue :
les bibliothèques de dialogue

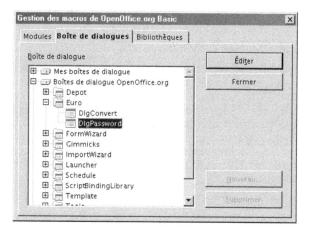

expliquerons comment créer des boîtes de dialogue au chapitre 11. Il est important de savoir que les dialogues ne sont pas réservés au langage Basic, ils peuvent être utilisés depuis d'autres langages de script. Cependant, pour des raisons d'implémentation, il existe encore une bibliothèque de modules Basic, même vide, pour chaque bibliothèque de dialogue. L'EDI de Basic affiche les modules de codage et de dialogue. Notez les noms de racines : Mes boîtes de dialogue et Boîtes de dialogue Open-Office.org correspondent aux dialogues disponibles tant qu'OpenOffice.org est chargé sur votre ordinateur. Un document peut lui aussi contenir des dialogues.

Passons maintenant à l'onglet Bibliothèques du panneau Gestion de macros. Il est reproduit à la figure 2-5.

Ce panneau affiche initialement les bibliothèques de Mes macros et boîtes de dialogue. La liste déroulante au-dessus permet de choisir les bibliothèques communes Macros

Figure 2–5
Onglet Bibliothèques

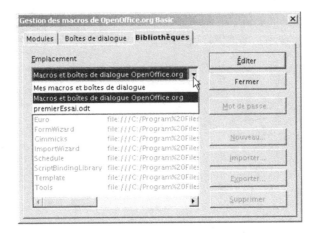

et boîtes de dialogue OpenOffice.org ou celles de chaque document ouvert. Les boutons servent à gérer les bibliothèques, ainsi que nous le préciserons un peu plus loin.

- Le bouton Nouveau crée une nouvelle bibliothèque, dont on peut choisir le nom.
- Le bouton **Supprimer** supprime définitivement la bibliothèque dont la ligne est mise en évidence.
- Le bouton Mot de passe permet de chiffrer le contenu des macros d'une bibliothèque, de sorte que seules les personnes connaissant le mot de passe puissent les lire et les modifier.
- Le bouton Exporter effectue une sauvegarde de la bibliothèque dans un fichier ou un répertoire.
- Le bouton Importer sert à insérer une bibliothèque existante.

Souplesse et modularité de l'organisation

Résumons-nous :

- Il existe plusieurs conteneurs de bibliothèques : soffice et un conteneur par document.
- Le conteneur soffice est visuellement séparé en **Mes macros** et **Macros Open-Office.org**. Les dialogues de soffice sont visuellement séparés en **Mes boîtes de dialogue** et **Boîtes de dialogue OpenOffice.org**.
- Chaque conteneur peut renfermer plusieurs bibliothèques, dont au moins une bibliothèque appelée Standard.
- Chaque bibliothèque peut renfermer plusieurs modules (jusqu'à 16 000 selon l'aide en ligne ; nous avons seulement testé avec 250 modules de plus de 30 000 caractères chacun !).

- Chaque module peut renfermer plusieurs macros et comporter jusqu'à 65 000 caractères.

Pourquoi une telle organisation à tiroirs ? Pour des raisons de souplesse et de modularité. En effet, un utilisateur chevronné recourt souvent à de nombreuses macros, pour des cas d'utilisation différents. Les macros concernant un domaine commun seront donc regroupées dans différents modules d'une même bibliothèque. D'une bibliothèque à l'autre, il est possible de reprendre les mêmes noms de macros sans risquer d'interférence ; chaque bibliothèque peut donc être développée de manière totalement indépendante.

Pourquoi un conteneur soffice ? Si vous avez besoin d'une macro disponible dans tous les documents, par exemple une macro qui permet d'intervertir deux lettres sur un texte, vous la mettrez dans une bibliothèque de soffice. Si votre macro est utile dans un seul document, vous la placerez dans ce dernier.

Le conteneur soffice est composé de deux sous-ensembles, mémorisés dans des fichiers situés dans deux sous-répertoires différents :

- user/basic/ dans le répertoire des données utilisateur,
- et Basis/share/basic/ dans le répertoire du programme OpenOffice.org version 3.

Ils correspondent respectivement aux noms Mes macros et Macros OpenOffice.org dans l'interface utilisateur. Le premier sous-ensemble correspond aux macros, que vous souhaitez disponibles au niveau de votre application OpenOffice.org. Le second correspond aux macros mises à disposition des utilisateurs d'une installation réseau. Dans ce cas, ils ne peuvent que les utiliser, pas les modifier.

Les bibliothèques Basic des extensions se situent dans d'autres répertoires, indiqués par l'onglet Bibliothèques du panneau Gestion de macros.

À RETENIR **Bibliothèque Standard**

Chaque bibliothèque de macros Standard est systématiquement chargée par OpenOffice.org, quand le document qui le contient est chargé. La bibliothèque Standard du conteneur soffice est toujours chargée. Ceci rend disponibles toutes les macros de ces bibliothèques. OpenOffice.org ne charge pas systématiquement toutes les bibliothèques pour éviter de consommer inutilement la mémoire du système. Attention : les bibliothèques de dialogues (même Standard) ne sont jamais chargées systématiquement.

Gérer les bibliothèques de macros Basic

Nous allons maintenant nous intéresser aux possibilités qu'offre le panneau Gestion de macros, onglet Bibliothèques.

Renommer une bibliothèque

Il est possible de renommer une bibliothèque existante (autre que Standard) à partir de l'onglet Bibliothèques. D'abord, assurez-vous que la bibliothèque est chargée, comme indiqué plus haut. Ensuite, cliquez sur le nom de la bibliothèque à renommer. Toute la ligne est mise en évidence. Cliquez à nouveau après une seconde, seul le nom de la bibliothèque est alors mis en évidence : vous pouvez maintenant le modifier. Cliquez ensuite ailleurs pour que le nouveau nom soit pris en compte. Comme la procédure est un peu risquée, exportez la bibliothèque avant de la renommer pour en avoir une copie de sauvegarde.

Exporter une bibliothèque

Dans l'onglet Bibliothèques du panneau Gestion de macros, choisissez le conteneur souhaité dans la liste déroulante : un document, Mes macros et boîtes de dialogue, ou Macros et boîtes de dialogue OpenOffice.org.

Sélectionnez une des bibliothèques listées, à l'exclusion de la bibliothèque Standard, qui ne peut être exportée. Cliquez sur le bouton Exporter, une boîte de dialogue (figure 2-6) vous demande de choisir une méthode d'exportation : soit sous forme d'un répertoire contenant des fichiers, soit sous forme d'une extension (on obtient alors un fichier en .oxt). Après ce choix, il vous sera demandé de préciser le répertoire ou le nom du fichier.

Figure 2–6
Exporter une bibliothèque

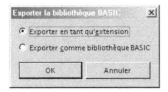

L'exportation sous forme de répertoire sert à modifier manuellement certains des fichiers, lorsque vous avez la compétence requise. L'exportation sous forme d'extension quant à elle facilite la sauvegarde d'une bibliothèque. Vous pouvez alors la ré-importer par la suite depuis le même panneau de gestion, comme expliqué ci-dessous.

Si vous souhaitez distribuer une bibliothèque de macros sur plusieurs ordinateurs, il est préférable de l'exporter sous forme d'extension. Sur les autres ordinateurs elle sera installée depuis le menu Outils>Gestionnaire des extensions. Ainsi le gestionnaire des extensions indiquera clairement si cette extension (donc la bibliothèque) est installée ou non, et facilitera une mise à jour.

Importer une bibliothèque

Affichez l'onglet Bibliothèques du panneau Gestion de macros. Prenez soin de choisir le conteneur souhaité dans la liste déroulante : un document, ou Mes macros et boîtes de dialogue. Vous ne pouvez pas ajouter de bibliothèque dans Macros et boîtes de dialogue OpenOffice.org.

Cliquez sur le bouton Importer, un panneau de recherche de fichier s'affiche. Recherchez sur votre ordinateur un document OpenOffice.org contenant une bibliothèque de macros. Dans l'exemple de la figure 2-7, le document contient trois bibliothèques : Rechercher, Remplacer et Standard.

Figure 2–7
Importer une bibliothèque

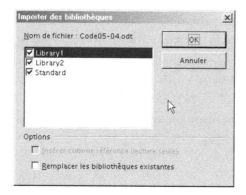

La case à cocher devant chaque bibliothèque vous permet de la charger ou non dans le conteneur courant. La case à cocher Remplacer les bibliothèques existantes écrase le contenu entier d'une bibliothèque de même nom dans le conteneur cible ; sinon, la bibliothèque existante restera inchangée. Ceci est particulièrement important pour la bibliothèque Standard, qui contient souvent diverses macros. C'est pourquoi il est préférable de grouper les macros dans des bibliothèques spécialisées.

Si vous souhaitez importer une bibliothèque qui a été exportée « comme bibliothèque Basic », cherchez le répertoire du nom de la bibliothèque, puis dans ce répertoire, choisissez le fichier script.xlb ou le fichier dialog.xlb, indifféremment. Si vous voulez importer une bibliothèque qui a été exportée « en tant qu'extension », choisissez le fichier extension obtenu par l'export.

Copier une bibliothèque

Il est possible de copier une bibliothèque de Mes macros vers un document, et inversement. La description précédente vous indique la marche à suivre dans les deux cas. Pour copier une bibliothèque d'un document vers un autre document, il suffit de combiner les deux descriptions.

Protéger une bibliothèque par mot de passe

Par défaut, vos bibliothèques et macros sont consultables et éditables par l'utilisateur. Si dans la majeure partie des cas cela ne pose pas de problème particulier, il est parfois nécessaire de protéger cet accès par un mot de passe pour protéger des données confidentielles qui s'y trouveraient (un mot de passe d'un document par exemple) ou pour éviter des altérations par mégarde.

Pour protéger une bibliothèque, il suffit de se rendre dans le gestionnaire de macros, onglet Bibliothèque. Si une bibliothèque est choisie, le bouton Mot de passe... de la figure 2-5 est accessible. En cliquant dessus, vous pourrez mettre un nouveau mot de passe ou en changer un existant. Une clé apparaît à coté du nom de la bibliothèque dans le gestionnaire de macros.

Le contenu des fichiers sera alors chiffré (crypté). Pour que la sécurité soit effective, il faut fermer le document contenant cette bibliothèque, ou fermer OpenOffice.org si la bibliothèque est dans soffice. Les macros contenues seront ainsi exécutables, mais un mot de passe sera demandé pour accéder à l'EDI et en voir le code source.

Depuis un bouton, un menu ou un raccourci, on peut appeler une macro située dans une bibliothèque protégée. Il n'est pas nécessaire de connaître le mot de passe. La bibliothèque sera chargée automatiquement, mais ne sera pas pour autant visible dans l'EDI.

De même, on peut appeler depuis une macro une macro se trouvant dans une bibliothèque protégée, sans utiliser le mot de passe. Il suffit de charger la bibliothèque, et de connaître le nom de la macro de la bibliothèque et ses arguments.

Déplacer un module d'une bibliothèque à une autre

Affichez l'onglet Modules du panneau Gestion de macros. Par un simple glisser-déplacer à la souris, vous pouvez déplacer un module d'une bibliothèque vers une autre, ainsi que le montre la figure 2-8. Dans cet exemple, les deux bibliothèques sont dans deux documents différents.

Bien entendu, la bibliothèque cible ne doit pas déjà contenir un module de même nom. En appuyant sur la touche Ctrl, la même manipulation effectue une copie du module (l'icône de transfert affiche un signe +).

Les boîtes de dialogue peuvent de même être transférées ou dupliquées, avec l'onglet Boîtes de dialogue du panneau Gestion de macros.

Figure 2–8
Transfert d'un module
entre bibliothèques

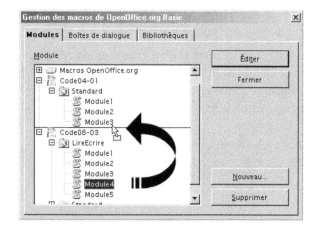

Créer, supprimer un module ou une boîte de dialogue

Pour créer un nouveau module, affichez l'onglet Modules du panneau Gestion des macros, puis cliquez sur la bibliothèque qui vous intéresse. Cliquez sur le bouton Nouveau module.... Choisissez le nom du module selon vos souhaits.

Pour créer une nouvelle boîte de dialogue, affichez l'onglet Boîtes de dialogue du panneau Gestion des macros, puis cliquez sur le bouton Nouveau.

Pour supprimer un module ou une boîte de dialogue, cliquez sur cet élément pour le mettre en évidence, puis cliquez sur le bouton Supprimer.

Ces opérations sont aussi réalisables dans la fenêtre de l'éditeur de macros, que nous décrivons plus loin.

Gérer les macros Basic

Revenez sur le premier panneau Macro de la figure 2-1. Si la bibliothèque mise en évidence dans la partie gauche ne possède pas de module, le bouton Nouveau crée un nouveau module dans cette bibliothèque. Si le module mis en évidence dans la partie gauche ne possède pas de macro, le bouton Nouveau en crée une dans le module et lui donne pour nom Main (terme anglais pour Principal). De plus, la fenêtre de l'éditeur de macros s'affiche, montrant cette macro :

```
REM ***** BASIC *****

Sub Main

End Sub
```

Il s'agit simplement d'une macro vide. Vous pouvez changer le nom de la macro et écrire ce que vous souhaitez.

Fermez cette fenêtre et réaffichez le panneau Macro. La partie droite de celui-ci liste les macros qui se trouvent dans le module sélectionné à gauche. Remarquez que le bouton Nouveau a disparu, remplacé par un bouton Supprimer. Cliquez sur une des macros pour la sélectionner (figure 2-9).

Figure 2–9
Panneau Macro avec une
macro sélectionnée

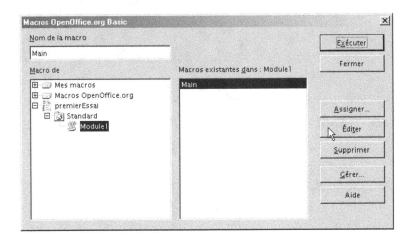

Le bouton Exécuter permet de lancer la macro sélectionnée.

Le bouton Assigner... ouvre le panneau du menu Outils>Personnaliser afin de faire déclencher la macro sur un événement, sur une entrée de menu, sur un raccourci clavier, ou en déclenchant un bouton de barre d'outils.

Le bouton Supprimer supprime la macro sélectionnée.

Le bouton Éditer ouvre la fenêtre de l'éditeur de macros Basic, que nous allons découvrir maintenant.

La fenêtre d'édition de macros Basic

La figure 2-10 présente la fenêtre de l'éditeur de macros, appelé aussi Environnement de Développement Intégré, ou EDI. L'ordre des barres d'outils peut varier. Cette fenêtre affiche le contenu du module `Module1` de la bibliothèque `Standard` du document `premierEssai.odt`. Le curseur d'insertion est sur la ligne 3 colonne 9, c'est une barre verticale. Ces informations apparaissent dans la ligne d'état en bas de la fenêtre.

Nous voyons aussi un onglet intitulé Module1 et des boutons pour se déplacer d'un onglet à l'autre. Chaque onglet correspond à un module de la bibliothèque en cours. Ici, nous n'avons qu'un seul module.

Figure 2–10
La fenêtre de l'éditeur
de macros

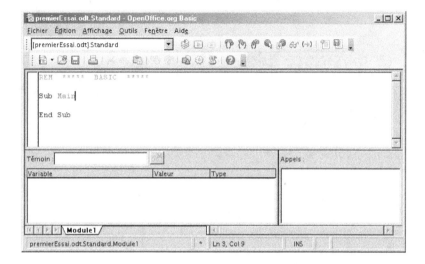

Nous verrons plus loin à quoi servent les zones Témoin/variable et Appels. Sachez que ces zones sont redimensionnables à l'intérieur de la fenêtre principale. Si vous double-cliquez sur une zone grise d'un panneau tout en maintenant la touche Ctrl enfoncée, celui-ci devient flottant ou retourne à sa place.

Le cœur de la fenêtre est une zone d'édition comportant toutes les instructions et les commentaires du module. Ici, nous avons une macro créée automatiquement, Main, précédée d'une ligne commentaire qui rappelle que ce qui suit est du langage Basic. Un éditeur de texte est similaire à un traitement de texte, excepté qu'on ne peut employer aucune mise en forme (gras, italique, souligné, couleurs).

La coloration syntaxique

Ce n'est pas visible dans ce livre, mais certains mots de la zone d'édition sont colorés : l'éditeur Basic offre la coloration syntaxique, c'est-à-dire qu'il reconnaît instantanément des mots-clés du Basic et leur affecte une couleur particulière, sans action particulière de votre part. C'est très pratique à l'usage car cela permet une première vérification du codage. Par exemple, tout commentaire, comme la première ligne, est reconnaissable. Un commentaire est ignoré à l'exécution, donc un codage de cette couleur ne sera jamais exécuté (c'est parfois volontaire). Notez que, parfois, Basic colore à tort certains mots, car il les reconnaît comme des mots réservés, alors que dans le contexte leur signification est autre.

Si les couleurs proposées vous rendent la lecture difficile, vous pouvez les changer à partir du menu Outils>Options>OpenOffice.org>Apparence. Dans la zone Couleurs Personnalisées, utilisez l'ascenseur vers le bas pour voir la section Mise en évidence de la syntaxe du Basic. Pour chaque élément syntaxique, vous pouvez choisir la couleur à utiliser.

Ma première macro Basic

La macro de la figure précédente est parfaitement constituée et peut être exécutée. Seulement, elle ne fait rien de particulier. Nous allons procéder à quelques modifications avec l'éditeur de macros.

Remplacez le mot Main par un nom de macro plus significatif : DireBonjour.

Sur la ligne vide suivante, tapez deux espaces et le texte suivant :

```
info = "Bonjour !"
```

Utilisez bien le caractère guillemet (la touche 3 du clavier principal). Au fur et à mesure que vous tapez, le texte apparaît d'une certaine couleur à partir du premier guillemet, puis toute la séquence change de couleur quand vous tapez le guillemet final. Ceci est encore un avantage de la coloration syntaxique : elle vous permet de vérifier que votre chaîne de caractères est correctement écrite. Nous venons d'affecter la chaîne de caractères « Bonjour ! » à la variable info.

Placez le curseur en bout de ligne et tapez sur la touche Entrée. Vous constatez que votre curseur se retrouve sur une nouvelle ligne, mais après deux espaces automatiquement insérés. C'est encore une facilité de l'éditeur de macro : l'indentation automatique en fonction de la ligne précédente. Elle produit une sorte de structuration des instructions successives, qui facilite la relecture. En Basic, les espaces et tabulations peuvent être employés entre des mots sans influence sur l'exécution. Naturellement, vous pouvez effacer les espaces si nécessaire. Saisissez donc cette ligne :

```
MsgBox info
```

Elle a pour fonction d'afficher un petit panneau contenant notre salutation et un bouton OK pour le refermer. L'instruction MsgBox est assez sophistiquée, elle sera décrite au chapitre 5.

Voilà, nous avons créé une macro qui vous dit bonjour. Il n'y a plus qu'à l'exécuter, ce qui peut se faire de différentes façons.

Exécuter une macro depuis l'éditeur Basic

Nous avons déjà vu une manière d'exécuter une macro, avec le panneau Macro. Cependant, il est possible d'exécuter la macro depuis l'éditeur ; cela nous ouvrira davantage de possibilités.

Cette macro étant la première du module, nous pouvons l'exécuter en cliquant sur l'icône Exécuter le programme BASIC (survolez les icônes avec la souris pour voir les textes des bulles). Le résultat est reproduit à la figure 2-11.

Figure 2–11
Message affiché
par notre macro

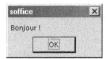

Si vous avez bien observé avant de cliquer sur le bouton OK du message, vous avez remarqué qu'un « voyant rouge » s'est allumé sur la barre d'outils. Il vous indique qu'une macro est en cours d'exécution. Dans les cas de bouclage infini (si vous avez fait une erreur dans votre programme), vous pourrez arrêter l'exécution en cliquant sur ce voyant, ou en utilisant le raccourci Ctrl + Maj + Q. Dans certains cas malheureusement, ce ne sera pas possible...

Aides à la mise au point

Voir le contenu d'une variable

Cliquez à la souris sur le mot « info » dans la macro. Ensuite, cliquez sur l'icône Activer le témoin, comme indiqué à la figure2-12.

Vous venez de demander à l'éditeur de vous afficher en permanence la valeur de la variable info. On appelle ceci un témoin. L'icône activant le témoin ne sert pas à le désactiver, contrairement au texte indiqué. La désactivation se fait en bas de la fenêtre, en cliquant sur l'icône Supprimer le témoin. Vous pouvez afficher simultanément autant de variables que vous le souhaitez.

Pour le moment, la variable info n'a pas de valeur car la macro ne s'exécute pas. L'affichage n'apparaît que dans un arrêt temporaire de l'exécution de la macro. La première méthode consiste à avancer ligne par ligne dans la macro. Il suffit de cliquer sur l'icône Étape par étape (ou Step Into). En cherchant cette icône, vous aurez remarqué deux autres icônes similaires dont vous verrez l'utilité à l'usage. Cliquez donc sur l'icône Étape par étape, une fois, encore une fois, etc. Une flèche jaune en marge vous indique la prochaine instruction à exécuter. Le voyant rouge reste allumé, car la macro est en cours d'exécution.

Figure 2–12
Afficher un témoin

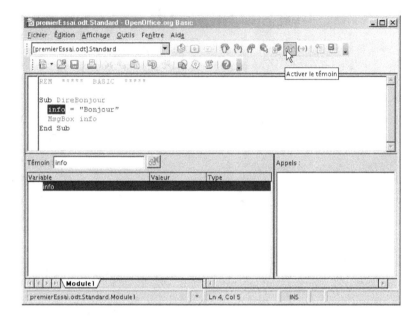

Observons la zone des témoins. Notre variable `info` commence par afficher `<Out of Scope>` ce qui veut dire qu'elle n'est pas significative. Puis, sa valeur s'affiche quand la flèche jaune a dépassé l'instruction d'affectation. Positionnez la souris au-dessus de la variable `info`, dans le codage : une bulle affiche sa valeur.

Cliquez encore sur l'icône. Le message s'affiche. Cliquez sur le bouton OK. La flèche jaune pointe sur la dernière ligne de la macro, l'exécution n'est pas encore terminée. Cliquez une dernière fois sur l'icône Étape par étape.

Il est aussi possible de visualiser les propriétés d'une variable objet de l'API. Ces objets peuvent être extrêmement sophistiqués, comme nous le verrons à partir du chapitre 7. La figure 2-13 présente un exemple de l'affichage d'un tel objet. Nous verrons à l'annexe A que l'outil Xray permet d'obtenir encore plus d'informations sur les objets API.

Poser des points d'arrêt

Maintenant, supposez que votre macro exécute 1 000 fois une boucle avant d'arriver à l'instruction qui vous intéresse. Impossible d'utiliser l'exécution instruction par instruction ! La solution est d'utiliser un point d'arrêt. Positionnez votre curseur sur la ligne comportant `MsgBox`. Cliquez sur l'icône (Dés)activer le point d'arrêt. Un rond rouge apparaît en marge de cette instruction. Cliquez sur l'icône Exécuter le programme BASIC. La macro s'exécute et s'arrête avant d'exécuter l'instruction identifiée par le point d'arrêt. Le voyant rouge est allumé, vous pouvez lire la valeur des témoins que vous

Figure 2–13
Afficher un objet de l'API

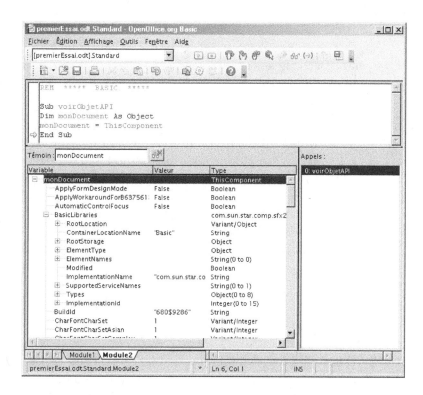

avez posés. Cliquez de nouveau sur l'icône Exécuter le programme BASIC ou une des icônes de pas-à-pas : la macro reprend son déroulement jusqu'à la fin.

Vous pouvez poser plusieurs points d'arrêt dans un programme, dans plusieurs macros ou dans la même macro. Enlevez un point d'arrêt en répétant la méthode employée pour le poser. On peut aussi poser ou enlever un point d'arrêt par un double-clic en marge de l'instruction concernée.

Vérifier la syntaxe

Une des icônes des barres d'outils s'appelle Compiler. En réalité, il n'est nul besoin de compiler un programme Basic avant de le lancer, car ceci est fait automatiquement avant toute exécution. Néanmoins, cette commande est utile pour effectuer une vérification de la syntaxe du module. Par exemple, supprimez la lettre b dans l'instruction End Sub de notre macro. Cliquez sur l'icône Compiler ; Basic ronchonne en vous affichant un message d'erreur. Si votre programme utilise des macros réparties dans plusieurs modules, effectuer une compilation à chaque modification d'un module vous évitera des erreurs bizarres et difficiles à trouver.

Modules et macros

On peut changer le nom d'un module en renommant son onglet ; soit par un clic droit sur l'onglet, puis Renommer, soit par un Alt + clic sur l'onglet. L'éditeur Basic affiche les onglets dans l'ordre alphabétique, les modules d'abord, les boîtes de dialogue ensuite.

ATTENTION **Nom de module**

Ne donnez pas à un module le même nom que celui d'une macro de la même bibliothèque. Cela provoquerait des anomalies d'exécution.

Un clic droit sur la zone des onglets donne accès à l'insertion d'un nouveau module ou d'une nouvelle boîte de dialogue. Choisissez Module Basic. Vous obtenez un nouvel onglet intitulé Module2 et, dans la zone d'édition, toujours la même macro vide :

```
REM ***** BASIC *****

Sub Main

End Sub
```

Comme les macros ne sont pas locales à un module mais communes à toute la bibliothèque, il est préférable que les macros de la bibliothèque aient des noms tous différents, même si ce n'est pas imposé par OOoBasic. Renommez donc systématiquement le sempiternel Main.

Par un simple clic sur l'onglet, vous affichez instantanément un des modules de la bibliothèque. Répartir les macros dans différents modules facilite leur accès pour l'édition et pour l'exécution, car nous avons vu que les icônes Exécuter et Étape par étape lancent seulement la première macro du module.

Autres fonctionnalités de l'éditeur

Les icônes Sélectionner une macro et Sélectionner un module ouvrent les panneaux que nous avons déjà décrits. L'icône Enregistrer BASIC sous... écrit un fichier contenant le texte du module. Ce fichier possède l'extension bas. À l'inverse, l'icône Insérer le texte source BASIC insère dans le module en cours le contenu d'un fichier d'extension bas.

Il arrive qu'une ligne d'instruction ou de commentaire soit plus grande que la zone d'affichage. L'ascenseur horizontal se trouve en dessous de la zone Appels.

Sur un arrêt d'exécution, la zone Appels, en bas à droite de la fenêtre, affiche la pile des appels successifs de macros. En effet, un programme est décomposé en nombreuses macros, qui s'appellent l'une l'autre en cascade.

Les zones Témoin et Appels sont redimensionnables dans la fenêtre. Un Ctrl + double clic sur une partie grisée de ces zones les fait flotter, ce qui permet de dégager la zone d'édition. La même manipulation les fait réintégrer la fenêtre.

Introduction à la programmation Basic

Avec cette section, vous débutez l'apprentissage du Basic OpenOffice.org. Vous ferez connaissance avec les règles de syntaxe du langage et nous vous donnerons quelques conseils de bonne programmation.

> REMARQUE **Débutants**
>
> Ne soyez pas rebuté par les termes employés dans les lignes de code reproduites ici. Ils seront expliqués progressivement dans les chapitres suivants. Pour le moment, écrivez-les exactement comme écrit.

Les éléments de base

Nous vous recommandons de poser votre livre sur la table de votre ordinateur et d'ouvrir l'EDI sur un nouveau module. N'hésitez pas à mettre en application immédiate ce que nous allons exposer. Vous avez donc probablement devant vous une page Basic écrite ainsi :

```
REM ***** BASIC *****

Sub Main

End Sub
```

Comme nous l'avons déjà vu, cette page contient :

- une ligne de commentaire, commençant par REM ;
- une macro nommée Main.

Cette description n'est pas complète. Nous avons en plus des lignes vides (ou lignes blanches) et des espaces entre les mots-clés.

Premier point important : un programme Basic est composé de *lignes*. Cela peut paraître une évidence sans intérêt, mais cette phrase veut dire que Basic utilise la découpe en lignes pour « comprendre » ce qu'on lui demande de faire. Ainsi, les termes Sub Main et End Sub doivent être sur deux lignes différentes et dans cet ordre.

Un module Basic comporte au maximum environ 65 000 caractères. Attention, certains codes provenant de macros VBA de MS-Office dépassent cette limite et devront être scindés en plusieurs modules pour éviter des anomalies dans l'EDI. La découpe est simple si le module initial comporte plusieurs routines : il suffit d'en déplacer certaines dans un ou plusieurs autres modules de la même bibliothèque, elle restent toutes accessibles. Si le module VBA ne comporte qu'une seule routine de plus de 65 000 caractères, il s'agit d'un programme particulièrement mal écrit, autant le repenser complètement !

Les éléments non interprétés

Certaines parties du codage ne sont jamais utilisées par Basic. Elles servent seulement à un lecteur humain.

Les espaces et tabulations

Basic permet d'employer un nombre quelconque d'espaces ou de tabulations sur chaque ligne de code. Ceci n'aura pas d'influence sur la vitesse d'exécution des macros. Basic ne considère ces éléments que comme séparateurs entre deux mots, ou à l'intérieur d'une chaîne de caractères. Ceci lui est donc tout à fait équivalent :

```
      REM                                 ***** BASIC *****

Sub            Main

         End                        Sub
```

Contrairement à cet exemple, en utilisant judicieusement des espaces, vous pouvez simplifier considérablement la relecture de vos programmes en mettant en évidence leur structure.

Les commentaires

Les commentaires débutent par le mot-clé REM. À partir de ce mot, Basic ignore complètement le reste de la ligne. Vous pouvez y mettre un texte quelconque, y compris avec des caractères accentués. Le caractère apostrophe ' (la touche 4 sur le clavier principal) remplit la même fonction que le mot-clé REM. Voici plusieurs exemples de commentaires, que nous reproduisons en gris clair dans ce livre :

```
REM ***** BASIC *****

rem Code02-01.odt   bibli : Standard Module1
Sub Main ' une macro appelée Main
   'MsgBox "Bonjour"
End Sub REM fin de la macro Main
```

Basic ne distingue pas les majuscules des minuscules pour les mots-clés et les noms de variables. Ainsi nous avons employé REM et rem pour les commentaires.

> ASTUCE **Les exemples du livre**
>
> Les exemples complets du livre sont déjà écrits dans des documents Writer, Calc, Draw que vous trouve-rez dans le Zip téléchargeable disponible sur le site de l'éditeur (www.editions-eyrolles.com). Copiez le document sur votre disque dur et ouvrez dans l'EDI le module de la bibliothèque indiquée dans la ligne `rem Codexx-yy`.

Longueur des lignes

Basic accepte les lignes de très grande longueur. Néanmoins, comme l'éditeur n'affiche qu'une zone limitée, faites attention aux mots qui pourraient se cacher der-rière une séquence d'espaces ou tabulations.

Un livre ne peut malheureusement pas représenter de longues lignes de codage. Aussi nous serons contraints de couper certaines lignes trop longues. Nous emploierons alors le caractère « souligné » _ (la touche 8 du clavier principal), qui est reconnu par Basic comme indiquant que la même instruction se poursuit sur la ligne suivante. Ce caractère doit être le dernier de la ligne, on ne peut mettre ni espace ni commentaire à sa droite ; il ne doit pas couper un mot ni être accolé à lui.

```
rem Code02-01.odt    bibli : Standard Module1

Sub Macro1 ' un peu de poésie dans ce monde informatique
MsgBox("Là tout n'est qu'ordre et beauté," & chr(13) & _
        "Luxe, calme et volupté."          & chr(13) & _
        "             Charles Beaudelaire")
End Sub
```

> À NOTER **Commentaires et chaînes de caractères**
>
> Le seul moyen de continuer un commentaire sur plusieurs lignes est de répéter le REM ou l'apostrophe à chaque ligne. Le caractère de continuation est traité comme un caractère ordinaire à l'intérieur d'une chaîne de caractères.

Instructions Basic

Les instructions Basic simples s'écrivent sur une seule ligne. Il est possible de mettre plusieurs instructions Basic sur la même ligne en les séparant par le caractère deux points :. Toutefois, évitez ce style d'écriture car vous auriez plus de difficulté à relire vos programmes.

D'autres instructions s'écrivent obligatoirement sur plusieurs lignes, comme `Sub ... End Sub`.

Basic est un langage de programmation de langue anglaise. Les mots-clés qui le composent sont des mots anglais (même si certains sont aussi des mots français comme `Date`, `Environ`, `Minute`). Il en est de même des noms employés par l'API, que nous utiliserons à partir du chapitre 7.

Noms des variables et des routines

Un programmeur utilise de nombreuses routines (sous-programmes), variables ou constantes. Il les désigne chacune par un nom particulier.

Basic est indifférent à la casse des caractères, c'est-à-dire qu'il ne distingue pas un caractère alphabétique en minuscule du même caractère en majuscule (nous nuancerons cependant ceci quand nous aborderons l'utilisation des constantes nommées de l'API). De plus, les noms doivent respecter les règles suivantes :

• comporter entre 1 et 255 caractères ;
• le premier caractère doit être alphabétique (une des 26 lettres de l'alphabet, majuscule ou minuscule mais non accentuée), ou bien être le caractère souligné _ à condition qu'il soit suivi d'au moins un autre caractère alphabétique, numérique (0 à 9) ou souligné ;
• les caractères suivants sont alphabétiques, numériques ou le caractère souligné ; évitez de terminer le nom par un souligné.

Basic accepte, sous certaines conditions précisées dans l'aide en ligne, des caractères espace dans un nom. Nous déconseillons cet usage.

Les caractères alphabétiques accentués ou les caractères spéciaux sont interdits dans un nom. Cette limitation sera partiellement levée dans une version future. Certains caractères comme `$` et `%` sont utilisés dans les noms, mais pour des usages particuliers que nous expliquerons au chapitre 3.

Syntaxe élémentaire

L'affectation d'une valeur à une variable s'écrit simplement avec le signe égal :

```
unCompteur = 3
```

La partie à droite du signe égal peut comporter un simple nombre ou une autre variable, mais peut aussi bien être une expression assez complexe :

```
unCompteur = unCompteur + comptesClient(numClient)
```

Les macros et beaucoup d'instructions Basic peuvent comporter des paramètres en argument, ou aucun argument. En principe, les arguments sont encadrés de parenthèses comme ici :

```
MsgBox("Le travail est terminé", messInfo, titreFenetre)
```

Basic accepte, dans une instruction aussi simple, d'omettre les parenthèses :

```
MsgBox "Le travail est terminé", messInfo, titreFenetre
```

En revanche, si la macro ou instruction est un élément d'une expression plus élaborée, les parenthèses sont nécessaires. En cas de doute, utilisez-les.

Dans le cas particulier d'une macro ou instruction Basic n'utilisant aucun argument, les deux formes suivantes sont donc possibles :

```
macro1()
```

```
macro1
```

Ces deux formes sont autorisées dans toutes les constructions.

ATTENTION Parenthèses

Les parenthèses jouent un rôle différent pour les variables. Une variable change de signification avec ou sans parenthèses. Voir le chapitre 3.

Certaines macros et instructions Basic peuvent renvoyer une valeur résultat ; on les appelle des fonctions. Le résultat de la fonction peut être volontairement ignoré.

```
rem Code02-01.odt    bibli : Standard Module2
Sub Main2
print Time ' la valeur renvoyée est affichée
Time ' la valeur renvoyée est ignorée
End Sub
```

En fait, ici la deuxième ligne ne sert à rien. Cela pourrait être une erreur de programmation, et Basic ne produira aucun message d'erreur.

Exécution Basic

En principe, vous ne pouvez réaliser qu'une seule exécution Basic à la fois. Avec un écran d'ordinateur submergé de fenêtres, on peut avoir oublié qu'un programme Basic est en cours d'exécution, stoppé à un point d'arrêt. Or, beaucoup de petits ajouts bien pratiques sont réalisés avec des macros Basic. Le déclenchement d'une macro Basic à partir d'une icône de barre d'outils dans un document OpenOffice.org peut alors donner des résultats bizarres.

Tant que Basic est en cours d'exécution, OpenOffice.org ne vous permet pas de *fermer* le document qui a lancé la macro.

Recommandations de programmation

Comme indiqué dans ce titre, nous vous présentons ici des recommandations. Vous n'êtes pas obligé de les suivre, ni d'être d'accord. Elles sont cependant acceptées par bien des professionnels.

Certaines des recommandations délivrées ici concernent des concepts que nous aborderons plus loin dans ce livre. Aussi n'hésitez pas à les relire de temps en temps. Toutes ont le même but : vous aider à écrire des programmes clairs, maintenables (c'est-à-dire qui peuvent être modifiés longtemps après, même par une autre personne), et moins sujets aux erreurs.

Le choix des mots

Entre 1 et 255 caractères, il y a place pour des noms de variables et de routines d'une longueur raisonnable. Le programme ne sera pas ralenti avec des noms de grande longueur. En revanche, il sera plus difficile à relire et à mettre au point si les noms sont trop courts ou trop longs.

Dans la mesure où vous n'êtes pas contraint par des règles de nommage propres à votre entreprise, choisissez pour vos noms de variables et macros des noms significatifs de leur utilité, et écrits en minuscules, sauf pour mieux repérer des mots lorsque ce nom est une concaténation de mots. Voici des exemples de variables :

```
monDocument, numeroClient, couleurCadre
```

Une macro Sub effectue une action ; choisissez comme nom un verbe à l'infinitif qui décrit l'action :

```
imprimerRapport()
```

Pour une macro renvoyant une valeur booléenne (vrai, faux), choisissez un nom qui se combine avec l'instruction if pour rappeler la signification d'un résultat ayant la valeur vrai :

```
if clientExiste(nomClient) then
```

En employant de tels noms, votre codage deviendra « auto-documenté », c'est-à-dire qu'à la lecture des instructions, vous aurez déjà une bonne idée du traitement réalisé. Ceci ne vous dispense pas pour autant de commenter les séquences complexes.

Pour éviter des erreurs sur le nom des variables et routines, utilisez systématiquement le copier-coller (ou Ctrl + glisser-déplacer avec la souris).

Inversement, pour des variables « de travail » à usage très localisé, par exemple un simple index dans une boucle, il est plus lisible d'utiliser une variable à un ou deux caractères. Évitez les variables à un caractère dont la graphie ressemble à un chiffre (lettres i, l, o). Préférez les variables comme x, x2, n, p3, aa.

Certains d'entre vous peuvent avoir besoin de programmer en langue anglaise. Méfiez-vous des noms de variables anglais, vous risquez des collisions avec des noms réservés ou des noms utilisés par l'API OpenOffice.org. Un bon moyen d'éviter ces problèmes est de mettre un ou plusieurs chiffres dans le nom.

N'hésitez pas non plus à changer le nom d'une variable ou d'une macro si cela peut clarifier le codage. L'EDI vous permet de faire un chercher-remplacer sur une zone sélectionnée aussi bien que dans tous les modules de la bibliothèque.

Les noms de modules devraient aussi être significatifs, mais des noms longs rendent les onglets difficiles à manipuler. Ne choisissez pas comme nom de module le nom d'une des macros de celle-ci.

Choisissez bien le nom de vos bibliothèques, afin d'éviter que ce nom soit susceptible d'être aussi choisi par un autre programmeur pour sa propre bibliothèque.

La forme : commentaires et espaces

Utilisez les lignes vides et les espaces (ou les tabulations) pour aérer votre codage et mettre en valeur certaines structures. Cela ne prend pas beaucoup plus de temps à écrire et vous aidera grandement dans vos relectures.

Ajoutez des commentaires, là où c'est utile, avec un texte clair et concis. Supposez que votre programme doive être modifié par un autre programmeur de compétence moyenne, ou que vous ayez à le modifier cinq ans après l'avoir terminé. Ne commentez cependant pas les codages simples et évidents, voyez ce qui est dit à propos du choix des noms.

Modularité

Découpez votre programme en multiples macros. Idéalement, chaque macro devrait être entièrement visible dans la fenêtre d'édition de l'EDI. Ceci implique d'appeler des macros en cascade. Chaque macro devrait réaliser une tâche clairement délimitée.

Évitez les variables globales (voir chapitre 3) et préférez les variables locales à une macro ; transférez les informations dans des paramètres de macro.

Autant que possible, testez chaque macro séparément, en commençant par celles qui n'en appellent aucune autre. Si vous ne comprenez pas pourquoi votre macro fonctionne mal, simplifiez-la jusqu'à trouver la raison du problème.

On peut regrouper dans un même module les macros concourant à la réalisation d'une tâche complexe. La découpe en plusieurs modules permet de passer facilement d'une partie à une autre du programme.

Servez-vous des codages déjà réalisés comme base pour vos nouvelles macros. Utilisez abondamment le copier-coller puis adaptez à vos besoins.

Ne ré-inventez pas la roue à chaque nouveau programme ! Avec l'expérience et en vous basant sur des codages existants, vous deviendrez capable de créer des macros génériques qui, une fois écrites et testées, seront réutilisables sans modifications et pourront être considérées comme des super-instructions Basic. Cette approche, si vous développez beaucoup de macros, vous fera gagner un temps précieux et vous pourrez ainsi vous concentrer sur la finalité de la macro que vous êtes en train de développer.

Simplicité

Il y a en général une infinité de manières de résoudre un problème par un programme. Préférez les solutions simples et robustes aux solutions astucieuses mais peu évidentes. Reprenez plusieurs fois votre codage, car la première solution est rarement une solution simple.

La simplicité résulte aussi d'une parfaite compréhension du sujet à traiter, et d'une bonne connaissance des possibilités de votre langage de programmation. Vous ne les acquerrez qu'avec le temps et la pratique.

Robustesse

Évitez de mettre un nombre ou une chaîne de caractères directement dans une instruction, si cette chaîne ou ce nombre est employé plusieurs fois ou est susceptible d'évoluer dans le futur, ou a une signification particulière. Utilisez une constante ou une variable à la place et initialisez-la à un endroit bien visible :

```
rem Code02-01.odt   bibli : Standard Module3
Sub Main3
Const titreFenetre = "Ma jolie macro"
Const messInfo = 64 ' valeur indiquant le type du message
' - - -
' - - - ici les instructions de la macro - - -
' - - -
MsgBox("Le travail est terminé", messInfo, titreFenetre)
End Sub
```

Chaque fois que vous devez recevoir une valeur provenant de l'utilisateur, ou de la lecture d'un fichier, attendez-vous au pire. C'est-à-dire, avant de commencer tout traitement, vérifiez par votre codage que la donnée obtenue est bien dans la gamme des valeurs autorisées. Si plusieurs données doivent être recueillies, vérifiez la cohérence entre elles.

Relectures

L'ordinateur n'a aucune intelligence ; il ne fait que ce que vous lui dites de faire, et il le fait aveuglément. La moindre erreur peut rendre votre superbe construction totalement inutilisable. Or, les êtres humains sont faillibles, et malgré toute la concentration que vous apporterez, malgré votre expérience, vous ferez des erreurs, parfois difficiles à trouver.

Ne vous dites pas : je mettrai tout ça au point avec les tests. En réalité, aucune série de tests ne peut garantir le bon fonctionnement d'un programme un peu complexe. Elle peut seulement démontrer que le programme ne marche pas. De plus, définir un ensemble de tests efficace est un travail aussi complexe que d'écrire un programme.

N'hésitez donc pas à relire et relire encore vos codages de manière critique, de préférence après quelques jours. Avancez pas-à-pas dans votre lecture en vous posant des questions comme : la variable est-elle bien initialisée ? L'appel de cette instruction est-il correct ? Ai-je bien vérifié toutes les branches d'exécution de cette macro ? Ce codage ne pourrait-il pas être simplifié ?

Conclusion

OooBasic est un langage à part entière permettant d'exploiter l'API d'OpenOffice.org. Sa portée s'étend sur toutes les fonctionnalités qu'offre une suite bureautique. Il permet d'automatiser certaines tâches mais également de créer de nouvelles fonctionnalités en réarrangeant et en utilisant les briques logicielles mises à sa disposition.

OpenOffice.org fournit un environnement de développement complet permettant de gagner du temps dans la mise au point des macros Basic. Coloration syntaxique, débogage... sont autant d'outils indispensables pour créer ses macros dans de bonnes conditions. Les macros sont classées et hiérarchisées en bibliothèques et modules, ce qui permet de rationaliser le développement.

Nous avons présenté le cadre syntaxique général de OooBasic. Les conseils qui ont été donnés en termes d'habitudes d'écriture permettront d'écrire des macros claires et documentées. Ce ne pourra être que bénéfique par la suite.

Nous pouvons maintenant aborder les variables et types de données, briques de bases essentielles à la programmation.

3

Variables et tableaux de variables

Qu'est-ce qu'une variable ? C'est une zone de mémoire volatile à laquelle on donne un nom, et qui sert à mémoriser une information. Mémoire volatile veut dire que celle-ci ne se conserve pas si on coupe l'alimentation de l'ordinateur. Basic dispose de différents types de variables, pour différents usages. Nous allons les décrire dans ce chapitre.

Déclarer des variables

Le programmeur déclare une variable pour prévenir l'ordinateur qu'il doit réserver une zone mémoire et lui donner un nom.

OpenOffice.org Basic n'oblige pas à déclarer les variables simples. Ainsi, le code suivant utilise une variable nommée Chanson.

```
rem Code03-01.odt    bibli : Library1 Module1

Sub SansDeclaration()
Chanson = "Au clair de la Lune"
print Chanson
End Sub
```

Ceci est très pratique, mais à déconseiller, car une simple faute de frappe peut créer involontairement des variables. Le code suivant en montre une conséquence :

```
rem Code03-01.odt   bibli : Library1 Module2

Sub ErreurFrappe()
Chanson = "Au clair de la Lune"
' - - - -
' supposons toute une série d'instructions ici
' - - - -
Chason = "Il pleut Bergère"
' - - - -
' supposons toute une série d'instructions ici
' - - - -
print Chanson
End Sub
```

En exécutant cette macro vous verrez le message : « Au clair de la Lune », au lieu de « Il pleut Bergère ».

Vous avez fait une petite faute de frappe et votre programme fonctionne d'une autre manière, mais sans aucune erreur. Sachant que dans des applications complexes, vous pouvez avoir besoin de plusieurs dizaines de variables utilisées chacune plusieurs fois, mesurez les risques que vous prenez.

La déclaration Explicit

Pour éviter ces erreurs, Basic dispose d'une déclaration optionnelle :

```
Option Explicit
```

Cette ligne doit être écrite au début du module, avant toute instruction. Elle peut être précédée de commentaires, d'espaces, ou de lignes blanches. Après cette déclaration, toute variable utilisée doit être déclarée par une instruction Dim avant de l'utiliser ou de l'initialiser. Modifions le code précédent, qui devient :

```
rem Code03-01.odt   bibli : Library1 Module3
Option Explicit

Sub DeclarationObligatoire()
Dim Chanson As String
Chanson = "Au clair de la Lune"
' - - - -
' supposons toute une série d'instructions ici
' - - - -
```

```
Chason = "Il pleut Bergère"
'  - - - -
' supposons toute une série d'instructions ici
'  - - - -
print Chanson
End Sub
```

Si vous exécutez cette macro, Basic affichera un message d'erreur (figure 3-1).

Figure 3–1
Erreur d'exécution

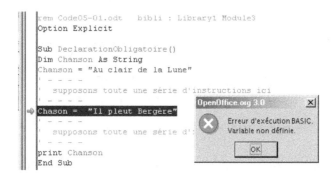

Non seulement Basic vous prévient d'une anomalie, mais il ouvre l'EDI si nécessaire et sélectionne la ligne en faute ! Vous obtiendriez le même message si l'erreur de frappe se situait non pas ici, mais à l'instruction print.

Si la déclaration Dim n'existait pas, Basic afficherait une erreur dès la première instruction d'affectation. En effet, Dim sert à déclarer à Basic les variables que nous voulons utiliser.

La déclaration Dim

Nous venons de voir une forme très courante de la déclaration Dim.

```
Dim Chanson As String
```

Elle signifie : je déclare que la variable Chanson est du type String. Nous verrons plus loin ce qu'est le type String. Le mot réservé As doit précéder le type de la variable.

Il existe une forme plus simple :

```
Dim Chanson
```

Pour Basic, cette forme est équivalente à :

```
Dim Chanson As Variant
```

Variant est un autre type de variable, utilisé par défaut, que nous décrirons plus loin. Il est nettement préférable de toujours déclarer explicitement le type Variant (et de l'employer seulement à bon escient).

On peut, soit déclarer chaque variable avec une déclaration Dim, soit les regrouper dans une même déclaration :

```
Dim Chanson As String, Chanteur As String, Annee As Integer
```

Même si les variables sont du même type, vous devez répéter le As ... pour chacune. En effet, l'instruction suivante est acceptée mais signifie autre chose :

```
Dim Chanson, Chanteur As String, Annee As Integer
```

Elle signifie que la variable Chanson est du type Variant puisque vous n'avez pas précisé le type. Il existe d'autres formes de déclarations Dim, employées pour les tableaux ; elles sont décrites plus loin dans une section spécifique.

Valeur initiale des variables

Basic donne une valeur initiale à chacune de vos variables. La valeur exacte dépend du type de la variable ; par exemple, elle équivaut à zéro pour les variables numériques.

Vous ne devriez pas compter sur Basic pour initialiser vos variables ; prenez plutôt la peine de le faire vous-même. Vous déciderez ainsi à quel endroit le faire (parfois il faut réinitialiser en cours de traitement), et quelle valeur donner (parfois une valeur autre que zéro est préférable).

L'intérêt de l'initialisation des variables par Basic est que, si vous avez oublié d'initialiser une variable, votre programme se comportera de manière reproductible, ce qui facilite la recherche des erreurs de programmation. Alors que dans d'autres langages, une variable non initialisée par le programmeur peut dépendre des traces laissées en mémoire par les applications précédemment exécutées.

Contrairement à VBA, il n'est pas possible d'initialiser une variable dans sa déclaration Dim.

Portée des variables

Les variables déclarées dans une routine Sub ou Function sont connues seulement dans cette routine. Plus exactement, les variables sont connues à l'intérieur de la routine à partir du moment où elles sont déclarées. Il n'est pas obligatoire de regrouper toutes les déclarations en début de routine, il suffit de déclarer la variable juste avant la première utilisation. Néanmoins, les déclarations au fil de l'eau aboutissent à un code moins lisible que des déclarations regroupées en un ou deux endroits.

Puisque les variables d'une routine ne sont pas connues à l'extérieur de celle-ci, il est possible de reprendre les mêmes noms dans différentes routines.

À l'inverse, il est possible de définir des variables communes à plusieurs routines. Les programmeurs expérimentés évitent cela autant que possible car la mise au point est rendue plus délicate, mais c'est parfois absolument nécessaire. Plusieurs cas se présentent.

Variable commune à un module

Dans le code qui suit, la routine principale Main1() affecte une valeur à la variable Chanson, appelle la routine ModifierChanson() et affiche le contenu de la variable.

```
rem Code03-01.odt    bibli : Library2 Module1
Option Explicit

Private Chanson As String

Sub Main1()
Chanson = "Au clair de la Lune"
ModifierChanson()
print Chanson
End Sub

Sub ModifierChanson()
Chanson = "Il pleut Bergère"
End Sub
```

La déclaration Dim est remplacée par une déclaration Private, en dehors des deux routines mais dans le même module. Private s'emploie avec la même syntaxe que Dim.

L'exécution de la routine Main1() montre que la variable est bien accessible depuis les deux routines. En réalité, par suite d'un ancien bogue, elle est aussi accessible depuis un autre module de la bibliothèque, comme avec la déclaration Public que nous allons voir ci-dessous. Pour que Private limite la portée de la variable au module, il faut utiliser le mode de compatibilité VBA, que nous n'utilisons pas pour les raisons exposées au chapitre 2. Utilisez cependant la déclaration Private, vous indiquez ainsi au lecteur que la donnée ne devrait pas être utilisée ailleurs que dans ce module.

Variable commune à une bibliothèque

Nous allons déclarer une variable dans un module et l'utiliser dans un autre module de la même bibliothèque. Voici le module déclarant une variable commune :

```
rem Code03-01.odt    bibli : Library3 Module2
Option Explicit

Public Chanson As String

Sub ModifierChanson()
Chanson = "Il pleut Bergère"
End Sub
```

La déclaration Public s'emploie avec la même syntaxe que la déclaration Dim.

Dans un autre module de la même bibliothèque, nous plaçons la routine principale, qui affecte une valeur à la variable commune, appelle une routine qui se trouve dans l'autre module, et affiche le contenu de la variable :

```
rem Code03-01.odt    bibli : Library3 Module1
Option Explicit

Sub Main1bis()
Chanson = "Au clair de la Lune"
ModifierChanson()
print Chanson
End Sub
```

Variable commune à plusieurs bibliothèques

Nous allons déclarer une variable dans un module d'une bibliothèque.

```
rem Code03-02.odt    bibli : Library1 Module1
Option Explicit

Global Compositeur As String, Naissance As Integer

Sub AffecterGlobal()
Compositeur = "Vivaldi"
Naissance = 1678
End Sub
```

La déclaration Global s'emploie avec la même syntaxe que la déclaration Dim.

Dans *une autre* bibliothèque du même document, utilisons cette variable :

```
rem Code03-02.odt    bibli : Library2 Module1
Option Explicit

Sub UtiliserGlobal()
print Compositeur, Naissance
End Sub
```

À condition que la bibliothèque `Library2` soit chargée, l'exécution de `UtiliserGlobal()` se fera sans erreur. Si `AffecterGlobal()` a été exécutée auparavant, le résultat affiché sera « Vivaldi 1678». La variable ainsi définie n'est connue que dans les bibliothèques du même document. Si elle est définie dans une des bibliothèques de `soffice`, elle sera connue dans les autres bibliothèques de `soffice`.

Dans la bibliothèque où une variable `Global` est déclarée, la déclaration est équivalente à `Public`, c'est-à-dire qu'elle est connue de tous les modules.

Les variables Global sont persistantes

Quand la macro se termine, les variables `Global` mémorisent la dernière valeur affectée lors du traitement. Si vous relancez la macro, ou une autre macro les utilisant, ne comptez pas sur Basic pour les réinitialiser. Vous devez en tenir compte dans vos traitements. La mémorisation disparaît si le document contenant la déclaration de ces variables est fermé. Si la déclaration se trouve dans **Mes macros**, la variable restera mémorisée tant que l'application OpenOffice fonctionne.

Dans certains cas, cette faculté de persistance est indispensable. Mais, en général, évitez les variables `Global`, car mal employées, elles rendent un programme plus complexe à mettre au point.

ATTENTION **Nom de variable Public ou Global**

Ne donnez pas à une variable de portée `Public` ou `Global` le même nom que celui d'un des modules de la même bibliothèque. Cela provoquerait des anomalies d'exécution.

Les chaînes de caractères

Les variables de type `String` sont appelées chaînes de caractères. Elles contiennent une série de 0 à 65 535 caractères, appelée plus communément texte. Chaque caractère est encodé en Unicode à 16 bits, ce qui permet de supporter les caractères nationaux de nombreuses langues. La chaîne de caractères est construite en encadrant le texte de guillemets :

```
Chanson = "Au clair de la Lune"
```

Tous les espaces sont significatifs à l'intérieur de la séquence encadrée par les guillemets.

Une chaîne avec aucun caractère est une chaîne de longueur nulle, qui s'écrit ainsi :

```
Chanson = ""
```

Basic initialise les variables String à une chaîne de longueur nulle.

Une chaîne de caractères peut comporter des caractères guillemets. Chacun de ceux-ci doit alors être dupliqué. L'EDI facilite l'écriture de telles chaînes grâce à sa coloration syntaxique.

```
a = "Je vous dis : ""Bonjour!"""
```

> **POUR LES EXPERTS Le type Caractère**
>
> OpenOffice.org Basic ne possède pas de type Caractère. On mémorise un caractère avec une chaîne à un caractère.

Concaténation

L'opérateur de concaténation & sert à fusionner deux chaînes de caractères.

```
rem Code03-03.odt    bibli : Library1 Module2
Option Explicit

Sub Abouter()
Dim Texte1 As String, Texte2 As String
Dim Resultat As String

Texte1 = "Le temps"
Texte2 = "beau"
Resultat = Texte1 & " est " & Texte2
print Resultat
Resultat = Resultat & " et chaud"
print Resultat
End Sub
```

L'opérateur + est aussi accepté à la place de l'opérateur &. Cependant, ce dernier est préférable pour éviter les ambiguïtés de code, notamment lors de l'utilisation du type variant. De nombreuses autres opérations sont possibles avec les chaînes de caractères, en utilisant les fonctions intégrées de Basic décrites au chapitre 5.

Les variables numériques

OpenOffice.org Basic dispose de plusieurs types de données pour représenter des nombres. Il est nécessaire de connaître leurs spécificités pour bien les utiliser.

Les entiers

Il existe trois types de variables numériques pouvant contenir des nombres entiers, voir le tableau 3-1.

Tableau 3–1 Les types entiers

Type	Gamme des valeurs	Occupation mémoire
Byte	0 à +255	1 octet = 8 bits
Integer	-32 768 à +32 767	2 octets = 16 bits
Long	-2 147 483 648 à +2 147 483 647	4 octets = 32 bits

Pourquoi ces bornes bizarres ? Parce que les variables sont stockées sous forme binaire.

Pourquoi trois types ? Historiquement, les types Integer et Long étaient justifiés par l'occupation mémoire, et par la durée des calculs. Aujourd'hui, les capacités mémoire et la vitesse des processeurs actuels rendent ces critères obsolètes. Le type Byte a été introduit récemment pour permettre l'utilisation de certaines méthodes de l'API. En pratique, pour vos variables, entières utilisez le type Long, d'une part parce que c'est moins long à écrire, et d'autre part parce que cela évite les problèmes liés à des valeurs un peu grandes.

En Basic, les nombres entiers (et les autres nombres) sont écrits sans employer de caractère d'espacement de milliers.

```
Dim grand As Long
grand = 123456789
```

Basic initialise les variables Byte, Integer et Long à la valeur zéro.

Parmi les opérateurs mathématiques pour les variables entières (voir le tableau 3-4), on trouve la division arrondie et la division entière. Cet exemple montre le résultat pour chacune.

```
rem Code03-03.odt   bibli : Library1 Module1
Option Explicit
```

```
Sub DivEntiers()
Dim a As Long, b As Long, c As Long, d As Long

a = 57
b = 6
c = a / b ' le résultat de la division est arrondi
d = a \ b ' division entière
print c, d
End Sub
```

L'exécution de la routine donne 10 pour c et 9 pour d.

Les nombres réels

Il existe deux types de variables numériques pouvant contenir des nombres à virgule flottante, voir le tableau 3-2.

Tableau 3–2 Les types réels

Type	Gamme des valeurs non nulles	Précision	Occupation mémoire
Single	$\pm$ 3,402823 x 10^{38} à $\pm$1,401298 x 10^{-45}	6 à 7 chiffres	4 octets = 32 bits
Double	$\pm$1,79769313486232 10^{308} à $\pm$ 4,94065645841247 10^{-324}	14 à 15 chiffres	8 octets = 64 bits

Ces types sont des approximations des nombres réels, avec une précision plus grande pour le type Double. Pourquoi deux types ? Historiquement, ils étaient justifiés par le coût de la mémoire et la lenteur des calculs en Double. Aujourd'hui, ces critères sont obsolètes, il est préférable de n'utiliser que le type Double.

Les nombres en virgule flottante sont écrits en Basic sans séparateur de milliers, avec un point pour marquer la décimale, et la lettre E ou e pour marquer le début de l'exposant :

```
Dim e As Double, h As Double
e = 2.718281828459045
h = 6.625e-34
```

Notez que, dans la troisième ligne, le e annonce l'exposant ; ce n'est pas la variable e ! Cet exposant représente une puissance de 10, il n'a rien à voir avec l'exponentielle. La valeur de l'exposant est obligatoirement un entier.

Basic initialise les variables Single et Double à la valeur zéro.

Les opérateurs mathématiques des types réels sont listés au tableau 3-3. Utilisez le symbole puissance ∧ pour effectuer des calculs comme les racines « nièmes » :

```
v = 7^0.5    ' racine carrée de 7
v = 27^(1/3) ' racine cubique de 27
```

Basic fournit des fonctions numériques et trigonométriques pour les calculs en virgule flottante. Nous les verrons au chapitre 5.

Les inconvénients du calcul en flottant

Les variables réelles sont stockées sous forme binaire flottant. Nous écrivons et lisons les nombres réels dans une représentation décimale flottante, et l'ordinateur doit donc faire une conversion pour les mémoriser et réaliser ses calculs. Cette conversion peut entraîner des petites erreurs, qui peuvent apparaître visiblement dans un résultat.

```
Dim a As Single, b As Single, c As Single
a = 5.777
b = 5.778
c = (b-a)*1000
print c ' on devrait afficher la valeur : 1
```

Le codage ci-dessus affiche la valeur 0,9999275 ! Avec des variables de type Double, le résultat est 1,00000000000122, ce qui n'est pas non plus satisfaisant.

À cause de ces limitations, il ne faut jamais tester l'égalité de deux variables à virgule flottante, mais plutôt tester si la valeur absolue de la différence est suffisamment faible. Le codage suivant présente un cas typique :

```
rem Code03-03.odt    bibli : Library2 Module1
Option Explicit

Sub CalculsFlottants()
Dim A As Double, B As Double, C As Double
Dim R1 As Double, R2 As Double

A = -1.2345
B = 1.2346
C = -0.0001
R1 = B + A + C
R2 = B + C + A
print "R1=" & R1 ' résultat non nul
print "R2=" & R2 ' résultat nul
End Sub
```

Les deux nombres A et B sont voisins mais nettement différents si on tient compte de la grande précision du type Double. Cependant, l'exécution de la macro donne :

- R1 = –1,10182045778839 10^{-17}
- R2 = 0

Le pur mathématicien est scandalisé : d'abord, il y a une erreur de calcul, et puis Basic ne connaît même pas la propriété de commutativité ! En fait, l'erreur découle de la limite de précision pour un Double.

Ce phénomène se retrouve dans tous les ordinateurs calculant en binaire flottant, et s'amplifie avec des calculs en chaîne. Il n'y a pas de solution simple, des livres et des cours traitent des méthodes de calcul numérique.

Les variables monétaires

Nous avons vu avec les nombres réels que l'implémentation est entachée d'une imprécision, faible mais inévitable. Les comptables des grandes entreprises, les employés de banque ou les fonctionnaires de l'État sont amenés à manipuler des nombres de très grande valeur avec plusieurs décimales (en général 2, parfois plus) avec une exigence absolue de précision.

Pour ces usages, Basic fournit le type monétaire appelé Currency. Les variables monétaires sont implémentées sous la forme de nombres entiers de 8 octets, soit 64 bits. L'affichage d'une variable monétaire considère que les 4 derniers chiffres de la représentation décimale sont 4 décimales du nombre. Tout se passe comme si une valeur de 12345,67 euros était convertie dans le nombre entier 123456700 pour les calculs internes, puis le résultat affiché en positionnant la virgule devant les 4 derniers chiffres.

Une variable monétaire admet une précision de 4 décimales sur une gamme de valeurs entre -922 337 203 685 477,5808 et + 922 337 203 685 477,5807. Elle s'écrit sans utiliser de symbole monétaire, sans séparateur de milliers, et avec un point décimal.

```
Dim Budget As Currency
Budget = 45292790254.35
```

Basic initialise les variables Currency à la valeur zéro. Reprenons l'exemple des nombres réels, en employant des variables monétaires :

```
rem Code03-03.odt    bibli : Library3
Option Explicit

Sub CalculsMonetaires()
```

```
Dim A As Currency, B As Currency, C As Currency
Dim R1 As Currency, R2 As Currency

A = -1.2345
B = 1.2346
C = -0.0001
R1 = B + A + C
R2 = B + C + A
print "R1=" & R1 ' résultat nul
print "R2=" & R2 ' résultat nul
End Sub
```

Le résultat affiché sera bien zéro pour R1 et pour R2.

Les opérateurs mathématiques pour le type monétaire sont listés au tableau 3-3.

Les rapports Issue 31001, Issue 54049, Issue 91121 et Issue 107277 signalent des anomalies de fonctionnement avec les variables de type Currency. Aussi nous déconseillons formellement l'usage du type Currency tant que ces bogues n'auront pas été corrigés.

Les variables décimales

Le type Variant, que nous décrivons plus loin, supporte un sous-type Decimal qui n'est pas documenté dans OpenOffice. Il a été introduit pour une compatibilité avec le type Decimal de VB/VBA, lui aussi sous-type de Variant. On le déclare ainsi :

```
Dim v As Variant
v = CDec(0) ' initialiser à zéro
' initialiser à une valeur non supportée par un autre type numérique
v = CDec("12345.6789012345678901")
print v
```

La fonction Basic CDec effectue la conversion dans le sous-type Decimal. Elle est indispensable pour initialiser une variable dans ce sous-type. Pour l'initialiser à une valeur en dehors de la plage admissible pour un type ordinaire, utilisez une chaîne de caractères en argument. Les limites du sous-type Decimal sont particulières :

- Le nombre maximal de chiffres significatifs est d'environ 28.
- Pour des valeurs entières, la limite est 79228162514264337593543950335 en positif ou négatif, soit en notation flottante, environ $\pm 7,9E28$.
- La précision décimale maximale est de 28 décimales.
- La plus petite valeur différente de zéro est 0,0000000000000000000000000001 en positif ou négatif, soit $\pm 1E-28$ en notation flottante.

> **Attention**
>
> Un débordement sur une variable de sous-type `Decimal` ne produit pas d'erreur, le nombre résultant sera incohérent.

Le sous-type `Decimal` est donc préférable au type `Currency` pour les calculs précis. Il est aussi utile dans certaines fonctions de l'API qui renvoient ou utilisent des entiers à 64 bits (par exemple pour certains types utilisés pour les bases de données).

Les opérateurs numériques

Le tableau 3-3 indique les opérateurs disponibles pour chacun des types de données numériques.

Tableau 3–3 Les opérateurs numériques

Opérateur	Opération	Byte Integer Long	Single Double	Currency	Décimal
+	Addition	Oui	Oui	Oui	Oui
–	Soustraction	Oui	Oui	Oui	Oui
*	Multiplication	Oui	Oui	Oui	Oui
/	Division normale	Non	Oui	Oui	Oui
/	Division arrondie	Oui	Non	Non	Non
\	Division entière	Oui	Non	Non	Non (Note ❶)
mod	Reste de la division entière	Oui	Non (Note 1)	Non	Non (Note ❶)
∧	Élévation à la puissance	Non	Oui	Non	Non (Note ❷)

Notes

❶ Les opérandes sont convertis automatiquement en `Long`.

❷ Les opérandes sont convertis automatiquement en `Double`.

Ordre d'évaluation des opérateurs numériques

Les opérateurs numériques du tableau 3-4 sont présentés par ordre de priorité décroissante. Sur chaque ligne, les opérateurs ont la même priorité. L'évaluation de l'expression s'effectue de gauche à droite quand les opérateurs rencontrés sont de priorité identique. Les parenthèses permettent d'imposer un ordre d'évaluation.

Tableau 3–4 Ordre d'évaluation des opérateurs numériques

Priorité	Opérateurs
1	– (le signe moins, opérateur unaire)
2	∧
3	* / mod
4	+ –

Les booléens

Les variables booléennes

Les variables du type `Boolean` ne possèdent que deux valeurs : `False` (faux) et `True` (vrai). Elles sont très utiles dans les expressions conditionnelles.

Elles sont déclarées ainsi :

```
Dim Oui As Boolean
```

Basic initialise les variables `Boolean` à la valeur `False`. Ces variables sont stockées en interne sous forme de deux octets (16 bits) alors qu'un seul bit suffirait, parce que les processeurs courants traitent plus facilement les mots de 16 bits que les éléments binaires unitaires. Dans Basic, il a été décidé que lors d'une conversion de type :

- Une valeur numérique nulle est assimilée à `False`.
- Toute autre valeur numérique est assimilée à `True`.
- `False` est converti dans la valeur numérique zéro.
- `True` est converti dans la valeur numérique -1.

Le code suivant montre diverses manières d'affecter des valeurs booléennes :

```
rem Code03-03.odt    bibli : Library4 Module1
Option Explicit

Sub EvaluationBooleenne()
Dim Gagnant As Boolean
Dim Oui As Boolean, Non As Boolean

' différentes valeurs évaluées à : false
Gagnant = False
print "essai 1F : ", Gagnant
```

```
Non = False
Gagnant = Non
print "essai 2F : ", Gagnant
Gagnant = 0
print "essai 3F : ", Gagnant

' différentes valeurs évaluées à : true
Gagnant = True
print "essai 1V : ", Gagnant
Oui = True
Gagnant = Oui
print "essai 2V : ", Gagnant
Gagnant = 1
print "essai 3V : ", Gagnant
Gagnant = -1
print "essai 4V : ", Gagnant
Gagnant = 0.000000000000001
print "essai 5V : ", Gagnant
End Sub
```

Les opérateurs booléens

Les expressions booléennes utilisent des opérateurs particuliers. Dans le tableau 3-5, nous emploierons des expressions combinant deux variables ou expressions booléennes A et B.

Tableau 3–5 Les opérateurs booléens

Opérateur	Expression	Résultat
not	not A	(Opérateur NON) True si A vaut False False si A vaut True
and	A and B	(Opérateur ET) True si A et B valent True False si A vaut False, ou B vaut False, ou les deux valent False
or	A or B	(Opérateur OU) True si A vaut True ou si B vaut True False si A et B valent False
xor	A xor B	(Opérateur OU exclusif) True si A vaut True et B vaut False True si A vaut False et B vaut True False si A vaut True et B vaut True False si A vaut False et B vaut False

Tableau 3–5 Les opérateurs booléens (suite)

Opérateur	Expression	Résultat
eqv	A eqv B	(Opérateur Équivalence) True si A vaut True et B vaut True True si A vaut False et B vaut False False si A vaut True et B vaut False False si A vaut False et B vaut True
imp	A imp B	(Opérateur Implication) False si A vaut True et B vaut False True dans les trois autres cas

L'expression `A eqv B` est identique à l'expression `not(A xor B)`.

L'expression `A imp B` est identique à l'expression `not A or B`. L'opérateur `imp` est rarement utilisé. Le code suivant visualise les différentes combinaisons de l'expression :

```
rem Code03-03.odt    bibli : Library4 Module2
Option Explicit

Sub OperateurImp()
Dim A As Boolean, B As Boolean
Dim Resultat As Boolean

A = False
B = False
Resultat = A Imp B
print A, "Imp", B, "=", Resultat
A = False
B = True
Resultat = A Imp B
print A, "Imp", B, "=", Resultat
A = True
B = False
Resultat = A Imp B
print A, "Imp", B, "=", Resultat
A = True
B = True
Resultat = A Imp B
print A, "Imp", B, "=", Resultat
End Sub
```

Les calculs booléens sur des nombres

Ces calculs sont utilisés rarement, et pour des besoins très spécifiques. Pour comprendre cette section, le lecteur doit être familier des représentations binaires et hexadécimales.

Les opérateurs booléens not, and, or et xor peuvent être appliqués sur des variables entières. Dans ce cas, l'opération est effectuée bit à bit sur la représentation binaire du contenu des variables entières, soit sur 16 bits pour des entiers Integer et sur 32 bits pour des entiers Long. Dans cet exemple, les valeurs indiquées X sont en représentation hexadécimale :

```
rem Code03-03.odt   bibli : Library4 Module3
Option Explicit

Sub CalculsBinaires()
Dim A As Long, B As Long

A = 513                      ' X0201
B = 776                      ' X0308
print A or B ' affiche : 777 = X0309
A = 253                      ' X00FD
B = 42                       ' X002A
print A and B ' affiche : 40 = X0028
print not A    ' affiche : -254 = XFFFFFF02
End Sub
```

Les opérateurs de comparaison

Les opérateurs de comparaison servent à comparer deux valeurs numériques (utilisant des entiers ou des réels) ou deux chaînes de caractères. Nous les décrivons ici parce que le résultat d'une comparaison est True ou False, c'est-à-dire un résultat booléen. La comparaison de chaînes de caractères s'effectue caractère par caractère et de gauche à droite, en comparant leurs valeurs Unicode. Il en résulte que les majuscules sont distinguées des minuscules, et les caractères accentués sont différenciés. Dans le tableau 3-6, nous employons des expressions combinant deux variables ou expressions A et B.

Tableau 3–6 Les opérateurs de comparaison

Opérateur	Expression	Résultat
=	A = B	True si A est strictement égal à B
<>	A <> B	True si A est différent de B
<	A < B	True si A est strictement inférieur à B
<=	A <= B	True si A est inférieur ou égal à B

Tableau 3–6 Les opérateurs de comparaison (suite)

Opérateur	Expression	Résultat
>	A > B	True si A est strictement supérieur à B
>=	A >= B	True si A est supérieur ou égal à B

Rappelons que l'égalité entre deux variables ou expressions en nombres réels n'a pas de sens à cause des inévitables erreurs de conversion et de calcul.

Calculs booléens

Comme les opérateurs de comparaison fournissent une valeur booléenne, on peut combiner plusieurs de celles-ci avec des opérateurs booléens pour obtenir un résultat booléen.

```
rem Code03-03.odt    bibli : Library4 Module4
Option Explicit

Sub Main4()
Dim x As Long, y As Long
Dim resultat As Boolean

x = 347
resultat = x = 347' style d'écriture à éviter !
print resultat
y = 6
resultat = (x = 341) or (y+x-3 >= 350)
print resultat
End Sub
```

Dans cet exemple, la première expression booléenne s'écrit plus clairement :

```
resultat = (x = 347)
```

La deuxième expression de l'exemple combine deux évaluations numériques avec l'opérateur booléen or. N'hésitez pas à employer des parenthèses pour forcer l'ordre d'évaluation d'une expression, et aussi pour rendre l'expression plus lisible.

Ordre d'évaluation des opérateurs booléens et de comparaison

Les opérateurs du tableau 3-7 sont présentés par ordre décroissant de priorité. Sur chaque ligne, les opérateurs ont la même priorité. L'évaluation de l'expression s'effectue de gauche à droite quand les opérateurs rencontrés sont de priorité identique.

Tableau 3–7 Ordre d'évaluation des opérateurs booléens et de comparaison

Priorité	Opérateurs
1 (maximale)	not (opérateur unaire)
2	< <= = <> >= >
3	and or xor eqv imp

Les parenthèses permettent d'imposer un ordre d'évaluation quelconque. N'hésitez pas à les employer.

Les variables de date

Les variables de type Date servent à mémoriser une date et une heure. L'implémentation du type Date est en fait une variable Double dans laquelle la partie entière représente un nombre de jour, et la partie fractionnaire une heure précise à la seconde, exprimée en fraction de jour. Le jour du 30 décembre 1899 a la valeur zéro, le lendemain a la valeur 1. Basic initialise les variables Date au 30/12/1899 à 0h 0min 0s.

Le seul moyen d'initialiser une variable Date par programmation est d'utiliser une fonction de conversion. Il existe une fonction pour obtenir une date, une fonction pour obtenir une heure, mais aucune fonction pour initialiser simultanément date et heure. Le code ci-dessous montre un exemple simple de variables de type Date.

```
rem Code03-03.odt   bibli : Library5 Module1
Option Explicit

Sub LesDates()
Dim A As Date, B As Date, C As Date

A = 15/03/2004 ' ceci ne donne pas ce que vous croyez
B = DateSerial(2004,3,15) ' date : 15/03/2004
C = TimeSerial(9,57,35)   ' heure : 09h 57mn 35s
print A, B, C
A = B + C ' 15/03/2004 à 09h 57mn 35s
print A
A = A +320 ' 320 jours plus tard, même heure
print A
End Sub
```

La première initialisation de la variable A est acceptée, mais pas comme la date indiquée. En effet, l'expression est évaluée mathématiquement de gauche à droite, et le résultat est interprété comme une heure puisqu'il est inférieur à 1. La deuxième affectation de valeur à la variable A permet d'obtenir une date et une heure. La dernière modification de la variable A montre comment on peut changer de jour.

La date la plus ancienne qu'on puisse assigner avec `DateSerial` est l'année 100, bien que cela n'ait pas grand sens puisque le calendrier Grégorien débute en 1582. La date la plus futuriste acceptée est le 31/12/9999. Notez que dans les boîtes de dialogue, le contrôle de champ Date se limite à la période du 1er janvier 1600 au 1er janvier 9999.

Les dates peuvent être comparées. On peut ajouter ou retrancher un nombre de jours ou une valeur d'heure.

Il existe diverses fonctions pour obtenir ou afficher des dates et heures, nous les verrons au chapitre 5.

Les objets

Les variables de type `Object` sont utilisées pour accéder à des entités qui ne correspondent à aucun des types connus de Basic. Il est impossible d'affecter une valeur de type Basic à un objet, car cela déclenche une erreur « Utilisation incorrecte d'un objet ». Nous utiliserons ce type de variables à partir du chapitre 7, lorsque nous utiliserons l'API OpenOffice.org. En voici un exemple typique :

```
Dim monDocument As Object
monDocument = StarDesktop.loadComponentFromURL(....)
```

À la déclaration, la variable `Object` ne contient rien. La fonction `IsNull` renvoie `True` si la variable `Object` est vide, `False` si elle contient un objet.

```
print IsNull(monDocument)
```

Il est possible de « vider » une variable `Object` en lui affectant la pseudo-valeur `Nothing` (et non la pseudo-valeur `Null`) :

```
monDocument = Nothing
```

Ceci est rarement nécessaire car Basic libère la mémoire des données qui ne sont plus utilisées, par exemple suite à une nouvelle affectation de valeur ou pour les variables locales à la fin d'un sous-programme.

Il existe une forme spéciale de déclaration d'objet, qui sert à obtenir une variable conforme à un « modèle ».

```
Dim Prop As New com.sun.star.beans.PropertyValue
```

Le terme New demande à Basic de créer une nouvelle variable selon le modèle qui suit. Ce modèle est désigné par un nom composé, qui doit être écrit en respectant les majuscules et minuscules. Nous en apprendrons plus sur les noms composés lorsque nous aborderons l'API.

Le type Variant

Les variables de type Variant sont les plus souples, car elles peuvent contenir des données des différents types déjà vus, y compris un objet. Une telle variable peut changer de type au fil des instructions.

> EN PRATIQUE **Aide en ligne de Basic**
>
> L'aide en ligne traduit Variant par « variante » dans le corps du texte. Nous préférons garder le terme anglais, avec la majuscule.

Pourquoi utiliser des Variant ? Si vous concevez une routine dont un argument est déclaré de type Variant, votre routine peut être appelée avec un argument aussi bien de type String que de type Double ou Long, etc. De même, si vous définissez une fonction comme renvoyant un type Variant, tout type de résultat est possible en fonction de l'exécution. Enfin, nous le verrons dans d'autres chapitres, le type Variant est parfois indispensable avec certaines interfaces de l'API pour lesquelles on ne peut connaître le type de la variable qu'en cours d'exécution.

Basic admet trois formes pour déclarer une variable de type Variant :

```
                                ' on ne déclare pas la variable ! !
Dim maVariable                  ' déclaration implicite du type
Dim maVariable As Variant ' déclaration explicite du type
```

Les deux premières formes ont déjà été signalées quand nous avons expliqué les déclarations de variables. Évitez-les, si vous souhaitez écrire un code clair.

À la déclaration, la variable Variant ne contient rien. La fonction IsEmpty renvoie True si la variable Variant est vide, False si elle contient quelque chose.

```
print IsEmpty(maVariable)
```

Il n'existe pas de pseudo-variable pour « vider » une variable `Variant`. On contourne le problème avec une autre variable non initialisée :

```
rem Code03-03.odt    bibli : Library6 Module1
Option Explicit

Sub Main1()
Dim aa As Variant, vide As Variant

aa = 3
print "Valeur de aa : ", aa
aa = vide
print "Valeur de aa : ", aa ' ceci n'affiche rien
if aa = "" then print "Chaîne vide"
if aa <> "" then print "Chaîne non vide"
if aa = 0 then print "Alors aa est nul ?"
if IsEmpty(aa) then print "aa est vide"
End Sub
```

L'exécution de cet exemple montre plusieurs points remarquables :

- Le premier `print` montre bien une valeur numérique.
- Une fois la valeur `Empty` affectée à la variable `aa`, l'instruction `print` n'affiche plus rien, comme pour une chaîne vide (c'est-à-dire de longueur nulle).
- L'instruction suivante n'affiche rien, donc `aa` n'est pas considérée comme une chaîne vide.
- L'instruction suivante n'affiche rien non plus, donc `aa` n'est pas non plus une chaîne non vide !
- Le test `aa = 0` donne `True`. Ceci provient d'une conversion implicite de la non-valeur du `Variant` en une valeur équivalente pour un nombre entier, qui est zéro.
- Finalement, la fonction `IsEmpty()` renvoie `True`, ce qui confirme que `aa` contient la valeur `Empty`.

La valeur Null

Une variable de type `Variant` peut recevoir une pseudo-valeur : `Null`. Elle indique que la variable ne contient pas de donnée utilisable, ce qui est différent d'une variable vide. La valeur `Null` peut être employée pour renvoyer une donnée signifiant « pas d'information » :

```
Dim resu As Variant
' fin d'un traitement
resu = Null
```

Vous ne pouvez pas utiliser une variable ayant la valeur `Null`. Les instructions suivantes provoquent des erreurs :

```
Dim aa As Variant, bb As Long
aa = Null
bb = aa ' erreur d'exécution car bb n'est pas un Variant
print aa ' erreur d'exécution
```

La comparaison d'un `Variant` à la valeur `Null` est autorisée. La fonction `IsNull` reconnaît l'état `Null` du `Variant`, et la fonction `IsEmpty` indique que le `Variant` n'est cependant pas vide.

```
if aa = Null then print "aa est nul"
print "Null ?", isNull(aa)    ' affiche : True
print "Empty ?", IsEmpty(aa) ' affiche : False
```

Comment connaître le type d'un Variant ?

Sachant qu'une variable est de type `Variant`, comment savoir ce qu'elle représente à un instant d'exécution du programme ? Basic fournit à cet effet plusieurs fonctions d'interrogation, listées dans le tableau 3-8. Toutes ces fonctions renvoient un résultat `Boolean` : soit `True` (vrai), soit `False` (faux). Elles sont aussi utilisables avec tout autre type de donnée ou expression.

Tableau 3–8 Fonctions d'interrogation de type

Fonction	Signification quand le résultat est True (vrai)
IsNull()	L'argument ne contient pas de donnée utilisable.
IsEmpty()	L'argument est vide.
IsNumeric()	L'argument est un nombre entier ou réel ou une chaîne de caractères interprétable comme un nombre (le séparateur décimal est celui de la configuration).
IsDate()	L'argument est une date ou une heure.
IsArray()	L'argument est un tableau.
IsObject()	L'argument est un objet.

Voici un exemple utilisant ces fonctions :

```
rem Code03-03.odt    bibli : Library6 Module2
Option Explicit

Sub Main2()
Dim aa As Variant, resu As Boolean
```

```
print "1 Empty ?", IsEmpty(aa)      ' affiche : True
print "1 Null ?", IsNull(aa)        ' affiche : False
aa = Null
print "2 Empty ?", IsEmpty(aa)      ' affiche : False
print "2 Null ?", IsNull(aa)        ' affiche : True
aa = 3.14
print "3 Empty ?", IsEmpty(aa)      ' affiche : False
print "3 Null ?", IsNull(aa)        ' affiche : False
print "3 Nombre ?", IsNumeric(aa)   ' affiche : True
print "3 Date ?", IsDate(aa)        ' affiche : False
End Sub
```

Ces fonctions n'ont de sens qu'avec des variables `Variant`. Démonstration :

```
rem Code03-03.odt    bibli : Library6 Module3
Option Explicit

Sub Main3()
Dim aa As Long, resu As Boolean
print "Empty ?", IsEmpty(aa)     ' affiche : False
print "Null ?", IsNull(aa)       ' affiche : False
print "Nombre ?", IsNumeric(aa)  ' affiche : False
End Sub
```

OpenOffice.org Basic dispose de deux fonctions permettant de connaître le type d'une variable :

- `TypeName()` renvoie une chaîne de caractères précisant le type.
- `VarType()` renvoie une valeur numérique précisant le type.

Le code suivant donne quelques exemples.

```
rem Code03-03.odt    bibli : Library6 Module4
Option Explicit

Sub Main4()
Dim aa As Variant, bb As Long, cc As String

print VarType(aa), TypeName(aa) ' affiche : 0 empty
aa = 0
print VarType(aa), TypeName(aa) ' affiche : 2 Integer
aa = 32768
print VarType(aa), TypeName(aa) ' affiche : 5 Double !
aa = "12345"
print VarType(aa), TypeName(aa) ' affiche : 8 String
aa = CDec(0)
print VarType(aa), TypeName(aa) ' affiche : 37 Decimal
```

```
print VarType(bb), TypeName(bb) ' affiche : 3 Long
print VarType(cc), TypeName(cc) ' affiche : 8 String
End Sub
```

Le cas des valeurs entières montre que le type choisi par une variable Variant n'est pas toujours celui qu'on penserait. Nous verrons au chapitre 5 comment imposer certains types. Le tableau 3-9 liste les valeurs possibles pour un Variant, certaines sont purement internes.

Tableau 3–9 Valeurs renvoyées par VarType et TypeName

VarType	TypeName	Type de donnée
8	String	Chaîne de caractères
17	Byte	Octet
2	Integer	Entier
3	Long	Entier
4	Single	Réel
5	Double	Réel
6	Currency	Monétaire
37	Decimal	Décimal
11	Boolean	Booléen
7	Date	Date
9	Object	Objet
12	Variant	Variant
0	Empty	Variant vide
1	Null	Variant : valeur non disponible
18	UShort	Type interne
19	ULong	Type interne
20	Long64	Type interne
35	INT64	Type interne, utilisé par l'API
16	Char	Type interne, utilisé par l'API

Les constantes

Les constantes servent à nommer une valeur fixe, connue à l'écriture du programme.

Une constante s'écrit avec le mot-clé `Const` suivi d'une ou de plusieurs définitions séparées par des virgules. Chaque définition s'écrit comme si on initialisait une variable avec une valeur littérale. La valeur peut être obtenue par une expression utilisant des opérateurs et des constantes déjà définies.

```
rem Code03-03.odt    bibli : Library7 Module1
Option Explicit

Sub Main1()
Dim a As Long, b As Double, p As String
Const a2 = -314789, poete = "Charles Baudelaire"
Const e = 2.718281828459045
Const x = 3*e +1000 +a2 ' constante calculée à partir de constantes

a = a2
b = e
p = poete
print p
print a
print b
print x
End Sub
```

Basic affiche un message d'erreur si on essaie de modifier la valeur d'une constante. L'usage de constantes rend le code plus robuste que si on écrivait des valeurs littérales au fil des instructions.

Une constante commune `Private`, ou `Public`, ou `Global` s'écrit en précédant le mot `Const` d'un de ces termes et en plaçant la ligne avant les routines.

```
Private Const a2 = -314789, poete = "Ronsard"
Public  Const a3 = "Bonjour"
Global  Const a4 = 5.7e6
```

Contrairement aux déclarations de variables, les constantes `Private` sont vraiment privées. Une constante déclarée hors routine seulement avec le mot `Const` se comporte comme une constante `Private`.

Les tableaux

Jusqu'à maintenant, nous avons étudié des variables simples, qui ont une seule valeur à un moment donné. Les variables tableaux (en anglais, *array*) représentent non pas une mais plusieurs valeurs simultanées. Elles doivent être déclarées explicitement. Les variables tableaux existent dans tous les types de données déjà rencontrés.

L'aide F1 de Basic et la documentation Oracle traduisent le terme anglais *array* par le mot français matrice, mais nous préférons et utiliserons le terme tableau.

Soulignons qu'il n'est pas possible de déclarer une constante tableau.

Les tableaux unidimensionnels (vecteurs)

Il s'agit du tableau le plus simple : un ensemble de valeurs accessibles avec un seul index. Il existe plusieurs manières de déclarer un tableau. Voici la plus courante à travers un exemple :

```
rem Code03-04.odt   bibli : Library1 Module1
Option Explicit

Sub Main1()
Dim Temperatures(23) As Double

Temperatures(0) = 4.5
Temperatures(15) = 13.2
Temperatures(23) = 6
End Sub
```

L'instruction `Dim` déclare une variable `Temperatures` qui est destinée à contenir la mesure de température de la journée, heure par heure. Cette déclaration réserve 24 zones mémoire de type `Double`. On accède à chaque zone avec un index entre 0 et 23, comme indiqué dans les lignes suivantes du code.

Dans cette méthode de déclaration, le nombre entre parenthèses est la valeur la plus élevée utilisable de l'index. La valeur la plus basse est zéro, ce qui nous donne ici 24 zones.

La deuxième méthode nous permet de fixer des valeurs arbitraires aux valeurs extrêmes de l'index. Nous allons supposer que nous mémorisons la température moyenne de chaque mois de l'année :

```
rem Code03-04.odt   bibli : Library1 Module2
Option Explicit

Sub Main2()
Dim Temperatures(1 to 12) As Double

Temperatures(1) = 5
Temperatures(5) = 13
Temperatures(8) = 27
Temperatures(12) = 6
End Sub
```

La déclaration de tableau précise les valeurs extrêmes de l'index. Il est possible d'utiliser des valeurs négatives. La valeur après le `to` doit être supérieure ou égale à la valeur avant le `to`.

Dans une déclaration `Dim,` les valeurs d'index peuvent être des variables. Elles sont donc déterminées seulement à l'exécution.

```
Dim x As Long, y As Long
x = -7
y = x + 40
Dim v(x to y) As String
```

> REMARQUE **Taille des tableaux**
>
> Les valeurs extrêmes de l'index d'un tableau peuvent être quelconques. Le nombre maximal d'éléments d'un tableau ne dépend que de la mémoire disponible. Toutefois, pour des raisons d'implémentation, chaque élément occupe au moins 100 octets en mémoire. Ainsi un tableau d'un million d'éléments `Boolean` occupera environ 100 Mo !

Les tableaux multidimensionnels

Supposons que nous ayons besoin de mémoriser la température de chaque jour de l'année. Nous avons deux solutions : soit utiliser un vecteur avec 366 éléments (pour tenir compte des années bissextiles), soit utiliser un tableau à deux dimensions :

```
rem Code03-04.odt    bibli : Library1 Module3
Option Explicit

Sub Main3()
Dim Temperatures(1 to 12, 1 to 31) As Double

Temperatures(1, 1) = 5    ' 1er janvier
Temperatures(5, 30) = 13 ' 30 mai
Temperatures(8, 15) = 27 ' 15 août
Temperatures(12, 31) = 6 ' 31 décembre
End Sub
```

Dans la déclaration, nous avons indiqué deux index : le premier pour le numéro du mois, le deuxième pour le numéro du jour dans le mois. Le contenu de la variable `Temperatures` pourrait être présenté sous la forme d'un tableau de 12 lignes et 31 colonnes, avec une valeur dans chaque case. Enfin, pas tout à fait... car par exemple le 30 février n'existe pas ! Ces cases resteront inutilisées, ce qui n'a aucune importance.

La première forme de déclaration peut aussi être utilisée dans la déclaration d'un tableau multidimensionnel, pour un ou plusieurs des index. Voici comment mémoriser la température de chaque heure pour chaque jour de l'année :

```
rem Code03-04.odt   bibli : Library1 Module4
Option Explicit

Sub Main4()
Dim Temperatures(1 to 12, 1 to 31, 23) As Double

Temperatures(1, 1, 0) = 5   ' 1er janvier à 00h
Temperatures(8, 15, 14) = 27 ' 15 août à 14h
End Sub
```

On dit que le tableau a trois dimensions. Basic permet un nombre de dimensions presque quelconque (dans la mesure des capacités mémoire), mais dans la pratique, il est rare d'en dépasser 4.

Les tableaux peuvent être définis en Private, Public, Global comme les variables simples.

Redimensionner un tableau

Il y a des situations où la taille nécessaire pour un tableau varie pendant l'exécution du programme. La solution la plus simple est de déclarer une taille supérieure aux besoins prévus et de limiter les valeurs de l'index à la zone utile. Dans la quasi-totalité des cas, l'occupation mémoire reste négligeable par rapport à celle disponible pour l'ordinateur.

Cependant, si vous en avez besoin, Basic permet de redimensionner un tableau en cours d'exécution du programme, à condition que le tableau soit interne à une routine. Pour cela, on utilise l'instruction Redim.

Cet exemple utilise un vecteur, mais un tableau multidimensionnel aurait convenu.

```
rem Code03-04.odt   bibli : Library2 Module1
Option Explicit

Sub Main1()
Dim maTable(3) As Long, Xmax As Long

maTable(1) = 100
maTable(3) = 333
print maTable(1), maTable(2), maTable(3)
' quelques instructions plus tard...
Xmax = 9
```

```
Redim maTable(Xmax) As Long
maTable(7) = 7777
print maTable(1), maTable(2), maTable(3), maTable(7)
End Sub
```

Dans ce code, `maTable` est déclarée comme vecteur d'index 0 à 3. La première instruction `print` affiche 100, 0, 333 car l'élément d'index 2 a gardé sa valeur d'initialisation. L'instruction `Redim` transforme `maTable` en vecteur d'index 0 à `Xmax`, qui vaut 9. Attention, Basic refuse de changer le type des éléments du vecteur, ou le nombre de dimensions du tableau.

Vous remarquerez que la deuxième instruction `print` affiche des zéros pour les anciennes valeurs : le redimensionnement a éliminé les valeurs qui préexistaient. Heureusement, nous pouvons éviter ceci, en utilisant l'option `Preserve`.

```
rem Code03-04.odt    bibli : Library2 Module2
Option Explicit

Sub Main2()
Dim maTable(3) As Long, Xmax As Long

maTable(1) = 100
maTable(3) = 333
print maTable(1), maTable(2), maTable(3)
' quelques instructions plus tard...
Xmax = 9
Redim Preserve maTable(Xmax) As Long
maTable(7) = 7777
print maTable(1), maTable(2), maTable(3), maTable(7)
End Sub
```

À présent, les valeurs préexistantes sont gardées malgré le redimensionnement. Évidemment, il faut pour cela que l'ancien dimensionnement et le nouveau soient compatibles en termes d'index.

ATTENTION **Redimensionnement et vitesse d'exécution**

Le redimensionnement d'un tableau représente un certain travail pour Basic, en particulier si on utilise `Preserve`. Comme de nombreux redimensionnements peuvent sérieusement ralentir votre programme, il est plus rapide et plus simple de déclarer un tableau avec une taille supérieure à la taille maximale, et de laisser des éléments inutilisés.

Connaître les limites d'index

Dans certaines situations, on se retrouve avec une variable tableau dont on ne connaît pas la plage des index valides. Basic nous fournit deux fonctions pour nous tirer d'affaire :

- LBound() renvoie la valeur minimale de l'index.
- UBound() renvoie la valeur maximale de l'index.

L'exemple suivant est assez artificiel, mais montre comment utiliser ces fonctions.

```
rem Code03-04.odt   bibli : Library2 Module3
Option Explicit

Sub Main3()
Dim IndexMin As Long, IndexMax As Long
Dim unVecteur(75 to 139) As Double
Dim uneTable(5, -3 to 7, 15) As Boolean

IndexMin = LBound(unVecteur())
IndexMax = UBound(unVecteur())
print "Vecteur", IndexMin, IndexMax

IndexMin = LBound(uneTable())
IndexMax = UBound(uneTable())
print "Table", IndexMin, IndexMax   ' premier index

IndexMin = LBound(uneTable(), 1)
IndexMax = UBound(uneTable(), 1)
print "Table1", IndexMin, IndexMax ' premier index

IndexMin = LBound(uneTable(), 2)
IndexMax = UBound(uneTable(), 2)
print "Table2", IndexMin, IndexMax ' deuxième index

IndexMin = LBound(uneTable(), 3)
IndexMax = UBound(uneTable(), 3)
print "Table3", IndexMin, IndexMax ' troisième index
End Sub
```

Dans l'utilisation de LBound() et UBound(), il est nécessaire de fournir en argument la totalité du tableau. Pour que Basic comprenne notre intention, il est nécessaire d'écrire le nom du tableau suivi de deux parenthèses sans rien à l'intérieur.

Le deuxième argument, facultatif, de ces fonctions est le numéro de la dimension, ou rang de l'index dont on recherche la borne. Pour un vecteur, ce rang est égal à 1. Dans le cas d'un tableau multidimensionnel, il vaut entre 1 et n, le nombre de dimensions du tableau. Si vous dépassez le nombre de dimensions, une erreur sera déclenchée. Cela peut être un moyen de connaître le nombre de dimensions, si vous savez gérer les erreurs.

Les affectations entre tableaux

Cette particularité de Basic a été signalée par Danny Brewer (*DannyB*) dans le forum de langue anglaise OOoForum http://www.oooforum.org/.

Nous allons essayer d'affecter un tableau à un autre de mêmes dimensions, en utilisant la syntaxe vue dans la section précédente :

```
S4() = S3()
```

La macro ci-dessous doit être exécutée pour afficher les messages.

```
rem Code03-04.odt   bibli : Library2 Module4
Option Explicit

Sub PointerTableau()
Dim S1 As String, S2(1) As String
Dim S3(2) As String, S4(2) As String

S3(0) = "un"
S3(1) = "deux"
S3(2) = "trois"

S4() = S3()' l'intention est de copier le tableau S3()
S1 = S3(1) ' copie d'un élément de S3()
' copie d'un élément de S3() dans un élément de S2()
S2(1) = S3(1)
print "Avant", S1, S2(1), S3(1), S4(1)

S3(1) = "modifié"' changeons un élément de S3()
print "Après", S1, S2(1), S3(1), S4(1)
' conclusion : S3 et S4 pointent sur le même tableau
' par contre S1 et S2(1) sont bien des copies
S4(1) = "changé"' confirmation en modifiant S4
print "Après", S1, S2(1), S3(1), S4(1)
End Sub
```

Pour un débutant en programmation, le résultat relève de la magie. Le programmeur expérimenté reconnaît un effet de pointeur. Dans l'implémentation, la zone mémoire du tableau se trouve à une certaine adresse, et en réalité les variables S3 et S4 ne contiennent que l'adresse mémoire du tableau : ce sont des pointeurs.

L'avantage est qu'il n'y a pas de recopie, le pointeur se met simplement jour. L'inconvénient est que si nous voulons réellement dupliquer le tableau, nous devrons nous y prendre autrement. Notre exemple nous a mis sur la voie : il faut recopier un par un chaque élément du tableau. Cette opération est réalisée par le code suivant, qui utilise l'instruction de boucle `for` que nous verrons au chapitre 4.

```
rem Code03-04.odt   bibli : Library2 Module5
Option Explicit

Sub CopierTableau()
Dim S3(2) As String, S4(2) As String
Dim x As Long

S3(0) = "un"
S3(1) = "deux"
S3(2) = "trois"
' recopie du tableau élément par élément
for x = LBound(S3()) to UBound(S3())
  S4(x) = S3(x)
next
S3(1) = "modifié"
print S3(1), S4(1) ' Vérification
End Sub
```

Les variables Variant et les tableaux

Les variables `Variant` ont des propriétés tout à fait particulières dans le domaine des tableaux. Ces propriétés les rendent indispensables dans certains échanges d'information avec l'API d'OpenOffice.org.

Les tableaux de Variant

Un tableau de `Variant` peut être déclaré comme le serait un autre tableau :

```
Dim Table1(5,3) As Long
Dim Table2(5,3) As Variant
```

Cependant, il existe une grande différence pour le programmeur : la variable `Table1` ne peut contenir que des valeurs de type `Long`, alors que la variable `Table2` peut contenir simultanément des éléments de types différents. Nous pouvons écrire par exemple :

```
Table2(3,1) = -576
Table2(0,0) = "Mercredi"
Table2(0,1) = 6.55957
```

Comme pour une variable `Variant` simple, nous pourrions changer le type d'un élément au cours du programme.

La fonction Array()

Cette fonction est très pratique pour remplir en une seule instruction une variable vecteur avec des valeurs. Si vous êtes très attentif, cette macro devrait vous surprendre :

```
rem Code03-04.odt    bibli : Library2 Module6
Option Explicit

Sub VecteurBizarre()
Dim unVecteur As Variant
Dim y As Double

y = 12345678.9
unVecteur = array(55555, "Hello", y)
print unVecteur(0), unVecteur(1), unVecteur(2)
End Sub
```

D'une part, nous avons défini unVecteur comme une variable simple. Et pourtant, nous obtenons grâce à la fonction Array() un vecteur à trois éléments ! Dans la déclaration, nous n'avons pas eu besoin de préciser la taille de l'index. C'est d'un grand intérêt si vous devez récupérer d'une fonction de l'API un tableau dont vous ne savez rien.

D'autre part, nous avons créé un vecteur contenant un élément entier, un élément chaîne de caractères et un élément nombre réel. Ceci est possible car chaque élément est un Variant.

Les tableaux de tableaux

Comme Array() accepte des valeurs calculées à l'exécution, nous pouvons essayer de lui donner en argument un vecteur ! Voilà ce que cela donne :

```
rem Code03-04.odt    bibli : Library2 Module7
Option Explicit

Sub TableauDeTableaux()
Dim v1 As Variant, v2 As Variant, v3 As Variant
Dim m1 As Variant, extrait As Variant

v1 = array(12345, 11)
v2 = array(43210, 22, 777, 999)
v3 = array(55555, 3.14, "Hello")
m1 = array(v1,v2,v3)' construction du tableau
extrait = m1(1)
' cette instruction affiche : 3 43210 999
print UBound(extrait), extrait(0), extrait(3)
```

```
extrait = m1(2)
' cette instruction affiche : 2 55555 Hello
print UBound(extrait), extrait(0), extrait(2)

' *** syntaxe acceptée à partir de OOo 3.0 ***
' cette instruction affiche : 43210 2 55555 Hello
'print m1(1)(0), UBound(m1(2)), m1(2)(0), m1(2)(2)
End Sub
```

Nous avons obtenu un étrange tableau composé d'un vecteur à deux éléments, d'un vecteur à quatre éléments et d'un vecteur à trois éléments : la variable m1 contient un tableau de tableaux, ce qui est très différent d'un tableau multidimensionnel. De plus, ce tableau est irrégulier, car il est constitué d'éléments de tailles différentes. L'API utilise parfois des tableaux de tableaux.

Il n'est pas possible d'obtenir directement un élément individuel de la variable m1 avec une instruction comme m1(1,1), car cela déclencherait une erreur. En revanche, en utilisant les propriétés des Variant, on peut récupérer un sous-ensemble, et ainsi de suite jusqu'à obtenir un vecteur. Chaque élément du vecteur peut alors être récupéré. Dans notre codage, nous avons pour cela utilisé la variable intermédiaire extrait.

À partir de la version 3.0 d'OpenOffice.org, il est possible d'utiliser une syntaxe spéciale pour accéder directement à un élément de tableau de tableaux : à chaque niveau de tableau correspond une indexation entre parenthèses (comme dans la dernière instruction du codage exemple, mise en commentaire pour éviter une erreur de compilation sur une version ancienne d'OpenOffice.org). Dans un cas général, on peut avoir un tableau multidimensionnel de tableaux multidimensionnels.

```
Dim a(3,5) As Long, v(6, 4) As Variant
a(1,4) = 1040
v(2,3) = a()
print v(2,3)(1,4) ' affiche 1040
```

Structures de données complexes

Cette section s'adresse aux programmeurs expérimentés.

Les collections

Depuis au moins la version 2.4, le Basic OpenOffice.org est capable de gérer des collections, à l'image de VBA. Dans une collection, on accède aux données par un index, ou éventuellement par un nom arbitraire. On peut ajouter, supprimer et lister les données de la collection.

> **ATTENTION** **Différentes collections**
>
> Les collections de OOoBasic n'ont rien à voir avec les collections d'objets que nous verrons dans l'API OpenOffice.org. Le principe de base est similaire, mais les méthodes sont différentes.
> Si votre macro doit fonctionner exclusivement sous MS-Windows, vous pourrez préférer utiliser via COM le `Scripting.Dictionary`, qui offre un mécanisme de collection plus élaboré.

Nous montrerons les différentes possibilités par un exemple qui montre comment créer une table de codes postaux qu'on pourra interroger à partir du nom de la commune. Ici chaque élément de la collection est une chaîne de caractères, mais pour d'autres utilisations, on pourrait prendre un autre type, par exemple un `Variant`, ce qui ouvre d'autres possibilités.

```
rem Code03-05.odt    bibli : Collections Module1
Option Explicit

Sub CodesPostaux()
Dim codes As New Collection

codes.Add("49000", "Angers") ' clé "Angers", valeur 49000, position 1
codes.Add("33000", "Bordeaux") ' position 2
codes.Add("09000", "Foix")      ' position 3
codes.Add("11350", "Cucugnan") ' position 4

print codes("foix")' code postal de Foix : 09000
print "Nombre d'éléments : " & codes.Count    ' 4 éléments

codes.Add("75000", "Paris", "Foix") 'avant la position de Foix
print "Valeur de l'élément 4 : " & codes.Item(4)' Foix
codes.Add("64200", "Biarritz", After:= 4) ' après Foix
codes.Add("40100", "Dax", Before:= "Biarritz") ' avant Biarritz
codes.Remove("Bordeaux")
codes.Remove(3) ' enlever l'élément 3 : Foix
codes.Add("Alpha") ' élément sans clé

Dim codePostal As String, n As Long
For Each codePostal in codes ' explorer la collection
  print codePostal
Next
For n = codes.Countto 1 step -1 ' explorer en sens inverse
  codePostal = codes.Item(n)
  print n, codePostal
Next
End Sub
```

Une collection est déclarée par `As New Collection`. Initialement, elle est vide. On ajoute un élément à la collection avec la méthode `Add`, qui prend de 1 à 3 arguments (tableau 3-10). Chaque élément de la collection se trouve à une position numérotée à partir de 1. Si le troisième argument n'est pas employé, l'élément sera ajouté en dernière position. La donnée est quelconque, car le type `Variant` peut accepter tout type de données, même un tableau ou un objet.

Tableau 3–10 Arguments de la méthode Add

Argument	Type	Signification
1	Variant	Donnée à mémoriser.
2	String	Optionnel : clé d'accès direct à la donnée.
3	String ou Long	Optionnel : position d'insertion Before:= insérer avant After:= insérer après Sans indication, l'insertion s'effectue avant. La position est exprimée soit par une clé existante, soit par le numéro d'ordre dans la collection.

La première instruction `print` de notre exemple montre l'intérêt d'une collection utilisant des clés : par une pseudo-indexation utilisant la clé (une chaîne de caractères), on obtient la valeur de l'élément correspondant. La clé est reconnue indépendamment de la casse (majuscules/minuscules), mais si elle n'existe pas dans la collection, une erreur d'exécution sera déclenchée. Le nombre d'éléments dans la collection est obtenu par la méthode `Count` de la collection.

Les quatre lignes suivantes montrent comment imposer la position d'insertion, avec une syntaxe un peu particulière. Signalons qu'une tentative d'insérer un élément avec une clé déjà utilisée déclenche une erreur d'exécution. Enfin, il est tout à fait possible d'insérer un élément sans clé. Dans ce cas le seul moyen de le retrouver est par sa position.

La méthode `Remove` enlève un élément repéré soit par sa clé, soit par sa position. Pour vider totalement la collection avant de la remplir de nouveau, il suffit de redéclarer la variable :

```
Redim codes As New Collection
```

La collection peut être explorée facilement dans le sens des positions croissantes avec une boucle `For Each`, que nous verrons au chapitre 4. Il est également possible d'utiliser une variable d'index et une boucle `For` ordinaire, comme nous l'avons fait ici pour explorer en sens inverse. Un élément de la collection peut être obtenu soit par pseudo-indexation utilisant sa position ou sa clé d'accès, soit par la méthode `Item` avec la position ou la clé en argument.

Les collections OOoBasic ne comportent actuellement pas de méthode pour tester si une clé est utilisée. À la place, on peut soit balayer la collection, ce qui peut être lent avec Basic, soit tenter d'accéder à l'élément avec la clé et intercepter l'erreur éventuelle comme indiqué dans le chapitre 6.

Les types définis par l'utilisateur

La plupart des langages de programmation modernes permettent de définir des types de données adaptés aux problèmes à résoudre. OOoBasic offre dans ce domaine les types définis par l'utilisateur (en anglais, *User Defined Type*, UDT). Ce mécanisme n'est pas documenté, bien qu'existant depuis au moins la version 1.1.4 d'Open-Office.org. L'exemple qui suit en montre les possibilités et les limites. Il utilise quelques notions de Basic que nous verrons plus tard.

```
rem Code03-05.odt    bibli : TypeUtilisateur Module1
Option Explicit

Type notesCollege
  Francais As Double
  Maths As Double
  HistGeo As Double
  comportement As String
End Type

Type eleve
  nom As String
  prenom As String
  naissance As Date
  poids As Double
  notes As notesCollege
End Type

' utiliser les types déclarés auparavant
Sub manipulerTypeUtilisateur()
Dim zoe As eleve, n As notesCollege, p As notesCollege
Dim v As Double, clone As Variant

zoe.nom = "Duschnock"
zoe.prenom = "Zoé"
zoe.poids = 32.7
With zoe' With évite de répéter le nom de variable
  .naissance = DateSerial(1995,3,27)
  .poids = 34.8
End With
```

```
n.Francais = 11.5
n.Maths = 3
n.comportement = "Très dissipée"
n.HistGeo = 12

zoe.notes = n ' initialiser tout le sous-type
p = zoe.notes ' récupérer un sous-type pour le traiter
p.Maths = p.Maths * 2 ' attention ! on modifie l'original !
n.Francais = 16 ' ici aussi on modifie zoe.notes.Francais !

clone = zoe
clone.nom = "Dupont" ' ici aussi on modifie l'original !
v = zoe.notes.Maths ' récupération d'un sous-élément

MsgBox( "Né(e) le " & zoe.naissance & chr(13) & _
"Maths : " & v & chr(13) & "Français : " & zoe.notes.Francais & chr(13) & _
"Comportement : " & zoe.notes.comportement, 0, zoe.prenom & " " & zoe.nom)
End Sub
```

Un type défini par l'utilisateur doit être déclaré par Type et End Type, et avant toute déclaration de routine Sub ou Function du module. Un type est constitué d'un ou plusieurs éléments ; chaque élément est d'un type Basic (Long, String, Boolean, Variant, etc.), mais pas un tableau. En revanche un élément peut être d'un autre type utilisateur, préalablement déclaré. Ici, l'élément notes est du type notesCollege. Bien que la syntaxe d'utilisation soit similaire, un type utilisateur n'est pas une structure UNO, et n'est pas utilisable par l'API OpenOffice.org.

Les variables doivent être déclarées comme étant du type utilisateur ou du type Variant, mais pas du type Object.

Un type défini par l'utilisateur est reconnu seulement dans son module. Pour déclarer des variables de ce type dans tout autre module Basic, il faut définir dans le module initial une fonction destinée à renvoyer une valeur de ce type. En effet, une fonction est appelable depuis tout autre module.

```
rem Code03-05.odt   bibli : TypeUtilisateur Module1

Function CreerEleve() As Variant
Dim e As eleve, n As notesCollege
e.notes = n ' la sous-structure doit être déclarée explicitement
CreerEleve = e
End Function

rem Code03-05.odt   bibli : TypeUtilisateur Module2

Sub utiliserTypeUtilisateurAilleurs()
Dim e3 As Variant
```

```
e3 = creerEleve
e3.nom = "Ben Sallah"
e3.prenom = "Aïssa"
e3.notes.Maths = 18.6
MsgBox("Maths : " & e3.notes.Maths, 0, e3.prenom & " " & e3.nom)
End Sub
```

Naturellement, il est possible de profiter de cette fonction pour initialiser la nouvelle donnée avec certaines valeurs, éventuellement passées en argument. Un type utilisateur peut contenir un élément de son propre type, ce qui nous permet de construire des structures chaînées. Cependant, il vaut mieux déclarer l'élément comme Variant pour faciliter le codage Basic. Comme exemple nous prendrons une esquisse de logiciel de généalogie. Le type Personne permet de remonter au père et à la mère. La fonction quidam crée et initialise une donnée de type Personne.

```
rem Code03-05.odt    bibli : TypeUtilisateur Module3
Option Explicit

Type Personne
  Nom As String
  Prenom As String
  Sexe As Boolean
  Naissance As Date
  Deces As Date
  Pere As Variant
  Mere As Variant
End Type

' écrire "" pour une date inconnue (décès)
' écrire Null pour un parent inconnu
Function quidam(Nom As String, Prenom As String, Sexe As Boolean, _
  Naissance As String, Deces As String, _
  papa As Variant, maman As Variant) As Variant

Dim p1 As Personne
p1.Nom = Nom
p1.Prenom = Prenom
p1.Naissance = CDate(Naissance)
p1.Deces = CDate(Deces)
p1.Sexe = Sexe
p1.Pere = papa
p1.Mere = maman
quidam = p1
End Function
```

Vous trouverez dans le Module4 du même fichier Code03-05.odt une mise en œuvre de ces données.

> **Variable utilisateur déclarée en Global**
>
> Une variable simple de type utilisateur déclarée en Global est mal mémorisée (Issue 52057). Pour contourner ce bogue, déclarez une variable tableau.

Diverses fonctionnalités concernant les variables Basic

Basic possède quelques instructions destinées à simplifier l'écriture de programmes. Nous les signalons afin que vous puissiez les reconnaître dans vos lectures, mais nous déconseillons leur usage. Le gain apparent à l'écriture sera annulé par une perte de temps bien plus grande à la mise au point.

Les caractères de déclaration de type

Dans une déclaration Dim, il est possible de déclarer une variable d'un type donné sans l'écrire explicitement. Pour cela, le nom de la variable doit être terminé par un caractère spécial. Ces caractères sont listés dans le tableau 3-11.

Tableau 3–11 Liste des caractères de type

Caractère	Exemple	Type de donnée
$	Dim unNom$	String
%	Dim age%	Integer
&	Dim population&	Long
!	Dim distance!	Single
#	Dim dimension#	Double
@	Dim budget@	Currency
aucun	-	Boolean
aucun	-	Date
aucun	-	Object
aucun	-	Variant

Les caractères de type pour variables non déclarées

Quand on a la mauvaise habitude de ne pas déclarer les variables, il faut un autre moyen pour indiquer le type de la variable. Basic utilise dans ce but la première lettre du nom de la variable. Cette lettre peut être définie avec une instruction de la forme Defxxx. Par exemple, ceci définit les lettres v et z comme lettres désignant le type Variant :

```
DefVar v, z
```

L'instruction `Defxxx` doit être ajoutée avant le code du module. Par défaut, aucune lettre n'est définie, donc toute variable est du type `Variant`. Malgré cela, certains programmeurs ont l'habitude d'utiliser certaines lettres pour indiquer le type de la variable. Ils mettent cette lettre en minuscule, suivie d'une majuscule pour le deuxième caractère du nom de la variable.

Le tableau 3-12 liste la lettre usuelle et l'instruction pour chaque type.

Tableau 3–12 Lettre usuelle et instruction de définition de type

Lettre usuelle	Instruction	Type de donnée
s	DefStr	String
i	DefInt	Integer
l	DefLng	Long
aucune	DefSng	Single
d	DefDbl	Double
aucune	DefCur	Currency
b	DefBool	Boolean
t	DefDate	Date
o	DefObj	Object
v	DefVar	Variant

Cette manière de nommer les variables est assez répandue dans les exemples de code utilisant les objets de l'API :

```
bSuccess = HasUnoInterfaces(oSimpleFileAccess,IfaceName3$)
```

Pour autant, nous insistons sur l'intérêt de déclarer préalablement toute variable que vous utilisez, en précisant explicitement le type. Dans ce cas, ce caractère est inutile ainsi que celui décrit dans la section précédente.

DimArray()

Quand on a la mauvaise habitude de ne pas déclarer les variables, il faut un autre moyen pour définir un tableau. Pour cela, Basic dispose de la fonction `DimArray` qui renvoie un tableau de `Variant`.

```
rem Code03-04.odt   bibli : Library2 Module8

Sub Main8()
```

```
unTableau = DimArray(8,6,11, 2)
print UBound(unTableau(), 1), UBound(unTableau(), 2),_
      UBound(unTableau(), 3), UBound(unTableau(), 4)
End Sub
```

Les arguments de DimArray ont la même signification que pour une déclaration de tableau avec Dim. On ne peut pas préciser explicitement la borne inférieure de chaque index.

Option Base

Si elle est utilisée, l'instruction Option Base doit être ajoutée avant le code du module. Elle sert à définir la limite inférieure par défaut des index de tableau. Vous avez le choix entre 0 et 1.

```
Option Base 1
```

L'instruction ci-dessus définit la limite inférieure à 1, alors que par défaut la limite est 0. La valeur par défaut équivaut à écrire :

```
Option Base 0
```

Il est déconseillé de changer la valeur par défaut, car la plupart des programmeurs Basic y sont habitués, le gain éventuel en mémoire est totalement négligeable et surtout l'API utilise des index à base zéro.

Conclusion

OOoBasic sait manipuler des entités et des variables de natures différentes. Chacune a ses spécificités propres : numériques ou chaînes de caractères, elles ont toutes un domaine de définition et d'utilisation identifiés. Les variables peuvent être manipulées sous forme de tableaux dont nous avons exposé les principes et la manipulation.

Le chapitre suivant nous permettra d'utiliser ces éléments à travers des instructions conditionnelles et itératives.

4

Altérer le cours du programme

Un programme n'est pas un long fleuve tranquille. Les instructions Basic que nous allons décrire ici permettent de changer le cours linéaire des instructions exécutées : ce sont les instructions de branchement conditionnel ou inconditionnel, les instructions permettant d'effectuer une boucle, et les sous-programmes.

Instructions conditionnelles

Ces instructions servent à exécuter une séquence d'instructions plutôt qu'une autre suivant la valeur d'une expression conditionnelle.

If Then Else

C'est l'instruction conditionnelle la plus courante. Les mots anglais If, Then, Else veulent dire respectivement : Si, Alors, Sinon. La signification de cette instruction correspond à une phrase équivalente en langage courant.

```
If expr1 Then
   instructions1v
Else
   instructions1f
End If
```

Le mot Then doit être sur la même ligne que le If (sauf si on utilise le caractère de continuation de ligne). Les mots Else et End If doivent être écrits sur des lignes différentes, et seuls sur la ligne. On peut écrire EndIf au lieu de End If.

Si expr1 est vraie, la ou les instructions1v sont exécutées ; si expr1 est fausse, la ou les instructions1f sont exécutées. Expr1 peut être aussi bien une simple variable booléenne, qu'une expression complexe donnant un résultat booléen.

Il doit y avoir au moins une instruction après le Then. La deuxième partie Else, instructions1f peut être omise, mais l'instruction doit toujours se terminer par End If.

```
If expr1 Then
   instructions1v
End If
```

Lorsqu'une seule instruction suffit dans la partie Then et dans la partie Else, la séquence peut s'écrire sur une seule ligne :

```
If expr1 Then instruction1v Else instruction1f
```

Et si la partie Else n'est pas utilisée :

```
If expr1 Then instruction1v
```

Notez l'absence du End If dans ces deux formes simplifiées.

Une instruction If peut être imbriquée à l'intérieur d'une autre instruction If, dans la première ou la deuxième partie.

```
If expr1 Then
   If expr2 Then
      instructions2v
   Else
      instructions2f
   EndIf
Else
   instructions1f
End If
```

Expr1 et expr2 sont des expressions booléennes quelconques. Notez que expr2 n'est pas évaluée si expr1 est fausse. Ceci peut avoir de l'importance dans certaines expressions.

L'imbrication peut se répéter à l'image des poupées russes. En revanche, les séquences ne doivent pas se chevaucher, c'est pourquoi il est fortement conseillé d'écrire ces instructions avec une indentation (un décalage d'espaces) pour visualiser les niveaux d'imbrication.

L'imbrication dans la deuxième partie du If donne :

```
If expr1 Then
   instructions1v
Else
   If expr2 Then
      instructions2v
   Else
      instructions2f
   End If
End If
```

Ceci étant assez courant, Basic fournit la variante ElseIf (en un seul mot) qui allège l'écriture :

```
If expr1 Then
   instructions1v
ElseIf Expr2 Then
   instructions2v
Else
   instructions2f
End If
```

L'intérêt est de pouvoir mettre en cascade des ElseIf pour tester plusieurs cas à la suite :

```
If expr1 Then
   instructions1v
ElseIf expr2 Then
   instructions2v
ElseIf expr3 Then
   instructions3v
Else
   instructions3f
End If
```

Dans ce dernier exemple :

- Les instructions1v seront exécutées si expr1 est vraie.
- Les instructions2v seront exécutées si expr1 est fausse et expr2 est vraie.
- Les instructions3v seront exécutées si expr1 et expr2 sont fausses et expr3 vraie.
- Les instructions3f seront exécutées si expr1, expr2 et expr3 sont simultanément fausses.

Dans les cas où les conditions consistent à comparer une même variable avec diverses valeurs, l'instruction Select Case, que nous verrons plus loin, est plus appropriée.

Voici un petit exemple pour illustrer des tests If imbriqués.

```
rem Code04-01.odt    bibli : Conditions Module1
Option Explicit

Sub Main1()
Dim Homme As Boolean, NombreSpectateurs As Long, Salut As String

' essayez diverses valeurs
Homme = False
NombreSpectateurs = 1

If NombreSpectateurs > 0 Then
  If Homme Then
    If NombreSpectateurs < 2 Then
      Salut = "Monsieur"
    Else
      Salut = "Messieurs"
    End If
  Else
    If NombreSpectateurs = 1 Then
      Salut = "Madame"
    Else
      Salut = "Mesdames"
    End If
  End If
  print "Bonjour " & Salut
End If
End Sub
```

Évaluation d'une expression booléenne

Contrairement à d'autres langages plus sophistiqués, OOoBasic évalue la totalité de l'expression, de gauche à droite, même si le résultat devrait être connu en cours d'analyse.

```
dim v As Double
v = 0
if (v<>0) and ( (5/v) > 10) then
  print "vrai"
else
  print "faux"
end if
```

Malgré les précautions du programmeur, le codage ci-dessus déclenche une erreur « Division par zéro ». En effet, bien que le test v<>0 donne un résultat faux, le reste de l'expression est évaluée.

Dans des cas plus subtils, si la deuxième partie de l'expression comporte des appels de sous-programmes ou méthodes de l'API, l'évaluation involontaire de l'expression est susceptible de modifier des états internes du programme, sans erreur apparente. Pour éviter les évaluations non désirées, il faut décomposer l'expression et mettre plusieurs if then en cascade.

Éliminer temporairement une partie de code

L'EDI ne permet pas de mettre en commentaires d'un seul coup une succession de lignes de code. Or ceci s'avère utile pour rechercher un bogue ou pour tester différentes manières de coder. Une solution astucieuse consiste à encadrer de if ... end if la série d'instructions à ne pas exécuter.

```
if False then' partie éliminée >>>
' ----- ici toute une série de lignes de codage
instruction
instruction
instruction
end if' <<<< ---- fin de la partie éliminée
```

Select Case

L'instruction Select Case signifie « Sélectionner selon le Cas ». Le pseudo-codage qui suit liste toutes les variantes possibles :

```
Select Case expr0
Case expr1
  instructions1
Case expr2a, expr2b
  instructions2
Case expr3a to expr3b
  instructions3
Case Is OpérateurDeComparaison expr4
  instructions4
' autres instructions Case
' éventuellement
Case Else
  instructionsN
End Select
```

Les mots-clés doivent se trouver sur des lignes différentes, comme indiqué ici. Il doit y avoir au moins un `Case expr`, alors que la partie `Case Else` est optionnelle. Les termes `expr0`, `expr1`, etc. représentent des expressions qui fournissent une valeur booléenne ou numérique, ou une chaîne de caractères. Chaque `Case` est suivi par une ou plusieurs instructions.

L'instruction `Select Case` se déroule ainsi :

1 La valeur de `expr0` est comparée à la valeur de `expr1`. S'il y a égalité, les instructions `instructions1` sont exécutées, puis l'exécution continue après le `End Select`.

2 S'il n'y a pas eu égalité, le `Case` suivant est testé. La valeur de `expr0` est comparée à la valeur de chacune des `expr2` (il peut y en avoir un nombre quelconque). Si `expr0` est égale à une des `expr2` alors les instructions `instructions2` sont exécutées, puis l'exécution continue après le `End Select`.

3 S'il n'y a pas eu égalité, le `Case` suivant est testé. Si la valeur de `expr0` est comprise entre les valeurs `expr3a` et `expr3b`, les instructions `instructions3` sont exécutées, puis l'exécution continue après le `End Select`.

4 S'il n'y a pas eu égalité, le `Case` suivant est testé. Le `Is` (anglais : « Est ») représente `expr0`, qui est comparée à `expr4`. Si le résultat de la comparaison est vrai, les instructions `instructions4` sont exécutées, puis l'exécution continue après le `End Select`.

5 Le processus se poursuit sur les `Case` suivants tant qu'il n'y a pas d'égalité.

6 Le `Case Else`, qui est placé en dernier, est déclenché en dernier ressort. Il n'est pas obligatoire.

Un exemple va montrer les différentes possibilités. Changez les valeurs de `x` et `y` pour déclencher les différentes instructions.

```
rem Code04-01.odt   bibli : Conditions Module2
Option Explicit

Sub Main2()
Dim x As Long, y As Long

y = 10
x = 1
Select Case x+7 ' expression donnant une valeur
Case 3          ' valeur simple
  Print "Case 3"
Case 7,9        ' liste de valeurs
  Print "Case 7,9"
Case 8 to 15    ' gamme de valeurs
  Print "Case 8 to 15"
Case y+12       ' expression donnant une valeur
  Print "Case y+12"
```

```
Case Is > y+12 ' comparaison d'expressions
  Print "Case Is > y+12"
Case Else
  Print "autre valeur"
End Select
End Sub
```

Le `Case 7,9` se déclenche sur l'égalité avec une des valeurs de la liste.

Le `Case 8 To 15` se déclenche sur l'ensemble des valeurs de la gamme. Notez que si x était une variable `Double`, une valeur comme `x = 6.35` déclencherait le `Case`.

Le `Case Is` est équivalent, localement, à :

```
If (x+7) > (y+12) Then Print "Case Is > y+12"
```

Bien que le `Is` puisse être omis, il est plus clair de le mettre quand on utilise cette forme.

Un autre exemple aurait pu utiliser des expressions chaînes de caractères au lieu d'expressions numériques.

IIf

Ce nom bizarre est probablement l'acronyme de *Immediate If*. L'instruction `IIf` peut alléger la programmation par rapport à l'usage d'un `If` classique. La syntaxe est :

```
Resultat = IIf(expr0, expr1, expr2)
```

Si `expr0` est vraie, `Resultat` reçoit la valeur résultant de `expr1`.

Si `expr0` est fausse, `Resultat` reçoit la valeur résultant de `expr2`.

L'instruction est donc équivalente à :

```
If expr1 Then Resultat = expr1 Else Resultat = expr2
```

Un exemple simple :

```
rem Code04-01.odt    bibli : Conditions Module3
Option Explicit

Sub Main3()
Dim NombreSpectateurs As Long, Salut As String

NombreSpectateurs = 1
```

```
Salut = IIf( NombreSpectateurs = 1, "Monsieur", "Messieurs")
print "Bonjour " & Salut
End Sub
```

Ici les expressions sont très simples, mais vous pouvez en choisir de bien plus complexes, comportant même des IIf. C'est ce que nous allons faire en reprenant complètement l'exemple du If Then Else sous une autre forme :

```
rem Code04-01.odt   bibli : Conditions Module4
Option Explicit

Sub Main4()
Dim Homme As Boolean, NombreSpectateurs As Long, Salut As String

' essayez diverses valeurs
Homme = False
NombreSpectateurs = 1

If NombreSpectateurs > 0 Then
Salut = IIf( NombreSpectateurs = 1, _
                IIf(Homme, "Monsieur", "Madame"), _
                IIf(Homme, "Messieurs", "Mesdames") )
print "Bonjour " & Salut
End If
End Sub
```

Pour des raisons de mise en page, la ligne du premier IIf est répartie sur trois lignes avec le caractère de continuation. L'indentation a été choisie pour mettre en évidence les différentes parties de l'instruction qui affecte une valeur à la variable Salutation. Évitez cependant de trop compliquer vos expressions, cela vous épargnera de longues recherches d'erreurs.

Vous pouvez tout à fait utiliser dans un IIf des expr2 et expr3 donnant des valeurs de types différents, si vous y trouvez un usage judicieux. L'exemple suivant est quant à lui un peu artificiel.

```
rem Code04-01.odt   bibli : Conditions Module5
Option Explicit

Sub Main5()
Dim an As Long, Resu As Variant

an = 4 ' essayez diverses valeurs
Resu = IIf((an>=0) and (an<100), an+2000, "Année incorrecte")
print Resu
End Sub
```

> **Évaluation des arguments de IIF**
>
> L'instruction IIF évalue les deux résultats possibles, quel que soit le résultat de la condition. Ceci est intentionnel et conforme au comportement de VBA/VB6.
> ```
> Dim v As Double, resultat As Double
> v = 0
> resultat = iif( (v<>0), 5/v, 1E300) ' erreur : division par zéro
> print resultat
> ```
> Des comportements anormaux de l'instruction IIF ont été rapportés (notamment l'issue 63614). Rappelons qu'elle peut facilement être remplacée par une séquence if then else.

Choose

La fonction Choose est une généralisation de la fonction IIf. Au lieu de se limiter à deux alternatives, elle en choisit une parmi plusieurs. La syntaxe de la fonction Choose est :

```
Resultat = Choose(expr0, expr1, expr2, expr3, expr4(, etc.))
```

Si l'expression expr0 vaut 1, Resultat reçoit la valeur résultant de expr1 ; si expr0 vaut 2, Resultat reçoit la valeur résultant de expr2, et ainsi de suite.

Si la valeur de expr0 est inférieure à 1 ou supérieure au nombre d'expressions qui suivent, Choose renvoie la valeur Null. Incidemment, ceci vous montre un exemple d'utilisation de la pseudo-valeur Null d'un Variant. Toute tentative d'utilisation d'un tel résultat entraînera une erreur d'exécution.

Ici encore, les différentes expressions de la liste peuvent être de différents types.

Le plus souvent Choose sert à choisir un élément dans une liste qui ne sera plus utilisée ailleurs. Prenons pour exemple un tirage de cartes à jouer :

```
rem Code04-01.odt    bibli : Conditions Module6
Option Explicit

Sub Main6()
Dim tirage As Long, carte As String

'Rnd() fournit un nombre aléatoire entre 0 et 1
tirage = Rnd()*12 +1 ' obtenir un entier de 1 à 13
carte = Choose(tirage, "As", "Deux", "Trois", "Quatre",_
        "Cinq", "Six", "Sept", "Huit", "Neuf", "Dix",_
        "Valet", "Dame", "Roi")
print "Tirage :" & tirage, carte
End Sub
```

Switch

La fonction Switch est encore une autre méthode de choix. Elle n'a aucun rapport avec la fonction du même nom du langage C. La syntaxe est de la forme :

```
Resultat = Switch(expb1, expr1, expb2, expr2, (etc.))
```

Les termes expb1, expb2 désignent des expressions à résultat booléen. Les termes expr1, expr2 désignent des expressions donnant un résultat de type quelconque.

La fonction Switch utilise des arguments par paires, avec au moins une paire. L'exécution de la fonction consiste à chercher de gauche à droite la première expression booléenne qui est vraie (expb1, puis expb2, et ainsi de suite). Dans ce cas, elle renvoie la valeur de l'argument suivant. En cas d'échec, la fonction renvoie la valeur Null.

L'exemple suivant utilise la fonction Switch pour afficher la couleur correspondant à la synthèse additive des trois couleurs primaires.

```
rem Code04-01.odt    bibli : Conditions Module7
Option Explicit

Sub Main7()
Dim Rouge As Boolean, Bleu As Boolean, Vert As Boolean

' essayez diverses valeurs
Rouge = true
Vert = true
Bleu = true
print Switch(Rouge and Vert and Bleu, "Blanc",_
             Rouge and Vert          , "Jaune",_
             Rouge           and Bleu, "Magenta",_
             Rouge                    , "Rouge",_
                       Vert and Bleu, "Cyan",_
                       Vert          , "Vert",_
                             Bleu, "Bleu",_
                             True, "Noir")
End Sub
```

Tout est réalisé dans l'instruction Print. Le fonctionnement utilise le fait que Switch choisit la chaîne de caractères correspondant à la première expression booléenne vraie.

Structures de boucle

Il est possible d'imbriquer les unes dans les autres les structures de boucles que nous allons décrire à présent, comme des poupées russes. Cependant, elles ne doivent pas se chevaucher (s'entrelacer de manière décalée).

For Next

Cette boucle permet de répéter un certain nombre de fois les instructions qui sont encadrées par `For` et `Next`. Syntaxe :

```
For index = expr1 To expr2 Step expr3
  instructions
Next
```

La variable `index` est d'un type numérique ; `expr1` et `expr2` sont des expressions numériques qui sont évaluées une seule fois, à l'entrée dans la boucle ; `expr3` est une expression numérique évaluée à chaque tour de la boucle.

La partie `Step` et `expr3` est optionnelle, elle définit l'incrément de la variable `index`. On utilise très couramment pour `expr3` une valeur fixe comme `1` ou `-1`. L'absence de cette partie équivaut à `Step 1`.

En pratique, on utilise une boucle `For` pour incrémenter ou décrémenter la valeur `index` depuis la valeur `expr1` jusqu'à la valeur `expr2` après chaque tour de boucle. La valeur `index` est initialisée à `expr1`.

Si la valeur `expr2` est supérieure à la valeur `expr1`, il s'agit d'une boucle d'incrémentation. Si `expr3` est négatif, la boucle se termine et l'exécution reprend après la ligne `Next`.

Si la valeur `expr2` est inférieure à la valeur `expr1`, il s'agit d'une boucle de décrémentation. Si `expr3` est positif, la boucle se termine et l'exécution reprend après la ligne `Next`.

Si `expr3` a une valeur nulle, la boucle tournera indéfiniment !

Cet exemple affiche le cube d'une série de nombres réels :

```
rem Code04-01.odt    bibli : Boucles Module1
Option Explicit

Sub Main1()
Dim x As Double

For x = 37.3 To 63 Step 3.058
  print x, x*x*x
Next
End Sub
```

Remarquez les valeurs successives de x, qui ne sont pas nécessairement des entiers.

On peut répéter dans le Next le nom de la variable de la boucle, ce qui permet une vérification syntaxique par Basic. Il est recommandé d'indenter les instructions comme dans cet exemple :

```
rem Code04-01.odt    bibli : Boucles Module2
Option Explicit

Sub Main2()
Dim x As Long, y As Long, z As Long
Dim maTable(5, 7, 11) As Long

For x = 0 to 5
  For y = 0 to 7
    For z = 0 to 11
      maTable(x,y,z) = x*10000 + y*100 +z
    Next z
  Next y
Next x
End Sub
```

L'instruction Exit For permet de sortir prématurément d'une boucle For. L'exécution reprend après la ligne Next.

```
rem Code04-01.odt    bibli : Boucles Module3
Option Explicit

Sub Main3()
Dim uneTable(200) As String
Dim x As Long, trouve As Boolean

' ici uneTable ne contient que des chaînes vides
uneTable(192) = "OpenOffice" ' remplir un élément
trouve = false
For x = 0 to 200
  If uneTable(x) = "OpenOffice" Then
    trouve = true
    Exit For
  End If
Next
If trouve Then print x   Else print "Pas trouvé"
End Sub
```

Comme l'indique l'exemple ci-dessus, vous pouvez utiliser la valeur de l'index dans le cas d'une sortie par Exit For. En revanche, à la fin normale d'une boucle For, la valeur finale de l'index dépend de l'implémentation. Il faut donc utiliser un autre moyen pour distinguer la fin normale et la fin prématurée de la boucle. C'est la raison de l'indicateur booléen trouve dans notre exemple.

Dans le cas de boucles For imbriquées, Exit For termine la boucle la plus interne.

For Each

Cette variante de boucle For a été introduite par la version 2 d'OpenOffice.org. Elle est moins générale que son homologue VBA, car elle permet de balayer une variable tableau, mais pas une collection de l'API. Avec une boucle For ordinaire, on doit utiliser une variable index et les fonctions LBound et UBound pour connaître les valeurs extrêmes d'indexation du tableau. La boucle For Each simplifie le codage si on n'a pas besoin de l'index.

Cet exemple utilise une fonction de l'API dont l'utilité importe peu. Elle renvoie un tableau de chaînes de caractères que nous allons balayer avec une boucle For à index, puis avec une boucle For Each.

```
rem Code04-01.odt    bibli : Boucles Module4
Option Explicit
Sub Main4()
Dim t As Variant, v As String, x As Long

t = ThisComponent.DocumentSubStoragesNames
print "Boucle For classique"
For x = LBound(t) to UBound(t)
  v = t(x)
  print v
Next x
print "Boucle For Each"
For Each v in t()
  print v
Next v
End Sub
```

Nous déclarons t comme un simple Variant, qui deviendra un tableau de chaînes de caractères en recevant le résultat de l'expression. Nous ne connaîtrons la taille du tableau qu'à l'exécution de la macro. Avec une boucle For classique, on obtient les limites d'index par LBound et UBound. Ceci n'est pas nécessaire avec la boucle For Each. Les parenthèses vides accompagnant la variable t dans l'instruction For Each signalent au compilateur que l'ensemble du tableau est utilisé. Ce n'est pas obligatoire, mais facilite la relecture. L'instruction For Each exprime en anglais exactement ce qui est effectué. Traduction :

```
Pour Chaque v Dans t()
```

Do Loop

La boucle Do Loop exécute un nombre de tours non prévisibles. Elle s'utilise sous plusieurs formes selon l'emplacement de la condition de ré-exécution :

```
' ---- Forme 1 ----
Do While exprB    ' tant que exprB est vraie, faire :
  instructions
Loop              ' retourner à Do

' ---- Forme 2 ----
Do Until exprB    ' jusqu'à ce que exprB soit vraie, faire :
  instructions
Loop              ' retourner à Do

' ---- Forme 3 ----
Do                ' faire :
  instructions
Loop While exprB ' jusqu'à ce que exprB soit vraie

' ---- Forme 4 ----
Do                ' faire :
  instructions
Loop Until exprB ' retourner à Do jusqu'à ce que exprB soit vraie
```

En fait, pour que ces boucles se terminent un jour, il est nécessaire que les instructions exécutées modifient des variables utilisées dans la condition. Vous l'oublierez régulièrement et la boucle tournera indéfiniment !

L'instruction Exit Do permet de sortir prématurément d'une boucle Do. Nous pouvons écrire l'équivalent du deuxième exemple For ainsi :

```
rem Code04-01.odt   bibli : Boucles Module5
Option Explicit

Sub Main5()
Dim uneTable(200) As String, x As Long, trouve As Boolean

' ici uneTable ne contient que des chaînes vides
uneTable(192) = "OpenOffice" ' remplir un élément
x = 0
Do While x <= 200
  If uneTable(x) = "OpenOffice" Then Exit Do
  x = x+1
Loop
If x<=200 Then print x   Else print "Pas trouvé"
End Sub
```

Contrairement à la boucle `For`, le programmeur garde une totale maîtrise de sa variable de boucle. Il existe enfin une dernière forme de boucle `Do Loop` :

```
' ---- Forme 5 ----
Do                  ' faire :
  instructions
Loop                ' retourner à Do
```

Il s'agit d'une boucle infinie. Dans ce cas, la terminaison de la boucle est décidée dans une des instructions encadrées par la boucle, et la sortie est effectuée par un `Exit Do` (ou un `Exit Sub`, ou un `Exit Function` comme nous le verrons plus loin). Le programmeur choisit en fonction du travail à réaliser celle des cinq formes de boucle qui donnera le code le plus simple.

While Wend

Le terme anglais `While` signifie « Tant que ». Le terme `Wend` peut se traduire par « Fin du Tant que ». La boucle `While` répète une série d'instructions tant qu'une condition est vraie. La syntaxe est :

```
While exprB     ' tant que exprB est vraie, faire :
  instructions
Wend            ' retourner à While
```

Au début de chaque tour de boucle, l'expression booléenne `exprB` est évaluée. Si elle est vraie, les instructions encadrées par les lignes `While` et `Wend` sont exécutées, puis l'exécution revient sur la ligne `While`. Si `exprB` est évaluée à faux la boucle se termine et reprend après la ligne `Wend`. C'est exactement le même principe que la forme 1 de la boucle `Do Loop`, qui est une amélioration du principe de l'ancienne boucle `While`.

L'exemple suivant est équivalent au premier exemple de boucle `For`.

```
rem Code04-01.odt    bibli : Boucles Module6
Option Explicit

Sub Main6()
Dim x As Double

x = 37.3
While x<= 63
  print x, x*x*x
  x = x +3.058
Wend
End Sub
```

Il n'existe pas d'instruction `Exit While` pour sortir prématurément d'une boucle `While`. C'est pourquoi la boucle `Do Loop` est plus pratique.

Branchements inconditionnels

Stop, End

Les deux instructions `Stop` et `End` ont la même utilité : arrêter l'exécution de la macro en cours. Vu l'usage très courant de `End` dans d'autres instructions, préférez `Stop`.

```
if x = 0 then
  MsgBox("Valeur interdite !", 16)
  Stop
end if
print x
```

Normalement, vous ne devriez pas avoir besoin de `Stop` ou `End`, l'exécution se termine quand elle aboutit au `End Sub` (ou `Exit Sub`) de la macro principale. Si vous utilisez `Stop` ou `End` dans un traitement d'anomalie, fermez auparavant vos fichiers ouverts.

GoTo

Cette instruction est une des plus anciennes de l'histoire de la programmation. En principe, elle ne devrait plus être utilisée que dans des contextes particuliers, qui sont essentiellement liés au traitement d'erreur, que nous verrons au chapitre 6.

L'instruction `GoTo` (en français, Aller à) transfère l'exécution du programme à la ligne commençant par le nom mis en argument de l'instruction `GoTo` et immédiatement suivi par le caractère :. Le point d'arrivée doit se situer à l'intérieur de la même `Sub` ou `Function`, avant ou après l'instruction `Goto` qui la référence. Il peut même permettre de « sauter » à l'intérieur d'une boucle, ce qui évidemment n'est pas du tout recommandé.

```
instructions1
GoTo etiquette
instructions2
etiquette:
instructions3
```

Le nom qui sert d'étiquette suit les mêmes règles de nommage qu'une variable. Une étiquette peut être référencée par plusieurs `GoTo`, mais elle n'existe qu'à un seul endroit. Il est possible de mettre une instruction à droite de l'étiquette sur la ligne d'arrivée.

D'autres langages de programmation disposent d'une instruction Continue, qui sert à passer à l'itération suivante dans une boucle. L'instruction GoTo permet de simuler cette instruction :

```
For x = 1 to 1000
   - instructions -
   - instructions -
   if condition1 then GoTo Continue1
   - instructions -
   - instructions -
   if condition2 then GoTo Continue1
   - instructions -
   - instructions -
   if condition3 then GoTo Continue1
   - instructions -
   - instructions -
Continue1:
Next x
```

Sans l'utilisation du GoTo, il faudrait imbriquer des instructions If ainsi :

```
For x = 1 to 1000
   - instructions -
   - instructions -
   if not condition1 then
      - instructions -
      - instructions -
      if not condition2 then
         - instructions -
         - instructions -
         if not condition3 then
            - instructions -
            - instructions -
         end if
      end if
   end if
Next x
```

Le GoTo est encore parfois utilisé par certains programmeurs pour sortir prématurément d'une boucle. Ceci n'est pas nécessaire avec le Basic d'OpenOffice.org, car il dispose pour cela des instructions Exit For et Exit Do que nous avons vues, et des Exit Sub et Exit Function que nous verrons plus loin à propos des sous-programmes. Ces instructions sont à privilégier, car elles remplissent le même rôle sans produire une « programmation spaghetti ».

Enfin, le GoTo sert en phase de débogage à éliminer temporairement une suite d'instructions. Ceci est plus rapide que de mettre en commentaire chaque instruction.

On Goto

L'instruction On GoTo permet de poursuivre l'exécution à l'étiquette de même rang que la valeur d'une variable entière. Exemple :

```
rem Code04-01.odt    bibli : Branchements Module1
Option Explicit

Sub Main1()
Dim n As Long

n = 4
On n GoTo etiq1, etiq2, etiq3, etiq4
print "Pas de saut"
GoTo Fini
etiq1:
  print "Nord"
  GoTo Fini
etiq2:
  print "Est"
  GoTo Fini
etiq3:
  print "Sud"
  GoTo Fini
etiq4:  print "Ouest"
Fini:
End Sub
```

Si la variable n vaut 4 l'exécution se poursuit à etiq4. Si la variable n est inférieure ou égale à zéro, ou supérieure au nombre d'étiquettes en arguments, il n'y a pas de saut et l'exécution se poursuit à l'instruction suivante.

L'exemple montre la multiplication inévitable des Goto quand on commence à utiliser ces instructions. Le code devient très difficile à comprendre, car sa structure écrite ne reflète plus son comportement dynamique. L'instruction On GoTo est à bannir, on utilisera à la place la structure Select Case.

Les sous-programmes

Un sous-programme consiste à « mettre en boîte » tout un codage qui réalise un travail particulier. On peut alors utiliser un simple nom au lieu d'écrire une séquence complète d'instructions. On peut même utiliser un sous-programme écrit par une autre personne, sans se préoccuper de son codage interne : c'est la notion d'abstraction, au sens de « faire abstraction des détails inutiles ». Ce concept extrêmement puissant permet de construire progressivement des programmes très sophistiqués.

Sub

Le sous-programme le plus courant s'appelle Sub et vous l'avez déjà rencontré dans sa forme la plus simple.

```
Sub monSousProgramme
' ici toutes les instructions du sous-programme
' - - - - -
End Sub
```

Le sous-programme de ce codage a pour nom monSousProgramme. Il débute par le mot-clé Sub et se termine par les deux mots-clés successifs End Sub. Cet encadrement doit être réalisé comme indiqué, sur des lignes différentes.

ATTENTION **Nom des sous-programmes**

Le nom d'un sous-programme doit être unique dans la bibliothèque à laquelle il appartient, car il peut être appelé de n'importe quel module. En particulier, il ne faut pas utiliser plusieurs fois un nom comme Main, même dans différents modules.

Le nom d'un sous-programme ne doit pas être identique à un des noms de modules de la bibliothèque où il se trouve, ni identique à une variable publique ou globale. Dans le cas contraire, Basic peut produire des incohérences.

Il est possible de déclarer des sous-programmes Private ou Public à l'instar des données, mais ceci n'est pris en compte qu'en mode de compatibilité VBA (voir chapitre 2).

Appeler un sous-programme

Un sous-programme est utilisé en l'appelant par son nom, sur une ligne. Suivant le nombre d'arguments, l'appel se présente différemment. Habituellement, la liste des arguments est encadrée de parenthèses, les arguments étant séparés par des virgules.

```
monSousProgramme                    ' aucun argument (1ère forme)
monSousProgramme()                  ' aucun argument (2ème forme)
monSousProgramme(arg)               ' un argument (1ère forme)
monSousProgramme arg                ' un argument (2ème forme)
monSousProgramme(arg1,arg2,arg3)    ' plusieurs arguments (ici 3)
monSousProgramme arg1 arg2 arg3     ' plusieurs arguments (2ème forme)
```

Basic accepte aussi d'utiliser le mot-clé Call pour appeler un sous-programme. Pour un débutant, ce peut être un moyen de distinguer l'appel à un sous-programme de l'utilisation d'un mot-clé. Ceci n'est jamais nécessaire, même pour l'appel d'une DLL (bibliothèque externe chargée à la demande).

```
Call monSousProgramme(arg)
```

Un sous-programme peut appeler un autre sous-programme, qui peut lui-même appeler un sous-programme, et ainsi de suite. Il est même possible de concevoir une suite d'appels formant une boucle. C'est ce que l'on appelle la récursion. Cette méthode est très utile dans certains algorithmes.

L'ordre dans lequel les sous-programmes sont écrits n'a en général pas d'importance : un sous-programme A peut appeler un sous-programme B écrit avant ou après lui. Dans quelques cas, l'analyseur syntaxique de Basic peut cependant mal interpréter vos intentions. Dans nos exemples, nous écrivons en premier le sous-programme principal parce que cela permet de l'exécuter directement en cliquant sur les icônes d'exécution dans l'EDI.

Les paramètres d'appel de sous-programme

Pour qu'un sous-programme soit autre chose qu'un simple raccourci, nous avons besoin de lui transmettre un ou plusieurs arguments (appelés aussi paramètres), dont la valeur dépendra de nos besoins.

Les paramètres d'un sous-programme sont énumérés dans la ligne Sub, comme dans cet exemple :

```
Sub monSousProgramme(arg1 As String, arg2 As Long, arg3 As Long)
```

Le nombre de paramètres est quelconque. Le nom de chacun est également à votre choix ; il servira de variable à portée locale dans le corps du sous-programme. L'emploi (facultatif) du terme As suivi d'un type est identique à celui déjà vu dans l'instruction Dim. En effet, nous déclarons ici le type de chaque paramètre du sous-programme.

Voici un sous-programme à paramètres, basé sur l'exemple utilisé plus haut concernant l'instruction Switch.

```
rem Code04-02.odt   bibli : SousProg Module1
Option Explicit

Sub EssaisCouleurs()
Dim maCoul As Boolean

SyntheseCouleurs(false, true, true)
maCoul = false
```

```
SyntheseCouleurs(true, true, maCoul)
End Sub


Sub SyntheseCouleurs(Rouge As Boolean, Vert As Boolean, Bleu As Boolean)

print Switch(Rouge and Vert and Bleu, "Blanc",_
             Rouge and Vert         , "Jaune",_
             Rouge          and Bleu, "Magenta",_
             Rouge                  , "Rouge",_
                    Vert and Bleu, "Cyan",_
                    Vert         , "Vert",_
                         Bleu, "Bleu",_
                         True, "Noir")

End Sub
```

Encore une fois, pour des raisons de mise en page et de lisibilité, nous avons utilisé des caractères de continuation pour éviter des lignes trop longues. Le sous-programme SyntheseCouleurs utilise trois paramètres, tous de type Boolean, qui sont, dans l'ordre, les indicateurs de couleur rouge, verte, bleue.

Ce sous-programme est appelé deux fois dans le corps du sous-programme EssaisCouleurs : une première fois en donnant directement les valeurs des paramètres, une deuxième fois en employant une variable. Dans l'appel d'un sous-programme à paramètres, l'ordre des arguments doit correspondre à l'ordre dans lequel ils sont déclarés dans l'instruction Sub.

Paramètres optionnels

Pour simplifier l'usage de certains sous-programmes, il est pratique de rendre optionnels un ou plusieurs paramètres. Voici un petit exemple :

```
rem Code04-02.odt    bibli : SousProg Module2
Option Explicit

Sub essaisSalutations()
Saluer("Bonjour", 3)   ' à une demoiselle
Saluer("Bonsoir", 1)   ' à un monsieur
Saluer("Bonne soirée") ' à la cantonade, 2ème argument absent
' un appel incorrect, mais accepté par le codage
Saluer("Salut !", -145)
End Sub

Sub Saluer(salut As String, Optional civilite As Long)
```

```
if IsMissing(civilite) then civilite = 0
Select Case civilite
Case 1
  print salut & " monsieur"
Case 2
  print salut & " madame"
Case 3
  print salut & " mademoiselle"
Case Else
  print salut
End Select
End Sub
```

Le sous-programme Saluer comporte un paramètre déclaré optionnel grâce au mot-clé Optional. Ce paramètre prend normalement une valeur entre 0 et 3. Notez que nous avons choisi le dernier paramètre. Si nous avions plusieurs paramètres optionnels, ils devraient être déclarés après tous les paramètres obligatoires. En effet, la règle d'appel est la suivante : si un paramètre est omis, il ne doit plus y avoir d'autre paramètre utilisé à sa droite.

Comme le paramètre civilite peut être absent, Basic fournit la fonction IsMissing qui renvoie la valeur true en cas d'absence, et false s'il est présent. Si le sous-programme comporte plusieurs paramètres optionnels, utilisez la fonction IsMissing sur le premier, puis le second, etc., dans l'ordre et de gauche vers la droite. Sans ces précautions, vous obtiendrez un résultat aberrant. Si un paramètre optionnel est absent, il est tout de même possible de lui affecter une valeur, qui sera utilisée à l'intérieur du sous-programme. Ceci est impossible avec un paramètre de type Object. Employez alors soit un type Variant, soit une variable locale intermédiaire.

Le sous-programme essaisSalutations effectue différents cas d'appels. Le dernier appel vous montre que le sous-programme Saluer est robuste : il fonctionne correctement et donne un résultat raisonnable parce que nous avons utilisé le Case Else pour traiter les cas non prévus comme le cas zéro.

Nombre d'arguments transmis au sous-programme

OOoBasic ne contrôle pas le nombre d'arguments passés à un sous-programme, alors que dans la plupart des autres langages de programmation (Java, Python, Pascal...) un nombre incorrect d'arguments est repéré à la compilation. Considérons un programme principal Test qui appelle un sous-programme Truc, qui est déclaré avec trois arguments.

```
Sub Truc(A,B,C)
Msgbox "Truc !"
End Sub
```

```
Sub Test
Truc()          ' aucun argument
Truc(1,2)       ' manque un argument
Truc(1,2,3,4) ' argument excédentaire
End Sub
```

Nous avons placé la définition du sous-programme `Truc` avant celle du programme `Test`, pour éviter une erreur de syntaxe. En effet, si l'appel de la fonction est placé avant sa définition, Basic considère que la fonction est alors définie par l'intermédiaire du nombre d'arguments passés. Dans notre cas, nous obtenons le message « Le symbole Truc a déjà reçu une autre définition » car les appels ont indiqué un passage de quatre arguments alors que la déclaration `Sub` n'en contient que trois.

Dans notre cas, nous définissons au préalable notre sous-programme `Truc`, comportant trois arguments. Exécutez le sous-programme `Test` : les trois appels à `Truc` sont réalisés sans erreur.

Vous objecterez que, si `Truc` possède trois arguments, ils devraient être utilisés et dans ce cas une erreur d'exécution apparaîtrait. Oui, mais on peut concevoir un sous-programme qui n'utilise l'argument C que pour certaines valeurs de A et B. Notez que l'usage de la fonction `IsMissing()` est interdite si l'argument testé n'a pas été déclaré `Optional`.

Ce laxisme sur le nombre d'arguments est utilisé dans les exemples de traitement d'événement que nous verrons aux chapitres 11 et 13 : l'objet événement est toujours transmis au sous-programme de traitement, mais celui-ci peut être déclaré comme n'ayant aucun argument.

Cette fonctionnalité a donc un intérêt, mais soyez vigilant dans la définition et l'utilisation de vos sous-programmes `Sub` et `Function`.

Transmission par référence ou par valeur

Par défaut, les valeurs des paramètres employés lors de l'appel d'un sous-programme sont transmises par référence. Ceci veut dire que, si vous transmettez une variable, celle-ci peut être modifiée par le sous-programme. Voici un exemple artificiel mais démonstratif :

```
rem Code04-02.odt    bibli : SousProg Module3
Option Explicit

Sub essaisTransmission()
Dim p1 as Long
Dim p2 as String
```

```
p1 = 123
p2 = "Hello"
print p1, p2 ' afficher les valeurs avant l'appel
Modifieur(p1, p2)
print p1, p2 ' afficher les valeurs après l'appel
End Sub


Sub Modifieur( aa As Long, bb As String)
aa = -4578
bb = "xxxxx"
End Sub
```

Ce comportement est tout à fait utile dans bien des cas. En revanche, il peut être la cause d'erreurs difficiles à repérer si on a modifié la valeur du paramètre par inadvertance. Dans d'autres cas, il est franchement gênant.

Pour éviter de définir dans le sous-programme une variable interne dans le seul but de ne pas modifier le paramètre transmis, Basic offre l'option ByVal (abrégé anglais de *By Value*, en français Par Valeur). Modifiez ainsi une des déclarations d'arguments de la macro Modifieur :

```
Sub Modifieur( aa As Long, ByVal bb As String)
```

Relancez la macro essaisTransmission. La variable transmise ne sera plus modifiée. Nous avons demandé à Basic de passer seulement la valeur du paramètre et nous pouvons alors utiliser le nom bb comme une variable interne à la macro.

Les programmeurs puristes utiliseront ByVal chaque fois qu'ils n'ont besoin que d'une copie de l'information. Notez cependant que cela induit un (très léger) ralentissement du programme.

Transmettre un tableau dans un paramètre

Il est possible de passer un tableau en paramètre d'un sous-programme : le nom du tableau transmis est alors accompagné de parenthèses vides.

```
Sub testParamTableau()
Dim tata(5,2) As Double
tata(1,0) = 123
tata(2,1) = -5.7
tata(3,2) = pi
manipulerTableau(tata()) ' transmettre un tableau
End Sub
```

```
Sub manipulerTableau( v() As Double )
print UBound(v,1), UBound(v,2), v(3,2)
End Sub
```

Le sous-programme `manipulerTableau` déclare que son argument d'appel est une variable tableau, sans préciser de dimension. Si elles ne sont pas obligatoires, les parenthèses sont recommandées afin de bien illustrer à la relecture le type de données que vous aller manipuler. L'instruction `print` affiche l'index maximal de la première dimension, l'index maximal de la deuxième dimension, et un des éléments du tableau. Dans un codage réel, nous utiliserions les fonctions `LBound()` et `UBound()` pour déterminer les dimensions du tableau avant de traiter ses éléments.

Portée des variables d'un sous-programme

Comme vous avez pu le constater dans quelques exemples, l'instruction `Dim` est utilisable dans un sous-programme. Elle a pour effet de définir des variables qui ne seront reconnues que lorsque Basic exécute des instructions de ce sous-programme. En dehors de ce sous-programme, ces variables n'existent pas, et par conséquent une autre partie du programme peut déclarer les mêmes noms de variables pour son propre usage.

Les noms des arguments du sous-programme sont assimilés à des variables internes, avec les mêmes conséquences. Ce comportement, appelé localisation des variables, est extrêmement utile dans des programmes assez conséquents. En effet, le programmeur concevant un sous-programme a ainsi toute liberté de choisir le nom des variables internes à ce sous-programme. C'est encore un aspect de la modularité.

Cet exemple assez extrême démontre l'effet de localisation des variables. Il sera encore plus instructif avec l'EDI, en affichant en témoin les variables `couleur` et `c` et en exécutant la première macro avec l'icône **Étape par étape** de l'EDI. Vous verrez ainsi la progression du pointeur d'exécution, l'évolution du contenu des variables, et l'évolution de la pile des appels.

```
rem Code04-02.odt    bibli : SousProg Module4
Option Explicit

Private couleur As String ' variable connue dans tout le module

Sub porteeDesVariables()
couleur = "Rouge"
MsgBox(couleur, 0, "Etape 1")
SousProg1()
MsgBox(couleur, 0, "Etape 2")
SousProg2("Vert")
MsgBox(couleur, 0, "Etape 3")
End Sub
```

```
Sub sousProg1()
Dim couleur As Long ' variable locale masquant la variable Private
couleur = 12345
MsgBox(couleur, 0, "Etape 4")
End Sub

Sub sousProg2(c As String)
Dim c As String ' variable locale masquant l'argument c
c = "Marron"
couleur = c
End Sub
```

Le cas de masquage dans sousProg1 peut être volontaire, si le programmeur n'a pas à utiliser la variable Private du même nom. Le cas de masquage dans sousProg2 est une faute de programmation. Dans la réalité, elle peut arriver dans des routines utilisant de nombreuses variables, et suite à des changements de codage de la routine.

Les variables statiques

Les variables déclarées dans un sous-programme sont neuves à chaque nouvelle exécution du sous-programme. Autrement dit, elles sont initialisées par la déclaration Dim, comme nous l'avons vu au chapitre 3.

L'exception à cette règle est la déclaration Static. Elle déclare une ou plusieurs variables, comme Dim. Si vous déclarez des variables tableau, les dimensions doivent être fixées à la déclaration et ces tableaux ne peuvent être redimensionnés. Les variables déclarées Static sont initialisées au premier lancement du sous-programme, puis, elles conservent leur valeur d'un lancement à l'autre, jusqu'à la fin de l'exécution du programme Basic.

Le sous-programme principal essaiStatique appelle plusieurs fois le sous-programme Tampon qui affiche la valeur de variables Static. En exécutant plusieurs fois ce programme, vous vérifierez que ces variables sont bien réinitialisées à chaque exécution Basic.

```
rem Code04-02.odt   bibli : Statiques Module1
Option Explicit

Sub essaiStatique()
Do
  voirTampon
Loop Until MsgBox("Recommencer ?", 4) = 7 ' sortir si "Non"
End Sub

Sub voirTampon()
Static Tampon As String, ess(2, 3) As Long
```

```
' afficher la valeur actuelle du tampon
MsgBox("Essai " & ess(1, 2) & "     Tampon = " & Tampon)
Tampon = Time ' mettre l'heure courante
ess(1,2) = ess(1,2) +1 ' compter l'essai
End Sub
```

Fin prématurée d'un sous-programme Sub

Un sous-programme se termine lorsque le pointeur d'exécution rencontre la ligne
End Sub. Le sous-programme doit parfois se terminer suite à un test conditionnel.
Pour simplifier et clarifier le codage, Basic offre la possibilité de terminer immédiate-
ment le sous-programme avec l'instruction Exit Sub, comme dans cet exemple :

```
rem Code04-02.odt    bibli : SousProg Module5
Option Explicit

Sub Devinette()
Dim reponse As String
Const solution = "27"
Do
  reponse = InputBox("Devinez un nombre entre 1 et 99")
  if reponse = solution then
    MsgBox("Bravo, vous avez trouvé")
    Exit Sub
  end if
  MsgBox("Raté")
Loop Until reponse = 0
End Sub
```

Essayez de faire la même chose sans utiliser Exit Sub, vous verrez que ce n'est pas si
simple.

GoSub : le sous-programme interne

Basic offre une possibilité limitée de déclarer des sous-programmes internes à un sous-
programme. Le sous-programme interne possède un nom, mais ne peut comporter
d'arguments d'appel. Il a cependant accès en lecture et écriture aux variables internes du
sous-programme principal, ainsi qu'aux paramètres de celui-ci. Un sous-programme
interne est défini ainsi :

```
Sub spEnglobant()
' instructions du sous-programme englobant
' - - -
GoSub sousProgInterne' appel
' - - -
Exit Sub ' terminer ici l'exécution principale
```

```
' définition du sous-programme interne
sousProgInterne:
' déclarations et instructions
' - - -
Return

End Sub
```

Le sous-programme englobant doit se terminer par un Exit Sub derrière lequel on place le ou les sous-programmes internes. Ceux-ci sont appelés par l'instruction GoSub, qui transfère l'exécution à l'étiquette indiquée tout en mémorisant le point actuel d'exécution. Le sous-programme interne se termine obligatoirement par une instruction Return.

En employant l'instruction GoSub, vous définissez un véritable sous-programme interne à votre routine. On ne peut y rentrer que par l'étiquette (le nom suivi du caractère deux-points), et seulement depuis le sous-programme englobant. Un sous-programme interne peut être utilisé plusieurs fois dans votre routine principale, ou même depuis un autre sous-programme interne de la routine principale. Néanmoins, ce n'est pas le seul intérêt.

Les sous-programmes internes peuvent permettre de réduire la complexité d'une routine, en donnant un nom clair à une partie de codage qui a une finalité évidente, et ceci même si vous ne l'utilisez qu'une fois. Vous séparez ainsi cette partie de codage, tout en pouvant utiliser les variables de la routine qui ont déjà été définies.

Voyez cet exemple de devinette améliorée, qui utilise un seul sous-programme englobant deux sous-programmes internes.

```
rem Code04-02.odt    bibli : PetitJeu Module1
Option Explicit

' utilisation de GoSub pour améliorer la modularité
Sub Devinette2
Dim reponse As Long, nbEssais As Long
Const solution = 77

nbEssais = 0
Do
  GoSub demander_valeur
  if reponse = solution then
    GoSub Afficher_score
    exit do
  elseif reponse = 0 then
    exit do
```

```
   else
     print "Perdu, encore un essai ?"
   end if
Loop
print "Jeu terminé"
exit Sub' fin d'exécution de Devinette2


demander_valeur:
dim valTx As String
do
   valTx = InputBox("Devinez un nombre entre 1 et 99")
   if valTx = "" then
     reponse = 0
     exit do
   end if
   reponse = CLng(Left(valTx, 3))
loop until (reponse>=1) and (reponse<=99)
if reponse <> 0 then nbEssais = nbEssais +1
Return' fin de demander_valeur


Afficher_score:
if nbEssais < 10 then
   print "Vous avez un don de télépathie !"
elseif nbEssais < 20 then
   print "Pas mal, vous avez trouvé en "; nbEssais; " essais"
else
   print nbEssais & _
         " essais ! La persévérance est toujours récompensée."
end if
Return' fin de Afficher_score

End Sub ' fin du sous-programme Devinette2
```

Comparez maintenant la lisibilité avec cette autre version rigoureusement équivalente, qui n'utilise pas de sous-programme interne.

```
rem Code04-02.odt    bibli : PetitJeu Module2
Option Explicit

' Même routine principale, mais sans utiliser de GoSub
Sub Devinette3()
Dim reponse As Long, nbEssais As Long
Const solution = 77
nbEss2ais = 0
Do
   dim valTx As String
```

```
   do
     valTx = InputBox("Devinez un nombre entre 1 et 99")
     if valTx = "" then
       reponse = 0
       exit do
     end if
     reponse = CLng(Left(valTx, 3))
   loop until (reponse>=1) and (reponse<=99)
   if reponse <> 0 then nbEssais = nbEssais +1
   if reponse = solution then
     if nbEssais < 10 then
       print "Vous avez un don de télépathie !"
     elseif nbEssais < 20 then
       print "Pas mal, vous avez trouvé en "; nbEssais; " essais"
     else
       print nbEssais & _
               " essais ! La persévérance est toujours récompensée."
     end if
     exit do
   elseif reponse = 0 then
     exit do
   else
     print "Perdu, encore un essai ?"
   end if
Loop
print "Jeu terminé"
End Sub ' fin du sous-programme Devinette3
```

Dans la première version, vous saisissez la structure générale du programme dans les premières lignes, qui peuvent s'afficher en totalité à l'écran. Et chaque sous-programme interne est suffisamment simple pour être compris rapidement.

En programmation courante, le GoSub est peu utilisé en comparaison des Sub ordinaires, qui permettent des appels avec arguments et une meilleure modularité. Cependant GoSub pallie partiellement l'impossibilité actuelle de définir des Sub limités à un seul module.

Function : le sous-programme fonction

Les fonctions sont des sous-programmes qui renvoient une valeur. Une fonction est déclarée ainsi :

```
Function nomFonction(arg1 As type1, arg2 As type2) As typeN
' ici toutes les instructions de la fonction
' - - - - -
End Function
```

> **Important**
>
> Notez bien le terme anglais Function, avec un *u*.

La liste des arguments de la fonction suit les mêmes règles que pour un sous-programme ordinaire. Le mot-clé As situé après la liste des arguments précise à l'appelant le type de la donnée renvoyée. Le As et le type peuvent être absents. Dans ce cas, la fonction renvoie une donnée de type Variant.

Toutes les autres fonctionnalités décrites pour les sous-programmes Sub sont disponibles avec les sous-programmes Function. Rappelons aussi que l'utilisateur d'une fonction peut ignorer le résultat renvoyé en utilisant la Function comme une Sub.

Reprenons le premier exemple de cette section et créons une fonction qui renvoie la couleur de synthèse sous la forme d'une chaîne de caractères.

```
rem Code04-02.odt   bibli : SousProg Module6
Option Explicit

Sub essaiCouleurs2()
Dim couleur As String
couleur = Synthetiser(true, false, true)
print "La couleur résultante est : " & couleur
End Sub
FunctionSynthetiser(Rouge As Boolean, Vert As Boolean, _
               Bleu As Boolean) As String

Synthetiser = Switch(Rouge and Vert and Bleu, "Blanc",_
         Rouge and Vert          , "Jaune",_
         Rouge           and Bleu, "Magenta",_
         Rouge                    , "Rouge",_
                  Vert and Bleu, "Cyan",_
                  Vert         , "Vert",_
                        Bleu, "Bleu",_
                        True, "Noir")
End Function
```

À l'intérieur d'une fonction, le nom de celle-ci est utilisé comme une pseudo-variable à laquelle on affecte une valeur. Ici, la fonction Switch de Basic renvoie une valeur, qui est utilisée comme résultat de notre fonction. Il est possible d'affecter plusieurs fois le résultat de la fonction, au cours de l'exécution de celle-ci. Seule la dernière affectation sera renvoyée comme résultat de la fonction.

> **ATTENTION** **Pseudo-variable « nom de la fonction »**
>
> Cette pseudo-variable « nom de la fonction » doit seulement être écrite (en lui affectant une valeur), et non lue. Tout autre usage serait confondu avec l'appel de la fonction (qui serait alors un appel récursif). Une méthode sûre consiste à utiliser une variable locale pour calculer le résultat, puis d'affecter ce résultat à la fonction, de préférence à un seul endroit du codage.

Une erreur courante consiste à terminer une fonction sans lui avoir préalablement affecté un résultat, par exemple dans un des cas d'une alternative (`if then else` ou `Case`). Dans un tel cas, la fonction retourne la valeur par défaut associée à son type de résultat (zéro pour un type numérique, chaîne de caractères de longueur nulle, ou `Empty` pour un type `Variant`). Il est préférable de commencer la fonction en affectant dès le départ une valeur à son résultat, puis d'affecter une autre valeur selon les conditions d'exécution.

L'exemple emploie une fonction de Basic. Il n'y a pas de différence de principe entre une fonction Basic et une fonction que vous réalisez vous-même.

Fin prématurée d'un sous-programme Function

Comme pour un sous-programme `Sub`, il est possible de terminer une fonction avant que l'exécution n'arrive à la dernière ligne. On emploie pour cela une instruction spécifique :

```
Exit Function
```

N'oubliez pas d'affecter une valeur de retour à votre fonction avant d'exécuter la ligne `Exit Function`.

Sous-programmes et bibliothèques

Nous avons vu au chapitre 2 que les macros sont situées dans des modules, eux-mêmes conservés dans une bibliothèque. Les bibliothèques peuvent vous jouer des tours si vous ne prenez pas la précaution de les charger avant d'utiliser une de leurs macros. En effet, d'une session à l'autre, ou d'un utilisateur à l'autre, vos macros fonctionneront ou non selon que la bibliothèque appelée aura été chargée ou non par une manipulation, parfois involontaire, ou par une autre macro, parfois bien longtemps auparavant.

Pour appeler une macro située dans une autre bibliothèque, il faut d'abord s'assurer que cette bibliothèque est chargée. Ce chargement peut être effectué manuellement, comme indiqué au chapitre 2. En revanche, charger une bibliothèque par macro nécessite des instructions différentes selon la situation. Les instructions permettant d'accéder aux bibliothèques font appel à l'API d'OpenOffice.org, dont la syntaxe est surprenante pour un débutant.

Les conteneurs de bibliothèques Basic

Une bibliothèque de macros Basic peut être hébergée dans deux sortes de conteneur :

- Soit le conteneur appartenant à un document.
- Soit le conteneur de l'application OpenOffice.org, que nous appellerons `soffice`. Les macros de ce conteneur sont accessibles depuis tout document, ce qui permet de constituer des bibliothèques de sous-programmes réutilisables.

Le conteneur `soffice` possède deux subdivisions :

- Mes macros, contenant des bibliothèques créées par l'utilisateur ou par une extension installée en mode utilisateur.
- Macros OpenOffice.org, contenant des bibliothèques mises à disposition par Open-Office.org ou créées par une extension installée en mode partagé (en anglais *shared*). Ceci est un moyen de rendre disponible des macros communes à tous les utilisateurs d'une installation réseau d'OpenOffice.org. Ces macros ne sont pas modifiables par l'utilisateur, ce qui est un gage de sécurité.

Moyennant éventuellement le chargement de la bibliothèque cible, il est possible d'appeler :

- une macro de `soffice` à partir d'une macro de `soffice` ;
- une macro d'un document à partir d'une macro de ce même document ;
- une macro de `soffice` à partir d'une macro d'un document.

En revanche, il n'est pas possible d'appeler simplement :

- une macro d'un document à partir d'une macro de `soffice` ;
- une macro d'un document à partir d'une macro d'un autre document.

Pour ces deux cas, on peut, soit exécuter une ligne de commande qui lance la macro du document, soit charger le document puis utiliser le Dispatcher. Ce dernier cas est traité au chapitre 14, section « Utiliser le Dispatcher ».

Chaque conteneur, `soffice` ou celui d'un document, comporte une bibliothèque `Standard` qui est systématiquement chargée par OpenOffice. Les autres bibliothèques doivent être chargées intentionnellement.

Si une bibliothèque est protégée par un mot de passe, il reste néanmoins possible, sans connaître le mot de passe, de la charger et d'appeler ensuite les macros de cette bibliothèque. Pour autant le contenu de la bibliothèque demeure caché à l'utilisateur, et les noms de macros ne sont pas affichés.

Charger une bibliothèque Basic du même conteneur

Il s'agit des cas 1 et 2 cités plus haut. Pour charger la bibliothèque ayant pour nom `Bibli2`, nous devons exécuter une fois cette instruction :

```
BasicLibraries.loadLibrary("Bibli2")
```

Respectez la casse dans l'écriture du nom de la bibliothèque. `BasicLibraries` est un objet API, dont nous utilisons une méthode appelée `loadLibrary` (en anglais, charger bibliothèque). Il n'y a pas d'inconvénient à charger plusieurs fois la même bibliothèque, mais c'est parfaitement inutile. Il n'existe pas de moyen de « décharger » une bibliothèque, sauf à arrêter l'application OpenOffice.org ou fermer le document, si elle se trouve dans un document.

L'instruction précédente déclenchera une erreur s'il n'existe pas de bibliothèque à ce nom dans le conteneur. Nous pouvons vérifier la présence d'une bibliothèque avec la fonction `hasByName` de l'objet `BasicLibraries` :

```
print BasicLibraries.hasByName("Template")
```

La fonction renvoie `True` si la bibliothèque existe, `False` sinon.

L'objet `BasicLibraries` fournit la liste des noms de bibliothèque qu'il connaît, sous la forme d'un tableau de chaînes de caractères appelé `ElementNames`. Nous allons les afficher avec cet exemple, qui donnera des résultats différents selon qu'il est exécuté dans une bibliothèque de `soffice` ou dans un document. Installez-la dans la bibliothèque `Standard` de **Mes macros** pour lister toutes les bibliothèques de `soffice`.

```
Sub ListerBiblisSoffice()
Dim lesBiblis As Variant, nomBibli As String
lesBiblis = BasicLibraries.ElementNames
for each nomBibli in lesBiblis()
  print nomBibli
next
End Sub
```

Nous avons ici une application typique de la boucle `For Each`.

Charger une bibliothèque Basic d'un autre conteneur

Il s'agit du cas 3 cité plus haut : depuis une macro d'un document, charger une bibliothèque de `soffice`. Cette fois-ci nous devons utiliser l'objet `GlobalScope`, qui nous expose une propriété `BasicLibraries`. Il suffit de reprendre les instructions précédentes en ajoutant `GlobalScope` devant `BasicLibraries`.

Charger la bibliothèque `Bibli2` de `soffice` :

```
GlobalScope.BasicLibraries.loadLibrary("Bibli2")
```

Tester l'existence d'une bibliothèque dans `soffice` :

```
print GlobalScope.BasicLibraries.hasByName("Template")
```

Récupérer la liste des noms de bibliothèques de `soffice` :

```
lesBiblis = GlobalScope.BasicLibraries.ElementNames
```

Charger une bibliothèque de soffice au démarrage

Si vous avez souvent besoin d'une bibliothèque de `soffice` (ou de plusieurs), il est très simple de la charger au démarrage d'OpenOffice.org avec une petite macro :

```
Sub ChargerBiblis()
BasicLibraries.loadLibrary("Tools")
End Sub
```

Insérez cette macro dans un module de la bibliothèque `Standard` de **Mes macros**, qui est systématiquement chargée. Déclenchez cette macro sur l'événement **Démarrage de l'application** dans le contexte OpenOffice.org, comme expliqué au chapitre 1. Un procédé similaire permettrait de charger une bibliothèque d'un document lors de son chargement.

Appeler une macro d'une autre bibliothèque

Sans instruction ou manipulation particulière, une macro est capable d'appeler toute autre macro de la même bibliothèque, ou d'une bibliothèque chargée. Par exemple, nous allons charger la bibliothèque `Tools` qui se trouve dans `soffice`, section `Macros Open-Office.org`, et appeler le sous-programme fonction `GetProductName` situé dans le module `Misc` de cette bibliothèque.

```
GlobalScope.BasicLibraries.loadLibrary("Tools")
print GetProductName()
```

En règle générale, vous obtiendrez ce que vous souhaitez. Mais si, dans votre document, vous avez déclaré pour vos propres besoins une macro du même nom, c'est cette dernière qui sera appelée. En effet, l'interpréteur Basic recherche le nom d'abord dans le même module que l'appelant, puis dans la même bibliothèque, puis dans une autre bibliothèque du même conteneur, puis dans le conteneur `soffice`. En d'autres termes, il utilise la macro la plus proche de la macro appelante. Pire, si vous avez chargé plusieurs bibliothèques de soffice, il se peut que plusieurs comportent une macro du même nom. Vous ne pourrez alors pas savoir laquelle sera appelée. Le problème existe dans nos trois cas de configurations appelant/appelé.

La solution consiste à préciser où trouver la macro appelée en utilisant des qualificateurs : nom du module, nom de la bibliothèque, nom du conteneur de bibliothèque. Dans notre document exemple nous avons créé une bibliothèque Tools, contenant un module Misc, contenant une fonction GetProductname, bref tout pour se mélanger les pinceaux. Cette macro emploie différents qualificateurs devant le nom de la macro appelée.

```
rem Code04-02.odt    bibli : SousProg Module7
Option Explicit

Sub appelAutreBibli()
GlobalScope.BasicLibraries.loadLibrary("Tools")
print GetProductName()                       ' a) qualification insuffisante
print Misc.GetProductName()                  ' b) qualification insuffisante
print Tools.Misc.GetProductName()   ' c) qualification insuffisante
print GlobalScope.Tools.Misc.GetProductName() ' d) correct
print GlobalScope.Tools.GetProductName()      ' e) correct
print GlobalScope.GetProductName()            ' f) correct
End Sub
```

Les trois premières instructions ne trouvent pas la bonne macro, mais elles ont leur utilité dans d'autres cas.

- L'instruction a) correspond au cas habituel : l'interpréteur recherche le nom le plus proche. S'il n'y a pas de doublons de nom, cela fonctionne.
- L'instruction b) permet de résoudre l'ambiguïté d'un même nom employé dans deux modules d'une même bibliothèque. Néanmoins, on voit qu'il est préférable d'éviter cette situation.
- L'instruction c) précise le nom de la bibliothèque, mais une bibliothèque de ce nom existe aussi dans notre document. Elle est donc choisie en premier alors que nous désirions celle de soffice.
- L'instruction d) précise que la bibliothèque se trouve dans soffice, il n'y a plus aucune ambiguïté.
- L'instruction e) élimine le nom du module, la qualification reste suffisante dans notre cas.
- L'instruction f) élimine en plus le nom de la bibliothèque. OpenOffice arrive encore à retrouver la macro, mais on court un grand risque d'erreur si plusieurs bibliothèques sont chargées.

Tout ce que nous venons de voir pour l'appel d'une macro est aussi valable pour l'utilisation d'une variable ou constante `Public` ou `Global` d'une autre bibliothèque.

```
laBibli.laVariable = 3
```

> **Conseil Renommez !**
>
> Basic vous propose les noms `Library1`, `Library2`, etc. pour une nouvelle bibliothèque, et `Main` pour une nouvelle macro. Si vous gardez ces propositions, vous vous retrouverez avec des conflits de noms, sans que Basic ne vous prévienne. Choisissez donc des noms personnalisés pour vos macros et bibliothèques.

Conclusion

Les instructions de branchements conditionnels et itératifs sont à la base de tout algorithme. Elles déterminent la logique temporelle du processus.

Les sous-programmes et fonctions sont indispensables à la structuration de votre programme. Sans eux, point de salut ! Ils permettent de « classer » vos développements pour ne pas avoir des centaines de lignes consécutives dont on perd le fil au fur et à mesure. Cette structuration permet également d'envisager de réutiliser certaines parties élémentaires de programmes d'une macro à l'autre. Toutefois, vous devez employer certaines règles pour appeler un sous-programme situé dans une autre bibliothèque.

Le chapitre suivant nous permettra à présent d'approfondir notre connaissance des instructions OooBasic de traitement.

5

Les instructions de traitement

Vous trouverez dans ce chapitre une description de la plupart des instructions Basic que nous n'avons pas encore abordées. Lorsque l'aide (F1) est suffisante, nous nous contenterons de signaler l'instruction, et il suffira de vous y reporter. Dans d'autres cas, nous la corrigerons ou nous développerons des aspects non décrits ou mal expliqués.

Dans la section consacrée aux fonctions de conversion, nous vous expliquerons en quoi les conversions automatiques de Basic sont souvent utiles et parfois dangereuses.

À partir de ce chapitre, lorsque nous utiliserons l'expression « l'argument est du type xxx », cela signifiera que Basic accepte comme argument une variable de ce type, ou une valeur écrite directement, ou toute expression dont l'évaluation donne une valeur de ce type. De plus, Basic effectue automatiquement des conversions de type lorsque c'est nécessaire pour l'évaluation.

Vous découvrirez que Basic offre de nombreuses fonctions. Si vous ne trouvez pas ce que vous cherchez, peut-être pourrez-vous la réaliser en quelques lignes de codage. Si vous avez besoin d'une des fonctions de Calc, le chapitre 9 vous apprendra à la mettre en œuvre dans un programme Basic.

Les chaînes de caractères

Longueur d'une chaîne

La fonction `Len` sert à déterminer la longueur d'une chaîne, en nombre de caractères. La valeur renvoyée est de type `Long`. Tester si une chaîne est nulle peut se faire de deux manières :

```
if chaine = "" then        ' première méthode
if Len(chaine) = 0 then    ' deuxième méthode
```

Comparer deux chaînes de caractères

La fonction `StrComp` compare les chaînes de caractères `Text1` et `Text2`. Elle renvoie -1 ou 1 selon que `Text1` est alphabétiquement classé avant `Text2` ou après ; elle renvoie zéro en cas d'identité.

Complément sur la syntaxe

Pour trouver la syntaxe de `StrComp`, appuyez sur la touche **F1** depuis l'EDI puis, dans l'onglet Index, tapez le nom recherché.

À noter :

- Lorsque le paramètre `Compare` est omis, ceci est équivalent à mettre la valeur 1, donc une comparaison *tenant compte* de la casse.
- D'une manière générale, chaque caractère est « pesé » selon sa valeur donnée par la fonction `ASC`, la comparaison s'effectuant caractère par caractère, de gauche à droite.
- Un caractère chiffre est classé avant tout caractère alphabétique.
- Un caractère majuscule non accentué est classé avant tout caractère minuscule et tout caractère accentué.
- N'importe quel caractère est « plus lourd » que l'absence de caractère : « soleil » est classé avant « soleil » (comportant un espace final).

Comparaison à un modèle générique

L'opérateur `Like`, non documenté, permet une comparaison entre une chaîne de caractères et son modèle. Le résultat de la comparaison est une valeur booléenne, `True` ou `False`. L'opérateur `Like` de OOoBasic ne tient jamais compte d'une différence de casse (majuscules ou minuscules) ; un caractère accentué est toujours différent du même caractère sans accent ; un digramme (par exemple la lettre æ) ne peut pas être assimilé à deux lettres (ae).

Le modèle est une chaîne de caractères pouvant comporter des caractères génériques :

- Un caractère * représente un nombre quelconque de caractères (y compris aucun).
- Un caractère ? représente un caractère quelconque.
- Un caractère # représente un chiffre.
- Une séquence, par exemple [AZ9H], représente un caractère dont la valeur doit correspondre à un de ceux listés entre les crochets.
- Une séquence comme [D-X] représente un caractère dont la valeur doit être dans la série de caractères représentée par les deux caractères entourant le tiret ; dans cet exemple, un caractère compris entre D et X (E, F, G...).
- Une séquence débutant par un caractère !, comme [!0-9], représente un caractère qui ne doit prendre aucune des valeurs citées.

Quelques exemples :

```
rem Code05-01.odt    bibli : Standard Module5
Option Explicit

Sub comparerAuModele
Dim s As String, modele As String

modele = "??#_*"
s = "123_"
print "Résultat 1 : " & (s Like modele) ' donne : True
s = "Aa8_tatata"
print "Résultat 2 : " & (s Like modele) ' donne : True
s = "F3_sss" ' il manque un caractère avant le "souligné"
print "Résultat 3 : " & (s Like modele) ' donne : False

modele = "x[B-F]*machin"
s = "XE233Machin"
print "Résultat 4 : " & (s Like modele) ' donne : True
s = "XG233Machin" ' deuxième caractère inacceptable
print "Résultat 5 : " & (s Like modele) ' donne : False
s = "xfa5dty+:?/Machin"
print "Résultat 6 : " & (s Like modele) ' donne : True
s = "xfa5dty+:?/Machine" ' le e final est inacceptable
print "Résultat 7 : " & (s Like modele) ' donne : False

modele = "[A-Z][hx1-5]*"
s = "b52"
print "Résultat 8 : " & (s Like modele) ' donne : True
```

```
s = "AH"
print "Résultat 9 : " & (s Like modele)  ' donne : True
s = "c3"
print "Résultat 10 : " & (s Like modele) ' donne : True
s = "c6" ' chiffre hors de la plage acceptable
print "Résultat 11 : " & (s Like modele) ' donne : False

modele = "[!ilo1][!0-9]"
s = "Bh"
print "Résultat 12 : " & (s Like modele) ' donne : True
s = "B7"
print "Résultat 13 : " & (s Like modele) ' donne : False
s = "IZ"
print "Résultat 14 : " & (s Like modele) ' donne : False
End Sub
```

Rechercher une chaîne dans une autre chaîne

La fonction `InStr` recherche, à partir de la position `Start`, la première apparition de la chaîne `Text2` dans la chaîne `Text1` et renvoie la position du premier caractère concordant. La position trouvée, de type `Long`, est comptée à partir de 1. Si `Text2` ne se trouve pas dans `Text1` la fonction renvoie zéro.

Complément sur la syntaxe

Pour trouver la syntaxe de `InStr`, appuyez sur la touche **F1** depuis l'EDI puis, dans l'onglet Index, tapez le nom recherché.

À noter :

- Le paramètre `Start` doit prendre la valeur 1 pour une recherche à partir du début de la chaîne `Text1`. Il est plus clair de ne pas omettre ce paramètre.
- Lorsque le paramètre `Compare` est omis, ceci équivaut à mettre la valeur 1, donc une comparaison *sans tenir compte* de la casse. Il est plus clair de ne pas omettre ce paramètre.

Quelques exemples :

```
Dim a As String, b As Long
a = "Bonjour"
b = InStr(3, a, "o", 0)  ' b reçoit 5
b = InStr(1, a, "o", 0)  ' b reçoit 2
b = InStr(1, a, "JO", 0) ' b reçoit 0
b = InStr(1, a, "JO", 1) ' b reçoit 4
```

Le couteau à découper : Mid

La *fonction* Mid renvoie une chaîne de caractères qui est un tronçon de la chaîne initiale. La fonction Mid possède 2 ou 3 paramètres.

```
Dim a As String
a = Mid("Bonjour", 4)    ' a reçoit "jour"
a = Mid("Bonjour", 5,2)  ' a reçoit "ou"
```

L'*instruction* Mid remplace un tronçon d'une chaîne de caractères par une autre chaîne de caractères de longueur au plus égale à celle du tronçon. L'instruction Mid possède toujours 4 paramètres.

```
a = "Bonjour"
Mid(a, 4, 3, "soiXXX") ' a devient "Bonsoir"
a = "Bonjour"
Mid(a, 1, 4, "J")         ' a devient "Jour"
```

> **Complément sur la syntaxe**
>
> Pour trouver la syntaxe de Mid, appuyez sur la touche **F1** depuis l'EDI puis, dans l'onglet **Index**, tapez le nom recherché.

À noter :

- Les paramètres Start et Length sont du type Long et non Integer. La position d'un caractère est comptée à partir de 1.
- Si la chaîne de remplacement est plus longue que le tronçon, la partie gauche de la chaîne est utilisée.
- Si la chaîne de remplacement est plus courte que le tronçon, le tronçon complet est remplacé par la chaîne.
- Si la chaîne de remplacement est de longueur nulle, le tronçon est supprimé de la chaîne initiale.

Supprimer des caractères à gauche et à droite

Les fonctions LTrim, RTrim et Trim servent à débarrasser une chaîne de caractères d'espaces inutiles placés respectivement en début, en fin et aux deux bouts de la chaîne. Ces fonctions renvoient la chaîne de caractères résultante.

Les fonctions Left et Right servent à récupérer la partie gauche, respectivement droite, de la chaîne donnée en argument. Si n est supérieur à la longueur de la chaîne, la totalité de celle-ci est renvoyée.

Découper et recoller une chaîne

La fonction Split découpe une chaîne de caractères en suivant un caractère de délimitation de segments. Elle renvoie un tableau de chaînes de caractères.

La fonction Join aboute les éléments d'un tableau de chaînes de caractères en insérant éventuellement un séparateur entre chaque tronçon.

L'exemple de l'aide en ligne étant trop complexe, nous en donnerons un autre. Ce dernier découpe la chaîne Cible à chaque caractère point-virgule, et renvoie cinq segments. Une boucle For affiche chaque segment. Puis le tableau obtenu est recollé avec un séparateur barre de fraction. Notez bien la manière de déclarer le tableau et de le transmettre à la fonction Join.

```
rem Code05-01.odt    bibli : Standard Module1
Option Explicit

Sub demoSplit()
Dim Cible As String, resu() As String, x As Long

Cible = "alpha;beta;gamma;delta;epsilon;phi"
resu = Split(Cible, ";", 5) ' découpe en 5 segments max
for x = LBound(resu) to UBound(resu)
  print x, resu(x) ' dernier segment : epsilon;phi
next

Cible = Join(resu(), "/")
print Cible ' résultat : alpha/beta/gamma/delta/epsilon;phi
End Sub
```

Remplacer partout dans une chaîne de caractères

Il existe une fonction Replace non documentée, qui ne fonctionne pas (Issue 94895). Mais la combinaison des fonctions Split et Join permet de remplacer toute occurrence d'une sous-chaîne dans une chaîne, de manière très élégante et rapide. Par exemple, ceci remplace les lettres « é » par des « e ».

```
Dim a As String
a = "L'élève a éternué"
a = Join(Split(a, "é"), "e")
```

Créer une chaîne de caractères

La fonction String crée une chaîne constituée de la répétition du même caractère. La fonction Space est une spécialisation de String dans laquelle le caractère répété est un espace. Ces deux fonctions sont surtout utiles pour définir des chaînes très longues, jusqu'à 65 535 caractères. Notez que le paramètre n des fonctions String et Space est de type Long, et non Integer.

Aligner à gauche ou à droite

Les instructions LSet et RSet servent à aligner un texte dans une « zone blanche ». Elles ne suivent pas la syntaxe habituelle, mais celle-ci :

```
RSet v1 = v2
```

Dans cette expression, v1 est une variable de type String, v2 est une variable ou expression du type String. Seule la longueur de v1 est importante, pas son contenu, qui sera perdu. La variable v1 reçoit la chaîne v2 cadrée à droite dans cette longueur, et complétée à gauche par des espaces. L'instruction Lset, elle, cadre v2 à gauche et complète à droite par des espaces.

Les fonctions numériques

Signe et valeur absolue

La fonction Sgn renvoie un nombre entier permettant de déterminer si le nombre en argument est négatif, positif, ou nul. L'argument peut être de type entier ou réel.

La fonction Abs renvoie un nombre Double qui est la valeur absolue du nombre donné en argument. L'argument peut être un nombre entier ou un nombre réel.

Fonctions trigonométriques

Les fonctions Sin, Cos et Tan renvoient respectivement la valeur du sinus, du cosinus et de la tangente d'un angle exprimé en radians. La valeur absolue de l'angle doit être inférieure à 2π, sinon le résultat sera incorrect. La fonction Atn renvoie l'arc-tangente de l'argument.

Signalons que Basic connaît la constante Pi, avec la précision nécessaire pour les types réels.

Autres fonctions mathématiques

La fonction Log renvoie le logarithme népérien de l'argument.

La fonction Exp renvoie l'exponentielle (au sens mathématique) de l'argument.

La fonction Sqr renvoie la racine carrée de l'argument.

Nombre aléatoire

À chaque appel, la fonction Rnd renvoie un nombre pseudo-aléatoire (c'est-à-dire généré mathématiquement pour assurer une distribution des valeurs très proche du hasard) de type Double, dont la valeur est comprise entre zéro et un. Une simple multiplication permet ensuite d'ajuster la gamme des valeurs possibles.

L'instruction Randomize initialise le générateur pseudo-aléatoire. En donnant un nombre en argument de Randomize, le générateur de Rnd produira toujours la même série de valeurs pseudo-aléatoires, ce qui peut faciliter la mise au point du programme.

Les fonctions de date et heure

La fonction Now renvoie la date-heure actuelle sous la forme d'une donnée de type Date.

La fonction Time renvoie l'heure actuelle sous la forme d'une donnée de type Date dont seule la partie heure est significative. L'heure est précise à la seconde.

La fonction Date renvoie la date actuelle sous la forme d'une donnée de type Date dont l'heure est nulle.

La fonction Timer renvoie le nombre de secondes écoulées depuis minuit. Le résultat de la fonction ne peut pas être utilisé directement, on doit l'affecter d'abord à une variable de type Long.

L'instruction Wait effectue une temporisation, sans pour autant bloquer le système d'exploitation. Attention aux réactions de l'utilisateur pendant cette durée ! L'argument de Wait est le nombre de millisecondes d'attente. La précision de la temporisation dépend du système d'exploitation, elle est de 16 millisecondes sur un compatible IBM-PC.

La fonction GetSystemTicks renvoie un entier Long qui est la valeur actuelle d'un compteur incrémenté par le système d'exploitation. La signification de ce compteur dépend de celui-ci. Sur un ordinateur compatible IBM-PC, la valeur est un nombre de millisecondes avec un pas d'environ 16 millisecondes, ce qui est suffisant pour mesurer des délais courts.

```
Dim t As Long
t = GetSystemTicks
wait 1000 ' simulation d'un processus à mesurer
t = GetSystemTicks -t
MsgBox("Nombre de Ticks : " & t)
```

> **À RETENIR Penser à l'utilisateur**
>
> L'utilisateur s'inquiète rapidement si son programme semble se figer (15 secondes sont pour lui une éternité). Il est alors tenté de taper au clavier ou de cliquer avec la souris « pour débloquer l'application ». Le résultat peut être catastrophique si votre programme effectuait un traitement un peu long. Vous trouverez au chapitre 14 quelques méthodes pour éviter ce problème.

Fonctions de modification de date-heure

Le détail de ces fonctions est précisé dans l'aide F1 de Basic, cherchez le nom de la fonction dans l'index. Elles prennent toutes en argument une valeur du type Date.

DateDiff

La fonction DateDiff renvoie la différence entre deux dates, en nombre de jours, ou mois, ou années, etc.

```
Dim d1 As Date, d2 As Date
d1 = "15/04/2006"
d2 = "14/7/1998"
MsgBox("Ecart en jours : "    & DateDiff("d", d2, d1))
MsgBox("Ecart en mois : "     & DateDiff("m", d2, d1))
MsgBox("Ecart en semaines : " & DateDiff("w", d2, d1, 2, 1))
```

DateAdd

La fonction DateAdd renvoie une date décalée de la première d'un certain nombre de jours, ou mois, ou années, etc.

```
Dim d1 As Date, n As Long
d1 = "25/02/2010"
n = 2 ' fonctionne aussi en négatif !
MsgBox("Dans " & n & " jours : "      & DateAdd("y", n, d1) )
MsgBox("Dans " & n & " semaines : "   & DateAdd("ww", n, d1) )
MsgBox("Dans " & n & " mois : "       & DateAdd("m", n, d1) )
MsgBox("Dans " & n & " trimestres : " & DateAdd("q", n, d1) )
```

DatePart

La fonction DatePart renvoie un nombre de type Long correspondant à certaines valeurs intéressantes déduites de la date.

```
Dim d1 As Date
d1 = "27/04/2006"
MsgBox("Trimestre dans l'année : " & DatePart("q", d1))
MsgBox("Jour dans l'année : "      & DatePart("y", d1))
MsgBox("Semaine dans l'année : "   & DatePart("ww", d1, 2, 1))
```

Les fonctions de conversion

Les données étant de différents types, Basic nous permet de passer d'un type à l'autre grâce à des fonctions de conversions implicites ou explicites.

Les conversions automatiques de type

Dans le but de simplifier la programmation, Basic effectue automatiquement des conversions de type. Ces conversions ont lieu lorsqu'une variable ou une expression d'un type A est affectée à une variable de type B, ou employée comme paramètre d'un argument de type B. Elles peuvent aussi avoir lieu lors de l'évaluation d'une expression mathématique, et cela plusieurs fois.

Basic essaie toujours de convertir, quels que soient les types simples impliqués. Certaines conversions ne posent aucun problème car le type final accepte toutes les valeurs possibles du type initial :

- type `Integer` vers `Long`,
- type `Single` vers `Double`,
- type `Integer`, `Long`, vers `Currency`,
- type simple vers `Variant`.

Quelques pertes apparaissent avec les arrondis nécessaires pour convertir un réel en entier. En revanche, les résultats deviennent surprenants avec les types `String` et `Boolean`.

Type Boolean vers type numérique

La valeur `True` donne le résultat -1, la valeur `False` donne le résultat zéro.

Type Boolean vers type String

On obtient la chaîne de caractères `"True"` ou `"False"`.

Type numérique vers type Boolean

La valeur zéro donne un résultat `False`, toute autre valeur donne un résultat `True`.

Type numérique vers type String

On obtient une chaîne de caractères représentant la valeur décimale de la variable numérique (éventuellement après normalisation, dans le cas d'un type `Single` ou `Double`). La représentation utilise le séparateur décimal de l'environnement linguistique d'OpenOffice (menu **Outils>Options>Paramètres linguistiques**).

Type String vers type numérique

Ici, le séparateur décimal est toujours un point. Si la chaîne de caractères est interprétable comme un nombre, alors ce nombre est converti dans le type final ; sinon le résultat est zéro. Basic recherche le nombre en balayant la chaîne de gauche à droite, ce qui donne par exemple :

```
dim s1 as string, d1 as double

s1 = "    15.3xyz         "
d1 = s1
print d1 ' résultat : 15.3
```

Type String vers type Boolean

Si la chaîne de caractères s'évalue comme un nombre, le traitement est identique à celui d'un nombre ; si la chaîne de caractères est de longueur nulle, ou ne comporte que des espaces, le résultat est False ; dans les autres cas, une erreur est déclenchée.

L'ambiguïté de l'opérateur +

La plus grande difficulté survient avec l'opérateur + qui est l'opérateur d'addition de nombres, mais est aussi autorisé comme opérateur de concaténation de chaînes. Nous vous avons conseillé d'utiliser l'opérateur & pour concaténer les chaînes, et nous allons voir pourquoi dans cette succession de tests de conversions :

```
rem Code05-01.odt    bibli : Standard Module4
Option Explicit

' danger des conversions implicites
' et de l'opérateur + à double usage
Sub dangerConversions()
Dim d1 As Long, d2 as Long
Dim s1 As String, s2 As String, s3 As String, s4 As String

s1 = "Victor "
s2 = "Hugo"
s3 = s1 & s2
' Le + est interprété comme opérateur de concaténation
s4 = s1 + s2
print "test1", s3, s4 ' mêmes résultats, opérations identiques

d1 = 400
d2 = 1000
s3 = d1 & d2
' Le + est interprété comme opérateur arithmétique
```

```
s4 = d1 + d2
print "test2", s3, s4 ' résultats différents !

' Basic interprète l'expression comme une chaîne de caractères
s4 = "" + d1 + d2
print "test3", s3, s4 ' résultats identiques !

' Basic interprète d'abord en numérique et finit en chaîne
s4 = d1 + d2 +""
print "test4", s3, s4 ' résultats différents !

s1 = "100"
s2 = "2000"
d1 = s1 + s2 ' attention : concaténation de chaînes
d2 = CLng(s1) + CLng(s2) ' addition de deux nombres
print "test5", d1, d2 'résultats différents !

End Sub
```

Le dernier test montre l'intérêt des conversions explicites, que nous listerons maintenant.

Les conversions explicites

Chaîne de caractères vers nombre

La fonction Val convertit une chaîne de caractères représentant un nombre en une valeur numérique de type Double. La chaîne de caractères doit être un nombre exprimé sous la forme anglo-saxonne, avec une virgule ou un espace comme séparateur de milliers éventuel, et un point comme séparateur décimal.

La fonction Asc convertit le premier caractère d'une chaîne en sa valeur numérique ASCII ou Unicode 16 bits.

```
print Asc("A"), Asc("a"), Asc("à"), Asc("â"), Asc("€")
'          65        97        224       226       8364
```

Type numérique vers chaîne de caractères

La fonction Chr est la transformation inverse de la fonction Asc. Elle renvoie une chaîne d'un caractère dont la valeur ASCII ou Unicode correspond à la valeur numérique fournie en argument. Notez que cet argument est du type Long, et non Integer ; toute la gamme de valeurs entre 0 et 65 535 est utilisable. Certaines valeurs de caractères non imprimables sont particulièrement utiles :

• Chr(13) correspond au caractère CR (anglais pour Retour de Chariot), souvent utilisé pour afficher des messages sur plusieurs lignes.

- Chr(10) correspond au caractère LF (anglais pour Nouvelle Ligne).
- Chr(9) correspond au caractère de tabulation.

La fonction Str et la fonction CStr renvoient toutes deux une chaîne de caractères correspondant à l'expression en argument. Dans le cas d'un nombre, la chaîne obtenue diffère sur deux points :

- le résultat de Str débute par un espace ;
- pour représenter le séparateur décimal, Str utilise toujours le point alors que CStr utilise la valeur indiquée par l'environnement linguistique (une virgule pour fr-FR). Pour un nombre de type Currency, un bogue fait que CStr utilise lui aussi le point numérique (Issue 91121).

Les fonctions Hex et Oct renvoient une chaîne de caractères correspondant respectivement au codage Hexadécimal ou Octal de la valeur numérique en argument. À propos, voici comment on écrit en Basic un nombre en valeur hexadécimale et en valeur octale :

```
Dim n As Long
n = &HFF2          ' valeur hexadécimale FF2
print n, hex(n)    ' Vérification
n = &O752          ' valeur octale 752
print n, oct(n)    ' Vérification
```

La fonction Format

La fonction Format renvoie une chaîne de caractères constituée à partir d'une donnée numérique et d'une chaîne dite de formatage. Dans l'aide F1 de Basic, onglet Index, tapez Format et cherchez l'entrée « Format, fonction ». Voici quelques exemples des possibilités. Certaines ne sont pas documentées dans l'aide F1.

```
rem Code05-01.odt    bibli : Standard Module3
Option Explicit

Sub exemplesFormat()
Dim d As Variant, s As String, f As String

d = 3.14
MsgBox(Format(d, "+00.000"), 0, "Nombre de chiffres minimal")

d = 1234567.5
MsgBox(Format(d, "# ### ### ### ""km"""), 0, "Arrondi à l'entier")

' format pour nombre positif;négatif;nul
f = "+# ##0.0;-#0;""zero"""
d = 12345.67
MsgBox(d & " donne : " & Format(d, f), 0, "Nombre positif")
```

```
d = 0
MsgBox(d & " donne : " & Format(d, f), 0, "Nombre nul")
d = -12345.67
MsgBox(d & " donne : " & Format(d, f), 0, "Nombre négatif")

d = 1234567.596
MsgBox(d & " donne : " & Format(d, "Currency"), 0, "Monétaire positif")
d = -1234567.596
MsgBox(d & " donne : " & Format(d, "Currency"), 0, "Monétaire négatif")

d = 1234 ' on veut afficher : 1234 secondes
MsgBox(Format(d, "0 secondes"), 0, "Affichage complètement faux !")
' les caractères s, e, c, n, d peuvent être interprétés !
MsgBox(Format(d, "0 \s\e\cond\e\s"), 0, "Affichage correct")

d = Now
s = Format(d, "NNN DD MMMM YYYY")
s = s & chr(10) & Format(d, "QQ""", semaine ""WW")
s = s & chr(10) & Format(d, "hh\h mm\mn ss\s\ec")
MsgBox(s, 0, "Date et heure actuelles")
End Sub
```

Dans les chaînes de format, le séparateur décimal est toujours le point, alors que la chaîne obtenue utilisera le séparateur indiqué dans l'environnement linguistique (menu Outils>Options). On doit faire très attention aux textes mis dans la chaîne de formatage, car plusieurs caractères peuvent être interprétés par l'instruction Format. Pour éviter cela, on doit mettre un \ devant chaque caractère susceptible d'être interprété. En général, dans une chaîne de formatage, un texte doit être entouré de guillemets ; comme il est lui-même dans une chaîne Basic, la syntaxe impose de redoubler chaque guillemet.

Le format Currency ne sert qu'à obtenir une chaîne monétaire à deux décimales, à partir d'un nombre de type autre que Currency. Une valeur de type Currency donne une chaîne mal formatée (Issue 91121).

Dans le chapitre 14 nous verrons, à la section « Une fonction Format plus puissante » comment utiliser toutes les possibilités de formatage qui existent pour une cellule de Calc.

Conversions vers un type numérique

Les fonctions suivantes convertissent une chaîne de caractères ou une valeur numérique en un type numérique spécifique :

- CDbl renvoie un Double. Contrairement à la fonction Val, CDbl tient compte de la configuration locale : sur une version française (France) une chaîne représentant un nombre avec décimales doit comporter la virgule comme séparateur décimal. Les séparateurs de milliers ne sont pas acceptés.

- CSng renvoie un Single. Mêmes remarques que pour Double.
- CByte renvoie un Byte.
- CInt renvoie un Integer.
- CLng renvoie un Long.
- CCur renvoie un Currency.
- CDec renvoie un Decimal. Une chaîne représentant un nombre peut (actuellement) comporter indifféremment le point ou la virgule comme séparateur décimal.

Quand une fonction API renvoie un type Byte, la conversion automatique vers Basic donne (pour des raisons de compatibilité avec les anciens codages) une valeur de type Integer dans une plage de -128 à +127. Si on souhaite la convertir en type Byte, ce dernier n'acceptant que des valeurs positives on doit n'utiliser que l'octet de poids faible :

```
Dim a As Integer, b As Byte
a = -37
b = CByte(a and 255)
```

Conversion d'un nombre réel vers un nombre entier

Les fonctions Int et Fix renvoient un nombre Double dont la partie fractionnaire est nulle. La fonction Fix renvoie un nombre dont la partie entière correspond à la partie entière du nombre en argument. La fonction Int renvoie un nombre arrondi à l'entier inférieur, que l'argument soit positif ou négatif.

Ces deux fonctions ne correspondent pas à l'arrondi classique. En revanche, la fonction CLng et la fonction CInt arrondissent au nombre entier le plus proche. Elle diffèrent seulement par le type du résultat, respectivement Long et Integer, et donc la plage de valeurs admissibles en argument. La conversion implicite vers Long donne le même résultat que CLng.

Ce codage compare les fonctions sur différentes valeurs typiques :

```
rem Code05-01.odt    bibli : Standard Module2
Option Explicit

Sub PartieEntiere()
'               Résultat - - >    Fix     Int    CLng    Implicite
comparer( 0)                '      0       0      0        0
comparer( 0.00000000000001) '      0       0      0        0
comparer(-0.00000000000001) '      0      -1      0        0
comparer( 7.00000000000001) '      7       7      7        7
comparer(-7.00000000000001) '     -7      -8     -7       -7
comparer( 7.49999999999999) '      7       7      7        7
comparer( 7.5             ) '      7       7      8        8
comparer(-7.49999999999999) '     -7      -8     -7       -7
comparer(-7.5             ) '     -7      -8     -8       -8
```

```
comparer( 7.99999999999999) '        7        7        8        8
comparer(-7.99999999999999) '       -7       -8       -8       -8
End Sub


Sub comparer(v As Double)
Dim message As String, p As Long

p = v' conversion implicite en Long
message = "Nombre : " & n & chr(13) & _
  "Fix : " & Fix(v) & chr(13) & "Int : " & Int(v) & chr(13) & _
  "CLng : " & CLng(v) & chr(13) & "Implicite : " & p
MsgBox(message)
End Sub
```

Changement de casse

Le changement de casse consiste à transformer un caractère majuscule en caractère minuscule ou l'inverse.

- La fonction Lcase, pour *Lower Case*, renvoie une chaîne de caractères copiée de celle en argument, mais dont chaque caractère majuscule est remplacé par l'équivalent minuscule. Les autres caractères sont simplement copiés.
- De même, Ucase, pour *Upper Case*, effectue la mise en majuscules des caractères minuscules.

Ces conversions traitent correctement les caractères accentués (à devient À).

Conversions de date et heure

Comme nous l'avons vu au chapitre 3, les dates (avec l'heure) sont codées en interne sous forme d'un nombre Double appelé dans le jargon OpenOffice.org *serial number* (anglais pour numéro de série). Plusieurs fonctions effectuent des conversions entre cette notation interne et les valeurs habituelles de date et heure.

Fonctions renvoyant une date-heure interne

- CDate(chaîne) : l'argument est une chaîne de caractères représentant une date et/ou une heure.
- CDate(nombre) : dans ce cas, l'argument est un nombre réel qui sera interprété comme une date interne.
- DateSerial(année, mois, jour). Si la relation jour-mois est incorrecte la date est corrigée : 1987,2,31 donne la date 1987,3,3.
- TimeSerial(heure, minute, seconde).

- `DateValue`(chaîne) : l'argument est une chaîne de caractères représentant une date ; les heures-minutes-secondes sont ignorées.
- `TimeValue`(chaîne) : l'argument est une chaîne de caractères représentant une heure précise.
- `CDateFromIso`(chaîne) : l'argument est une date de la forme année, mois, jour, comme "20041231" ou "2002/12/31".

Fonctions prenant pour argument une date-heure interne

- `Day`(date) renvoie le numéro du jour dans le mois.
- `WeekDay`(date) renvoie le rang du jour dans la semaine : dimanche=1, Lundi=2, jusqu'à Samedi=7.
- `Month`(date) renvoie le numéro du mois.
- `Year`(date) renvoie l'année.
- `Hour`(date) renvoie l'heure.
- `Minute`(date) renvoie le nombre de minutes dans l'heure.
- `Second`(date) renvoie le nombre de secondes dans la minute.
- `CDateToIso`(date) renvoie une chaîne de 8 caractères comme "20041231".

Conversion vers une valeur booléenne

La fonction `CBool` reçoit en argument une expression booléenne ou un nombre et renvoie une valeur booléenne.

Test de contenu de variable

Certaines de ces fonctions, listées au tableau 5-1, ont déjà été vues au cours du chapitre 3. Toutes prennent en argument une variable et renvoient la valeur booléenne `True` si le résultat du test est positif. Les fonctions concernant des objets UNO sont explicitées dans l'annexe A.

Tableau 5–1 Fonctions de test de contenu de variable

Fonction	Test
`IsArray`	Est-ce un tableau ?
`IsDate`	Est-ce une date valide ?
`IsEmpty`	La variable `Variant` a-t-elle la valeur `Empty` ?
`IsMissing`	L'argument du sous-programe est-il absent dans son appel ?
`IsNull`	La variable `Variant` ou `Object` a-t-elle la valeur `Null` ?

Tableau 5–1 Fonctions de test de contenu de variable (suite)

Fonction	Test
IsNumeric	La chaîne de caractères en argument est-elle interprétable comme un nombre ?
IsObject	L'argument est-il un objet UNO ?
IsUnoStruct	L'objet en argument est-il une structure UNO ?
EqualUnoObjects(v1, v2)	Les deux variables v1 et v2 représentent-elles le même objet UNO ?
HasUnoInterfaces	L'objet UNO en premier argument offre-t-il toutes les interfaces indiquées en arguments ?

Interface utilisateur : écran, clavier

MsgBox

Cette fonction, qui possède plusieurs paramètres optionnels, sert à afficher un texte dans une boîte de dialogue standard, accompagné d'un ou plusieurs boutons permettant à l'utilisateur de fermer la fenêtre de message. Elle est très souvent utilisée car elle vous permet d'afficher une boîte de dialogue simple tout à fait équivalente à celles produites par des applications professionnelles.

Dans sa forme la plus simple, elle affiche un message avec un bouton OK et on n'utilise alors pas le résultat renvoyé :

```
MsgBox("Programme terminé")
```

L'aide en ligne ne décrivant pas exactement les possibilités, nous reproduisons ici celles qui sont effectivement utiles.

La fonction MsgBox utilise trois paramètres :

1 le texte du message (chaîne de caractères),
2 le type du message (optionnel, entier Integer),
3 le titre de la boîte (optionnel, chaîne de caractères) ; si cet argument est utilisé, le type doit aussi être utilisé.

Le texte du message peut s'afficher en plusieurs lignes en employant le caractère « Retour de Chariot » ou « Saut de ligne » pour changer de ligne, par exemple :

```
Dim s1 As String
s1 = "Ceci est un message" & chr(13) & _
     "en plusieurs" & chr(13) & "lignes"
MsgBox(s1)
```

Le type du message est la somme de trois valeurs de choix :

1 le choix de l'ensemble de boutons (tableau 5-2) ;

2 le choix d'une icône normalisée (tableau 5-3), accompagnée du signal sonore qui lui est affecté par le système d'exploitation ;

3 le choix du bouton par défaut (tableau 5-4).

Le résultat de la fonction (tableau 5-5) permet de déterminer quel bouton a été actionné. Le tableau 5-2 indique aussi l'action résultant de la fermeture de la boîte de dialogue (case X dans le coin de la fenêtre).

Tableau 5–2 Choix de l'ensemble de boutons

Valeur	Boutons			Fermeture boîte
0	OK			OK
1	OK	Annuler		Annuler
2	Interrompre	Réessayer	Ignorer	(Inactif)
3	Oui	Non	Annuler	Annuler
4	Oui	Non		Non
5	Réessayer	Annuler		Annuler

Tableau 5–3 Choix de l'icône

Valeur	Icône	Signification
0	aucune	
16	X	Message critique
32	?	Question
48	!	Avertissement
64	i	Information Seul un bouton OK sera affiché

Tableau 5–4 Choix du bouton par défaut

Valeur	Rang, de gauche à droite
0	le premier
256	le deuxième
512	le dernier

Tableau 5–5 Résultat renvoyé par MsgBox

Valeur	Signification
1	OK
2	Annuler

Tableau 5–5 Résultat renvoyé par MsgBox (suite)

Valeur	Signification
3	Interrompre
4	Réessayer
5	Ignorer
6	Oui
7	Non

Voici un exemple récapitulatif, étudiez les messages et essayez des variantes.

```
Dim r As Long
r = MsgBox("Continuer le traitement ?", 3+32+256, "Modifier le texte")
Select Case r
Case 6
  MsgBox("Réponse : Oui")
Case 7
  MsgBox("Réponse : Non")
Case 2
  MsgBox("Réponse : Annuler")
Case Else
  MsgBox("On ne devrait pas arriver ici !", 16, "Erreur de codage")
End Select
```

Print

Le nom de cette instruction est impropre car elle ne sert pas à imprimer. Elle est souvent utilisée pour afficher un message servant à la mise au point des macros. En effet, ce message comporte les boutons OK et Annuler ; l'activation du bouton Annuler (ou la fermeture de la boîte) arrête l'exécution de la macro, ce qui peut être très utile pour se sortir d'une « boucle infernale ».

Si le message comporte des caractères « Retour de Chariot », Basic traite chaque ligne du message comme un appel à Print.

L'instruction Print accepte plusieurs arguments avec diverses possibilités d'affichage expliquées dans l'aide F1 ; rechercher dans l'index « Instruction;Print ». L'argument optionnel FileName n'est pas utilisé pour un affichage.

InputBox

L'instruction InputBox est un moyen simple et rustique de demander une information à l'utilisateur. Cette information est récupérée sous forme d'une chaîne de caractères. Le texte d'invite peut comporter jusqu'à trois lignes, en utilisant chr(13) comme retour à la ligne. Si l'utilisateur a annulé la boîte de dialogue, on récupère un texte de longueur nulle, ce qui peut être ambigu si c'est une réponse acceptable. Les dimensions de la boîte sont fixes, ce qui n'est pas vraiment esthétique. Voici un exemple :

```
Dim r As String, n As Double
r = InputBox("Tapez un nombre", "Entrée des données", 17)
if Len(r) = 0then
  MsgBox("Réponse : annuler; ou bien un texte vide")
elseif IsNumeric(r)then
  ' convertir dans le type numérique attendu, ici : Double
  n = CDbl(r)
  MsgBox("Votre nombre est : " & n)
else
  MsgBox("Votre texte est : " & r)
end if
```

Nous devons vérifier si la réponse est bien un nombre, sinon la conversion en Double pourrait déclencher une erreur. Pour avoir plus de possibilités, il faut utiliser un véritable dialogue, comme nous l'expliquons au chapitre 11.

L'aide F1 sur InputBox est incorrecte concernant le positionnement : il est relatif au coin haut/gauche de la fenêtre OpenOffice courante ; et quand les arguments de positionnement sont absents, la boîte est centrée dans la fenêtre OpenOffice courante.

Codage des couleurs

Beaucoup d'éléments sont colorés, comme des caractères de texte, le fond d'une cellule, le contour et le fond des dessins. Nous apprendrons dans d'autres chapitres à les manipuler et à changer leur couleur.

OpenOffice.org gère les couleurs sur 24 bits, ce qui nous offre 16 777 216 nuances possibles, du noir au blanc en passant par tout l'arc-en-ciel avec de multiples luminosités. Une couleur est définie à partir des trois couleurs fondamentales : Rouge, Vert, Bleu. L'intensité de chacune d'entre elles est définie par un nombre sur 8 bits, donnant une plage de valeurs de 0 à 255 ; l'absence de cette couleur correspond à la valeur nulle, et l'intensité augmente avec la valeur.

Une couleur particulière peut être mémorisée dans une variable de type Long. La fonction RGB renvoie la valeur de couleur correspondant aux trois couleurs fondamentales qui la constituent, dans l'ordre : Rouge (anglais Red), Vert (anglais Green), Bleu (anglais Blue).

```
Dim couleur As Long
couleur = RGB(100, 220, 187) ' rouge vert bleu
```

Vous pouvez visualiser la nuance correspondante en utilisant la palette de couleurs disponible par le menu Outils>Options>OpenOffice.org>Couleurs (figure 5-1, malheureusement en noir et blanc).

Figure 5–1
La palette de couleurs

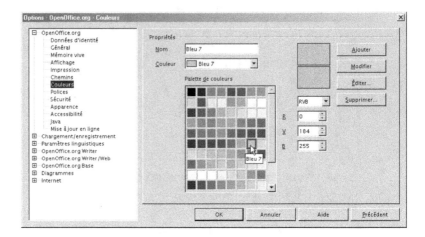

Chaque fonction Red, Green, Blue extrait une des couleurs fondamentales constituant une nuance de couleur. Une couleur fondamentale peut être mémorisée dans une variable Integer (ou Long a fortiori).

```
print Red(couleur), Green(couleur), Blue(couleur)
```

Signalons que le chapitre 14 montre comment, grâce à l'API, vous pouvez connaître les couleurs disponibles dans la palette gérée par OpenOffice.org.

Traitement des fichiers

Syntaxe des adresses de fichiers

La syntaxe des adresses de fichiers ou de répertoires diffère selon les systèmes d'exploitation. Or vos macros peuvent être exécutées sur une version OpenOffice.org installée sur MS-Windows, Linux/Unix ou Mac OS.

La fonction ConvertToURL renvoie une adresse URL équivalente à l'adresse au format natif du système d'exploitation sur lequel fonctionne votre programme. La conversion inverse est effectuée par ConvertFromURL. Utilisez toujours ces fonctions, car si l'adresse système comporte des caractères nationaux, leur représentation URL est un codage dérivé de UTF-8. Pour les langages autres que Basic, il est possible d'écrire des routines équivalentes en utilisant un service de l'API (voir l'annexe A).

La fonction getPathSeparator, non décrite par l'aide F1 mais utilisée dans des exemples, renvoie le caractère séparateur propre au système d'exploitation utilisé, soit \ pour MS-Windows et / pour les systèmes Unix. Ceci vous permet d'ajouter facilement un nom de fichier à un chemin de répertoire.

```
adrFichier = chemin & getPathSeparator & "toto.bin"
```

Gestion de fichiers

Ces instructions et fonctions s'appliquent sur des fichiers qui ne sont pas ouverts.

Les instructions ou fonctions suivantes ne posent pas de problème particulier d'utilisation et sont décrites clairement dans l'aide F1 :

- MkDir crée un répertoire.
- RmDir supprime un répertoire.
- FileExists renvoie True si un fichier ou un répertoire existe.
- FileDateTime renvoie la date-heure du fichier.
- FileLen renvoie la taille du fichier.
- FileCopy effectue une copie du fichier.
- Name renomme le fichier ou le répertoire.
- Kill détruit le fichier ou le répertoire.

Les fonctions ChDrive, CurDir et ChDir, bien que documentées, ne sont plus prises en charge. Elles n'ont plus d'utilité dans un système d'exploitation moderne. Les programmeurs VBA ont pour habitude d'employer le répertoire dans lequel se trouve le fichier sur lequel ils travaillent ; ceci peut être déduit de la propriété URL du document, qui donne l'adresse complète de son fichier (voir le chapitre 7, section « Les propriétés du document »).

Abordons maintenant les instructions plus complexes.

Explorer un répertoire

La fonction Dir sert à explorer un répertoire pour trouver les sous-répertoires ou fichiers qu'il contient. La description de cette fonction dans l'aide F1 est correcte, mais l'exemple contient des erreurs.

Voici un premier exemple qui liste les sous-répertoires d'un répertoire donné.

```
rem Code05-03.odt    bibli : Standard Module1
Option Explicit

Sub ListerSousRepertoires1Repertoire()
Dim RepBase As String, unRep As String
' terminer le nom du répertoire avec le séparateur
RepBase = InputBox("Répertoire à explorer")
unRep = Dir(RepBase, 16)
Do While Len(unRep) > 0
  print unRep
  unRep = Dir' sous-répertoire suivant
Loop
End Sub
```

Le chemin du répertoire est écrit avec la syntaxe du système d'exploitation ou avec la syntaxe URL. Il doit se terminer par un séparateur (caractère \ pour MS-Windows, caractère / pour Linux et syntaxe URL). Vous remarquerez l'existence des pseudo-répertoires . et .. qui représentent respectivement le répertoire lui-même et le répertoire parent. En général, ces deux répertoires doivent être ignorés avec un test if.

Le deuxième exemple liste les fichiers ordinaires qui se trouvent dans un répertoire donné.

```
rem Code05-03.odt    bibli : Standard Module2
Option Explicit

Sub ListerFichiers1Repertoire()
Dim RepBase As String, unFich As String
' terminer le nom du répertoire avec le séparateur
RepBase = InputBox("Répertoire à explorer")
unFich = Dir(RepBase & "*", 0) ' chercher tous les fichiers
Do While Len(unFich) > 0
  print unFich ' utilisez le bouton Annuler pour stopper !
  unFich = Dir' fichier suivant

Loop
End Sub
```

La fonction Dir renvoie le nom complet du fichier, sans son répertoire. Lorsque la recherche ne trouve rien, elle renvoie une chaîne de longueur nulle. En changeant la chaîne de recherche, vous pourriez par exemple rechercher tous les fichiers d'une extension particulière.

Explorer un arbre de répertoires

Pour explorer un arbre contenant des sous-répertoires imbriqués et des fichiers dans chacun d'eux, il est quasiment indispensable d'employer la récursivité. Ceci est possible avec OOoBasic, mais nous allons avoir une difficulté car la fonction Dir n'est pas utilisable de manière récursive.

Le codage suivant présente la méthode générale. Pour l'exemple, nous nous contenterons d'afficher chaque fichier et chaque sous-répertoire repéré.

```
rem Code05-03.odt    bibli : Standard Module3
Option Explicit

Sub ExplorationRecursive()
Dim URLracine As String

URLracine = convertToURL("c:\")
explorerFichiers(URLracine)
End Sub


Sub explorerFichiers(ceRepertoire As String)
Dim f2 As String

f2 = Dir(ceRepertoire & "*", 0) ' chercher tous les fichiers
Do While Len(f2) > 0
  print ceRepertoire & f2
  f2 = Dir ' fichier suivant
Loop
' appel récursif !
explorerRepertoires(ceRepertoire)
End Sub


Sub explorerRepertoires(ceRepertoire As String)
Dim d2 As String, x As Long
Dim nouvRep As String, listeRep As String

d2 = Dir(ceRepertoire, 16) ' chercher les sous-répertoires
' mémoriser les sous-répertoires car Dir n'est pas récursif
Do While Len(d2) > 0
  if (d2 <> ".") and (d2 <> "..") then
    listeRep = listeRep & d2 & "*"
  end if
  d2 = Dir ' sous-répertoire suivant
Loop
x = 1
d2 = elmtRepSuiv(listeRep, x)
```

```
Do While Len(d2) > 0
    nouvRep = ceRepertoire & d2 & "/"
    print nouvRep
    ' appel récursif !
    explorerFichiers(nouvRep)
    d2 = elmtRepSuiv(listeRep, x)
Loop
End Sub

' renvoie l'élément suivant et modifie debut
Function elmtRepSuiv(listElements As String, debut As Long) As String
Dim x2 As Long

x2 = InStr(debut, listElements, "*")
if x2 = 0 then
  elmtRepSuiv = ""
else
  elmtRepSuiv = Mid(listElements, debut, x2 -debut)
  debut = x2 +1
end if
End Function
```

Initialisez la variable URLracine avec le nom d'une arborescence intéressante, et n'oubliez pas de mettre un \ à la fin.

La macro explorerFichiers recherche tous les fichiers du répertoire en argument. Ici, l'utilisation de Dir est identique à ce que nous avons vu. Quand tous les fichiers ont été trouvés, la macro lance l'exploration des sous-répertoires du répertoire courant.

Dans la macro explorerRepertoires, nous sommes obligés de recourir à une astuce. En effet, pour chaque sous-répertoire que nous trouverons, nous allons lancer la recherche de fichiers. Comme cette dernière utilise aussi la fonction Dir, nous ne pouvons pas être alors en train d'exécuter une recherche avec Dir. Nous allons donc d'abord rechercher tous les sous-répertoires et les mémoriser.

Pour effectuer la mémorisation des noms de sous-répertoires, nous n'utilisons pas un tableau de String, car il faudrait le redimensionner en cours de recherche avec l'option Preserve, ce qui ralentirait l'algorithme. Nous avons préféré mémoriser tous les noms dans un seul String, en les séparant par un caractère * qui ne peut être utilisé dans un nom de sous-répertoire. Nous avons de la place, car une chaîne peut contenir 65 535 caractères. En explorant le répertoire c:\ d'un disque MS-Windows bien encombré, la variable listeRep n'a pas dépassé 3,5 % de la taille maximale possible.

Nous récupérons ensuite ces noms un par un avec la fonction elmtRepSuiv. Pour chaque nom, après affichage, nous lançons la recherche des fichiers de ce sous-répertoire : ici commence la récursion. Elle se terminera avec l'épuisement des sous-répertoires de chaque sous-répertoire.

Lire et modifier des attributs de fichier ou répertoire

La fonction `GetAttr` sert à lire les attributs d'un fichier ou d'un répertoire. L'instruction `SetAttr` permet de les modifier.

Les attributs indiqués dans l'aide en ligne ne sont pas tous utilisables. Seules ces valeurs ont pu être vérifiées sous MS-Windows XP :
- 0 : fichier sans attribut particulier ;
- 1 : fichier en lecture seule ;
- 2 : fichier caché ;
- 3 : fichier caché et en lecture seule ;
- 16 : répertoire sans attribut particulier ;
- 18 : répertoire caché.

Écrire et lire un fichier

Lire ou écrire un fichier se fait toujours en trois étapes :

1 Ouvrir le fichier grâce à l'instruction `Open`.

2 Écrire avec `Print` ou `Write` ou `Put`, ou lire avec `Get` ou `Input`.

3 Fermer le fichier avec `Close`.

L'aide F1 est malheureusement assez obscure dans ses descriptions et exemples. Nous allons essayer de clarifier ces concepts.

Fichier texte

Le codage suivant écrit un fichier en texte simple (sans formatage).

```
rem Code05-03.odt    bibli : LireEcrire Module1
Option Explicit

' adaptez le nom et le répertoire à votre système
Public Const nomFichier = "C:\Docs OpenOffice\essai001.txt"

Sub EcrireFichierTexteV1()
Dim f1 As Integer
Dim OuiNon As Boolean

OuiNon = True
f1 = FreeFile' obtenir un numéro de fichier ouvert
Open nomFichier For Output As #f1
Print #f1, "Ceci est un texte."
Print #f1                          ' ligne vide
```

```
Print #f1, "Troisième ligne du texte ", 12345, OuiNon
Close #f1
End Sub
```

Nous définissons une constante contenant le nom et le chemin d'accès au fichier à écrire. Cette constante est publique car nous l'utiliserons dans d'autres modules. Nous aurions aussi bien pu employer une variable. Pour écrire ou lire un fichier, nous avons besoin d'un « numéro de canal d'entrée/sortie » qui nous est renvoyé par la fonction FreeFile. Il servira ensuite à préciser à Basic le fichier concerné par chaque instruction d'entrée/sortie (car nous pourrions ouvrir plusieurs fichiers simultanément).

L'instruction Open comporte de multiples variantes pour ses arguments. Ici, nous demandons d'ouvrir en écriture (en anglais, *For Output*) le fichier dont le chemin d'accès est indiqué par la variable monFichier ; nous précisons notre numéro de canal, qui doit être écrit précédé du caractère dièse. L'argument For Output provoque l'effacement et la récriture d'un fichier pré-existant du même nom, sans aucun avertissement.

Les instructions suivantes écrivent chacune une ligne de texte dans le fichier. Nous utilisons l'instruction bien connue Print, mais avec une syntaxe différente : le premier argument est le numéro de canal d'entrée/sortie précédé du caractère dièse. Chaque Print écrit une ligne de texte dans le fichier, complétée par une séquence de fin de ligne. L'instruction Close ferme le fichier. Vous pouvez maintenant le relire dans un éditeur de textes.

L'encodage utilisé par OOoBasic est celui du système d'exploitation (Windows 1252 sous MS-Windows en France), ainsi que la séquence de fin de ligne (CR, LF sous MS-Windows, LF sous Unix/Linux). Les fichiers ainsi écrits ne sont donc pas lisibles par un autre système d'exploitation, aussi il est préférable d'utiliser l'API pour écrire ou lire un fichier texte (voir chapitre 7 section « Importer, exporter du texte pur », et chapitre 14 section « Gérer les fichiers depuis l'API »).

Nous allons relire ligne par ligne ce fichier de texte avec la macro suivante.

```
rem Code05-03.odt    bibli : LireEcrire Module2
Option Explicit

Sub LireFichierTexteVersion1()
Dim f1 As Integer, nomFichier As String
Dim uneLigne As String

f1 = FreeFile ' obtenir un numéro de fichier ouvert
Open nomFichier For Input As #f1
Do While not Eof(f1)
  Line Input #f1, uneLigne
  print uneLigne
Loop
```

```
Close #f1
End Sub
```

Nous ouvrons le fichier en lecture (en anglais, *For Input*). Une erreur se déclenchera si ce fichier n'existe pas.

La fonction Eof renvoie True tant qu'il reste au moins une information à lire dans le fichier. Notez qu'ici, on ne met pas de dièse devant le numéro de référence.

L'instruction Line Input récupère une ligne complète dans la variable chaîne de caractères. Elle est utile pour lire le contenu exact d'un fichier texte quelconque. Nous affichons la ligne lue avec une instruction print dans sa syntaxe ordinaire. Notez que la séquence de fin de ligne n'apparaît pas dans la chaîne obtenue.

Fichier texte pour sauver des données

Reprenons l'exemple du Module1 en remplaçant les instructions Print par des instructions Write.

```
rem Code05-03.odt    bibli : LireEcrire Module3
Option Explicit

Sub EcrireFichierTexteV2()
Dim f1 As Integer
Dim OuiNon As Boolean

OuiNon = True
f1 = FreeFile ' obtenir un numéro de fichier ouvert
Open nomFichier For Output As #f1
Write#f1, "Ceci est un texte."
Write #f1, ""                        ' ligne vide
Write #f1, "Troisième ligne du texte ", 12345, OuiNon
Close #f1
End Sub
```

Remarquez avec le deuxième Write que nous avons ajouté un argument en plus du numéro de canal, contrairement à la syntaxe indiquée par l'aide en ligne.

Relisez maintenant le fichier texte (avec un éditeur ou par la macro du Module2). Le contenu vous surprendra probablement :

```
"Ceci est un texte."
""
"Troisième ligne du texte ",12345,#True#
```

En fait, Basic écrit un texte de manière à pouvoir le relire en reconnaissant des éléments String ou des valeurs, séparés par des virgules. Ce n'est pas un texte ordinaire mais un moyen de stocker des données.

Supposons maintenant que nous connaissions la structure du fichier à lire, mais pas son contenu : nous savons seulement qu'il se compose d'un texte, puis un texte, puis un texte, puis un nombre, puis une valeur booléenne. Voici comment récupérer les valeurs correspondantes :

```
rem Code05-03.odt    bibli : LireEcrire Module4
Option Explicit

Sub LireFichierTexteVersion2()
Dim f1 As Integer
Dim unTexte As String, unNombre As Long, unBool As Boolean

f1 = FreeFile ' obtenir un numéro de fichier ouvert
Open nomFichier For Input As #f1
Input #f1, unTexte
print unTexte
Input #f1, unTexte
print unTexte
Input #f1, unTexte, unNombre, unBool
print unTexte
print unNombre, unBool
Close #f1
End Sub
```

Les instructions print montrent que nous récupérons bien les informations originales, sans qu'elles soient modifiées par les caractères de délimitation qui se trouvent dans le fichier. Évidemment, si la structure du fichier diffère quelque peu de ce qu'on attend, les informations ne seront pas correctement récupérées et une erreur d'exécution pourra se produire.

Fichier binaire à accès direct

Le codage suivant va créer et utiliser un fichier binaire à accès direct (il ne s'agit plus d'un fichier texte). Dans un tel fichier, chaque enregistrement occupe un même nombre d'octets. L'intérêt est de disposer de l'équivalent d'un tableau unidimensionnel comportant un très grand nombre d'éléments, et dans lequel l'accès à un élément quelconque ne nécessite pas d'avoir lu tous les éléments qui le précèdent.

```
rem Code05-03.odt    bibli : LireEcrire Module5
Option Explicit

Sub EcrireRelireFichierAccesDirect()
Dim f1 As Integer
Const nomFichier = "C:\Docs OpenOffice\essai002.bin"
Dim uneValeur As Double, n As Long
```

```
f1 = FreeFile
' chaque enregistrement contiendra un Double = 8 octets
Open nomFichier For Random Access Write As #f1 Len=8
uneValeur = 2
for n = 1 to 100 ' écrire les puissances de 2 successives
  Put #f1,, uneValeur
  uneValeur = uneValeur * 2
next
Close #f1

' relecture du fichier
f1 = FreeFile
Open nomFichier For Random Access Read As #f1 Len=8
Get #f1, 10, uneValeur ' chercher 2 puissance 10
print uneValeur
Get #f1, 3, uneValeur ' chercher 2 puissance 3
print uneValeur
Get #f1, 32, uneValeur ' chercher 2 puissance 32
print uneValeur
Get #f1, 100, uneValeur ' chercher 2 puissance 100
print uneValeur
Close #f1
End Sub
```

L'instruction Open est utilisée avec le paramètre For Random qui indique un accès direct, suivi du paramètre Access Write précisant que seule l'écriture de fichier sera utilisée. Le paramètre Len indique la taille de chaque enregistrement ; ici, nous voulons stocker des nombres Double, qui occupent 8 octets chacun.

Dans la phase d'écriture, nous utilisons l'instruction Put pour écrire chaque enregistrement. La deuxième virgule sépare un paramètre inutilisé, le numéro d'enregistrement : les enregistrements sont écrits ici successivement.

Nous relisons ensuite le fichier en utilisant l'accès direct : le deuxième paramètre de l'instruction Get précise le numéro de l'enregistrement à rechercher. Si vous connaissez par cœur vos puissances de deux, vous pourrez vérifier que les valeurs obtenues sont correctes...

L'accès direct est aussi possible en écriture, mais seulement sur des enregistrements déjà écrits. Pour le démontrer, placez cette instruction juste avant la fermeture du fichier en écriture :

```
Put #f1,32, 111111111
```

La relecture vous renverra bien cette valeur pour l'enregistrement 32.

Fichier binaire pur

Le paramètre For Binary de l'instruction Open sert, en principe, à écrire des fichiers binaires de contenu quelconque. Cependant, des essais nous ont montré que, pour diverses raisons, cette fonctionnalité est inutilisable. Utilisez plutôt le service SimpleFileAccess de l'API, il permet lui aussi de manipuler des fichiers, et particulièrement les fichiers binaires. Nous aborderons ce sujet dans le chapitre 14.

Autres instructions pour fichiers ouverts

Les fonctions et instructions suivantes sont utilisables sur des fichiers ouverts. Elles ne présentent pas de difficulté particulière, aussi nous vous renvoyons à la lecture de l'aide F1 :

- Reset ferme tous les fichiers en cours ; elle est utile dans les traitements d'erreur.
- Loc et Seek concernent la position courante dans le fichier traité.
- Eof indique si la lecture est arrivée en fin de fichier.
- Lof renvoie la taille du fichier.
- FileAttr renvoie le mode d'ouverture du fichier, ou son *handle* (information qui ne concerne que les spécialistes).

Fonctions système

La fonction Environ permet de récupérer la valeur d'une variable d'environnement. Il n'existe malheureusement pas de moyen pour modifier une variable d'environnement par Basic.

L'instruction Beep sert à émettre un signal sonore. Sous MS-Windows, il s'agit du son par défaut.

La fonction GetSolarVersion peut vous aider à déterminer la version exacte d'Open-Office.org sur laquelle la macro s'exécute.

La fonction GetGUIType renvoie un nombre indiquant la famille à laquelle appartient le système d'exploitation sur lequel la macro s'exécute : 1 pour MS-Windows, 3 pour Mac OS, 4 pour Unix.

Les fonctions TwipsPerPixelX et TwipsPerPixelY servaient à convertir en pixels les dimensions d'éléments de boîtes de dialogue. Ce système de mesure n'est plus utilisé.

Lancer un programme externe

L'instruction `Shell` permet de lancer l'exécution d'un autre programme. Sous MS-Windows, il est préférable de convertir l'adresse du programme au format URL, grâce à la fonction `ConvertToURL`, car les chemins comportant des espaces ou autres caractères non alphabétiques ne sont pas reconnus. Quant à l'argument du programme, sous MS-Windows il est nécessaire de l'encadrer de guillemets s'il comporte des espaces. Sous OOoBasic, redoubler chaque guillemet dans une chaîne de caractères.

```
Dim programme As String, adrFich As String
programme = convertToURL( _
    "C:\Program Files\Windows NT\Accessoires\wordpad.exe")
adrFich = "C:\Docs OpenOffice\élèves\notes joëlle.txt"
Shell(programme, 1, """" & adrFich & """")
```

Les applications internes de MS-Windows n'existent pas sous forme d'un fichier exécutable, donc `Shell` ne les trouvera pas. Le problème est contourné en écrivant un fichier batch `.bat` qui lance le programme, et en lançant le batch par `Shell`. Cet exemple de fichier batch écrit la version exacte de MS-Windows dans un fichier texte.

```
Ver >version.txt
```

Un autre besoin est, par exemple, d'afficher un document HTML avec le navigateur assigné par défaut à ce type de fichier. Ceci n'est pas réalisable par `Shell`, mais nécessite une autre méthode qui utilise l'API d'OpenOffice.org. Nous la verrons au chapitre 14.

Conclusion

OOoBasic propose de nombreuses fonctionnalités intrinsèques. Du traitement des chaînes de caractères à la manipulation des fichiers, toutes ces instructions concourent à l'élaboration de programmes de plus en plus complets.

Le chapitre suivant expose comment traiter les erreurs apparaissant en cours d'exécution dans nos programmes parfois longs et complexes.

6

Le traitement
des erreurs d'exécution

Nous allons traiter ici de la manière d'écrire des programmes Basic robustes, car capables de réagir raisonnablement face à un événement anormal. Le programme pourra ainsi afficher un message compréhensible pour l'utilisateur et fermer correctement les documents qu'il était en train de traiter, ou encore demander à l'utilisateur s'il souhaite continuer le traitement ou l'arrêter.

Nous verrons enfin que ce même principe peut être utilisé pour simplifier certains codages.

Évitez les erreurs d'inattention

Vérifiez la syntaxe de chaque module que vous avez écrit ou modifié. Il suffit de cliquer sur le bouton Compiler dans l'EDI. Faites-le pour chaque module modifié, car seul celui affiché par l'EDI est analysé. Vous pouvez également exécuter dans la même bibliothèque une macro qui ne fait rien, car cela force Basic à compiler tous ses modules :

```
Sub forcerCompil
End Sub
```

Si vous utilisez des instructions complexes, ou des notations pointées en cascade, il devient difficile de trouver la raison de l'erreur d'exécution. Décomposez l'instruction en plusieurs instructions successives, et repérez celle qui déclenche l'erreur. Remontez ensuite en vérifiant chaque variable ou valeur utilisée.

Beaucoup d'erreurs sont dues à une faute d'orthographe. Relisez, relisez une deuxième fois, passez à autre chose, revenez-y et relisez encore.

Respectez la casse (distinguez les majuscules des minuscules) des caractères pour les arguments en chaîne de caractères, ainsi que pour les constantes API. Ce code est un exemple typique :

```
DescrTri(0).Name = "SortFields"       ' Attention à la casse !
DescrTri(0).Value = ConfigTri()
DescrTri(1).Name = "Orientation"       ' Attention à la casse !
' Constante API sur la ligne suivante, attention à la casse !
DescrTri(1).Value = com.sun.star.table.TableOrientation.ROWS
DescrTri(2).Name = "ContainsHeader"    ' Attention à la casse !
DescrTri(2).Value = true
```

Le mécanisme d'interception d'erreur

Le principe de traitement d'une erreur d'exécution est de dérouter l'exécution vers une adresse particulière où se trouve un codage qui va analyser l'erreur et réagir de façon adéquate. On utilise pour cela une instruction très similaire au GoTo, dont nous avons dit grand mal au chapitre 4. Nous expliquerons ses multiples possibilités avec des exemples volontairement simples.

Un exemple typique

```
rem Code06-01.odt    bibli : Erreurs Module1
Option Explicit

Sub TraitementErreurV1()
Dim chemFich As String

Do ' boucler jusqu'à ce que l'utilisateur réponde Annuler
   chemFich = InputBox("Chemin du fichier ?")
   if Len(chemFich) = 0 then Exit Do
   On Error GoTo errFich' protéger les instructions suivantes
   MsgBox "Taille du fichier " & FileLen(chemFich)
   On Error GoTo 0' supprimer le traitement d'erreur
   MsgBox "OK"
```

```
Loop
Exit Sub' terminaison d'exécution du sous-programme

errFich:
  MsgBox("Ce fichier n'existe pas", 16)
  ' reprendre l'exécution après l'instruction en faute
  Resume Next
End Sub
```

Cet exemple typique consiste à afficher la taille (en octets) d'un fichier indiqué par l'utilisateur. N'hésitez pas à l'exécuter en pas-à-pas dans l'EDI. Répondez une première fois avec un fichier existant : la boucle s'exécute en séquence et les deux instructions On Error semblent ne rien faire de particulier.

Donnez maintenant une réponse incorrecte. Au lieu d'exécuter l'instruction MsgBox de la boucle, c'est le MsgBox situé à la suite de l'étiquette errFich qui est exécuté. En effet, l'instruction précédente stipule qu'en cas d'erreur (toute erreur), le programme doit aller à cette étiquette. L'instruction Resume Next force l'exécution à reprendre à la suite de celle qui avait causé une erreur.

L'instruction On Error GoTo 0 a pour effet de revenir au traitement d'erreur par défaut (Basic affiche un message et stoppe le programme). Si elle n'existait pas, le traitement d'erreur mis en place resterait en vigueur pour les instructions suivantes. Supposez qu'une autre erreur se produise, par exemple une division par zéro dans un calcul : l'exécution serait déroutée de nouveau à l'étiquette errFich et un message sans rapport avec l'erreur s'afficherait. Réduisez donc la portée de votre traitement d'erreur au codage concerné.

PIÈGE **Instruction Resume**

Si vous utilisez l'instruction Resume toute seule, sans argument, l'instruction en faute sera ré-exécutée. Cette faculté est parfois utile. Cependant, si vous n'avez pas prévu le traitement en conséquence, vous entrerez dans une boucle infernale.

Conséquence d'une instruction non exécutée

Comme nous l'avons constaté, l'instruction déclenchant une erreur n'est pas exécutée. Supposons que nous ayons utilisé une variable intermédiaire (de type Long) :

```
longFich = FileLen(chemFich)
MsgBox longFich
```

Dans ce cas, au retour du traitement d'erreur, la variable longFich n'aurait pas reçu de valeur ; ou plus exactement, elle garderait la valeur qu'elle possédait avant l'instruction, éventuellement provenant du tour de boucle précédent. Ceci peut induire des erreurs logicielles dans la suite du traitement. Vous devez penser à cet aspect dans votre traitement d'erreur. Le prochain exemple nous donnera une solution.

Reprise du traitement à un autre endroit

Reprenons l'exemple précédent en ajoutant une autre instruction qui affiche les attributs du fichier.

```
rem Code06-01.odt   bibli : Erreurs Module2
Option Explicit

Sub TraitementErreurV2()
Dim chemFich As String, repertoire As String

Do ' boucler jusqu'à ce que l'utilisateur réponde Annuler
  chemFich = InputBox("Chemin du fichier ?")
  if Len(chemFich) = 0 then Exit Do
  On Error GoTo errFich ' protéger les instructions suivantes
  MsgBox "Taille du fichier " & FileLen(chemFich)
  ' - - autres instructions liées au fichier - -
  MsgBox "Attributs du fichier : " & GetAttr(chemFich)
suite1:
  On Error GoTo 0 ' supprimer le traitement d'erreur
  ' - - autres instructions non liées au fichier - -
  MsgBox "OK"
Loop
Exit Sub ' terminaison d'exécution du sous-programme

errFich:
  MsgBox("Ce fichier n'existe pas", 16)
  ' éviter la poursuite du traitement normal
  Resume suite1' reprendre à l'étiquette suite1
End Sub
```

Si nous avions un traitement d'erreur `Resume Next`, l'affichage des attributs déclencherait une nouvelle erreur. Il est certain qu'en cas d'erreur sur la première instruction, les autres utilisant `chemFich` ne signifient plus rien. L'instruction `Resume suite1` nous permet de reprendre à un endroit plus approprié de notre codage.

Nous avons ici une solution, mais aussi une source d'ennuis si nous effectuons des sauts un peu n'importe où dans le codage, car Basic exécutera aveuglément le saut, même si cela conduit à un bouclage. Pour éviter les programmes « plats de spaghetti » suivez ces conseils :

• Limitez la taille de vos sous-programmes.
• Écrivez d'abord le fonctionnement sans erreur du sous-programme, terminé par un `Exit Sub` (ou `Exit Function`).

- Placez en fin de sous-programme les traitements d'erreurs.
- Faites des traitements d'erreur simples.
- Relisez attentivement votre programme en exécutant mentalement chaque cas d'erreur, y compris la reprise du cours normal d'exécution après son traitement.

L'instruction Resume est indispensable

Vous pouvez avoir l'idée de faire un traitement d'erreur se terminant par un simple `GoTo` pour continuer l'exécution, sans exécuter une instruction `Resume`. C'est une mauvaise idée, car l'instruction `Resume` sert aussi à désactiver l'erreur en cours. Sans elle, l'exécution de Basic stoppera à la prochaine erreur ou au prochain `On Error GoTo etiquette`.

Important

Dans un traitement d'erreur, l'instruction `Resume` doit apparaître le plus rapidement possible pour éviter qu'une deuxième erreur ne se produise avant la fin du traitement.

Ignorer les erreurs

Il peut être nécessaire d'ignorer volontairement les erreurs d'exécution. C'est en particulier le cas, suite à une erreur fatale, dans la phase de libération des ressources avant d'arrêter le programme. Basic propose pour cela l'instruction :

```
On Error Resume Next
```

Cette variante d'instruction `On Error` ne doit pas être confondue avec l'instruction `Resume Next`. Elle est en fait équivalente à :

```
On Error GoTo etiquetteInvisible
' - - - -
' - - - - autres instructions
' - - - -
Exit Sub

etiquetteInvisible:
    Resume Next
```

L'exemple suivant déclenche volontairement deux erreurs, mais le programme s'achèvera malgré tout sans message d'erreur ainsi que le montrent les instructions `Print`.

```
rem Code06-01.odt   bibli : Erreurs Module3
Option Explicit
```

```
Sub IgnorerErreurs()
Dim v1 As Double

On Error Resume Next
MsgBox FileLen("") ' première erreur ignorée
print "Repère 1"
v1 = 0
v1 = 37/v1          ' deuxième erreur ignorée
print "Repère 2"
On Error GoTo 0
End Sub
```

Évidemment, ce genre de « non-traitement » doit être réservé à des cas justifiés, et dans les séquences les plus simples possibles.

Informations sur l'erreur

Quelques fonctions Basic peuvent servir à analyser l'erreur survenue :

- `Erl` renvoie le numéro de la ligne ayant déclenché l'erreur.
- `Err` renvoie un numéro d'erreur.
- `Error` renvoie le texte explicatif de l'erreur, dans la langue de la version localisée d'OpenOffice.org.

Liste des numéros d'erreur

La liste des numéros d'erreur est bien cachée dans l'aide en ligne (F1) pour Basic, à la page Débogage de programmes Basic, qui de surcroît est incomplète. Le tableau 6-1 donne une liste des codes d'erreur avec un diagnostic plus clair. Elle est basée sur le résultat d'exécution d'une macro du document Code06-01.odt.

Tableau 6–1 Erreurs d'exécution Basic

Numéro	Diagnostic
1	Une exception s'est produite
2	Erreur de syntaxe
3	Return sans Gosub
4	Entrée incorrecte. Réessayez.
5	Appel de procédure non valide
6	Débordement
7	Mémoire insuffisante
8	Matrice déjà dimensionnée

Tableau 6–1 Erreurs d'exécution Basic (suite)

Numéro	Diagnostic
9	Index hors de la plage définie
10	Définition dupliquée
11	Division par zéro
12	Variable non définie
13	Types de données incohérent
14	Paramètre non valide
18	Processus interrompu par l'utilisateur
20	Reprendre sans erreur (instruction `Resume` employée sans erreur préalable)
28	Mémoire de la pile insuffisante
35	La sous-procédure ou procédure fonctionnelle n'est pas définie
48	Erreur lors du chargement d'un fichier DLL
49	Convention d'appel DLL incorrecte
51	Erreur interne
52	Nom ou numéro de fichier non valide
53	Fichier introuvable
54	Mode de fichier incorrect
55	Fichier déjà ouvert
57	Erreur d'E/S de périphérique
58	Le fichier existe déjà
59	Longueur d'enregistrement incorrecte
61	Support plein (disquette, disque dur, clé USB, etc.)
62	La lecture dépasse la fin du fichier
63	Numéro d'enregistrement incorrect
67	Fichiers trop nombreux
68	Périphérique non disponible
70	Accès refusé
71	Le support n'est pas prêt (disque dur, clé USB, etc.)
73	Fonction non implémentée
74	Impossible de renommer sur des unités différentes
75	Erreur d'accès au chemin ou fichier
76	Chemin introuvable
91	Variable d'objet non définie
93	Chaîne de caractères non valide
94	Utilisation du zéro interdite

Tableau 6–1 Erreurs d'exécution Basic (suite)

Numéro	Diagnostic
250	Erreur DDE
280	Attente de réponse dans une connexion DDE
281	Aucun canal DDE libre
282	Aucune application ne réagit à la tentative de connexion DDE
283	Trop d'applications répondent à la tentative de connexion DDE
284	Canal DDE verrouillé
285	L'application externe ne peut pas exécuter l'opération DDE
286	Délai dépassé lors de l'attente de la réponse DDE
287	L'utilisateur a appuyé sur **Échap** pendant l'opération DDE
288	L'application externe est occupée
289	Données non fournies dans l'opération DDE
290	Le format des données est incorrect
291	L'application externe a été interrompue
292	La connexion DDE a été interrompue ou modifiée
293	Méthode DDE appelée sans avoir ouvert un canal DDE
294	Format de lien DDE incorrect
295	Le message DDE a été perdu
296	Collage du lien déjà exécuté
297	Impossible de définir le mode du lien, car le titre du lien n'est pas valide
298	Le DDE requiert DDEML.DLL
323	Impossible de charger le module à cause d'une erreur de format
341	Index d'objet non valide
366	L'objet n'est pas disponible (pas de document ou pas de vue active du document)
380	Valeur de propriété incorrecte
382	Cette propriété est en lecture seule
394	Cette propriété est en écriture seule
420	Référence d'objet non valide
423	Propriété ou méthode introuvable
424	Objet requis
425	Utilisation incorrecte d'un objet
430	Cet objet ne supporte pas l'automatisation OLE
438	L'objet ne supporte pas cette propriété ou méthode
440	Erreur lors de l'automatisation OLE
445	L'objet indiqué ne supporte pas cette action

Tableau 6–1 Erreurs d'exécution Basic (suite)

Numéro	Diagnostic
446	L'objet indiqué ne supporte pas les arguments nommés
447	L'objet indiqué ne supporte pas l'environnement linguistique actuel
448	L'argument nommé est introuvable
449	L'argument n'est pas facultatif
450	Nombre d'arguments incorrect
451	L'objet n'est pas une liste
452	Nombre ordinal non valide
453	La fonction DLL indiquée n'existe pas
460	Format de presse-papier incorrect
951	Symbole imprévu : xxxx
952	Requis : xxxx
953	Symbole requis
954	Variable requise
955	Étiquette requise
956	Impossible d'attribuer la valeur
957	La variable est déjà définie
958	La sous-procédure ou procédure fonctionnelle est déjà définie
959	L'étiquette est déjà définie
960	Variable introuvable
961	Tableau ou procédure introuvable
962	Procédure introuvable
963	L'étiquette n'est pas définie
964	Type de données inconnu
965	`Exit` requis
966	Bloc d'instructions encore ouvert : xxxx manquant
967	Erreur de parenthèses
968	Le symbole a déjà reçu une autre définition
969	Les paramètres ne correspondent pas à la procédure
970	Le nombre contient un caractère incorrect
971	Vous devez dimensionner le tableau
972	`Else`/`Endif` sans `If`
973	xxxx interdit dans une procédure
974	xxxx interdit en dehors d'une procédure
975	Les dimensions indiquées ne concordent pas

Tableau 6–1 Erreurs d'exécution Basic (suite)

Numéro	Diagnostic
976	Option inconnue : xxxx
977	La constante a été redéfinie
978	Le programme est trop volumineux
979	Type `String` ou tableau interdit
1000	L'objet ne possède pas cette propriété
1001	L'objet ne possède pas cette méthode
1002	L'argument requis fait défaut
1003	Nombre d'arguments incorrect
1004	Erreur dans l'exécution d'une méthode
1005	Impossible de définir la propriété
1006	Impossible de déterminer la propriété
65535	Erreur générale

Comprendre les messages d'erreur OOoBasic

Les messages d'erreur d'exécution de OpenOffice.org Basic sont souvent assez peu compréhensibles. Voici pour vous aider quelques informations sur des messages que l'on rencontre fréquemment.

Variable non définie

Ce message apparaît si vous avez utilisé l'option de déclaration obligatoire des variables :

```
Option Explicit
```

Quelque part sur la ligne en erreur, une variable n'a pas été déclarée préalablement. Souvent, il s'agit d'une simple faute de frappe. Relisez encore une fois... et bénissez l'`Option Explicit`.

Variable d'objet non définie

Premier cas

Vous utilisez une propriété ou une méthode d'une variable objet, mais cette variable est un objet vide (`Null`). Par exemple :

```
Dim tata as object, toto as object
tata = toto.truc
```

L'erreur est que la variable `toto` n'est pas un véritable objet, puisque nous avons oublié de lui affecter un objet API. Basic ne peut pas trouver un `truc` dans cet objet !

Prenons un contre-exemple. Ceci fonctionne sans erreur :

```
Dim tata as object, toto as object
tata = toto
```

En effet, cela revient à affecter à `tata` une variable objet de valeur `Null`.

En pratique, ce cas arrive lorsqu'une fonction API se contente de renvoyer un objet `Null`, sans erreur d'exécution. Par exemple, la méthode `loadComponentFromURL` renvoie `Null` si le document existe mais n'a pu être ouvert car il est protégé par un mot de passe. On doit alors tester le résultat avec la fonction `IsNull`.

Deuxième cas

Il fallait transmettre un objet API, mais par ignorance ou simple « bourde », vous transmettez un autre type (valeur numérique, chaîne de caractères...), comme ici sur la dernière ligne :

```
Dim monDocument As Object, nomImpr As String
nomImpr = "<Marketing>"
monDocument = ThisComponent
monDocument.Printer = nomImpr
```

Si vous n'utilisez pas `Option Explicit`, l'erreur peut aussi être une faute de frappe dans le nom d'une variable passée en argument à la fonction API : ce nom est alors interprété comme une nouvelle variable de type `Variant`. Si vous aviez utilisé l'option, le message d'erreur aurait été plus clair.

Troisième cas

Le message apparaît sur la ligne de déclaration d'une `Sub` ou `Function` lorsqu'elle est appelée, dans certains cas. Prenons un exemple :

```
Sub demoBogue
Dim doc As Variant, adr As String
doc = ThisComponent
traitement(doc, 1)' fonctionne
adr = ConvertToURL("C:\Docs OpenOffice\toto.odt")
traitement(adr, 0)' déclenche une erreur sur la routine
End Sub

Sub traitement(a As Variant, d As Long)
if d=0 then
  MsgBox("Sauvez le document!")
```

```
else
  MsgBox("Adresse du fichier : " & a.URL)
end if
End Sub
```

En principe, évitez d'utiliser un même argument pour transmettre des données très différentes. Mais cette construction est parfaitement correcte, et il existe des cas complexes où elle est bien utile. Malheureusement, vous êtes victime de l'Issue 70616, Basic n'accepte pas qu'un argument reçoive une valeur non objet si cet argument est employé comme un objet dans la routine. Pour contourner ce bogue, il suffit d'utiliser une variable intermédiaire. Pensez à ajouter un commentaire pour le lecteur du code !

```
Sub traitement(al As Variant, d As Long)
Dim a As Variant
a = al' contournement du bogue Issue 70616
if d=0 then
  MsgBox("Sauvez le document!")
else
  MsgBox("Adresse du fichier : " & a.URL)
end if
End Sub
```

Utilisation incorrecte d'un objet

Cela signifie que vous essayez d'affecter à une variable objet quelque chose qui n'est pas un objet, par exemple une valeur numérique, ou une chaîne de caractères, comme ici l'élément Author, qui est une chaîne de caractères :

```
Dim tata As Object
tata = ThisComponent.DocumentProperties.Author
```

Valeur de propriété incorrecte

Une instruction ou une variable attend une valeur numérique ou String, et vous lui transmettez un objet.

Vous devriez probablement utiliser une propriété de cet objet, ou vous vous êtes trompé de propriété, ou la propriété de l'objet ne renvoie pas ce que vous supposez. Dans cet exemple, CreationDate renvoie une structure UNO et non un String.

```
Dim s As String
s = ThisComponent.DocumentProperties.CreationDate
```

Propriété ou méthode introuvable

Ce message est assez explicite : vous cherchez à utiliser dans un objet (qui existe bien) une propriété ou une méthode que l'objet ne possède pas. Souvent c'est une faute typographique, parfois c'est une mauvaise connaissance de l'API comme ici, pour un document Writer :

```
Dim tata As Object
tata = thisComponent.DrawPages
```

La propriété de Writer est `DrawPage`, sans `s`, alors qu'un document Draw possède effectivement une propriété `DrawPages`, collection contenant des `DrawPage` ! Ne cherchez pas à deviner une propriété d'un objet API, vous perdrez votre temps. Relisez plutôt ce livre, et utilisez l'outil Xray.

Sous-procédure ou procédure de fonction non définie

Dans l'instruction en faute, Basic pense que vous essayez d'appeler une fonction ou une procédure qu'il ne connaît pas. Vérifiez l'orthographe de la procédure que vous voulez utiliser, et vérifiez qu'elle existe bien. Exemple :

```
sleep(1000)
```

L'instruction ci-dessus donne cette erreur, car elle n'existe pas en Basic (mais elle existe dans d'autres langages). L'équivalent Basic est :

```
wait(1000)
```

Une exception s'est produite

Le terme anglais *exception* signifie « anomalie logicielle ». Sur un appel de fonction API, vous avez déclenché un message d'erreur accompagné d'informations comme :

```
Type: com.sun.star.uno.RuntimeException
Message:(texte en anglais).
```

Parfois la section `Type` indique un nom d'exception plus spécifique. Bien souvent la section `Message` ne contient rien. C'est la fonction API qui vous renvoie un diagnostic suite à ses propres contrôles. Vérifiez chacun des arguments et relisez le livre ou la documentation de l'API.

La raison est parfois plus subtile :

```
Dim MonDocument As Object, MonTexte As Object
Dim MonCurseur As Object, MonCadre As Object
```

```
MonDocument = ThisComponent
MonTexte = MonDocument.Text
MonCurseur= MonTexte.createTextCursor
MonCadre = MonDocument.createInstance("com.sun.star.text.TextFrame")
MonCadre.Width = 10400 ' 104 mm largeur
MonCadre.Height = 2530 ' 25,3 mm de haut
MonCadre.String = "hello"
```

Ici, il s'agit d'une erreur de méthodologie : l'API ne permet pas d'initialiser la propriété String du cadre avant de l'avoir inséré dans le texte.

Cannot coerce argument type during corereflection call!

Ce message en anglais est issu de l'API. Il n'est compréhensible que par un informaticien connaissant les mécanismes internes de OOoBasic. En termes courants il signifie : vous m'avez transmis un argument dont le type n'est pas compatible avec celui que j'attends, je ne sais pas l'utiliser.

En pratique, un des arguments servant à appeler la méthode API est incorrect. À vous de trouver de quel argument il s'agit, et en quoi il est incorrect. Relisez la documentation de l'API ou le chapitre correspondant dans ce livre. Voici un exemple assez théorique :

```
Dim monDocument As Object, monTexte As Object, monCurseur As Object
monDocument = ThisComponent
monTexte = ThisComponent.Text
monCurseur = monTexte.createTextCursorByRange(monDocument)
```

L'argument de createTextCursorByRange n'est pas une zone de texte. Ce message, heureusement, est progressivement remplacé dans l'API par un diagnostic plus clair.

Portée d'un traitement d'erreur

Un traitement d'erreur en vigueur dans un sous-programme A sera utilisé par toute erreur déclenchée dans un sous-programme B appelé directement ou indirectement depuis le sous-programme A.

Dans cet exemple, nous allons déclencher et traiter une erreur dans le sous-programme Etage1, puis dans le sous-programme Etage2, lui-même appelé par Etage1. Les nombreux print repèrent l'avancement de l'exécution.

```
rem Code06-01.odt    bibli : Erreurs Module4
Option Explicit
```

```
Sub PorteeTraitementErreurs
On Error goto TraiterErreur
print "Premier appel Etage1"
Etage1(0)     ' appel d'un sous-programme
print "Deuxième appel Etage1"
Etage1(1000)
print "Fin du programme principal"
Exit Sub

TraiterErreur:
  print "Erreur " & erl, error
  Resume Next
End Sub


Sub Etage1(v1 As Long)
Dim v2 As Long
print "Etage 1, argument " & v1
v2 = 1/v1
print "Appel Etage2"
Etage2(v1)    ' appel d'un sous-programme
End Sub


Sub Etage2(v6 As Integer)
Dim v7 As Integer
print "Etage 2, argument " & v6
v7 = v6 * v6
End Sub
```

À l'inverse, si un traitement d'erreur est mis en place dans un sous-programme appelé, il est désactivé au retour du sous-programme.

```
rem Code06-01.odt    bibli : Erreurs Module5
Option Explicit

Sub ErreurNonTraitee()
Dim v3 As Integer

GererErreur     ' appel d'un sous-programme
v3 = 1000
v3 = 1000*v3 ' déclenche une erreur
End Sub


Sub GererErreur()
On Error goto TraiterErreur
print "Gestion d'erreur en place"
Exit Sub
```

```
TraiterErreur:
  print "Erreur " & erl, error
  Resume Next
End Sub
```

Le traitement d'erreur pour simplifier le codage

Dans certains cas, le traitement d'erreur peut s'avérer un moyen simple pour capturer différents cas anormaux qui méritent le même traitement. Plusieurs des routines de l'annexe B emploient justement cette méthode.

Déclencher une erreur

Dans le même esprit de simplification, il peut être intéressant de déclencher une erreur identique à un des codes d'erreur répertoriés dans le tableau 6-1. Par exemple, pour déclencher l'erreur 70, il suffit d'exécuter l'instruction suivante :

```
err = 70
```

Ce mécanisme a été utilisé pour lister tous les codes d'erreur (voir le document `Code06-01.odt` dans le Zip téléchargeable). Nous ne détaillerons pas la macro car elle nécessite des connaissances sur l'écriture dans Writer que nous verrons au chapitre 8.

Conclusion

La gestion des erreurs peut être considérée comme un travail ingrat mais se révèle absolument indispensable à la construction d'un programme robuste dans lequel l'utilisateur peut avoir confiance. Nous nous sommes attachés à présenter les méthodes permettant d'utiliser les fonctionnalités offertes par OOoBasic.

Ce chapitre clôt notre description de OOoBasic. Rappelons que l'aide (F1) est facilement accessible : n'hésitez pas à la consulter pour vérifier la syntaxe des instructions. En effet, si vous connaissez d'autres langages, votre mémoire peut vous induire en erreur.

Fort de cette connaissance de OOoBasic, la partie suivante va nous plonger dans la manipulation des documents OpenOffice.org au travers de l'API.

TROISIÈME PARTIE

Manipuler les documents OpenOffice.org

Vous allez maintenant apprendre à écrire ou modifier des documents OpenOffice.org : Writer, Calc, Draw, Impress. Vous aurez besoin d'utiliser l'API, qui constitue le cœur de la programmation OpenOffice.org dans quelque langage que ce soit. Mais nous éviterons les exposés théoriques rébarbatifs pour nous concentrer sur les solutions à des besoins réels.

OpenOffice.org réutilise des concepts généraux dans chaque type de document, mais avec des variations propres à chacun. Nous avons regroupé les principes communs dans le chapitre « Les documents OpenOffice.org » et les aspects spécifiques dans les chapitres suivants. Il subsiste cependant des redondances, justifiées par des différences parfois subtiles ou par souci de faciliter la lecture. Les chapitres consacrés aux documents Writer, Calc et Draw/Impress sont assez indépendants, bien que nous renvoyions parfois à un autre chapitre (souvent celui consacré au module de traitement de texte Writer) où tel concept a été détaillé. Dans chacun de ces chapitres, il n'est nul besoin d'effectuer une lecture complète : après avoir acquis les notions de base, utilisez ensuite le livre comme une référence, et n'approfondissez que les sujets qui vous sont utiles.

7

Les documents OpenOffice.org

Dans ce chapitre, nous allons décrire des aspects communs à tous les documents OpenOffice.org : comment charger un document, le sauvegarder, l'imprimer sont des notions fondamentales à connaître. Le reste du chapitre aborde d'autres éléments communs aux différents types de documents ; il n'est pas nécessaire de les étudier à la suite, reprenez ce chapitre en fonction de vos besoins.

Ce qu'il faut savoir sur l'API

À partir de ce chapitre, nous allons employer une partie des ressources de l'API Open-Office.org afin de manipuler des documents par programmation. Le sigle API est l'acronyme de l'anglais *Application Programming Interface* (Interface de programmation de l'application). Pour utiliser correctement l'API, on doit connaître quelques concepts que nous n'avons pas vus jusqu'ici. En voici une description très succincte.

- Les structures de données UNO sont des objets qui regroupent plusieurs données. Chaque donnée possède un nom ; on accède à une de ces données en ajoutant un point et le nom de celle-ci à droite du nom de la variable contenant la structure. Chaque donnée contient une valeur d'un type précisé dans la documentation. Cela peut être un type simple (entier, chaîne, etc.), un tableau, un objet, ou même une autre structure UNO. L'API définit un grand nombre de structures

UNO, chacune ayant ses caractéristiques. Avec OOoBasic nous emploierons le type `Object` pour une variable destinée à contenir une structure UNO. Notez cependant que le type `Variant` est aussi valable.

- Les objets UNO sont des concepts logiciels qui « savent faire certaines choses ». Prenons une analogie : un objet du type Chien. Un chien sait aboyer, mordre, rapporter la balle : ce sont des méthodes de l'objet Chien ; rapporter la balle est une méthode qui est une fonction, car elle nous donne un résultat, la balle. Un chien possède des caractéristiques : son poids, son pelage, son collier : ce sont des propriétés de l'objet Chien. Nous pouvons nous occuper de plusieurs chiens, chacun pourra aboyer ou mordre selon l'occasion, chacun aura un poids, un pelage particuliers. De même, plusieurs objets du même type auront les mêmes méthodes et propriétés, mais elles s'appliqueront à l'objet qui nous intéresse. Avec OOoBasic nous emploierons aussi le type `Object` (ou le type `Variant`) pour une variable destinée à contenir un objet.

- Les méthodes d'un objet sont des sous-programmes ou fonctions utilisables seulement avec l'objet. On utilise une méthode en ajoutant un point et le nom de celle-ci à droite du nom de la variable objet. Une fonction d'un objet renvoie un résultat de type simple ou complexe.

- Les propriétés d'un objet sont similaires à des variables de données, mais seulement utilisables avec l'objet ; on utilise une propriété en ajoutant un point et le nom de celle-ci à droite du nom de la variable objet. Chaque propriété contient une donnée de type simple ou complexe. En général, une propriété peut être lue et écrite, mais parfois seulement lue ou seulement écrite.

- Les pseudo-propriétés sont une facilité d'OOoBasic et quelques autres langages. Les objets comportent souvent une méthode simple pour écrire (`setXxx(argument)`) ou une fonction sans argument pour lire (`getXxx()`) une donnée interne ; par exemple, une méthode `setPrinter` et une fonction `getPrinter`. OOoBasic simplifie l'écriture en assimilant les deux à une propriété `Printer`. Nous ne distinguerons en général pas les pseudo-propriétés des vraies propriétés.

- Les attributs d'un objet sont, pour OOoBasic et d'autres langages de script, utilisés comme des propriétés.

- Avec OOoBasic il n'est pas nécessaire de respecter la casse (majuscules, minuscules) des noms de méthodes et de propriétés. Cependant nous vous conseillons de la respecter : ceci facilite la relecture des noms compliqués, car ils sont composés de mots anglais résumant la signification de la méthode ou propriété.

POUR LES EXPERTS **Programmation objet**

L'API est orientée objet, mais OpenOffice.org Basic n'est pas un langage de programmation orienté objet.

L'annexe A donne plus d'informations sur l'API OpenOffice.org et sa documentation, téléchargeable ou consultable sur Internet. Des explications techniques, en anglais et réservées aux programmeurs expérimentés, se trouvent dans le *Developer's Guide*, disponible à cette adresse :

http://wiki.services.openoffice.org/wiki/Documentation/DevGuide/
OpenOffice.org_Developers_Guide

Nous ferons occasionnellement référence à certains chapitres du *Developer's Guide*, pour ceux désireux d'approfondir.

À RETENIR **Noms des variables des exemples**

Pour nos exemples de macros, nous utiliserons systématiquement pour les variables importantes des noms significatifs en français. Nous reprendrons les mêmes noms d'un exemple à l'autre, ce qui vous aidera à comprendre. Pour nous, cela réduit l'effort de codage grâce à la plus belle invention de l'informatique : le copier-coller.

Accéder au document

Pour qu'une macro puisse manipuler un document OpenOffice.org, il est nécessaire de le référencer à travers une variable de type `Object`. Trois situations sont possibles :
- le document est celui à partir duquel nous avons lancé la macro ;
- il s'agit d'un autre document qui, par exemple, n'est pas encore ouvert ;
- nous voulons créer un nouveau document.

Chaque cas nécessite une méthode particulière, que nous allons expliquer. Une fois l'objet document obtenu, nous pourrons le manipuler (les principes dépendent du type de document, ce sera l'objet des chapitres suivants).

À RETENIR **monDocument**

Dans la plupart des exemples de l'ouvrage nous initialiserons la variable objet `monDocument` avec le document à partir duquel la macro est lancée. Mais ceci n'a pas d'importance, les exemples fonctionnent avec tout autre document référencé par la variable `monDocument`.

Accéder au document en cours

Ceci est le cas le plus courant. La macro est lancée à partir du document qui nous intéresse, soit par le menu Outils>Macros>Macro..., soit par un bouton d'une barre d'outils ou un bouton sur le document, soit par un raccourci clavier, etc.

Nous allons déclarer dans notre macro une variable objet et l'initialiser ainsi :

```
' méthode 1
Dim monDocument As Object
monDocument = ThisComponent
```

Et voilà ! Nous avons maintenant une variable qui référence notre document.

Le terme `ThisComponent` est une fonction simplificatrice offerte par OOoBasic. Il a l'avantage de fonctionner même si la macro est exécutée dans l'EDI. Si la macro est déclarée dans « Mes Macros » et exécutée depuis l'EDI, le document OpenOffice obtenu est celui dont la fenêtre est juste en-dessous de celle de l'EDI.

Il existe deux autres manières d'obtenir le document en cours, plus complexes et incompatibles avec une exécution dans l'EDI. La méthode 3 est courante pour les langages autres que Basic :

```
' méthode 2
Dim monDocument As Object
monDocument = StarDesktop.CurrentComponent

' méthode 3, strictement équivalente à la méthode 2
Dim monBureau As Object, monDocument As Object
monBureau = CreateUnoService("com.sun.star.frame.Desktop")
monDocument = monBureau.CurrentComponent
```

Pour les raisons exposées plus haut, nous n'utiliserons que la première méthode. D'une manière générale, nous présenterons toujours les codages les plus simples.

À RETENIR **StarDesktop**

Le terme `StarDesktop` est une autre fonction simplificatrice offerte par OOoBasic, qui renvoie l'objet application OpenOffice.org. Comme il est parfaitement possible de lancer une macro sans document ouvert, `StarDesktop` est alors le moyen d'obtenir certaines entités, comme la fenêtre courante, ou certaines routines.

Accéder à un autre document

Nous utiliserons pour cela l'objet `StarDesktop`, qui expose la méthode `loadComponentFromURL`. Cette dernière nous sert à récupérer un document à partir de son adresse fichier exprimée sous la forme d'une URL.

Les utilisateurs Unix sont familiers avec les adresses URL, mais pas les utilisateurs de MS-Windows. Voici une même adresse exprimée dans la syntaxe MS-Windows et dans la syntaxe URL :

```
C:\Docs OpenOffice\élèves.ods      ' adresse au format MS-Windows
file:///C:/Docs%20OpenOffice/%C3%A9l%C3%A8ves.ods ' adresse au format URL
```

Cet exemple vous montre que la traduction n'est pas toujours simple. Pour éviter des erreurs, il est préférable d'utiliser la fonction ConvertToURL de Basic, qui reçoit en argument une adresse dans le format du système d'exploitation et renvoie l'équivalent en syntaxe URL. Les deux adresses sont des chaînes de caractères. La fonction ConvertFromURL effectue la conversion inverse.

Le codage suivant réalise le chargement d'un document. Nous l'expliquerons juste après.

```
Dim monDocument As Object, adresseDoc As String
Dim propFich()

adresseDoc = ConvertToURL("C:\Mes Documents\tata.ods")

monDocument = StarDesktop.loadComponentFromURL(_
            adresseDoc, "_blank", 0, propFich() )
```

Le caractère _ à la fin de l'avant-dernière ligne sert uniquement à indiquer le prolongement de l'instruction sur la ligne suivante. Nous l'utilisons pour des raisons de mise en page, mais dans vos macros vous pouvez mettre toute l'instruction sur la même ligne.

La méthode loadComponentFromURL comporte quatre arguments obligatoires. Les arguments employés ici correspondent au cas de loin le plus courant.

La variable adresseDoc est initialisée avec l'URL du document à charger. Elle sera transmise en premier argument à la méthode loadComponentFromURL de l'objet StarDesktop.

Le deuxième argument est une chaîne de caractères, que vous devez écrire exactement comme indiqué.

Le troisième argument est généralement la valeur zéro.

POUR LES EXPERTS **Arguments 2 et 3**

Seuls des cas très particuliers peuvent nécessiter d'autres valeurs pour les arguments 2 et 3 de la méthode loadComponentFromURL. Les experts trouveront de plus amples informations (en anglais) dans le *Developer'sGuide*, chapitre *Office Development>Handling Documents*.

Le quatrième argument précise certaines options concernant le fichier. La variable propFich est un peu particulière : ici, elle sert seulement à indiquer que le quatrième argument est un tableau vide, c'est-à-dire que nous n'utilisons que les options par défaut. Un tableau vide se définit comme indiqué sur la ligne Dim correspondante : avec deux parenthèses sans indication de dimension. Le type de la variable n'est pas important dans ce cas, aussi nous utilisons le type par défaut, Variant. Bien que cela ne soit pas obligatoire, nous avons ajouté des parenthèses vides à propFich pour signaler que nous transmettons un tableau.

À la place du tableau vide propFich() on peut aussi utiliser la fonction Basic Array que nous avons vue au chapitre 3.

```
monDocument = StarDesktop.loadComponentFromURL(_
          adresseDoc, "_blank", 0, Array() )
```

En effet, employée sans argument cette fonction renvoie aussi un tableau vide.

Si le document recherché n'existe pas, ou si l'URL est incorrecte, la méthode loadComponentFromURL déclenche une erreur (en anglais, *exception*) avec ce message :

Type: com.sun.star.lang.IllegalArgumentException Message: URL seems to be an unsupported one.

Il est donc nécessaire, soit d'ajouter un traitement d'erreur, soit de vérifier auparavant que le fichier existe bien (voir au chapitre 5 la fonction FileExists()).

Si le fichier existe, mais est protégé par un mot de passe et que celui-ci n'est pas fourni ou incorrect, ou bien si le type de fichier n'est pas reconnu par OOo, la variable monDocument recevra la valeur Null. Nous pouvons vérifier ceci :

```
if IsNull(monDocument) then
  MsgBox("Le chargement du document est impossible", 16)
end if
```

Propriétés d'ouverture de document

Le quatrième argument de loadComponentFromURL permet de préciser une ou plusieurs options de chargement. Afin de pouvoir transmettre un nombre quelconque d'options dans ce quatrième argument, ces options sont groupées dans un tableau. Si une option n'est pas précisée, l'API utilise une valeur par défaut. Chaque option est transmise sous la forme d'une structure, très courante dans l'API, appelée valeur de propriété (en anglais, PropertyValue) décrite au tableau 7-1.

Tableau 7–1 Structure PropertyValue

Propriété	Type	Signification
Name	String	Le nom de la propriété. Respecter les majuscules et minuscules de ce nom.
Value	Variant	Valeur de la propriété. Le type exact (String, Long, Double, Boolean, objet API...) dépend de la propriété, il est important de respecter le type attendu.
Handle	Long	Donnée sans utilité pratique. Ne pas utiliser.
State	Object	Donnée sans utilité pratique. Ne pas utiliser.

Pour transmettre les options, nous devons déclarer un tableau dont chaque élément est une structure PropertyValue décrivant l'option. L'ordre des options est sans importance. Le premier élément du tableau a pour index zéro. Par exemple, la ligne ci-dessous déclare un tableau de deux structures, un élément d'index 0 et un élément d'index 1 :

```
Dim propFich(1) As New com.sun.star.beans.PropertyValue
```

Pour transmettre une seule option nous devons quand même utiliser un tableau, qui aura alors un seul élément, d'index 0 :

```
Dim propFich(0) As New com.sun.star.beans.PropertyValue
```

Cette déclaration Dim utilise la forme As New qui précise que le type demandé est indiqué par la séquence qui suit. Cette séquence doit être écrite exactement, en respectant la casse (majuscules, minuscules). Chaque structure particulière utilisée par l'API possède une séquence spécifique, commençant toujours par com.sun.star.

En reprenant l'exemple précédent, nous allons supposer que le document est protégé par un mot de passe. Le mot de passe obtenu de l'utilisateur est transmis par l'option Password. La valeur du mot de passe est une chaîne de caractères. Le document sera chargé de manière invisible, grâce à l'option Hidden.

```
Dim monDocument As Object, adresseDoc As String
Dim propFich(1) As New com.sun.star.beans.PropertyValue

adresseDoc = convertToURL("C:\Docs OpenOffice\tata.ods")

propFich(0).Name = "Password"
propFich(0).Value = "Julie37" ' le mot de passe
propFich(1).Name = "Hidden"
propFich(1).Value = True ' charger en invisible

monDocument = StarDesktop.loadComponentFromURL(_
            AdresseDoc, "_blank", 0, propFich())
```

Cet exemple vous montre comment remplir un élément d'une structure `PropertyValue`. Remarquez enfin que le quatrième argument de `loadComponentFromURL` utilise des parenthèses vides pour signifier à Basic que l'ensemble du tableau doit être transmis.

EXPLICATION **Pourquoi faire compliqué ?**

Vous vous demandez sans doute pourquoi on a choisi de transmettre les options dans un tableau de structures ! La raison est que cela permet de transmettre à la méthode un nombre variable de paramètres, sans changer la définition de la méthode. Les règles de l'API, contrairement à Basic ou d'autres langages, imposent un nombre fixe de paramètres pour une méthode donnée. Éventuellement un paramètre pourra prendre une valeur `Null`, mais il sera toujours présent.

Dans notre cas, l'utilisation de la méthode `loadComponentFromURL` peut employer zéro, un ou plusieurs options. Mais allons plus loin : peut-être dans le futur les développeurs souhaiteront introduire une nouvelle option. Cela ne posera aucun problème de compatibilité avec les codages existants, car ils n'utiliseront pas cette option, et l'API utilisera une valeur par défaut. Inversement, un nouveau codage utilisant la nouvelle option pourra s'exécuter sur une version ancienne d'OpenOffice.org : dans ce cas l'API ignorera simplement une propriété qu'il ne connaît pas, et fonctionnera comme avant.

Le revers de la médaille est que vous devez bien vérifier le nom de chaque propriété transmise dans le tableau, un nom incorrect sera ignoré sans aucun message d'erreur.

Le service `com.sun.star.document.MediaDescriptor` expose les propriétés d'ouverture et de sauvegarde du document. Les plus utilisées pour l'ouverture d'un document sont listées au tableau 7-2. Certaines nécessitent des explications complémentaires.

Tableau 7–2 Options pour l'ouverture d'un document

Propriété	Type	Signification
Hidden	Boolean	True pour charger le document de manière invisible ; valeur False par défaut.
Password	String	Mot de passe (en clair) pour charger un document OpenOffice.org protégé.
ReadOnly	Boolean	True pour ouvrir le document en lecture seule ; valeur False par défaut.
Version	Integer	Numéro de la version à charger (utilisation du système de versions).
MacroExecutionMode	Integer	Précise les conditions d'exécution des macros du document ; constante nommée, voir le tableau 7-3.
UpdateDocMode	Integer	Précise les conditions de mise à jour des liens externes du document, ainsi que des variables de champ de saisie ; constante nommée, voir le tableau 7-4.
InteractionHandler	Object	Fonction de dialogue interactif, voir dans le texte : Option Password.

Tableau 7–2 Options pour l'ouverture d'un document (suite)

Propriété	Type	Signification
AsTemplate	Boolean	Utilisation d'un modèle de document.
SuggestedSaveAsDir	String	Répertoire suggéré dans le dialogue de sauvegarde.
SuggestedSaveAsName	String	Nom de fichier suggéré dans le dialogue de sauvegarde.
FilterName	String	Nom du filtre d'importation ou d'exportation.
FilterData	String	Options du filtre d'importation ou d'exportation, pour les filtres récents.
FilterOptions	String	Options du filtre d'importation ou d'exportation, pour les anciens filtres.

Option ReadOnly

L'option ReadOnly ne vous empêche pas de modifier le document par programmation, mais vous ne pourrez pas sauver les modifications par une simple sauvegarde. L'utilisateur par contre ne peut le modifier qu'après avoir cliqué le bouton Édition de fichier.

Option Password

Dans l'exemple donné plus haut, nous avions fourni en clair le mot de passe dans l'option Password. Ceci est évidemment à éviter.

L'API OpenOffice.org offre le service InteractionHandler, qui ouvre une boîte de dialogue standardisée lorsqu'il est nécessaire de demander une information à l'utilisateur. Nous allons l'employer pour lui demander le mot de passe.

```
Dim monDocument As Object, adresseDoc As String, demander As Object
Dim propFich(0) As New com.sun.star.beans.PropertyValue

adresseDoc = convertToURL("C:\Docs OpenOffice\tata.ods")
' utiliser le dialogue pour demander le mot de passe
demander = CreateUnoService("com.sun.star.task.InteractionHandler")
propFich(0).Name = "InteractionHandler"
propFich(0).Value = demander
monDocument = StarDesktop.loadComponentFromURL(_
            AdresseDoc, "_blank", 0, propFich())
```

La fonction Basic CreateUnoService renvoie un objet permettant d'utiliser le service InteractionHandler. Ensuite, au lieu d'utiliser l'option Password, on transmet cet objet dans l'option InteractionHandler. Respectez la casse dans le nom complet du service.

OpenOffice, constatant que le document à charger est protégé par un mot de passe, déclenche la boîte de dialogue de demande de mot de passe ; si l'utilisateur répond avec un mot de passe incorrect, un message d'erreur sera affiché par OpenOffice.org et la variable monDocument recevra la valeur Null ; si l'utilisateur annule le dialogue, il n'y aura pas de message d'erreur et la variable monDocument recevra aussi la valeur Null.

Option MacroExecutionMode

L'option MacroExecutionMode est indispensable si vous voulez charger un document dont vous voulez que les macros puissent être exécutées. Le menu **Outils> Options>OpenOffice.org>Sécurité** précise les conditions habituelles d'exécution des macros (voir le chapitre 1). L'option MacroExecutionMode permet de tenir éventuellement compte de cette configuration ou de les ignorer. Les valeurs possibles de MacroExecutionMode sont des constantes listées au tableau 7-3.

Un cas typique est le chargement d'un document dont on sait qu'il contient une macro à exécuter au chargement. Alors on autorisera l'exécution de macros sur ce document, quel que soit le niveau de sécurité, en utilisant la constante :

```
com.sun.star.document.MacroExecMode.ALWAYS_EXECUTE_NO_WARN
```

Les autres constantes s'écrivent de manière similaire. Attention à la casse ! Les constantes nommées doivent être écrites en respectant les majuscules et minuscules, sinon elles ne seront pas reconnues.

Tableau 7–3 Constantes de MacroExecutionMode

Constante	Signification
NEVER_EXECUTE	Ne pas exécuter les macros. Valeur par défaut.
FROM_LIST	Exécuter les macros provenant d'un répertoire de fichiers de confiance. En dehors des répertoires de confiance, une confirmation sera demandée.
ALWAYS_EXECUTE	Les macros dont le certificat est reconnu, ou provenant d'un répertoire de confiance, sont exécutées sans avertissement ; une confirmation est demandée si les macros ne sont pas dans un répertoire de confiance, et pas certifiées.
USE_CONFIG	Utiliser la configuration, ouvrir une fenêtre de dialogue si une confirmation est nécessaire.
ALWAYS_EXECUTE_NO_WARN	Exécuter les macros sans demande de confirmation ni avertissement.
USE_CONFIG_REJECT_CONFIRMATION	Utiliser la configuration, ne pas exécuter les macros si une confirmation serait nécessaire.

Tableau 7–3 Constantes de MacroExecutionMode (suite)

Constante	Signification
USE_CONFIG_APPROVE_CONFIRMATION	Utiliser la configuration, exécuter les macros comme si la confirmation était acceptée.
FROM_LIST_NO_WARN	Seules les macros provenant d'un répertoire de fichiers de confiance seront exécutées.
FROM_LIST_AND_SIGNED_WARN	Les macros dont le certificat est reconnu, ou provenant d'un répertoire de confiance, sont exécutées sans avertissement ; une confirmation est demandée si les macros ont un certificat inconnu ; si les macros ne sont ni dans un répertoire de confiance, ni certifiées, elles ne sont pas exécutées.
FROM_LIST_AND_SIGNED_NO_WARN	Seules les macros dont le certificat est reconnu, ou provenant d'un répertoire de confiance, sont exécutées. Aucun avertissement n'est signalé.

En pratique le tableau 7-3 est à interpréter en fonction du niveau de sécurité de votre application, de l'emplacement du document, de sa signature éventuelle, de la certification éventuelle de cette signature. Autant dire que c'est parfois complexe.

Si vous employez une valeur d'option nécessitant un dialogue de confirmation, vous devez employer le service InteractionHandler, que nous avons déjà utilisé pour l'option Password.

```
Dim monDocument As Object, adresseDoc As String, demander As Object
Dim propFich(1) As New com.sun.star.beans.PropertyValue

adresseDoc = convertToURL("C:\Docs OpenOffice\tata.ods")
' utiliser le dialogue pour demander l'autorisation d'exécuter les macros
demander = CreateUnoService("com.sun.star.task.InteractionHandler")
propFich(0).Name = "InteractionHandler"
propFich(0).Value = demander
propfich(1).Name = "MacroExecutionMode"
propfich(1).Value = com.sun.star.document.MacroExecMode.ALWAYS_EXECUTE
```

Option UpdateDocMode

L'option UpdateDocMode est utilisée si le document chargé contient des liens vers d'autres documents, ou un lien vers une base de données, afin d'ouvrir un document à jour. Les valeurs possibles sont listées au tableau 7-4, voici un exemple :

```
propFich(0).Name = "UpdateDocMode"
propFich(0).Value = com.sun.star.document.UpdateDocMode.FULL_UPDATE
```

Tableau 7–4 Constantes de UpdateDocMode

Constante	Signification
NO_UPDATE	Ne pas mettre à jour le document.
QUIET_UPDATE	Ne mettre à jour que si cela ne nécessite pas un dialogue avec l'utilisateur. Par exemple un lien vers une base de donnée peut nécessiter un mot de passe.
ACCORDING_TO_CONFIG	Se conformer à la configuration dans le menu **Outils>Options>Writer** ou **Calc>Général>Actualiser les liens**.
FULL_UPDATE	Mettre à jour le document même si cela nécessite un dialogue.

Option Hidden

Cette option permet de charger le document sans que l'utilisateur ne le voie. Depuis la version 2.2 d'OpenOffice.org, on peut par la suite rendre visible un document chargé en mode invisible.

```
Dim monDocument As Object, adresseDoc As String
Dim propFich(0) As New com.sun.star.beans.PropertyValue

adresseDoc = convertToURL("C:\Docs OpenOffice\tata.ods")
propFich(0).Name = "Hidden"
propFich(0).Value = True' charger en invisible
monDocument = StarDesktop.loadComponentFromURL(_
            AdresseDoc, "_blank", 0, propFich())
MsgBox("Le document va apparaître")
monDocument.CurrentController.Frame.ContainerWindow.Visible = True
```

On peut le remettre invisible, avec la valeur False. La pseudo-propriété Visible ne peut pas être lue, car il n'existe que la méthode setVisible().

Option AsTemplate

Cette option dépend du document chargé : document ordinaire, ou document modèle.

Les documents « modèles » (en anglais, *template*) ont une extension spéciale, ott pour un modèle Writer, ots pour un modèle Calc, etc. Sans option particulière, charger un tel document revient à créer un nouveau document sur ce modèle.

Pour modifier un document modèle, on doit utiliser l'option AsTemplate. Cette option, de type Boolean, doit prendre la valeur False afin de charger effectivement le modèle.

Pour un document ordinaire, si on utilise l'option AsTemplate avec la valeur booléenne True, ce document sera pris comme modèle pour créer un nouveau document.

Options de filtre

Les options `FilterName`, `FilterData`, `FilterOptions` servent pour l'importation (et l'exportation) de documents sous un autre format. Voyez la section correspondante dans ce chapitre.

Créer un nouveau document

Pour créer un nouveau document OpenOffice.org, on utilise la même méthode que pour charger un document existant. Cependant, ici, l'adresse du document est une convention pour indiquer le type de document à créer. Par exemple, pour un document Calc, nous utiliserons :

```
adresseDoc = "private:factory/scalc"
monDocument = StarDesktop.loadComponentFromURL(_
            adresseDoc, "_blank", 0, propFich() )
```

Le tableau 7-5 liste les différentes pseudo-adresses possibles. L'adresse doit être reproduite exactement dans votre instruction. Le nouveau document obtenu suit le modèle par défaut en vigueur pour votre configuration d'OpenOffice.org.

Tableau 7–5 Pseudo-adresses pour créer un document

Type de document	Pseudo-adresse
Texte Writer	`private:factory/swriter`
Document texte Maître	`private:factory/swriter/GlobalDocument`
Document HTML	`private:factory/swriter/web`
Tableur Calc	`private:factory/scalc`
Dessin Draw	`private:factory/sdraw`
Présentation Impress	`private:factory/simpress`
Éditeur de formules Math	`private:factory/smath`

Créer un nouveau document selon modèle

Créer un document qui soit la copie d'un document servant de modèle est une méthode qui peut simplifier considérablement vos macros. En effet, vous pouvez créer manuellement le document modèle de façon à ce qu'il comporte tous les styles de page, de paragraphe, de caractère, des en-têtes et bas de page, des pages en portrait et des pages en paysage, des images intégrées, des sections, des tableaux, un texte initial et des points de repérage réalisés avec des signets. Ensuite, vous n'aurez plus qu'à compléter le document avec votre macro au lieu de tout créer *ex nihilo*. Ce principe est aussi valable pour un document Calc, Draw, ou autre.

Le chapitre 14 vous indique comment retrouver le ou les répertoires des modèles dans votre installation OpenOffice.org.

Il existe deux méthodes pour créer un nouveau document à partir d'un modèle. La plus simple est de partir d'un vrai document modèle, c'est-à-dire avec une extension ott pour Writer, ots pour Calc, etc. Il suffit de faire comme si on chargeait le document modèle :

```
adresseDoc = convertToURL("C:\Mes modeles\Doc2colonnes.ott")
```

Ce document ne sera pas chargé, mais un nouveau document ordinaire sera créé, dont le contenu sera identique. Dans l'exemple, nous obtiendrons un nouveau document Writer.

La deuxième méthode consiste à prendre comme modèle un document ordinaire. Le document sera chargé avec la méthode déjà vue, mais en utilisant l'option AsTemplate avec la valeur booléenne True.

Afficher le document en plein écran

Une fois le document chargé et visible, on peut mettre sa fenêtre en plein écran avec une commande .uno:FullScreen envoyée par le Dispatcher. Le chapitre 14 vous montrera comment employer le Dispatcher de manière très simple.

Sauvegarde des modifications

L'état actuel du document

Si votre document a été modifié, par macro ou par l'utilisateur, il est nécessaire de le sauvegarder avant de le fermer. La méthode isModified de l'objet document renvoie une valeur de type Boolean. Elle vaut True si le document a été modifié.

```
if monDocument.isModified then
  ' mettre ici les instructions pour sauver le document
end if
```

L'état Modifié peut être changé par programme, en utilisant la méthode setModified du document, par exemple pour forcer l'apparition du dialogue de sauvegarde si l'utilisateur ferme le fichier :

```
monDocument.setModified(True)
```

Le document expose la propriété `hasLocation`, de type `Boolean`, qui vaut `True` s'il possède une adresse, ou `False` si le document est nouveau, pas encore sauvegardé. La propriété `Location`, de type `String`, vous indique l'URL du fichier original.

```
if monDocument.hasLocation then
   adresseDoc = monDocument.Location
else
   adresseDoc = convertToURL("C:\Mes Documents\toto.ods")
end if
```

Sauver le document

Si le document n'est pas nouveau, la sauvegarde se fait très simplement grâce à la méthode `store` de l'objet document :

```
monDocument.store
```

Si vous avez créé un nouveau document jamais encore sauvé, vous devez préciser le nom et l'adresse du fichier à créer, avec une URL. La méthode `storeAsURL` de l'objet document effectue alors la sauvegarde. Elle est l'équivalent de la commande de menu Fichier>Enregistrer sous... En reprenant les mêmes variables que dans les exemples précédents, on écrira dans le cas le plus simple :

```
Dim propFich2()

adresseDoc = convertToURL("C:\Docs OpenOffice\toto.ods")
monDocument.storeAsURL(adresseDoc, propFich2() )
```

Si le répertoire indiqué n'existe pas, il sera créé automatiquement.

Ici aussi, nous avons la possibilité d'utiliser des options de sauvegarde. Notre exemple n'utilise aucune option particulière. Les options principales utiles dans une opération de sauvegarde sont listées au tableau 7-6. Le principe d'initialisation des options est identique à ce que nous avons vu pour les options de chargement d'un fichier.

Notez que si vous utilisez l'option `Password`, toute valeur de mot de passe est utilisable, y compris une chaîne de caractères de longueur nulle. Pour demander à l'utilisateur quel mot de passe il souhaite utiliser, créez une boîte de dialogue avec une zone de texte à remplir, comme expliqué au chapitre 11.

Tableau 7–6 Options de sauvegarde d'un document

Propriété	Type	Signification
Overwrite	Boolean	True pour écraser un document déjà existant (valeur par défaut) False pour ne pas écraser le document (une erreur sera déclenchée en cas de tentative de sauvegarde).
Password	String	Mot de passe pour chiffrer le document.
Author	String	Auteur de la version du document (utilisation du système de versions).
Version	Integer	Numéro de version à sauvegarder (utilisation du système de versions).
Comment	String	Commentaire sur la version (utilisation du système de versions).
FilterName	String	Nom du filtre d'exportation ; voir la section sur les filtres d'import/export.
FilterData	Variant	Options du filtre d'importation ou d'exportation, pour les filtres récents.
FilterOptions	String	Options du filtre d'importation ou d'exportation, pour les anciens filtres.

Enregistrer une copie

Si vous avez ouvert un fichier tata.ods et l'avez sauvegardé par la méthode storeAsURL sous le nom toto.ods, vous travaillez maintenant dans le document toto.ods.

En revanche, la méthode storeToURL réalise une copie du document en cours, et seulement cela. Ainsi, travaillant sur tata.ods, vous faites une copie appelée tata001.ods et continuez sur tata.ods. Ceci est utile pour des sauvegardes régulières, ou pour faire une copie dans un autre format.

La méthode storeToURL utilise la même syntaxe que storeAsURL.

Recharger le document

La commande de menu Fichier>Recharger consiste à remettre le document dans l'état où il a été sauvegardé, en annulant les modifications intervenues. Cette fonctionnalité n'existe pas dans l'API, nous utilisons le Dispatcher ; mais pour éviter l'affichage d'un message de confirmation on doit lui faire croire que rien n'a été modifié :

```
dim monDocument as object
monDocument = thisComponent

monDocument.setModified(False)
DispatchSimple("Reload")
```

La routine DispatchSimple est un sous-programme utilitaire que nous décrivons au chapitre 14.

Fermer le document

La méthode recommandée pour fermer un document (ou une fenêtre) est la suivante :

```
on Error Resume Next ' ignorer l'erreur éventuelle
monDocument.close(True)
On Error GoTo 0 ' reprendre le traitement d'erreur normal
```

La méthode close signale à d'autres programmes utilisateurs que ce document va être fermé. Un de ces programmes peut manifester son mécontentement en déclenchant une erreur, que nous ignorerons. L'argument True dans la méthode close signale à ces autres programmes que, s'ils souhaitent continuer quand même, ils doivent en assumer la responsabilité (en ce qui concerne la libération des ressources). Vous pourrez lire dans le *Developer's Guide*, chapitre *Office Development>Handling Documents>Closing Documents*, une discussion très technique sur ce sujet.

Exemples récapitulatifs

Nous allons présenter maintenant des exemples complets de macros qui utilisent les notions décrites jusqu'ici dans ce chapitre. Ces macros sont disponibles dans le Zip téléchargeable.

Dans le premier exemple, nous exécutons une macro sur le document en cours. Dans ce cas particulier, la macro est incluse dans le document lui-même.

```
rem Code07-04.odt    bibli : LeDocument Module1
Option Explicit

Sub DocumentEnCours()
Dim monDocument As Object
monDocument = ThisComponent

' afficher tout le texte du document
MsgBox(monDocument.Text.String)

if MsgBox("Fermer ce document ?",4) = 6 then
  ' réponse = Oui
  on Error Resume Next ' ignorer l'erreur éventuelle
  monDocument.close(True)
  On Error GoTo 0 ' reprendre le traitement d'erreur normal
end if
End Sub
```

L'instruction permettant d'afficher le texte du document Writer sera expliquée dans le chapitre 8. Nous l'employons simplement pour prouver que nous accédons bien au document. L'instruction `MsgBox` utilise le paramétrage pour afficher un bouton Oui et un bouton Non. Relisez éventuellement la description de cette instruction au chapitre 5.

Dans le deuxième exemple, nous créons un nouveau document Calc à partir d'une autre macro du document Writer. Ce document est modifié, puis sauvé à une adresse particulière, en lui mettant un mot de passe. Changez éventuellement cette adresse pour être compatible avec votre système. Ce nouveau document est finalement fermé. Les explications suivent le codage.

```
rem Code07-04.odt    bibli : LeDocument Module2
Option Explicit

' modifiez éventuellement cette ligne selon votre système
Public Const leDoc = "C:\Docs OpenOffice\DocHeure.ods"

Sub CreerDocumentAvecPasse()
Dim monDocument As Object
Dim adresseDoc As String
Dim propFich()

adresseDoc ="private:factory/scalc" ' nouveau document Calc
monDocument = StarDesktop.loadComponentFromURL(_
             adresseDoc, "_blank", 0, propFich())
MsgBox "Un nouveau document Calc doit être affiché maintenant"

' écrire l'heure dans la cellule A1 de la première feuille
Dim maCellule As Object
maCellule = monDocument.Sheets(0).getCellRangeByName("A1")
maCellule.String = "Ecrit le = " & Date & " Heure " & Time
MsgBox "Tableur modifié"

' convertToURL est inutile avec un système Linux
adresseDoc = convertToURL(leDoc)
' sauvegarder le document avec un mot de passe
Dim propFich2(0) As New com.sun.star.beans.PropertyValue
propFich2(0).Name = "Password"
propFich2(0).Value = "OpenOffice" ' ceci est le mot de passe !
monDocument.storeAsURL(adresseDoc, propFich2())

MsgBox "Fermeture du document"
on Error Resume Next
monDocument.close(True)
On Error GoTo 0
End Sub
```

La constante `leDoc` est déclarée `Public` car nous l'utiliserons aussi dans un autre module de la bibliothèque de macros. Après avoir ouvert un nouveau document Calc, nous écrivons un texte (la date et heure actuelles) dans la cellule A1 de la première feuille. Ne vous préoccupez pas de la méthode employée, le but est seulement de montrer que nous pouvons modifier le document. La variable `adresseDoc` est initialisée avec l'URL de sauvegarde du document. Pour définir l'option « mot de passe », nous utilisons une autre variable, car nous avons besoin maintenant d'un tableau à un élément de structure `PropertyValue`.

SÉCURITÉ **Mot de passe**

Pour simplifier l'exemple, le mot de passe apparaît en clair dans votre macro. Il peut être judicieux de la protéger elle-même en mettant un mot de passe sur la bibliothèque de la macro, comme vu au chapitre 2. Ceci empêchera une lecture non autorisée du codage.

Dans le troisième exemple, nous allons charger de nouveau le document Calc créé précédemment, le modifier puis le refermer.

```
rem Code07-04.odt    bibli : LeDocument Module3
Option Explicit

Sub ChargerDocumentAvecPasse()
Dim monDocument As Object
Dim adresseDoc As String
Dim propFich(0) As New com.sun.star.beans.PropertyValue

' leDoc est déclaré dans le module 2
adresseDoc = convertToURL(leDoc)
if not FileExists(adresseDoc) then
  MsgBox("Le document n'existe pas", 16)
  Stop ' arrêter l'exécution de Basic
end if

propFich(0).Name = "Password"
propFich(0).Value = "OpenOffice" ' ceci est le mot de passe !
monDocument = StarDesktop.loadComponentFromURL(_
             AdresseDoc, "_blank", 0, propFich())

if IsNull(monDocument) then
  MsgBox("Le document n'est pas chargeable" & chr(13) & _
    "ou le mot de passe est incorrect", 16)
  Stop ' arrêter l'exécution de Basic
end if
MsgBox "Tableur chargé"
```

```
' écrire l'heure dans la cellule A2 de la première feuille
Dim maCellule As Object
maCellule = monDocument.Sheets(0).getCellRangeByName("A2")
maCellule.String = "Ecrit le = " & Date & " Heure " & Time
MsgBox "Tableur modifié"

monDocument.store    ' sauvegarder (avec le mot de passe)
on Error Resume Next
monDocument.close(True) ' fermer le document
On Error GoTo 0
End Sub
```

Nous réutilisons la variable `leDoc` du module précédent afin d'obtenir l'URL du document à charger. Pour éviter une erreur d'exécution, nous testons d'abord si le fichier existe. Ensuite seulement nous chargeons le document. Ici aussi, le mot de passe est dans le codage. Nous vérifions que le document a bien été chargé en testant le contenu de la variable `monDocument`. Si ce n'est pas le cas, on s'arrête là (l'instruction `chr(13)` sert à changer de ligne dans le message). Dans le cas normal, on écrit un texte dans la cellule A2, on sauvegarde le document et on le ferme.

Imprimer un document

Nous décrirons ici les mécanismes d'impression communs à tous les documents. Les particularités propres à certains documents sont traitées dans les chapitres qui leur sont consacrés. Les exemples utilisés ici sont disponibles à l'identique dans les fichiers du Zip téléchargeable :

- `Code07-01.odt` pour Writer
- `Code07-02.ods` pour Calc
- `Code07-03.odg` pour Draw

L'objet Printer

Tout document dispose normalement d'une imprimante pour son impression. Le document expose les caractéristiques de l'imprimante dans l'objet `Printer`. Ce dernier est un tableau (`Array`) contenant diverses propriétés listées dans le tableau 7-7, qui est suivi de quelques explications complémentaires.

Tableau 7–7 Propriétés du descripteur d'imprimante

Propriété	Type	Signification
Name	String	Le nom de la file d'attente de l'imprimante.
PaperOrientation	Integer	Orientation du papier ; constante nommée, voir explications.
PaperFormat	Integer	Format du papier ; constante nommée, voir explications.
PaperSize	Object	Taille du papier, largeur et hauteur en twips.
IsBusy	Boolean	True si l'imprimante est occupée (au niveau de la mise en file d'attente du travail).
CanSetPaperOrientation	Boolean	True si on peut changer l'orientation du papier.
CanSetPaperFormat	Boolean	True si on peut changer le format de papier.
CanSetPaperSize	Boolean	True si on peut imposer une taille quelconque du papier.

L'orientation du papier ne peut prendre que deux valeurs, sous la forme de constantes nommées :

```
com.sun.star.view.PaperOrientation.PORTRAIT
com.sun.star.view.PaperOrientation.LANDSCAPE
```

Attention à la casse ! Les constantes nommées doivent être écrites en respectant les majuscules et minuscules.

Plusieurs formats standardisés de papier sont reconnus. Les constantes nommées sont de la forme :

```
com.sun.star.view.PaperFormat.A4
```

Les différents formats de papier possibles sont :

```
A3 A4 A5 B4 B5 LETTER LEGAL TABLOID USER
```

En Europe, nous utilisons essentiellement les formats A3, A4 et A5. Le format USER est indiqué lorsque le format ne correspond à aucun de ceux cités. Dans ce dernier cas seulement, la propriété PaperSize est significative ; elle se compose de deux éléments Width et Height indiquant la largeur et la hauteur en twips. Un twip représente $1/20^e$ de point, qui mesure lui-même $1/72^e$ de pouce. Un pouce correspondant à environ 25,4 mm, 1 twip vaut 1,76 centième de millimètre.

Cet exemple va lister les propriétés d'imprimante. Il est expliqué juste après.

```
rem Code07-01.odt    bibli : Imprimer Module1
Option Explicit
```

```
Sub LirePropImprimante()
Dim monDocument As Object, imprimante As Variant
Dim papVal As Integer, papTaille As Object
Dim liste As String, cr As String
Const twipsParMm = 56.7

cr = chr(13) ' caractère de fin de ligne
monDocument = ThisComponent
imprimante = monDocument.Printer
printProps(imprimante)' lister les noms de propriétés

liste = "Nom : " & getPropVal(imprimante, "Name") & cr & _
  "Occupée : " & getPropVal(imprimante, "IsBusy") & cr & _
  "Orientation de papier modifiable : " & _
    getPropVal(imprimante, "CanSetPaperOrientation") & cr & _
  "Format de papier modifiable : " & _
    getPropVal(imprimante, "CanSetPaperFormat") & cr & _
  "Taille de papier modifiable : " & _
    getPropVal(imprimante, "CanSetPaperSize") & cr

papVal = getPropVal(imprimante, "PaperOrientation")
if papVal = com.sun.star.view.PaperOrientation.PORTRAIT then
  liste = liste & "Orientation Portrait" & cr
else
  liste = liste & "Orientation Paysage" & cr
end if

papTaille = getPropVal(imprimante, "PaperSize")
papVal = getPropVal(imprimante, "PaperFormat")
Select Case papVal
Case com.sun.star.view.PaperFormat.A4
  liste = liste & "Format A4"
Case com.sun.star.view.PaperFormat.LETTER
  liste = liste & "Format Letter"
Case com.sun.star.view.PaperFormat.USER
  liste = liste & "Format inconnu : "
Case Else
  liste = liste & "Autre format connu"
end Select
  liste = liste & cr & _
  "Hauteur : " & Format(papTaille.Height/twipsParMm, "0.#") & " mm" & cr & _
  "Largeur : " & Format(papTaille.Width/twipsParMm, "##0.#") & " mm"
MsgBox(liste, 0, "Capacités de l'imprimante")
End Sub
```

La propriété `Printer` de l'objet document est un tableau de propriétés. La routine `printProps` balaie ce tableau, récupère le nom de chacune, avec l'index dans le tableau, puis affiche la liste.

```
rem Code07-01.odt    bibli : Imprimer Module1

Sub printProps(descr As Variant)
Dim x As Long, liste As String
liste = ""
for x = 0 to UBound(descr)
  liste = liste & "Index " & x & " : " & descr(x).Name & chr(13)
next
MsgBox(liste, 0, "Tableau de propriétés")
End Sub
```

Pour récupérer la valeur d'une propriété particulière, il faut la rechercher dans le tableau de propriétés. La difficulté est que l'ordre des propriétés contenues dans le tableau obtenu par la propriété `Printer` dépend de l'implémentation. Pour la contourner, nous utiliserons la fonction utilitaire `getPropVal`, détaillée à l'annexe B ; elle est recopiée dans la bibliothèque `Standard` du document. Cette fonction récupère la valeur de la propriété à partir de son nom. S'il n'existe pas de propriété à ce nom, elle déclenche une erreur. Respectez toujours la casse (majuscules, minuscules) pour le nom d'une propriété.

Dans le document où se trouve la macro principale, ouvrez le menu Fichier>Paramétrage de l'imprimante... pour changer les caractéristiques d'impression. Relancez la macro, vous devriez pouvoir ainsi passer par les différents cas prévus.

Changer la configuration d'impression

Il est possible de changer d'imprimante et, dans la mesure où elle le permet, vous pouvez imposer les valeurs de ses propriétés. Dans cet exemple, nous changeons d'imprimante et imposons le format de papier *Letter* en orientation *Paysage*.

```
rem Code07-01.odt    bibli : Imprimer Module2
Option Explicit

Sub ChangerImprimante()
Dim monDocument As Object, imprimante As Variant, nomImpr As String
monDocument = ThisComponent
imprimante = monDocument.Printer
nomImpr = InputBox("Nom de l'imprimante ?")

setPropVal(imprimante, "Name", nomImpr)
```

```
setPropVal(imprimante, "PaperFormat",
            com.sun.star.view.PaperFormat.LETTER)
setPropVal(imprimante, "PaperOrientation", _
              com.sun.star.view.PaperOrientation.LANDSCAPE)

monDocument.Printer = imprimante
LirePropImprimante() ' lister les noms de propriétés
End Sub
```

Nous modifions le tableau de propriétés avec la routine utilitaire `setPropVal` décrite à l'annexe B, et recopiée dans la bibliothèque `Standard` du document. Elle recherche la propriété du nom donné en argument, et la modifie. Une fois le tableau modifié, il est copié dans la propriété `Printer` de l'objet document. Si vous répondez à la question avec un nom d'imprimante inexistante, le document reviendra sur l'imprimante par défaut.

Si votre imprimante accepte les changements de format et d'orientation de page, le format de page en cours sera modifié. Vous pouvez le vérifier en ouvrant le menu Format>Page..., onglet Page.

Pour une imprimante réseau, suivant la configuration en place, il peut être nécessaire d'entourer le nom de l'imprimante avec les symboles < et > comme ceci :

```
nomImpr = "<ImprFinancier>"
```

Lancer l'impression

L'impression d'un document se fait au moyen de sa méthode `print`, qui a pour argument un tableau contenant les options d'impression désirées (voir tableau 7-8).

Tableau 7–8 Options d'impression

Propriété	Type	Signification
FileName	String	Le nom du fichier d'impression, si on utilise cette possibilité.
CopyCount	Integer	Nombre d'exemplaires à imprimer. Par défaut : 1.
Collate	Boolean	True si on imprime les copies multiples document par document (valeur par défaut). False si on imprime toutes les copies d'une page avant de passer à la page suivante.
Pages	String	Indique les pages à copier, comme dans l'interface utilisateur. Exemple : 1-4;10;15-18 Par défaut : toutes les pages sont imprimées.
Wait	Boolean	True : la méthode print attend la fin de la mise en file d'attente d'impression. False : la méthode print envoie l'impression et retourne sans attendre (valeur par défaut).

Un petit exemple, à recopier dans un document suffisamment gros :

```
rem Code07-01.odt    bibli : Imprimer Module3
Option Explicit

Sub ImprimerPartie()
Dim monDocument As Object
Dim Props(1) As New com.sun.star.beans.PropertyValue
monDocument = ThisComponent
Props(0).Name = "Pages"
Props(0).Value = "3;15"
Props(1).Name = "Wait"
Props(1).Value = True
monDocument.print(Props())
End Sub
```

Mettez à `True` la propriété `Wait` si le document doit être fermé immédiatement après le lancement de l'impression.

Si vous exécutez cette macro sur un document d'une seule page, il ne se passera rien puisqu'aucune des pages demandées n'existe.

Si on se contente de toutes les valeurs par défaut, il faut néanmoins fournir un tableau sans dimension, déclaré ainsi :

```
Dim Props()
```

Nous venons de voir l'essentiel pour ouvrir, sauver, imprimer et fermer un document. Le reste du chapitre traite de sujets plus spécialisés. Vous pouvez préférer sauter à un chapitre propre à Writer, ou Calc, ou Draw/Impress.

Énumérer les documents OpenOffice ouverts

L'objet `StarDesktop` est un conteneur de tous les documents ouverts d'Open-Office.org. La macro suivante montre comment accéder successivement à tous les documents ouverts et les fermer (sauvegardez vos documents avant d'exécuter la macro). N'ouvrez pas l'EDI pour lancer cette macro, mais utilisez plutôt le menu Outils>Macros>Exécuter la macro.

```
rem Code07-04.odt    bibli : LeDocument Module4
Option Explicit

Sub BoucleFermeDocuments()
```

```
'pensez à sauvegarder vos documents
dim lesDocs, laCollection, leDoc

on error resume next

lesDocs = StarDesktop.Components
laCollection = lesDocs.createEnumeration

while laCollection.hasMoreElements
  leDoc = laCollection.nextElement
  print "Fermeture du document " & leDoc.URL
  leDoc.close(True)
wend

End Sub
```

La pseudo-propriété `Components` de l'objet `StarDesktop` permet d'accéder à la collection des documents ouverts. La méthode `createEnumeration` renvoie un objet servant à énumérer les objets de cette collection. Le principe de parcours est basé sur les deux méthodes `hasMoreElements` (reste-t-il des éléments à explorer ?) et `nextElement` (accéder à l'élément suivant que nous mettons dans la variable `leDoc`). Pour chaque élément, nous affichons son URL et envoyons une commande de fermeture.

Cette méthode peut être utile pour fermer OpenOffice.org (ce qui revient à fermer tous les documents ouverts) à deux exceptions près :

• Si l'EDI est ouverte – Le composant contenant l'EDI ne se ferme pas comme un document classique, mais en utilisant `leDoc.dispose()`. Ceci justifie la présence de la ligne `on error resume next` permettant de poursuivre le traitement en cas d'erreur.

• Sous Windows, si le lanceur rapide est en cours d'exécution – Seules les fenêtres d'OpenOffice.org seront fermées et le programme restera en cours d'exécution.

Les filtres d'import/export

Les filtres d'importation servent à convertir un document d'un format autre que ceux d'OpenOffice.org vers un des formats d'OpenOffice.org. Les filtres d'exportation permettent d'enregistrer un document OpenOffice.org dans un autre format. Avant de vous lancer dans un projet Basic pour convertir des séries de documents, consultez le site OOo Converter (http://oooconv.free.fr/) géré par un des auteurs de ce livre. Il vous propose un tel outil, disponible en téléchargement ou utilisable directement en ligne.

L'importation ou exportation consiste à charger ou sauvegarder un document en utilisant l'option `FilterName` pour préciser, sous forme de chaîne de caractères, le nom du filtre à employer. Ce nom doit être recopié exactement. Certains filtres peuvent nécessiter des paramètres, qui sont transmis dans l'option `FilterOptions` ou dans l'option `FilterData`.

Exporter ou importer un document dans un format particulier

Pour charger un document d'un format OpenOffice.org ou d'un format concurrent, l'option `FilterName` est en général inutile car OpenOffice.org est assez intelligent pour trouver le filtre adéquat. Sinon on précise le filtre d'importation à employer. Une fois le document chargé, il est considéré comme un document OpenOffice.org.

Une sauvegarde `storeAsURL` ou `storeToURL` sans l'option `FilterName` produira un fichier au format par défaut défini par le menu **Outils>Options>OpenOffice.org>Chargement/Enregistrement>Général**. Autrement dit, le format utilisé pour le chargement n'est pas ré-utilisé par défaut dans un `storeAsURL` ou `storeToURL` : il est nécessaire de le préciser avec l'option `FilterName`. Il est souhaitable de donner une extension de fichier correspondant au format demandé, bien que ceci n'ait aucune influence sur le format obtenu.

Ceci s'applique en particulier pour sauvegarder dans un des formats OpenOffice.org, actuel ou ancien. Le tableau 7-9 liste les noms de filtres pour les formats OpenOffice.org, valables pour l'importation comme pour l'exportation.

Tableau 7-9 Filtres des formats de documents OpenOffice.org

Type de document	Extension	Nom du filtre
Document Writer OpenOffice.org 1	`.sxw`	`StarOffice XML (Writer)`
Modèle Writer OpenOffice.org 1	`.stw`	`writer_StarOffice_XML_Writer_Template`
Document maître Writer OpenOffice.org 1	`.sxg`	`writer_globaldocument_StarOffice_XML_Writer`
Document Writer/Web OpenOffice.org 1	`.html`	`writer_web_StarOffice_XML_Writer`
Modèle Writer/Web OpenOffice.org 1	`.stw`	`writer_web_StarOffice_XML_Writer_Web_Template`
Document TexteODF	`.odt`	`writer8`
Modèle Texte ODF	`.ott`	`writer8_template`
Document maître ODF	`.odm`	`writerglobal8_writer`
Document Writer/Web OpenOffice.org 2 et 3	`.html`	`writerweb8_writer`

Tableau 7–9 Filtres des formats de documents OpenOffice.org (suite)

Type de document	Extension	Nom du filtre
Modèle Writer/Web OpenOffice.org 2 et 3	.oth	writerweb8_writer_template
Document Calc OpenOffice.org 1	.sxc	StarOffice XML (Calc)
Modèle Calc OpenOffice.org 1	.stc	calc_StarOffice_XML_Calc_Template
Document Classeur ODF	.ods	calc8
Modèle Classeur ODF	.ots	calc8_template
Document Draw OpenOffice.org 1	.odg	StarOffice XML (Draw)
Modèle Draw OpenOffice.org 1	.sxd	draw_StarOffice_XML_Draw_Template
Document Dessin ODF	.std	draw8
Modèle Dessin ODF	.otg	draw8_template
Document Impress OpenOffice.org 1	.sxi	StarOffice XML (Impress)
Modèle Impress OpenOffice.org 1	.sti	impress_StarOffice_XML_Impress_Template
Documentation Présentation ODF	.odp	impress8
Modèle Présentation ODF	.otp	impress8_template

Le tableau 7-10 liste les principaux filtres pour importer ou exporter des documents dans d'autres formats. Certains formats comme MacroMedia-Flash ou PDF sont seulement disponibles à l'export ; dans ce cas seule la méthode storeToURL est autorisée.

Tableau 7–10 Principaux filtres pour documents non OpenOffice.org

Type de document	Note	Extension	Nom du filtre
Excel 2007 binaire	import	.xlsb	Calc MS Excel 2007 Binary
Excel 2007 XML	import	.xlsm .xlsx	Calc MS Excel 2007 XML
Modèle de document Excel 2007 XML	import	.xltm .xltx	Calc MS Excel 2007 XML Template
Excel 97		.xls	MS Excel 97
Modèle de document Excel 97		.xlt	MS Excel 97 Vorlage/Template
Word 2007 XML	import	.docx .docm	MS Word 2007 XML
Modèle de document texte Word 2007 XML	import	.dotx .dotm	MS Word 2007 XML Template
Word 97		.doc	MS Word 97
Modèle de document Word 97		.dot	MS Word 97 Vorlage
Word 6		.doc	MS WinWord 6.0

Tableau 7–10 Principaux filtres pour documents non OpenOffice.org (suite)

Type de document	Note	Extension	Nom du filtre
Word 5	import	`.odc`	`MS WinWord 5`
PowerPoint 2007 XML	import	`.pptm` `.pptx`	`Impress MS PowerPoint 2007 XML`
Modèle de document PowerPoint 2007 XML	import	`.potm` `.potx`	`Impress MS PowerPoint 2007 XML Template`
PowerPoint 97		`.ppt` `.pps`	`MS PowerPoint 97`
Modèle de document PowerPoint 97		`.pot`	`MS PowerPoint 97 Vorlage`
WordPerfect	import	`.wpd`	`WordPerfect`
Format RTF depuis/vers Writer		`.rtf`	`Rich Text Format`
Format RTF vers Calc	import	`.rtf`	`Rich Text Format (StarCalc)`
Texte non formaté, caractères encodés selon le système d'exploitation.		`.txt`	`Text`
Texte non formaté, l'encodage de caractères est précisé par une option.	voir texte	`.txt`	`Text (encoded)`
HTML		`.html`	`HTML`
HTML depuis/vers Writer		`.html`	`HTML (StarWriter)`
HTML depuis/vers Calc		`.html`	`HTML (StarCalc)`
Lotus 1-2-3	voir texte	`.wk1` `.wks`	`Lotus`
Lotus 1-2-3 Windows	voir texte	`.wk1` `.wks`	`Lotus 1-2-3 1.0 (WIN) (StarWriter)`
Lotus 1-2-3 DOS	voir texte	`.123`	`Lotus 1-2-3 1.0 (DOS) (StarWriter)`
DocBook		`.xml`	`DocBook File`
Texte au format CSV	voir texte	`.csv` `.txt`	`Text - txt - csv (StarCalc)`
Table dBase depuis/vers Calc	voir texte	`.dbf`	`dBase`
Draw vers MacroMedia Flash		`.swf`	`draw_flash_Export`
Impress vers MacroMedia Flash		`.swf`	`impress_flash_Export`

À titre d'exemple, ce codage exporte le document texte en cours vers le format RTF.

```
rem Code07-05.odt    bibli : Standard Module1
Option Explicit

Sub convertirVersRTF()
Dim monDocument As Object, adresseDoc As String
Dim props(0) As New com.sun.star.beans.PropertyValue

monDocument = ThisComponent
props(0).Name = "FilterName"
props(0).Value = "Rich Text Format"
adresseDoc = convertToURL("C:\Docs OpenOffice\exemple1.rtf")
monDocument.storeToURL(adresseDoc, props())
MsgBox("Terminé!")
End Sub
```

Pour certains filtres, il faut préciser des options spécifiques. Nous allons les détailler ci-après. Mais sachez que, si vous mettez un `InteractionHandler` dans les options de chargement ou sauvegarde de fichier (comme dans l'exemple du mot de passe précé-demment), le dialogue approprié apparaîtra pour que l'utilisateur choisisse les options.

Pour les filtres dBase, DIF, Lotus, le paramètre `FilterOptions` accepte une chaîne précisant le jeu de caractères. Le tableau 7-17, colonne « valeur pour un filtre CSV », indique les valeurs pour les jeux de caractères les plus courants.

Exporter en PDF

Le tableau 7-11 liste les différents filtres disponibles.

Il existe de nombreuses options pour une exportation en PDF. Nous nous baserons sur l'excellent article en anglais http://wiki.services.openoffice.org/wiki/API/Tutorials/PDF_export qui liste les options dans le même ordre que sur l'interface utilisateur, onglet par onglet. Ces options sont décrites dans les tableaux 7-12 à 7-16. Quand une propriété de type `Boolean` correspond à une case à cocher, la valeur `True` équivaut à cocher la case. Les options de sécurité (tableau 7-16) ne sont pas utilisées pour une exportation en PDF/A1.

Tableau 7–11 Filtres d'exportation en PDF

Nom du filtre
calc_pdf_Export
draw_pdf_Export
impress_pdf_Export
math_pdf_Export

Tableau 7–11 Filtres d'exportation en PDF (suite)

Nom du filtre
writer_globaldocument_pdf_Export
writer_pdf_Export
writer_web_pdf_Export

Sauf indication spécifique, les valeurs par défaut sont False et zéro. Mais attention : ces valeurs par défaut d'origine sont en pratique rarement utilisées ! En effet Open-Office.org mémorise les dernières valeurs choisies par l'interface utilisateur (export PDF manuel), et les utilise comme valeurs par défaut pour les prochains exports PDF, y compris par l'API. Vous avez donc intérêt à remplir toutes les valeurs qui vous sont utiles.

Tableau 7–12 Options PDF – Onglet Général

Propriété	Type	Équivalent pour l'interface utilisateur
PageRange	String	**Plage>Pages** : la ou les pages à exporter, exemple 1-3;10 Mettre une chaîne vide pour exporter toutes les pages.
Selection	Object	**Plage>Sélection** : objet correspondant à la sélection visuelle d'une zone.
UseLosslessCompression	Boolean	True correspond à : **Images>Compression sans perte** False correspond à : **Images>Compression JPEG**
Quality	Long	**Images>Compression JPEG>Qualité** Valeur du pourcentage de compression, de 1 à 100. Valeur par défaut : 90.
ReduceImageResolution	Boolean	**Images>Réduire la résolution des images** True pour réduire la résolution de chaque image à celle indiquée dans MaxImageResolution.
MaxImageResolution	Long	Liste de choix de résolution DPI Valeurs possibles (en DPI) : 75, 150, 300, 600, 1200. Valeur par défaut : 300.
SelectPdfVersion	Long	**Général>PDF/A-1** Version du codage PDF, valeurs possibles : 0 pour PDF 1.4 (équivalent à la case non cochée dans l'interface utilisateur) 1 pour PDF/A-1 (équivalent à la case cochée)
UseTaggedPDF	Boolean	**Général>PDF marqué** (non utilisé en PDF/A-1)
ExportFormFields	Boolean	**Général>Créer un formulaire PDF** (non utilisé en PDF/A-1) Valeur par défaut : True.

Tableau 7–12 Options PDF – Onglet Général (suite)

Propriété	Type	Équivalent pour l'interface utilisateur
FormsType	Long	Général>Créer un formulaire PDF>Format d'envoi (non utilisé en PDF/A-1), valeurs possibles : 0 pour FDF 1 pour PDF 2 pour HTML 3 pour XML
AllowDuplicateFieldNames	Boolean	Général>Autoriser les doublons de noms de champ
ExportBookmarks	Boolean	Général>Exporter les repères de texte True correspond à la case cochée. Valeur par défaut : True.
ExportNotes	Boolean	Général>Exporter les notes Il s'agit des notes jaunes de Writer et Calc.
ExportNotesPages	Boolean	Général>Exporter les notes Il s'agit des pages de notes d'Impress.
IsSkipEmptyPages	Boolean	Général>Exporter automatiquement les pages blanches insérées Ne concerne que Writer.
EmbedStandardFonts	Boolean	Général>Incorporer les polices standards

Tableau 7–13 Options PDF – Onglet Vue initiale

Propriété	Type	Équivalent pour l'interface utilisateur
InitialView	Long	Volets>(choix) 0 : Page uniquement 1 : Repères de texte et page 2 : Miniatures et pages
InitialPage	Long	Volets>Ouvrir dans la page Numéro de la page à afficher. Valeur par défaut : 1.
Magnification	Long	Agrandissement>(choix) 0 : Par défaut (configuration du lecteur PDF) 1 : Adapter à la fenêtre 2 : Adapter la largeur 3 : Adapter au visible 4 : Facteur de zoom (voir la propriété Zoom)
Zoom	Long	Agrandissement>valeur du zoom Valeur 50 pour un zoom à 50%. Valeur par défaut : 100.
PageLayout	Long	Mise en page>(choix) 0 : Par défaut (configuration du lecteur PDF) 1 : Une page 2 : Continu (pages se succédant en colonne continue) 3 : Orientation continue (deux pages à la fois, par défaut page paire à gauche et impaire à droite)

Tableau 7–13 Options PDF – Onglet Vue initiale (suite)

Propriété	Type	Équivalent pour l'interface utilisateur
FirstPageOnLeft	Boolean	(Non disponible dans l'interface utilisateur) Dans le cas PageLayout = 3, True affiche la première page (page impaire) à gauche.

Tableau 7–14 Options PDF – Onglet Interface utilisateur

Propriété	Type	Équivalent pour l'interface utilisateur
ResizeWindowToInitialPage	Boolean	Option de fenêtre>Redimensionner la fenêtre selon la page initiale
CenterWindow	Boolean	Option de fenêtre>Centrer la fenêtre sur l'écran
OpenInFullScreenMode	Boolean	Option de fenêtre>Ouvrir en mode plein écran
DisplayPDFDocumentTitle	Boolean	Option de fenêtre>Afficher le titre du document Valeur par défaut : True.
HideViewerMenubar	Boolean	Options d'interface utilisateur>Masquer la barre de menu
HideViewerToolbar	Boolean	Options d'interface utilisateur>Masquer la barre d'outils
HideViewerWindowControls	Boolean	Options d'interface utilisateur>Masquer les contrôles de fenêtre
UseTransitionEffects	Boolean	Transitions>Utiliser les effets de transition
OpenBookmarkLevels	Long	Repères de texte>(choix) -1 : Tous les niveaux de repères de texte (valeur par défaut) 1 à 10 : Niveaux de repères de texte visible

Tableau 7–15 Options PDF – Onglet Liens

Propriété	Type	Équivalent pour l'interface utilisateur
ExportBookmarksToPDFDestination	Boolean	Exporter les repères de texte comme destinations nommées (voir specification du PDF 1.4 section 8.2.1)
ConvertOOoTargetToPDFTarget	Boolean	Convertir les références de document en cibles PDF True : les hyperliens référencent des fichiers pdf au lieu des fichiers odt, ods, etc.
ExportLinksRelativeFsys	Boolean	Exporter les URL relatives au système de fichiers True : les hyperliens sont en adresses relatives à ce document.
PDFViewSelection	Long	Liens entre documents>(choix) 0 : Mode par défaut (traiter ces liens comme des URI) 1 : Ouvrir avec un lecteur de PDF (non utilisé en PDF/A-1) 2 : Ouvrir avec un navigateur

Tableau 7-16 Options PDF – Onglet Sécurité

Propriété	Type	Équivalent pour l'interface utilisateur
EncryptFile	Boolean	Bouton **Déf.mot de passe d'ouverture...**
DocumentOpenPassword	String	Mot de passe d'ouverture
RestrictPermissions	Boolean	Bouton **Déf. mot de passe d'autorisation**
PermissionPassword	String	Mot de passe d'autorisation
Printing	Long	**Impression>**(choix) Valeurs possibles : 0 : Non autorisé 1 : Faible résolution 2 : Haute résolution (valeur par défaut)
Changes	Long	**Modifications>**(choix) Valeurs possibles : 0 : Non autorisé 1 : Insertion, suppression et rotation de pages 2 : Remplissage de champs de formulaire 3 : Insertion de commentaires, remplissage de champs de formulaire 4 : Tout sauf l'extraction de pages (valeur par défaut)
EnableCopyingOfContent	Boolean	**Modifications>**Autoriser la copie de contenu Valeur par défaut : True.
EnableTextAccessForAccessibilityTools	Boolean	**Modifications>**Autoriser l'accès au texte des outils d'accessibilité Valeur par défaut : True.

Exemple d'export PDF

Les options de storeToURL sont déclarées dans un tableau de PropertyValue. Les options d'export PDF doivent être aussi déclarées dans un autre tableau de PropertyValue, et ce tableau transmis comme valeur de l'option FilterData du premier tableau. Nous avons vu la lourdeur de ces déclarations de tableaux de PropertyValue, ici nous emploierons une fonction simplificatrice, CreateProperties, décrite à l'annexe B. Cette fonction comporte un argument, qui est un tableau créé avec la fonction Array. Les arguments d'Array sont en nombre pair : le nom d'une propriété, suivi de sa valeur, le nom d'une autre propriété, sa valeur, etc. La fonction CreateProperties renvoie un tableau de PropertyValue complètement initialisé.

Pour simplifier cet exemple, seules les propriétés ayant des valeurs autre que défaut sont initialisées ; l'ordre de déclaration des propriétés est sans importance. Rappelons qu'il faut respecter la casse pour tous ces noms de propriétés !

```
rem Code07-05.odt    bibli : Standard Module2
Option Explicit

Sub convertirVersPDF()
Dim monDocument As Object, adresseDoc As String
Dim props As Variant, propsFiltre As Variant

monDocument = ThisComponent
propsFiltre = CreateProperties(Array( _
  "Quality", 30, _
  "ReduceImageResolution", True, "MaxImageResolution", 75, _
  "UseTaggedPDF", True, _
  "FormsType", 1, _
  "ExportNotes", True, _
  "InitialView", 1, "PageLayout", 3, _
  "DisplayPDFDocumentTitle", False, _
  "PDFViewSelection", 1 ))
props = CreateProperties(Array( _
  "FilterName", "writer_pdf_Export", "FilterData", propsFiltre() ))

adresseDoc = convertToURL("C:\Docs OpenOffice\exemple2.pdf")
monDocument.storeToURL(adresseDoc, props())
MsgBox("Terminé!")
End Sub
```

> **BOGUE Export PDF depuis l'EDI**
>
> Le rapport d'anomalie Issue 89389 signale que les liens ne sont pas conservés dans le fichier PDF obtenu, si la macro est lancée depuis l'EDI ! Lancez donc la macro d'exportation depuis la fenêtre du document.

Importer un document PDF

L'importation du format PDF ne se fait pas par un filtre mais avec l'extension Oracle PDF Import disponible sur Internet :

http://extensions.services.openoffice.org/project/pdfimport

Importer et exporter au format CSV

Les formats CSV (de l'anglais *Comma Separated Values*) sont des formats en texte pur (non formaté) dont chaque ligne comporte plusieurs champs, séparés les uns des autres avec une convention particulière. Par exemple, le séparateur de champ sera une virgule ou un caractère de tabulation. Chaque ligne est l'équivalent d'un enregistrement au sens des bases de données. Les fichiers au format CSV servent souvent de format intermédiaire entre deux applications ayant des formats de fichier incompatibles.

Le filtre CSV nécessite cinq paramètres qu'il faut compacter dans une simple chaîne de caractères afin de pouvoir l'affecter à l'option FilterOptions.

Les paramètres du filtre CSV

Paramètre 1 : le séparateur de champ

Dans le cas général, le séparateur de champ est un caractère. Néanmoins, seule sa valeur numérique ASCII sera utilisée, et ceci sous forme de chaîne de caractères.

Le caractère Tabulation a pour valeur 9, le caractère Virgule a pour valeur 44. Pour tout caractère imprimable, une ligne Basic peut nous donner sa valeur ASCII. Par exemple, pour une virgule :

```
print Asc(",")
```

Si plusieurs séparateurs sont acceptables, on les séparera par le caractère barre de fraction. Par exemple, tabulation et virgule donneront un paramètre :

```
P1 = "9/44"
```

Si le séparateur est constitué par plusieurs caractères consécutifs, on ajoute à droite la séquence MRG ainsi :

```
' séparateur $$
P1 = "36/36/MRG"
```

Enfin, au lieu d'utiliser un caractère séparateur, on peut fixer le nombre de caractères de chaque champ : on parle de champs fixes. Le paramètre s'écrit :

```
P1 = "FIX"
```

Paramètre 2 : le délimiteur de champ texte

Un champ texte pouvant comporter divers caractères, il est encadré à gauche et à droite par un caractère ne se trouvant pas dans le texte. Habituellement, on emploie le caractère guillemet " (valeur 34) ou le caractère apostrophe ' (valeur 39).

Le paramètre 2 contient la valeur décimale du caractère délimiteur de texte.

```
P2 = "39"
```

Paramètre 3 : le jeu de caractères utilisé

Comme le fichier CSV ne contient que des caractères codés sur un octet, la représentation des caractères nationaux dépend du jeu de caractères utilisé. Le paramètre 3 contient une chaîne de caractères désignant le jeu employé. Le tableau 7-17, colonne « valeur pour un filtre CSV », indique les valeurs pour les jeux de caractères les plus courants en Europe.

Notre fichier exemple est écrit sous Windows-1252, donc le paramètre 3 vaut ANSI. Si la macro est exécutée sous MS-Windows, c'est aussi le jeu de caractères du système.

```
P3 = "ANSI"
```

Tableau 7–17 Principaux jeux de caractères pour les filtres

Jeu de caractères	Valeur pour filtre CSV	Valeur pour Texte encodé
Europe occidentale (ASCII/US)	11	ASCII_US
Europe occidentale (DOS/OS2-437/US)	IBMPC_437	IBM_437
Europe occidentale (DOS/OS2-850/International)	IBMPC_850	IBM_850
Europe occidentale (DOS/OS2-863/Français canadien)	IBMPC_863	IBM_863
Europe occidentale (Windows-1252/WinLatin1)	ANSI	MS_1252
Europe occidentale (Apple MacIntosh)	MAC	APPLE_ROMAN
Europe occidentale (ISO-8859-1)	12	ISO_8859_1
Latin 3 (ISO-8859-3)	14	ISO_8859_3
Europe occidentale (ISO-8859-14)	21	ISO_8859_14
Europe occidentale (ISO-8859-15/EURO)	22	ISO_8859_15
Unicode (16 bits)	65535	UCS2
Unicode (UTF-8)	76	UTF8
Système (son jeu de caractères natif)	0	0
Le jeu de caractères du système est aussi utilisé pour toute valeur non reconnue	xxx	xxx

Paramètre 4 : première ligne à traiter

Souvent, un fichier CSV comporte une ou plusieurs lignes d'en-tête avant les lignes de données. Ce paramètre précise le numéro de la première ligne à traiter, la première ligne du fichier ayant le numéro 1. Exemple :

```
P4 = "2"
```

Paramètre 5 : format de chaque colonne

Il est nécessaire de préciser le format des données pour chaque champ. Le paramètre est alors constitué d'une séquence de caractères comportant :

1 le rang du champ (le premier champ a pour rang 1) ;
2 un caractère / ;
3 un nombre indiquant le format du champ ;
4 un caractère / avant la description de format du champ suivant.

Les valeurs de format possibles sont les suivantes :

1 standard (en importation, Calc décide du format) ;
2 texte ;
3 MM/DD/YY (mois, jour, an, deux chiffres chacun) ;
4 DD/MM/YY (jour, mois, an, deux chiffres chacun) ;
5 YY/MM/DD (an, mois, jour, deux chiffres chacun) ;
6 ignorer ce champ ;
7 nombre à l'américaine : point décimal et virgule comme séparateur de milliers.

Le format n° 7 a priorité sur un format de nombre national.

Exemple pour quatre champs :

```
P5 = "1/1/2/5/3/2/4/2"
```

Dans le cas particulier d'un format FIX (voir paramètre 1), le paramètre 5 contient, pour chaque champ successivement, la position du premier caractère de ce champ, à partir de la position zéro, un caractère / et la valeur de format. Exemple :

```
P5 = "0/1/8/5/18/2/45/2"
```

Constitution de la valeur de FilterOptions

La valeur de FilterOptions est donc une chaîne de caractères constituée par la concaténation des cinq paramètres, séparés par une virgule, soit :

```
props(1).Name = "FilterOptions"
props(1).Value = P1 & "," & P2 & "," & P3 & "," & P4 & "," & P5
```

Bien entendu, nous avons employé des variables intermédiaires pour clarifier un peu. On aurait pu écrire directement :

```
props(1).Value = "9,39,ANSI,2,1/1/2/5/3/2/4/2"
```

Créer un document Calc à partir d'un CSV

Nous allons importer un document texte au format CSV, et en faire un fichier Calc. Le document source a été écrit sous MS-Windows, et comporte quatre champs séparés par une tabulation, les deux premiers sont des textes, le troisième est un champ numérique entier ; le dernier champ est un nombre réel utilisant la virgule comme séparateur décimal. Le délimiteur de texte est le guillemet. Vous pourrez vous amuser à vérifier la chaîne de caractères pour FilterOptions, ou essayer d'autres variantes.

```
rem Code07-06.odt bibli : Standard Module1
Option Explicit

Sub chargerCsvCommeCalc
Dim props1(1) As New com.sun.star.beans.PropertyValue
Dim props2()
Dim adrDocCSV As String, adrDocCalc As String
Dim docCalc As Object

adrDocCSV = ConvertToURL("C:\Docs OpenOffice\CSVexemple1.txt")
props1(0).Name = "FilterName"
props1(0).Value = "Text - txt - csv (StarCalc)"
props1(1).Name = "FilterOptions"
props1(1).Value = "9,34,ANSI,1,1/2/2/2/3/1/4/1"
docCalc = StarDesktop.loadComponentFromURL(adrDocCSV, "_blank", 0, props1())
adrDocCalc = ConvertToURL("C:\Docs OpenOffice\resultatCSV.ods")
docCalc.storeAsURL(adrDocCalc, props2() )
End Sub
```

Une fois l'importation effectuée, un fichier Calc apparaît, qui n'est que la visualisation du document texte CSV. Pour obtenir un vrai document Calc, on utilise storeAsURL ou storeToURL avec les options par défaut.

Importer un CSV dans une feuille de Calc

On peut aussi importer le CSV dans une feuille d'un document Calc existant, avec la fonction de lien. Dans l'exemple suivant on importe le CSV dans la feuille existante « leCSV ».

```
rem Code07-09.ods bibli : Standard Module1
Option Explicit

Sub ChargerCsvDansFeuille()
dim adrDocCSV as string, optFiltre as string
dim docCalc as object, maFeuille as object
```

```
docCalc = ThisComponent
maFeuille = docCalc.Sheets.getByName("leCSV")
adrDocCSV = ConvertToURL("C:\Docs OpenOffice\CSVexemple1.txt")
optFiltre = "9,34,ANSI,1,1/2/2/2/3/1/4/1"

maFeuille.link(adrDocCSV, "", "Text - txt - csv (StarCalc)", _
  optFiltre, com.sun.star.sheet.SheetLinkMode.VALUE)
' maintenant on peut casser le lien
maFeuille.setLinkMode(com.sun.star.sheet.SheetLinkMode.NONE)
End Sub
```

Vous remarquerez que le contenu et le formatage de la feuille Calc sont totalement remplacés.

Importer et exporter du texte pur

Nous appelons ici « texte pur » un texte ordinaire, sans aucune marque de formatage. Si nous voulons une macro de lecture ou d'écriture de fichier texte pur qui soit indépendante du système d'exploitation, il faut préciser le jeu de caractères servant à l'encodage. Le filtre Text (encoded) comporte jusqu'à quatre paramètres en caractères, séparés par des virgules et mis dans une chaîne :

1 le jeu de caractères, voir le tableau 7-17, colonne « Valeur pour texte encodé » ;

2 les fins de lignes ; CRLF ou LF ou CR, respectivement pour les textes DOS/Windows, Unix/Linux, Macintosh ;

3 la police de caractères du document (seulement en importation), exemple DejaVu Serif ;

4 la localisation du document (seulement en importation), exemple fr-CA.

Ce qui donnerait, par exemple :

```
props(1).Name = "FilterOptions"
props(1).Value = "MS-1252,CRLF,DejaVu Serif,fr-CA"
```

On peut se limiter au premier ou deux premiers paramètres. Dans l'exemple suivant, on lit un texte Windows pour le convertir en un texte UTF-8 Unix.

```
rem Code07-06.odt bibli : Standard Module3
Option Explicit

Sub conversionTexte
Dim props(1) As New com.sun.star.beans.PropertyValue
Dim adrDocTXT As String, adrdocWriter As String, docWriter As Object
```

```
adrDocTXT = ConvertToURL("C:\Docs OpenOffice\TexteWin1252CRLF.txt")
props(0).Name = "FilterName"
props(0).Value = "Text (encoded)"
props(1).Name = "FilterOptions"
props(1).Value = "MS-1252,CRLF"
docWriter = StarDesktop.loadComponentFromURL(adrDocTXT, "_blank", 0, props())

adrDocTXT = ConvertToURL("C:\Docs OpenOffice\ResuUTF8LF.txt")
props(1).Value = "UTF8,LF"
docWriter.storeAsURL(adrDocTXT, props())
End Sub
```

Exporter une forme ou une image

Nous appelons ici « forme » un dessin, éventuellement composé d'un groupement de dessins élémentaires. Exporter une forme ou une image d'un document consiste à en obtenir un fichier image codé dans un certain format. Ceci est possible en utilisant le service d'exportation qui a pour nom :

```
com.sun.star.drawing.GraphicExportFilter
```

Il est capable de créer un fichier image à partir d'une page, d'une forme, d'une collection de formes, d'une image. Ce service gère un certain nombre de types Mime ; leur nombre peut augmenter avec les nouvelles versions d'OpenOffice.org. Cette macro affiche la liste des types Mime supportés.

```
rem Code07-08.ods    bibli : ExportGraphique Module1
Option Explicit

Sub listerTypesMimeExport()
Dim serv As Object, liste As String, typeMime As String
serv = CreateUnoService("com.sun.star.drawing.GraphicExportFilter")
liste = "- - Types Mime supportés - -"
for each typeMime in serv.getSupportedMimeTypeNames()
  liste = liste & chr(13) & typeMime
next
MsgBox(liste)
End Sub
```

Nous remarquons que rien dans cette macro n'est spécifique d'un document. La fonction Basic `CreateUnoService` nous fournit l'objet correspondant au service d'export graphique. La méthode `getSupportedMimeTypeNames` de cet objet nous renvoie un tableau de chaînes de caractères. La boucle `for each` simplifie le balayage de ce tableau, on aurait pu employer un index. Le tableau 7-18 donne quelques informations sur les types Mime supportés. Notez que l'export en `svg` fonctionnait en version 1.1.5, mais ne fonctionne plus depuis la version 2.0 (voir le rapport Issue 58319).

Tableau 7–18 Types Mime supportés

Mime	Format obtenu	Couleurs	Extension
`image/x-MS-bmp`	OS/2 – MS-Windows bitmap	16 millions	bmp
`application/postscript`	Encapsulated Postscript	16 millions	eps
`image/gif`	Compuserve GIF 89a	256	gif
`image/jpeg`	JPEG version 1	16 millions	jpg, jpe, jpeg
`image/png`	Portable Network Graphic compressé	16 millions	png
`image/tiff`	Tagged Image File Format compressé	16 millions	tif, tiff
`image/x-pict`	Mac Pict	16	pct
`image/x-portable-bitmap`	Portable Bitmap	2	pbm
`image/x-portable-graymap`	Portable Graymap	256	pgm
`image/x-portable-pixmap`	Portable Pixelmap	16 millions	ppm
`image/x-cmu-raster`	Sun Raster image, type 2	16 millions	ras
`image/x-xpixmap`	X Xindows Pixmap	256	xpm
`image/x-emf`	Enhanced Metafile	16 millions	emf
`image/x-met`	OS/2 Metafile	16 millions	met
`image/x-svm`	Starview Metafile	16 millions	svm
`image/x-wmf`	MS-Windows Metafile	16 millions	wmf
`image/svg+xml`	Scalable Vector Graphics (voir texte)	16 millions	svg

Il est possible d'exporter une forme ou une image contenue dans un document Calc, Draw ou Impress. Depuis un document Writer il n'est pas possible d'exporter une image, car cet objet n'a pas les caractéristiques nécessaires, on peut cependant exporter une forme. Pour exécuter les macros qui suivent, sélectionnez un seul dessin ou une seule image dans le document et exécutez la macro depuis le menu Outils. Dans les chapitres suivants, vous apprendrez comment obtenir par programmation un objet forme ou image dans un document sans qu'il soit nécessaire de le sélectionner.

Pour exporter un objet forme (ou image), nous le mettons en argument de la méthode `setSourceDocument` de l'objet service. Notez que la pseudo-propriété `SourceDocument` ne fonctionne pas ici. Nous utilisons un tableau de `PropertyValue` : la propriété `URL` contient l'adresse du fichier à créer ; la propriété `FilterName` précise le filtre à employer sous la forme de l'extension de fichier. Ce tableau est transmis en argument à la méthode `filter` de l'objet service, qui effectue le travail, et renvoie `True` s'il s'est bien effectué.

```
rem Code07-08.ods    bibli : ExportGraphique Module2
Option Explicit

Sub exporterSelection_1()
Dim monDocument As Object, maForme As Object
Dim props(1) As New com.sun.star.beans.PropertyValue
Dim serv As Object, typeMime As String, resultat As Boolean
monDocument = ThisComponent
maForme = monDocument.CurrentSelection(0)

serv = CreateUnoService("com.sun.star.drawing.GraphicExportFilter")
serv.setSourceDocument(maForme)
props(0).Name = "URL"
props(0).Value = ConvertToURL("C:\Docs OpenOffice\monFichier")
props(1).Name = "FilterName"
props(1).Value ="emf"
resultat = serv.filter(props())
if resultat then
  MsgBox("Exportation terminée")
else
  MsgBox("Échec d'exportation", 16)
end if
End Sub
```

Attention, l'exportation écrase tout fichier du même nom ! L'extension du fichier lui-même peut être quelconque, ici nous n'en n'avons pas. Mais si le fichier comporte une extension connue et que `FilterName` contient une valeur non reconnue, le service d'export choisira le filtre indiqué par l'extension du fichier ; le résultat n'est cependant pas toujours le même (vu avec jpg), alors assurez-vous du contenu de `FilterName`.

Une autre méthode d'export consiste à utiliser la propriété `MediaType`, de type `String`, pour préciser le filtre sous la forme du type Mime souhaité. Les remarques du cas précédent s'appliquent de même ici.

```
rem Code07-08.ods    bibli : ExportGraphique Module3
Option Explicit

Sub exporterSelection_2()
Dim monDocument As Object, maForme As Object
Dim props(1) As New com.sun.star.beans.PropertyValue
Dim serv As Object, typeMime As String, resultat As Boolean
monDocument = ThisComponent
maForme = monDocument.CurrentSelection(0)
```

```
serv = CreateUnoService("com.sun.star.drawing.GraphicExportFilter")
serv.setSourceDocument(maForme)
props(0).Name = "URL"
props(0).Value = ConvertToURL("C:\Docs OpenOffice\monFichier")
props(1).Name = "MediaType"
props(1).Value ="image/x-emf"
resultat = serv.filter(props())
if resultat then
  MsgBox("Exportation terminée")
else
  MsgBox("Échec d'exportation", 16)
end if
End Sub
```

Avec Draw/Impress, on peut exporter une page de dessin en donnant en argument de `setSourceDocument` l'objet page. Pour exporter un ensemble de formes, nous devons les mettre dans un objet collection, comme il est indiqué au chapitre 10. Il est inutile de les grouper effectivement.

Certains filtres utilisent des paramètres, hélas non documentés. Ces paramètres sont transmis dans une propriété `FilterData`, sous la forme d'un tableau de `PropertyValue`. Voici un exemple d'export en Jpeg de faible qualité et en niveaux de gris.

```
rem Code07-08.ods    bibli : ExportGraphique Module4
Option Explicit

Sub exporterJPEG_Options()
Dim monDocument As Object, maForme As Object
Dim props(2) As New com.sun.star.beans.PropertyValue
Dim opts(1) As New com.sun.star.beans.PropertyValue
Dim serv As Object, typeMime As String, resultat As Boolean
monDocument = ThisComponent
maForme = monDocument.CurrentSelection(0)

serv = CreateUnoService("com.sun.star.drawing.GraphicExportFilter")
serv.setSourceDocument(maForme)
props(0).Name = "URL"
props(0).Value = ConvertToURL("C:\Docs OpenOffice\monFichier.jpg")
props(1).Name = "MediaType"
props(1).Value ="image/jpeg"
opts(0).Name = "Quality"
opts(0).Value = 15
opts(1).Name = "ColorMode"
opts(1).Value = 1
props(2).Name = "FilterData"
props(2).Value = opts()
resultat = serv.filter(props())
```

```
if resultat then
  MsgBox("Exportation terminée")
else
  MsgBox("Échec d'exportation", 16)
end if
End Sub
```

Le tableau 7-19 indique les paramètres que nous avons pu trouver et vérifier. La plupart correspondent aux options affichées dans un export manuel d'une image dans Draw.

Tableau 7–19 Paramètres de filtres d'export

Filtre (extension)	Paramètre	Type	Valeur
jpg	Quality	Integer	De 1 (faible qualité, forte compression) à 100 (forte qualité, faible compression).
	ColorMode	Integer	0 : couleurs. 1 : niveaux de gris.
png	Compression	Integer	0 à 9.
	Interlaced	Long	0 : non intrelacé. 1 : entrelacé.
gif	Interlaced	Long	0 : non intrelacé. 1 : entrelacé.
	Translucent	Long	0 : pas de transparence. 1 : garder la transparence.
jpg, gif, bmp, tif	PixelWidth	Long	Largeur de l'image, en pixels.
	PixelHeight	Long	Hauteur de l'image, en pixels.
eps	Version	Long	1 : pas de choix de compression ni de couleur. 2 : tous choix possibles.
	Preview	Long	0 : ni TIFF, ni EPSI. 1 : TIFF. 2 : EPSI. 3 : TIFF et EPSI.
	ColorFormat	Long	1 : couleurs. 2 : niveaux de gris.
	CompressionMode	Long	1 : compression LZW. 2 : pas de compression.

Tableau 7–19 Paramètres de filtres d'export (suite)

Filtre (extension)	Paramètre	Type	Valeur
bmp	Color	Long	0 : comme l'original. 1 : valeur de seuil, 1 bit. 5 : niveaux de gris, 8 bits. 6 : palette de couleurs, 8 bits. 7 : couleurs 24 bits.
	RLE_Coding	Boolean	True pour comprimer en RLE.
	ExportMode	Long	0 : comme l'original. 1 : changer la résolution (Resolution) verticale et horizontale. 2 : changer la taille finale (LogicalHeight et LogicalWidth).
	Resolution	Long	Valeur en DPI.
	LogicalHeight	Long	Hauteur en 1/100 de mm. Ceci change le DPI vertical.
	LogicalWidth	Long	Largeur en 1/100 de mm. Ceci change le DPI horizontal.
emf	ExportMode	Long	0 : comme l'original. 1 : changer la taille finale (LogicalHeight et LogicalWidth).
	LogicalHeight	Long	Hauteur en 1/100 de mm.
	LogicalWidth	Long	Largeur en 1/100 de mm.

Liste complète des filtres

La liste des filtres supportés par OpenOffice.org évolue au gré des versions. Certains sont ajoutés, d'autres supprimés (détection automatique du filtre nécessaire, ou remplacement par une extension). Disponible dans le Zip téléchargeable dans le sous-répertoire correspondant à ce chapitre, le fichier ListeDesFiltres.ods permet d'obtenir la liste des filtres reconnus par votre version en cliquant sur le bouton Lister les filtres. La liste est triée en ordre alphabétique, et indique l'usage : importation, exportation, modèle. Ces informations sont données par l'API, et la signification pour certains filtres n'est pas toujours claire.

Il existe peu de documentation sur les paramètres des filtres. Pour les filtres d'importation, le fichier ListeDesFiltres.ods permet d'obtenir la chaîne à mettre dans FilterOptions. Vous devez disposer d'un fichier à importer. Sélectionnez en colonne A le filtre d'importation correspondant et cliquez sur le bouton Options du filtre. La macro vous demande alors d'indiquer le fichier à importer. Les paramètres nécessaires sont ensuite demandés par OpenOffice. Les valeurs de filtre utilisées sont finalement reportées dans la feuille OptionsFiltre. Nous avons utilisé cette macro pour trouver le codage des jeux de caractères du tableau 7-17.

Les informations du document

La notion de Locale dans OpenOffice.org

Le terme technique `Locale` désigne la langue employée pour un document ou un élément du document (paragraphe, caractère, etc). Pour définir un `Locale`, l'API utilise une structure `com.sun.star.lang.Locale` composée de trois éléments détaillés au tableau 7-20. Les deux premiers sont utilisés, par exemple, pour distinguer le français parlé en France (fr-FR) du français parlé au Canada (fr-CA).

Tableau 7–20 Structure Locale

Propriété	Type	Signification
Language	String	Code de langue ISO 639, sous forme de deux lettres en minuscules, exemple : fr. Voir l'article http://fr.wikipedia.org/wiki/ISO_639
Country	String	Code de pays ISO 3166, sous forme de deux lettres en majuscules, exemple : FR. Voir l'article http://fr.wikipedia.org/wiki/ISO_3166
Variant	String	Variante spécifique de certains logiciels ou vendeurs.

Les propriétés du document

L'objet document (Writer, Calc, Draw, Impress) expose quelques propriétés intéressantes, voir le tableau 7-21 :

Tableau 7–21 Informations sur le document

Élément	Type	Signification
Location	String	Adresse URL du fichier document. Chaîne vide s'il n'est pas encore sauvegardé.
URL	String	Comme la propriété Location.
CharLocale	Object	La langue utilisée par défaut dans le document, voir le tableau 7-20.
NumberFormats	Object	Les formats de nombre disponibles dans le document, voir plus loin la section «Les formats de nombre».
ApplyFormDesignMode	Boolean	True si le mode de conception de formulaire est activé au chargement du document.
RecordChanges	Boolean	Menu Édition>Modifications>Enregistrer True si les modifications de document sont enregistrées.

Tableau 7–21 Informations sur le document (suite)

Élément	Type	Signification
ShowChanges	Boolean	Menu Édition>Modifications>Afficher True si les modifications de document sont affichées.
AllowMacroExecution	Boolean	True si les macros du document peuvent s'exécuter.
BasicLibraries	Object	Accès au conteneur des bibliothèques de codage Basic.
DialogLibraries	Object	Accès au conteneur des bibliothèques de dialogue.
DocumentInfo	Object	Informations diverses. Obsolète en version 3, voir ci-dessous.
DocumentProperties	Object	Informations diverses. Introduit par la version 3, voir ci-dessous.

Tout document bureautique OpenOffice.org contient des informations concernant le contexte dans lequel il a été rédigé, comme son auteur ou sa date de création. Il s'agit des informations accessibles dans l'interface utilisateur par le menu **Fichier>Propriétés**. On les retrouve dans la propriété DocumentInfo et la propriété DocumentProperties. La première n'est plus utilisée avec la version 3, la deuxième reprend ses informations et en ajoute d'autres.

DocumentProperties

La propriété DocumentProperties renvoie un objet dont le tableau 7-22 liste les principales propriétés (la plupart sont techniquement des attributs d'interface).

Tableau 7–22 Propriétés de DocumentProperties

Élément	Type	Signification
Author	String	Auteur initial du document.
CreationDate	Object	Date de création du document, voir exemple.
Description	String	Champ Commentaire des propriétés du document ; peut comporter plusieurs lignes.
Keywords	String	Mots-clés.
Language	Object	La langue utilisée par défaut dans le document, voir le tableau 7-20.
ModifiedBy	String	Nom du dernier utilisateur ayant enregistré le document.
ModifyDate	Object	Date de dernière modification.
Generator	String	La version précise du programme ayant écrit ce document ; utile en cas d'anomalie.
PrintedBy	String	Nom du dernier utilisateur ayant imprimé le document.
PrintDate	Object	Date de dernière impression.
Subject	String	Champ Sujet des propriétés du document.
TemplateName	String	Nom du modèle utilisé.

Tableau 7–22 Propriétés de DocumentProperties (suite)

Élément	Type	Signification
TemplateURL	String	Chemin et nom du fichier modèle utilisé.
TemplateDate	Object	Date du modèle utilisé.
Title	String	Titre du document.
EditingCycles	Integer	Numéro de version.
EditingDuration	Long	Durée d'édition, en secondes.
DocumentStatistics	Object	Statistiques du document, voir ci-dessous.
UserDefinedProperties	Object	Champs définis par l'utilisateur, voir ci-dessous.

Les champs de date sont des structures `com.sun.star.util.DateTime` dont les éléments sont décrits au tableau 7-23. Un champ de date « vide » a ses éléments à zéro, en particulier `Month` et `Day`.

Tableau 7–23 Structure DateTime

Élément	Type	Signification
Year	Integer	Année, exemple de valeur : 1987.
Month	Integer	Mois de l'année, valeur de 1 à 12.
Day	Integer	Jour du mois, valeur de 1 à 31.
Hours	Integer	Heure de la journée, valeur de 0 à 23.
Minutes	Integer	Minutes dans l'heure, valeur de 0 à 59.
Seconds	Integer	Secondes dans la minute, valeur de 0 à 59.
HundredthSeconds	Integer	Centièmes de seconde dans la seconde, valeur de 0 à 99.

Ainsi, voici comment récupérer et afficher des valeurs de date :

```
rem Code07-01.odt    bibli : DocProperties Module1
Option Explicit

Sub DatesDuDocument()
Dim monDocument As Object, docInfos As Object, uneDate As Object

monDocument = ThisComponent
docInfos = monDocument.DocumentProperties
uneDate = docInfos.CreationDate
MsgBox(DateTimeVersBasicDate(uneDate), 0, "Date de création")
uneDate = docInfos.ModificationDate
MsgBox(DateTimeVersBasicDate(uneDate), 0, "Date de modification")
End Sub
```

```
Function DateTimeVersBasicDate(dateTime As Object) As Date
With dateTime
  if (.Month = 0) or (.Day = 0) then ' date vide
    DateTimeVersBasicDate = 0
  else
    DateTimeVersBasicDate = DateSerial(.Year, .Month, .Day) _
      +TimeSerial(.Hours, .Minutes, .Seconds)
  end if
End With
End Function
```

Nous avons créé une fonction utilitaire pour convertir la valeur d'une structure DateTime en valeur de type Date pour Basic. Les instructions With... End With nous évitent de répéter la variable uneDate devant chaque élément de la structure, mais le point doit cependant être écrit. La fonction Basic DateSerial renvoie la valeur de date (implémentée en valeur entière), la fonction Basic TimeSerial renvoie la valeur d'heure (implémentée en fraction d'unité), et la somme des deux nous donne la valeur de date-heure.

Vous pouvez modifier à volonté chacune des informations, exemple :

```
rem Code07-01.odt   bibli : DocProperties Module2
Option Explicit

Sub ChangerPropsDoc()
Dim monDocument As Object, docInfos As Object

monDocument = ThisComponent
docInfos = monDocument.DocumentProperties
With docInfos
  .Author = "Zoé"
  .Description = "comment changer les informations de document"
  .ModifiedBy = "Laura"
  .Title = "Essai de macro"
  .EditingCycles = 456
End With
End Sub
```

La propriété DocumentStatistics renvoie un tableau de structures com.sun.star.beans.NamedValue, très similaire à la structure PropertyValue. Chaque structure du tableau correspond à un compteur statistique, de type Long. Le nombre d'éléments disponibles dépend du type de document (Writer, Calc, Draw, etc). Seul Writer fournit des statistiques intéressantes, mais le chapitre 8, section « Les informations du document », indique comment en obtenir davantage, et plus facilement.

Les champs définis par l'utilisateur

Un document peut comporter des champs mémorisés pour un usage quelconque ; par exemple une information qui sera lue et modifiée par une macro. Auparavant, un document contenait par défaut les champs `Info 1` à `Info 4`, de type texte. À partir de la version 3.1, l'utilisateur peut créer des champs, afficher et modifier leur contenu avec l'onglet Propriétés personalisées du panneau Fichier>Propriétés (figure 7-1). Chaque champ utilisateur peut mémoriser une information de type texte, nombre, valeur booléenne, ou date. Les versions 3.2 puis 3.3 ont ajouté les champs de type date-heure et durée.

Figure 7–1
Les champs définis
par l'utilisateur

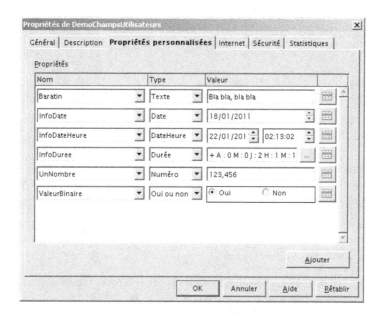

En programmation, l'objet obtenu par la propriété `UserDefinedProperties` nous permet de lire ces champs utilisateur, en ajouter, en supprimer, ou modifier leur contenu. C'est ce que nous allons démontrer dans une macro qu'il est intéressant de lancer plusieurs fois.

```
rem Code07-01.odt    bibli : DocProperties Module3
Option Explicit

Sub gererLesChampsUtilisateur()
Dim monDocument As Object, lesChamps As Object, n As Double
Dim d As New com.sun.star.util.Date, dh As Object
Dim dur As New com.sun.star.util.Duration
```

```
monDocument = ThisComponent
lesChamps = monDocument.DocumentProperties.UserDefinedProperties
listerChampsUtilisateur(lesChamps, "Etat initial")

if not lesChamps.PropertySetInfo.hasPropertyByName("UnTexte") then
  lesChamps.addProperty("UnTexte", _
    com.sun.star.beans.PropertyAttribute.REMOVEABLE, "blabla")
  listerChampsUtilisateur(lesChamps, "Après création du champ UnTexte")
end if

if not lesChamps.PropertySetInfo.hasPropertyByName("UnNombre") then
  lesChamps.addProperty("UnNombre", _
    com.sun.star.beans.PropertyAttribute.REMOVEABLE, _
    CreateUnoValue("double", 0))
  listerChampsUtilisateur(lesChamps, "Après création du champ UnNombre")
end if

if not lesChamps.PropertySetInfo.hasPropertyByName("UnBinaire") then
  lesChamps.addProperty("UnBinaire", _
    com.sun.star.beans.PropertyAttribute.REMOVEABLE, False)
  listerChampsUtilisateur(lesChamps, "Après création du champ UnBinaire")
end if

if not lesChamps.PropertySetInfo.hasPropertyByName("UneDate") then
  d.Year = 1789 : d.Month = 7 : d.Day = 14
  lesChamps.addProperty("UneDate", _
    com.sun.star.beans.PropertyAttribute.REMOVEABLE, d )
  listerChampsUtilisateur(lesChamps, "Après création du champ UneDate")
end if

if not lesChamps.PropertySetInfo.hasPropertyByName("UneDuree") then
  dur.Days = 3 : dur.Hours = 7 : dur.Minutes = 57
  lesChamps.addProperty("UneDuree", _
    com.sun.star.beans.PropertyAttribute.REMOVEABLE, dur )
  listerChampsUtilisateur(lesChamps, "Après création du champ UneDuree")
end if

if not lesChamps.PropertySetInfo.hasPropertyByName("UneDateHeure") then
  lesChamps.addProperty("UneDateHeure", _
    com.sun.star.beans.PropertyAttribute.REMOVEABLE, _
    BasicDateVersDateTime(Now()) )
  listerChampsUtilisateur(lesChamps, "Après création du champ UneDateHeure")
end if

' --- modification du contenu des champs utilisateur ---
lesChamps.setPropertyValue("UnTexte", "Ceci est écrit le " & Now())
n = lesChamps.getPropertyValue("UnNombre")
lesChamps.setPropertyValue("UnNombre", n + 32.01)
```

```
dh = lesChamps.getPropertyValue("UneDateHeure")
dh.Year = 1999 ' dh contient une structure com.sun.star.util.DateTime
lesChamps.setPropertyValue("UneDateHeure", dh)
dur.Negative = True
lesChamps.setPropertyValue("UneDuree", dur) ' durée négative !
d.Year = 2001
lesChamps.setPropertyValue("UneDate", d)
lesChamps.setPropertyValue("UnBinaire", True)
listerChampsUtilisateur(lesChamps, "Après modification des champs")

effacerChampsUtilisateur(lesChamps)
listerChampsUtilisateur(lesChamps, "Etat final")
End Sub


Sub effacerChampsUtilisateur(lesChamps As Object)
Dim lesProps As Variant, prop As Object

lesProps = lesChamps.PropertyValues
For Each prop in lesProps
  if MsgBox("Effacer le champ " & prop.Name & " ?", 4) = 6 then
    lesChamps.removeProperty(prop.Name)
  end if
Next
End Sub


Function BasicDateVersDateTime(BasDate As Date) As Object
Dim dh As New com.sun.star.util.DateTime
dh.Year = Year(BasDate)     : dh.Month = Month(BasDate)
dh.Day = Day(BasDate)       : dh.Hours = Hour(BasDate)
dh.Minutes = Minute(BasDate) : dh.Seconds = Second(BasDate)
BasicDateVersDateTime = dh
End Function


Sub listerChampsUtilisateur(lesChamps As Object, titre As String)
Dim liste As String, lesProps As Variant, prop As Object, pv As Variant

lesProps = lesChamps.PropertyValues
liste = ""
For Each prop in lesProps
  pv = prop.Value
  Select Case prop.Name
  Case "UneDate"
    liste = liste & prop.Name & " = " & _
      DateSerial(pv.Year, pv.Month, pv.Day) & chr(13)
  Case "UneDateHeure"
    liste = liste & prop.Name & " = " & _
```

```
         DateSerial(pv.Year, pv.Month, pv.Day) _
         + TimeSerial(pv.Hours, pv.Minutes, pv.Seconds)& chr(13)
    Case "UneDuree"
      liste = liste & prop.Name & " = "
      if pv.Negative then liste = liste & "-" else liste = liste & "+"
      liste = liste & " " & pv.Years & " Ans " & pv.Months & " Mois " & _
      pv.Days & " Jours " & pv.Hours & " Hr " & _
      pv.Minutes & " Min " & pv.Seconds & " Sec " & _
      pv.MilliSeconds & " ms"& chr(13)
    Case else
      liste = liste & prop.Name & " = " & pv & chr(13)
    End Select
  Next
  MsgBox(liste, 0, titre)
End Sub
```

Nous avons défini la routine `listerChampsUtilisateur` pour afficher chacun des champs du document. La routine est utilisée une première fois pour afficher l'état initial des champs, puis après chaque modification. À partir de l'objet `lesChamps` transmis en argument, elle obtient de sa propriété `PropertyValues` un tableau de structures `com.sun.star.beans.PropertyValue`. La boucle `For Each` explore ce tableau et ajoute dans une chaîne de caractères le nom et la valeur de chaque structure. Ceci ne pose pas de difficulté pour un champ de texte, de nombre ou booléen. Mais les autres champs utilisent différentes structures UNO :

- champ date-heure : structure `com.sun.star.util.DateTime` décrite au tableau 7-23 ;
- champ date : structure `com.sun.star.util.Date` similaire à `DateTime` mais sans les valeurs horaires ;
- champ durée : structure `com.sun.star.util.Duration` décrite au tableau 7-24.

Déterminer quelle est la structure UNO d'un champ utilisateur est un peu complexe. Dans l'exemple, on se contente de reconnaître les noms de champ pour appliquer le traitement correspondant.

Avant d'ajouter un champ, on vérifie qu'il n'existe pas déjà, avec la méthode `hasPropertyByName` de l'objet obtenu par `PropertySetInfo`. Si elle renvoie `False` alors on crée ce champ par la méthode `addProperty` qui emploie trois arguments :

`Arg 1` le nom du champ ;

`Arg 2` la valeur résultant de la somme de constantes de la série `com.sun.star.beans.PropertyAttribute`. Dans notre cas nous utiliserons seulement la constante `REMOVEABLE` qui déclare que le champ peut être supprimé. Si nous avions mis à la place la valeur zéro, le champ ne pourrait plus être supprimé.

`Arg 3` la valeur initiale du champ, avec le type de donnée souhaité.

La valeur initiale du champ ne pose pas de problème pour une chaîne de caractères, ni pour un `boolean`, ni pour une structure, car le type UNO est alors parfaitement défini. Mais le type exact d'un nombre doit être précisé (par exemple `double` ou `long`) car il y a en général ambiguïté. Pour cela, on utilise la fonction Basic `CreateUnoValue`, décrite à l'annexe A. Son premier argument est le nom du type UNO à utiliser (respecter la casse), le deuxième argument contient la valeur à mettre.

Le champ `UneDateHeure` est initialisé par la fonction `BasicDateVersDateTime`, définie plus bas dans le codage. La fonction Basic `Now` fournit la date-heure actuelle, dans le type Basic `Date`, et la fonction `BasicDateVersDateTime` renvoie une structure `DateTime` correspondant à cette date-heure. On utilise pour cela diverses fonctions offertes par Basic, que nous avons vues au chapitre 5. Le caractère « deux points » permet de mettre plusieurs instructions sur la même ligne.

La valeur d'un champ est lue par la méthode `getPropertyValue` et modifiée par la méthode `setPropertyValue` (les langages de Script comme Basic ne savent pas reconnaître des propriétés créées dynamiquement). Le premier argument est le nom du champ (respecter la casse) ; le deuxième argument de `setPropertyValue` est la nouvelle valeur.

Enfin, la méthode `removeProperty` supprime un champ, à condition qu'il ait été défini comme `REMOVEABLE`. Nous l'avons employée dans la routine `effacerChampsUtilisateur`, afin de supprimer chaque champ après autorisation. Si vous en gardez quelques-uns, un deuxième lancement de la macro montrera que les champs sont bien mémorisés.

Tableau 7–24 Structure Duration

Élément	Type	Signification
Years	Integer	Nombre d'années.
Months	Integer	Nombre de mois.
Days	Integer	Nombre de jours.
Hours	Integer	Nombre d'heures.
Minutes	Integer	Nombre de minutes.
Seconds	Integer	Nombre de secondes.
MilliSeconds	Integer	Nombre de millisecondes.
Negative	Boolean	Valeur `True` si la durée est négative (les autres éléments de la structure sont toujours des valeurs positives ou nulles).

Comment le document a-t-il été chargé ?

Lorsqu'OpenOffice.org charge un document, il choisit certaines options. En chargeant un document par programme, nous pouvons imposer certaines options. Tout document chargé, même nouveau, mémorise des options de chargement dans la pseudo-propriété Args. Elle contient un tableau de PropertyValue dont certains éléments sont des propriétés du service com.sun.star.document.MediaDescriptor que nous avons vues précédemment pour la sauvegarde. Si le document est sauvegardé sous un autre nom ou un autre format par saveAsURL la liste des propriétés de Args est mise à jour.

Important à savoir, sur la liste des propriétés de Args :

- Elle contient des propriétés non documentées.
- Certaines propriétés n'apparaissent que lorsque la valeur n'est pas celle par défaut, par exemple ReadOnly.
- Une sauvegarde peut changer le nombre et l'ordre des propriétés dans la liste.

Utilisez les routines utilitaires hasProp() et getPropVal() décrites à l'annexe B pour accéder aux propriétés. Ici nous avons chargé un document et désirons visualiser le filtre qu'a employé OpenOffice.org :

```
Dim p As String
if hasProp(monDocument.Args, "FilterName") then
  p = getPropVal(monDocument.Args, "FilterName")
  print p
end if
```

Le tableau 7-25 indique quelques particularités. Les valeurs possibles sont celles décrites au tableau 7-2.

Tableau 7–25 Propriétés de document.Args

Propriété	Type	Remarque
URL	String	L'adresse du document, ou du modèle si le document n'a pas encore été sauvé.
AsTemplate	Boolean	Distingue si c'est le document issu du modèle, ou le modèle lui-même qui est chargé. Voir les explications déjà données sur cette propriété.
FilterName	String	Nom du filtre ayant servi à charger le document, ou ayant servi à créer le nouveau document à partir du modèle. Si le document est ensuite converti en un autre format, FilterName est mis à jour.
MacroExecutionMode	Integer	Précise les conditions d'exécution des macros du document.
UpdateDocMode	Integer	Précise les conditions de mise à jour des liens externes du document.

Les formats de nombre

Différents formats de nombre sont disponibles par défaut dans chaque document Writer ou Calc (mais pas Draw ni Impress). L'utilisateur peut en ajouter d'autres, qui ne seront connus que dans le document. La collection des formats disponibles est gérée par l'objet `NumberFormats`, contenu dans l'objet document. Chaque format est accessible par une clé, qui est une simple valeur numérique (un index). La difficulté est de trouver la clé, ce que nous expliquerons plus loin. Le tableau 7-26 liste les propriétés d'un format.

Tableau 7–26 Propriétés d'un format numérique

Propriété	Type	Signification
FormatString	String	Le format exprimé sous forme d'une chaîne de caractères.
Locale	Object	Langue utilisée pour ce format. Voir le tableau 7-20.
Type	Integer	Type de format de nombre, voir le tableau 7-27.
Comment	String	Commentaire sur le format, pour l'utilisateur.

La valeur de `Type` d'un format est une constante nommée (tableau 7-27) de la forme :

```
com.sun.star.util.NumberFormat.CURRENCY
```

Tableau 7–27 Constantes de type de format numérique

Constante	Type de format
DEFINED	Défini par l'utilisateur.
DATE	Date.
TIME	Heure.
DATETIME	Date et heure.
CURRENCY	Monétaire.
NUMBER	Nombre décimal.
SCIENTIFIC	Nombre au format flottant.
FRACTION	Nombre fractionnaire.
PERCENT	Pourcentage.
TEXT	Texte.
LOGICAL	Valeur booléenne.

La clé d'accès à un format est utilisée dans de nombreuses propriétés nommées `NumberFormat`, pour des champs de texte, pour des cellules de tableau.

L'ensemble des clés existantes pour un ou plusieurs types de format est renvoyé par la méthode `queryKeys` de l'objet collection des formats. On ne peut connaître que les clés correspondant à une valeur donnée de `Locale`, car OpenOffice.org crée les clés selon les caractéristiques propres à un couple langue-pays (séparateur décimal, séparateur de milliers, symbole monétaire, etc.). La méthode `getByKey` renvoie la chaîne de caractères pour le formatage, correspondant à une clé.

Le document `Code07-07.ods` du Zip téléchargeable contient la macro `ListerFormats` qui affiche dans une feuille de tableur la liste des formats disponibles pour une valeur de `Locale`. Nous ne détaillerons pas cette macro. Il vous suffira de cliquer sur le bouton situé sur la première feuille. La macro vous demandera la langue, puis la variante de pays pour le `Locale`. Faites des essais avec diverses valeurs, par exemple : `rien, rien ; fr, rien ; fr, FR ; fr, LU ; en, GB ; en, US ; es ; de`. Vous constaterez que :

- Les valeurs de clés dépendent du `Locale` et il y a des trous dans la numérotation.
- Le nombre de clés disponibles dépend du `Locale`.
- La chaîne de caractères `FormatString` dépend aussi du `Locale`.
- Quand on ne précise pas de valeur de langue et pays pour le `Locale`, l'API utilise la valeur indiquée pour **Environnement linguistique** dans le panneau du menu **Outils>Options>Paramètres linguistiques>Langues**.
- Les formats définis par l'utilisateur sont ajoutés en fin de liste pour un `Locale` donné (nous avons défini un format pour le `Locale rien, rien` et un format pour le `Locale fr, LU`).

Conclusion : il est risqué d'affecter à une cellule une clé de format si on ne peut être sûr du document sur lequel on travaille. Il faut donc rechercher si ce format existe.

> **ATTENTION**
>
> Même une clé de format disponible par défaut peut dépendre de la version OpenOffice.org avec laquelle le document a été créé.

On obtient la clé correspondant à une chaîne de format pour un `Locale` donné avec la méthode `queryKey` (notez le singulier). S'il n'y a pas de clé, la méthode renvoie une valeur négative. On peut alors demander à créer une nouvelle clé avec la méthode `addNew`. On utilise alors la clé ; si le besoin était temporaire, on peut ensuite supprimer la clé avec la méthode `removeByKey`. Le codage suivant illustre ces étapes.

```
rem Code07-07.ods    bibli : FormatNombres Module2
Option Explicit
```

```
Sub AjouterSupprimerUneCle()
Dim monDocument As Object
Dim laCle As Long, monFormat As String, lesFormats As Object
Dim patois As New com.sun.star.lang.Locale
monDocument = thisComponent

patois.Language = InputBox("Langue (rien, fr, es, de...)")
patois.Country = InputBox("Variante de pays (rien, FR, ES, DE, LU...)")
monFormat = InputBox("Chaîne de format recherchée")

lesFormats = monDocument.NumberFormats
laCle = lesFormats.queryKey(monFormat, patois, false)
if laCle < 0 then
  MsgBox("Pas de clé pour ce format, création d'une clé")
  laCle = lesFormats.addNew(monFormat, patois)
  MsgBox("Nouvelle clé : " & laCle)

  MsgBox("Ce format va être supprimé")
  lesFormats.removeByKey(laCle)
else
  MsgBox("Clé : " & laCle)
end if
End Sub
```

Le troisième argument de queryKey n'est pas utilisé actuellement ; il doit être mis à False. Une erreur est déclenchée si vous tentez d'ajouter un format existant pour le Locale, d'où la nécessité de tester s'il existe.

Une fois en possession de votre clé, formater une cellule ou une zone dans Calc ou dans un tableau Writer est un jeu d'enfant :

```
maCellule.NumberFormat = laCle
maZone.NumberFormat = laCle
```

D'autres objets de l'API comportent une propriété NumberFormat, qu'on exploite de la même manière.

Le service NumberFormatter vous permet, à partir d'un nombre Double d'obtenir une chaîne de caractères correspondant au format de la clé ou, inversement, d'analyser une chaîne formatée selon la clé pour obtenir le nombre Double correspondant.

```
rem Code07-07.ods   bibli : FormatNombres Module3
Option Explicit

Sub FormaterNombre
Dim monDocument As Object, sv As Object
Dim unNombre As Double, nombreAffiche As String, laCle As Long
```

```
monDocument = ThisComponent
sv = CreateUnoService("com.sun.star.util.NumberFormatter")
sv.attachNumberFormatsSupplier(monDocument)

laCle = 5 ' format (dans ce document) : # ###,00
unNombre = 123456.7892 ' formater ce nombre selon la clé
nombreAffiche = sv.convertNumberToString(laCle, unNombre)
MsgBox(nombreAffiche)

laCle = 11 ' format (dans ce document) : 0,00%
nombreAffiche = "-13,1%" ' décoder le nombre correspondant
unNombre = sv.convertStringToNumber(laCle, nombreAffiche)
MsgBox(unNombre)
End Sub
```

Les mécanismes de format numérique sont très riches et complexes. Pour aller plus loin, consultez le *Developer's Guide*, section *Office Development>Common Application Features>Number Formats*.

Les événements du document

Depuis le menu Outils>Personnaliser, vous pouvez affecter une macro à un événement concernant un document particulier (si l'affectation est faite sur ce document) ou concernant tout document OpenOffice, si l'affectation est faite sur OpenOffice.org. Depuis la version OpenOffice.org 3.1, on peut récupérer un argument donnant quelques informations complémentaires. Attention, avant la version 3.1 aucun argument n'est transmis. Dans un document, on aura un codage ressemblant à :

```
Sub traiterEvenement( Optional evt as object)
if IsMissing(evt) then
  ' la version OOo est trop ancienne, aucune information disponible
else
  ' utiliser les informations liées à l'événement
  MsgBox(evt.EventName, 0, "Nom de l'événement")
end if
End Sub
```

Le tableau 7-28 présente les propriétés de l'objet transmis avec l'événement.

Tableau 7–28 Propriétés d'événement de document

Propriété	Type	Signification
EventName	String	Nom de l'événement.
Source	Object	L'objet document à l'origine de l'événement.
ViewController	Object	Contrôleur d'affichage concerné par l'événement, ou valeur Null.
Supplement	Variant	Information complémentaire propre à l'événement, ou valeur Empty.

Les styles

Les documents OpenOffice.org comportent des styles. Il est de loin préférable de définir vos styles avec le panneau **Styles et formatage** dans un document qui vous servira de modèle. Malgré tout, vous pouvez avoir à faire quelques modifications d'un style existant ; c'est ce que nous allons essentiellement décrire.

L'archive Zip téléchargeable contient des exemples de codages similaires pour Writer, Calc et Draw, dans les fichiers Code07-11.odt, Code07-12.ods, Code07-13.odg.

Trouver les styles

Les styles sont regroupés en famille, par exemple la famille des styles de paragraphe. Dans chaque famille, on trouve une collection de styles.

La macro suivante liste tous les styles d'un document Writer. Comme cette liste est assez longue, nous allons l'écrire dans le document lui-même, ce qui nous fera un bon exercice d'écriture par macros.

```
rem Code07-11.odt    bibli : ModifStyles Module1
Option Explicit

Sub ListerStyles()
Dim monDocument As Object
Dim monTexte As Object, monCurseur As Object
Dim lesFamilles As Object, uneFamille As Object
Dim styleX As Object, liste As String, nomFam As String
Dim f As Long, x As Long
Dim sautPage As Integer, sautLigne As String
sautPage = com.sun.star.text.ControlCharacter.PARAGRAPH_BREAK
sautLigne = chr(10)
monDocument = ThisComponent
monTexte = monDocument.Text
```

```
monCurseur = monTexte.createTextCursor
monCurseur.gotoEnd(False) ' ajouter en fin de document

lesFamilles = monDocument.StyleFamilies
for f = 0 to lesFamilles.Count -1' chaque famille
  nomFam = lesFamilles.ElementNames(f)
  uneFamille = lesFamilles.getByName(nomFam)
  liste = "*** Famille " & nomFam
  for x = 0 to uneFamille.Count -1' chaque style
    styleX = uneFamille(x)
    liste = liste & sautLigne & chr(9) & styleX.Name _
                            & " = " & styleX.DisplayName
  next x
  monTexte.insertString(monCurseur, liste, false)
  monTexte.insertControlCharacter(monCurseur,sautPage,false)
next f
End Sub
```

La propriété `StyleFamilies` de l'objet document donne accès à toutes les familles de styles, qui existent dans le document : c'est un objet conteneur. Le nombre de familles est la propriété `Count` de l'objet `lesFamilles` ; la liste des noms de familles est disponible dans le tableau `ElementNames` de ce même objet. Le tableau 7-29 indique les familles de styles selon le type de document.

Tableau 7–29 Noms des familles de styles

Writer	Calc	Draw	Impress
CharacterStyles	CellStyles	graphics	graphics
ParagraphStyles	PageStyles	cell	cell
FrameStyles		table	table
PageStyles			
NumberingStyles			

On accède à une famille du conteneur soit par son nom avec la fonction `getByName`, soit par son numéro d'ordre, avec la fonction `getByIndex`. Avec OOoBasic, le `getByIndex` peut être omis, comme si on indexait une variable tableau. L'ordre n'est pas forcément le même que dans `ElementNames`. C'est pourquoi nous obtenons chaque famille en utilisant son nom.

Chaque famille est elle aussi un conteneur. Le nombre de styles dans une famille est indiqué par sa propriété `Count`. On accède à un style par `getByName` ou `getByIndex`. Ici nous utilisons la pseudo-indexation de Basic. Le nom du style est obtenu avec sa propriété `Name`. Les styles prédéfinis en standard ont un nom interne anglais. La macro indique aussi le nom localisé grâce à la propriété `DisplayName`.

Récupérer ou supprimer un style du document

Si vous connaissez le nom du style à modifier, et évidemment le nom de la famille, il sera facile de récupérer le style car les objets disposent d'un accès par le nom. Voici comment on récupère le style de page « Standard » :

```
Dim nomStyleMaPage As String, StyleMaPage As Object
Dim lesStylesPage As Object
lesStylesPage = monDocument.StyleFamilies.getByName("PageStyles")
StyleMaPage = lesStylesPage.getByName("Standard")
```

Notez que getByName fonctionne pour un nom de style anglais ou localisé.

Pour tester si un style existe dans une famille, on utilise la fonction HasByName :

```
if lesStylesPage.hasByName("HTML") then
  ' faire un traitement
end if
```

Pour supprimer un style personnel existant, on utilise la méthode removeByName :

```
lesStylesPage.removeByName("monStyle")
```

Récupérer des styles d'un autre document

À défaut de créer votre document à partir d'un modèle comportant les styles souhaités (c'est la meilleure solution), vous pouvez copier dans votre document des styles existants dans un autre document. Ceci n'est possible que pour Writer et Calc. Cet exemple ne charge que les styles de page sans modifier les styles existants.

```
rem Code07-11.odt   bibli : ModifStyles Module2
Option Explicit

Sub ChargerStyles()
Dim monDocument As Object, options As Variant, refDoc As String

refDoc = convertToURL("C:\Docs OpenOffice\mesStyles.odt")
monDocument = ThisComponent

options = monDocument.StyleFamilies.getStyleLoaderOptions
setPropVal(options, "LoadTextStyles", False)
setPropVal(options, "LoadFrameStyles", False)
setPropVal(options, "LoadPageStyles", True) ' ceci est inutile (défaut)
setPropVal(options, "LoadNumberingStyles", False)
setPropVal(options, "OverwriteStyles", False)
monDocument.StyleFamilies.loadStylesFromURL(refDoc, options())
End Sub
```

La méthode `getStyleLoaderOptions` nous renvoie un tableau de `PropertyValue` contenant les options possibles. Elles sont listées au tableau 7-30, et toutes initialisées par défaut à `True`. Nous utilisons la routine utilitaire `setPropVal`, décrite à l'annexe B, pour modifier les valeurs de ces propriétés, afin de ne charger que les styles de page sans écraser les styles de page existants. Le chargement des styles est réalisé par la méthode `loadStylesFromURL` qui prend en argument l'adresse du document de référence, et le tableau d'options.

Tableau 7–30 Propriétés d'options de chargement de style

Document	Propriété	Type	Signification pour la valeur True
Writer	`LoadTextStyles`	`Boolean`	Charger les styles de paragraphe et de caractère.
Writer, Calc	`LoadPageStyles`	`Boolean`	Charger les styles de page.
Writer	`LoadFrameStyles`	`Boolean`	Charger les styles de cadre.
Writer	`LoadNumberingStyles`	`Boolean`	Charger les styles de numérotation (styles de liste, dans l'interface utilisateur version française).
Calc	`LoadCellStyles`	`Boolean`	Charger les styles de cellule.
Writer, Calc	`OverwriteStyles`	`Boolean`	Écraser les styles existants lors du chargement.

Créer un nouveau style

La macro ci-dessous crée un nouveau style de paragraphe à partir d'un style existant, et le modifie avant de l'insérer dans la famille `ParagraphStyles`. Dans le panneau **Styles et formatage**, basculez éventuellement l'affichage d'une famille de styles à l'autre pour faire apparaître le nouveau style.

```
rem Code07-11.odt    bibli : ModifStyles Module3
Option Explicit

Sub CreerStyle()
Dim monDocument As Object
Dim lesFamilles As Object, uneFamille As Object, nouvStyle As Object
monDocument = ThisComponent
lesFamilles = monDocument.StyleFamilies
uneFamille = lesFamilles.getByName("ParagraphStyles")
nouvStyle = monDocument.createInstance("com.sun.star.style.ParagraphStyle")
uneFamille.insertByName ("Signature colorée", nouvStyle)
nouvStyle.ParentStyle = "Signature"' hériter d'un style
nouvStyle.CharColor = RGB(0,100,255) ' changer la couleur
End Sub
```

L'héritage d'un style avec la propriété `ParentStyle` ne fonctionne pas pour les styles de page et de numérotation car ils ne sont pas hiérarchisés. On obtient alors un style conforme au style `Standard`, qu'il faudra adapter à ses besoins.

Modifier un style

Un style possède diverses propriétés servant à formater le document. Une fois un style récupéré, il suffit de modifier la valeur des propriétés souhaitées. Dans l'exemple précédent de création d'un nouveau style nous avons ainsi changé la couleur de caractère utilisée dans un style de paragraphe. Les propriétés de formatage sont décrites dans les chapitres consacrés à Writer, Calc, Draw/Impress.

Les propriétés communes des styles

La méthode `isInUse` renvoie la valeur `True` si ce style, ou un style dérivé, est effectivement utilisé dans le document.

La méthode `isUserDefined` renvoie la valeur `True` si ce style a été créé par l'utilisateur.

Le tableau 7-31 liste des propriétés communes aux différentes familles de styles.

Tableau 7–31 Propriétés communes des styles

Propriété	Type	Signification
ParentStyle	String	Nom du style parent.
Name	String	Nom interne du style.
DisplayName	String	En lecture seule. Nom localisé du style, pour l'interface utilisateur.

Les propriétés et particularités propres à chaque famille de styles sont décrites dans les chapitres consacrés aux types de documents Writer, Calc et Draw/Impress. Le domaine étant vaste, étudiez la documentation de l'API pour aller plus loin, à partir des liens de la page `com.sun.star.style`.

Configuration d'affichage d'un document

Chaque type de document possède des propriétés d'affichage accessibles à partir de l'objet contrôleur du document. La manière d'y accéder peut varier, et les propriétés sont pour la plupart spécifiques.

Les propriétés du zoom d'affichage sont, elles, identiques. Elles sont au nombre de deux :

- `ZoomType`, de type `Integer`, qui reçoit une constante nommée de la forme `com.sun.star.view.DocumentZoomType.OPTIMAL` et dont les valeurs possibles sont listées dans le tableau 7-32 ;
- `ZoomValue`, de type `Integer`, qui reçoit le facteur de zoom en pourcentage. Cette propriété est utilisée quand `ZoomType` vaut `BY_VALUE`.

Tableau 7–32 Constantes de facteur de zoom

Constante	Signification
OPTIMAL	Optimal.
PAGE_WIDTH	Largeur de page.
ENTIRE_PAGE	Page entière.
PAGE_WIDTH_EXACT	Page entière.
BY_VALUE	Facteur de zoom selon ZoomValue.

Exemple, sur un document Writer :

```
rem Code07-01.odt    bibli : Config Module1
Option Explicit

Sub Zoomer()
Dim monDocument As Object, conf As Object
Dim z As Integer
monDocument = thisComponent
conf = monDocument.CurrentController.ViewSettings
z = InputBox("Facteur de zoom, en %, ou zéro")
if z > 0 then
  conf.ZoomValue = z
  conf.ZoomType = com.sun.star.view.DocumentZoomType.BY_VALUE
else
  conf.ZoomType = com.sun.star.view.DocumentZoomType.PAGE_WIDTH
end if
End Sub
```

Configuration d'un document

Le service DocumentSettings de chaque type de document fournit quelques informations intéressantes. Pour les obtenir, nous devons invoquer le service à partir de l'objet document, par exemple pour un document Writer :

```
rem Code07-01.odt    bibli : Imprimer Module3
Option Explicit

Sub ConfigImpression()
Dim monDocument As Object, conf As Object, servConfig As String
monDocument = ThisComponent
servConfig = "com.sun.star.text.DocumentSettings"
conf = monDocument.createInstance(servConfig)
print conf.PrinterName
End Sub
```

Le nom du service dépend du document, voyez le tableau 7-33.

Tableau 7–33 Service de configuration de document

Document	Nom du service
Writer	`com.sun.star.text.DocumentSettings`
Calc	`com.sun.star.comp.SpreadsheetSettings`
Draw	`com.sun.star.drawing.DocumentSettings`
Impress	`com.sun.star.presentation.DocumentSettings`

Quelques propriétés communes sont listées au tableau 7-34. Nous signalons dans les chapitres consacrés à chaque type de document les propriétés de configuration qui leur sont spécifiques et particulièrement notables.

Tableau 7–34 Propriétés communes de configuration

Propriété	Type	Signification
`PrinterName`	`String`	Nom de l'imprimante utilisée par le document.
`SaveVersionOnClose`	`Boolean`	`True` pour créer une nouvelle version à la fermeture du document modifié.
`UpdateFromTemplate`	`Boolean`	`True` pour mettre à jour le document si son modèle a évolué.
`FieldAutoUpdate`	`Boolean`	`True` pour que les champs soient mis à jour automatiquement.

Conclusion

Le premier chapitre de cette partie a été l'occasion d'utiliser l'API d'OpenOffice.org pour manipuler les documents. Ouverture, fermeture, impression, import/export... nous avons agi indépendamment de leur nature.

Le chapitre suivant expose et illustre l'API propre aux documents issus du traitement de texte Writer.

8

Les documents Writer

Dans ce chapitre, nous allons commencer par exposer les activités les plus courantes dans la manipulation par macro des documents Writer : lire et écrire du texte dans le document, formater du texte, rechercher et remplacer du texte. Nous aborderons ensuite des domaines plus spécialisés comme les tableaux et les cadres, les styles, les signets. Vous retrouverez parfois exactement les mêmes concepts dans un contexte différent. Ceci provient de la conception globale de l'interface de programmation (l'API) d'OpenOffice.org et vous facilitera l'apprentissage.

> **API Référence sur Writer (en anglais)**
>
> La documentation de l'API est décrite dans le *Developer's Guide,* au chapitre *Text Documents.*
> http://wiki.services.openoffice.org/wiki/Documentation/DevGuide/
> OpenOffice.org_Developers_Guide

L'objet Text

Pour travailler sur le texte d'un document Writer, nous avons besoin de préciser de quel texte il s'agit. En effet, un document Writer contient différents objets : le texte ordinaire, les en-têtes et pieds de page, ou des cadres contenant du texte. Le texte principal est l'objet Text, obtenu à partir du document :

```
Dim monDocument As Object, monTexte As Object
monDocument = ThisComponent
monTexte = monDocument.Text
```

La variable `monTexte` nous permet de manipuler l'objet `Text` du document. Elle possède une propriété ayant pour nom `String`, qui représente l'ensemble des caractères du texte. Cette propriété fournit une chaîne de caractères. Le codage suivant affiche les 1 000 premiers caractères du texte du document Writer.

```
rem Code08-01.odt    bibli : EcritureTexte Module1
Option Explicit

Sub AfficherTexte()
Dim monDocument As Object, monTexte As Object
monDocument = ThisComponent
monTexte = monDocument.Text
' afficher les premiers caractères du texte
MsgBox Left(monTexte.String, 1000)
End Sub
```

Inversement, en affectant une chaîne de caractères à la propriété `String`, nous changeons le texte entier du document :

```
rem Code08-01.odt    bibli : EcritureTexte Module2
Option Explicit

Sub EcraserTexte()
Dim monDocument As Object, monTexte As Object
monDocument = ThisComponent
monTexte = monDocument.Text

monTexte.String = "J'ai écrasé tout le texte !"
End Sub
```

Si vous avez exécuté cette macro, il ne vous reste plus qu'à cliquer sur le bouton d'annulation dans la fenêtre du document, afin de récupérer l'ancien texte.

Cette méthode de lecture et d'écriture est simple, mais très limitative. D'une part, le texte manipulé doit avoir moins de 65 536 caractères pour qu'il soit contenu dans le type `String`. D'autre part, nous ne pouvons pas imposer un formatage particulier de certaines zones du texte. Pour avoir plus de possibilités, nous allons utiliser un objet curseur, qui permet de préciser la zone de texte que nous voulons lire ou modifier.

Le curseur d'écriture

Il faut bien comprendre qu'il existe deux types de curseurs :

- le curseur visible, celui que vous voyez avancer quand vous tapez du texte dans Writer (il sera décrit plus loin) ;
- le curseur d'écriture, invisible, qui est utilisé par la macro pour désigner le texte qu'elle manipule.

La position courante d'un curseur d'écriture n'est absolument pas liée à la position du curseur visible.

On peut créer un ou plusieurs curseurs d'écriture grâce à la méthode `createTextCursor` de l'objet `Text` du document.

```
Dim monCurseur As Object
monCurseur = monTexte.createTextCursor
```

Le curseur peut, soit indiquer un point d'insertion dans le texte, soit délimiter une zone de sélection dans le texte (comme un curseur visible). À la création, le curseur est un point d'insertion placé au début du texte. Il avancera en fonction des caractères écrits par la macro. Pour insérer du texte à un endroit quelconque du texte existant, il nous faut apprendre à déplacer ce curseur.

L'objet curseur comporte un très grand nombre de propriétés et de méthodes. Grâce à lui, il est possible d'obtenir des informations ou de modifier le caractère, le paragraphe et bien d'autres éléments auxquels il est lié.

Déplacer le curseur d'écriture

L'objet curseur dispose de plusieurs méthodes permettant de le déplacer. Elles ont toutes un argument booléen, que nous désignerons par SEL et qui a l'effet suivant :

- SEL = False : le curseur se déplace (comme la barre verticale du curseur visible),
- SEL = True : le curseur se déplace en étendant la sélection (c'est le même effet qu'une sélection progressive du curseur visible en faisant glisser la souris).

La plupart de ces méthodes renvoient un résultat :

- True si l'action a pu être réalisée,
- False dans le cas contraire.

En pratique, on exploite rarement le résultat de ces fonctions. On les utilise comme des méthodes de type sous-programme, comme dans ce petit exemple :

```
Dim monDocument As Object, monTexte As Object
Dim monCurseur As Object
monDocument = ThisComponent
monTexte = monDocument.Text
monCurseur = monTexte.createTextCursor
' ici le curseur est au début du texte
' aller au paragraphe suivant
monCurseur.gotoNextParagraph(False)
' sélectionner les 3 caractères suivants
monCurseur.goRight(3,True)
```

Le tableau 8-1 liste les fonctions de déplacement de curseur. La méthode `gotoRange` est un peu particulière : elle utilise en premier argument une zone de texte (en anglais, `TextRange`), qui est un repérage dans le texte. Cette zone peut provenir de différents objets, en général un autre curseur ou une ancre (en anglais, `Anchor`). Nous donnerons un exemple un peu plus loin.

Tableau 8–1 Déplacement du curseur d'écriture

Méthode	Résultat	Effet sur le curseur
goRight(n,SEL)	Boolean	Déplacer de n caractères à droite.
goLeft(n,SEL)	Boolean	Déplacer de n caractères à gauche.
gotoStart(SEL)	Aucun	Déplacer au début du texte entier.
gotoEnd(SEL)	Aucun	Déplacer à la fin du texte entier.
gotoRange(zone, SEL)	Boolean	Positionner le curseur sur une zone donnée.
gotoStartOfParagraph(SEL)	Boolean	Déplacer au début du paragraphe en cours.
gotoEndOfParagraph(SEL)	Boolean	Déplacer à la fin du paragraphe en cours.
gotoNextParagraph(SEL)	Boolean	Déplacer au début du paragraphe suivant.
gotoPreviousParagraph(SEL)	Boolean	Déplacer au début du paragraphe précédent.
gotoNextWord(SEL)	Boolean	Déplacer au début du mot suivant.
gotoPreviousWord(SEL)	Boolean	Déplacer au début du mot précédent.
gotoStartOfWord(SEL)	Boolean	Déplacer au début du mot courant.
gotoEndOfWord(SEL)	Boolean	Déplacer à la fin du mot courant.
gotoNextSentence(SEL)	Boolean	Déplacer au début de la phrase suivante.
gotoPreviousSentence(SEL)	Boolean	Déplacer au début de la phrase précédente.
gotoStartOfSentence(SEL)	Boolean	Déplacer au début de la phrase courante.
gotoEndOfSentence(SEL)	Boolean	Déplacer à la fin de la phrase courante.

Le tableau 8-2 liste les fonctions de l'objet curseur qui indiquent si le curseur est à un endroit remarquable. Elles renvoient toutes `True` si la réponse est affirmative, `False` dans le cas contraire. Ces fonctions n'utilisent pas d'argument, donc les parenthèses peuvent être omises en Basic.

```
if monCurseur.isEndOfWord then print "Fin de mot"
```

Tableau 8–2 Fonctions testant si le curseur est à une position remarquable

Fonction	Résultat	Test effectué
isStartOfParagraph()	Boolean	Le curseur est-il au début d'un paragraphe ?
isEndOfParagraph()	Boolean	Le curseur est-il à la fin d'un paragraphe ?

Tableau 8–2 Fonctions testant si le curseur est à une position remarquable (suite)

Fonction	Résultat	Test effectué
isStartOfWord()	Boolean	Le curseur est-il au début du mot en cours ?
isEndOfWord()	Boolean	Le curseur est-il à la fin du mot en cours ?
isStartOfSentence()	Boolean	Le curseur est-il en début de phrase ?
isEndOfSentence()	Boolean	Le curseur est-il en fin de phrase ?
isCollapsed()	Boolean	Le curseur est-il un simple point d'insertion ?

> **ALLER PLUS LOIN** **La notion de mot**
>
> Les fonctions de déplacement et de test concernant les mots et les phrases peuvent donner des résultats surprenants. Writer considère qu'un mot se termine avec un espace, une fin de paragraphe, un retour forcé à la ligne, ou un des caractères de la chaîne WordSeparator, qui est une propriété du document. De plus, le déplacement du curseur de mot s'arrête sur des caractères comme « +/, ».

La fonction isCollapsed mérite une explication : elle renvoie False si le curseur est étendu pour une sélection. Dans ce dernier cas, le curseur s'étend d'une position à une autre dans le texte. On peut revenir à un curseur ponctuel en utilisant une des deux méthodes de l'objet curseur qui sont listées ci-dessous. Ces méthodes n'ont pas d'argument.

```
' réduire le curseur sur sa position de début
monCurseur.collapseToStart

' réduire le curseur sur sa position de fin
monCurseur.collapseToEnd
```

Autres initialisations d'un curseur

Dans certains cas, il est intéressant d'utiliser un autre curseur d'écriture qui soit initialisé aux valeurs du curseur actuel. On utilise pour cela la méthode createTextCursorByRange de l'objet Text. Dans cet exemple, curseur2 reprend la position et la sélection dans le texte mémorisées par monCurseur :

```
Dim monDocument As Object, monTexte As Object
Dim monCurseur As Object, curseur2 As Object
monDocument = ThisComponent
monTexte = monDocument.Text
monCurseur = monTexte.createTextCursor
monCurseur.gotoNextParagraph(False)
monCurseur.goRight(3,True)
curseur2 = monTexte.createTextCursorByRange(monCurseur)
```

Les objets `curseur2` et `monCurseur` peuvent être déplacés ou modifiés indépendamment l'un de l'autre.

On peut aussi créer un autre curseur à partir du premier en précisant qu'il doit se positionner à la fin de la zone de texte désignée par `monCurseur`. Il suffit de modifier la dernière ligne ainsi :

```
curseur2 = monTexte.createTextCursorByRange(monCurseur.End)
```

Pour créer `curseur2` au début de la zone de `monCurseur` on écrirait :

```
curseur2 = monTexte.createTextCursorByRange(monCurseur.Start)
```

Nous pouvons aussi positionner un curseur existant sur une zone de texte, en employant la méthode `gotoRange` du curseur, par exemple :

```
curseur2.gotoRange(monCurseur.End, False)
```

Notez que les deux méthodes `createTextCursorByRange` et `gotoRange` utilisent comme argument un objet zone de texte (en anglais, *TextRange*) ; dans les exemples, le curseur ne sert qu'à fournir un tel objet.

Lire une zone de texte

Un moyen pour lire du texte est de sélectionner une zone grâce aux déplacements de curseur, puis récupérer le texte ainsi sélectionné avec la propriété `String` de l'objet curseur. Le document reste inchangé. Dans cet exemple, nous allons récupérer puis afficher le troisième paragraphe du document.

```
rem Code08-01.odt    bibli : EcritureTexte Module3
Option Explicit

Sub AfficherTexteSelection()
Dim monDocument As Object, monTexte As Object
Dim monCurseur As Object
monDocument = ThisComponent
monTexte = monDocument.Text
monCurseur = monTexte.createTextCursor
monCurseur.gotoNextParagraph(False)
monCurseur.gotoNextParagraph(False)
monCurseur.gotoNextParagraph(True)
' afficher le texte du troisième paragraphe
MsgBox monCurseur.String
End Sub
```

La propriété String est du type String. La sélection ne doit pas englober plus de 65 535 caractères.

ATTENTION **Il y a String et String**

Ici encore, le terme String est employé. Il s'agit d'une propriété qui appartient à un objet curseur, elle est différente de la propriété String de l'objet Text. Chaque type d'objet peut utiliser n'importe quel nom pour ses propriétés et méthodes. Pourquoi reprendre le même nom ? parce que, au fond, ces propriétés désignent des concepts similaires : une chaîne de caractères représentant un texte. Et une chaîne de caractères, en anglais, cela s'appelle String. Ce nom est donc aussi utilisé en Basic et dans d'autres langages de programmation pour désigner le type de variable « chaîne de caractères ». Vous devez donc comprendre le contexte pour employer un terme à bon escient.

Insérer du texte

Avec la propriété String

En affectant une chaîne de caractères à la propriété String du curseur, nous allons insérer cette chaîne à l'emplacement du curseur :

```
rem Code08-01.odt   bibli : EcritureTexte Module4
Option Explicit

Sub AjouterTexte()
Dim monDocument As Object, monTexte As Object
Dim monCurseur As Object
monDocument = ThisComponent
monTexte = monDocument.Text
monCurseur = monTexte.createTextCursor
monCurseur.gotoNextParagraph(False)
monCurseur.gotoNextParagraph(False)
monCurseur.gotoNextWord(False)
' ajouter un texte après le 1er mot du 3ème paragraphe
monCurseur.String = "*****"
End Sub
```

Si nous avions utilisé l'argument True dans la méthode gotoNextWord, le premier mot du paragraphe aurait été remplacé par la nouvelle chaîne.

Cette méthode a des limitations : la taille de la chaîne de caractères insérée est bornée, on ne peut pas modifier le formatage, il faut déplacer le curseur par programmation après chaque écriture de chaîne sinon la suivante écrasera la précédente.

> **À RETENIR Caractères spéciaux**
>
> Dans la chaîne de caractères insérée, un caractère `chr(10)` insère un saut de ligne et un caractère `chr(9)` insère une tabulation.

Avec la méthode insertString

Avec cette méthode, le curseur d'écriture se positionne à la fin de la chaîne de caractères écrite, ce qui permet d'en insérer une autre à la suite.

```
rem Code08-01.odt    bibli : EcritureTexte Module5
Option Explicit

Sub InsererTexte()
Dim monDocument As Object, monTexte As Object
Dim monCurseur As Object
monDocument = ThisComponent
monTexte = monDocument.Text
monCurseur = monTexte.createTextCursor
monCurseur.gotoNextParagraph(False)
monCurseur.gotoNextParagraph(False)
monCurseur.gotoNextWord(False)
' ajouter un texte après le 1er mot du 3ème paragraphe
monTexte.insertString(monCurseur, "AAAAA", false)
monTexte.insertString(monCurseur, "bbbb", false)
End Sub
```

La méthode `insertString` de l'objet `Text` utilise trois arguments :

1 un objet curseur ;

2 la chaîne de caractères à insérer ;

3 une valeur booléenne.

Le troisième argument reçoit en général la valeur `False`. La valeur `True` est employée pour remplacer une zone préalablement sélectionnée avec le curseur. Après insertion, le curseur redevient ponctuel et positionné au début de l'ancienne sélection, c'est-à-dire juste *avant* le texte qui vient d'être inséré.

Insérer des caractères spéciaux

Dans la chaîne de caractères insérée avec la méthode `insertString`, un caractère `chr(10)` insère un saut de ligne, et un caractère `chr(9)` insère une tabulation. La méthode `insertControlCharacter` de l'objet `Text` permet d'insérer d'autres caractères spéciaux.

```
rem Code08-01.odt    bibli : EcritureTexte Module6
Option Explicit

Sub InsererCarControle()
Dim monDocument As Object, monTexte As Object
Dim monCurseur As Object
Dim special As Integer
monDocument = ThisComponent
monTexte = monDocument.Text
monCurseur = monTexte.createTextCursor
monCurseur.gotoNextParagraph(False)
monCurseur.gotoNextParagraph(False)
monCurseur.gotoNextWord(False)
monCurseur.gotoNextWord(False)
' insérer une fin de paragraphe après 2ème mot 3ème paragraphe
special = com.sun.star.text.ControlCharacter.PARAGRAPH_BREAK
monTexte.insertControlCharacter(monCurseur, special, false)
monTexte.insertString(monCurseur, "AAAAA", false)
End Sub
```

Le premier argument de `insertControlCharacter` est un objet curseur. Le deuxième argument est une valeur numérique du type `Integer`, qui se définit par une constante nommée (voir le tableau 8-3) de la forme :

```
com.sun.star.text.ControlCharacter.LINE_BREAK
```

Attention à la casse ! Les constantes nommées doivent être écrites en respectant les majuscules et minuscules.

Le troisième argument a la même signification que pour `insertString`.

Tableau 8–3 Constantes de caractères spéciaux

Constante	Signification	Valeur du caractère inséré
PARAGRAPH_BREAK	Insérer ici une marque de fin de paragraphe.	
LINE_BREAK	Insérer ici un retour à la ligne (équivalent de la frappe Maj + Entrée).	chr(10)
HARD_HYPHEN	Insérer ici un tiret insécable (le mot ne doit jamais être coupé après ce tiret).	chr(8209)
SOFT_HYPHEN	Insérer ici un tiret conditionnel (le mot peut être coupé à cet endroit).	chr(173)
HARD_SPACE	Insérer ici un espace insécable (les deux mots ne doivent pas être séparés).	chr(160)
APPEND_PARAGRAPH	Insérer un paragraphe à la fin de celui en cours et se positionner au début du nouveau paragraphe.	

Insérer un saut de page ou de colonne

Le saut de page est une propriété de paragraphe. Vous pouvez définir un style de paragraphe comportant un saut de page. Sinon, vous pouvez insérer une marque de saut de page dans le paragraphe en cours grâce à la propriété BreakType de l'objet curseur :

```
rem Code08-01.odt   bibli : EcritureTexte Module7
Option Explicit

Sub InsererSautPage()
Dim monDocument As Object, monTexte As Object
Dim monCurseur As Object
Dim saut As Integer
monDocument = ThisComponent
monTexte = monDocument.Text
monCurseur = monTexte.createTextCursor
monCurseur.gotoNextParagraph(False)
monCurseur.gotoNextParagraph(False)
' insérer un saut de page AVANT ce 3ème paragraphe
saut = com.sun.star.style.BreakType.PAGE_BEFORE
monCurseur.BreakType = saut
monTexte.insertString(monCurseur, "AAAAA", false)
End Sub
```

Dans le cas d'un document vierge ne contenant donc pas de paragraphe, il est nécessaire d'insérer une fin de paragraphe avant le saut de page. Le saut est une valeur numérique du type Integer, qui se définit par une constante nommée (voir le tableau 8-4) de la forme :

```
com.sun.star.style.BreakType.NONE
```

Tableau 8–4 Constantes de saut de page

Constante	Signification
PAGE_BEFORE	Changer de page *avant* le paragraphe en cours.
PAGE_AFTER	Changer de page *après* le paragraphe en cours.
PAGE_BOTH	Changer de page *avant et après* le paragraphe en cours.
NONE	Supprimer le saut de page ou de colonne qui existe dans le paragraphe.
COLUMN_BEFORE	Changer de colonne *avant* le paragraphe en cours.
COLUMN_AFTER	Changer de colonne *après* le paragraphe en cours.
COLUMN_BOTH	Changer de colonne *avant et après* le paragraphe en cours.

Les sauts de type COLUMN sont utilisés dans un texte en colonnes. En effet, on peut avoir deux ou trois colonnes par page, et souhaiter changer de colonne sans obligatoirement changer de page.

Pour insérer des pages d'orientation différente, par exemple passer d'une orientation *Portrait* à *Paysage* puis revenir à *Portrait*, il faut utiliser des styles de pages différents. La méthode est développée plus loin dans la section traitant des styles.

Insérer le texte d'un autre document

Le curseur d'écriture expose la méthode insertDocumentFromURL qui permet d'insérer un texte provenant d'un autre document. Pour cet exemple, recopiez au bon endroit le fichier Poeme.odt qui se trouve dans le Zip téléchargeable, dans le même répertoire, et adaptez la valeur d'adresseDoc.

```
rem Code08-12.odt    bibli : Standard Module1
Option Explicit

Sub InsererDocumentTexte()
Dim monDocument As Object, monTexte As Object
Dim monCurseur As Object, adresseDoc As String
Dim propFich() As New com.sun.star.beans.PropertyValue
monDocument = ThisComponent
monTexte = monDocument.Text
monCurseur = monTexte.createTextCursor
monCurseur.gotoNextParagraph(False)
monCurseur.gotoNextParagraph(False) ' troisième paragraphe
monCurseur.gotoNextWord(True) ' sélectionner le premier mot

' insérer un document à la place du texte sélectionné
adresseDoc = convertToURL("C:\Docs OpenOffice\Poeme.odt")
monCurseur.insertDocumentFromURL(adresseDoc, propFich())
End Sub
```

L'argument propFich() peut contenir les propriétés listées au chapitre 7 pour la méthode LoadComponentFromURL.

Vous remarquerez que les styles du document inséré sont importés dans le document hôte. En revanche, les en-têtes et bas de pages ne sont pas importés.

Supprimer des paragraphes

Il faut distinguer la suppression d'une marque de paragraphe et la suppression complète d'un paragraphe.

Supprimer une marque de paragraphe

Une marque de paragraphe est un caractère spécial dans le texte. On peut donc la supprimer comme on supprimerait un caractère du texte, ce qui aboutit à accoler le texte du paragraphe avec le paragraphe suivant. Notre exemple parcourt un texte complet et supprime les marques de paragraphe en remplaçant chacune par un espace.

```
rem Code08-11.odt    bibli : Standard Module1
Option Explicit

Sub Supprimer_MarquesParagraphes()
Dim monDocument As Object, monTexte As Object
Dim monCurseur As Object
monDocument = ThisComponent
monTexte = monDocument.Text
monCurseur= monTexte.createTextCursor
monCurseur.gotoStart(false)
Do While monCurseur.gotoNextParagraph(false)
  monCurseur.goLeft(1, true)
  monCurseur.String = " "
Loop
End Sub
```

Le texte de l'exemple dans le Zip téléchargeable est un poème dont chaque strophe est un paragraphe comportant un retour à la ligne pour chaque vers. Les paragraphes ont différents styles. Après exécution de la macro, les retours à la ligne sont conservés, mais à chaque suppression de fin de paragraphe, la strophe correspondante a pris le style de la strophe suivante.

Supprimer tout un paragraphe

L'objet texte d'un document Writer est capable d'énumérer les paragraphes qui le composent. Cependant, cette énumération contient également les tables du texte, aussi est-il nécessaire de vérifier que l'élément obtenu supporte le service de paragraphe. Nous allons dans l'exemple suivant supprimer entièrement les paragraphes ayant un style donné.

```
rem Code08-11.odt    bibli : Standard Module2
Option Explicit

Sub Suppr_paragr_style()
Dim monDocument As Object
Dim listePargr As Object, elementTexte As Object
Dim uneSuppression As Boolean
```

```
monDocument = ThisComponent
Do
  uneSuppression = false
  listePargr = monDocument.Text.createEnumeration
  Do While listePargr.hasMoreElements
    elementTexte = listePargr.nextElement
    if elementTexte.supportsService("com.sun.star.text.Paragraph") Then
      if elementTexte.paraStyleName= "monStyle" then
        elementTexte.dispose
        uneSuppression = true
      end if
    end if
  Loop
Loop While uneSuppression
End Sub
```

La boucle `While` la plus externe est nécessaire pour ne pas « oublier » certains paragraphes. La fonction `createEnumeration` de l'objet texte renvoie un objet capable, d'une part de signaler l'existence d'éléments non encore vus (la fonction `hasMoreElements` qui renvoie alors `true`), et d'autre part de fournir chacun d'eux (avec la fonction `nextElement`). Pour distinguer les éléments paragraphes, nous employons la fonction `supportsService`. Le style d'un paragraphe est exposé dans la propriété `ParaStyleName`.

À l'exécution de la macro, vous constaterez que les paragraphes non concernés ont bien conservé leur style.

Appliquer un formatage

Le moyen le plus efficace de formater un texte avec une macro est de lui appliquer des styles définis au préalable. Le plus simple est de partir d'un document modèle écrit manuellement, dans lequel on a défini les styles nécessaires.

Appliquer un style à un paragraphe

Le curseur d'écriture possède une propriété appelée `ParaStyleName` qui indique le nom du style du paragraphe dans lequel le curseur se trouve. Cette propriété est une chaîne de caractères. La macro suivante affecte le style *Titre 4* au deuxième paragraphe du document en cours.

```
rem Code08-02.odt    bibli : Formatage Module1
Option Explicit
```

```
Sub AffecterStyleParagraphe()
Dim monDocument As Object, monTexte As Object
Dim monCurseur As Object
monDocument = ThisComponent
monTexte = monDocument.Text
monCurseur= monTexte.createTextCursor
monCurseur.gotoNextParagraph(false)
monCurseur.paraStyleName= "Titre 4"
End Sub
```

Le curseur d'écriture peut être dans une position quelconque dans le paragraphe. Inversement, la lecture de la propriété paraStyleName fournit le nom du style du paragraphe dans lequel se trouve le curseur.

PIÈGE **Les noms de styles traduits**

Pour les styles standards fournis avec OpenOffice.org, vous récupérez dans paraStyleName le nom anglais du style, même avec une version francisée. Dans la macro exemple, on affecte le style *Titre 4* et on relira le style *Heading 4*. En revanche, les styles que vous créez n'ont évidemment qu'un seul nom. L'annexe B offre une fonction getLocaleStyleName qui traduit un nom de style anglais dans son nom localisé.

Attention à la casse ! La chaîne de caractères du style que vous affectez doit reproduire exactement le nom du style existant : majuscules, minuscules, accents. Sinon le style du paragraphe restera inchangé.

Appliquer un style à un ou plusieurs caractères

Le curseur d'écriture possède une propriété appelée CharStyleName, qui indique le nom du style du caractère courant ou des caractères sélectionnés par le curseur. Cette propriété est une chaîne de caractères. Cette macro sélectionne une zone et lui applique un style de caractères.

```
rem Code08-02.odt    bibli : Formatage Module2
Option Explicit

Sub AffecterStyleCaractere()
Dim monDocument As Object, monTexte As Object
Dim monCurseur As Object
monDocument = ThisComponent
monTexte = monDocument.Text
monCurseur= monTexte.createTextCursor
monCurseur.gotoNextParagraph(false)
monCurseur.gotoNextWord(false)
```

```
monCurseur.gotoEndOfWord(true)
monCurseur.CharStyleName = "MonStyleCaract"
End Sub
```

La propriété `CharStyleName` peut fournir le nom du style d'un caractère sélectionné, à condition qu'il ne soit pas formaté « Par défaut ». Pour les styles de caractères standards fournis avec OpenOffice.org, vous obtiendrez le nom anglais du style, même avec une version francisée. Si vous sélectionnez plusieurs caractères de styles différents, la propriété `CharStyleName` donne une chaîne vide.

Formatage d'un paragraphe

L'objet curseur nous donne accès au paragraphe dans lequel il se trouve (on suppose ici qu'il ne s'étend pas sur plusieurs paragraphes). Un paragraphe contient de nombreuses propriétés, que nous pouvons lire ou modifier, comme avec l'interface utilisateur, menu Format>Paragraphe. Le tableau 8-5 énumère les principales propriétés, dont certaines ont déjà été vues.

Tableau 8–5 Propriétés de paragraphe

Propriété	Type	Signification
ParaStyleName	String	Nom du style affecté au paragraphe.
ParaBackColor	Long	Couleur du fond.
ParaBackTransparent	Boolean	`True` rend le fond transparent (interface utilisateur : sans remplissage).
ParaAdjust	Integer	Alignement du texte. Constante nommée, voir tableau 8-6. Valeur par défaut : `com.sun.star.style.ParagraphAdjust.LEFT`
ParaFirstLineIndent	Long	Retrait de la première ligne, en 1/100 de mm.
ParaIsAutoFirstLineIndent	Boolean	`True` réalise un retrait automatique de la première ligne.
ParaVertAlignment	Integer	Alignement vertical du texte (interface utilisateur : alignement texte à texte). Constante nommée, voir le tableau 8-7. Valeur par défaut : `com.sun.star.text.ParagraphVertAlign.AUTOMATIC`
ParaIsConnectBorder	Boolean	`True` pour fusionner la bordure avec celle du paragraphe suivant.
TopBorder	Object	Structure de la ligne de bordure du haut. Voir le tableau 8-8.
TopBorderDistance	Long	Espacement par rapport à la bordure du haut.
BottomBorder	Object	Structure de la ligne de bordure du bas. Voir le tableau 8-8.
BottomBorderDistance	Long	Espacement par rapport à la bordure du bas.
LeftBorder	Object	Structure de la ligne de bordure de gauche. Voir le tableau 8-8.
LeftBorderDistance	Long	Espacement par rapport à la bordure de gauche.
RightBorder	Object	Structure de la ligne de bordure de droite. Voir le tableau 8-8.

Tableau 8–5 Propriétés de paragraphe (suite)

Propriété	Type	Signification
RightBorderDistance	Long	Espacement par rapport à la bordure de droite.
ParaShadowFormat	Object	Ombre portée. Voir le tableau 8-9.
ParaTopMargin	Long	Écart avant le paragraphe, en 1/100 de mm.
ParaBottomMargin	Long	Écart après le paragraphe, en 1/100 de mm.
ParaLeftMargin	Long	Retrait avant le texte, en 1/100 de mm.
ParaRightMargin	Long	Retrait après le texte, en 1/100 de mm.
ParaTabStops	Object	Position des taquets de tabulation. Voir la section «Définir des positions de tabulation».
ParaKeepTogether	Boolean	True si ce paragraphe est solidaire avec le paragraphe suivant.
ParaSplit	Boolean	True si les lignes sont solidaires. False pour utiliser le traitement des veuves et orphelines.
ParaOrphans	Integer	Nombre de lignes orphelines.
ParaWidows	Integer	Nombre de lignes veuves.
ParaIsNumberingRestart	Boolean	True si la numérotation redémarre.
NumberingStartValue	Integer	Valeur initiale en cas de redémarrage de numérotation.
BreakType	Integer	Saut de page ou de colonne. Constante nommée, voir le tableau 8-4.

Tableau 8–6 Constantes d'alignement horizontal de paragraphe

Constante	Signification
LEFT	Texte cadré à gauche.
RIGHT	Texte cadré à droite.
CENTER	Texte centré.
STRETCH	Texte justifié.
BLOCK	Texte justifié, sauf la dernière ligne qui dépend alors de ParaLastLineAdjust.

Tableau 8–7 Constantes d'alignement vertical de paragraphe

Constante	Signification
AUTOMATIC	Automatique.
BASELINE	Ligne de base.
TOP	En haut.
CENTER	Centré.
BOTTOM	En bas.

Tableau 8–8 Structure BorderLine (ligne de bordure)

Élément	Type	Signification
Color	Long	Couleur de la ligne.
InnerLineWidth	Integer	Épaisseur de la ligne interne, en 1/100 de mm, dans le cas d'une bordure double. La valeur zéro correspond à une bordure simple.
OuterLineWidth	Integer	Épaisseur, en 1/100 de mm, de la ligne simple ou de la ligne externe dans le cas d'une bordure double. La valeur zéro correspond à une bordure inexistante.
LineDistance	Integer	Distance entre les deux lignes d'une bordure double, en 1/100 de mm.

Il est nécessaire de passer par une variable de travail pour modifier le contenu d'une bordure :

```
Dim unBord As Object
unBord = monCurseur.TopBorder
unBord.Color = RGB(200, 0, 0) ' couleur rouge
unBord.InnerLineWidth = 10 ' 1/10 de mm
unBord.OuterLineWidth = 100 ' 1 mm
unBord.LineDistance = 120    ' 1,2 mm
monCurseur.TopBorder = unBord
```

Tableau 8–9 Structure de ShadowFormat

Élément	Type	Signification
Location	Integer	Position de l'ombre, sous forme de constante nommée, voir le tableau 8-10.
ShadowWidth	Integer	Largeur de l'ombre en 1/100 de mm.
IsTransparent	Boolean	True si l'ombre est transparente.
Color	Long	Couleur de l'ombre.

La position de l'ombre est exprimée sous forme de constante nommée (voir le tableau 8-10), par exemple :

```
com.sun.star.table.ShadowLocation.BOTTOM_RIGHT
```

Tableau 8–10 Constantes de position d'ombre

Constante	Signification
NONE	Aucune ombre.
TOP_LEFT	Ombre portée vers le haut et à gauche.
TOP_RIGHT	Ombre portée vers le haut et à droite.
BOTTOM_LEFT	Ombre portée vers le bas et à gauche.
BOTTOM_RIGHT	Ombre portée vers le bas et à droite.

Il est nécessaire de passer par une variable de travail pour modifier le contenu de
`ParaShadowFormat` :

```
Dim ombre As Object
ombre = monCurseur.ParaShadowFormat
ombre.Location = com.sun.star.table.ShadowLocation.TOP_LEFT
ombre.ShadowWidth = 200 ' environ 3,5 mm
ombre.Color = RGB(100,100,100) ' couleur grise
maTable.ShadowFormat = ombre
End Sub
```

Formatage local des caractères

L'objet curseur nous donne aussi accès aux propriétés du ou des caractères sur lesquels il
s'étend, nous donnant des possibilités équivalentes au menu Format>Caractères. La
méthode est identique dans chaque cas, seul le premier est traité en exemple complet.

Graisse

En terme d'imprimerie, la graisse est l'épaisseur des pleins de la lettre. On utilise la
propriété `CharWeight` de type `Single`, à laquelle on affecte une constante nommée de
la forme :

```
com.sun.star.awt.FontWeight.NORMAL
```

Cet exemple met un mot en gras.

```
rem Code08-02.odt    bibli : Formatage Module3
Option Explicit

Sub FormaterCaracteres()
Dim monDocument As Object, monTexte As Object
Dim monCurseur As Object
monDocument = ThisComponent
monTexte = monDocument.Text
monCurseur= monTexte.createTextCursor
monCurseur.gotoNextParagraph(false)
monCurseur.gotoNextWord(false)
monCurseur.gotoEndOfWord(true)
monCurseur.CharWeight = com.sun.star.awt.FontWeight.BOLD
End Sub
```

Les différentes valeurs de constantes possibles sont listées dans le tableau 8-11, du
plus maigre au plus gras. Il s'agit de nombres réels : par exemple 150 % vaut 1,5.

Attention à la casse ! Les constantes nommées doivent être écrites en respectant les
majuscules et minuscules.

Tableau 8–11 Constantes de graisse

Constante	Signification	Proportion de la graisse normale
THIN	Fin.	50%
ULTRALIGHT	Ultra-maigre.	60%
LIGHT	Maigre.	75%
SEMILIGHT	Semi-maigre.	90%
NORMAL	Normal.	100%
SEMIBOLD	Semi-gras.	110%
BOLD	Gras.	150%
ULTRABOLD	Ultra-gras.	175%
BLACK	Noir.	200%

Italique

L'italique est réglée par la propriété CharPosture de type Integer, qui a deux valeurs possibles :

```
com.sun.star.awt.FontSlant.NONE
com.sun.star.awt.FontSlant.ITALIC
```

La valeur NONE donne un caractère droit, l'autre donne un caractère en italique.

Soulignement et surlignement

De même qu'un soulignement réalise un tracé en-dessous d'un caractère, nous utilisons ici le mot surlignement pour désigner l'action d'exécuter un tracé au-dessus d'un caractère. Le surlignage, équivalent au passage d'un feutre sur les caractères, est traité un peu plus loin à la section « Couleurs » car il s'agit de la couleur de fond. Soulignement et surlignement fonctionnent de manière identique.

- La propriété CharUnderline réalise le soulignement de caractère.
- La propriété CharOverline, seulement disponible à partir de la version 3.1 d'OpenOffice.org, réalise le surlignement de caractère.

Ces deux propriétés reçoivent chacune une constante nommée (voir le tableau 8-12) qui précise le trait. La même série FontUnderline est utilisée pour les valeurs des deux propriétés. Prenons un exemple :

```
com.sun.star.awt.FontUnderline.SINGLE
```

Tableau 8–12 Constantes de trait

Constante	Résultat
NONE	Aucun trait.
SINGLE	Ligne unique.
DOUBLE	Ligne double.
DOTTED	Ligne pointillée.
DASH	Ligne de tirets.
LONGDASH	Ligne de tirets longs.
DASHDOT	Tiret-point.
DASHDOTDOT	Tiret-point-point.
SMALLWAVE	Petite ondulation.
WAVE	Ondulation.
DOUBLEWAVE	Double ondulation.
BOLD	Ligne grasse.
BOLDDOTTED	Ligne pointillée en gras.
BOLDDASH	Ligne de tirets gras.
BOLDLONGDASH	Ligne de tirets longs et gras.
BOLDDASHDOT	Tiret-point gras.
BOLDDASHDOTDOT	Tiret-point-point gras.
BOLDWAVE	Ondulation grasse.

Le soulignement comme le surlignement peuvent prendre une autre couleur que celle du caractère, voyez un peu plus loin la section sur les couleurs.

Notez aussi la propriété `CharWordMode`, de type `Boolean` : si sa valeur est `True`, les espaces ne seront pas soulignés ou surlignés.

Accentuation

Ce type de surlignement ou de soulignement est prévu pour les caractères asiatiques, mais peut être utile pour enjoliver certains textes. La propriété `CharEmphasis` reçoit une constante nommée de la forme :

```
com.sun.star.text.FontEmphasis.DOT_ABOVE
```

Le tableau 8-13 liste les différentes valeurs.

Tableau 8–13 Constantes d'accentuation

Constante	Signification
NONE	Pas d'accentuation.
DOT_ABOVE	Un point au-dessus du caractère.
CIRCLE_ABOVE	Un cercle au-dessus du caractère.
DISK_ABOVE	Un disque au-dessus du caractère.
ACCENT_ABOVE	Un accent au-dessus du caractère.
DOT_BELOW	Un point au-dessous du caractère.
CIRCLE_BELOW	Un cercle au-dessous du caractère.
DISK_BELOW	Un disque au-dessous du caractère.
ACCENT_BELOW	Un accent au-dessous du caractère.

Relief

La propriété `CharRelief`, de type `Integer`, dessine un effet de relief au caractère. Ceci n'est visible que sur une taille suffisamment grande. La propriété reçoit une des trois constantes nommées :

```
com.sun.star.text.FontRelief.NONE     ' aucun relief
com.sun.star.text.FontRelief.EMBOSSED ' gravé en relief
com.sun.star.text.FontRelief.ENGRAVED ' gravé en creux
```

Changement de casse

La propriété `CharCaseMap` transforme la casse du caractère ; elle utilise des constantes nommées (tableau 8-14) de la forme :

```
com.sun.star.style.CaseMap.NONE
```

Tableau 8–14 Constantes de changement de casse

Constante	Signification
NONE	La casse n'est pas modifiée.
UPPERCASE	Le caractère est mis en majuscules.
LOWERCASE	Le caractère est mis en minuscules.
TITLE	Le premier caractère de chaque mot est mis en majuscule.
SMALLCAPS	Le caractère est mis en petite minuscule.

Exposant et indice

Mettre un caractère en exposant ou en indice nécessite deux propriétés de type `Integer` :

- `CharEscapement` spécifie la position verticale du caractère par rapport à un caractère normal, en pourcentage de la hauteur de la police : une valeur positive pour un exposant, une valeur négative pour un indice.
- `CharEscapementHeight` spécifie la taille du caractère, en pourcentage, par rapport à la taille de la police. La valeur est positive.

Voici un exemple :

```
' position : plus haut de 20% de la hauteur de la police
monCurseur.CharEscapement = 20
' taille : 70% de la taille de la police
monCurseur.CharEscapementHeight = 70
```

> **Astuce**
>
> Les valeurs de position du caractère sont visibles avec l'interface utilisateur. Pour cela, sélectionnez le caractère et ouvrez le menu **Format>Caractères...** à l'onglet **Position**.

> **Attention**
>
> La documentation de l'API pour la propriété `CharEscapementHeight` indique à tort qu'elle peut prendre des valeurs négatives.

Couleurs

Les propriétés de caractère indiquant une couleur sont listées dans le tableau 8-15. Le codage des couleurs et la fonction `RGB` sont expliqués au chapitre 5.

Tableau 8–15 Propriétés de couleur de caractère

Propriété	Type	Signification
CharColor	Long	Couleur de la police de caractère. La valeur -1 correspond à la couleur `Automatique`.
CharBackColor	Long	Couleur de l'arrière-plan. La valeur -1 correspond à `Sans remplissage`.
CharBackTransparent	Boolean	`True` si la couleur de fond n'est pas utilisée.
CharUnderlineColor	Long	Couleur de soulignement. La valeur -1 correspond à la couleur `Automatique`.

Tableau 8–15 Propriétés de couleur de caractère (suite)

Propriété	Type	Signification
CharUnderlineHasColor	Boolean	True pour imposer la couleur de soulignement. False pour que le soulignement prenne la même couleur que le caractère.
CharOverlineColor	Long	Couleur de surlignement. La valeur −1 correspond à la couleur Automatique.
CharOverlineHasColor	Boolean	True pour imposer la couleur de surlignement. False pour que le surlignement prenne la même couleur que le caractère.

Exemple :

```
monCurseur.CharColor = RGB(250,0,0)
monCurseur.CharBackColor = 1234567
```

La couleur Automatique de la police de caractères se traduit par du noir si l'arrière-plan est clair, ou du blanc si l'arrière-plan est (très) sombre. La valeur −1 doit être appliquée directement car la fonction RGB ne peut la fournir.

Rotation de caractères

Ceci correspond au menu Format>Caractères, onglet Position>Rotation. La propriété CharRotation, de type Single, est l'angle de rotation exprimé en dixièmes de degrés ; les seules valeurs acceptées correspondent à 0, 90 et 270 degrés.

```
monCurseur.CharRotation = 900
```

La propriété CharRotationIsFitToLine, de type Boolean, correspond à la case Adapter à la ligne dans le même panneau d'interface utilisateur. La valeur True revient à cocher la case.

Barrer un caractère

Barrer un caractère peut se faire de deux manières différentes, avec la propriété CharCrossedOut ou la propriété CharStrikeOut. Si on modifie l'une, l'API modifiera l'autre en cohérence.

Pour barrer d'une ligne simple, il suffit de mettre à True la propriété CharCrossedOut.

```
monCurseur.CharCrossedOut = True
```

Avec `CharStrikeOut`, de type `Integer`, on dispose de plusieurs styles de barres, comme le montre le tableau 8-16. Ce sont des constantes nommées utilisées ainsi :

```
monCurseur.CharStrikeOut = com.sun.star.awt.FontStrikeout.SLASH
```

Tableau 8–16 Constantes pour barrer un caractère

Constante	Signification
NONE	Caractère non barré.
SINGLE	Barré d'une ligne simple.
DOUBLE	Barré d'une ligne double.
BOLD	Barré d'une ligne en gras.
SLASH	Barré avec des traits «barre de fraction».
X	Barré de deux traits en «X».

Autres propriétés de caractère

Ces propriétés diverses sont listées dans le tableau 8-17.

Tableau 8–17 Autres propriétés de formatage de caractère

Propriété	Type	Signification
CharStyleName	String	Nom du style de caractère (respecter la casse).
CharFontName	String	Nom de la police de caractères (respecter la casse).
CharHeight	Single	Taille du caractère, en points, exemple : 9,7. Un point vaut 1/72 de pouce, soit 0,3527 mm.
CharShadowed	Boolean	Valeur True pour ombrer le caractère.
CharHidden	Boolean	Valeur True pour rendre invisible le caractère.
CharContoured	Boolean	Valeur True pour dessiner un contour du caractère (visible sur une grande taille).
CharScaleWidth	Integer	Échelle de la largeur du caractère, en pourcentage de la taille normale (100), exemple : 150 ou 57.
CharWordMode	Boolean	Valeur True pour ne pas appliquer le soulignement, le surlignement ou le barré sur les espaces entre mots.
CharFlash	Boolean	Valeur True pour faire clignoter le caractère à l'écran.
CharLocale	Object	Langue utilisée pour les fonctions dépendant de la localisation. Voir la notion de Locale dans le chapitre 7.

Supprimer tout formatage de caractère

Pour tout nettoyer, c'est-à-dire ne laisser que le formatage propre au style du paragraphe en cours, on applique la méthode setAllPropertiesToDefault de l'objet curseur.

```
monCurseur.setAllPropertiesToDefault
```

Pour remettre une propriété de formatage à sa valeur par défaut, utilisez la méthode setPropertyToDefault en précisant la propriété souhaitée :

```
monCurseur.setPropertyToDefault("CharHeight")
```

Curseur visible et zone sélectionnée par l'utilisateur

Obtenir le curseur visible

Le curseur visible, c'est la barre verticale clignotante affichée sur votre texte à l'écran. C'est aussi une zone sélectionnée par l'utilisateur, par exemple en faisant glisser la souris sur le texte.

L'objet curseur visible ne s'obtient pas directement de l'objet document, mais de l'objet contrôleur associé à la fenêtre courante du document.

```
Dim monDocument As Object
Dim CurseurVisible As Object
monDocument = ThisComponent
curseurVisible = monDocument.CurrentController.ViewCursor
```

Il n'existe qu'un seul curseur visible (alors qu'on peut créer plusieurs curseurs d'écriture). La variable curseurVisible reflète l'état réel du curseur visible : s'il évolue sous l'action de l'utilisateur, la variable pointe sur la nouvelle zone.

Zone sélectionnée par l'utilisateur

Modifier le contenu de la zone

Le curseur visible connaît la ou les zones sélectionnées par l'utilisateur. Le formatage de ces zones peut être réalisé en employant directement le curseur visible comme un curseur d'écriture. Par exemple, la macro suivante, bien pratique, affecte un style de caractère aux zones sélectionnées par l'utilisateur. Il suffit ensuite de déclencher la macro par un raccourci clavier ou un nouveau bouton sur une barre d'outils.

```
Sub StyleCarPerso
Dim CurseurVisible As Object

CurseurVisible = ThisComponent.Currentcontroller.ViewCursor
CurseurVisible.CharStyleName = "MonStyleCaract"
End Sub
```

Voici comment récupérer le texte sélectionné par l'utilisateur et le remplacer par un autre texte, en utilisant la propriété String du curseur visible :

```
rem Code08-01.odt    bibli : SelectionTexte Module1a
Option Explicit

Sub ManipulerSelectionUtilisateur()
Dim monDocument As Object, CurseurVisible As Object
Dim texteSel As String
monDocument = ThisComponent
CurseurVisible = monDocument.CurrentController.ViewCursor
texteSel = CurseurVisible.String
print texteSel
CurseurVisible.String = "BBBBB"
End Sub
```

Définir un curseur d'écriture sur la zone sélectionnée

Malheureusement, la variable CurseurVisible n'est pas un curseur d'écriture, mais un curseur d'un autre type, moins élaboré. Pour créer un curseur d'écriture équivalent, nous devons d'abord déterminer dans quel texte se trouve le curseur visible. En effet, il peut se trouver ailleurs que dans le texte principal, par exemple dans un tableau du document, ou un en-tête, ou encore un pied de page. L'objet texte correspondant nous est donné par la pseudo-propriété Text du curseur visible.

```
Dim monTexte As Object
monTexte = CurseurVisible.Text
```

Pour obtenir un curseur d'écriture à partir d'une zone sélectionnée, nous allons utiliser la méthode déjà vue dans la section « Créer un curseur à partir d'un autre curseur » :

```
Dim unCurseur As Object
unCurseur = monTexte.createTextCursorByRange(CurseurVisible)
```

Nous pouvons préciser si le curseur d'écriture couvre la zone de sélection du curseur visible ou s'il est un point d'insertion en début ou fin de zone :

```
' curseur positionné sur la dernière sélection effectuée
unCurseur = monTexte.createTextCursorByRange(CurseurVisible)
' curseur au début de la dernière sélection effectuée
unCurseur = monTexte.createTextCursorByRange(CurseurVisible.Start)
' curseur à la fin de la dernière sélection effectuée
unCurseur = monTexte.createTextCursorByRange(CurseurVisible.End)
```

S'il n'y a pas de sélection, ces trois instructions donnent le même résultat. En cas de besoin, on détermine s'il y a une sélection avec la fonction isCollapsed de l'objet curseur :

```
unCurseur = monTexte.createTextCursorByRange(CurseurVisible)
if unCurseur.isCollapsed then
    ' ici pas de sélection
else
    ' ici il y a une sélection
end if
```

Obtenir l'objet texte de la sélection

Reprenons l'exemple précédent avec quelques modifications.

```
rem Code08-01.odt    bibli : SelectionTexte Module1b
Option Explicit

Sub ManipulerTouteSelectionUtilisateur()
Dim monDocument As Object, CurseurVisible As Object
Dim monCurseur As Object, monTexte As Object
Dim texteSel As String
monDocument = ThisComponent
CurseurVisible = monDocument.CurrentController.ViewCursor
monTexte = CurseurVisible.Text
monCurseur = monTexte.createTextCursorByRange(CurseurVisible)
texteSel = monCurseur.String
print texteSel
monCurseur.String = "BBBBB"
End Sub
```

Maintenant, la variable monTexte ne représente plus systématiquement le texte principal du document, mais une zone de texte quelconque. Nous pouvons lire et modifier une zone sélectionnée par l'utilisateur, même dans un en-tête, un bas de page, un tableau, etc.

Ce code marche correctement si l'utilisateur a sélectionné une seule zone dans le texte principal. Cependant, on peut sélectionner plusieurs zones simultanément, en utilisant la touche **Ctrl** avec glissement de la souris, pour les zones supplémentaires. Et dans ce cas, la propriété String fournit une chaîne nulle.

L'objet CurrentSelection de l'objet document fournit une liste des zones sélectionnées. On utilise alors une boucle pour trouver successivement ces zones. Le nombre de zones est dans la propriété Count de l'objet CurrentSelection. Pour chaque zone, on crée un curseur d'écriture suivant la méthode précédemment exposée. L'exemple suivant met en caractères gras les zones sélectionnées par l'utilisateur.

```
rem Code08-01.odt    bibli : SelectionTexte Module2
Option Explicit

Sub BalayerSelectionsUtilisateur()
Dim monDocument As Object
Dim lesZones As Object, uneZone As Object
Dim monCurseur As Object, monTexte As Object
Dim x As Long
monDocument = ThisComponent
lesZones = monDocument.CurrentSelection
for x = 0 to lesZones.Count -1
  uneZone = lesZones(x) ' raccourci pour .getByIndex(x)
  monTexte = uneZone.Text
  monCurseur = monTexte.createTextCursorByRange(uneZone)
  if not monCurseur.isCollapsed then
    monCurseur.CharWeight = com.sun.star.awt.FontWeight.BOLD
  end if
next
End Sub
```

L'instruction lesZones(x) est un raccourci de Basic pour lesZones.getByIndex(x) : l'objet lesZones est un conteneur, et getByIndex une méthode renvoyant un des objets du conteneur. C'est la raison pour laquelle nous n'employons pas ici la structure for each.

Si vous n'êtes pas sûr que l'utilisateur n'a sélectionné qu'une seule zone, employez le codage ci-dessus. S'il n'y a aucune sélection, la boucle for est exécutée une fois. Le test isCollapsed évite de mettre en gras si la zone est ponctuelle.

Où se trouve le curseur ?

L'objet curseur (curseur visible ou curseur d'écriture) offre plusieurs propriétés qui nous donnent des informations sur son environnement ; d'abord, sur le texte lui-même, qui n'est pas toujours le texte principal. La distinction se fait par le contenu de la propriété ImplementationName de l'objet texte :

```
print CurseurVisible.Text.ImplementationName
```

Cette propriété, de type `String`, nous renseigne sur la variante d'objet texte :

- `SwXBodyText` : le texte principal ou le texte dans un dessin ;
- `SwXTextFrame` : le texte dans un cadre ;
- `SwXCell` : le texte dans une cellule de tableau ;
- `SwXHeadFootText` : le texte d'un en-tête ou bas de page ;
- `SwXFootnote` : le texte d'une note de bas de page ou d'une note de fin.

De plus, le curseur expose plusieurs propriétés permettant de remonter à l'objet dans lequel il se trouve :

- `TextTable` est le tableau ;
- `Cell` est la cellule dans le tableau ;
- `TextFrame` est le cadre ;
- `TextField` est le champ de texte ;
- `TextSection` est la section.

Lorsque le curseur n'est pas dans une de ces zones, la propriété correspondante n'est pas disponible. Pour éviter une erreur d'exécution, on utilise la fonction OOoBasic `IsEmpty` :

```
if IsEmpty(CurseurVisible.TextTable) then
  print "En dehors d'un tableau"
else
  MsgBox("Tableau : " & CurseurVisible.TextTable.Name & _
         chr(13) & "Cellule : " & CurseurVisible.Cell.CellName)
end if
```

Si vous avez l'intention d'analyser un document inconnu avec ces informations, n'oubliez pas que les combinaisons sont possibles, par exemple un tableau dans un cadre dans le texte d'une section elle-même incluse dans une section... Pour étudier les possibilités, utilisez l'outil Xray décrit à l'annexe A.

Explorer la zone sélectionnée par l'utilisateur

Nous allons reprendre le code donné précédemment, qui supprime des paragraphes. Cette nouvelle version ne supprime les paragraphes que dans la zone sélectionnée par l'utilisateur :

```
rem Code08-01.odt    bibli : SelectionTexte Module3
Option Explicit

Sub ExplorerSelectionUtilisateur()
Dim monDocument As Object, monTexte As Object
```

```
Dim CurseurVisible As Object, monCurseur As Object
monDocument = ThisComponent
CurseurVisible = monDocument.CurrentController.ViewCursor
monTexte = CurseurVisible.Text
' créer un curseur à la position de début du curseur visible
monCurseur = monTexte.createTextCursorByRange(CurseurVisible.Start)
Do While monCurseur.gotoNextParagraph(false)
  if monTexte.compareRegionEnds(monCurseur, _
                     CurseurVisible)< 0 then Exit Do
  monCurseur.goLeft(1, true)
  monCurseur.String = " "
Loop
End Sub
```

Notez que, si l'utilisateur sélectionne plusieurs zones, la macro ne supprime rien.

La fonction compareRegionEnds de la variable objet monTexte compare les positions de fin dans les deux curseurs. Elle renvoie :

- 1 si le premier curseur se termine avant le deuxième ;
- 0 si les deux se terminent à la même position ;
- -1 si le premier curseur se termine après le deuxième.

Il existe aussi la fonction compareRegionStarts, qui renvoie :

- 1 si le premier curseur commence avant le deuxième ;
- 0 si les deux commencent à la même position ;
- -1 si le premier curseur commence après le deuxième.

Sélectionner de manière visible une zone de texte

Après avoir sélectionné une zone en déplaçant un curseur d'écriture, vous voulez afficher cette sélection à l'utilisateur. On utilise pour cela une méthode de l'objet CurrentController :

```
rem Code08-01.odt   bibli : SelectionTexte Module4
Option Explicit

Sub AfficherSelection()
Dim monDocument As Object, monTexte As Object
Dim monCurseur As Object
monDocument = ThisComponent
monTexte = monDocument.Text
monCurseur = monTexte.createTextCursor
monCurseur.gotoNextParagraph(False)
monCurseur.gotoNextWord(false)
monCurseur.gotoEndOfWord(true) ' sélectionner un mot
```

```
monDocument.CurrentController.Select(monCurseur)
End Sub
```

La méthode Select utilise en argument un objet curseur, qui indique la zone de texte à afficher comme sélection. Le document exemple du Zip téléchargeable contient deux pages. Si la fenêtre Writer est sur la première page, l'exécution de la macro fera dérouler le texte pour afficher la nouvelle position du curseur. Attention : le déroulement du texte affiché ne se fera que si la macro est exécutée en dehors de l'EDI.

La méthode gotoRange du curseur visible offre une autre possibilité, la zone cible étant indiquée par un curseur d'écriture :

```
curseurVisible.gotoRange(monCurseur, True)
```

Déplacer le curseur visible

Le curseur visible offre diverses méthodes listées dans le tableau 8-18, qui permettent de le déplacer dans le document, de manière très similaire à un curseur d'écriture.

Tableau 8–18 Méthodes de déplacement du curseur visible

Méthode	Signification	Retour
Page	Obtenir le numéro de la page en cours.	Integer
jumpToFirstPage	Aller à la première page.	Non significatif.
jumpToLastPage	Aller à la dernière page.	Non significatif.
jumpToPage(n)	Aller à la page numéro n (valeur Integer).	Non significatif.
jumpToNextPage	Aller à la page suivante.	True si l'action a pu être réalisée.
jumpToPreviousPage	Aller à la page précédente.	True si l'action a pu être réalisée.
jumpToEndOfPage	Aller à la fin de la page en cours.	Non significatif.
jumpToStartOfPage	Aller au début de la page en cours.	Non significatif.
goRight(n, SEL)	Déplacer de n caractères à droite.	True si l'action a pu être réalisée.
goLeft(n, SEL)	Déplacer de n caractères à gauche.	True si l'action a pu être réalisée.
goDown(n, SEL)	Déplacer de n caractères vers le bas.	True si l'action a pu être réalisée.
goUp(n, SEL)	Déplacer de n caractères vers le haut.	True si l'action a pu être réalisée.
gotoStart(SEL)	Déplacer au début du texte entier.	Pas de résultat.
gotoEnd(SEL)	Déplacer à la fin du texte entier.	Pas de résultat.
gotoRange(zone, SEL)	Positionner le curseur sur une zone donnée.	Pas de résultat.
screenDown	Aller à la page écran suivante.	True si l'action a pu être réalisée.
screenUp	Aller à la page écran précédente.	True si l'action a pu être réalisée.

Tableau 8–18 Méthodes de déplacement du curseur visible (suite)

Méthode	Signification	Retour
gotoEndOfLine(SEL)	Aller en fin de ligne.	Pas de résultat.
gotoStartOfLine(SEL)	Aller en début de ligne.	Pas de résultat.
isAtStartOfLine	Le curseur est-il en début de ligne ?	True si oui.
isAtEndOfLine	Le curseur est-il en fin de ligne ?	True si oui.

La page courante, le nombre de pages

La numérotation des pages est continue sur l'ensemble du document. La propriété Page du curseur visible fournit le numéro de la page dans laquelle il se trouve. Après avoir déplacé le curseur visible à la dernière page, cette propriété nous donnera le nombre total de pages. Notez que le document du Zip téléchargeable ne contient que 2 pages et n'est pas significatif.

```
rem Code08-01.odt   bibli : SelectionTexte Module5
Option Explicit

Sub NombreDePagesDuDocument()
Dim monDocument As Object
Dim CurseurVisible As Object
monDocument = ThisComponent
CurseurVisible = monDocument.CurrentController.ViewCursor
CurseurVisible.jumpToLastPage' aller à la dernière page
print CurseurVisible.Page' afficher le numéro de la page actuelle
CurseurVisible.jumpToPage(26)
End Sub
```

Définir des positions de tabulation

Insérer une tabulation dans un texte consiste à ajouter le caractère dont la valeur décimale est 9, c'est-à-dire chr(9).

Les positions de tabulations (les taquets) sont celles définies dans le style du paragraphe en cours, ou celles définies par défaut. Si vous souhaitez des taquets spécifiques, vous avez deux solutions :

- La plus simple et pratique est d'utiliser un style de paragraphe que vous avez défini dans votre document.
- L'autre consiste à définir laborieusement par programmation les taquets du paragraphe en cours, comme dans la macro ci-après.

```
rem Code08-03.odt   bibli : Tabulations Module1
Option Explicit

Sub MettreTaquetsTabulation()
Dim monDocument As Object, monTexte As Object
Dim monCurseur As Object, Texte1 As String
Dim Tab As String
Dim PositionTaquet As New com.sun.star.style.TabStop
Dim ListeTaquets(2) As Object ' prévoir trois taquets
Tab = chr(9) ' caractère de tabulation

With PositionTaquet' définition des taquets
  .DecimalChar = Asc(",")
  .FillChar = Asc(" ")
  .Position = 2500 ' 25 mm ( 2,5 cm )
  .Alignment = com.sun.star.style.TabAlign.LEFT
  ListeTaquets(0) = PositionTaquet
  .Position = 4700 ' 47 mm
  .Alignment = com.sun.star.style.TabAlign.CENTER
  ListeTaquets(1) = PositionTaquet
  .Position = 7010 ' 70,1 mm
  .Alignment = com.sun.star.style.TabAlign.RIGHT
  ListeTaquets(2) = PositionTaquet
end With

monDocument = ThisComponent
monTexte = monDocument.Text
monCurseur = monTexte.createTextCursor
monCurseur.gotoNextParagraph(false) 'sauter le titre
' mettre les taquets sur le paragraphe en cours
monCurseur.ParaTabStops = ListeTaquets()
' insérer un texte avec tabulations
Texte1 = "Début" & Tab & "Tab0" & Tab & "Tab1" & Tab & "Tab2"
monTexte.insertString( monCurseur, Texte1, false)
End Sub
```

Vous devez affecter tous les taquets en une seule fois, avec un tableau comportant le nombre de taquets nécessaires. Chaque taquet est une structure composée de plusieurs valeurs indiquées au tableau 8-19.

Tableau 8–19 Composantes d'un taquet

Élément	Type	Signification
Position	Long	La position du taquet par rapport à la marge gauche, en 1/100 de mm.
Alignment	Long	Le type de tabulation, sous forme d'une constante, voir le tableau 8-20.
DecimalChar	Char	Le caractère séparateur décimal (en France, la virgule).
FillChar	Char	Le caractère de suite, qui remplit les blancs, par exemple un pointillé.

Le type `Char`, indiqué pour les éléments `DecimalChar` et `FillChar`, n'existe pas en Basic. On peut cependant remplir ces éléments avec un nombre correspondant à la valeur ASCII du caractère. Ceci est réalisé avec la fonction Basic `Asc()`.

La composante `Alignment` précise le type de tabulation. La valeur est une constante nommée (tableau 8-20) de la forme :

```
com.sun.star.style.TabAlign.CENTER
```

Tableau 8–20 Constantes d'alignement de tabulation

Constante	Position du taquet de tabulation
LEFT	À gauche du texte à tabuler.
CENTER	Au centre du texte à tabuler.
RIGHT	À droite du texte à tabuler.
DECIMAL	Sur le séparateur de décimales.
DEFAULT	Position suivant la valeur par défaut.

Rechercher – remplacer

Les mécanismes de recherche dans un document Writer utilisent un objet « descripteur de recherche ». Nous allons l'utiliser dans un premier exemple qui consiste à trouver dans le document toutes les occurrences d'un mot. Chaque mot trouvé est ensuite mis en exergue avec un arrière-plan coloré.

```
rem Code08-04.odt    bibli : Rechercher Module1
Option Explicit

Sub TrouverToutPartout()
Dim monDocument As Object
Dim jeCherche As Object, trouv As Variant
Dim x As Long
monDocument = ThisComponent
jeCherche = monDocument.createSearchDescriptor
with jeCherche
  .SearchString = "Marseille"
  .SearchWords = true
end with
trouv = monDocument.findAll(jeCherche)
print "Nombre d'occurrences : " & trouv.Count
for x = 0 to trouv.Count -1
  trouv(x).CharBackColor = 1234567 ' fond vert sombre
```

```
next
End Sub
```

Un descripteur de recherche est obtenu avec la méthode `createSearchDescriptor` de l'objet document. Ce descripteur est une structure qui comporte plusieurs éléments à remplir avant de lancer la recherche. L'objet document fournit la fonction `findAll`, qui a pour argument l'objet descripteur de recherche, et renvoie un objet conteneur contenant toutes les occurrences trouvées. Leur nombre est disponible dans la propriété `Count` de l'objet conteneur. Basic permet d'obtenir les occurrences par une simple indexation du conteneur ; ce sont des zones de texte, qui peuvent servir à effectuer des modifications simples ou à créer un curseur d'écriture pour plus de possibilités.

La structure Basic `With ... End With` évite de répéter le nom de la variable descripteur sur plusieurs lignes. Sans elle, on écrirait :

```
jeCherche.SearchString = "Marseille"
jeCherche.SearchWords = true
```

Le descripteur de recherche

Le tableau 8-21 liste les éléments du descripteur. Leur utilisation est identique à la fonction de recherche de l'interface utilisateur.

> **Limitation**
>
> La recherche dans les commentaires du document, apparue dans l'interface utilisateur de la version 3.1 d'Open-Office.org, n'est pas encore disponible depuis l'API, voir l'Issue 100557.

Tableau 8–21 Descripteur de recherche

Élément	Type	Signification
SearchString	String	La chaîne de caractères à rechercher.
SearchBackwards	Boolean	True pour faire une recherche à reculons (cela peut servir) ; par défaut, on recherche dans le sens normal de lecture.
SearchCaseSensitive	Boolean	True pour distinguer les majuscules des minuscules dans la recherche. Par défaut, il n'y a pas de distinction. Quelle que soit la valeur de cette propriété, les caractères accentués sont toujours différenciés des caractères non accentués.
SearchWords	Boolean	True pour ne rechercher que des mots. Par défaut, on recherche la séquence de caractère n'importe où.
SearchRegularExpression	Boolean	True pour faire une recherche avec la méthode des expressions régulières. Par défaut, on recherche une simple égalité de chaîne.

Tableau 8–21 Descripteur de recherche (suite)

Élément	Type	Signification
SearchStyles	Boolean	True pour rechercher des paragraphes d'un style donné par SearchString ; par défaut, on cherche du texte.
SearchSimilarity	Boolean	True pour rechercher un texte similaire au texte cherché.
SearchSimilarityRelax	Boolean	True pour essayer toute combinaison des trois critères suivants qui permettent de retrouver le texte cherché.
SearchSimilarityRemove	Integer	Nombre de caractères à retrancher pour retrouver le texte cherché.
SearchSimilarityAdd	Integer	Nombre de caractères à ajouter pour retrouver le texte cherché.
SearchSimilarityExchange	Integer	Nombre de caractères à changer pour retrouver le texte cherché.
SearchAttributes	Array()	Tableau d'attributs à rechercher (voir explications dans la section suivante).
ValueSearch	Boolean	True si on recherche certaines valeurs des attributs (valeur par défaut). False si on recherche seulement si certains attributs existent.

PIÈGE **Nom du style recherché**

Pour rechercher un style, la propriété SearchString doit contenir le nom localisé du style, et non pas le nom anglais. Relisez à ce sujet la section « Appliquer un style à un paragraphe ».

Rechercher des attributs particuliers

La propriété SearchAttributes sert à limiter la recherche à certains formatages. Pour remplir chacune de ces propriétés, il faut constituer un tableau de PropertyValue et l'affecter à la propriété souhaitée. Dans l'exemple suivant, nous recherchons les zones soulignées d'une ondulation. Le texte du document (voir le Zip téléchargeable) contient plusieurs mots soulignés de différentes manières.

```
rem Code08-04.odt    bibli : Rechercher Module6
Option Explicit

Sub TrouverAttributsPartout()
Dim monDocument As Object
Dim jeCherche As Object, trouv As Variant
Dim x As Long
monDocument = ThisComponent

Dim attRech(0) As New com.sun.star.beans.PropertyValue
attRech(0).Name = "CharUnderline"
attRech(0).Value = com.sun.star.awt.FontUnderline.WAVE
```

```
jeCherche = monDocument.createSearchDescriptor
jeCherche.SearchAttributes = attRech()
jeCherche.ValueSearch = True
trouv = monDocument.findAll(jeCherche)
print "Nombre d'occurrences : " & trouv.Count
for x = 0 to trouv.Count -1
  trouv(x).CharBackColor = 1234567 ' fond vert sombre
next
End Sub
```

La propriété `SearchString` est par défaut une chaîne vide. Ceci nous permet de rechercher toute occurrence de texte. On aurait pu rechercher une chaîne particulière comportant le soulignement. La propriété `ValueSearch` vaut ici `True`. Elle indique qu'il faut rechercher la valeur des attributs. Ici, nous recherchons l'attribut `CharUnderline` avec la valeur correspondant à une ondulation. Mettez `ValueSearch` à `False` et la macro trouvera tout type de soulignement.

Limiter le champ de la recherche

Si vous exécutez le premier exemple (macro `TrouverToutPartout`) sur le document fourni dans le Zip téléchargeable, vous constaterez des effets gênants : le document comporte un en-tête, un bas de page, un tableau et, comme par hasard, ces zones contiennent aussi le mot recherché. Elles sont toutes modifiées par la macro, alors qu'en réalité seul le texte principal nous intéressait.

Pour éviter ce désastre, nous allons vérifier que chaque zone de texte trouvée est bien dans le texte principal. La fonction Basic `EqualUnoObjects` sera utilisée pour vérifier que la propriété `Text` de la zone trouvée et la propriété `Text` du document indiquent bien le même objet.

```
rem Code08-04.odt    bibli : Rechercher Module2
Option Explicit

Sub TrouverToutdansleTexte()
Dim monDocument As Object, monTexte As Object
Dim jeCherche As Object, trouv As Variant
Dim x As Long, posTrouve As Object
monDocument = ThisComponent
monTexte = monDocument.Text' objet = texte principal
jeCherche = monDocument.createSearchDescriptor
with jeCherche
   .SearchString = "Marseille"
   .SearchWords = true
end with
trouv = monDocument.findAll(jeCherche)
```

```
print "Nombre d'occurrences : " & trouv.Count
for x = 0 to trouv.Count -1
  posTrouve = trouv(x)
  if EqualUnoObjects(monTexte, posTrouve.Text) then
    ' L'occurrence est bien dans le texte principal
    posTrouve.CharBackColor = 1234567 ' fond vert sombre
  end if
next
End Sub
```

Toutes les occurrences sont trouvées, mais seules celles du texte principal sont utilisées. Dans un cas plus général, on peut avoir besoin de savoir où se trouve l'occurrence : dans le texte principal, dans un cadre, dans une cellule de tableau, dans un pied de page, etc. La méthode est identique à celle exposée plus haut dans la section « Où se trouve le curseur ? », en employant posTrouve au lieu de curseurVisible.

Un autre moyen de recherche consiste à trouver la première occurrence avec la méthode findFirst de l'objet document, puis à rechercher les occurrences suivantes avec la méthode findNext jusqu'à échec de la recherche. Voici l'équivalent de l'exemple précédent, en utilisant cette technique.

```
rem Code08-04.odt    bibli : Rechercher Module3
Option Explicit

Sub RechercherPartoutdansleTexte()
Dim monDocument As Object, monTexte As Object
Dim jeCherche As Object, posTrouve As Object
monDocument = ThisComponent
monTexte = monDocument.Text
jeCherche = monDocument.createSearchDescriptor
with jeCherche
  .SearchString = "Marseille"
  .SearchWords = true
end with
posTrouve = monDocument.findFirst(jeCherche)
Do Until isNull(posTrouve)
  if EqualUnoObjects(monTexte, posTrouve.Text) then
    ' L'occurrence est bien dans le texte principal
    posTrouve.CharBackColor = 1234567 ' fond vert sombre
  end if
  posTrouve = monDocument.findNext(posTrouve.End, jeCherche)
Loop
End Sub
```

Si la recherche ne trouve rien, l'objet posTrouve reçoit la valeur Null et la boucle n'est pas exécutée.

Il est souvent nécessaire de restreindre la recherche à une certaine zone de texte dans le document. Nous allons utiliser un curseur d'écriture pour sélectionner la zone de recherche dans le texte, puis nous allons vérifier si la fin de la zone trouvée est encore dans la zone de recherche. La recherche débutera, non pas avec findFirst, mais avec findNext qui nous permet d'imposer le point de départ de la recherche.

```
rem Code08-04.odt    bibli : Rechercher Module4
Option Explicit

Sub RechercherDansPartieDeTexte()
Dim monDocument As Object, monTexte As Object
Dim jeCherche As Object, posTrouve As Object
Dim monCurseur As Object
monDocument = ThisComponent
monTexte = monDocument.Text
monCurseur= monTexte.createTextCursor
monCurseur.gotoNextParagraph(false)' début du 2ème paragr
monCurseur.gotoNextParagraph(true)' sélection du 2ème paragr
jeCherche = monDocument.createSearchDescriptor
with jeCherche
  .SearchString = "et"
  .SearchWords = true
end with
posTrouve = monDocument.findNext(monCurseur.Start, jeCherche)
Do Until isNull(posTrouve)
  if EqualUnoObjects(monTexte, posTrouve.Text) then
    if monTexte.compareRegionEnds(_
              posTrouve, monCurseur)< 0 then Exit Do
    ' L'occurrence est dans la zone de recherche
    posTrouve.CharBackColor = 1234567 ' fond vert sombre
  end if
  posTrouve = monDocument.findNext(posTrouve.End, jeCherche)
Loop
End Sub
```

La fonction compareRegionEnds renvoie -1 si la zone en premier argument commence après la zone en deuxième argument. Dans ce cas, Exit Do termine immédiatement la boucle.

La zone de recherche pourrait être une zone sélectionnée par l'utilisateur ; comme nous l'avons décrit plus haut.

Il est possible de sélectionner visuellement la zone trouvée, au lieu de changer la couleur de fond :

```
monDocument.CurrentController.select(posTrouve)
```

Rechercher pour remplacer

Lors d'une recherche, la zone de texte `posTrouve` sélectionne le texte trouvé. Nous pouvons utiliser cette zone de texte pour créer un curseur d'écriture et modifier le texte à notre guise. En reprenant l'exemple précédent, nous allons maintenant remplacer les mots « et » de la zone sélectionnée par le caractère « & ». De plus, si la zone trouvée est « Et », nous changerons la taille de caractère.

```
rem Code08-04.odt    bibli : Rechercher Module5
Option Explicit


Sub RemplacerDansPartieDeTexte()
Dim monDocument As Object, monTexte As Object
Dim jeCherche As Object, posTrouve As Object
Dim monCurseur As Object, Curseur2 As Object
monDocument = ThisComponent
monTexte = monDocument.Text
monCurseur= monTexte.createTextCursor
monCurseur.gotoNextParagraph(false) 'début du 2ème paragr
monCurseur.gotoNextParagraph(true) ' sélection du 2ème paragr
jeCherche = monDocument.createSearchDescriptor
with jeCherche
  .SearchString = "et"
  .SearchWords = true
end with
posTrouve = monDocument.findNext(monCurseur.Start, jeCherche)
Do Until isNull(posTrouve)
  if EqualUnoObjects(monTexte, posTrouve.Text) then
    if monTexte.compareRegionEnds(_
               posTrouve, monCurseur)< 0 then Exit Do
    ' L'occurrence est dans la zone de recherche
    Curseur2 = monTexte.createTextCursorByRange(posTrouve)
    ' Curseur2 sélectionne le texte trouvé
    if Curseur2.String = "Et" then Curseur2.CharHeight = 16
    Curseur2.String = "&" ' changer le texte
  end if
  posTrouve = monDocument.findNext(posTrouve.End, jeCherche)
Loop
End Sub
```

La propriété `String` de l'objet `Curseur2` contient initialement le texte trouvé. En changeant sa valeur, nous remplaçons le texte existant par un autre. Nous aurions aussi bien pu déplacer le curseur et effectuer toute sorte de remplacement, insertion, suppression sur les textes trouvés.

Tout remplacer

Dans le cas simple où toutes les occurrences doivent être systématiquement remplacées partout, texte principal et autres textes, l'objet document offre la fonction `replaceAll`, qui effectue ce travail et renvoie le nombre de remplacements. Elle utilise un descripteur de remplacement qui contient tous les éléments du descripteur de recherche et d'autres listés dans le tableau 8-22.

Tableau 8–22 Descripteur de remplacement (éléments spécifiques)

Élément	Type	Signification
ReplaceString	String	La chaîne de caractères à mettre à la place de celle trouvée.
ReplaceAttributes	Array()	Tableau d'attributs de remplacement (voir explications).

On utilise une nouvelle méthode `createReplaceDescriptor` pour obtenir un descripteur de remplacement. Pour un simple remplacement de texte, il suffit de remplir en plus `ReplaceString`.

```
rem Code08-04.odt    bibli : Remplacer Module1
Option Explicit

Sub RemplacerTextePartout()
Dim monDocument As Object
Dim jeCherche As Object, nbrFois As Long
monDocument = ThisComponent
jeCherche = monDocument.createReplaceDescriptor
with jeCherche
   .SearchString = "Marseille"
   .ReplaceString = "Bordeaux"
   .SearchWords = true
end with
nbrFois = monDocument.replaceAll(jeCherche)
print "Nombre de remplacements : " & nbrFois
End Sub
```

Rappelons que `replaceAll` ne permet pas de distinguer le texte principal des autres textes du document.

La macro suivante modifie tous les paragraphes de style `Style1`, pour leur affecter un autre style `Style2`. Si `Style1` est spécifique au type de texte considéré dans le document (par exemple utilisé seulement dans le texte principal), il n'y aura pas d'effet pervers. Attention, utilisez le nom anglais du style s'il est prédéfini par OpenOffice.org (voir la section sur les styles).

```
rem Code08-04.odt    bibli : Remplacer Module2
Option Explicit

Sub RemplacerStylePartout()
Dim MonDocument As Object
Dim JeCherche As Object
Dim MonCurseur As Object
MonDocument = ThisComponent
JeCherche = MonDocument.createReplaceDescriptor
with JeCherche
  .SearchString = "Style1"
  .ReplaceString = "Style2"
  .SearchStyles = true
end with
MonDocument.replaceAll(JeCherche)
End Sub
```

Nous avons vu que la propriété `SearchAttributes` sert à limiter la recherche à certains formatages. La propriété `ReplaceAttributes` précise les formatages à appliquer sur les zones trouvées. Il est possible d'utiliser l'une ou l'autre de ces propriétés, les deux, ou aucune.

Dans l'exemple suivant, nous recherchons les mots « ses » qui sont soulignés d'une ondulation. Nous allons conserver le texte, mais lui imposer le formatage : sans ondulation, italique, gras et avec un fond vert. Le texte du document (voir le Zip téléchargeable) contient plusieurs mots « ses », mais un seul est souligné en ondulé.

```
rem Code08-04.odt    bibli : Remplacer Module3
Option Explicit

Sub RemplacerAttributs()
Dim MonDocument As Object
Dim JeCherche As Object
Dim MonCurseur As Object
Dim attRech(0) As New com.sun.star.beans.PropertyValue
Dim attRempl(3) As New com.sun.star.beans.PropertyValue

attRech(0).Name = "CharUnderline"
attRech(0).Value = com.sun.star.awt.FontUnderline.WAVE

attRempl(0).Name = "CharPosture"
attRempl(0).Value = com.sun.star.awt.FontSlant.ITALIC
attRempl(1).Name = "CharUnderline"
attRempl(1).Value = com.sun.star.awt.FontUnderline.NONE
attRempl(2).Name = "CharWeight"
attRempl(2).Value = com.sun.star.awt.FontWeight.BOLD
attRempl(3).Name = "CharBackColor"
attRempl(3).Value = 1234567 ' fond vert sombre
```

```
MonDocument = ThisComponent
JeCherche = MonDocument.createReplaceDescriptor
with JeCherche
  .SearchString = "ses"
  .ReplaceString = "ses" ' on ne change pas le texte
  .SearchWords = true
  .ValueSearch = True
  .SearchAttributes = attRech()
  .ReplaceAttributes = attRempl()
end with
MonDocument.replaceAll(JeCherche)
End Sub
```

Si on donne à la propriété ValueSearch la valeur False, tout formatage de soulignement est recherché, et la valeur est ignorée. Dans ce cas, le remplacement d'attributs
ne fonctionne pas, il est seulement possible de modifier le texte. Vous pouvez faire
l'essai en modifiant deux lignes sur l'exemple précédent :

```
.ReplaceString = "mes" ' on change le texte
.ValueSearch = False' recherche de l'existence d'attributs
```

Rechercher des paragraphes

Il est facile de parcourir un texte paragraphe par paragraphe. Dans cet extrait de
code, nous recherchons dans un texte les paragraphes d'un style donné.

```
Dim listePargr As Object, elmt As Object

listePargr = leDocument.Text.createEnumeration
Do While listePargr.hasMoreElements
  elmt = listePargr.nextElement
  if elmt.supportsService("com.sun.star.text.Paragraph") Then
    Select Case elmt.paraStyleName
    Case "TitreNiveau1"
       ' faire quelque chose
    Case "TitreNiveau2"
      print elmt.String ' visualiser le contenu du paragraphe
    Case "TitreNiveau3"
       ' faire autre chose
    end select
  end if
Loop
```

Nous obtenons de l'objet texte un énumérateur de paragraphes. Les tableaux étant
compris dans cette liste, nous les éliminons en vérifiant si l'élément trouvé supporte
le service de paragraphe.

Attention à la casse ! Les noms de services doivent être écrits en respectant les majuscules et minuscules.

La propriété `paraStyleName` nous donne le style du paragraphe, que nous pouvons modifier par simple affectation. La propriété `String` d'un paragraphe renvoie le texte qu'il contient (avec un petit risque qu'il soit tronqué). On peut ensuite affecter un autre texte à cette propriété.

Les tableaux

Créer et manipuler un tableau Writer entièrement par programmation n'est pas une mince affaire, vous allez le voir. Ici encore, vous avez intérêt à partir d'un document existant, avec le ou les tableaux nécessaires, formatés manuellement à votre convenance. Avec une macro, il suffit alors de retrouver chaque tableau grâce à son nom et de le remplir.

Insérer un tableau

On utilise un curseur pour désigner l'endroit d'insertion du tableau. La méthode `createInstance` de l'objet document fournit l'objet tableau. Il est ainsi répertorié dans l'ensemble des tableaux du document. La méthode `initialize` de l'objet tableau spécifie le nombre de lignes et de colonnes. L'insertion effective du tableau sera faite par la méthode `insertTextContent` de l'objet texte.

```
rem Code08-05.odt    bibli : AjoutTableau Module1
Option Explicit

Sub InsererUnTableau()
Dim monDocument As Object, monTexte As Object
Dim monCurseur As Object, maTable As Object
monDocument = ThisComponent
monTexte = monDocument.Text
monCurseur = monTexte.createTextCursor
monCurseur.gotoNextParagraph(False)
monCurseur.gotoNextParagraph(False)
maTable = monDocument.createInstance("com.sun.star.text.TextTable")
maTable.initialize(5,9)' nombre de : lignes, colonnes
monTexte.insertTextContent(monCurseur, maTable, false)
End Sub
```

L'argument de `createInstance` doit être écrit en respectant la casse.

Le troisième argument de la méthode `insertTextContent` signifie :

- `False` = insérer dans le texte ;
- `True` = écraser la zone actuellement sélectionnée par le curseur.

Insérer plusieurs tableaux

À chaque insertion d'un tableau, il est nécessaire d'obtenir un nouvel objet TextTable, comme dans cet exemple.

```
rem Code08-05.odt    bibli : AjoutTableau Module2
Option Explicit

Sub InsererPlusieursTableaux()
Dim monDocument As Object, monTexte As Object
Dim monCurseur As Object, maTable As Object
monDocument = ThisComponent
monTexte = monDocument.Text
monCurseur = monTexte.createTextCursor
monCurseur.gotoNextParagraph(False)
monCurseur.gotoNextParagraph(False)
maTable = monDocument.createInstance("com.sun.star.text.TextTable")
maTable.initialize(5,9) ' nombre de : lignes, colonnes
monTexte.insertTextContent(monCurseur, maTable, false)
' - - - ( remplir le premier tableau ) - - -
monCurseur.gotoNextParagraph(False) ' aller ailleurs
maTable = monDocument.createInstance("com.sun.star.text.TextTable")
maTable.initialize(2,6)' nombre de : lignes, colonnes
monTexte.insertTextContent(monCurseur, maTable, false)
End Sub
```

Trouver un tableau existant

Rappelons que tout tableau possède un nom (par défaut, en version française : Tableau1, Tableau2, etc. par ordre de création). Avec le Navigateur, on peut donner un nom plus spécifique à chaque tableau.

Supposons que dans un document existant nous ayons à modifier le contenu d'un tableau nommé « Finances ». L'objet document fournit la collection de ses tableaux avec la propriété TextTables (notez le s du pluriel). On obtient un tableau d'un nom particulier avec la méthode getByName de l'objet collection. On peut aussi accéder à un tableau par son numéro d'ordre avec la méthode getByIndex. Avec OOoBasic, le getByIndex peut être omis, comme si on indexait une variable tableau.

```
' accès par index
maTable = monDocument.TextTables.getByIndex(2)
maTable = monDocument.TextTables(2) ' simplification Basic
' accès par le nom
maTable = monDocument.TextTables.getByName("Finances")
```

Nous pouvons maintenant modifier le tableau en utilisant la variable maTable.

Le getByName déclenchera une exception s'il n'existe aucun tableau de ce nom. Vous pouvez vérifier qu'un tel nom de tableau existe bien :

```
if monDocument.TextTables.hasByName("Finances") then
  ' le tableau existe, le modifier
end if
```

Il est facile de renommer un tableau avec sa propriété Name. Notons qu'un nom de tableau ne doit pas comporter de caractère espace.

```
maTable = monDocument.TextTables.getByName("Finances")
maTable.Name = "Finances_2003"
```

L'objet TextTables nous permet de connaître tous les tableaux du document et donc de les modifier. Le nombre de tableaux est fourni par la propriété Count, leurs noms sont obtenus avec la propriété Name de chaque objet tableau.

```
rem Code08-05.odt   bibli : AjoutTableau Module3
Option Explicit

Sub ListerLesTableaux()
Dim monDocument As Object
Dim lesTables As Object, maTable As Object
Dim x As Long
monDocument = ThisComponent
lesTables = monDocument.TextTables
for x = 0 to lesTables.Count -1
  maTable = lesTables(x)
  print "Tableau : " & maTable.Name
next
End Sub
```

Attention, l'ordre des tableaux dans la liste de TextTables ne correspond pas forcément à l'ordre dans le document.

Supprimer un tableau

Avec une variable maTable pointant sur un tableau, on supprime celui-ci en utilisant la méthode removeTextContent de l'objet texte.

```
if MsgBox("Effacer ce tableau ?", 132) = 6 then
  monTexte.removeTextContent(maTable)
end if
```

Propriétés de tableau

Le tableau 8-23 liste les principales propriétés de tableau. Les valeurs par défaut se règlent depuis le menu Outils>Options>OpenOffice.org Writer>Table.

Tableau 8–23 Propriétés de tableau

Propriété	Type	Signification
Name	String	Nom du tableau.
BreakType	Integer	Impose un saut de page ou de colonne avant ou après le tableau. Mêmes valeurs que pour le texte principal, voir le tableau 8-4.
KeepTogether	Boolean	True pour maintenir ce tableau et le paragraphe suivant sur la même page ou la même colonne.
Split	Boolean	False : impose que le tableau ne soit pas à cheval sur deux pages ou deux colonnes (à condition que le tableau tienne dans la page !) ; True : le tableau peut s'étendre sur deux pages ou plus. Note : l'autorisation de fractionnement d'une ligne de tableau est une propriété de ligne, voir le tableau 8-27.
PageDescName	String	Si cette propriété contient un nom de style de page, un saut de page est effectué avant le tableau et la nouvelle page prend ce style.
PageNumberOffset	Integer	Premier numéro de page s'il y a eu un saut de page forcé.
RepeatHeadline	Boolean	True pour répéter l'en-tête à chaque nouvelle page.
HeaderRowCount	Long	Nombre de lignes de l'en-tête.
TopMargin	Long	Marge entre le haut du tableau et le paragraphe précédent, en 1/100 de mm.
BottomMargin	Long	Marge entre le bas du tableau et le paragraphe suivant, en 1/100 de mm.
LeftMargin	Long	Marge de gauche du tableau, voir la section « Largeur du tableau ».
RightMargin	Long	Marge de droite du tableau, voir la section « Largeur du tableau ».
ShadowFormat	Object	Ombre du tableau, voir le tableau 8-9 et ses explications.
BackTransparent	Boolean	True rend le fond transparent (interface utilisateur : sans remplissage).
BackColor	Long	Couleur du fond.
TableColumnSeparators	Object	Décrit plus loin, à la section « Colonnes ».
TableColumnRelativeSum	Integer	Lecture seulement. Décrit plus loin, à la section « Colonnes ».
TableBorder	Object	Bordures du tableau, voir la section « Bordures de tableau ».
CollapsingBorders	Boolean	Bordures : True pour fusionner les styles de lignes adjacents.

Pour un nouveau tableau, ces propriétés peuvent être modifiées avant ou après l'instruction initialize, mais toujours après createInstance.

Bordures de tableau

Référez-vous à l'onglet Bordures du panneau Format de tableau (figure 8-1). Sur ce panneau, les largeurs de trait sont indiquées en point typographique pica.

Précision

Un point pica vaut 35,28 centièmes de millimètres.

Figure 8–1
L'onglet bordures
du Format de tableau

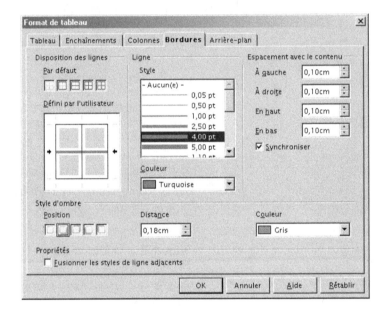

Les bordures de tableau sont exposées par la propriété `TableBorder`. Cette dernière est une structure (voir le tableau 8-24) dont chaque descripteur de ligne (`TopLine`, `LeftLine`, etc.) est lui-même une structure de bordure déjà décrite au tableau 8-8.

Tableau 8–24 Structure de TableBorder

Élément	Type	Signification
IsTopLineValid	Boolean	Validation de la bordure du haut, voir texte.
TopLine	Object	Structure de la ligne de bordure du haut. Voir le tableau 8-8.
IsBottomLineValid	Boolean	Validation de la bordure du bas, voir texte.
BottomLine	Object	Structure de la ligne de bordure du bas. Voir le tableau 8-8.
IsLeftLineValid	Boolean	Validation de la bordure gauche, voir texte.
LeftLine	Object	Structure de la ligne de bordure gauche. Voir le tableau 8-8.
IsRightLineValid	Boolean	Validation de la bordure droite, voir texte.

Tableau 8–24 Structure de TableBorder (suite)

Élément	Type	Signification
RightLine	Object	Structure de la ligne de bordure droite. Voir le tableau 8-8.
IsHorizontalLineValid	Boolean	Validation des lignes horizontales intérieures, voir texte.
HorizontalLine	Object	Structure des lignes horizontales intérieures. Voir le tableau 8-8.
IsVerticalLineValid	Boolean	Validation des lignes verticales intérieures, voir texte.
VerticalLine	Object	Structure des lignes verticales intérieures. Voir le tableau 8-8.
IsDistanceValid	Boolean	True si l'écart avec le contenu est utilisé.
Distance	Integer	Écart avec le contenu, en 1/100 de mm, pour toutes les bordures.

Le réglage d'un écart avec le contenu différent suivant les bordures ne semble ni réalisable ni visible à travers l'API. La propriété Distance correspond à l'écart « synchronisé » du panneau d'interface utilisateur.

Les propriétés Is...Valid ont une signification subtile :

- En lecture, un tel indicateur précise True si la structure Line correspondante est valable sur toute la longueur de la ligne. Il indique False si la structure de la ligne varie le long des cellules qui la constituent.

- En écriture, la signification est totalement différente : employez la valeur True pour modifier la structure Line correspondante, et employez la valeur False pour garder la valeur actuelle de la structure Line correspondante. Dans l'affectation de la nouvelle valeur de TableBorder, la structure Line correspondante ne sera donc pas prise en compte.

Modifier une bordure nécessite d'utiliser des variables intermédiaires pour accéder aux structures :

```
Dim lesBords As Object
Dim unBord As New com.sun.star.table.BorderLine

lesBords = maTable.TableBorder
unBord.OuterLineWidth = 250 ' 2,5 mm
unBord.Color = RGB(200,0,0) ' rouge
lesBords.IsLeftLineValid = True ' forcer le changement de bordure
lesBords.LeftLine= unBord ' changer la bordure gauche
maTable.TableBorder = lesBords
```

La variable lesBords récupère l'état actuel des bordures. La variable unBord est déclarée par Dim comme une structure BorderLine vierge, puis réglée aux valeurs désirées. On aurait pu récupérer le contenu de LeftLine dans la variable unBord, et la modifier. Il ne faut pas oublier de mettre à True la propriété Is...Valid correspondant à la bordure à modifier, sinon le résultat dépendra de sa valeur actuelle dans la variable lesBords.

Les propriétés `IsHorizontalLineValid` et `IsVerticalLineValid` traitent toutes les lignes du quadrillage intérieur.

- En lecture, la valeur `True` indique que toutes les lignes de ce type ont les mêmes valeurs de bordure.
- En écriture, la valeur `True` indique que toutes les lignes de ce type doivent prendre la même valeur de bordure.

Supprimer des bordures dans un tableau

Il ressort des explications précédentes que, pour supprimer une bordure, il faut mettre à `True` l'indicateur `Is...LineValid`, et mettre les éléments `InnerLineWidth` et `OuterLineWidth` de la structure `BorderLine` correspondante à zéro. Voici un moyen plus simple :

```
Dim bordures As New com.sun.star.table.TableBorder
bordures.IsTopLineValid = True
bordures.IsVerticalLineValid = True
maTable.TableBorder = bordures
```

On crée une structure `TableBorder` vierge, avec tous ses éléments à zéro, et on met à `True` les indicateurs de validité des lignes à effacer (ici la ligne du haut et les lignes intérieures verticales).

Ombre de tableau

Nous avons déjà décrit l'objet `ShadowFormat` dans le cadre des paragraphes (voir le tableau 8-9). L'utilisation est très similaire, le document `Code08-05.odt` du Zip téléchargeable montre un exemple. Attention, dans certaines versions d'OpenOffice.org l'ombre n'est pas affichée par Writer (voir l'Issue 100641).

Largeur du tableau

Il existe plusieurs propriétés interdépendantes qui modifient la largeur d'un tableau.

Positionnement horizontal

La propriété `HoriOrient`, du type `Integer`, définit comment le tableau est positionné horizontalement, par rapport aux marges. Elle contient une constante nommée dont les valeurs possibles sont indiquées dans le tableau 8-25. La valeur par défaut est :

```
com.sun.star.text.HoriOrientation.FULL
```

Comme la valeur par défaut est `FULL`, il est absolument nécessaire de mettre une autre valeur (autre que `NONE`) pour pouvoir imposer une largeur.

Tableau 8–25 Constantes de positionnement horizontal de tableau

Constante	Signification
NONE	Étaler le tableau de la marge de gauche à la marge de droite.
RIGHT	Aligner le tableau sur la marge de droite.
LEFT	Aligner le tableau sur la marge de gauche.
CENTER	Centrer le tableau par rapport à l'espace disponible.
FULL	Étaler le tableau sur tout l'espace disponible, sans marges de table.
LEFT_AND_WIDTH	Aligner le tableau sur la marge de gauche, avec une largeur imposée par la propriété WIDTH.

La largeur se règle avec différentes propriétés indiquées dans le tableau 8-26.

Tableau 8–26 Propriétés de réglage de largeur de tableau

Propriété	Type	Signification
IsWidthRelative	Boolean	True : prendre en compte RelativeWidth. False : prendre en compte Width.
RelativeWidth	Integer	Valeur entre 1 et 100 : largeur en pourcentage de l'espace libre entre marges de gauche et de droite.
Width	Long	Largeur absolue du tableau. L'unité de mesure n'est pas disponible.
LeftMargin	Long	Largeur absolue entre la marge gauche et le tableau, en 1/100 de mm.
RightMargin	Long	Largeur absolue entre la marge droite et le tableau, en 1/100 de mm.

Applications pratiques

Dans ces extraits de code, nous indiquons seulement les instructions concernant la largeur. Un exemple complet est disponible dans le Zip téléchargeable, fichier Code08-05.odt, bibliothèque ConfigTableau, module Module2.

Les largeurs absolues dépendent de diverses conditions (selon la documentation de l'API), aussi faites des essais avec vos documents pour déterminer l'échelle.

1 Tableau centré, largeur 80 %

```
maTable.HoriOrient = com.sun.star.text.HoriOrientation.CENTER
maTable.IsWidthRelative = true
maTable.RelativeWidth = 80
```

Les colonnes sont de largeurs inégales. Les propriétés LeftMargin et RightMargin sont ignorées.

2 Tableau centré, largeur absolue

```
maTable.HoriOrient = com.sun.star.text.HoriOrientation.CENTER
maTable.IsWidthRelative = false
maTable.Width = 8000
```

La largeur obtenue est 141,1 mm. Les propriétés `LeftMargin` et `RightMargin` sont ignorées.

3 Tableau aligné à gauche, largeur 80 %

```
maTable.HoriOrient = com.sun.star.text.HoriOrientation.LEFT_AND_WIDTH
maTable.IsWidthRelative = true
maTable.RelativeWidth = 80
maTable.LeftMargin = 2000 ' 20 mm
```

Les colonnes sont de largeurs inégales. La propriété `RightMargin` est ignorée.

4 Tableau aligné à gauche, largeur absolue

```
maTable.HoriOrient = com.sun.star.text.HoriOrientation.LEFT_AND_WIDTH
maTable.IsWidthRelative = false
maTable.Width = 4000
maTable.LeftMargin = 1000 ' 10 mm
```

La largeur obtenue est 70,6 mm. La propriété `RightMargin` est ignorée en orientation `LEFT_AND_WIDTH`.

5 Tableau étalé entre les marges gauche et droite

```
maTable.HoriOrient = com.sun.star.text.HoriOrientation.NONE
maTable.LeftMargin = 2000 ' 20 mm
maTable.RightMargin = 3500 ' 15 mm
```

Les propriétés `IsWidthRelative`, `RelativeWidth`, `Width`, sont ignorées.

Lignes

Certains objets ou propriétés décrits ici ne sont utilisables que sur un tableau constitué d'un quadrillage simple.

L'objet tableau fournit l'ensemble de ses lignes dans la propriété `Rows`, qui renvoie un objet conteneur. On accède à chaque ligne avec la méthode `getByIndex` ayant pour argument son numéro d'ordre (ligne zéro pour la première ligne). Basic permet un accès direct par indexation, comme pour un `Array`. Le nombre de lignes du tableau est la propriété `Count` de l'objet `Rows` du tableau.

Les principales propriétés d'un objet ligne sont dans le tableau 8-27.

Tableau 8–27 Propriétés d'une ligne de tableau

Propriété	Type	Signification
IsAutoHeight	Boolean	True : la hauteur est adaptée au contenu de la ligne (valeur par défaut). False : la hauteur dépend de la propriété Height.
Height	Long	Hauteur de la ligne, en 1/100 de mm.
BackColor	Long	Couleur du fond.
BackTransparent	Long	True rend le fond transparent (interface utilisateur : sans remplissage).
IsSplitAllowed	Boolean	True autorise le fractionnement de la ligne sur plusieurs pages et colonnes.
TableColumnSeparators	Object	Accès aux séparateurs de colonnes de la ligne (voir la description des colonnes).

Exemple :

```
rem Code08-05.odt    bibli : LigneColonne Module1
Option Explicit

Sub ModifierLigne()
Dim monDocument As Object, maTable As Object
Dim lesLignes As Object, maLigne As Object
monDocument = ThisComponent
maTable = monDocument.TextTables.getByName("Finances")
lesLignes = maTable.Rows
print "Nombre de lignes", lesLignes.Count
maLigne= lesLignes(2)' troisième ligne
With maLigne
   .Height = 1000 ' 10 mm
   .IsAutoHeight = False' prendre en compte Height
   .BackColor = RGB(240, 240, 0)' couleur jaune
End With
End Sub
```

Les lignes sont numérotées à partir de zéro. Nous allons ajouter 3 lignes groupées, dont la première aura le rang 2, en utilisant la méthode insertByIndex de l'objet Rows.

```
rem Code08-05.odt    bibli : LigneColonne Module2
Option Explicit

Sub InsererLignes()
Dim monDocument As Object, maTable As Object
```

```
Dim lesLignes As Object, maLigne As Object
monDocument = ThisComponent
maTable = monDocument.TextTables.getByName("Finances")
lesLignes = maTable.Rows
lesLignes.insertByIndex(2,3)' ajouter 3 lignes en position 2
print "Maintenant on va supprimer"
lesLignes.removeByIndex(2,3)' supprimer ces trois lignes
End Sub
```

L'ancienne ligne de rang 2 est maintenant la ligne de rang 5.

Nous avons ensuite utilisé une méthode symétrique, removeByIndex, dont le premier argument est le rang de la première ligne à supprimer et le second contient le nombre de lignes à supprimer.

Colonnes

L'objet tableau fournit l'ensemble de ses lignes dans la propriété Columns, qui renvoie un objet conteneur. Mais il n'est pas possible pour autant d'obtenir un objet colonne. Si vous souhaitez modifier toute une colonne, il faudra accéder à chacune de ses cellules. Le nombre de colonnes du tableau est la propriété Count de l'objet Columns du tableau.

L'objet TableColumnSeparators est défini pour un tableau si toutes les lignes ont la même structure. Il en existe aussi un par ligne de tableau. Cet objet liste les séparateurs de colonnes. Chacun est une structure composée de deux éléments, selon le tableau 8-28. Si le tableau possède 4 colonnes, il y a 3 séparateurs, de rang 0 à 2.

Tableau 8–28 Structure de TableColumnSeparators

Élément	Type	Signification
Position	Integer	Position du séparateur, par rapport au côté gauche du tableau.
IsVisible	Boolean	True si le séparateur est visible.

La propriété TableColumnRelativeSum, qui existe pour le tableau mais pas pour une ligne, est initialisée à une certaine valeur qui représente la largeur totale (ce n'est pas une dimension). Les positions ont une valeur inférieure à celle-là. En clair, une position est caractérisée comme une proportion de la valeur maximale possible. En changeant la position d'un séparateur, on modifie la largeur des deux colonnes adjacentes. Notez qu'on ne peut déplacer un séparateur non visible.

Dans cet exemple, nous affichons les valeurs de ces propriétés pour le tableau Résultats, puis nous modifions la position de deux séparateurs. La macro montre comment définir une position de séparateur comme une fraction de la largeur de la table. Notez l'usage du Variant et la manière de mettre à jour l'objet TableColumnSeparators.

```
rem Code08-05.odt    bibli : LigneColonne Module3
Option Explicit

Sub ChangerLargeurDeColonne()
Dim monDocument As Object, maTable As Object
Dim lesSep As Variant, lesColonnes As Object
Dim largeur As Double
monDocument = ThisComponent
maTable = monDocument.TextTables.getByName("Résultats")
largeur = MaTable.TableColumnRelativeSum
lesColonnes = maTable.Columns
lesSep = maTable.TableColumnSeparators
print "Nombre de colonnes : ", lesColonnes.Count
print "Avant : ", largeur, _
  lesSep(0).Position, lesSep(1).Position, lesSep(2).Position
lesSep(0).Position = largeur * 0.1
lesSep(2).Position = largeur * 0.675
maTable.TableColumnSeparators = lesSep
print "Après : ", largeur, _
  lesSep(0).Position, lesSep(1).Position, lesSep(2).Position
End Sub
```

Les colonnes sont numérotées à partir de zéro. Nous allons ajouter 3 colonnes groupées, dont la première aura le rang 1, en utilisant la méthode insertByIndex de l'objet Columns.

```
rem Code08-05.odt    bibli : LigneColonne Module4
Option Explicit

Sub InsererColonnes()
Dim monDocument As Object, maTable As Object
Dim lesSep As Variant, lesColonnes As Object
monDocument = ThisComponent
maTable = monDocument.TextTables.getByName("Résultats")
lesColonnes = maTable.Columns
lesColonnes.insertByIndex(1,3)' ajouter 3 colonnes au rang 1
print "Maintenant on va supprimer"
lesColonnes.removeByIndex(1,3)' supprimer ces trois colonnes
End Sub
```

L'ancienne colonne de rang 1 a été découpée en 4 colonnes, en gardant une largeur totale identique ; l'ancienne colonne de rang 1 est maintenant la colonne de rang 4.

Nous avons ensuite utilisé une méthode symétrique, removeByIndex, dont le premier argument est le rang de la première colonne à supprimer et le deuxième argument est le nombre de colonnes à supprimer.

Trouver une cellule ou une zone de cellules

Les cellules d'un tableau Writer sont repérées par une adresse alphanumérique du genre B7, comme dans une feuille de classeur Calc. On obtient ainsi l'objet cellule de l'emplacement B7 :

```
Dim maCellule As Object
maCellule = maTable.getCellByName("B7")
```

Une cellule est aussi repérable par ses coordonnées de rang de colonne et de rang de ligne, que nous désignerons par X et Y respectivement. Chaque rang est numéroté à partir de zéro. La même cellule B7 peut alors être obtenue par :

```
Dim X As Long, Y As Long
X = 1 ' colonne B
Y = 6 ' ligne 7
maCellule = maTable.getCellByPosition(X,Y)
```

Une zone de cellules contiguës est un objet que nous pouvons obtenir à partir de ses coordonnées :

```
Dim zoneCellule As Object
zoneCellule = maTable.getCellRangeByName("B3:C4")
zoneCellule.BackColor = RGB(255,204,255) ' couleur de fond
```

De manière similaire à une cellule, on peut obtenir une zone de cellules à partir des coordonnées X1,Y1,X2,Y2, désignant successivement le coin haut-gauche et le coin bas-droit de la zone. La même zone B2:C4 est ainsi obtenue par :

```
zoneCellule = maTable.getCellRangeByPosition(1,2, 2,3)
```

Se déplacer dans un tableau

Avec la méthode getCellByPosition, il est facile de se déplacer dans un tableau. Dans cet exemple, nous inscrivons une valeur numérique dans des cellules en diagonale :

```
rem Code08-05.odt   bibli : EcrireCellules Module1
Option Explicit

Sub EcrireEnDiagonale()
Dim monDocument As Object, monTexte As Object, monCurseur As Object
Dim maTable As Object, maCellule As Object, x As Long
monDocument = ThisComponent
monTexte = monDocument.Text
monCurseur = monTexte.createTextCursor
monCurseur.gotoNextParagraph(False)
```

```
monCurseur.gotoNextParagraph(False)
maTable = monDocument.createInstance("com.sun.star.text.TextTable")
maTable.initialize(5,5) ' nombre de : lignes, colonnes
monTexte.insertTextContent(monCurseur, maTable, false)

for x = 0 to 4 ' balayage des cellules
  maCellule = maTable.getCellByPosition(4-x, x)
  maCellule.Value = x ' remplacer le contenu de la cellule
next
End Sub
```

Le curseur de cellule

Il existe une notion de curseur de cellule, qui sert à se déplacer de cellule en cellule. On le crée et on le positionne dans la même instruction :

```
Dim cursCell As Object
cursCell = maTable.createCursorByCellName("B7")
```

Le curseur de cellule permet d'effectuer quelques opérations sur l'ensemble de la cellule : couleur de fond, format de caractère, etc. La propriété RangeName du curseur de cellule fournit son adresse dans le tableau, sous forme d'une chaîne de caractères, par exemple B7.

Il existe plusieurs méthodes permettant de déplacer le curseur dans le tableau, comme le montre le tableau 8-29. L'argument SEL de ces méthodes signifie :

- False : déplacement simple ;
- True : déplacer le curseur en sélectionnant les cellules.

La plupart des méthodes renvoient True si le déplacement a pu se faire. Si la nouvelle position est en dehors du tableau, la méthode renvoie False et le curseur reste en place.

Tableau 8–29 Déplacement du curseur de cellule de tableau

Méthode	Résultat	Signification
goRight(n,SEL)	Boolean	Déplacer de n cellules à droite, avec saut de ligne éventuel.
goLeft(n,SEL)	Boolean	Déplacer de n cellules à gauche, avec saut de ligne éventuel.
goUp(n,SEL)	Boolean	Déplacer de n cellules vers le haut.
goDown(n,SEL)	Boolean	Déplacer de n cellules vers le bas.
gotoStart(SEL)	Aucun	Aller à la première cellule, en haut à gauche.
gotoEnd(SEL)	Aucun	Aller à la dernière cellule, en bas à droite.
gotoCellByName(nom, SEL)	Boolean	Aller à la cellule dont l'adresse alphanumérique est donnée en premier argument.

Cet exemple colore des cellules en diagonale dans un tableau.

```
rem Code08-05.odt    bibli : EcrireCellules Module2
Option Explicit

Sub ColorierEnDiagonale()
Dim monDocument As Object, monTexte As Object, monCurseur As Object
Dim maTable As Object, cursCell As Object, x As Long
monDocument = ThisComponent
monTexte = monDocument.Text
monCurseur = monTexte.createTextCursor
monCurseur.gotoNextParagraph(False)
monCurseur.gotoNextParagraph(False)
maTable = monDocument.createInstance("com.sun.star.text.TextTable")
maTable.initialize(5,5) ' nombre de : lignes, colonnes
monTexte.insertTextContent(monCurseur, maTable, False)

cursCell = maTable.createCursorByCellName("E1")
for x = 1 to 5 ' balayage des cellules
  cursCell.BackColor = RGB(255,200,200)
  cursCell.goDown(1, False) ' descendre d'une ligne
  cursCell.goLeft(1, False) ' reculer d'une cellule à gauche
next
End Sub
```

Curseur étendu sur une zone de cellules

La méthode createCursorByCellName crée un curseur couvrant une seule cellule, et non une zone. Cependant, nous pouvons l'étendre sur plusieurs cellules d'un tableau en déplaçant le curseur de cellule avec l'argument True. Voici un exemple :

```
cursCell = maTable.createCursorByCellName("B3")
cursCell.goRight(1,True)
cursCell.goDown(1,True)
print cursCell.RangeName
```

Si vous exécutez la séquence, elle affichera la chaîne de caractères B3:C4. La zone sélectionnée est définie par les coordonnées des cellules en diagonale. Avec un tel curseur, on peut effectuer des opérations communes à toutes les cellules de la zone, par exemple des colorations.

Du curseur de cellule à la cellule elle-même

En appliquant ce que nous venons de voir, il est facile d'obtenir l'objet cellule pointé par un curseur de cellule :

```
maCellule = maTable.getCellByName(cursCell.RangeName)
```

De même pour la zone de cellules correspondant à un curseur de cellule étendu :

```
zoneCellule = maTable.getCellRangeByName(cursCell.RangeName)
```

Zone sélectionnée par l'utilisateur

Dans un tableau, l'utilisateur peut effectuer diverses sélections :

❶ pointer un endroit dans le texte d'une cellule ;

❷ sélectionner une ou plusieurs zones dans le texte d'une cellule ;

❸ sélectionner une ou plusieurs zones dans les textes de plusieurs cellules ;

❹ sélectionner plusieurs cellules contiguës.

Nous disposons de deux objets pour distinguer ces cas :

```
laSel = monDocument.currentSelection
CurseurVisible = monDocument.currentcontroller.ViewCursor
```

Le curseur visible est la position du curseur clignotant. Il nous indique la table utilisée avec sa propriété `TextTable` et la cellule dans la table avec sa propriété `Cell`.

La sélection courante prend des apparences différentes suivant les cas de sélection indiqués plus haut. Nous reprenons la même numérotation.

❶ L'objet `laSel` supporte le service `com.sun.star.text.TextRanges` (notez le s final). Sa propriété `Count` vaut 1. L'objet `laSel` donne accès à un seul élément : `laSel(0)`.

Cet élément supporte le service `com.sun.star.text.TextRange`. Sa propriété `String` est une chaîne vide, sa propriété `Cell` nous donne la cellule pointée, sa propriété `TextTable` nous donne le tableau.

❷ Ici, la propriété `Count` vaut n + 1 s'il y a n zones sélectionnées. Tous les éléments, auxquels on accède par indexation, supportent le service `com.sun.star.text.TextRange`. L'un d'eux est celui indiqué au point 1, les autres donnent dans leur propriété `String` une des zones sélectionnées.

❸ Identique au cas 2, mais la propriété `Cell` des éléments indiquent des cellules différentes.

❹ L'objet `laSel` est totalement différent ; il supporte le service `com.sun.star.text.TextTableCursor`. Sa propriété `RangeName` indique les coordonnées du rectangle de cellules sélectionnées, exemple : `"C3:B2"`.

Ainsi, gérer les sélections d'utilisateur dans un tableau n'est pas particulièrement simple. Et n'oubliez pas qu'il est possible de sélectionner des zones dans des cellules de tableau *et* ailleurs dans le document, par exemple dans le texte principal ou dans un autre tableau !

Les cellules

Une cellule de tableau Writer comporte de nombreuses propriétés. Le tableau 8-30 en liste les principales, d'autres seront décrites plus loin.

Tableau 8–30 Propriétés de cellule de tableau

Propriété	Type	Signification
BackColor	Long	Couleur du fond.
BackTransparent	Boolean	True rend le fond transparent (interface utilisateur : sans remplissage).
TopBorder	Object	Structure de la ligne de bordure du haut.
TopBorderDistance	Long	Espacement par rapport à la bordure du haut.
BottomBorder	Object	Structure de la ligne de bordure du bas.
BottomBorderDistance	Long	Espacement par rapport à la bordure du bas.
LeftBorder	Object	Structure de la ligne de bordure gauche.
LeftBorderDistance	Long	Espacement par rapport à la bordure gauche.
RightBorder	Object	Structure de la ligne de bordure droite.
RightBorderDistance	Long	Espacement par rapport à la bordure droite.
CellName	String	Coordonnées alphanumériques de la cellule.
Formula	String	Formule de la cellule, s'il y a lieu.
Value	Double	Valeur de la cellule, si elle contient un nombre.
String	String	Contenu sous forme de chaîne de caractères.
Type	Integer	Précise le type de contenu de la cellule. Constante nommée, voir le tableau 8-32.
NumberFormat	Long	Numéro de format d'affichage.
Text	Object	L'objet texte supportant le texte de la cellule.
VertOrient	Integer	Position du texte par rapport à la hauteur de la cellule. Constante nommée, voir le tableau 8-31.
IsProtected	Boolean	True si la cellule est protégée contre des modifications.

Malgré son nom, la propriété IsProtected peut être modifiée pour protéger ou déprotéger une cellule. Il n'y a pas de mot de passe.

```
if maCellule.IsProtectedthen
  maCellule.IsProtected = False
end if
```

Bordures de cellule

Les propriétés de bordure de lignes (TopBorder, etc.) sont des structures déjà décrites, voyez le tableau 8-8.

Il faut définir une variable ayant cette structure, la remplir, puis l'affecter à la propriété de bordure :

```
Dim unBord As New com.sun.star.table.BorderLine

With unBord ' pour vérifier, utilisez le zoom à 200% !
  .Color = RGB(200,0,0)
  .OuterLineWidth = 30
  maCellule.LeftBorder = unBord' ligne simple, rouge
  .OuterLineWidth = 100
  maCellule.RightBorder = unBord ' ligne simple, rouge
  .InnerLineWidth = 60
  .LineDistance = 30
  .Color = RGB(0,120,0)
  maCellule.TopBorder   = unBord ' ligne double, verte
  .Color = RGB(0,0,120)
  maCellule.BottomBorder = unBord ' ligne double, bleue
End With
```

Écrire un texte dans la cellule

Toutes les possibilités d'écriture et de formatage de texte que nous avons décrites pour le texte principal sont aussi disponibles pour écrire dans une cellule de tableau. Il suffit d'obtenir l'objet texte associé à la cellule et de lui faire créer un curseur d'écriture. Cet exemple ajoute un texte en rouge et en gras à la fin du premier mot de la cellule A2 d'une table existante.

```
rem Code08-05.odt   bibli : EcrireCellules Module3
Option Explicit

Sub InsererTexteDansCellule()
Dim monDocument As Object, maTable As Object
Dim maCellule As Object
Dim monTexte As Object, monCurseur As Object
monDocument = ThisComponent
maTable = monDocument.TextTables.getByName("Résultats")
maCellule = maTable.getCellByName("A2")
monTexte = maCellule.Text
monCurseur = monTexte.createTextCursor
monCurseur.gotoEndOfWord(false)
monCurseur.CharWeight = com.sun.star.awt.FontWeight.BOLD
monCurseur.CharColor = RGB(250,0,0) 'Rouge
monTexte.insertString(monCurseur, " 2004", false)
End Sub
```

La propriété Text de l'objet cellule renvoie l'objet cellule lui-même. La propriété String de la cellule donne le texte sous forme de chaîne de caractères.

La propriété `VertOrient` permet de positionner le texte par rapport à la hauteur de la cellule. Elle utilise des constantes nommées indiquées dans le tableau 8-31, par exemple :

```
maCellule.VertOrient = com.sun.star.text.VertOrientation.CENTER
```

Tableau 8–31 Constantes de positionnement vertical

Constante	Signification
NONE	Position en haut.
CENTER	Position au milieu.
BOTTOM	Position en bas.

Il n'y a pas de propriété d'alignement horizontal pour la cellule. Il faut utiliser un curseur afin d'accéder au paragraphe du texte de la cellule ; comme celle-ci peut contenir plusieurs paragraphes, on étale le curseur jusqu'à la fin du texte de la cellule pour tous les englober. La propriété `ParaAdjust` déjà vue à la section « Formatage de paragraphe » règle l'alignement horizontal.

```
Dim maTable As Object, maCellule As Object, curseur As Object
maCellule = maTable.getCellByName("A2")
curseur = maCellule.Start
curseur.gotoEnd(True)
curseur.ParaAdjust = com.sun.star.style.ParagraphAdjust.BLOCK
```

Formules et valeurs numériques

Les cellules d'un tableau Writer peuvent comporter des nombres ou des formules faisant référence au contenu de diverses cellules. Ne confondez pas avec un contenu texte qui représenterait un nombre ou une formule.

La propriété `Value` d'un objet cellule sert à affecter une valeur dans la cellule. Cette propriété est du type `Double`. Les nombres avec décimales sont écrits en Basic avec un point décimal, mais le tableau les affiche en tenant compte des spécificités nationales (la virgule en français).

On remplit une cellule avec une formule en utilisant la propriété `Formula`, de type `String`. L'aide en ligne de Writer explique comment obtenir des formules.

Le format d'affichage d'un nombre dans une cellule dépend de sa propriété `NumberFormat`, de type `Long`. Cette valeur est un index dans la collection des formats disponibles dans le document. Ce concept est décrit au chapitre 7 à la section « Les formats de nombre ».

Cet exemple calcule la somme de plusieurs cellules dans le tableau Finances. Il montre aussi que la propriété String de la cellule renvoie alors la chaîne de caractères correspondant à la valeur numérique de la cellule.

```
rem Code08-05.odt    bibli : EcrireCellules Module4
Option Explicit

Sub ValeursEtFormules()
Dim monDocument As Object, maTable As Object
Dim maCellule As Object
monDocument = ThisComponent
maTable = monDocument.TextTables.getByName("Finances")
maCellule = maTable.getCellByName("B2")
maCellule.Value = 2200.55
maCellule = maTable.getCellByName("B3")
maCellule.Value = 15260
maCellule = maTable.getCellByName("B4")
maCellule.Value = 15.75 + 22.3 + 2.35*4
print "Cellule B4 : " & maCellule.String
maCellule = maTable.getCellByName("B5")
maCellule.Formula = "sum(<B2:B4>)"
print "Résultat de la cellule B5 : " & maCellule.String
End Sub
```

L'expression affectée à la cellule B4 est en réalité calculée par Basic et la cellule ne reçoit que le nombre résultant.

La pseudo-propriété Type de l'objet cellule indique le type de données qu'elle contient. Elle est en lecture seule. Les valeurs possibles sont des constantes nommées, listées au tableau 8-32. Exemple :

```
if maCellule.Type = com.sun.star.table.CellContentType.FORMULA then
   ' la cellule contient une formule
end if
```

Tableau 8–32 Types de contenu de cellule

Constante	Signification
EMPTY	La cellule est vide.
VALUE	La celule contient un nombre.
TEXT	La cellule contient un texte.
FORMULA	La cellule contient une formule.

La propriété DataArray d'une zone de cellules renvoie un tableau de lignes, dont chaque ligne est un tableau de valeurs Variant, une par cellule de la ligne. Chaque Variant donne le contenu de la cellule, de type String ou Double. C'est un moyen pratique d'explorer rapidement les cellules d'une zone. Calculons par exemple la somme des valeurs d'une zone de cellules :

```
Dim vTable As Variant, vLigne As Variant
Dim x As Long, y As Long, somme As Double

vTable = zoneCellule.DataArray
somme = 0
for y = 0 to UBound(vTable()) ' chaque ligne
  vLigne = vTable(y)
  for x = 0 to UBound(vLigne()) ' chaque cellule de la ligne
    somme = somme + vLigne(x)
  next
next
MsgBox("Total : " & somme)
```

Comme DataArray renvoie un tableau de tableaux, il n'est pas possible d'accéder directement à une cellule avec deux index. On doit donc passer par une variable intermédiaire, vLigne.

Trier un tableau

Un objet tableau de Writer fournit une méthode de tri (en anglais, *Sort*). Cependant, cette méthode est peu utilisable directement, car elle trie tout le tableau alors qu'en général un tableau comporte des en-têtes de colonnes ou de lignes qui doivent rester inchangés dans le tri. En pratique, nous définirons un objet zone de cellules couvrant les cellules à trier dans le tableau. Cette zone de cellules fournit elle aussi la méthode de tri Sort.

Nous allons effectuer un tri de la troisième colonne d'un tableau nommé Triage. Voici l'ensemble du code, que nous expliquerons progressivement.

```
rem Code08-05.odt    bibli : Trier Module1
Option Explicit

Sub TrierTableParCouleur()
Dim MonDocument As Object
Dim MaTable As Object, zoneDeTri As Object
Dim ConfigTri(0) As New com.sun.star.table.TableSortField
Dim DescrTri As Variant
MonDocument = ThisComponent
MaTable = MonDocument.TextTables.getByName("Triage")

With ConfigTri(0)
  .Field = 3 ' colonne C = "Couleurs"
  .IsAscending = true
  .IsCaseSensitive = MsgBox("Différencier la Casse ?", 4) = 6
```

```
   .FieldType = com.sun.star.table.TableSortFieldType.ALPHANUMERIC
End With
zoneDeTri = MaTable.getCellRangeByName("A2:D14")
DescrTri = zoneDeTri.createSortDescriptor
setPropVal(DescrTri, "SortFields", ConfigTri())
setPropVal(DescrTri, "IsSortColumns", false)
setPropVal(DescrTri, "IsSortInTable", true)

zoneDeTri.Sort(DescrTri())
End Sub
```

La méthode de tri a besoin d'un descripteur de tri (notre variable `DescrTri`) qui précise les conditions globales de tri. Parmi celles-ci, nous trouvons l'élément `SortFields` qui contient un tableau (`Array`) de descripteurs, un par colonne à trier (notre variable `ConfigTri`). Nous allons maintenant décrire chaque descripteur.

Le descripteur de tri par colonne est une structure composée des éléments détaillés dans le tableau 8-33.

Tableau 8–33 Descripteur de tri par colonne

Élément	Type	Signification
Field	Long	Rang de la colonne dans la zone de cellules. Valeur 1 pour la première colonne.
IsAscending	Boolean	True pour un tri par ordre croissant.
IsCaseSensitive	Boolean	True pour tenir compte de la casse des caractères.
FieldType	Integer	Type du champ. Constante nommée, décrite ci-dessous.
CollatorLocale	Object	Langue utilisée pour les fonctions dépendant de la localisation. Voir la notion de Locale dans le chapitre 7.
CollatorAlgorithm	String	Méthode de tri.

L'élément `FieldType` a trois valeurs possibles, dont deux sont évidentes :

```
com.sun.star.table.TableSortFieldType.ALPHANUMERIC
com.sun.star.table.TableSortFieldType.NUMERIC
com.sun.star.table.TableSortFieldType.AUTOMATIC
```

Avec `AUTOMATIC`, OpenOffice.org décide lui-même si le type est numérique ou alphanumérique, alors autant ne pas l'utiliser.

L'élément `CollatorLocale` est lui-même une structure `Locale`. Pour les cas courants (français, anglais, espagnol, allemand...), il n'est pas nécessaire de le remplir. De même, `CollatorAlgorithm` peut être omis car il n'y a actuellement pas de choix possible (la seule valeur possible est `alphanumeric`).

Une fois rempli le descripteur de tri par colonne, nous définissons la zone de tri dans le tableau, en excluant la première ligne qui contient les en-têtes de colonnes.

Le descripteur global de tri est obtenu avec la méthode `createSortDescriptor` de l'objet `zoneDeTri`. Ce descripteur est un tableau (`Array`) de structures `PropertyValue`. Chacune de celles-ci comporte un nom et une valeur. Le tableau 8-34 liste ces propriétés. Les noms sont initialisés par `createSortDescriptor`, mais l'ordre des propriétés dans le tableau de structures dépend de l'implémentation. La routine utilitaire `setPropVal` recherche la propriété d'un nom donné et lui affecte la valeur qui est en argument. Cette routine, déclarée dans la bibliothèque **Standard** du document exemple, est décrite à l'annexe B.

Tableau 8–34 Descripteur global de tri

Élément	Type	Signification
IsSortColumns	Boolean	False pour trier par colonne (intervertir les lignes). True pour trier par lignes (intervertir les colonnes).
SortFields	Array(Object)	Tableau des descripteurs de tri par colonne.
IsSortInTable	Boolean	True pour trier un tableau.
Delimiter	Integer	Non utilisé pour le tri d'un tableau.
MaxSortFieldsCount	Long	En lecture seule, nombre maximal de colonnes à trier, valeur actuelle = 3.

L'élément `IsSortColumns`, au nom particulièrement mal choisi, indique si on trie par colonne (notre cas, le cas courant), ou si on trie des lignes (dans ce cas, le tableau aura des en-têtes de lignes et tout se passe comme si on avait tourné le tableau de 90 degrés). Nous continuons sur notre exemple de tri de colonnes, sachant qu'il suffit de remplacer le terme ligne par colonne dans le deuxième cas.

L'élément `IsSortInTable` vaut ici toujours `True`. La valeur `False` et l'élément `Delimiter` sont utilisés pour des tris de paragraphes de texte, que nous ne développerons pas (nous n'avons pu le faire fonctionner).

L'élément `MaxSortFieldsCount` est pour nous une constante. Dans la version actuelle d'OpenOffice.org, on peut trier sur un maximum de 3 colonnes, comme on le verra dans l'exemple suivant.

Une fois le descripteur global de tri initialisé, la table est triée avec la méthode `Sort`. Si vous exécutez la macro sur le document fourni dans le Zip téléchargeable, vous pourrez voir comment s'effectue le tri avec ou sans prise en compte de la casse. Pour revenir à l'ordre initial de la table, utilisez le bouton **Annuler** sur la fenêtre Writer, ou exécutez la macro `TrierTableParLignes` qui est dans le module 3 de la même bibliothèque.

Le tableau `Triage` est suffisamment rempli pour permettre de trier sur trois colonnes successivement. Nous utilisons maintenant un tableau de 3 descripteurs de colonnes, qui sont prises en compte dans le même ordre que ces descripteurs. Les deux premières colonnes contiennent des textes, la troisième des nombres.

```
rem Code08-05.odt    bibli : Trier Module2
Option Explicit

Sub TrierTableSur3Colonnes()
Dim MonDocument As Object
Dim MaTable As Object, zoneDeTri As Object
Dim ConfigTri(2) As New com.sun.star.table.TableSortField
Dim DescrTri As Variant

MonDocument = ThisComponent
MaTable = MonDocument.TextTables.getByName("Triage")

ConfigTri(0).Field = 3 ' colonne C = "Couleur"
ConfigTri(0).IsAscending = true
ConfigTri(0).FieldType = _
        com.sun.star.table.TableSortFieldType.ALPHANUMERIC
ConfigTri(1).Field = 2 ' colonne B = "Ville"
ConfigTri(1).IsAscending = true
ConfigTri(1).FieldType = _
        com.sun.star.table.TableSortFieldType.ALPHANUMERIC
ConfigTri(2).Field = 4 ' colonne D = "Nombre"
ConfigTri(2).IsAscending = false
ConfigTri(2).FieldType = _
        com.sun.star.table.TableSortFieldType.NUMERIC

zoneDeTri = MaTable.getCellRangeByName("A2:D14")
DescrTri = zoneDeTri.createSortDescriptor
setPropVal(DescrTri, "SortFields", ConfigTri())
setPropVal(DescrTri, "IsSortColumns", false)
setPropVal(DescrTri, "IsSortInTable", true)

zoneDeTri.Sort(DescrTri())
End Sub
```

Exécutez la macro et étudiez attentivement le résultat : il existe des lignes qui nécessitent les trois critères pour les classer.

BOGUE Prise en compte de la casse

D'après nos essais, la prise en compte de la casse ne fonctionne pas sur un tri à plusieurs colonnes.

Le tri de tableau est décrit dans le SDK à l'interface `XSortable` et aux services `SortDescriptor2` et `TableSortDescriptor2`.

Tableaux irréguliers

Jusqu'à maintenant, nous avons traité des tableaux constitués d'un quadrillage régulier. Pour des questions d'esthétique ou de titrage, il est parfois nécessaire de fusionner plusieurs cellules contiguës, ou de scinder une cellule.

Scinder et fusionner des cellules

Pour fusionner une zone de cellules, on doit d'abord étendre un curseur de cellule sur la zone concernée, puis utiliser sa méthode mergeRange.

```
cursCell = maTable.createCursorByCellName("B3")
cursCell.goRight(1, true)
cursCell.goDown(1, true)
cursCell.mergeRange' fusionner la zone B3:C4
```

Si les cellules sélectionnées contenaient du texte, les paragraphes seront accolés dans la cellule résultante.

Toujours avec un curseur de cellule, on scinde horizontalement ou verticalement une cellule en plusieurs sous-cellules avec la méthode mergeRange :

```
cursCell = maTable.createCursorByCellName("C4")
cursCell.splitRange(2,True)' scinder horizontalement
```

Le premier argument de splitRange est le nombre de cellules résultantes ; le deuxième argument vaut False pour scinder verticalement, et True pour scinder horizontalement.

Les coordonnées dans un tableau irrégulier

Scinder ou fusionner des cellules dans un tableau entraîne une modification des coordonnées de cellules. La version 3.0 d'OpenOffice.org a totalement changé la notation des coordonnées, par rapport aux versions précédentes. Par exemple, à la suite de fusion/scission des coordonnées de cellules comme A3.1.2 apparaissaient. Maintenant, les coordonnées restent simples.

ASTUCE **Voir les coordonnées d'une cellule**

Dans un tableau Writer, le fait de cliquer dans une cellule affiche ses coordonnées en bas de la fenêtre Writer, dans la barre d'état.

Partons d'un tableau régulier de 4 colonnes sur 5 lignes. La figure 8-2 indique les coordonnées de chaque cellule.

Figure 8–2
Cellules d'un tableau régulier

A1	B1	C1	D1
A2	B2	C2	D2
A3	B3	C3	D3
A4	B4	C4	D4
A5	B5	C5	D5

Fusionnons la zone `B3:C4`. La figure 8-3 indique les nouvelles coordonnées résultantes. Le triangle noir pointe les cellules qui ont changé de coordonnées : les cellules à droite de la fusion ont été renumérotées.

Figure 8–3
Coordonnées des cellules après fusion

A1	B1	C1	D1
A2	B2	C2	D2
A3	▶ B3		▶ C3
A4			▶ C4
A5	B5	C5	D5

Scindons verticalement la cellule `A2` en 3 cellules. Dans la figure 8-4 le triangle noir pointe toujours les cellules modifiées par rapport au tableau régulier initial. Sur la deuxième ligne, les cellules à droite de la cellule scindée ont été renumérotées.

Figure 8–4
Coordonnées des cellules après scission verticale

A1			B1	C1	D1
▶ A2	▶ B2	▶ C2	▶ D2	▶ E2	▶ F2
A3			▶ B3		▶ C3
A4					▶ C4
A5			B5	C5	D5

À présent, scindons horizontalement la cellule `E2` en 3 cellules. La figure 8-5 montre le résultat. Le double triangle indique les cellules qui ont été de nouveau numérotées.

Figure 8–5
Coordonnées des cellules après scission horizontale

A1			B1	C1	D1
▶ A2	▶ B2	▶ C2	▶ D2	▶ E2	▶ F2
				▶ E3	
				▶ E4	
▶ A5			▶▶ B5		▶▶ C5
▶ A6					▶▶ C6
▶ A7			▶ B7	▶ C7	▶ D7

Si on explore ce tableau manuellement, en mettant le curseur sur la cellule A1 et en utilisant plusieurs fois la touche Tabulation, on obtient successivement :

```
A1 B1 C1 D1
A2 B2 C2 D2 E2 F2
A2 B2 C2 D2 E3 F2
A2 B2 C2 D2 E4 F2
A5 B5 C5
A6 B5 C6
A7 B7 C7 D7
```

Ainsi, la même cellule (par exemple la cellule B2) est vue plusieurs fois. On ne peut donc pas explorer facilement un tableau irrégulier. La pseudo-propriété CellNames d'un tableau Writer renvoie une donnée tableau contenant les noms de chaque cellule du tableau Writer, mais classés dans l'ordre des numéros de lignes puis de gauche à droite dans chaque ligne, avec une seule apparition de chaque cellule.

Que donnent Rows.Count et Columns.Count pour un tableau irrégulier ? Les essais semblent montrer que le nombre de colonnes est celui de la première ligne, alors que le nombre de lignes est le nombre maximal de cellules verticalement.

Il n'est pas toujours possible de déplacer un séparateur de colonne dans une ligne de tableau irrégulier. Cela dépend de la situation du séparateur par rapport à la structure du tableau.

Les cadres

Les cadres de texte ont bien des usages dans un document Writer, par exemple pour placer librement une zone pouvant contenir du texte, une image, etc. En anglais, le mot cadre se traduit par *frame*.

JARGON **Frame**

La documentation API emploie souvent le mot *frame* pour désigner aussi une fenêtre élémentaire.

Insérer un cadre

On utilise un curseur pour désigner l'endroit d'insertion du cadre. La méthode createInstance de l'objet document fournit un nouvel objet cadre. Il est ainsi répertorié dans l'ensemble des cadres du document. L'insertion effective du cadre sera faite par la méthode insertTextContent de l'objet texte.

```
rem Code08-06.odt    bibli : AjoutCadre Module1
Option Explicit

Sub InsererUnCadre()
Dim monDocument As Object, monTexte As Object
Dim monCurseur As Object, monCadre As Object
monDocument = ThisComponent
monTexte = monDocument.Text
monCurseur = monTexte.createTextCursor
monCurseur.gotoNextParagraph(False)
monCurseur.gotoNextParagraph(False)
' monCurseur est dans le troisième paragraphe
monCadre = monDocument.createInstance("com.sun.star.text.TextFrame")
monCadre.Width = 10400' 104 mm largeur
monCadre.Height = 2530' 25,3 mm de haut
monTexte.insertTextContent(monCurseur, monCadre, false)
End Sub
```

L'argument de createInstance doit être écrit en respectant la casse.

Le troisième argument de la méthode insertTextContent signifie :

- False = insérer dans le texte ;
- True = écraser la zone actuellement sélectionnée par le curseur.

L'exemple utilisait le minimum d'instructions. En pratique, il faut préciser :
- si la hauteur du cadre s'adapte à son contenu ou non ;
- par rapport à quoi le cadre se positionne (l'ancrage du cadre) ;
- sa position, absolue par rapport à l'ancre ou relative.

Ces notions seront précisées un peu plus loin.

Insérer plusieurs cadres

À chaque insertion d'un cadre, il est nécessaire d'obtenir un nouvel objet TextFrame, même si on insère plusieurs fois le même cadre. Il faut aussi réinitialiser à chaque fois les propriétés du cadre. Dans cet exemple, on insère deux cadres dans deux paragraphes du document Writer :

```
rem Code08-06.odt    bibli : AjoutCadre Module2
Option Explicit

Sub InsererPlusieursCadres()
Dim monDocument As Object, monTexte As Object
Dim monCurseur As Object, monCadre As Object
monDocument = ThisComponent
monTexte = monDocument.Text
monCurseur = monTexte.createTextCursor
```

```
monCurseur.gotoNextParagraph(False)
monCurseur.gotoNextParagraph(False)
' monCurseur est dans le troisième paragraphe
monCadre = monDocument.createInstance("com.sun.star.text.TextFrame")
monCadre.Width = 10400 ' 104 mm largeur
monCadre.Height = 2530 ' 25,3 mm de haut
monTexte.insertTextContent(monCurseur, monCadre, false)
monCurseur.gotoNextParagraph(False)
' monCurseur est dans le quatrième paragraphe
monCadre = monDocument.createInstance("com.sun.star.text.TextFrame")
monCadre.Width = 1500 ' 15 mm largeur
monCadre.Height = 3000 ' 30 mm de haut
monTexte.insertTextContent(monCurseur, monCadre, false)
End Sub
```

Trouver un cadre

Rappelons que tout cadre possède un nom (par défaut, en version française : Cadre1, Cadre2, etc. par ordre de création). Avec le Navigateur, on peut donner un nom plus spécifique à chaque cadre.

Supposons que dans un document existant, nous ayons à modifier le contenu d'un cadre nommé Encadré. L'objet document fournit la collection de ses cadres avec la fonction getTextFrames (notez le s du pluriel) et on obtient un tableau d'un nom particulier avec la fonction getByName de l'objet collection. On peut aussi accéder à un cadre par son numéro d'ordre avec la méthode getByIndex. Avec OOoBasic, le getByIndex peut être omis, comme si on indexait une variable tableau.

```
monCadre = monDocument.TextFrames.getByName("Encadré")
```

Nous pouvons maintenant modifier le cadre en utilisant la variable monCadre.

Le getByName déclenchera une exception s'il n'existe aucun cadre de ce nom. Vous pouvez vérifier qu'un tel nom de cadre existe :

```
if monDocument.TextFrames.hasByName("Encadré") then
  ' le cadre existe, le modifier
end if
```

Il est facile de renommer un cadre avec sa propriété Name. Notons qu'un nom de cadre ne doit pas comporter de caractère espace.

```
monCadre = monDocument.TextFrames.getByName("Encadré")
monCadre.Name = "Cadre_allongé"
```

L'objet `TextFrames` nous permet de connaître tous les cadres du document et donc de les modifier. Le nombre de cadres est fourni par la propriété `Count`, leurs noms sont obtenus avec la propriété `Name` de chaque objet cadre.

```
rem Code08-06.odt    bibli : AjoutCadre Module3
Option Explicit

Sub ListerLesCadres()
Dim monDocument As Object
Dim lesCadres As Object, monCadre As Object
Dim x As Long
monDocument = ThisComponent
lesCadres = monDocument.TextFrames
for x = 0 to lesCadres.Count -1
  monCadre = lesCadres(x)
  print "Cadre : " & monCadre.Name
next
End Sub
```

Attention, l'ordre des cadres dans la liste de `TextFrames` ne correspond pas nécessairement à l'ordre dans le document.

Supprimer un cadre

On utilise la méthode `removeTextContent` de l'objet texte.

```
monTexte.removeTextContent(monCadre)
```

Dimensionner un cadre

La largeur et la hauteur d'un cadre sont réglées respectivement par ses propriétés `Width` et `Height`, exprimées en 1/100 de millimètres.

La largeur et la hauteur du cadre peuvent s'adapter ou non au contenu du cadre, par exemple si on y inscrit du texte sur plusieurs lignes. Ceci est défini respectivement par les propriétés `WidthType` et `SizeType`, de type `Integer`, qui reçoivent une constante nommée (voir le tableau 8-35), par exemple :

```
monCadre.SizeType = com.sun.star.text.SizeType.FIX
```

Tableau 8–35 Constantes dimensionnelles de cadre

Constante	Signification en largeur	Signification en hauteur
VARIABLE	La largeur dépend du contenu.	La hauteur dépend du contenu.
FIX	La largeur est fixe, indiquée par Width. Valeur par défaut.	La hauteur est fixe, indiquée par Height.
MIN	Width indique la largeur minimale.	Height indique la hauteur minimale (valeur par défaut).

Positionner le cadre

Un cadre est positionné :

1 soit de manière absolue, en précisant la distance en 1/100 de millimètre entre le coin haut-gauche de l'ancre et le coin haut-gauche du cadre,

2 soit de manière relative, c'est-à-dire en décrivant sa situation par rapport à une zone qui englobe le cadre. Cette zone englobante doit aussi être précisée.

Le positionnement absolu ou relatif peut être choisi indépendamment pour la position horizontale et pour la position verticale.

Les nombreuses combinaisons possibles d'ancrage / zone englobante / position relative donnent des résultats parfois identiques, ou visibles seulement avec des tailles de cadre et de paragraphe compatibles. Faites des essais.

Si vous insérez manuellement un cadre dans un texte, un clic droit sur le cadre donne accès aux propriétés d'ancrage et d'alignement. L'alignement correspond au positionnement relatif du cadre.

Les différents ancrages de cadre

Le choix du type d'ancrage se fait en affectant à la propriété AnchorType de type Integer, une constante nommée (tableau 8-36), par exemple :

```
monCadre.AnchorType = com.sun.star.text.TextContentAnchorType.AT_PAGE
```

Tableau 8–36 Constantes d'ancrage de cadre

Constante	Signification
AT_PARAGRAPH	Ancrage par rapport au paragraphe pointé par le curseur (valeur par défaut).
AS_CHARACTER	Ancrage comme si le cadre était un caractère ; la hauteur de la ligne s'adapte à la taille du cadre.
AT_PAGE	Ancrage par rapport à la page. AnchorPageNo contient le numéro de page ; par défaut, c'est la page où se trouve le curseur d'écriture.

Tableau 8–36 Constantes d'ancrage de cadre (suite)

Constante	Signification
AT_FRAME	Ancrage dans un cadre. AnchorFrame contient le cadre qui servira d'ancrage.
AT_CHARACTER	Ancrage par rapport au caractère pointé par le curseur.

Positionnement horizontal

Le positionnement dépend des propriétés de cadre HoriOrient, HoriOrientRelation et AnchorType que nous avons déjà vue.

La propriété HoriOrient, de type Integer, utilise des constantes nommées (tableau 8-37), exemple :

```
monCadre.HoriOrient = com.sun.star.text.HoriOrientation.NONE
```

Tableau 8–37 Constantes de HoriOrient

Constante	Signification
NONE	Positionnement absolu. La position en 1/100 de mm est alors donnée par la propriété HoriOrientPosition.
RIGHT	Positionnement relatif, à droite dans la zone englobante.
LEFT	Positionnement relatif, à gauche dans la zone englobante.
CENTER	Positionnement relatif, au centre dans la zone englobante.

La propriété HoriOrientRelation, de type Integer, précise la zone englobante. Elle utilise des constantes nommées, exemple :

```
monCadre.HoriOrientRelation =
com.sun.star.text.RelOrientation.PAGE_LEFT
```

Le tableau 8-38 indique les valeurs admises. La colonne repère est utilisée pour les explications qui suivent.

Tableau 8–38 Constantes de HoriOrientRelation

Constante	Repère	Signification
FRAME	a	Le paragraphe entier, y compris ses marges.
PRINT_AREA	b	Le paragraphe entier, sans ses marges.
CHAR	c	Le caractère.

Tableau 8–38 Constantes de HoriOrientRelation (suite)

Constante	Repère	Signification
PAGE_LEFT	d	La marge de gauche de la page ; en principe le cadre doit être assez petit pour tenir à l'intérieur de la marge.
PAGE_RIGHT	e	La marge de droite de la page ; même remarque.
FRAME_LEFT	f	La marge de gauche du paragraphe ; même remarque.
FRAME_RIGHT	g	La marge de droite du paragraphe ; même remarque.
PAGE_FRAME	h	La page entière, y compris ses marges.
PAGE_PRINT_AREA	i	La page entière sans ses marges.

Le positionnement absolu est le plus simple : il suffit de préciser la distance en 1/100 de millimètre entre le coin haut-gauche de l'ancre et le coin haut-gauche du cadre.

```
monCadre.HoriOrient = com.sun.star.text.HoriOrientation.NONE
monCadre.HoriOrientPosition = 2500 ' 25 mm
```

Pour un positionnement relatif, HoriOrientRelation n'utilise que certaines valeurs, selon l'ancrage :

- pour un ancrage AT_PARAGRAPH, les valeurs repérées par a, b (par défaut), d, e, f, g ;
- pour un ancrage AT_FRAME, les valeurs repérées par a, b (par défaut), d, e, f, g ; dans ce contexte, il s'agit du paragraphe de texte à l'intérieur du cadre englobant ;
- pour un ancrage AT_PAGE, les valeurs repérées par d, e, h, i (par défaut).

Exemple de positionnement relatif :

```
monCadre.AnchorType =
com.sun.star.text.TextContentAnchorType.AT_PARAGRAPH
monCadre.HoriOrient = com.sun.star.text.HoriOrientation.RIGHT
monCadre.HoriOrientRelation =
com.sun.star.text.RelOrientation.PAGE_LEFT
```

Positionnement vertical

Le positionnement dépend des propriétés de cadre VertOrient, VertOrientRelation et AnchorType que nous avons déjà vue.

La propriété VertOrient, de type Integer, utilise des constantes nommées (tableau 8-39), par exemple :

```
monCadre.VertOrient = com.sun.star.text.VertOrientation.NONE
```

Tableau 8–39 Constantes de VertOrient

Constante	Signification
NONE	Positionnement absolu. La position en 1/100 de mm est alors donnée par la propriété VertOrientPosition.
TOP	Positionnement relatif, en haut dans la zone englobante.
BOTTOM	Positionnement relatif, en bas dans la zone englobante.
CENTER	Positionnement relatif, au centre dans la zone englobante.

La propriété VertOrientRelation, de type Integer, précise la zone englobante. Elle utilise elle aussi des constantes nommées, par exemple :

```
monCadre.VertOrientRelation = com.sun.star.text.RelOrientation.FRAME
```

Le tableau 8-40 indique les valeurs admises. La colonne repère est utilisée pour les explications qui suivent.

Tableau 8–40 Constantes de VertOrientRelation

Constante	Repère	Signification
FRAME	a	Le paragraphe entier, y compris ses marges.
PRINT_AREA	b	Le paragraphe entier, sans ses marges.
CHAR	c	Le caractère.
PAGE_LEFT	d	La marge de gauche de la page ; en principe le cadre doit être assez petit pour tenir à l'intérieur de la marge.
PAGE_RIGHT	e	La marge de droite de la page ; même remarque.
FRAME_LEFT	f	La marge de gauche du paragraphe ; même remarque.
FRAME_RIGHT	g	La marge de droite du paragraphe ; même remarque.
PAGE_FRAME	h	La page entière, y compris ses marges.
PAGE_PRINT_AREA	i	La page entière sans ses marges.

Le positionnement absolu est le plus simple : il suffit de préciser la distance en 1/100 de millimètre entre le coin haut-gauche de l'ancre et le coin haut-gauche du cadre.

```
monCadre.VertOrient = com.sun.star.text.HoriOrientation.NONE
monCadre.VertOrientPosition = 5500 ' 55 mm
```

Pour un positionnement relatif, VertOrientRelation n'utilise que certaines valeurs, selon l'ancrage :

• pour un ancrage AT_PARAGRAPH, les valeurs repérées par a, b (par défaut), d, e, f, g ;

- pour un ancrage AT_FRAME, les valeurs repérées par a, b (par défaut), d, e, f, g ; dans ce contexte, il s'agit du paragraphe de texte à l'intérieur du cadre englobant ;
- pour un ancrage AT_PAGE, les valeurs repérées par d, e, h, i (par défaut).

Exemple de positionnement relatif :

```
monCadre.AnchorType =
com.sun.star.text.TextContentAnchorType.AT_PARAGRAPH
monCadre.VertOrient = com.sun.star.text.VertOrientation.TOP
monCadre.VertOrientRelation =
com.sun.star.text.RelOrientation.PAGE_LEFT
```

Maintenant, voici un exemple complet dans lequel on crée un petit cadre, situé au centre de la marge gauche de la page et verticalement en haut d'un paragraphe de plusieurs lignes qui sert d'ancrage.

```
rem Code08-06.odt    bibli : PositionCadre Module1
Option Explicit

Sub PositionnerCadre()
Dim monDocument As Object, monTexte As Object
Dim monCurseur As Object, monCadre As Object
Dim x As Long
monDocument = ThisComponent
monCadre = monDocument.createInstance("com.sun.star.text.TextFrame")
With monCadre
  .Width = 1000 ' 10 mm largeur
  .Height = 800 ' 8 mm de haut
  .SizeType = com.sun.star.text.SizeType.FIX
  .AnchorType = com.sun.star.text.TextContentAnchorType.AT_PARAGRAPH
  .VertOrient = com.sun.star.text.VertOrientation.TOP
  .VertOrientRelation = com.sun.star.text.RelOrientation.FRAME
  .HoriOrient = com.sun.star.text.HoriOrientation.CENTER
  .HoriOrientRelation = com.sun.star.text.RelOrientation.PAGE_LEFT
End With
monTexte = monDocument.Text
monCurseur = monTexte.createTextCursor
for x = 1 to 5 ' aller au sixième paragraphe
  monCurseur.gotoNextParagraph(False)
next
monTexte.insertTextContent(monCurseur, monCadre, false)
monCadre.Text.String = "X"
End Sub
```

Pour apprécier les positionnements, essayez pour VertOrient les valeurs CENTER et BOTTOM, et pour HoriOrient les valeurs LEFT et RIGHT. Remarquez aussi que pour VertOrientRelation, les trois valeurs FRAME donnent le même résultat.

Adaptation du texte

La propriété `Surround`, de type `Integer`, correspond à Adaptation du texte quand on fait un clic droit sur un cadre sélectionné. Cette propriété reçoit une constante nommée (tableau 8-41), par exemple :

```
monCadre.Surround = com.sun.star.text.WrapTextMode.NONE
```

Tableau 8–41 Constantes de la propriété de cadre Surround

Constante	Signification
NONE	Pas d'adaptation. Valeur par défaut.
THROUGHT	Continu (le texte continue sous le cadre).
PARALLEL	Renvoi dynamique à la page (texte réparti à gauhe et à droite du cadre).
DYNAMIC	Décidé par Writer selon la situation.
LEFT	Le texte est à gauche du cadre.
RIGHT	Le texte est à droite du cadre.

La propriété `SurroundAnchorOnly`, de type `Boolean`, correspond à l'adaptation « Premier paragraphe ».

Texte en colonnes

Le texte d'un cadre peut être réparti en colonnes. Il s'agit toujours d'un seul texte, qui « coule » d'une colonne à la suivante. La description des colonnes est obtenue avec la propriété `TextColumns` du cadre. On retiendra de cet objet les propriétés indiquées au tableau 8-42. Il faut fixer le nombre de colonnes avec la propriété `ColumnCount` avant de fixer les autres propriétés.

Tableau 8–42 Propriétés de TextColumns

Propriété	Type	Signification
ColumnCount	Integer	Nombre de colonnes.
Columns	Object	Tableau des descripteurs de colonnes.
IsAutomatic	Boolean	True pour des colonnes d'égale largeur.
AutomaticDistance	Long	Distance séparant deux colonnes adjacentes, en 1/100 de mm.
SeparatorLineIsOn	Boolean	True pour mettre un trait vertical séparateur de colonnes.
SeparatorLineColor	Long	Couleur du trait séparateur de colonnes.
SeparatorLineRelative Height	Long	Hauteur du trait séparateur, en pourcentage de la hauteur de colonnes.

Tableau 8–42 Propriétés de TextColumns (suite)

Propriété	Type	Signification
SeparatorLineVertical Alignment	Integer	Position verticale du trait séparateur. Constante nommée, voir le tableau 8-43.
SeparatorLineWidth	Long	Épaisseur du trait vertical, en 1/100 de mm.

La propriété `SeparatorLineVerticalAlignment` reçoit une constante nommée de la forme :

```
com.sun.star.style.VerticalAlignment.TOP
```

Tableau 8–43 Constantes de SeparatorLineVerticalAlignment

Constante	Signification
TOP	Trait positionné en haut du cadre.
MIDDLE	Trait positionné au milieu du cadre.
BOTTOM	Trait positionné en bas du cadre.

La propriété `Columns` de l'objet `TextColumns` nous donne un tableau dont chaque élément est une structure décrivant la colonne, comme l'illustre le tableau 8-44. Ce tableau est indexé à partir de zéro.

Tableau 8–44 Structure de colonne

Propriété	Type	Signification
LeftMargin	Long	Marge gauche, en 1/100 de mm.
RightMargin	Long	Marge droite, en 1/100 de mm.
Width	Long	Largeur de la colonne, relativement à la somme des largeurs des colonnes. Utilisé pour des largeurs de colonnes inégales.

Autres propriétés de cadre

Le tableau 8-45 indique les principales autres propriétés.

Tableau 8–45 Propriétés diverses de cadre

Propriété	Type	Signification
BackColor	Long	Couleur du fond.
BackTransparent	Boolean	True rend le fond transparent (interface utilisateur : **sans remplissage**).
BackColorTransparency	Integer	Pourcentage de transparence, valeur entre 0 et 100.

Tableau 8–45 Propriétés diverses de cadre (suite)

Propriété	Type	Signification
Opaque	Boolean	True rend le fond opaque. False place le cadre en arrière-plan.
ContentProtected	Boolean	True pour interdire la modification du contenu.
EditInReadonly	Boolean	True pour autoriser la modification du contenu dans un document en lecture seule.
PositionProtected	Boolean	True pour interdire la modification de la position.
SizeProtected	Boolean	True pour interdire la modification de la taille.
EditInReadonly	Boolean	True pour autoriser l'édition du contenu si le document est en mode Lecture seule.
Print	Boolean	True pour autoriser l'impression du cadre (valeur par défaut).
ChainPrevName	String	Nom du cadre précédent (cadres liés).
ChainNextName	String	Nom du cadre suivant (cadres liés).
TopMargin	Long	Espacement du texte par rapport au cadre, en haut.
BottomMargin	Long	Espacement du texte par rapport au cadre, en bas.
LeftMargin	Long	Espacement du texte par rapport au cadre, à gauche.
RightMargin	Long	Espacement du texte par rapport au cadre, à droite.
BorderDistance	Long	Espacement par rapport aux bordures. Permet d'imposer la même distance aux bordures haut, bas, gauche, droite.
TopBorder	Object	Structure de la ligne de bordure du haut. Voir le tableau 8-8.
TopBorderDistance	Long	Espacement par rapport à la bordure du haut.
BottomBorder	Object	Structure de la ligne de bordure du bas. Voir le tableau 8-8.
BottomBorderDistance	Long	Espacement par rapport à la bordure du bas.
LeftBorder	Object	Structure de la ligne de bordure gauche. Voir le tableau 8-8.
LeftBorderDistance	Long	Espacement par rapport à la bordure gauche.
RightBorder	Object	Structure de la ligne de bordure droite. Voir le tableau 8-8.
RightBorderDistance	Long	Espacement par rapport à la bordure droite.
ShadowFormat	Object	Ombre du tableau. Voir le tableau 8-9 et ses explications.
FrameStyleName	String	Nom du style de cadre.

L'exemple qui suit insère un cadre semi-transparent de couleur cyan clair, ce qui permet de voir le texte principal au travers.

```
rem Code08-06.odt    bibli : PositionCadre Module2
Option Explicit
```

```
Sub EntourageDuCadre()
Dim monDocument As Object, monTexte As Object
Dim monCurseur As Object, monCadre As Object
monDocument = ThisComponent
monCadre = monDocument.createInstance("com.sun.star.text.TextFrame")
With monCadre
  .Width = 5500 ' 55 mm largeur
  .Height = 2000 ' 20 mm de haut
  .BackColor = RGB(100,250,250)
  .BackColorTransparency = 40 ' transparent à 40%
  .Surround = com.sun.star.text.WrapTextMode.THROUGH
End With
monTexte = monDocument.Text
monCurseur = monTexte.createTextCursor
monCurseur.gotoNextParagraph(False)
monCurseur.gotoNextParagraph(False)
' monCurseur est dans le troisième paragraphe
monTexte.insertTextContent(monCurseur, monCadre, false)
monCadre.String = "Texte par dessus"
End Sub
```

Écrire du texte dans un cadre

Toutes les possibilités d'écriture et de formatage de texte que nous avons décrites pour le texte principal sont aussi disponibles pour écrire dans un cadre. Il suffit d'obtenir l'objet texte associé au cadre et de lui faire créer un curseur d'écriture :

```
Dim monTexte As Object, monCurseur As Object
rem - - initialisation et insertion du cadre - -
monTexte = monCadre.Text
monCurseur = monTexte.createTextCursor
monTexte.insertString(monCurseur, "Blabla", false)
```

La propriété Text de l'objet cadre renvoie en fait l'objet cadre lui-même. La propriété String du cadre donne le texte sous forme de chaîne de caractères.

Les sections

Une section de texte est un ensemble de paragraphes contigus du texte qu'on peut traiter globalement, par exemple le protéger contre les modifications ou le rendre invisible. Une section peut contenir d'autres sections, et ainsi de suite.

Créer une section, écrire dedans

Le texte d'une section n'est pas séparé du texte principal, ainsi que va le démontrer cette macro. Exécutez-la ligne par ligne, en regardant attentivement le résultat dans le document.

```
rem Code08-14.odt   bibli : Sections1 Module1
Option Explicit

Sub Creer1Section()
Dim monDocument As Object, monTexte As Object
Dim curseurT As Object, curseurS As Object
Dim maSection As Object, prgr As Integer
prgr = com.sun.star.text.ControlCharacter.PARAGRAPH_BREAK
monDocument = ThisComponent
monTexte = monDocument.Text
curseurT = monTexte.createTextCursor ' curseur du texte courant
curseurT.gotoEnd(false)
curseurT.gotoPreviousParagraph(False)
monTexte.insertString(curseurT, "AAAA", false)
maSection = monDocument.createInstance("com.sun.star.text.TextSection")
monTexte.insertTextContent(curseurT, maSection, false)
curseurS = monTexte.createTextCursorByRange(maSection.Anchor)
monTexte.insertString(curseurT, "BBBB", false)
monTexte.insertString(curseurS, "CCCC", false)
curseurT.gotoNextParagraph(False) ' sauter dans la section !
monTexte.insertString(curseurT, "DDDD", false)
curseurT.gotoNextParagraph(False) ' sauter après la section !
monTexte.insertString(curseurT, "EEEE", false)
monTexte.insertControlCharacter(curseurS, prgr, false)
monTexte.insertString(curseurS, "FFFF", false)
curseurS.gotoNextParagraph(False) ' sauter après la section !
monTexte.insertString(curseurS, "GGGG", false)
End Sub
```

Commençons par écrire AAAA dans l'avant-dernier paragraphe du texte principal. Pour créer une section, il nous faut un objet TextSection obtenu par la méthode createInstance de l'objet document. Cette nouvelle section est insérée à l'endroit indiqué par le curseur principal, curseurT. Vous constaterez qu'elle s'insère *après* le paragraphe en cours. Le curseurT n'est pas affecté par cette insertion, puisque la séquence BBBB s'insère après AAAA.

Une section possède une propriété Anchor, qui est une zone de texte (TextRange). Nous créons un nouveau curseur, curseurS, positionné sur cette zone, qui est actuellement réduite à un point car elle ne contient pas de texte. En utilisant curseurS, nous insérons le texte CCCC dans la section.

Reprenons `curseurT` pour le déplacer au paragraphe suivant. L'insertion du texte `DDDD` avec le `curseurT` apparaît au début de la section créée ! Déplaçons encore `curseurT` au paragraphe suivant. L'insertion du texte `EEEE` se place après la section ! Ceci démontre que, du point de vue d'un curseur, les sections n'existent pas, seuls les paragraphes existent.

Avec le `curseurS`, nous insérons un nouveau paragraphe : celui-ci est bien inséré dans la section, comme le montre l'écriture de `FFFF`. Cependant, si nous déplaçons le `curseurS` au paragraphe suivant, il se retrouve hors de la section, au début du paragraphe de texte principal, comme le montre l'insertion de `GGGG`.

Cet exemple un peu déroutant vous montre les difficultés à travailler sur des sections.

Naviguer dans les sections

Comment arriver à écrire sans se tromper sur un texte comportant des sections ?

D'une part, il faut savoir retrouver les sections dans un document existant. Un bon moyen consiste à leur donner un nom. Dans la fenêtre Writer, le nom de la section dans laquelle se trouve le curseur visible est affiché en bas à droite. Par programmation, une section se nomme avec sa propriété `Name` :

```
maSection.Name = "Annexe 2"
```

> **PIÈGE Nom de section existant**
>
> Si vous donnez par erreur à une section le nom d'une section existante, son nom ne sera pas modifié. Elle gardera le nom par défaut, `Section1` par exemple.

Le document Writer tient à jour la collection de ses sections dans l'objet `TextSections` (attention au `s`). Un élément de cette collection est accessible par son nom, avec les fonctions suivantes de l'objet collection :

- `hasByName`(nom) renvoie `True` si une section existe avec ce nom ;
- `getByName`(nom) renvoie l'objet section de ce nom, ou déclenche une erreur s'il n'existe pas.

D'autre part, il est nécessaire de se positionner dans la section. Pour se positionner au début ou à la fin de la section, on utilise la propriété `Start` ou `End` de l'objet `Anchor` fourni par la section :

```
' créer un curseur au début de la section
curseurS = monTexte.createTextCursorByRange(maSection.Anchor.Start)
' déplacer le curseur à la fin de la section
curseurS.gotoRange(maSection.Anchor.End)
```

Un positionnement à un endroit quelconque peut être mémorisé par un signet (*book-mark*). Voyez ailleurs dans ce chapitre comment utiliser les signets.

Nous avons créé dans un document exemple trois sections nommées. La macro suivante va écrire dans chacune.

```
rem Code08-15.odt    bibli : Sections2 Module1
Option Explicit

Sub NaviguerDansSections()
Dim monDocument As Object, monTexte As Object
Dim cursA As Object, cursB As Object, cursC As Object
Dim sectA As Object, sectB As Object, sectC As Object
Dim lesSections As Object, prgr As Integer
prgr = com.sun.star.text.ControlCharacter.PARAGRAPH_BREAK
monDocument = ThisComponent
monTexte = monDocument.Text
lesSections = monDocument.TextSections
' il y aura une erreur si une des sections n'existe pas
sectA = lesSections.getByName("Aline")
sectB = lesSections.getByName("Brigitte")
sectC = lesSections.getByName("Claudine")
cursA = monTexte.createTextCursorByRange(sectA.Anchor.Start)
cursB = monTexte.createTextCursorByRange(sectB.Anchor)
cursC = monTexte.createTextCursorByRange(sectC.Anchor.End)
monTexte.insertString(cursA, "AAAA", false) ' insère au début
monTexte.insertString(cursB, "BBBB", true) ' écrase le texte
monTexte.insertString(cursC, "CCCC", false) ' ajoute à la fin
monTexte.insertControlCharacter(cursA, prgr, false)
monTexte.insertControlCharacter(cursC, prgr, false)
monTexte.insertString(cursC, "DDDD", false)
print "Effacer la section Brigitte !"
cursB.gotoRange(sectB.Anchor, false) ' toute la section
cursB.String = "" ' efface son contenu
sectB.dispose' la section disparaît, mais reste un paragraphe
cursB.goLeft(1, true)
cursB.String = "" ' supprime le paragraphe précédent
End Sub
```

L'insertion de BBBB écrase tout le texte de la section, car le curseur cursB a été initialisé à la zone Anchor, ce qui équivaut à sélectionner tout le texte de la section.

La suppression complète d'une section demande un peu de gymnastique. D'abord, son contenu est supprimé. Toute la zone est remplacée par une chaîne de caractères vide. En fait, il va rester une marque de paragraphe dans la section. L'étape suivante consiste à supprimer l'objet section, en invoquant sa méthode dispose. Elle ne supprime pas le texte correspondant (ici réduit à un paragraphe), qui devient un texte ordinaire, hors-section. Finalement, nous réalisons l'équivalent de se positionner dans ce paragraphe vide puis taper la touche Retour arrière. Si nous nous contentons de supprimer le paragraphe vide, c'est le paragraphe suivant qui deviendrait hors-section.

Si cette macro ne vous a pas posé de problème, alors vous maîtrisez bien la gestion des curseurs...

Propriétés des sections

Les principales propriétés de section de texte sont listées dans le tableau 8-46. D'autres sont documentées dans l'API, voyez `com.sun.star.text.TextSection`.

Tableau 8–46 Propriétés de section

Élément	Type	Signification
Name	String	Nom de la section.
FileLink	Object	Le contenu de la section est obtenu d'un autre document.
LinkRegion	String	Nom d'une section ou d'un signet qui précise la zone de texte à utiliser pour la section.
Condition	String	Formule conditionnelle.
IsVisible	Boolean	False rend la section invisible.
IsProtected	Boolean	True pour protéger la section des modifications par l'utilisateur.
ProtectionKey	Array	Mot de passe crypté, un octet par élément.
ParentSection	Object	La section parente de celle-ci, ou Null.
ChildSections	Array	Tableau des sections incluses dans celle-ci, y compris les sous-sections.

La propriété Condition est évaluée pour décider si la section doit être invisible (si la propriété IsVisible est False). Si la propriété Condition est une chaîne vide, elle est considérée comme True. Les expressions conditionnelles sont expliquées dans l'aide en ligne de Writer, voyez Condition ; Champ.

La protection effectuée par IsProtected peut être annulée par l'utilisateur (utiliser le navigateur, clic droit sur la section, Éditer). L'API ne permet pas d'appliquer un vrai mot de passe, mais vous pouvez faire ceci :

```
Dim monSecret(2) As Integer
monSecret(0) = 25 ' exemple de faux mot de passe crypté
monSecret(1) = 26
monSecret(2) = -32
sectB.ProtectionKey = monSecret()
sectB.IsProtected = true
```

Le tableau `ProtectionKey` contient normalement les octets du mot de passe crypté. Ici, l'utilisateur devra retrouver le mot de passe correspondant, que personne ne connaît ! Vous cependant, en affectant `False` à `IsProtected`, vous pouvez déprotéger une section sans même connaître son mot de passe ! Pour supprimer le mot de passe, il suffit d'affecter à `ProtectionKey` un tableau vide.

La propriété `FileLink` est une structure composée de deux éléments :

- `FileURL`, de type `String`, est l'adresse du document lié.
- `FilterName`, de type `String`, est le nom du filtre éventuel nécessaire pour charger le fichier.

La propriété `LinkRegion` précise la zone de texte concernée dans le document lié. Si `FileLink` est vide, la zone de texte est recherchée dans le document principal.

Les styles

Nous avons indiqué au chapitre 7 les éléments communs à la gestion des styles. Nous abordons maintenant les styles propres aux documents Writer.

Style de paragraphe

Le style de paragraphe expose les propriétés de paragraphe ainsi que les propriétés de caractère, que nous avons déjà vues plus haut à la section « Formatage ». Parmi les quelques propriétés spécifiques au style, on peut retenir la propriété `FollowStyle`, de type `String`, qui correspond à **Style de suite** dans l'interface utilisateur.

Style de caractère

Un style de caractère possède toutes les propriétés de caractère, plus celles du tableau 8-47.

Tableau 8–47 Propriétés de style de caractère

Propriété	Type	Signification
CharDiffHeight	Double	Différence de taille, en points, du caractère par rapport au caractère parent.
CharPropHeight	Integer	Hauteur du caractère en pourcentage de celle du caractère parent. Exemple : 125 pour 125 %.

Style de page

Les propriétés de style de page comprennent, outre celles du tableau 8-48, des propriétés relatives à l'en-tête et au pied de page, qui sont décrites dans une section dédiée.

Tableau 8–48 Propriétés de style de page

Propriété	Type	Signification
BackColor	Long	Couleur du fond.
BackTransparent	Boolean	True rend le fond transparent (interface utilisateur : sans remplissage).
FollowStyle	String	Nom du style appliqué à la page insérée après celle-ci.
TopBorder	Object	Structure de la ligne de bordure du haut. Voir le tableau 8-8.
TopBorderDistance	Long	Espacement par rapport à la bordure du haut.
BottomBorder	Object	Structure de la ligne de bordure du bas. Voir le tableau 8-8.
BottomBorderDistance	Long	Espacement par rapport à la bordure du bas.
LeftBorder	Object	Structure de la ligne de bordure de gauche. Voir le tableau 8-8.
LeftBorderDistance	Long	Espacement par rapport à la bordure de gauche.
RightBorder	Object	Structure de la ligne de bordure de droite. Voir le tableau 8-8.
RightBorderDistance	Long	Espacement par rapport à la bordure de droite.
ShadowFormat	Object	Ombre portée. Voir le tableau 8-9.
TopMargin	Long	Marge du haut, en 1/100 de mm.
BottomMargin	Long	Marge du bas, en 1/100 de mm.
LeftMargin	Long	Marge de gauche, en 1/100 de mm.
RightMargin	Long	Marge de droite, en 1/100 de mm.
IsLandscape	Boolean	True si la page est en orientation Paysage.
NumberingType	Integer	Type de numérotation par défaut. Constante nommée, voir tableau 8-50. Valeur par défaut : com.sun.star.style.NumberingType.ARABIC.
PageStyleLayout	Integer	Indique quelles pages sont concernées. Constante nommée, voir tableau 8-49. Valeur par défaut : com.sun.star.style.PageStyleLayout.ALL.
PrinterPaperTray	String	Nom du bac de l'imprimante sélectionnée.
Width	Long	Hauteur de la page, en 1/100 de mm.
Height	Long	Largeur de la page, en 1/100 de mm.

Tableau 8–49 Constantes de disposition de page

Constante	Signification
ALL	Pages gauches et droites.
LEFT	Pages gauches seulement.
RIGHT	Pages droites seulement.
MIRRORED	Les pages gauches utilisent ce style, les pages droites prennent des valeurs "en miroir".

Tableau 8–50 Constantes de type de numérotation

Constante	Exemple de numérotation
ARABIC	1, 2, 3, 4
CHARS_UPPER_LETTER	A, B, C, D
CHARS_LOWER_LETTER	a, b, c, d
ROMAN_UPPER	I, II, III, IV, V
ROMAN_LOWER	i, ii, iii, iv, v
NUMBER_NONE	Pas de numérotation.
CHARS_UPPER_LETTER_N	A, B, ..., Y, Z, AA, BB, CC, ... AAA, ...
CHARS_LOWER_LETTER_N	a, b, ..., y, z, aa, bb, cc, ... aaa, ...

Pour insérer dans un document des pages d'orientation différente ou ayant d'autres caractéristiques particulières, il est recommandé d'utiliser des styles de page appropriés. Tous les styles de page sont basés sur le style Standard. Nous allons créer deux styles :

- un style à orientation Portrait au format A4, qui est simplement une copie du style Standard ;
- un style à orientation Paysage, lui aussi au format A4.

La macro va créer les deux styles successivement. Dans le panneau **Styles et formatage**, basculer éventuellement l'affichage d'une famille de style à l'autre pour faire apparaître les nouveaux styles.

```
rem Code08-07.odt    bibli : OrientationPages Module1
Option Explicit

Sub CreerDeuxStylesPage()
Dim monDocument As Object
Dim lesFamilles As Object, uneFamille As Object
Dim nouvStyle As Object
monDocument = ThisComponent
lesFamilles = monDocument.StyleFamilies
uneFamille = lesFamilles.getByName("PageStyles")
```

```
nouvStyle = monDocument.createInstance("com.sun.star.style.PageStyle")
' créer un nouveau style identique au style Standard
uneFamille.insertByName ("A4 Portrait", nouvStyle)

nouvStyle = monDocument.createInstance("com.sun.star.style.PageStyle")
uneFamille.insertByName ("A4 Paysage", nouvStyle)
' créer un style Paysage
nouvStyle.IsLandscape = True
nouvStyle.Width = 29700' hauteur 29,7 cm
nouvStyle.Height = 21000' largeur 21,0 cm
' ( par défaut le style de suite est le style en cours )
End Sub
```

Pour chaque nouveau style, nous obtenons un objet style avec la fonction createInstance de l'objet document. Après adaptation éventuelle, ce style est inséré dans sa famille par la méthode insertByName.

Remarquez qu'avec le format Paysage nous avons aussi changé la hauteur et la largeur, alors qu'avec l'interface utilisateur un simple clic sur le bouton **Paysage** suffit à intervertir ces deux valeurs.

Nous disposons maintenant de deux nouveaux styles, A4 Portrait et A4 Paysage. Nous allons les utiliser dans la macro suivante, qui va ajouter plusieurs pages à un document existant, qui n'utilise au départ que des pages de style Standard.

```
rem Code08-07.odt   bibli : OrientationPages Module2
Option Explicit

Sub AjouterPages()
Dim monDocument As Object, monTexte As Object
Dim monCurseur As Object
Dim PageAvant As Integer, paragr As Integer
paragr = com.sun.star.text.ControlCharacter.PARAGRAPH_BREAK
PageAvant = com.sun.star.style.BreakType.PAGE_BEFORE
monDocument = ThisComponent
monTexte = monDocument.Text
monCurseur = monTexte.createTextCursor
With monCurseur
  .gotoEnd(False)
' ajouter un paragraphe
 monTexte.insertControlCharacter(monCurseur, paragr, false)
  .PageDescName = "A4 Paysage"' provoque un saut de page
 monTexte.insertString(monCurseur, "Style A4 Paysage", false)
 monTexte.insertControlCharacter(monCurseur, paragr, false)
  .breakType = PageAvant' insère un saut de page AVANT
 monTexte.insertString(monCurseur, "Style A4 Paysage", false)
 monTexte.insertControlCharacter(monCurseur, paragr, false)
  .PageDescName = "Standard"   ' provoque un saut de page
```

```
monTexte.insertString(monCurseur, "Style Standard", false)
monTexte.insertControlCharacter(monCurseur, paragr, false)
 .PageDescName = "A4 Portrait"' provoque un saut de page
monTexte.insertString(monCurseur, "Style A4 Portrait", false)
monTexte.insertControlCharacter(monCurseur, paragr, false)
End With
End Sub
```

Nous allons en fin de document pour ajouter un paragraphe. En modifiant la propriété `PageDescName` du curseur, nous affectons le style de page `A4 Paysage` à partir de la position du curseur. Ceci provoque un saut de page.

Nous insérons un texte, puis un nouveau paragraphe dans cette page Paysage. La propriété `BreakType` insère un saut de page ordinaire, mais comme le style de page de suite est le même, nous restons en Paysage. Nous insérons encore un texte et un paragraphe.

Un nouveau changement de la propriété `PageDescName` nous fait revenir au style de page `Standard`, donc en orientation Portrait avec un nouveau saut de page. Nous insérons encore un texte et un paragraphe.

Enfin, nous changeons le style de page en `A4 Portrait` qui n'est qu'une copie du style Standard. Cela provoque néanmoins un nouveau saut de page.

Astuce

Sur un document, vous pouvez facilement vérifier le style de la page où se trouve le curseur visible : il est affiché en bas de la fenêtre Writer, à côté de l'indicateur de numéro de page.

Les en-têtes et pieds de page

Les en-têtes et pieds de page ne sont pas des éléments ordinaires du document. En effet, ils sont des éléments appartenant à un style de page, par défaut le style de page `Standard`. Pour faire apparaître ou pour modifier un en-tête ou pied de page, il faut retrouver le style de page de la page qui nous intéresse et le modifier. En conséquence, toutes les pages du même style subiront la même modification d'en-tête ou pied de page.

Nous allons insérer un en-tête dans la première page d'un document (et celles qui ont le même style).

```
rem Code08-07.odt    bibli : Haut_Bas Module1
Option Explicit

Sub InsererUnEnTete()
Dim monDocument As Object
Dim monTexte As Object, monCurseur As Object
```

```
Dim Texte2 As Object,    Curseur2 As Object
Dim nomStyleMaPage As String, StyleMaPage As Object
Dim lesStylesPage As Object
monDocument = ThisComponent
monTexte = monDocument.Text
monCurseur = monTexte.createTextCursor
' récupérer le nom du style de page en cours
nomStyleMaPage = monCurseur.PageStyleName
print "Cette page est du style : " & nomStyleMaPage
' récupérer la collection de styles de pages
lesStylesPage = monDocument.StyleFamilies.getByName("PageStyles")
' récupérer le style de la page en cours
StyleMaPage = lesStylesPage.getByName(nomStyleMaPage)
With StyleMaPage
   .HeaderIsOn = true ' insérer un en-tête
   .HeaderBodyDistance = 1000 ' 10 mm
   .HeaderHeight = 2500 ' 25mm
   Texte2 = .HeaderText' zone de texte de l'en-tête
End With
Curseur2 = Texte2.createTextCursor ' curseur dans l'en-tête
' écrire un texte dans l'en-tête
Texte2.insertString(Curseur2, "Voici un en-tête", false)
End Sub
```

Nous voyons encore un exemple où l'usage d'un document modèle avec des styles bien définis peut alléger considérablement l'écriture de macros en évitant de créer ou modifier les en-têtes ou bas de page.

L'objet style de page expose un très grand nombre de propriétés pour l'en-tête (Header) et pour le pied de page (Footer). Comme ces propriétés sont similaires, le tableau 8-51 ne listera que les principales propriétés de l'en-tête, sachant qu'il suffit de remplacer Header par Footer dans le nom de propriété pour obtenir celles du pied de page.

Tableau 8–51 Propriétés d'en-tête de page

Propriété	Type	Signification
HeaderIsOn	Boolean	True si un en-tête est activé.
HeaderIsShared	Boolean	True si les en-têtes gauche et droite sont identiques.
HeaderBackColor	Long	Couleur du fond.
HeaderBackTransparent	Boolean	True rend le fond transparent (interface utilisateur : sans remplissage).
HeaderLeftBorderDistance	Long	Distance entre marge et bord gauche de l'en-tête, en 1/100 de mm.
HeaderRightBorderDistance	Long	Distance entre marge et bord droit de l'en-tête, en 1/100 de mm.

Tableau 8–51 Propriétés d'en-tête de page (suite)

Propriété	Type	Signification
HeaderTopBorderDistance	Long	Distance entre marge et bord du haut de l'en-tête, en 1/100 de mm.
HeaderBottomBorderDistance	Long	Distance entre marge et bord du bas de l'en-tête, en 1/100 de mm.
HeaderBodyDistance	Long	Distance entre en-tête et texte principal, en 1/100 de mm.
HeaderHeight	Long	Hauteur de l'en-tête, en 1/100 de mm.
HeaderShadowFormat	Object	Ombre portée. Voir le tableau 8-9.
HeaderText	Object	Zone du texte, si les en-têtes gauche et droite sont identiques.
HeaderTextLeft	Object	Zone du texte de l'en-tête gauche.
HeaderTextRight	Object	Zone du texte de l'en-tête droite.
HeaderLeftMargin	Long	Marge gauche de l'en-tête.
HeaderRightMargin	Long	Marge droite de l'en-tête.
HeaderLeftBorder	Object	Structure de la ligne de bordure gauche. Voir le tableau 8-8.
HeaderRightBorder	Object	Structure de la ligne de bordure droite. Voir le tableau 8-8.
HeaderTopBorder	Object	Structure de la ligne de bordure du haut. Voir le tableau 8-8.
HeaderBottomBorder	Object	Structure de la ligne de bordure du bas. Voir le tableau 8-8.

Style de cadre

Les propriétés de style de cadre reprennent la plupart des propriétés d'un cadre.

Style de numérotation

Les propriétés de style de numérotation sont constituées d'éléments « à tiroirs » qu'il serait trop long de décrire dans ce livre. Veuillez consulter la documentation API sur les services suivants :

- com.sun.star.text.NumberingRules ;
- com.sun.star.text.NumberingLevel.

Les champs de texte

Il s'agit des différents champs qu'on insère manuellement par le menu Insertion> Champs. Il existe de nombreux types de champs. Chacun est fourni par un service spécifique, qui inclut le service de base `com.sun.star.text.TextField`. Les caractéristiques de chaque type de champ sont documentées dans les modules de l'API :

- `com.sun.star.text.textfield`
- `com.sun.star.text.FieldMaster`

Ressources

Une présentation exhaustive est donnée dans le *Developer's Guide* à la section *Text Documents>Working with Text Documents>Text Fields*.

Chaque `TextField` a ses propriétés, qui ne sont pas toujours évidentes. Pour les champs contenant un nombre (champ `Date`, champ `Heure`, champ `Nombre de pages`, champ `Utilisateur`, etc.), le format d'affichage dépend de la propriété `NumberFormat`, de type `Long`. Cette valeur est un index dans la collection des formats disponibles dans le document. Ce concept est décrit au chapitre 7 à la section « Les formats de nombre ».

Certains champs `TextField` sont accessibles directement, d'autres dépendent d'un champ maître (en anglais, `FieldMaster`). Pour illustrer les principes généraux, nous débuterons avec des champs de texte simple : `FileName`, `Notes`. Puis, nous aborderons les champs dépendant d'un champ maître : variable de champ utilisateur ; champ de base de données. Nous terminerons cette section avec les champs de paragraphe masqué et de texte conditionnel, car leur condition dépend en général de la valeur d'une variable utilisateur.

Bogues

En révisant cette section nous avons détecté plusieurs bogues mineurs affectant les champs de texte. Il est fort probable qu'il y en ait d'autres. Une première anomalie concerne le nom des services de champs de texte. Avec la version 1 d'OpenOffice.org, ces noms étaient incorrects. Depuis la version 2, ces noms ont été corrigés, par exemple :
- En V1 : `com.sun.star.text.`**`TextField`**`.FileName`
- À partir de V2 : `com.sun.star.text.`**`textfield`**`.FileName`

Pour des raisons de compatibilité, les anciens noms ont été laissés en double. Dans nos codages, nous utilisons les noms actuels.

Le champ de texte FileName

Les champs texte, ou `TextField`, sont obtenus avec la fonction `createInstance` de l'objet document, puis insérés avec la méthode `insertTextContent` de l'objet texte après avoir rempli les propriétés. L'exemple qui suit insère dans le document Writer le nom de son fichier. On utilise pour cela le service `textfield.FileName`.

```
rem Code08-13.odt    bibli : ChampsTexte Module1
Option Explicit

Sub AjouterChampTexte()
Dim monDocument As Object, monTexte As Object, monCurseur As Object
Dim leChamp As Object
monDocument = ThisComponent
monTexte = monDocument.Text
monCurseur = monTexte.createTextCursor
monCurseur.gotoEnd(False)

leChamp=monDocument.createInstance("com.sun.star.text.textfield.FileName")
leChamp.IsFixed = False ' le champ se mettra à jour automatiquement
leChamp.FileFormat = 2 ' afficher le nom du fichier sans son extension

monTexte.insertTextContent(monCurseur, leChamp, False)
End Sub
```

Si la propriété IsFixed du champ reçoit la valeur True, le contenu du champ restera inchangé si on renomme ou déplace le fichier. Si la propriété reçoit la valeur False, le contenu du champ se mettra à jour automatiquement pour refléter le nom et chemin actuels du fichier.

La propriété FileFormat reçoit une constante dont les valeurs possibles sont listées au tableau 8-52. Un bogue fait que, pour un même format, la valeur dépend de l'état de la propriété IsFixed ; c'est pourquoi le tableau donne deux séries de valeurs au lieu des constantes décrites dans la documentation de l'API.

Tableau 8–52 Constantes de FileFormat

Contenu du champ	Valeur pour IsFixed = False	Valeur pour IsFixed = True
Le nom complet avec le chemin.	0	1
Le chemin seulement.	1	2
Le nom seulement, sans l'extension.	2	3
Le nom du fichier avec l'extension.	3	0

Le champ de commentaire, ou note

Les commentaires, appelés notes jusqu'à la version 3.2, sont des textes insérés au fil du texte, par le menu Insertion>Commentaire. Depuis la version 3.0, ils apparaissent en marge de la fenêtre du document et il est possible d'en formater le texte. Du point de vue de l'API, les commentaires sont des TextField. Leurs propriétés spécifiques sont indiquées au tableau 8-53.

Tableau 8–53 Propriétés d'un champ de commentaire

Élément	Type	Signification
Author	String	Nom de l'auteur du commentaire.
Date	Object	Date du commentaire, structure UNO (voir index, structure `Date`). Obsolète depuis la version 3.0.
DateTimeValue	Object	Date et heure du commentaire, structure UNO (voir index, structure `DateTime`).
Content	String	Texte du commentaire sous forme de chaîne de caractères.
TextRange	Object	Objet texte du commentaire.
Anchor	Object	Position d'insertion du commentaire.

Nous allons ajouter un texte dans un document, et y insérer un commentaire.

```
rem Code08-13.odt    bibli : ChampsTexte Module2
Option Explicit

Sub AjouterCommentaire()
Dim monDocument As Object, monTexte As Object, monCurseur As Object
Dim maNote As Object, uneDate As New com.sun.star.util.DateTime
Dim texteNote As Object, curseurNote As Object
monDocument = ThisComponent
monTexte = monDocument.Text
monCurseur = monTexte.createTextCursor
monCurseur.gotoEnd(false)

monTexte.insertString(monCurseur, "Ce paragraphe contient ", False)
maNote = monDocument.createInstance("com.sun.star.text.textfield.Annotation")
maNote.Author = "Arthur Duchemin" ' auteur du commentaire
uneDate.Day = 15
uneDate.Month = 7
uneDate.Year= 2008
uneDate.Hours = 15
uneDate.Minutes = 52
maNote.DateTimeValue = uneDate ' imposer la date-heure du commentaire

texteNote = maNote.TextRange
curseurNote = texteNote.createTextCursor
curseurNote.CharWeight = com.sun.star.awt.FontWeight.BOLD
texteNote.insertString(curseurNote, "Attention !", False)
texteNote.insertString(curseurNote, chr(10), False) ' nouvelle ligne
curseurNote.CharWeight = com.sun.star.awt.FontWeight.NORMAL
curseurNote.CharColor = RGB(200, 0, 0)
texteNote.insertString(curseurNote, "Ce texte est un exemple.", False)
```

```
monTexte.insertTextContent(monCurseur, maNote, False)
monTexte.insertString(monCurseur, "un commentaire inséré", False)
End Sub
```

Tout d'abord, nous utilisons un curseur d'écriture pour nous positionner dans le document, puis insérer un texte. Le commentaire sera inséré grâce à lui comme nous l'avons vu pour les autres champs de texte. La méthode `createInstance`, invoquant le service `TextField.Annotation`, nous donne un commentaire vierge attaché à notre document ; reste à le remplir.

La propriété `Author` doit être remplie avec le nom de l'auteur du commentaire.

Si la propriété `DateTimeValue` n'est pas initialisée, OpenOffice.org utilisera la date et heure au moment de l'insertion du commentaire. Avant la version 3.0, seule la propriété `Date` existait, que l'on remplissait avec une structure `Date`, sans indication d'heure. Depuis la version 3.0 il est préférable d'utiliser la nouvelle propriété `DateTimeValue`, qui reçoit une structure `DateTime`.

La propriété `TextRange` nous donne accès à un objet texte simplifié, à partir duquel nous pouvons créer un curseur qui nous permet d'écrire un texte formaté. La notion de paragraphe n'existe pas dans les commentaires. Pour ajouter une ligne, il suffit donc d'insérer un caractère « saut de ligne ». Le curseur d'écriture n'offre que peu de méthodes de déplacement, essentiellement `gotoStart`, `gotoEnd`, `goLeft`, `goRight`. Écrire un texte non formaté est plus simple, il suffit de mettre la chaîne de caractères dans la propriété `Caption`.

Une fois ces renseignements fournis, nous pouvons insérer le commentaire, comme tout élément de texte, par l'intermédiaire de la méthode `insertString` en utilisant le curseur défini sur le texte principal. Naturellement, on peut continuer le texte après le commentaire.

Depuis la version 3.1 d'OpenOffice.org, le lecteur du document peut répondre à un commentaire. Sa réponse est vue comme un autre commentaire inséré au même endroit.

PIÈGE **Les commentaires dans un texte**

Si vous explorez un texte, un commentaire compte comme un caractère dans le texte. Soyez vigilant lors du déplacement de vos curseurs.

Retrouver un commentaire

La collection `TextFields` mémorise tous les champs de texte du document, dont les commentaires font partie. Pour accéder aux objets de cette collection, on doit effectuer une boucle d'énumération, et reconnaître dans les objets obtenus le commentaire à traiter. Il est possible de recourir au même principe pour d'autres types de champs de texte. La macro ci-après efface tous les commentaires d'un auteur spécifique. Notez qu'une sélection sur la date serait également possible.

```
rem Code08-13.odt   bibli : ChampsTexte Module3
Option Explicit

Sub EffacerCommentaireAuteur()
Dim monDocument As Object, lesChamps As Object, unChamp As Object
monDocument = ThisComponent

lesChamps = monDocument.TextFields.createEnumeration
Do While lesChamps.hasMoreElements
  unChamp = lesChamps.NextElement
  if unChamp.supportsService("com.sun.star.text.textfield.Annotation") then
    if unChamp.Author = "Arthur Duchemin" then
      MsgBox(unChamp.Content, 0, "Texte du commentaire à supprimer")
      unChamp.dispose
    endif
  endif
Loop
End Sub
```

Nous commençons par créer l'énumération des objets TextField en appelant la méthode createEnumeration de la collection TextFields qui nous permettra d'examiner tous les champs (TextField). Ceux-ci pouvant être autre chose que des commentaires, nous testons pour chacun s'il supporte le service textfield.Annotation par l'intermédiaire de sa méthode supportsService.

Si c'est le cas, un test sur sa propriété Author nous indique si ce commentaire est candidat à la suppression. Dans l'affirmative, nous affichons le texte du commentaire, puis l'appel de la méthode dispose de l'objet TextField permet de la supprimer.

De la même manière, on pourrait retrouver un commentaire pour le modifier. Le texte ne peut être modifié par curseur, seule la propriété Content est prise en compte.

La propriété Anchor d'un commentaire renvoie un objet permettant de savoir dans quelle zone de texte il est inséré : dans le texte principal, dans un cadre, dans une cellule de tableau, dans un pied de page, etc. La méthode est identique à celle exposée plus haut dans la section « Où se trouve le curseur ? », en employant l'objet obtenu par Anchor au lieu de curseurVisible.

Les champs dépendants d'un champ maître

Le principe est de définir un champ d'une famille particulière, en lui donnant un nom et une valeur, et de le rajouter à la liste des champs de texte maître (ou

TextFieldMaster). Le champ texte visible dans le document sera alors lié à ce champ maître. On pourra créer autant de TextField dépendant de ce TextFieldMaster que nécessaire. Si la valeur doit être mise à jour, il suffira de modifier le champ maître.

Manipuler ces champs se fait donc en trois étapes :

1 Créer un champ maître avec un nom arbitraire.

2 Créer et insérer des champs dépendants du champ maître.

3 Donner une valeur au champ maître, ou la modifier.

Nous nous intéresserons à deux familles de champs maîtres : User (variable champ d'utilisateur) et Database (champ de base de données).

Variables champ d'utilisateur

Un champ utilisateur peut être considéré comme une variable du document, affichée ou non. Vous pouvez voir ces champs dans l'onglet Variable du panneau d'insertion de champs.

L'exemple se compose de quatre macros dans le même module Basic, qui se partagent deux constantes. Il est possible de lancer chaque macro séparément.

Créer un champ maître

La macro suivante crée un champ maître ayant pour nom NomDuProduit.

```
rem Code08-13.odt    bibli : ChampsTexte Module4
Option Explicit

Private Const racine = "com.sun.star.text.FieldMaster"
Private Const nomChamp = "NomDuProduit"

Sub creerChampMaitre()
Dim leDoc As Object, lesMaitres As Object, monMaitre As Object
leDoc = ThisComponent
lesMaitres = leDoc.TextFieldMasters

If lesMaitres.hasByName(racine & ".User." & nomChamp)    then
  MsgBox("Ce champ maître existe déjà", 16)
else
  monMaitre = leDoc.createInstance(racine & ".User")
  monMaitre.Name = nomChamp
end if
End Sub
```

Pour alléger le code, nous déclarons une constante appelée racine, qui est la chaîne de caractères commune à tous les champs maîtres. De même, le nom de notre variable utilisateur sera lui aussi mis dans une constante appelée nomChamp ; c'est le nom qui apparaît dans l'interface utilisateur. Évitez un nom contenant des mots séparés ou avec des accents, cela produit des anomalies. Ces deux constantes seront utilisées dans les macros du même module Basic.

La collection des champs maîtres TextFieldMasters est accessible depuis l'objet document. Elle possède la méthode hasByName permettant de contrôler si le champ que nous désirons créer n'existe pas déjà. En effet, une exception – donc une erreur de la macro – est levée si l'on tente d'insérer une champ maître portant un nom déjà existant. L'appellation d'un nom de champ maître pour variable utilisateur est constituée de sa racine (notre constante racine), d'un point séparateur, du terme User, d'un autre point séparateur, et du nom de la variable, ici représenté par la constante nomChamp, ce qui aboutit dans notre cas à un champ maître nommé :

```
com.sun.star.text.FieldMaster.User.NomDuProduit
```

C'est cette valeur qui doit être contrôlée. Notez que le nom du champ est reconnu indépendamment de la casse (par exemple nomduproduit). Si ce champ maître n'existe pas, nous créons, avec createInstance, un exemplaire de champ maître conteneur, donc un MasterField de la famille User, soit : com.sun.star.text.FieldMaster.User. Nous obtenons donc monMaitre, un champ maître de type User. Pour le personnaliser, il suffit de le nommer en utilisant sa propriété Name. La propriété Name ne peut alors plus être modifiée.

Insérer un champ utilisateur

Une fois notre champ maître créé, nous insérerons un exemplaire de champ utilisateur dans le document, comme nous le ferions avec l'interface utilisateur. Nous allons l'insérer à la fin du document avec la macro insererChampUtilisateur. On peut l'exécuter plusieurs fois, effectuant ainsi plusieurs insertions dans le texte du document. Nous reproduisons ici la partie intéressante de la macro, les variables ont la même signification que précédemment.

```
monMaitre = lesMaitres.getByName(racine & ".User." & nomChamp)
leChamp = leDoc.createInstance("com.sun.star.text.textfield.User")
leChamp.attachTextFieldMaster(monMaitre)

leTexte = leDoc.Text
leCurseur = leTexte.createTextCursor()
leCurseur.gotoEnd(False)
leTexte.insertString(leCurseur, "Nouveau ! ", False)
leTexte.insertTextContent(leCurseur, leChamp, false)
leTexte.insertString(leCurseur, ", une blancheur éclatante !", False)
leDoc.TextFields.refresh()
```

Nous récupérons le champ maître (que nous venons de créer avec la macro précédente) avec la méthode `getByName` de la collection `TextFieldMasters` du document. La méthode `createInstance` du document permet de créer un exemplaire de champ texte du même type que celui du champ maître que nous voulons utiliser ; dans notre cas : `User`. L'objet `TextField` à utiliser est fourni par le service `com.sun.star.text.TextField.User`. À présent, nous disposons d'un objet `TextField` vierge, qui constitue un genre de modèle. Il nous faut l'associer à un champ maître en utilisant sa méthode `attachTextFieldMaster`, l'argument de la méthode étant l'objet `monMaitre` que nous avons récupéré auparavant.

Après avoir obtenu un curseur d'écriture et l'avoir positionné en fin de document, nous écrivons un texte. Maintenant, il nous suffit d'insérer `leChamp` dans le document en utilisant la méthode `insertTextContent` de l'objet texte du document comme nous l'avons vu précédemment.

Format d'affichage

Si le champ maître est destiné à contenir un nombre, on peut fixer, pour chaque champ utilisateur inséré, le format d'affichage du nombre en utilisant la propriété `NumberFormat` de ce champ.

Nous ajoutons un texte après le champ. Les champs du document doivent être ensuite réactualisés en utilisant la méthode `TextFields.refresh` pour que les changements soient pris en compte.

Modifier un champ maître

Nous aurions pu donner une valeur au champ maître juste après sa création, puis insérer les champs utilisateurs dans le document. Ici nous faisons l'inverse : tout l'intérêt du champ maître est que nous pouvons modifier la valeur qui lui est affectée. Ce changement sera répercuté sur tous les champs utilisateurs du document qui y font référence. Voici la partie intéressante de la macro `modifierContenuChampMaitre` :

```
monMaitre = lesMaitres.getByName(racine & ".User." & nomChamp)
monMaitre.Content = "Lessive Blanco"
'monMaitre.Value = 123.45E26
leDoc.TextFields.refresh()
```

La propriété `Content` du champ maître sert à mémoriser une chaîne de caractères. En utilisant à sa place la propriété `Value`, de type `Double`, nous pourrions mémoriser un nombre. N'oubliez pas d'utiliser la méthode `refresh` pour mettre à jour les champs dans le document.

Supprimer un champ maître

L'interface utilisateur permet de supprimer un champ maître à condition qu'il n'existe plus aucun champ utilisateur de ce nom dans le document. Cette contrainte n'existe pas avec l'API. La macro supprimerChampMaitre supprimera le champ maître ainsi que tous les champs utilisateurs qui y font référence. Voici la partie importante de la macro :

```
if lesMaitres.hasByName(racine & ".User." & nomChamp) then
  monMaitre = lesMaitres.getByName(racine & ".User." & nomChamp)
  monMaitre.dispose
end if
```

Si le champ maître du nom cherché existe bien, on le récupère pour exécuter sa méthode dispose, qui le supprime ainsi que les champs utilisateurs qui en dépendent.

Champ de base de données

Comme nous le verrons au chapitre 12, l'API permet de manipuler des sources de données et d'accéder à des champs issus de requêtes ou de tables de bases de données.

L'interface utilisateur permet d'insérer les champs de ces sources de données en vue de publipostage, par exemple. Sans rentrer dans le détail des sources de données, nous indiquons ici comment insérer un tel champ au moyen de l'API, le processus étant très voisin de celui d'un champ utilisateur.

```
rem Code08-13.odt    bibli : ChampsTexte Module5
Option Explicit

Sub insererChampBase()
Dim leDoc As Object, leCurseur As Object
Dim leChampMaitre As Object, leChamp As Object
leDoc = thisComponent

Const racineChampMaitre = "com.sun.star.text.FieldMaster.Database"
leChampMaitre = leDoc.createInstance(racineChampMaitre)

leChampMaitre.DataBaseName = "Bibliography"
leChampMaitre.DataTableName = "biblio"
leChampMaitre.DataColumnName = "Identifier"

leChamp = leDoc.createInstance("com.sun.star.text.textfield.Database")
leChamp.attachTextFieldMaster(leChampMaitre)

leCurseur = leDoc.Text.createTextCursor()
leCurseur.gotoEnd(False)
leDoc.Text.insertTextContent(leCurseur, leChamp, false)
```

```
leDoc.Textfields.refresh()
End Sub
```

Un champ de base de données dépend d'un champ maître de type `Database`.

L'exemplaire de champ que nous obtenons par `createInstance` présente trois propriétés que nous devons renseigner :

- `DataBaseName` : le nom de la source de données ;
- `DataTableName` : le nom de la table concernée ;
- `DataColumnName` : le nom du champ dans la table.

Le champ maître est alors entièrement défini et porte le nom :

```
com.sun.star.text.FieldMaster.Database.Bibliography.biblio.Identifier
```

De même que précédemment, nous pouvons alors insérer, à l'aide de `createInstance`, un champ `TextField` de la même famille que le `TextFieldMaster` que nous avons défini, à savoir `com.sun.star.text.textfield.Database`, et lui attacher l'objet `TextFieldMaster` que nous avons créé pour notre champ de source de données, à l'aide de la méthode `attachTextFieldMaster`.

Le champ peut ensuite être inséré dans le document. Nous appelons enfin la méthode `refresh` de la collection `TextFields` pour mettre à jour le document. En pratique, un tel document est utilisé ensuite dans le cadre d'un publipostage, où il servira de modèle pour créer autant de documents que de destinataires du publipostage, en exploitant les résultats d'une requête sur la base de données.

Champ masqué

Il s'agit du champ de paragraphe masqué et du champ de texte masqué Avec l'interface utilisateur, on les insère depuis l'onglet Fonctions du panneau d'insertion de champs. Rappelons que le masquage ne sera effectif qu'à la condition de ne pas cocher les cases Champs : texte masqué et Champs : paragraphes masqués dans Outils>Options>OpenOffice.org Writer>Aides au formatage. Par conséquent, ne vous servez pas des textes et paragraphes conditionnels pour cacher une information confidentielle.

Dans le document exemple, nous avons créé une variable utilisateur nommée `Facture`. Vous pourrez en changer la valeur par l'interface utilisateur. Une phrase du texte affiche le contenu de cette variable. La macro suivante ajoute deux paragraphes en fin de texte, le premier restant masqué si la facture fait moins de 1 000 euros. Le champ paragraphe masqué est obtenu en utilisant le service `textfield.HiddenParagraph`.

```
rem Code08-13.odt   bibli : ChampsTexte Module6
Option Explicit
```

```
Sub insererParagrapheMasque()
Dim leDoc As Object, leCurseur As Object, leChamp As Object
Dim finparagr As Long, leTexte As Object
finParagr = com.sun.star.text.ControlCharacter.PARAGRAPH_BREAK
leDoc = ThisComponent
leTexte = leDoc.Text
leCurseur = leTexte.createTextCursor()
leCurseur.gotoEnd(False)

leChamp=leDoc.createInstance("com.sun.star.text.textfield.HiddenParagraph")
leChamp.Condition = "Facture < 1000"
leTexte.insertControlCharacter(leCurseur, finParagr, False)
leTexte.insertTextContent(leCurseur, leChamp, false)
leTexte.insertString(leCurseur, _
  " Profitez de nos conditions de crédit !", False)
leTexte.insertControlCharacter(leCurseur, finParagr, False)
leTexte.insertString(leCurseur, "Veuillez agréer, ", False)
leDoc.TextFields.refresh()'Rafraîchir les champs - touche F9
if leChamp.IsHidden then
  MsgBox("Condition réalisée. Le paragraphe est caché.")
else
  MsgBox("Condition non réalisée. Le paragraphe est visible.")
end if
End Sub
```

La propriété Condition contient une expression qui sera évaluée à True ou False, selon que la condition est réalisée ou non. Le paragraphe sera masqué si la condition vaut True. L'expression peut comporter des opérateurs arithmétiques, des fonctions mathématiques, etc. Les opérateurs de comparaison sont listés au tableau 8-54.

Attention

Les opérateurs d'égalité et d'inégalité ne sont pas ceux de Basic.

Tableau 8–54 Évaluation de condition : comparaisons

Opérateur	Expression	Résultat
==	A == B	True si A est strictement égal à B.
!=	A != B	True si A est différent de B.
<	A < B	True si A est strictement inférieur à B.
<=	A <= B	True si A est inférieur ou égal à B.
>	A > B	True si A est strictement supérieur à B.
>=	A >= B	True si A est supérieur ou égal à B.

Les nombres réels doivent être écrits en respectant le séparateur décimal de la localisation (qui en France est la virgule). Rappelons que le test d'égalité entre deux variables ou expressions en nombres réels n'a pas de sens à cause des inévitables erreurs de conversions et de calculs. Dans une expression, une chaîne de caractères doit être encadrée de guillemets, eux-mêmes doublés s'ils sont dans une instruction en Basic :

```
leChamp.Condition = "Poete == ""Ronsard""" ' Poete est une variable
```

Nous insérons une fin de paragraphe pour démarrer un nouveau paragraphe. Le champ paragraphe masqué est ensuite inséré par la méthode insertTextContent. Après avoir ajouté une nouvelle fin de paragraphe, nous ajoutons un texte ordinaire, qui sera donc toujours affiché, puisqu'il ne fait pas partie du paragraphe masqué.

Une fois le ou les champs insérés, les champs du document doivent être réactualisés par la méthode refresh, ce qui permettra le calcul des conditions et la mise en page au niveau de l'interface utilisateur. La propriété IsHidden sert à connaître le dernier état de la condition de masquage. Lorsqu'on change la valeur de la variable utilisée par la condition, la mise à jour de l'affichage n'est pas instantanée, il faut éventuellement actualiser les champs.

L'insertion d'un texte masqué est très similaire. On utilise le service textfield.HiddenText et les propriétés Condition et IsHidden. Le texte à masquer conditionnellement est défini dans la propriété Content. Ce texte est une chaîne de caractères et non un objet texte au sens de l'API. Le formatage à l'intérieur de cette chaîne est impossible, c'est le formatage du champ lui-même qui sera appliqué.

Champ de texte conditionnel

Ce type de champ permet d'afficher une chaîne de caractères ou une autre suivant la valeur True ou False d'une condition. La macro qui suit, qu'il est amusant d'exécuter après celle du paragraphe masqué, affiche un texte plus aimable si la facture atteint au moins 10 000 euros.

```
rem Code08-13.odt   bibli : ChampsTexte Module7
Option Explicit

Sub insererTexteConditionnel()
Dim leDoc As Object, leCurseur As Object, leChamp As Object
leDoc = ThisComponent
leCurseur = leDoc.Text.createTextCursor()
leCurseur.gotoEnd(False)

leChamp = leDoc.createInstance("com.sun.star.text.textfield.ConditionalText")
leChamp.Condition = "Facture >= 10000"
```

```
leChamp.TrueContent= "très honorable client, etc"
leChamp.FalseContent = "cher client, etc"
leDoc.Text.insertTextContent(leCurseur, leChamp, false)

leDoc.TextFields.refresh() 'Rafraîchir les champs - touche F9
if not leChamp.IsConditionTrue  then ' ce codage tient compte du bogue !
  MsgBox("Condition réalisée.")
else
  MsgBox("Condition non réalisée.")
end if
End Sub
```

Ici, le service est `textfield.ConditionalText`, on retrouve la propriété `Condition`. Nous devons remplir avec des chaînes de caractères les propriétés `TrueContent` et `FalseContent` qui correspondent respectivement aux textes à afficher si la condition est remplie ou non. Le champ est inséré par la méthode `insertTextContent`, et les champs réactualisés.

La propriété `IsConditionTrue` est mal nommée : elle renvoie la valeur `True` quand la condition n'est pas réalisée, `False` quand elle est réalisée ! Le contournement de ce bogue (Issue 99996) est facile : il faut utiliser l'opérateur de négation `not`.

Les signets et renvois

Un signet (en anglais, *bookmark*) est un repère dans le texte. Manuellement, vous insérez un signet à l'endroit du curseur visible avec le menu Insertion>Repère de texte...>nomDuSignet. Un signet peut aussi désigner une zone de texte ; il suffit qu'elle soit sélectionnée quand on définit le signet.

Utiliser un signet existant

Vous pouvez placer des signets dans un document prédéfini (ou un modèle de document) pour repérer les endroits que la macro doit remplir. Évidemment, la macro doit connaître le nom de chaque signet et le type d'information à y insérer.

L'exemple suivant initialise le curseur d'écriture à l'emplacement repéré par un signet, puis écrit un texte. Le document du Zip téléchargeable contient un signet dans le texte principal, un autre dans un tableau, un troisième désignant une zone dans l'en-tête.

```
rem Code08-10.odt   bibli : EcrireSurSignet Module1
Option Explicit
```

```
Sub InsererAuSignet()
Dim monDocument As Object, leTexte As Object
Dim unSignet As Object, monCurseur As Object
monDocument = ThisComponent
' signet dans le texte principal
unSignet = monDocument.Bookmarks.getByName("repère1")
leTexte = unSignet.Anchor.Text
monCurseur = leTexte.createTextCursorByRange(unSignet.Anchor.Start)
monCurseur.CharPosture = com.sun.star.awt.FontSlant.ITALIC
leTexte.insertString( monCurseur, "la ville de ", false)
' signet dans une cellule d'un tableau Writer
unSignet = monDocument.Bookmarks.getByName("repère2")
leTexte = unSignet.Anchor.Text
monCurseur = leTexte.createTextCursorByRange(unSignet.Anchor.Start)
leTexte.insertString( monCurseur, " derrière", false)
unSignet = monDocument.Bookmarks.getByName("repère3")
print "Repère3 = " & unSignet.Anchor.String
End Sub
```

Nous récupérons d'abord le signet parmi la collection des signets du document. Ensuite, la propriété Text nous fournit le support de texte dans lequel le signet est inséré. La propriété Anchor (ancre) du signet est une zone de texte à partir de laquelle nous créons un curseur d'écriture. L'intérêt de cette méthode est de fonctionner quel que soit le support texte dans lequel se trouve le signet, par exemple dans un tableau ou dans un bas de page. Nous récupérons le texte repéré par le troisième signet grâce à la propriété String de l'objet Anchor.

Après avoir essayé l'exemple sur un document, si vous annulez les modifications de texte, vous constaterez que les signets disparaîtront aussi !

Le nom du signet doit être écrit exactement comme dans sa définition. L'instruction getByName déclenchera une exception s'il n'existe aucun signet de ce nom. Vous pouvez tester l'existence du signet ainsi :

```
if monDocument.Bookmarks.hasByName("ecrire_ici") then
  rem le signet existe
end if
```

L'objet Anchor peut fournir l'objet dans lequel se trouve le signet, par exemple une cellule de tableau ou un cadre, voir tableau 8-55.

Tableau 8–55 Sites possibles d'implantation d'un signet

Propriété	Type	Site d'implantation du signet
Cell	Object	Une cellule d'un tableau.
TextFrame	Object	Un cadre.

Tableau 8–55 Sites possibles d'implantation d'un signet (suite)

Propriété	Type	Site d'implantation du signet
TextTable	Object	Le tableau auquel appartient la cellule.
TextSection	Object	Une section de texte.
TextField	Object	Un champ.
FootNote	Object	Une note de bas de page.
EndNote	Object	Une note de fin de document.

Ces différents objets peuvent être non significatifs pour un signet particulier. On vérifie facilement l'existence d'un objet avec la fonction Basic IsEmpty :

```
maCellule = unSignet.Anchor.Cell
if IsEmpty(maCellule) then
  print "Le signet n'est pas dans une cellule"
else
  ' le signet est bien dans une cellule
end if
```

Un signet peut s'avérer utile pour renvoyer contextuellement par macro vers la page le contenant. S'agissant d'affichage, nous allons tout naturellement nous tourner vers la notion de curseur visible vue précédemment.

```
rem Code08-10.odt    bibli : EcrireSurSignet Module4
Option Explicit

Sub RenvoyerAuSignet()
Dim monDocument As Object, curseurVisible As Object
Dim unSignet As Object, laCible As Object
monDocument = ThisComponent
unSignet = monDocument.Bookmarks.getByName("repère3")

laCible = unSignet.Anchor
curseurVisible = monDocument.CurrentController.ViewCursor
curseurVisible.gotoRange(laCible,false)
End Sub
```

À partir du nom du signet, nous pouvons utiliser la méthode getByName de la collection Bookmarks du document pour récupérer le signet en question.

L'objet ViewCursor a une méthode gotoRange prenant un TextRange comme argument. Nous créons donc la variable laCible contenant l'objet Anchor de notre signet. Cette variable laCible est un TextRange.

Il ne nous reste plus alors qu'à obtenir le curseur visible et appeler sa méthode gotoRange.

Insérer un signet

L'exemple suivant insère un signet dans le texte principal.

```
rem Code08-10.odt    bibli : EcrireSurSignet Module2
Option Explicit

Sub AjouterUnSignet()
Dim monDocument As Object, monTexte As Object
Dim monSignet As Object, monCurseur As Object
monDocument = ThisComponent
monSignet = monDocument.createInstance("com.sun.star.text.Bookmark")
monSignet.Name = "Signet_ajouté"
monTexte = monDocument.Text
monCurseur = monTexte.createTextCursor
monCurseur.gotoNextParagraph(False)
monCurseur.gotoNextSentence(False)
monTexte.insertTextContent(monCurseur, monSignet, false)
End Sub
```

Trouver les signets

L'objet Bookmarks nous permet de connaître tous les signets du document. Le nombre de signets est fourni par la propriété Count, leurs noms sont obtenus avec la propriété Name de chaque objet signet. On obtient un signet d'un nom particulier avec la fonction getByName de l'objet collection. On peut aussi accéder à un signet par son numéro d'ordre avec la méthode getByIndex. Avec OOoBasic, le getByIndex peut être omis, comme si on indexait une variable tableau.

```
rem Code08-10.odt    bibli : EcrireSurSignet Module3
Option Explicit

Sub ListerSignets()
Dim monDocument As Object, leTexte As Object
Dim unSignet As Object, lesSignets As Object
Dim x As Long
monDocument = ThisComponent
lesSignets = monDocument.Bookmarks
for x = 0 to lesSignets.Count -1
  unSignet= lesSignets(x)
  print "Signet : " & unSignet.Name
next
End Sub
```

Attention, l'ordre des signets dans la liste de Bookmarks ne correspond pas systématiquement à l'ordre dans le document.

Liens hypertextes

Les gros documents ou les documents scientifiques peuvent tirer avantage de facilités de navigation procurés par les liens hypertextes. Ces liens peuvent être de plusieurs natures : interne au document, en direction d'un autre document ou même directement sur Internet.

Bien que plusieurs méthodes soient possibles, nous présentons celle que nous considérons la plus simple.

```
monCurseur = thisComponent.Text.createTextCursor
monCurseur.HyperlinkURL = "#Tableau1|table"
moncurseur.String = "Essai"
```

Cette méthode est basée sur un TextCursor dont il suffit de définir la propriété HyperlinkURL. Avec ce qui a été vu auparavant, une plage quelconque de caractères peut être ainsi définie comme lien hypertexte.

Maintenant, nous avons trois possibilités de liens :

- lien interne au document ;
- lien vers un autre document ;
- lien externe (URL).

La différence ne va se faire que sur le contenu de la propriété HyperlinkURL.

Lien externe

Si vous avez défini un navigateur par défaut dans le paramétrage d'OpenOffice.org (Outils>Options>OpenOffice.org>Programmes auxiliaires), vous pouvez définir un lien hypertexte pointant vers Internet dans votre document. Il suffit de définir par exemple :

```
monCurseur.HyperlinkURL = "http://www.google.fr"
```

Cette URL peut également contenir des arguments pour les soumettre à un script sur un serveur.

Lien vers un autre document

Pour que le lien pointe sur un autre document, il suffit d'indiquer le chemin de ce document sous forme d'URL :

```
monCurseur.HyperlinkURL = ConvertToURL("C:\Fichier.odt")
```

Lien interne au document

Il est possible de positionner l'arrivée du lien sur un élément du document, en employant son nom. OpenOffice.org permet de nommer les objets inclus dans les documents. Le Navigateur accessible par la touche F5 permet de connaître tous les éléments du document classés par type.

Cette notion de type est importante. Deux objets de nature différente pouvant porter le même nom, le lien devra contenir cette information.

En faisant une insertion manuelle de lien hypertexte interne, nous constatons, pour un tableau par exemple, que la syntaxe est la suivante :

```
monCurseur.HyperlinkURL = "#Tableau1|table"
```

Nous en déduisons donc la règle suivante pour construire les liens internes :

```
monCurseur.HyperlinkURL = "#" & NomObjet & "|" & TypeObjet
```

La chaîne de caractères représentée par TypeObjet peut être retrouvée lors d'une insertion manuelle. Le tableau 8-56 en donne les principales.

Tableau 8–56 Types d'objets des liens hypertextes

Objet	NomObjet	TypeObjet	Remarques
Tableau	Le nom du tableau	table	
Image	Le nom de l'image	graphic	
Cadre	Le nom du cadre	frame	
Section	Le nom de la section	region	
Signet	Le nom du signet		Pas d'extension TypeObjet, même si le signet se trouve dans un tableau, dans un cadre, etc.
Titre	La chaîne de caractères du titre	outline	
Objet OLE	Le nom de l'objet	ole	L'objet a été inséré par exemple avec le menu Insertion>Objet.

Lien vers un endroit dans un autre document

En combinant les deux méthodes précédentes, il est possible de construire un lien hypertexte sur un fichier externe à un endroit spécifique :

```
monURL = ConvertToURL("C:\Fichier.odt")
monCurseur.HyperlinkURL = monURL & "#tableau1|table"
```

Les formes et les images

Nous expliquerons ici les particularités de Writer concernant les figures de dessin ou formes et les images. Dans le chapitre consacré à Draw nous décrivons en détail les différents types de formes, leurs propriétés, leur manipulation, ainsi que les propriétés des images. Vous y trouverez aussi des explications sur d'autres types d'objets insérés dans une page de dessin, qui s'appliquent également à la page de dessin d'un document Writer.

La page de dessin

Les formes d'un document Writer sont placées sur une unique page de dessin (en anglais *draw page*), qui s'étend sur le document tout entier. L'objet page est accessible ainsi :

```
Dim maPage As Object
maPage = monDocument.DrawPage
```

Cette page de dessin dans Writer ne comporte pas les propriétés d'une page Draw, mais uniquement la liste des objets sur cette page. Une page de dessin dans Writer comporte 6 couches, non documentées, qui ne sont pas accessibles directement par l'API. Elles sont énumérées au tableau 8-57. Une forme, ainsi qu'une image, comporte 3 propriétés :

- LayerId, le numéro de couche où se trouve la forme ou l'image ;
- LayerName, le nom de la couche où se trouve la forme ou l'image ;
- Opaque, qui fait passer la forme ou l'image au premier plan ou en arrière-plan, selon qu'on lui attribue respectivement la valeur True ou False. Cette modification correspond à la déplacer sur une autre couche.

Après son insertion dans la page, la forme ou l'image se trouve en arrière-plan. Pour la sélectionner facilement, on doit la passer en avant-plan.

Tableau 8–57 Couches de la page de dessin

LayerId	LayerName	Utilisation
0	Hell	Couche visible, en arrière-plan.
1	Heaven	Couche visible, au premier plan.
2	Controls	Couche visible, utilisée par les contrôles de formulaire.
3	InvisibleHell	Couche invisible, usage inconnu.
4	InvisibleHeaven	Couche invisible, usage inconnu.
5	InvisibleControls	Couche invisible, usage inconnu.

Les formes

Après avoir créé un objet forme, son insertion sur la page de dessin se fait facilement :

```
maPage.add(maForme)
```

Malheureusement, le positionnement est alors obligatoirement ancré à la page de dessin. Ceci pose problème avec un document de plusieurs pages de texte, aussi emploierons-nous une autre méthode.

Insérer une forme à la position du curseur

La meilleure solution pour insérer une forme est d'utiliser un curseur d'écriture et la méthode insertTextContent de l'objet texte. Nous allons voir comment insérer une ellipse. Le principe ressemble pour partie à l'insertion d'un cadre dans un document Writer, et pour partie à l'insertion d'une forme dans Draw.

```
rem Code08-09.odt    bibli : Dessins Module1
Option Explicit

Sub AjouterEllipse()
Dim monDocument As Object, monTexte As Object
Dim monCurseur As Object, maForme As Object
Dim dimensionsForme As New com.sun.star.awt.Size
Dim positionForme As New com.sun.star.awt.Point
monDocument = ThisComponent
monTexte = monDocument.Text
monCurseur = monTexte.createTextCursor
monCurseur.gotoNextParagraph(False) ' déplacer le curseur

maForme = monDocument.createInstance("com.sun.star.drawing.EllipseShape")
dimensionsForme.Width = 2600 ' 26 mm de large
dimensionsForme.Height = 1200 ' 12 mm de haut
positionForme.x = 3500 ' 35 mm à droite du point d'ancrage
positionForme.y = 1300 ' 13 mm en dessous du point d'ancrage

maForme.Size = dimensionsForme
maForme.AnchorType = com.sun.star.text.TextContentAnchorType.AT_PARAGRAPH
monTexte.insertTextContent(monCurseur, maForme, false)
maForme.Position = positionForme
maForme.Surround = com.sun.star.text.WrapTextMode.RIGHT
maForme.Name = "Ovale" ' donner un nom à cette forme
End Sub
```

Contrairement aux cadres, seul le positionnement absolu est possible pour les formes. Les distances sont exprimées en 1/100 de millimètres, mesurées du coin haut-gauche de l'ancre au coin haut-gauche de la forme. Les valeurs possibles d'ancrage sont celles listées pour ancrer un cadre.

BOGUE **Position et dimensions d'une forme**

Si vous changez par programme la position ou les dimensions d'une forme existante, le document ne passe pas à l'état « modifié ». Vous pouvez cependant forcer cet état (voir le chapitre 7).

Concernant l'adaptation de la forme au texte (menu contextuel Adaptation du texte>Éditer), on retrouve toutes les propriétés d'adaptation du texte déjà vues à propos des cadres, auxquelles s'ajoutent :

- ContourOutside, de type Boolean, qui correspond à la coche Seul l'extérieur dans l'interface utilisateur. Ceci sert à éviter que le texte n'apparaisse dans la partie concave d'une figure complexe.
- SurroundContour, de type Boolean, qui correspond à la coche Contour de l'interface utilisateur.

Insérer plusieurs formes

À chaque insertion d'une forme, il est nécessaire d'obtenir un nouvel objet forme, même si on insère plusieurs fois le même type de forme. Il faut aussi réinitialiser à chaque fois les propriétés de la forme. Dans cet exemple, on insère deux rectangles identiques à la même position, ancrés à la page, l'un dans la page 4, l'autre dans la page 2 du document Writer. Nous leur donnons un nom, qui nous servira dans le prochain exemple.

```
rem Code08-09.odt    bibli : Dessins Module2
Option Explicit

Sub PlusieursFormes()
Dim monDocument As Object, monTexte As Object
Dim monCurseur As Object, maForme As Object
Dim dimensionsForme As New com.sun.star.awt.Size
Dim positionForme As New com.sun.star.awt.Point
monDocument = ThisComponent
monTexte = monDocument.Text
monCurseur = monTexte.createTextCursor
' pour un ancrage page la position du curseur est indifférente

dimensionsForme.Width = 8400 ' 84 mm de large
dimensionsForme.Height = 2530 ' 25,3 mm de haut
```

```
positionForme.x = 3500 ' 35 mm à droite du point d'ancrage
positionForme.y = 5300 ' 53 mm en dessous du point d'ancrage
' première forme insérée sur la page 4
maForme = monDocument.createInstance("com.sun.star.drawing.RectangleShape")
maForme.AnchorType = com.sun.star.text.TextContentAnchorType.AT_PAGE
maForme.AnchorPageNo = 4
monTexte.insertTextContent(monCurseur, maForme, false)
maForme.Size = dimensionsForme
maForme.Position = positionForme
maForme.Name = "Rect1" ' donner un nom à cette forme
' deuxième forme en page 2, position et dimensions identiques
maForme = monDocument.createInstance("com.sun.star.drawing.RectangleShape")
maForme.AnchorType = com.sun.star.text.TextContentAnchorType.AT_PAGE
maForme.AnchorPageNo = 2
monTexte.insertTextContent(monCurseur, maForme, false)
maForme.Size = dimensionsForme
maForme.Position = positionForme
maForme.Name = "Rect2" ' donner un nom à cette forme
End Sub
```

Retrouver et supprimer une forme

Le Navigateur de Writer est incapable de lister les objets dessins d'un document. Néanmoins, par macro, nous somme capables de retrouver une forme nommée sur la page de dessin. Nous emploierons à cet effet la routine utilitaire FindObjectByName décrite à l'annexe B. Elle est recopiée dans la bibliothèque Standard du document exemple.

```
rem Code08-09.odt    bibli : Dessins Module3
Option Explicit

Sub SelectionnerForme()
Dim monDocument As Object, maPage As Object, maForme As Object
monDocument = thisComponent
maPage = monDocument.DrawPage
maForme = FindObjectByName(maPage, "Rect1")
if IsNull(maForme) then
  print "Il n'existe aucune forme de ce nom"
else
  monDocument.CurrentController.Select(maForme)
end if
End Sub
```

Une fois la forme trouvée, nous pouvons la modifier. Ici, nous nous contentons de la sélectionner de manière visible en employant la méthode select du contrôleur du document.

La suppression d'une forme s'effectue à partir de la page de dessin, par sa méthode `remove`.

```
maPage.remove(maForme)
```

Interaction entre la forme et les autres objets

Une forme insérée avec la méthode `insertTextContent` de l'objet texte du document se place par défaut en arrière-plan par rapport à un cadre, un tableau, un en-tête ou un pied de page. La forme pourra cependant déplacer un élément de tableau, en fonction de l'adaptation au texte.

L'insertion de forme par la méthode `insertTextContent` de l'objet texte fonctionne aussi avec un objet texte provenant d'un cadre, d'un en-tête ou d'un pied de page. Cependant, la forme se trouve alors aussi en arrière-plan, masquée par l'objet auquel elle est ancrée.

On fait passer la forme au premier plan en affectant la valeur `True` à sa propriété `Opaque`, de type `Boolean`. La valeur `False` la renvoie à l'arrière-plan.

```
maForme.Opaque = true ' passer la forme au premier plan
```

> Le fait d'ancrer une forme à un cadre, par exemple, ne la contraint pas à rester dans ce cadre. Elle peut en déborder ou se trouver en dehors.

Les images

Les principes d'insertion, de récupération ou de suppression d'une image sont similaires à ce que nous avons vu pour les formes.

Insérer une image à la position du curseur

De même que pour les formes, l'insertion d'image utilise un curseur d'écriture et la méthode `insertTextContent` de l'objet texte.

```
rem Code08-09.odt    bibli : lesImages Module1
Option Explicit

Sub AjouterImage()
Dim monDocument As Object, monTexte As Object
Dim monCurseur As Object, monImage As Object, gp As Object
Dim positionImage As New com.sun.star.awt.Point
Dim props(0) As New com.sun.star.beans.PropertyValue
monDocument = ThisComponent
```

```
monTexte = monDocument.Text
monCurseur = monTexte.createTextCursor
monCurseur.gotoNextParagraph(False) ' déplacer le curseur

gp = createUnoservice("com.sun.star.graphic.GraphicProvider")
props(0).Name = "URL"
props(0).Value = ConvertToURL("C:\Docs OpenOffice\LogoOpenOffice.png")
monImage= monDocument.createInstance(
                         "com.sun.star.drawing.GraphicObjectShape")
monImage.Graphic = gp.queryGraphic( props() ) ' récupérer le fichier image
monImage.AnchorType = com.sun.star.text.TextContentAnchorType.AT_PARAGRAPH
monTexte.insertTextContent(monCurseur, monImage, false)
resizeImageByWidth(monImage, 5500) ' largeur en 1/100 de mm
positionImage.x = 1500 ' 15 mm à droite du point d'ancrage
positionImage.y = 1300 ' 13 mm en dessous du point d'ancrage
monImage.Position = positionImage
monImage.Surround = com.sun.star.text.WrapTextMode.RIGHT
monImage.Name = "Logo1" ' donner un nom à cette image
End Sub
```

Nous utilisons la méthode queryGraphic du service GraphicProvider pour récupérer le fichier de l'image. Il est ensuite transféré dans la propriété Graphic de l'objet monImage, afin d'intégrer une copie du fichier dans le document.

Pour dimensionner l'image sur le document tout en conservant les proportions de l'image, nous utiliserons la routine utilitaire resizeImageByWidth, que nous avons extraite de l'annexe B de ce livre. Cette routine est recopiée dans la bibliothèque *Standard* du document exemple.

L'image est insérée sous forme d'un objet de dessin. Elle ne se trouve pas dans le conteneur GraphicObjects du document, contrairement à une insertion manuelle.

Insérer plusieurs images

À chaque insertion d'une image, il est nécessaire d'obtenir un nouvel objet image, même si on insère plusieurs fois la même. Il faut aussi réinitialiser à chaque fois les propriétés de la forme. Le document Code08-09.odt du Zip téléchargeable contient un exemple.

Retrouver, supprimer une image

La méthode et le codage exposés pour les formes s'appliquent aussi bien à une image qu'on a nommée.

Actualiser le document

L'API n'offre pas une méthode simple équivalente à la commande de menu Outils>Actualiser>Tout actualiser pour actualiser le document. S'il est visible, vous pouvez employer le Dispatcher (voir chapitre 14) pour exécuter la commande équivalente .Uno:UpdateAll. Sinon, chaque élément actualisable est un cas particulier.

Pour reformater les pages du document et mettre à jour le nombre de pages :

```
monDocument.reFormat
```

Pour réactualiser les liens (par exemples les images liées) :

```
monDocument.updateLinks
```

Pour mettre à jour tous les index (table des matières, index lexical, etc.), on doit récupérer chaque objet index de la collection DocumentIndexes :

```
Dim lesIndexes As Object, unIndex As Object, x As Long

lesIndexes = monDocument.DocumentIndexes
for x = 0 to lesIndexes.Count -1
  unIndex = lesIndexes(x)
  unIndex.update
next
```

La mise à jour des champs de texte emploie la méthode refresh, voyez par exemple la section « Insérer un champ utilisateur ».

Les informations sur le document

La propriété WordSeparator d'un document Writer est une chaîne de caractères dont chacun est reconnu comme séparateur de mots. Par défaut, elle contient : parenthèse ouvrante, fermante, espace, tabulation, *Line-Feed*, *Form-Feed*. Vous pouvez éventuellement modifier cette liste.

Diverses statistiques sur le contenu du document Writer sont facilement à obtenir.

```
rem Code08-08.odt    bibli : Standard Module2
Option Explicit

Sub afficherStats
Dim monDocument As Object, liste As String, cr As String
```

```
monDocument = ThisComponent
cr = chr(13)

With monDocument
  liste = "Nombre de pages = " & .CurrentController.PageCount & cr & _
  "Nombre de lignes = "          & .CurrentController.LineCount & cr & _
  "Nombre de paragraphes = "     & .ParagraphCount & cr & _
  "Nombre de mots = "            & .WordCount & cr & _
  "Nombre de caractères = "      & .CharacterCount & cr & _
  "Nombre de tableaux = "        & .TextTables.Count & cr & _
  "Nombre de cadres = "          & .TextFrames.Count & cr & _
  "Nombre de signets = "         & .BookMarks.Count & cr & _
  "Nombre de sections = "        & .TextSections.Count & cr & _
  "Nombre d'images = "           & .GraphicObjects.Count
End With
MsgBox(liste, 0, "Statistiques du document Writer")
End Sub
```

L'instruction `With` évite de répéter `monDocument` à chaque ligne. Le nombre de pages et de lignes dépendant de la mise en forme, l'API reformate automatiquement le document quand on accède à ces deux propriétés, ce qui peut prendre un certain temps.

Configuration d'affichage du document

Ces propriétés du document Writer (voir le tableau 8-58), qui existent dans l'interface utilisateur principalement au niveau Outils>Options>OpenOffice.org Writer, sections Affichage et Aide au Formatage, sont accessibles à partir de l'objet contrôleur du document. Elles ne sont pas mémorisées à la sauvegarde du document.

```
rem Code08-08.odt    bibli : Standard Module1
Option Explicit

Sub ConfigDocWriter()
Dim monDocument As Object, confVisu As Object
monDocument = thisComponent
confVisu = monDocument.CurrentController.ViewSettings
With confVisu
  .ShowVertRuler = MsgBox("ShowVertRuler ?", 4) = 6
  .IsVertRulerRightAligned = MsgBox("IsVertRulerRightAligned ?", 4) = 6
  .ShowOnlineLayout = MsgBox("ShowOnlineLayout ?", 4) = 6
end With
End Sub
```

Tableau 8–58 Propriétés d'affichage pour Write

Propriété	Type	Signification
ShowAnnotations	Boolean	True pour afficher les commentaires.
ShowNonprintingCharacters	Boolean	True pour afficher les caractères spéciaux selon la valeur des indicateurs ShowSpaces, ShowBreaks, etc.
ShowBreaks	Boolean	True pour afficher les retours de ligne.
ShowParaBreaks	Boolean	True pour afficher les fins de paragraphe.
ShowFootnoteBackground	Boolean	True pour afficher un fond gris sur les symboles de note de bas de page.
ShowIndexMarkBackground	Boolean	True pour afficher un fond gris sur les marques d'index.
ShowProtectedSpaces	Boolean	True pour afficher un fond gris sur les espaces insécables.
ShowSoftHyphens	Boolean	True pour afficher un fond gris sur les tirets conditionnels.
ShowSpaces	Boolean	True pour afficher un point pour chaque espace.
ShowTabstops	Boolean	True pour afficher les tabulations.
ShowTextFieldBackground	Boolean	True pour afficher un fond gris sur les champs.
ShowFieldCommands	Boolean	True pour afficher les noms des champs.
ShowHiddenParagraphs	Boolean	True pour afficher les paragraphes masqués.
ShowHiddenText	Boolean	True pour afficher le texte caché.
ShowHiddenCharacters	Boolean	True pour afficher les caractères cachés.
ShowRulers	Boolean	True pour autoriser l'affichage des règles, selon les valeurs de ShowHoriRuler et ShowVertRuler.
ShowHoriRuler	Boolean	True pour afficher la règle horizontale.
ShowVertRuler	Boolean	True pour afficher la règle verticale.
ShowTextBoundaries	Boolean	True pour afficher les limites de texte dans la page.
ShowTableBoundaries	Boolean	True pour afficher les limites des tableaux.
ShowTables	Boolean	True pour afficher les tableaux.
ShowHoriScrollBar	Boolean	True pour afficher l'ascenseur horizontal.
ShowVertScrollBar	Boolean	True pour afficher l'ascenseur vertical.
IsRasterVisible	Boolean	True pour afficher la grille.
IsSnapToRaster	Boolean	True pour aimanter la grille.
RasterResolutionX	Long	Espacement horizontal de la grille, en 1/100 de mm.
RasterResolutionY	Long	Espacement vertical de la grille, en 1/100 de mm.
IsVertRulerRightAligned	Boolean	True pour afficher les positions de la règle verticale et de l'ascenseur vertical.
SmoothScrolling	Boolean	True pour un défilement doux.
SolidMarkHandles	Boolean	True pour afficher des grandes poignées de déplacement.

Tableau 8–58 Propriétés d'affichage pour Write (suite)

Propriété	Type	Signification
ShowGraphics	Boolean	True pour afficher les images.
ShowDrawings	Boolean	True pour afficher les formes.
ShowFieldCommands	Boolean	True pour afficher le contenu des champs.
ShowOnlineLayout	Boolean	True pour afficher comme un document HTML.
ZoomType	Integer	Facteur de zoom ; constante nommée (voir le chapitre 7).
ZoomValue	Integer	Facteur du zoom en pourcentage (voir le chapitre 7).

Options d'impression

Le service com.sun.star.text.DocumentSettings invoqué depuis le document Writer permet de lire et modifier les options d'impression visibles dans l'interface utilisateur. Elles sont listées au tableau 8-59. La plupart sont de type Boolean, la valeur True correspondant à la case cochée.

```
Dim sv As Object
sv = monDocument.createInstance("com.sun.star.text.DocumentSettings")
sv.PrintGraphics = False
sv.PrintAnnotationMode = com.sun.star.text.NotePrintMode.PAGE_END
```

Pour l'impression effective, reportez-vous au chapitre 7.

Tableau 8–59 Propriétés relatives à l'impression

Propriété	Type	Équivalence interface utilisateur
PrintReversed	Boolean	Pages>Ordre inversé
PrintEmptyPages	Boolean	Autres>Imprimer automatiquement les pages blanches insérées
PrintPaperFromSetup	Boolean	Autres>D'après les paramètres de l'imprimante
PrintLeftPages	Boolean	Pages>Pages de gauche
PrintRightPages	Boolean	Pages>Pages de droite
PrintTables	Boolean	Contenu>Tableaux
PrintControls	Boolean	Contenu>Champs de contrôle
PrintProspect	Boolean	Page>Brochure
PrintGraphics	Boolean	Contenu>Images
PrintPageBackground	Boolean	Contenu>Arrière-Plan
PrintDrawings	Boolean	Contenu>Dessins

Tableau 8–59 Propriétés relatives à l'impression (suite)

Propriété	Type	Équivalence interface utilisateur
PrintBlackFonts	Boolean	Contenu>Imprimer en noir
PrintAnnotationMode	Integer	Commentaires>choix ; constantes nommées (voir le tableau 8-60)

La propriété `PrintAnnotationMode` reçoit une constante nommée de la forme : `com.sun.star.text.NotePrintMode.DOC_END`

Tableau 8–60 Constantes d'impression de commentaires

Constante	Équivalence interface utilisateur
NOT	Commentaires>Aucun (Document seul)
ONLY	Commentaires>Commentaires seuls
DOC_END	Commentaires>Placer à la fin du document
PAGE_END	Commentaires>Placer à la fin de la page

Conclusion

Nous venons de parcourir les différents concepts accessibles par l'API concernant les documents Writer. Notre approche étant orientée vers la rédaction, nous y avons exposé les notions de curseur et de style.

Le chapitre suivant traitera de l'API pour manipuler un document Calc.

9

Les documents Calc

Ce chapitre montre comment accéder aux objets élémentaires de Calc que sont les feuilles et les cellules ; il décrit leurs propriétés et explique comment les manipuler. Nous verrons également des méthodes qui répondent aux besoins les plus courants : activer le calcul des formules, lire et écrire les données d'un tableau, invoquer une fonction de Calc, insérer un lien hypertexte, etc. D'autres manipulations plus spécialisées, notamment sur les styles, les zones nommées, les en-têtes, pieds de page et diagrammes, sont aussi présentées avec des exemples. Enfin, l'impression d'un document Calc présente quelques particularités que nous décrirons.

API Référence sur Calc (en anglais)

La documentation de l'API est décrite dans le *Developer's Guide,* chapitre *Spreadsheet Documents.*
  ▸ http://wiki.services.openoffice.org/wiki/Documentation/DevGuide/
    OpenOffice.org_Developers_Guide

Lecture et manipulation de feuilles

Les limites d'un document Calc

Les limites d'un document Calc ont évolué au fil des versions d'OpenOffice.org.
  • Un document comporte jusqu'à 256 feuilles.

- Une feuille contient jusqu'à 1024 colonnes depuis la version 3.0. Auparavant la limite était de 256.
- Une feuille contient jusqu'à 32 000 lignes avant la version 3.0, jusqu'à 65 536 lignes avant la version 3.3, et jusqu'à 1 048 576 lignes depuis la version 3.3.

Une simple multiplication montre qu'il s'agit de limites d'adressage : si toutes les cellules étaient occupées, il n'y aurait jamais assez de mémoire pour charger le document.

Protéger le document Calc

Il s'agit de la commande de menu Outils>Protection>Document. Un document Calc protégé interdit d'ajouter, supprimer ou changer l'ordre des feuilles, tout en permettant de modifier leur contenu.

Un document Calc dispose de trois méthodes pour gérer cette protection :

- isProtected est une fonction booléenne qui renvoie True si le document est protégé par un mot de passe.
- protect applique le mot de passe donné en argument (une chaîne de caractères).
- unprotect supprime le mot de passe, à condition qu'il soit donné en argument.

Vous remarquerez qu'il n'existe pas de méthode permettant de lire le mot de passe. Pour l'exemple, nous appliquerons seulement un mot de passe statique. En pratique, le mot de passe doit être fourni par l'utilisateur.

```
rem Code09-01.ods    bibli : Protection Module1
Option Explicit

Sub ProtegerDocumentCalc()
Dim monDocument As Object, lesFeuilles As Object
Dim maFeuille As Object, motPasse As String
monDocument = ThisComponent

if monDocument.isProtected then
  motPasse = InputBox("Le document est déjà protégé." & _
            chr(13) & "Mot de passe ?")
  monDocument.unprotect(motPasse) ' enlever le mot de passe
elseif MsgBox("Protéger le document ?", 260) = 6 then
  monDocument.protect("OpenOffice") ' mettre un mot de passe
end if
End Sub
```

Accéder aux feuilles existantes

Le document Calc nous expose l'objet Sheets (anglais pour feuilles) qui est la collection des feuilles du document. Le nombre actuel de feuilles est exposé par la propriété `Count` de l'objet `Sheets`. On peut accéder à une feuille par son numéro d'ordre avec la méthode `getByIndex`. Avec OOoBasic, le `getByIndex` peut être omis, comme si on indexait une variable tableau. La numérotation part de zéro, correspondant à la feuille dont l'onglet est le plus à gauche dans la fenêtre Calc. Le nom d'une feuille nous est indiqué dans sa propriété `Name`.

Nous en savons suffisamment pour énumérer les feuilles d'un document Calc :

```
rem Code09-01.ods    bibli : Feuilles Module1
Option Explicit

Sub EnumererFeuilles()
Dim monDocument As Object, lesFeuilles As Object, uneFeuille As Object
Dim x As Long, nbF As Long

monDocument = ThisComponent
lesFeuilles = monDocument.Sheets
nbF = lesFeuilles.Count
MsgBox("Nombre de feuilles : " & nbF)
for x = 0 to nbF -1
  uneFeuille = lesFeuilles(x)
  MsgBox("Feuille de rang : " & x & chr(13) & _
         "Nom : " & uneFeuille.Name)
next
End Sub
```

Nous pouvons donc accéder aux feuilles d'un classeur avec les index 0, 1, 2, etc. Cependant, comme l'utilisateur peut changer l'ordre des feuilles, vous ne devez supposer aucune correspondance entre index et identité de feuille. Attention aussi aux feuilles ayant conservé leur nom par défaut : le nom proposé par OpenOffice dépend de la langue de l'interface utilisateur lors de la création de la feuille, par exemple en français `Feuille2` ; en anglais, `Sheet2` ; en espagnol, `Hoja2`. Le seul moyen sûr d'obtenir l'objet feuille que l'on souhaite consiste à nommer la feuille puis utiliser son nom. L'objet `Sheets` nous fournit pour cela la méthode `getByName`, qui prend en argument le nom de la feuille souhaitée et renvoie l'objet correspondant, s'il existe. S'il n'existe pas, une erreur se produira ; aussi l'objet `Sheets` nous donne-t-il le moyen de tester l'existence d'une feuille d'un nom donné avec la fonction `hasByName`, qui renvoie `True` dans le cas positif.

Nous allons utiliser ces notions pour renommer une feuille. Pour cela, il suffit de modifier la propriété `Name` de la feuille. Après quoi, nous exécuterons la macro précédente pour lister les différentes feuilles.

```
rem Code09-01.ods    bibli : Feuilles Module2
Option Explicit

Sub RenommerFeuille()
Dim monDocument As Object, lesFeuilles As Object, uneFeuille As Object
Dim nom1 As String, nom2 As String
monDocument = ThisComponent
lesFeuilles = monDocument.Sheets

nom1 = InputBox("Nom actuel de la feuille")
if lesFeuilles.hasByName(nom1) then
  nom2 = InputBox("Nouveau nom pour la feuille")
  ' récupérer la feuille "nom1"
  uneFeuille = lesFeuilles.getByName(nom1)
  uneFeuille.Name = nom2' renommer cette feuille
  EnumererFeuilles ' lister les feuilles du document
else
  MsgBox(nom1 & " n'existe pas",16)
end if
End Sub
```

Exécutez la macro, vous verrez l'onglet de la feuille concernée changer de nom. Attention à la casse ! Les noms de feuilles doivent être écrits en respectant les majuscules et minuscules.

Ajouter une nouvelle feuille

La méthode insertNewByName de l'objet Sheets sert à créer une nouvelle feuille vierge.

- Le premier argument est le nom de la nouvelle feuille.
- Le deuxième est la position que celle-ci occupera dans le classeur, décalant les feuilles existantes à partir de cette position.

Si la position a pour valeur zéro, la feuille sera insérée en tête. Si la valeur de position est supérieure ou égale au nombre de feuilles actuel, la feuille sera ajoutée à la fin.

Il n'est pas vraiment pratique d'insérer une feuille à une position, car l'utilisateur peut modifier la structure du document. Il est plus sûr de se positionner par rapport à une feuille dont on connaît le nom. Comment récupérer la position de cette feuille ? Anticipant sur la section « Obtenir les coordonnées d'une zone de cellules », nous utilisons la propriété RangeAddress de la feuille. Elle fournit une structure dont l'élément Sheet est précisément la position de la feuille.

```
rem Code09-01.ods    bibli : Feuilles Module3
Option Explicit

Sub AjouterFeuille()
Dim monDocument As Object, lesFeuilles As Object
Dim F1 As Object, indexF1 As Long
Dim nom1 As String, nom2 As String
monDocument = ThisComponent
lesFeuilles = monDocument.Sheets
nom1 = InputBox("Insérer après la feuille :")
if lesFeuilles.hasByName(nom1) then
  nom2 = InputBox("La nouvelle feuille aura pour nom :")
  F1 = lesFeuilles.getByName(nom1)
  indexF1 = F1.RangeAddress.Sheet
  ' insérer après la feuille "nom1"
  lesFeuilles.insertNewByName(nom2, indexF1 +1)
else
  MsgBox(nom1 & " n'existe pas", 16)
end if
End Sub
```

Supprimer une feuille

La méthode removeByName de l'objet Sheets permet de supprimer une feuille à partir de son nom. Cet exemple demande un nom de feuille à supprimer ; si la chaîne de caractères est nulle, c'est que la demande est annulée ; dans le cas contraire, nous vérifions qu'une feuille de ce nom existe avant de la supprimer.

```
rem Code09-01.ods    bibli : Feuilles Module4
Option Explicit

Sub SupprimerFeuille()
Dim monDocument As Object, lesFeuilles As Object
Dim nom1 As String
monDocument = ThisComponent
lesFeuilles = monDocument.Sheets

Do
  nom1 = InputBox("Feuille à supprimer ?")
  if nom1 = "" then Exit Sub ' annulation, ne rien supprimer
  ' reposer la question en cas d'erreur
Loop Until lesFeuilles.hasByName(nom1)
lesFeuilles.removeByName(nom1)' supprimer la feuille
End Sub
```

Dupliquer une feuille

Si votre classeur comporte une feuille parfaitement formatée et remplie, il est avantageux de créer une feuille en faisant une copie de la première. C'est l'objet de la méthode copyByName de l'objet Sheets, qui comporte trois arguments, successivement :

- le nom de la feuille servant de modèle ;
- le nom de la nouvelle feuille ;
- la position que celle-ci occupera dans le classeur, décalant les feuilles existantes à partir de cette position.

Dans cet exemple, nous ajoutons la feuille Février après la feuille Janvier, en copiant celle-ci. Pour la placer à la bonne position, nous utilisons le même principe que pour ajouter une feuille.

```
rem Code09-01.ods    bibli : Feuilles Module5
Option Explicit

Sub DupliquerFeuille()
Dim monDocument As Object, lesFeuilles As Object
Dim F1 As Object, indexF1 As Long
Dim nom1 As String, nom2 As String
monDocument = ThisComponent
lesFeuilles = monDocument.Sheets
nom1 = "Janvier"
nom2 = "Février"
F1 = lesFeuilles.getByName(nom1)
indexF1 = F1.RangeAddress.Sheet
' créer la feuille Février à l'image de Janvier
lesFeuilles.copyByName(nom1, nom2, indexF1 +1)
End Sub
```

Déplacer une feuille dans le classeur

La méthode moveByName de l'objet Sheets permet de déplacer une feuille à une autre position dans la série de feuilles du classeur. Elle prend comme arguments le nom de la feuille à déplacer et la nouvelle position. L'ennui, c'est que cette position est mal calculée. Faites quelques essais avec cet exemple.

```
rem Code09-01.ods    bibli : Feuilles Module6
Option Explicit

Sub DeplacerFeuille()
Dim monDocument As Object, lesFeuilles As Object
```

```
Dim uneFeuille As Object, rep As String, nouvPos As Long
monDocument = ThisComponent
lesFeuilles = monDocument.Sheets
Do
  rep = InputBox("Nouvelle position de la feuille Ecrire ?")
  if Len(rep) = 0 then Exit Do
  nouvPos = rep
  lesFeuilles.moveByName("Ecrire", nouvPos)
Loop
End Sub
```

Si la nouvelle position conduit à déplacer l'onglet de la feuille vers la gauche, c'est correct : la position correspond à la nouvelle valeur de l'index pour la feuille (n'oubliez pas que l'index commence à zéro). En revanche, si la nouvelle position conduit à déplacer l'onglet vers la droite, il faut ajouter 1 à la valeur souhaitée pour l'index final...

La feuille visible par l'utilisateur

La feuille visible dans l'interface utilisateur est appelée en anglais *active sheet* (feuille active). Nous pouvons la récupérer avec la propriété ActiveSheet de l'objet contrôleur associé au document. Pour rendre visible une autre feuille, il suffit de l'affecter à la propriété ActiveSheet.

```
rem Code09-01.ods    bibli : Feuilles Module7
Option Explicit

Sub FeuilleVisible()
Dim monDocument As Object, lesFeuilles As Object
Dim uneFeuille As Object
Dim texte1 As String, nom2 As String
monDocument = ThisComponent
lesFeuilles = monDocument.Sheets

uneFeuille = monDocument.CurrentController.ActiveSheet
texte1 = "Feuille active : " & uneFeuille.Name & chr(13)
nom2 = InputBox(texte1 & "Quelle feuille rendre active ?")
if lesFeuilles.hasByName(nom2) then
  uneFeuille = lesFeuilles.getByName(nom2)
  monDocument.CurrentController.ActiveSheet = uneFeuille
end if
End Sub
```

L'interface utilisateur permet de masquer une feuille d'un document Calc avec le menu Format>Feuille>Masquer. Par programmation, nous utiliserons la propriété IsVisible de la feuille :

```
maFeuille.IsVisible = False
```

Donnez la valeur True à la propriété IsVisible pour démasquer la feuille.

Détecter les événements de feuille

Depuis la version 3.3, un clic droit sur l'onglet d'une feuille Calc permet d'assigner une macro à des événements. Certains transmettent un objet en argument de la routine appelée :

- Activer le document (la feuille devient active). Pas d'argument transmis.
- Désactiver le document (la feuille devient inactive). Pas d'argument transmis.
- Sélection modifiée. La zone sélectionnée est transmise. Attention, n'affichez aucun message dans le traitement de l'événement (MsgBox, Print, Xray...) sous peine de bouclage intempestif.
- Double-clic. L'objet cellule est transmis.
- Clic avec le bouton droit. L'objet cellule est transmis.
- Formules calculées (il y a eu au moins un recalcul dans la feuille). Pas d'argument transmis.
- Contenu modifié (modifié, pas recalculé). L'objet cellule est transmis.

Colorer l'onglet d'une feuille

Depuis la version 3.3 on peut choisir la couleur d'un onglet de feuille. Le codage emploie la propriété TabColor de la feuille :

```
maFeuille.TabColor = RGB(0,0,255) ' couleur bleue
```

Protéger une feuille

La protection d'une feuille consiste seulement à lui affecter un mot de passe. Le niveau de protection est défini au niveau des cellules, nous le verrons dans la section correspondante.

Un objet feuille dispose lui aussi des trois méthodes que nous avons déjà vues pour la protection d'un document Calc : `isProtected`, `protect`, `unprotect`. La méthode employée est identique.

```
rem Code09-01.ods   bibli : Protection Module2
Option Explicit

Sub ProtegerFeuille()
Dim monDocument As Object, lesFeuilles As Object
Dim maFeuille As Object, motPasse As String
monDocument = ThisComponent
lesFeuilles = monDocument.Sheets
maFeuille = lesFeuilles.getByName("Contenus")

if maFeuille.isProtected then
  motPasse = InputBox("La feuille est déjà protégée." & _
            chr(13) & "Mot de passe ?")
  maFeuille.unprotect(motPasse) ' enlever le mot de passe
elseif MsgBox("Protéger la feuille ?", 260) = 6 then
  maFeuille.protect("OpenOffice") ' mettre un mot de passe
end if
End Sub
```

Cellules et zones de cellules

Une feuille de tableau se compose de cellules, auxquelles nous pouvons accéder individuellement. Pour certains usages, on définit une zone de cellules, représentant un rectangle composé de cellules.

Notez qu'une feuille est aussi une zone de cellules, couvrant toute la feuille. On retrouve donc dans les propriétés d'une feuille celles d'une zone.

Obtenir une cellule

L'objet feuille fournit trois méthodes pour faire référence à une cellule et y accéder :
- en utilisant les coordonnées alphanumériques habituelles d'une cellule ;
- en utilisant le *nom* d'une zone réduite à cette cellule (menu Insertion>Noms>Définir...) ;
- en utilisant des coordonnées X, Y pour lesquelles X est le rang de la colonne et Y est le rang de la ligne, tous deux numérotés à partir de zéro.

Dans l'exemple qui suit, nous récupérons de trois manières différentes la cellule de coordonnées C2 dans la feuille nommée `Janvier`. Nous avons défini auparavant dans la feuille le nom de zone `CelluleC2`. La propriété `Value` de l'objet cellule renvoie la valeur numérique du contenu d'une cellule ; nous l'utilisons pour montrer que nous avons bien récupéré la bonne cellule.

```
rem Code09-01.ods    bibli : ZonesCellules Module1
Option Explicit

Sub TrouverCellule()
Dim monDocument As Object, lesFeuilles As Object
Dim maFeuille As Object, maCellule As Object
monDocument = ThisComponent
lesFeuilles = monDocument.Sheets
maFeuille = lesFeuilles.getByName("Janvier")

' trois manières d'obtenir la cellule de coordonnées C2
maCellule = maFeuille.getCellRangeByName("C2")
print "Accès alphanumérique = " & maCellule.value
maCellule = maFeuille.getCellRangeByName("CelluleC2")
print "Accès par le nom = " & maCellule.value
' coordonnées X,Y : colonne C => X = 2 ligne 2 => Y = 1
maCellule = maFeuille.getCellByPosition(2,1)
print "Accès par la position XY = " & maCellule.value
End Sub
```

La zone nommée doit concerner la même feuille que `maFeuille` dans l'exemple.

Attention à la casse ! Les noms de zone doivent être écrits en respectant les majuscules et minuscules.

Obtenir une zone de cellules

On récupère un objet zone de cellules de manière très similaire :

```
maZone = uneFeuille.getCellRangeByName("B2:AF10")
maZone = uneFeuille.getCellRangeByName("zoneValeurs")
maZone = uneFeuille.getCellRangeByPosition(1,1, 31,9)
```

Dans la première manière, vous reconnaissez la définition d'une zone dans Calc. La deuxième utilise une zone nommée située dans la feuille. La troisième manière utilise une nouvelle méthode qui prend quatre arguments : les coordonnées de deux cellules constituant les coins haut gauche et bas droite de la zone, de la forme (X1,Y1,X2,Y2) désignant respectivement les coordonnées de la première puis de la deuxième cellule.

> Notez qu'une zone de plusieurs cellules est un type d'objet différent d'un objet cellule, bien que les deux aient de nombreuses propriétés identiques. En revanche, une zone d'une seule cellule *est* un objet cellule.

Nous pouvons parfaitement récupérer une cellule en se repérant en relatif par rapport à l'intérieur d'une zone de cellules. Il suffit d'utiliser la méthode `getCellByPosition` de l'objet zone de cellules.

```
rem Code09-01.ods    bibli : ZonesCellules Module2
Option Explicit

Sub TrouverCelluledeZone()
Dim monDocument As Object, lesFeuilles As Object
Dim maFeuille As Object, maCellule As Object, maZone As Object
monDocument = ThisComponent
lesFeuilles = monDocument.Sheets
maFeuille = lesFeuilles.getByName("Janvier")

' trois manières d'obtenir la même zone
'maZone = maFeuille.getCellRangeByName("B2:AF10")
'maZone = maFeuille.getCellRangeByName("zoneValeurs")
maZone = maFeuille.getCellRangeByPosition(1,1, 31,9)
' récupérer la cellule C2
maCellule = maZone.getCellByPosition(1,0)
print "Accès par position XY d'une zone = " & maCellule.value
End Sub
```

La cellule de coordonnées `C2` est située sur la deuxième colonne et la première ligne de la zone `B2:AF10`, donc ses coordonnées XY relatives à la zone sont 1 et 0. De la même manière, on pourrait définir une autre zone de cellules à l'intérieur de la première zone, en utilisant `getCellRangeByPosition` avec des coordonnées XY relatives.

À l'inverse, `getCellRangeByName` utilise toujours des coordonnées absolues, même si vous utilisez cette méthode à partir d'un objet zone.

Obtenir une cellule ou zone d'une feuille quelconque

L'objet conteneur de feuilles offre des méthodes pour accéder à une cellule ou une zone d'une feuille de rang donné. Les méthodes ont les mêmes noms, `getCellByPosition` et `getCellRangeByPosition`, mais l'argument supplémentaire le plus à droite est le rang de la feuille dans la collection. Comparez avec les exemples précédents :

```
' cellule C2 dans la feuille de rang 1
maCellule = lesFeuilles.getCellByPosition(2,1, 1)
' zone B2:AF10 dans la feuille de rang 2
maZone = lesFeuilles.getCellRangeByPosition(1,1, 31,9, 2)
```

La méthode `getCellRangesByName` du conteneur de feuilles emploie en argument la désignation littérale d'une ou plusieurs zones de feuilles quelconques. Elle renvoie un tableau d'objets zone, l'index débutant à zéro. Avec une seule zone, on obtient un tableau d'une zone. Cet exemple colorie trois zones dans trois feuilles différentes. Chaque zone est séparée de la suivante par un point-virgule. Une zone peut être une simple cellule. Nous utilisons une variable de type `Variant` pour recevoir un tableau de taille quelconque.

```
Dim mesZones As Variant
mesZones = lesFeuilles.getCellRangesByName( _
  "Feuille2.F3:G7;Feuille3.H15;Feuille1.B2:B12")
mesZones(0).CellBackColor = RGB(200,200, 0) ' colorier en jaune
mesZones(1).CellBackColor = RGB(0, 0, 220) ' colorier en bleu
mesZones(1).CellBackColor = RGB(0, 255, 0) ' colorier en vert
```

Obtenir les coordonnées d'une cellule

Disposant d'une cellule quelconque, par exemple obtenue dynamiquement, on obtient ses coordonnées absolues grâce à sa propriété `CellAddress`, qui renvoie une structure `CellAddress` décrite au tableau 9-1.

Tableau 9–1 Structure CellAddress

Propriété	Type	Signification
Sheet	Integer	Rang de la feuille dans le classeur, numéroté à partir de zéro.
Column	Long	Rang de colonne (X) dans la feuille, numéroté à partir de zéro.
Row	Long	Rang de ligne (Y) dans la feuille, numéroté à partir de zéro.

Nous avons précédemment indiqué comment obtenir une feuille à partir de son rang, puis obtenir le nom de la feuille. Cependant, nous pouvons obtenir plus directement l'objet feuille dans lequel se trouve la cellule :

```
uneFeuille = maCellule.Spreadsheet
```

La propriété `AbsoluteName` de la cellule renvoie ses coordonnées sous forme texte en adressage absolu, exemple :

```
maCellule = maFeuille.getCellByPosition(31,9)
print maCellule.AbsoluteName' affiche : $Feuille1.$AF$10
```

Certaines méthodes de l'API utilisent en argument un objet coordonnées de cellule. Il se définit soit à partir d'une cellule et de sa propriété `CellAddress`, soit directement :

```
Dim cooCell As New com.sun.star.table.CellAddress
' cellule feuille2.H14
cooCell.Sheet = 1 ' deuxième feuille du document tableur
cooCell.Column = 7 ' colonne H
cooCell.Row   = 13 ' ligne 14
```

L'annexe B offre plusieurs fonctions utilitaires liées à l'adressage vu par l'utilisateur :

- `adresseString` convertit une adresse de type `Celladdress` en adresse textuelle, exemple `"Feuille2.B17"` ;
- `nomColonne` renvoie le nom d'une colonne à partir de son rang, par exemple la valeur 19 donne `"T"` ;
- `indexColonne` renvoie le rang d'une colonne à partir de son nom, par exemple `"BH"` donne la valeur 59.

Obtenir les coordonnées d'une zone de cellules

De manière similaire, une zone de cellules nous donne ses coordonnées absolues grâce à sa propriété `RangeAddress`, qui renvoie une structure `CellRangeAddress` décrite au tableau 9-2.

Tableau 9–2 Structure CellRangeAddress

Propriété	Type	Signification
Sheet	Integer	Rang de la feuille dans le classeur, numéroté à partir de zéro.
StartColumn	Long	Rang de colonne (X1) de la cellule du coin haut-gauche de la zone, numéroté à partir de zéro.
StartRow	Long	Rang de ligne (Y1) de la cellule du coin haut-gauche de la zone, numéroté à partir de zéro.
EndColumn	Long	Rang de colonne (X2) de la cellule du coin bas-droite de la zone, numéroté à partir de zéro.
EndRow	Long	Rang de ligne (Y2) de la cellule du coin bas-droite de la zone, numéroté à partir de zéro.

L'objet feuille dans lequel se trouve la zone est obtenu directement :

```
uneFeuille = maZone.Spreadsheet
```

La propriété AbsoluteName de la zone renvoie ses coordonnées sous forme texte en adressage absolu, exemple :

```
maZone = maFeuille.getCellRangeByPosition(1,1, 31,9)
print maZone.AbsoluteName' affiche : $Feuille1.$B$2:$AF$10
```

Un objet coordonnées de zone de cellules peut aussi être défini directement :

```
Dim cooZone As New com.sun.star.table.CellRangeAddress
' zone feuille2.H14:L23
cooZone.Sheet = 1 ' deuxième feuille du document tableur
cooZone.StartColumn = 7 ' colonne H
cooZone.StartRow   = 13 ' ligne 14
cooZone.EndColumn = 11 ' colonne L
cooZone.EndRow    =   22 ' ligne 23
```

La routine adrZoneString de l'annexe B convertit une adresse de type RangeAddress en adresse sous forme de chaîne de caractères.

Nous utiliserons ces notions avec les sélections visuelles.

Les zones nommées

Dans la macro qui suit, nous allons récupérer la liste des zones nommées d'un document Calc, ajouter une zone nommée puis la supprimer. Les zones nommées sont contenues dans l'objet NamedRanges du document. Le nombre de zones est obtenu avec sa propriété Count. On peut accéder à une des zones par son numéro d'ordre avec la méthode getByIndex. Avec OOoBasic, le getByIndex peut être omis, comme si on indexait une variable tableau. Le document de l'archive Zip téléchargeable contient plusieurs zones nommées. D'autres explications sont données après la macro.

```
rem Code09-01.ods    bibli : ZonesCellules Module5
Option Explicit

Sub NommerZone()
Dim monDocument As Object, lesFeuilles As Object
Dim maFeuille As Object, maCellule As Object
Dim lesZonesNom As Object, maZoneNom As Object, x As Long
Const unNom = "Genre de dépense"
monDocument = ThisComponent
lesFeuilles = monDocument.Sheets
maFeuille = lesFeuilles.getByName("Janvier")
maCellule = maFeuille.getCellRangeByName("C2")
lesZonesNom = monDocument.NamedRanges
```

```
for x = 0 to lesZonesNom.Count -1
  maZoneNom = lesZonesNom(x)
  print "Zone n°" & x , maZoneNom.Name, "", maZoneNom.Content
next
if not lesZonesNom.hasByName(unNom) then
  lesZonesNom.addNewByName(unNom, "Janvier.A2:A7", _
            maCellule.CellAddress,0)
  print "Nouvelle zone nommée : " & unNom
end if
if MsgBox("Effacer l'exemple " & unNom & " ?", 4) = 6 then
  lesZonesNom.removeByName(unNom)
end if
End Sub
```

Chaque zone comporte deux propriétés de type `String` :

- `Name` contient le nom de la zone.
- `Content` contient dans notre exemple une adresse de zone, mais pourrait aussi bien contenir une formule avec des adresses ; les adresses peuvent être absolues, relatives, ou partiellement relatives.

Avant d'ajouter un nom de zone, nous devons nous assurer qu'il n'existe pas déjà, grâce à la fonction `hasByName` de l'objet `lesZonesNom`. La méthode `addNewByName`, du même objet, utilise quatre paramètres :

1 le nom de la nouvelle zone ;

2 la définition de la zone, ici une simple adresse, mais éventuellement une formule ;

3 une adresse de cellule servant de référence, qui doit se situer dans la même feuille ;

4 le type de la zone, zéro dans la plupart des cas.

Pourquoi une adresse de cellule de référence ? Nous pouvons très bien utiliser une zone nommée dans une formule d'une cellule quelconque, ou la zone peut être elle-même une formule qui sera stockée dans une cellule. Dans ces cas, si la définition contient des adresses relatives, elles seront mises à jour en fonction des positions relatives. Dans la feuille `Janvier`, nous avons mis la formule `=SOMME(GenreDepense)` dans la cellule `C16`. Tant que la zone de ce nom n'est pas définie, la cellule affiche une erreur. Quand la zone est définie par la macro, elle affiche la somme des cellules `A16:A20`.

Enfin, l'objet `lesZonesNom` offre la méthode `removeByName`, qui nous permet de supprimer une zone nommée.

Pour plus d'information sur les zones nommées, consulter le *Developer's Guide* à la section *Spreadsheet Documents>Working with Spreadsheet Documents>Navigating>Named Ranges* et les interfaces `XNamedRanges` et `XnamedRange` dans la documentation API.

Les sélections visuelles

Sélection faite par l'utilisateur

L'utilisateur peut sélectionner une cellule, une zone de cellules, ou même plusieurs zones, puis appeler une macro qui fera un traitement en fonction de ces zones. L'objet CurrentSelection obtenu du document nous donne des informations sur la sélection, mais d'une manière complexe car la nature de cet objet est différente dans chaque cas.

La distinction se fera en recherchant quels services sont supportés par CurrentSelection, grâce à sa fonction supportsService, qui renvoie True si le service en argument est reconnu. La macro suivante, que nous allons expliquer, affiche les coordonnées de chaque zone sélectionnée. Nous utilisons des routines de l'annexe B qui sont recopiées dans le module Utilitaires de la bibliothèque Standard du même document.

```
rem Code09-01.ods    bibli : ZonesCellules Module3
Option Explicit

Sub AfficherCoordonneesSelection()
Dim monDocument As Object, lesFeuilles As Object
Dim sel As Object, coord As Object
Dim x As Long, zonex As Object
monDocument = ThisComponent
lesFeuilles = monDocument.Sheets

sel = monDocument.CurrentSelection
if sel.supportsService(_
      "com.sun.star.sheet.SheetCellRanges") then
  for x = 0 to sel.Count -1' balayer les zones
    zonex = sel(x)
    MsgBox "Zone n°" & x & " = " & _
          adrZoneString(monDocument, zonex.RangeAddress)
  next
elseif sel.supportsService("com.sun.star.table.Cell") then
  coord = sel.CellAddress' une seule cellule sélectionnée
  MsgBox "Une cellule =   " & adresseString(monDocument, coord)
elseif sel.supportsService("com.sun.star.table.CellRange") then
  MsgBox "Une seule zone = " & _
        adrZoneString(monDocument, sel.RangeAddress)
else
  MsgBox("Erreur logicielle !", 16)
end if
End Sub
```

Les tests successifs sur les services reconnus doivent être faits dans l'ordre indiqué, car une seule cellule reconnaît aussi le service `CellRange`.

Attention à la casse ! Les noms de services doivent être écrits en respectant les majuscules et minuscules.

Si plusieurs zones sont sélectionnées, l'objet obtenu par `CurrentSelection` fournit leur nombre avec sa propriété `Count`. On peut accéder à une des zones par son numéro d'ordre avec la méthode `getByIndex`. Avec OOoBasic, le `getByIndex` peut être omis, comme si on indexait une variable tableau. En utilisant les propriétés de coordonnées de zone décrites plus haut, et à l'aide de la routine `adrZoneString` de l'annexe B, nous affichons les coordonnées de chaque zone.

Si nous n'avons qu'une seule zone, celle-ci est directement disponible. Si une cellule seulement est sélectionnée (ou simplement si le curseur est sur une cellule), la cellule est directement disponible et nous affichons ses coordonnées avec la routine `adresseString` de l'annexe B.

Cette macro nous donne l'occasion de faire deux manipulations intéressantes :

- Cliquez sur la feuille dans la case en coin haut-gauche des coordonnées, pour sélectionner toute la feuille ; affichez les coordonnées.
- Sélectionnez un grand rectangle de cellules. Avec la touche Ctrl appuyée, cliquez sur quelques cellules au hasard : votre sélection est maintenant « trouée ». Affichez les coordonnées : vous constaterez que votre sélection est définie par un nombre de zones rectangulaires suffisant pour la couvrir.

Afin de travailler sur plusieurs feuilles à la fois (normalement ayant la même structure), l'utilisateur peut sélectionner plusieurs feuilles. Dans le document exemple, cliquez sur l'onglet Sommaire, puis faites un Ctrl + clic sur l'onglet Contenus : ces deux feuilles sont sélectionnées simultanément. Sélectionnez une ou plusieurs zones sur la feuille visible, et exécutez encore la macro. Vous verrez que chaque zone a été sélectionnée dans chacune de ces feuilles. Pour désélectionner les feuilles, faites un Maj + clic sur l'onglet de la feuille visible.

Afficher une zone sélectionnée

Afficher dans la fenêtre Calc une zone de cellules sélectionnée est bien plus simple. On transmet à la méthode `select` du contrôleur du document un objet cellule ou un objet zone de cellules.

```
rem Code09-01.ods    bibli : ZonesCellules Module4
Option Explicit

Sub AfficherZoneSelectionnee()
```

```
Dim monDocument As Object, lesFeuilles As Object
Dim maFeuille As Object, maCellule As Object
Dim maZone As Object
monDocument = ThisComponent
lesFeuilles = monDocument.Sheets
maFeuille = lesFeuilles.getByName("Janvier")
maZone = maFeuille.getCellRangeByName("E5:F7")
monDocument.CurrentController.select(maZone)
End Sub
```

Si le tableur affichait une autre feuille, celle contenant la sélection devient visible.

Zone visible dans la feuille

Figer des lignes ou colonnes

Le menu Fenêtre>Fixer permet de maintenir la vision des en-têtes d'un tableau dépassant la taille de la feuille. Ceci est réalisé par programmation avec la méthode `freezeAtPosition` de l'objet contrôleur du tableur ; elle s'applique à la feuille visible, et prend en argument le nombre de colonnes et de lignes à figer. Pour débloquer ce type d'affichage, on doit auparavant sélectionner la cellule en position A1. La méthode `hasFrozenPanes` renvoie `True` si des lignes ou colonnes sont figées sur la feuille visible.

```
rem Code09-01.ods    bibli : Feuilles Module9
Option Explicit

Sub FigerLignesColonnes()
Dim monControleur As Object, maFeuille As Object, position As Object
monControleur = ThisComponent.CurrentController
if monControleur.hasFrozenPanes then
  maFeuille = monControleur.ActiveSheet
  position = maFeuille.getCellRangeByName("A1")
  monControleur.select(position)
  monControleur.freezeAtPosition(0,0) ' débloquer les lignes/colonnes
else
' figer les 3 premières lignes et 2 premières colonnes
  monControleur.freezeAtPosition(3,2)
end if
End Sub
```

Première ligne et première colonne affichées

Sur une feuille trop grande pour être affichée en totalité, vous pouvez choisir les coordonnées de la cellule qui sera affichée dans le coin gauche, en haut.

```
Dim monDocument As Object, monControleur As Object
monDocument = ThisComponent
monControleur = monDocument.CurrentController
' choisir la feuille à afficher - ici la deuxième
monControleur.ActiveSheet = monDocument.Sheets(1)
monControleur.FirstVisibleColumn = 17    ' colonne R
monControleur.FirstVisibleRow = 153      ' ligne 154
```

Inversement, vous pouvez connaître les coordonnées de la première cellule affichée en lisant la valeur de ces deux propriétés. De plus l'objet contrôleur expose la propriété VisibleRange qui est une structure de type CellRangeAddress déjà vue à la section « Obtenir les coordonnées d'une cellule ». Cette propriété, en lecture seule, vous donne les coordonnées extrêmes de l'ensemble des cellules affichées.

Propriétés globales de la cellule

Une zone de cellules possède presque toutes les propriétés d'une cellule, ce qui permet de modifier en une instruction toutes les cellules de la zone de manière identique.

Protéger une cellule

La protection d'une cellule n'est activée que lorsque la feuille est protégée. Nous avons décrit plus haut comment protéger une feuille. La propriété CellProtection d'une cellule renvoie une structure UNO décrite dans le tableau 9-3. Pour modifier un des éléments, vous devez passer par une variable intermédiaire. Effectuez la modification de CellProtection avec la feuille non protégée, puis protégez la feuille.

Tableau 9–3 Structure CellProtection

Élément	Type	Valeur par défaut dans une feuille	Signification
IsLocked	Boolean	True	True pour interdire les modifications.
IsFormulaHidden	Boolean	False	True pour cacher la formule.
IsHidden	Boolean	False	True pour cacher la cellule.
IsPrintHidden	Boolean	False	True pour ne pas imprimer la cellule.

Dans cet extrait de macro, la variable laProtection étant déclarée dans Basic comme une structure UNO, toutes ses valeurs sont à False, et seule IsFormulaHidden est modifiée :

```
rem Code09-01.ods    bibli : Protection Module3
Dim laProtection As New com.sun.star.util.CellProtection
```

```
laProtection.IsFormulaHidden = True
maCellule.CellProtection = laProtection
maFeuille.protect("OpenOffice")  ' mettre un mot de passe
```

On aurait pu charger la valeur actuelle de CellProtection dans une variable objet, la modifier puis la copier dans CellProtection.

Le style de la cellule

Le plus rapide pour formater une cellule est d'utiliser un style de cellule déjà défini dans le document. La propriété CellStyle est une chaîne de caractères qui contient le nom du style. On peut facilement changer le nom du style en cours :

```
print maCellule.CellStyle
maCellule.CellStyle= "MonStyleAMoi"
```

> Attention à la casse ! Les noms de styles doivent être écrits en respectant les majuscules et minuscules.

On peut modifier de la même manière le style d'une zone de cellules.

Inversement, la propriété CellStyle fournit le nom du style de la cellule. Pour une zone comportant plusieurs styles, la propriété CellStyle fournira une chaîne de caractères nulle.

> **PIÈGE Les noms de styles traduits**
>
> Pour les styles standards fournis avec OpenOffice.org, vous récupérez dans CellStyle le nom anglais du style, même avec une version francisée. Par exemple, en affectant le style « Standard » on relira le nom de style « Default ». En revanche, les styles que vous créez n'ont évidemment qu'un seul nom. L'annexe B offre une fonction getLocaleStyleName, qui traduit un nom de style anglais dans son nom localisé.

Les propriétés que nous allons voir maintenant concernent l'ensemble de la cellule ; les modifier n'entraîne pas une modification du style de la cellule. De plus, une interrogation du style de la cellule donnera toujours le même nom alors que cette dernière aura changé d'aspect.

Aspect général

Le tableau 9-4 montre la liste des propriétés simples concernant l'aspect d'une cellule. Nous verrons ensuite séparément les autres propriétés.

Tableau 9–4 Propriétés simples d'aspect de cellule

Propriété	Type	Signification
Spreadsheet	Object	La feuille à laquelle appartient la cellule.
CellBackColor	Long	Couleur du fond.
IsCellBackgroundTransparent	Boolean	True si la couleur de fond n'est pas utilisée.
IsTextWrapped	Boolean	True si le texte est automatiquement renvoyé à la ligne au bord droit de la cellule. False si le texte reste sur une seule ligne (l'affichage peut être tronqué). Valeur par défaut.
ShrinkToFit	Boolean	True pour ajuster automatiquement la taille de la police pour que le texte tienne dans la cellule.
ParaIndent	Integer	Retrait du contenu par rapport au bord gauche de la cellule, en 1/100 de mm.
ParaTopMargin	Long	Marge du haut, en 1/100 de mm.
ParaBottomMargin	Long	Marge du bas, en 1/100 de mm.
ParaLeftMargin	Long	Marge de gauche, en 1/100 de mm.
ParaRightMargin	Long	Marge de droite, en 1/100 de mm.

Exemple :

```
rem Code09-02.ods    bibli : Formater Module5
Option Explicit

Sub FormaterCellule()
Dim monDocument As Object, lesFeuilles As Object
Dim maFeuille As Object, maCellule As Object, monCurseur As Object
monDocument = ThisComponent
lesFeuilles = monDocument.Sheets
maFeuille = lesFeuilles.getByName("Feuille2")
maCellule = maFeuille.getCellRangeByName("F16")

maCellule.CellBackColor = RGB(100,220,220)
maCellule.ParaLeftMargin = 200 ' 2 mm de marge gauche
End Sub
```

Formater des caractères

L'objet cellule accepte la plupart des nombreuses propriétés de caractère disponibles que nous avons décrites au chapitre 8 consacré à Writer. Lorsque vous utilisez ces propriétés sur l'objet cellule, le formatage s'appliquera à l'ensemble des caractères affichés dans la cellule. Nous verrons plus loin comment utiliser un curseur d'écriture pour formater certains caractères dans la cellule.

Une zone de cellules supporte les mêmes propriétés de formatage.

Format d'affichage

Le format d'affichage d'un nombre dans une cellule dépend de sa propriété `NumberFormat`, de type `Long`. Cette valeur est un index dans la collection des formats disponibles dans le document. Ce concept est décrit au chapitre 7 à la section « Les formats de nombre ».

Alignement horizontal

La propriété `HoriJustify`, de type `Integer`, règle l'alignement horizontal du contenu de la cellule. On lui affecte une des quatre constantes nommées suivantes :

```
com.sun.star.table.CellHoriJustify.STANDARD ' par défaut
com.sun.star.table.CellHoriJustify.LEFT      ' à gauche
com.sun.star.table.CellHoriJustify.CENTER    ' centré
com.sun.star.table.CellHoriJustify.RIGHT     ' à droite
```

Attention à la casse ! Les constantes nommées doivent être écrites en respectant les majuscules et minuscules.

La valeur par défaut aligne à gauche pour un nombre, à droite pour un texte.

Alignement vertical

La propriété `VertJustify`, de type `Integer`, règle l'alignement vertical du contenu de la cellule. On lui affecte une des quatre constantes nommées suivantes :

```
com.sun.star.table.CellVertJustify.STANDARD ' par défaut
com.sun.star.table.CellVertJustify.TOP       ' en haut
com.sun.star.table.CellVertJustify.CENTER    ' centré
com.sun.star.table.CellVertJustify.BOTTOM    ' en bas
```

L'alignement vertical apparaît si la hauteur de la cellule (ou la ligne) est nettement plus grande que celle des caractères dans la cellule.

Orientation du contenu

Plusieurs propriétés gouvernent l'orientation du texte de la cellule, voyez le tableau 9-5. Exemple :

```
maCellule.Orientation = com.sun.star.table.CellOrientation.TOPBOTTOM
maCellule.RotateReference = com.sun.star.table.CellVertJustify.BOTTOM
```

Tableau 9–5 Propriétés de rotation du texte

Élément	Type	Signification
RotateAngle	Long	Angle de rotation, en 1/100 de degré. Une valeur positive correspond au sens trigonométrique (le sens inverse des aiguilles d'une montre).
Orientation	Integer	Valide seulement si RotateAngle vaut zéro. Contient une constante nommée (tableau 9-6) de la forme : com.sun.star.table.CellOrientation.STANDARD.
RotateReference	Integer	Précise sur quel bord de la cellule le texte est aligné. Contient une constante nommée de la même liste que pour l'alignement vertical.

Tableau 9–6 Constantes d'orientation du contenu de cellule

Constante	Orientation
STANDARD	Par défaut (de gauche à droite pour le français).
TOPBOTTOM	Pour lire, pencher la tête à droite.
BOTTOMTOP	Pour lire, pencher la tête à gauche.
STACKED	Chaque lettre est horizontale, les lettres sont placées de haut en bas comme une enseigne.

Ombre de la cellule

La propriété ShadowFormat est une structure comportant plusieurs éléments, voyez le tableau 9-7.

Tableau 9–7 Structure de ShadowFormat

Propriété	Type	Signification
Location	Integer	Position de l'ombre, sous forme de constante nommée, voir tableau 9-8.
ShadowWidth	Integer	Largeur de l'ombre, en 1/100 de mm.
IsTransparent	Boolean	True si l'ombre est transparente.
Color	Long	Couleur de l'ombre.

La position de l'ombre est exprimée sous forme de constante nommée (tableau 9-8), de la forme :

```
com.sun.star.table.ShadowLocation.BOTTOM_RIGHT
```

Tableau 9–8 Constantes de position d'ombre de cellule

Constante	Signification
NONE	Aucune ombre.
TOP_LEFT	Ombre portée vers le haut et à gauche.

Tableau 9–8 Constantes de position d'ombre de cellule (suite)

Constante	Signification
TOP_RIGHT	Ombre portée vers le haut et à droite.
BOTTOM_LEFT	Ombre portée vers le bas et à gauche.
BOTTOM_RIGHT	Ombre portée vers le bas et à droite.

Il est nécessaire de remplir la structure dans une variable de travail qui servira à initialiser ShadowFormat comme ici :

```
rem Code09-02.ods    bibli : Formater Module3
Option Explicit
Sub OmbreDeCellule()
Dim monDocument As Object, lesFeuilles As Object
Dim maFeuille As Object, maCellule As Object
Dim ombre As New com.sun.star.table.ShadowFormat
monDocument = ThisComponent
lesFeuilles = monDocument.Sheets
maFeuille = lesFeuilles.getByName("Feuille2")
maCellule = maFeuille.getCellRangeByName("E2")
ombre.Location = com.sun.star.table.ShadowLocation.TOP_LEFT
ombre.ShadowWidth = 200 ' environ 3,5 mm
ombre.Color = RGB(100,100,100) ' couleur grise
maCellule.ShadowFormat = ombre
End Sub
```

Pour bien voir l'ombre, il est préférable que la cellule soit encadrée ou ressorte avec une couleur de fond.

Bordures et diagonales de la cellule

Une cellule comporte quatre bords et deux diagonales. Le tableau 9-9 liste les propriétés correspondantes. Chacune contient une structure dont les éléments sont listés au tableau 9-10.

Tableau 9–9 Bordures et diagonales d'une cellule

Propriété	Type	Signification
TopBorder	Object	Bordure du haut.
BottomBorder	Object	Bordure du bas.
LeftBorder	Object	Bordure de gauche.
RightBorder	Object	Bordure de droite.
DiagonalBLTR	Object	Diagonale du coin en bas à gauche au coin en haut à droite.
DiagonalTLBR	Object	Diagonale du coin en haut à gauche au coin en bas à droite.

Tableau 9–10 Structure BorderLine (ligne de bordure)

Propriété	Type	Signification
Color	Long	Couleur de la ligne.
InnerLineWidth	Integer	Épaisseur de la ligne interne, en 1/100 de mm, dans le cas d'une bordure double. La valeur zéro correspond à une bordure simple.
OuterLineWidth	Integer	Épaisseur de la ligne simple, ou de la ligne externe dans le cas d'une bordure double ; en 1/100 de mm. La valeur zéro correspond à une bordure inexistante.
LineDistance	Integer	Distance entre les deux lignes d'une bordure double, en 1/100 de mm.

Un exemple est plus explicite :

```
rem Code09-02.ods    bibli : Formater Module1
Option Explicit

Sub BorduresDeCellule()
Dim monDocument As Object, lesFeuilles As Object
Dim maFeuille As Object, maCellule As Object
Dim unBord As New com.sun.star.table.BorderLine
monDocument = ThisComponent
lesFeuilles = monDocument.Sheets
maFeuille = lesFeuilles.getByName("Feuille2")
maCellule = maFeuille.getCellRangeByName("C2")
With unBord ' utilisez le zoom à 200% !
  .Color = RGB(200,0,0)
  .OuterLineWidth = 30
  maCellule.LeftBorder = unBord ' ligne simple, rouge
  .OuterLineWidth = 100
  maCellule.RightBorder = unBord ' ligne simple, rouge
  .InnerLineWidth = 60
  .LineDistance = 30
  .Color = RGB(0,120,0)
  maCellule.TopBorder   = unBord ' ligne double, verte
  .Color = RGB(0,0,120)
  maCellule.BottomBorder = unBord ' ligne double, bleue
  .InnerLineWidth = 0
  .OuterLineWidth = 50
  .LineDistance = 0
  .Color = RGB(100,100,100)
  maCellule.DiagonalBLTR = unBord ' ligne simple, grise
End With
End Sub
```

Commentaire (note) de cellule

Le commentaire, ou note, d'une cellule est obtenu avec la propriété Annotation, qui renvoie un objet exposant plusieurs pseudo-propriétés listées dans le tableau 9-11. Cette propriété Annotation n'existe pas pour une zone de cellules.

Tableau 9–11 Éléments d'un commentaire de cellule

Élément	Type	Signification
String	String	Texte du commentaire.
Author	String	Auteur du commentaire. Lecture seulement.
Date	String	Date de création du commentaire. Lecture seulement.
IsVisible	Boolean	True si le commentaire est affiché en permanence. False si le commentaire ne s'affiche qu'au passage de la souris.
Position	Object	Position de la cellule qui contient ce commentaire ; structure CellAddress, voir le tableau 9-1. Lecture seulement.
Parent	Object	La cellule à laquelle est rattaché le commentaire.

Si la cellule ne comporte pas de commentaire, les propriétés String, Author et Date contiennent des chaînes nulles. La macro ci-dessous illustre ces propriétés.

```
rem Code09-02.ods    bibli : Commenter Module1
Option Explicit

Sub LireCommentaire()
Dim monDocument As Object, lesFeuilles As Object, maFeuille As Object
Dim maCellule As Object, laNote As Object
monDocument = ThisComponent
lesFeuilles = monDocument.Sheets
maFeuille = lesFeuilles.getByName("Feuille3")
maCellule = maFeuille.getCellRangeByName("D57")
laNote = maCellule.Annotation
voirLeCommentaire(laNote)
if MsgBox("Changer le texte de la note ?", 4) = 6 then
    laNote.String = "Note modifiée le" & chr(13) & Now
end if
End Sub


Sub voirLeCommentaire(laNote As Object)
Dim cr As String
cr = chr(13) ' fin de ligne
if Len(laNote.Date) = 0 then
  MsgBox("La cellule ne contient pas de commentaire", 16)
else
  MsgBox("Auteur du commentaire : " & laNote.Author & cr & _
```

```
        "Date du commentaire : "    & laNote.Date & cr & _
        "Visible en permanence : " & laNote.IsVisible & cr & _
        "Texte du commentaire : " & cr & laNote.String, _
        0, "Cellule : " & laNote.Parent.AbsoluteName)
 end if
 End Sub
```

Le contenu du commentaire est affiché avec un petit sous-programme que nous réutiliserons. Pour afficher l'adresse de la cellule contenant le commentaire, le plus simple est de remonter à la cellule avec `Parent` et d'utiliser la propriété `AbsoluteName`. Il est possible de définir un curseur d'écriture pour écrire le texte d'un commentaire mais, en l'absence de possibilités de formatage et compte tenu de l'habituelle simplicité des commentaires, il est plus simple de manipuler directement la propriété `String`.

Les commentaires qui existent dans une feuille se trouvent dans la collection `Annotations` (attention au `s`) de la feuille. La macro suivante va énumérer les commentaires présents avec un index.

```
rem Code09-02.ods    bibli : Commenter Module2
Option Explicit

Sub ListerCommentaires()
Dim monDocument As Object, lesFeuilles As Object, maFeuille As Object
Dim lesNotes As Object, laNote As Object, x As Long
monDocument = ThisComponent
lesFeuilles = monDocument.Sheets
maFeuille = lesFeuilles.getByName("Feuille3")
lesNotes = maFeuille.Annotations
for x = 0 to lesNotes.Count -1
  laNote = lesNotes(x)
  voirLeCommentaire(laNote)
next
End Sub
```

Les commentaires de cellule ont été remaniés dans la version 2.02 d'OpenOffice.org pour permettre le formatage du texte par l'utilisateur. Ceci a provoqué un bogue dans la création de commentaires par programmation, corrigé seulement depuis la version 3.1. Le codage qui suit nécessite au moins cette version. La possibilité de formatage par l'API sera disponible dans la version 3.4.

```
rem Code09-02.ods    bibli : Commenter Module3
Option Explicit

Sub creerCommentaire()
```

```
Dim monDocument As Object, lesFeuilles As Object, maFeuille As Object
Dim maCellule As Object, lesNotes As Object
monDocument = ThisComponent
lesFeuilles = monDocument.Sheets
maFeuille = lesFeuilles.getByName("Feuille3")
maCellule = maFeuille.getCellRangeByName("C13")
lesNotes = maFeuille.Annotations
lesNotes.insertNew(maCellule.CellAddress, "Une nouvelle note")
End Sub
```

On utilise la méthode `insertNew` de l'objet `Annotations` afin de créer le commentaire. Le premier argument est la structure `CellAddress` correspondant à la cellule, le deuxième argument est le texte du commentaire. Les propriétés d'auteur et de date sont en lecture seule, elles sont remplies automatiquement.

Pour supprimer facilement le commentaire d'une cellule, nous anticipons ce que nous verrons à la section « Effacer une zone de cellules ». La méthode `clearContents` d'une cellule ou d'une zone permet de supprimer les commentaires sans modifier le contenu des cellules.

```
rem Code09-02.ods    bibli : Commenter Module4
Option Explicit

Sub supprimerCommentaire()
Dim monDocument As Object, lesFeuilles As Object, maFeuille As Object
Dim maCellule As Object
monDocument = ThisComponent
lesFeuilles = monDocument.Sheets
maFeuille = lesFeuilles.getByName("Feuille3")
maCellule = maFeuille.getCellRangeByName("C13")
maCellule.clearContents(com.sun.star.sheet.CellFlags.ANNOTATION)
End Sub
```

Bordures d'un tableau

Ici, on appelle tableau une zone rectangulaire de plusieurs cellules. Pour l'encadrer et quadriller l'intérieur, inutile de remplir patiemment les bordures de toutes les cellules : on utilise la propriété `TableBorder` d'un objet zone de cellules. Cette dernière est une structure (voir tableau 9-12) dont chaque descripteur de ligne (`TopLine`, `LeftLine`, etc.) est lui-même la structure déjà décrite au tableau 9-10.

Le réglage d'un écart avec le contenu différent suivant les bordures ne semble ni réalisable ni visible à travers l'API. La propriété `Distance` correspond à l'écart synchronisé du panneau d'interface utilisateur.

Tableau 9–12 Structure de TableBorder

Élément	Type	Signification
IsTopLineValid	Boolean	Validation de la bordure du haut, voir texte.
TopLine	Object	Description de la bordure du haut.
IsBottomLineValid	Boolean	Validation de la bordure du bas, voir texte.
BottomLine	Object	Description de la bordure du bas.
IsLeftLineValid	Boolean	Validation de la bordure de gauche, voir texte.
LeftLine	Object	Description de la bordure de gauche.
IsRightLineValid	Boolean	Validation de la bordure de droite, voir texte.
RightLine	Object	Description de la bordure de droite.
IsHorizontalLineValid	Boolean	Validation des lignes horizontales intérieures, voir texte.
HorizontalLine	Object	Description des lignes horizontales intérieures.
IsVerticalLineValid	Boolean	Validation des lignes verticales intérieures, voir texte.
VerticalLine	Object	Description des lignes verticales intérieures.
IsDistanceValid	Boolean	True si l'écart avec le contenu est utilisé.
Distance	Integer	Écart avec le contenu, en 1/100 de mm, pour toutes les bordures.

Les propriétés `Is...Valid` ont une signification subtile.

- En lecture, un tel indicateur indique `True` si la structure `Line` correspondante est valable sur toute la longueur de la ligne ; il indique `False` si la structure de la ligne varie le long des cellules qui la constituent.

- En écriture, la signification est totalement différente : employez la valeur `True` pour modifier la structure `Line` correspondante, employez la valeur `False` pour garder la valeur actuelle de la structure `Line` correspondante (dans l'affectation de la nouvelle valeur de `TableBorder`, la structure `Line` correspondante ne sera donc pas prise en compte).

Les propriétés `IsHorizontalLineValid` et `IsVerticalLineValid` traitent toutes les lignes du quadrillage intérieur.

- En lecture, la valeur `True` indique que toutes les lignes de ce type ont les mêmes valeurs de bordure.

- En écriture, la valeur `True` indique que toutes les lignes de ce type doivent prendre la même valeur de bordure.

Modifier une bordure nécessite d'utiliser des variables intermédiaires pour accéder aux structures. Voici un exemple qui crée des bordures et un quadrillage de tableau.

```
rem Code09-02.ods    bibli : Formater Module2
Option Explicit

Sub BorduresDeTableau()
Dim monDocument As Object, lesFeuilles As Object
Dim maFeuille As Object, maZone As Object, lesBords As Object
Dim unBord As New com.sun.star.table.BorderLine
monDocument = ThisComponent
lesFeuilles = monDocument.Sheets
maFeuille = lesFeuilles.getByName("Feuille2")
maZone = maFeuille.getCellRangeByName("B4:D8")
lesBords = maZone.TableBorder
With unBord' utilisez le zoom à 200% !
  .Color = RGB(200,0,0)
  .OuterLineWidth = 30
  lesBords.LeftLine= unBord ' ligne simple, rouge
  .OuterLineWidth = 100
  lesBords.RightLine = unBord ' ligne simple, rouge
  .OuterLineWidth = 30
  .Color = RGB(220,220,0) ' quadrillage de lignes jaunes
  lesBords.VerticalLine   = unBord
  lesBords.HorizontalLine = unBord
  .InnerLineWidth = 60
  .LineDistance = 30
  .Color = RGB(0,120,0)
  lesBords.TopLine   = unBord ' ligne double, verte
  .Color = RGB(0,0,120)
  lesBords.BottomLine = unBord ' ligne double, bleue
End With
With lesBords
  .IsBottomLineValid = true
  .IsTopLineValid = true
  .IsLeftLineValid = true
  .IsRightLineValid = true
  .IsHorizontalLineValid = true
  .IsVerticalLineValid = true
End With
maZone.TableBorder = lesBords
End Sub
```

Une zone de cellules expose aussi les propriétés déjà vues pour les bordures et diagonales d'une cellule. Elles s'appliquent alors à chaque cellule de la zone.

Supprimer des bordures dans un tableau

Il ressort des explications précédentes que, pour supprimer une bordure, il faut mettre à True l'indicateur Is...LineValid, et mettre les éléments InnerLineWidth et OuterLineWidth de la structure BorderLine correspondante à zéro. Un moyen plus simple est ce codage :

```
Dim bordures As New com.sun.star.table.TableBorder
bordures.IsTopLineValid = True
bordures.IsVerticalLineValid = True
maZone.TableBorder = bordures
```

On crée une structure `TableBorder` vierge, avec tous ses éléments à zéro, et on met à `True` les indicateurs de validité des lignes à effacer, ici la ligne du haut et les lignes intérieures verticales.

Cellules fusionnées

Lorsqu'une zone de cellules est fusionnée, la cellule du coin haut-gauche de la zone voit sa pseudo-propriété `IsMerged` (en fait la méthode `getIsMerged`) prendre la valeur `True`. Pour les autres cellules de la zone, cette même propriété prend la valeur `False`. La méthode `merge(True)` fusionne les cellules d'une zone ; inversement pour scinder la zone afin de retrouver les cellules d'origine, on emploie la méthode `merge(False)` de la cellule du coin haut-gauche de la zone. Cet exemple fusionne ou scinde une zone de cellules.

```
rem Code09-02.ods    bibli : Fusionner Module1
Option Explicit

Sub Fusionner_Scinder_Zone()
Dim monDocument As Object, lesFeuilles As Object, maFeuille As Object
Dim maZone As Object, celluleCoin As Object
monDocument = thisComponent
lesFeuilles = monDocument.Sheets
maFeuille = lesFeuilles.getByName("Feuille2")
celluleCoin = maFeuille.getCellRangeByName("B21")
if celluleCoin.IsMerged  then
  celluleCoin.merge(False) ' scinder la zone fusionnée
else
  maZone = maFeuille.getCellRangeByName("B21:D22")
  maZone.merge(True) ' fusionner la zone
end if
End Sub
```

Notez que dans une zone fusionnée vous pouvez toujours accéder aux cellules initiales avec l'API. Sachant qu'une cellule appartient à une zone fusionnée, comment trouver les coordonnées de cette zone ? Pour cela nous devons utiliser un curseur de cellule. Cet objet possède les propriétés d'une cellule ou d'une zone de cellules, selon qu'il est ponctuel ou étalé. On l'obtient avec la méthode `createCursor` ou la méthode `createCursorByRange`. Nous emploierons cette dernière pour obtenir un curseur pointant sur la cellule du coin de la zone. La méthode `collapseToMergedArea` du curseur sert à l'étaler sur la zone fusionnée. On peut alors obtenir l'équivalent d'un objet zone de cellules dont nous avons vu comment récupérer l'adresse ou les coordonnées.

```
rem Code09-02.ods   bibli : Fusionner Module2
Option Explicit
Sub RetrouverZoneFusionnee()
Dim monDocument As Object, lesFeuilles As Object, maFeuille As Object
Dim maCellule As Object, curseurCellule As Object
monDocument = thisComponent
lesFeuilles = monDocument.Sheets
maFeuille = lesFeuilles.getByName("Feuille2")
maCellule = maFeuille.getCellRangeByName("C22")
curseurCellule = maFeuille.createCursorByRange(maCellule)
curseurCellule.collapseToMergedArea
MsgBox("Cellule : " & maCellule.AbsoluteName & chr(13) & _
   "Zone fusionnée : " & curseurCellule.AbsoluteName)
End Sub
```

La propriété AbsoluteName nous permet d'afficher facilement les coordonnées de la zone fusionnée, ainsi que celles de la cellule. Si la cellule n'est pas dans une zone fusionnée, les adresses obtenues sont identiques : l'adresse de la cellule. La propriété RangeAddress du curseur de cellules est plus pratique pour connaître les coordonnées de la zone par programme.

Lignes et colonnes

Une zone de cellules délimite un ensemble de lignes et un ensemble de colonnes qui traversent la zone, cette dernière pouvant se réduire à une seule cellule. Une ligne ou une colonne est assimilée par l'API à une zone de cellules, et supporte donc les mêmes propriétés. Rappelons aussi qu'une feuille est aussi une zone de cellules couvrant toute la feuille. Les possibilités sont identiques pour les lignes et les colonnes, comme nous allons le voir.

Les lignes

À partir d'une zone de cellules, on obtient un objet contenant les lignes grâce à la propriété Rows de l'objet zone. On accède à chacune des lignes depuis cet objet Rows, soit avec la méthode getByIndex, soit en Basic par indexation directe ; l'index zéro correspond à la première ligne de la zone.

```
Dim lesLignes As Object, uneLigne As Object

maZone = uneFeuille.getCellRangeByName("E3:J7")
```

```
lesLignes = maZone.Rows
print "Nombre de lignes : " & lesLignes.Count
uneLigne = lesLignes(1) ' deuxième ligne de la zone
```

Les propriétés listées dans le tableau 9-13 sont disponibles aussi bien pour une ligne que pour une collection de lignes. Elles peuvent être lues et modifiées.

Tableau 9–13 Propriétés de lignes

Propriété	Type	Signification
IsVisible	Boolean	True si la ligne est visible, False si elle est cachée.
Height	Long	Hauteur de la ligne en 1/100 de mm.
OptimalHeight	Boolean	True : la ligne adapte sa hauteur à son contenu. False : la hauteur dépend de la propriété Height.
IsStartOfNewPage	Boolean	True : cette ligne sera en début de page à l'impression.

La méthode insertByIndex de l'objet collection de lignes ajoute plusieurs lignes. Dans cet exemple, on ajoute trois lignes groupées dont la première aura le rang 1 dans la collection :

```
lesLignes.insertByIndex(1,3)
```

La méthode removeByIndex de l'objet collection de lignes supprime plusieurs lignes. Dans cet exemple, on supprime trois lignes groupées dont la première aura le rang 1 dans la collection :

```
lesLignes.removeByIndex(1,3)
```

Les colonnes

À partir d'une zone de cellules, on obtient un objet contenant les colonnes grâce à la propriété Columns de l'objet zone. On accède à chacune des colonnes depuis cet objet Columns, soit avec la méthode getByIndex, soit en Basic par indexation directe ; l'index zéro correspond à la première ligne de la zone.

```
Dim lesCols As Object, uneCol As Object

maZone = uneFeuille.getCellRangeByName("E3:J7")
lesCols = maZone.Columns
print "Nombre de colonnes : " & lesCols.Count
uneCol = lesCols(1) ' deuxième colonne de la zone
```

Les propriétés listées dans le tableau 9-14 sont disponibles aussi bien pour une colonne que pour une collection de colonnes. Elles peuvent être lues et modifiées.

Tableau 9–14 Propriétés de colonnes

Propriété	Type	Signification
IsVisible	Boolean	True si la colonne est visible, False si elle est cachée.
Width	Long	Largeur de la colonne en 1/100 de mm.
OptimalWidth	Boolean	True : la colonne adapte sa largeur à son contenu. False : la largeur dépend de la propriété Width.
IsStartOfNewPage	Boolean	True : cette colonne sera au bord gauche de la page imprimée.

La méthode insertByIndex de l'objet collection de colonnes ajoute plusieurs colonnes. Dans cet exemple, on ajoute trois colonnes groupées dont la première aura le rang 1 dans la collection :

```
lesCols.insertByIndex(1,3)
```

La méthode removeByIndex de l'objet collection de colonnes supprime plusieurs colonnes. Dans cet exemple, on supprime trois colonnes groupées dont la première aura le rang 1 dans la collection :

```
lesCols.removeByIndex(1,3)
```

Lire et écrire dans une cellule

Les différents contenus d'une cellule

Le contenu d'une cellule se présente sous une des quatre formes suivantes :
- cellule vide ;
- valeur numérique (un nombre) ;
- un texte (qui peut être très long) ;
- une formule (qui s'évalue comme une valeur numérique ou un texte).

Les propriétés du tableau 9-15 permettent de connaître ou modifier le contenu d'une cellule.

Tableau 9–15 Propriétés liées au contenu de la cellule

Propriété	Type	Signification
Type	Long	Lecture seulement. Type de contenu de la cellule ; constante nommée, voir texte.
String	String	Texte affiché par la cellule.
Value	Double	Valeur numérique de la cellule.
Formula	String	Formule de la cellule, exprimée en anglais US.
FormulaLocal	String	Formule de la cellule, exprimée dans la langue de l'interface utilisateur.

La propriété Type fournit le type de contenu de la cellule sous forme d'une constante nommée de la forme :

```
com.sun.star.table.CellContentType.TEXT
```

Vous trouverez la liste complète de ces constantes dans le prochain exemple. Pour « vider » le contenu d'une cellule, il suffit de mettre une chaîne vide dans sa propriété String :

```
maCellule.String = ""
```

La propriété String de la cellule fournit le texte affiché par celle-ci. Pour une valeur numérique, ce texte tient compte du format du nombre, par exemple le nombre de décimales.

Quand la cellule contient un nombre ou une formule qui s'évalue en nombre, sa propriété Value renvoie la valeur ; cette propriété est du type Double, même si visuellement la cellule affiche un nombre entier ou une date ; si vous mettez dans Value une valeur d'un autre type, elle sera convertie en Double avant le stockage effectif.

Quand la cellule contient une formule (c'est-à-dire que son contenu débute par le signe =), la propriété FormulaLocal renvoie l'expression dans la langue de l'interface utilisateur. Si la formule renvoie un texte, la propriété Value contient zéro même si le texte obtenu est celui d'un nombre. Si la formule renvoie une valeur numérique, la propriété String contient un texte représentant la valeur. La propriété Formula renvoie l'expression en langue anglaise US, les fonctions utilisent leur nom interne, parfois complexe.

Pour bien comprendre ces propriétés, le mieux est de les afficher pour divers contenus de cellule. Cliquez sur une cellule de tableur et exécutez la macro ci-après. Le fichier du Zip téléchargeable contenant la macro comporte des cellules intéressantes sur la feuille Contenus.

```
rem Code09-01.ods    bibli : UneCellule Module1
Option Explicit

Sub ContenuDeCellule() ' pointez une cellule sur une feuille
Dim monDocument As Object, maCellule As Object
Dim mess As String, cr As String
cr = chr(13) ' retour à la ligne
monDocument = ThisComponent
maCellule = monDocument.currentSelection
if maCellule.supportsService("com.sun.star.table.Cell") then
  Select Case maCellule.Type
  Case com.sun.star.table.CellContentType.EMPTY
    mess = "La cellule est vide"
  Case com.sun.star.table.CellContentType.TEXT
    mess = "La cellule contient du texte"
  Case com.sun.star.table.CellContentType.VALUE
    mess = "La cellule contient une valeur"
  Case com.sun.star.table.CellContentType.FORMULA
    mess = "La cellule contient une formule"
    if maCellule.Value = 0 then
      if maCellule.String <> "0" then
        mess = "La cellule contient une formule donnant un texte"
      else
        mess = "La cellule contient une formule donnant zéro"
      end if
    else
      mess = "La cellule contient une formule donnant une valeur"
    end if
  End Select
  MsgBox mess & cr & "String : " & maCellule.String & cr & _
    "Value : " & maCellule.Value & cr & _
    "Formula : " & maCellule.Formula & cr & _
    "FormulaLocal : " & maCellule.FormulaLocal & cr
else
  MsgBox("Une seule cellule SVP !", 16)
end if
End Sub
```

Les propriétés de cellule qui permettent de connaître le contenu sont aussi utilisables pour remplir une cellule. Une seule de ces instructions suffit, la propriété Type sera mise à jour automatiquement :

```
maCellule.String = "Un petit texte"
maCellule.Value = 12345
maCellule.Formula = "=ROUND(F37/3.14)"
maCellule.FormulaLocal = "=ARRONDI(F37/3,14)"
```

Remarquez les exemples utilisant `Formula` et `FormulaLocal` : dans le premier, le nombre est écrit à l'anglaise (point décimal), dans le deuxième il est écrit selon les règles propres à la langue de l'interface utilisateur, ici avec une virgule décimale.

Si, par exemple, vous êtes sûr que la langue de l'interface utilisateur est le français, utilisez la propriété `FormulaLocal`, cela vous permettra d'écrire les formules plus simplement. Au contraire, si vous n'êtes pas sûr de la langue de l'interface utilisateur (contexte d'entreprise multinationale) à l'exécution de la macro, utilisez `Formula`. La feuille `NomsFonctions` du document `Code09-01.ods` liste les correspondances des noms de fonctions.

Le curseur d'écriture dans la cellule

Si vous savez comment écrire du texte par macro dans un document Writer, vous retrouverez ici les mêmes concepts, mais pas toutes les possibilités.

Nous venons de voir la méthode la plus simple pour lire ou écrire un texte dans une cellule : utiliser sa propriété `String`. Pour avoir plus de possibilités, il faut utiliser un curseur d'écriture, qui pointe sur un endroit dans le texte de la cellule : le point d'insertion. On obtient un curseur d'écriture à partir de l'objet cellule :

```
Dim monCurseur As Object
monCurseur = maCellule.createTextCursor
```

À sa création, le curseur d'écriture pointe *à la fin du texte* contenu dans la cellule.

Déplacer le curseur d'écriture

L'objet curseur dispose de plusieurs méthodes permettant de le déplacer. Certaines renvoient un résultat :

* `True` si l'action a pu être réalisée ;
* `False` dans le cas contraire.

En pratique, on utilise rarement le résultat de ces fonctions et on les utilise comme des méthodes de type `Sub`.

Les fonctions de déplacement ont toutes un argument booléen, que nous désignerons par SEL, qui a l'effet suivant :

* `SEL = False` : le curseur se déplace (comme la barre verticale du curseur visible quand vous éditez le texte d'une cellule).
* `SEL = True` : le curseur se déplace en étendant la sélection (c'est le même effet qu'une sélection progressive du curseur visible en faisant glisser la souris).

Et voici un petit exemple :

```
Dim monDocument As Object
Dim lesFeuilles As Object, maFeuille As Object
Dim maCellule As Object, monCurseur As Object
monDocument = ThisComponent
lesFeuilles = monDocument.Sheets
maFeuille = lesFeuilles.getByName("Ecrire")
maCellule = maFeuille.getCellRangeByName("C2")
monCurseur = maCellule.createTextCursor
' ici le curseur est à la fin du texte
monCurseur.gotoStart(False)
' ici le curseur est au début du texte
```

Le tableau 9-16 liste les fonctions de déplacement de curseur.

Tableau 9–16 Déplacement du curseur d'écriture

Méthode	Effet sur le curseur
goRight(n,SEL)	Déplacer de n caractères à droite. Renvoie True si l'action a été réalisée.
goLeft(n,SEL)	Déplacer de n caractères à gauche. Renvoie True si l'action a été réalisée.
gotoStart(SEL)	Déplacer au début du texte de la cellule.
gotoEnd(SEL)	Déplacer à la fin du texte de la cellule.

Nous avons signalé que le curseur d'écriture peut sélectionner une zone. Après avoir effectué une action sur cette zone, on dispose de deux méthodes du curseur pour le ramener à un point d'insertion, situé au début ou bien à la fin de la zone.

```
monCurseur.collapseToStart ' début de zone
monCurseur.collapseToEnd   ' fin de zone
```

L'objet curseur de cellule fournit aussi une fonction booléenne isCollapsed, qui renvoie False si le curseur est étendu pour une sélection et True s'il est ponctuel.

```
if monCurseur.isCollapsed then
   ' ici le curseur est ponctuel
end if
```

Créer un curseur à partir d'un autre curseur

Dans certains cas, il est intéressant d'utiliser un autre curseur d'écriture qui soit initialisé aux valeurs du curseur actuel. On utilise pour cela la méthode createTextCursorByRange de l'objet Text. Dans cet exemple, curseur2 reprend la position et la sélection dans le texte mémorisées par curseur1 :

```
Dim monDocument As Object
Dim lesFeuilles As Object, maFeuille As Object
Dim maCellule As Object
Dim curseur1 As Object, curseur2 As Object
monDocument = ThisComponent
lesFeuilles = monDocument.Sheets
maFeuille = lesFeuilles.getByName("Ecrire")
maCellule = maFeuille.getCellRangeByName("C2")
curseur1 = maCellule.createTextCursor
curseur2 = maCellule.createTextCursorByRange(curseur1)
' curseur2 est à la fin du texte
curseur1.gotoStart(False)
' curseur1 est au début du texte
```

Les objets `curseur1` et `curseur2` peuvent être déplacés ou modifiés indépendamment l'un de l'autre.

Si le premier curseur sélectionne une zone, le deuxième curseur peut être créé à partir du premier en précisant qu'il doit se positionner à la fin de la zone de texte sélectionnée :

```
curseur2 = maCellule.createTextCursorByRange(curseur1.End)
```

Pour le positionner au début de la zone sélectionnée, on écrirait :

```
curseur2 = maCellule.createTextCursorByRange(curseur1.Start)
```

En fait, il est possible de définir un curseur à partir d'un objet zone de texte (`TextRange`). Cet objet désigne une partie de texte, mais il ne possède pas les méthodes d'un objet curseur.

Lire un texte dans une cellule

Nous savons récupérer le texte entier contenu dans une cellule. En utilisant le déplacement du curseur d'écriture, nous allons récupérer une partie du texte.

```
rem Code09-01.ods    bibli : UneCellule Module2
Option Explicit
Sub LireUnMorceau()
Dim monDocument As Object
Dim lesFeuilles As Object, maFeuille As Object
Dim maCellule As Object, monCurseur As Object
monDocument = ThisComponent
lesFeuilles = monDocument.Sheets
maFeuille = lesFeuilles.getByName("Ecrire")
```

```
maCellule = maFeuille.getCellRangeByName("C2")
monCurseur = maCellule.createTextCursor
monCurseur.goLeft(4, true)
print monCurseur.String
End Sub
```

La macro crée un curseur dans une cellule ; il se situe alors en fin de texte. Le déplacement à gauche sélectionne les quatre caractères précédents. La macro affiche ensuite le contenu de la propriété `String` (de type `String`) de l'objet curseur (ne pas confondre avec la propriété `String` de l'objet cellule).

Insérer un texte dans une cellule

Ici, nous allons insérer un texte dans un texte existant. La première méthode consiste à utiliser la propriété `String` du curseur. En reprenant l'exemple précédent, ajouter la ligne suivante remplacera le texte sélectionné par un nouveau texte :

```
monCurseur.String = "Terre"
```

Si le curseur était ponctuel, le texte serait inséré au point d'insertion. Cependant, pour ajouter un autre texte à la suite, vous devez déplacer le curseur. La deuxième méthode effectue un déplacement automatique du curseur.

```
maCellule.insertString(monCurseur, "blabla", SEL)
```

La méthode `insertString` de l'objet cellule utilise trois arguments. Le premier est un objet curseur d'écriture ; le deuxième est la chaîne de caractères à insérer.

Le troisième argument reçoit en général la valeur `False`. La valeur `True` est employée pour remplacer une zone préalablement sélectionnée avec le curseur. Le curseur redevient ponctuel et se positionne à droite du texte ajouté. Un nouvel appel de la méthode ajoutera du texte dans le sens d'écriture. L'exemple suivant suppose une cellule contenant le texte « Un navire », que la macro va transformer en « Il était un petit navire ».

```
rem Code09-01.ods    bibli : UneCellule Module3
Option Explicit

Sub InsererTexte()
Dim monDocument As Object , tx1 As String
Dim lesFeuilles As Object, maFeuille As Object
Dim maCellule As Object, monCurseur As Object
monDocument = ThisComponent
lesFeuilles = monDocument.Sheets
maFeuille = lesFeuilles.getByName("Ecrire")
```

```
maCellule = maFeuille.getCellRangeByName("C5")
monCurseur = maCellule.createTextCursor
monCurseur.gotoStart(false)
monCurseur.goRight(2, true)' sélectionner "Un"
tx1 = "Il était un"
maCellule.insertString(monCurseur, tx1, true)
maCellule.insertString(monCurseur, " petit", false)
End Sub
```

Insérer des caractères spéciaux

La méthode `insertControlCharacter` de l'objet cellule permet d'insérer une marque de paragraphe. L'exemple suivant utilise une cellule contenant déjà un texte et ajoute un nouveau paragraphe suivi d'un texte.

```
rem Code09-01.ods    bibli : UneCellule Module4
Option Explicit

Sub InsererParagraphe()
Dim monDocument As Object
Dim lesFeuilles As Object, maFeuille As Object
Dim maCellule As Object, monCurseur As Object
Dim special As Integer
special = com.sun.star.text.ControlCharacter.PARAGRAPH_BREAK
monDocument = ThisComponent
lesFeuilles = monDocument.Sheets
maFeuille = lesFeuilles.getByName("Ecrire")
maCellule = maFeuille.getCellRangeByName("C2")
monCurseur = maCellule.createTextCursor
maCellule.insertControlCharacter(monCurseur, special, false)
maCellule.insertString(monCurseur, "Mon ami Pierrot", false)
End Sub
```

Le premier argument de `insertControlCharacter` est un objet curseur.

Le deuxième argument est une valeur numérique du type `Integer`, qui se définit par une constante nommée. Deux valeurs seulement sont utilisables :

```
com.sun.star.text.ControlCharacter.PARAGRAPH_BREAK
com.sun.star.text.ControlCharacter.APPEND_PARAGRAPH
```

Avec la première valeur, la marque de paragraphe est insérée à la position du curseur. Avec la deuxième valeur, la marque de paragraphe est insérée à la fin du paragraphe dans lequel se trouve le curseur, puis le curseur est positionné au début de ce nouveau paragraphe.

Formatage de certains caractères

Les propriétés de formatage sur l'ensemble de la cellule sont aussi disponibles sur un curseur d'écriture. Ceci nous permet d'effectuer un formatage sur une zone du texte de la cellule. Dans l'exemple qui suit nous allons imposer un formatage sur l'ensemble du texte d'une cellule, puis imposer un formatage sur trois caractères du texte d'une autre cellule.

```
rem Code09-02.ods    bibli : Formater Module4
Option Explicit

Sub FormaterCaractere()
Dim monDocument As Object, lesFeuilles As Object
Dim maFeuille As Object, maCellule As Object
Dim monCurseur As Object
monDocument = ThisComponent
lesFeuilles = monDocument.Sheets
maFeuille = lesFeuilles.getByName("Feuille2")
maCellule = maFeuille.getCellRangeByName("B13")
With maCellule
   .CharHeight = 14
   .CharColor = RGB(0,100,100) ' couleur bleu-vert
   .CharUnderline = com.sun.star.awt.FontUnderline.DASHDOT
End With
maCellule = maFeuille.getCellRangeByName("D15")
monCurseur = maCellule.createTextCursor ' positionné à la fin
monCurseur.goLeft(3, true) ' sélectionner les 3 derniers car.
monCurseur.CharColor = RGB(200,0,0) ' les peindre en rouge
End Sub
```

Ne cherchez pas de propriété de curseur comme `CharBackColor` : elle n'existe pas, OpenOffice ne permet pas de changer la couleur du fond pour certains caractères.

Méthodes applicables à une zone de cellules

Les principes que nous allons décrire sont aussi valables pour une zone de cellules sélectionnée par l'utilisateur et pour une feuille Calc, car cette dernière possède les fonctionnalités d'une zone de cellules couvrant toute la feuille.

Effacer une zone de cellules

La méthode `clearContents` d'un objet zone de cellules est très pratique pour réinitialiser toute une zone selon certains critères, qui sont spécifiés avec des constantes nommées de la forme :

```
com.sun.star.sheet.CellFlags.STRING
```

Ces constantes sont listées au tableau 9-17. On peut combiner plusieurs critères en les additionnant : le résultat est équivalent à utiliser `clearContents` avec la première constante, puis la deuxième, etc.

Tableau 9–17 Critères de choix des cellules

Constante	Signification
VALUE	Cellules ayant un contenu numérique , sauf les contenus au format de date ou heure.
DATETIME	Cellules ayant un contenu numérique au format de date ou heure.
STRING	Cellules ayant un contenu de texte.
ANNOTATION	Cellules contenant un commentaire.
FORMULA	Cellules contenant une formule (pas une simple valeur numérique).
HARDATTR	Cellules ayant un formatage spécifique (autre que celui du style de la cellule).
STYLES	(Fonctionnement actuellement identique à HARDATTR.)
OBJECTS	Cellules contenant un objet de dessin (le dessin doit être entièrement dans la zone analysée).
EDITATTR	Cellules comportant un formatage sur une partie du texte.

À titre d'exemple, nous allons effacer le formatage local des cellules et supprimer leur texte.

```
rem Code09-03.ods    bibli : Fonctions Module5
Option Explicit

Sub EffacerZone()
Dim monDocument As Object, lesFeuilles As Object
Dim maFeuille As Object, maZone As Object
Dim gomme As Long
monDocument = ThisComponent
lesFeuilles = monDocument.Sheets
maFeuille = lesFeuilles.getByName("Fonctions")
maZone = maFeuille.getCellRangeByName("B30:D33")

gomme = com.sun.star.sheet.CellFlags.HARDATTR + _
        com.sun.star.sheet.CellFlags.STRING
maZone.clearContents(gomme)
End Sub
```

Cette méthode s'applique aussi à une seule cellule.

Énumérer les cellules d'une zone

La méthode que nous allons exposer est applicable à toute zone de cellules, ainsi qu'à toute sélection faite par l'utilisateur. Cet exemple, typique des méthodes d'énumération, recherche dans la zone toutes les cellules contenant du texte et met ce texte en majuscules.

```
rem Code09-01.ods    bibli : ZonesCellules Module6
Option Explicit


Sub CellulesMajuscules()
Dim controleur As Object, maFeuille As Object
Dim sel As Object, listeCell As Object, selectionCell As Object
Dim uneCellule As Object, enumCellules As Object

controleur = ThisComponent.CurrentController
maFeuille = controleur.ActiveSheet
sel = ThisComponent.CurrentSelection
'sel = maFeuille.getCellRangeByName("NomDeZone")
'sel = maFeuille.getCellRangeByName("C11:D12")
selectionCell = sel.queryContentCells(com.sun.star.sheet.CellFlags.STRING)
enumCellules = selectionCell.Cells
listeCell = enumCellules.createEnumeration
Do While listeCell.hasMoreElements
  uneCellule = listeCell.nextElement
  uneCellule.String = UCase(uneCellule.String)
Loop
End Sub
```

Nous utilisons la méthode queryContentCells de la sélection. Cette sélection peut être une zone de cellules, éventuellement réduite à une seule cellule, ou un ensemble de zones sélectionnées par l'utilisateur, comme ici. La méthode queryContentCells utilise les mêmes indicateurs CellFlags que nous avons vus au tableau 9-17. Ici aussi on peut additionner les valeurs pour retenir les cellules correspondant à un ou plusieurs critères.

Nous obtenons l'objet selectionCell dont la pseudo-propriété Cells renvoie un objet contenant les références des cellules, à partir duquel nous créons un objet permettant d'obtenir les cellules une à une (l'ordre d'obtention des cellules ne peut être prédit). Il ne nous reste plus qu'à effectuer le traitement sur chaque cellule.

Le même principe pourrait, par exemple, rechercher et traiter toutes les cellules non vides d'une zone.

Trouver les cellules utilisées

Dans une feuille Calc, on a une table avec une ou plusieurs lignes d'en-têtes et un nombre inconnu de lignes de résultats. Comment connaître l'étendue de la zone de résultats ?

```
Dim fResu As Object, zoneResu As Object, curseurCell As Object

fResu = ThisComponent.Sheets.getByName("Resultats")
curseurCell = fResu.createCursorByRange(fResu.getCellRangeByName("A2"))
curseurCell.gotoEndOfUsedArea(True)
zoneResu = fResu.getCellrangeByName(curseurCell.AbsoluteName)

if zoneResu.RangeAddress.StartRow >= 1  then
  ' ici effectuer un traitement sur la zone de résultats
end if
```

On utilise pour cela un curseur de cellule, initialisé à la position de début des résultats, ici A2 car l'en-tête comporte seulement la ligne 1. La méthode gotoEndOfUsedArea avec un argument True va étendre le curseur de cellule sur l'ensemble des cellules utilisées à partir de la position de départ. La propriété AbsoluteName du curseur de cellule donne l'adresse textuelle de la zone obtenue, ce qui nous permet d'obtenir un objet zone de cellules couvrant la zone des résultats.

Mais il existe un cas particulier : s'il n'y a aucun résultat, la zone obtenue est incorrecte ! Elle débute à la ligne précédente, qui contient l'en-tête. Aussi devons-nous tester si la première ligne de la zone (StartRow) est bien au-delà de l'en-tête. Dans ce cas seulement, nous avons des résultats que nous pouvons analyser avec la zone de cellules obtenue.

PIÈGE **Les cellules apparemment utilisées**

La méthode gotoEndOfUsedArea considère comme utilisée toute cellule comportant une valeur ou un texte ou une formule ou un formatage local (couleur, bordure...). Une feuille avec des restes d'anciennes manipulations peut donner une zone trop grande (cellules inutilisées très à droite ou bien plus bas que la zone). Donc veillez à la « propreté » de la feuille. Si vous souhaitez un formatage particulier pour les résultats, utilisez des styles de cellules dans cette zone car la méthode n'en tient pas compte.

Trouver les cellules vides

Une feuille Calc contient une table avec plusieurs colonnes. On ne connaît pas exactement le nombre de lignes utiles, mais on sait à quelle ligne se trouve l'en-tête de la table, et on sait également qu'une colonne particulière contient toujours des cellules non vides, jusqu'à la fin des données de la table. Dans la même feuille, on a d'autres informations, en dehors de la zone de la table.

Ce codage trouve le rang de ligne correspondant à la première cellule vide dans la colonne, ce qui permet d'en déduire le nombre de lignes de la table. Ici on utilise la colonne A, l'entête est en ligne 1, la table peut s'étendre au maximum jusqu'à la ligne 100.

```
Dim zonesVides As Variant
maZone = maFeuille.getCellRangeByName("A2:A100")
zonesVides = maZone.queryEmptyCells.RangeAddresses
if UBound(zonesVides) < 0 then
  print "aucune zone vide dans la zone"
else
  ' la première zone mémorisée correspond au balayage de haut en bas
  y = zonesVides(0).StartRow
  print "Vide à partir de la ligne " & y+1
end if
```

La méthode `queryEmptyCells` de la zone de cellules (ici une colonne) recherche les cellules vides et renvoie un objet dont nous utilisons la pseudo-propriété `RangeAddresses`. Celle-ci renvoie un tableau de structures `CellRangeAddress`. Nous avons vu cette structure dans l'introduction aux zones de cellules. Si l'index maximal est négatif, il n'y a aucune cellule vide ; sinon, la première zone de cellules vides rencontrée est à l'index zéro. L'élément `StartRow` de la structure nous renseigne sur la ligne de début de cette zone.

On pourrait énumérer les cellules vides en utilisant la pseudo-propriété `Cells` de la méthode `queryEmptyCells`, comme nous l'avons montré plus haut avec la méthode `queryContentCells`.

Le même principe fonctionne en horizontal pour trouver la première cellule vide sur une zone correspondant à une ligne. Si la zone est un rectangle, on constate que le résultat correspond à un balayage par colonnes, depuis la gauche vers la droite, puis par lignes.

> La méthode `queryEmptyCells` ne considère que les cellules ne contenant ni valeur, ni texte, ni formule. Elle est indifférente au formatage des cellules.

Formule matricielle

Pour appliquer une formule matricielle sur une zone de cellules, on doit utiliser la pseudo-propriété `ArrayFormula` de cette zone (ne pas confondre avec `FormulaArray`). Pour calculer ligne à ligne sur les cellules `G1` à `G5` une expression utilisant les valeurs des cellules `A1` à `A5` et `B1` à `B5`, on écrira ce genre de formule :

```
Dim maFeuille As Object, maZone As Object

maZone = maFeuille.getCellRangeByName("G1:G5")
maZone.ArrayFormula = "=SQRT(A1:A5*A1:A5+B1:B5*B1:B5)"
```

La formule est écrite sous forme de chaîne de caractères, sans les accolades que vous verrez sur le tableur. Si, comme dans cet exemple, vous utilisez une fonction de Calc, celle-ci doit être écrite avec son nom en version anglaise. La feuille `NomsFonctions` du document `Code09-01.ods` liste les correspondances de noms de fonctions. Bizarrement, si vous affichez le contenu de la pseudo-propriété `ArrayFormula`, vous obtiendrez une formule localisée !

Pour chaque cellule de la formule matricielle, la pseudo-propriété `Formula` contient la formule anglaise avec accolades, et la propriété `FormulaLocal` contient la formule localisée, avec accolades.

Fonctions mathématiques sur une zone de cellules

L'API OpenOffice.org offre une série de fonctions courantes qui s'appliquent à une zone de cellules et renvoient un résultat numérique de type `Double`. Il suffit d'utiliser la méthode `computeFunction` de l'objet zone de cellules, en donnant en argument une constante nommée (tableau 9-18) qui précise la fonction. Ces constantes sont de la forme :

```
com.sun.star.sheet.GeneralFunction.MAX
```

Tableau 9–18 Fonctions mathématiques de zone de cellules

Constante	Signification
NONE	Aucun calcul n'est effectué.
AUTO	Si tous les contenus sont numériques la fonction SUM est appliquée, sinon la fonction COUNT est appliquée.
SUM	Somme de tous les contenus numériques.
COUNT	Le nombre de tous les contenus, numériques ou non.
AVERAGE	Moyenne de tous les contenus numériques.
MAX	Valeur maximale de tous les contenus numériques.
MIN	Valeur minimale de tous les contenus numériques.
PRODUCT	Produit de tous les contenus numériques.
COUNTNUMS	Nombre des contenus numériques.
STDEV	Déviation standard basée sur un échantillon.
STDEVP	Déviation standard basée sur la population entière.
VAR	Variance calculée sur un échantillon.
VARP	Variance calculées sur la population entière.

L'utilisation est très simple :

```
rem Code09-03.ods    bibli : Fonctions Module4
Option Explicit

Sub FonctionAPIdeZone()
Dim monDocument As Object, lesFeuilles As Object
Dim maFeuille As Object, maZone As Object
Dim fonc As Integer, resu As Double
monDocument = ThisComponent
lesFeuilles = monDocument.Sheets
maFeuille = lesFeuilles.getByName("Fonctions")
maZone = maFeuille.getCellRangeByName("B11:C13")

fonc = com.sun.star.sheet.GeneralFunction.MAX
resu = maZone.computeFunction(fonc)
print "Résultat : " & resu
End Sub
```

Cette méthode s'applique aussi à une seule cellule.

Lire et écrire les données d'un tableau

Il est assez pénible de lire et écrire dans plusieurs cellules successivement. Or dans bien des cas, on doit effectuer des traitements sur toutes les cellules d'une zone.

La propriété DataArray de l'objet zone de cellules permettent de copier les valeurs de la zone vers une variable tableau de Basic, afin d'effectuer divers traitements, puis de recopier les valeurs du tableau vers la zone de cellules.

Comme exemple, nous allons supposer que la feuille 2 contient en colonnes B et C des nombres représentant des années. Pour des raisons historiques, les années du XXe siècle ont d'abord été écrites avec deux chiffres, puis on est passé à quatre chiffres quand on s'est approché de l'an 2000, ce qui fait un tableau incohérent (imaginez le problème avec plusieurs centaines de lignes). Nous allons convertir les dates à deux chiffres en dates du XXe siècle. La macro va utiliser les particularités des variables de type Variant (revoir dans le chapitre 3 les tableaux de tableaux). De plus, l'utilisation de Variant nous donne une solution plus générale car elle pourrait traiter des cellules contenant du texte.

```
rem Code09-03.ods    bibli : Calculs Module1
Option Explicit

Sub ConvertirAnnees2chiffres()
Dim monDocument As Object, lesFeuilles As Object, maFeuille As Object
Dim maZone As Object, lesAns As Variant, uneLigne As Variant
```

```
Dim ligne As Long, colonne As Long
monDocument = ThisComponent
lesFeuilles = monDocument.Sheets
maFeuille = lesFeuilles.getByName("Feuille2")
maZone = maFeuille.getCellRangeByName("B2:C11")

lesAns = maZone.DataArray
for ligne = LBound(lesAns) to UBound(lesAns)
  uneLigne = lesAns(ligne)
  for colonne = LBound(uneLigne) to UBound(uneLigne)
    if uneLigne(colonne) < 100 then
      uneLigne(colonne) = uneLigne(colonne) +1900
    end if
  next colonne
  lesAns(ligne) = uneLigne
next ligne
maZone.DataArray = lesAns
End Sub
```

La variable lesAns reçoit les valeurs des cellules de la zone B2 à C11. Elle est ainsi transformée par l'affectation en un tableau à une dimension dont l'index est le numéro de ligne dans la zone de cellules. Le contenu de chaque élément du tableau Basic est aussi un tableau à une dimension dont l'index est le numéro de colonne dans la zone de cellules. Autrement dit, la variable lesAns est un tableau de tableaux, ce qui est différent d'un simple tableau à deux dimensions. Pour explorer la variable, nous utilisons deux index pour lesquels les fonctions LBound et UBound donnent les valeurs extrêmes, et une variable intermédiaire pour lire et modifier chaque élément du tableau principal.

> La macro ne modifie pas les cellules vides car dans ces cas, la comparaison à la valeur 100 est évaluée à False... ce qui nous arrange bien !

Cette structure à deux boucles imbriquées fonctionne aussi pour une zone réduite à une seule ligne ou une seule colonne. L'emploi de la nouvelle syntaxe d'accès direct dans un tableau de tableaux (voir le chapitre 3) ne simplifierait pas beaucoup le codage.

Recopier uniquement les valeurs et non le format

Le but est de recopier les valeurs d'une zone vers une autre, les zones pouvant, comme ici, être situées sur des feuilles différentes d'un même document Calc. On utilisera de nouveau la propriété DataArray. La macro ci-après fonctionne aussi bien pour des valeurs numériques que texte. Si une cellule source contient une formule, la valeur calculée de la formule est recopiée.

```
Dim lesFeuilles As Object, zone_src As Object, zone_dest As Object
lesFeuilles = ThisComponent.Sheets
zone_src = lesFeuilles(1).getCellRangeByName("C3:D4")
zone_dest = lesFeuilles(0).getCellRangeByName("F10:G11")
zone_dest.DataArray = zone_src.DataArray
```

Déplacer ou recopier des cellules avec références

De manière similaire, la propriété `FormulaArray` permet de transférer les formules d'une zone vers un tableau de tableaux et inversement, ce qui nous permet de recopier les formules. Attention, cette recopie ne modifiera pas les références des formules !

```
zoneCible.FormulaArray = zoneSource.FormulaArray
```

Le principal intérêt d'un tableur est sa faculté à déplacer ou recopier intelligemment des cellules contenant des références à d'autres cellules. Par exemple, si vous déplacez une cellule référencée par une autre, la formule de la deuxième cellule sera modifiée automatiquement pour pointer sur le nouvel emplacement de la première. Si vous copiez la deuxième à un autre emplacement, la copie pointera sur une cellule ayant la même position relative. Si une référence comporte des caractères comme `$A3` ou `A$3` ou `$A$3`, le déplacement ou la copie ne modifient pas l'index préfixé par le dollar.

Attention, les méthodes que nous allons voir ne fonctionnent qu'à l'intérieur d'un même document Calc.

Déplacer une zone de cellules

L'objet feuille expose la méthode `moveRange` qui utilise deux arguments :
1 l'adresse de la cellule qui se trouve au coin haut gauche de la zone d'arrivée,
2 l'adresse de la zone de départ.

La cellule d'arrivée et la zone de départ peuvent se trouver dans la même feuille ou une feuille différente du même document Calc. Bizarrement, le déplacement s'effectue indifféremment en utilisant la méthode `moveRange` de la feuille de départ, de la feuille d'arrivée, ou de toute autre feuille du classeur.

Dans cet exemple et les suivants, nous utiliserons par convention des noms commençant par `c` pour une cellule, `z` pour une zone, `f` pour une feuille.

```
rem Code09-03.ods    bibli : References Module1
Option Explicit

Sub DeplacerZone()
Dim monDocument As Object, lesFeuilles As Object
```

```
Dim fDepart As Object, fArriv As Object
Dim zDepart As Object, cArriv As Object
monDocument = ThisComponent
lesFeuilles = monDocument.Sheets

fDepart = lesFeuilles.getByName("Refs")
zDepart = fDepart.getCellRangeByName("A2:B3")
' les feuilles départ et arrivée peuvent être différentes
fArriv = lesFeuilles.getByName("Arrivée")
cArriv = fArriv.getCellRangeByName("F8")
fArriv.moveRange(cArriv.CellAddress, zDepart.RangeAddress)
End Sub
```

La méthode moveRange déplace aussi le formatage des cellules et modifie les réfé-rences dans les formules.

Recopier une zone de cellules

La recopie s'effectue exactement de la même manière que pour un déplacement, à l'aide de la méthode copyRange, qui utilise les mêmes arguments que moveRange.

Nous ne présenterons qu'une partie de l'exemple, que vous pourrez retrouver dans le Zip téléchargeable :

```
rem Code09-03.ods    bibli : References Module2
Option Explicit

Sub CopierZone()
rem --- tout est identique jusqu'ici --- >
fArriv.copyRange(cArriv.CellAddress, zDepart.RangeAddress)
End Sub
```

Recopier une cellule dans une zone

Comme vous l'avez remarqué, nous ne savons que recopier une zone. Comment copier *une cellule* vers toute une zone, en mettant à jour ses références ?

Dans un premier exemple, nous souhaitons recopier une cellule vers une zone colonne. Nous commençons par copier la cellule dans la première cellule de la zone destinataire. Dans cette opération, la cellule de départ est assimilée à une zone d'une cellule. Puis, nous utilisons la méthode fillAuto de la zone destinataire, qui recopie intelligemment la première cellule sur une colonne, de haut en bas.

```
rem Code09-03.ods    bibli : References Module3
Option Explicit

Sub Copier1CelluleDansZone()
```

```
Dim monDocument As Object, lesFeuilles As Object
Dim fDepart As Object, fArriv As Object
Dim cDepart As Object, cArriv As Object, zArriv As Object
Dim direction As Integer
monDocument = ThisComponent
lesFeuilles = monDocument.Sheets

fDepart = lesFeuilles.getByName("Refs")
cDepart = fDepart.getCellRangeByName("B3")
' commencer par copier une cellule
fArriv = lesFeuilles.getByName("Arrivée")
cArriv = fArriv.getCellRangeByName("C2")
fArriv.copyRange(cArriv.CellAddress, cDepart.RangeAddress)
' multiplier la cellule à l'arrivée
zArriv = fArriv.getCellRangeByName("C2:C32")
direction = com.sun.star.sheet.FillDirection.TO_BOTTOM
zArriv.fillAuto(direction, 1)
End Sub
```

Nous aurions pu recopier d'abord la cellule en bas de la zone, et compléter de bas en haut :

```
direction = com.sun.star.sheet.FillDirection.TO_TOP
```

Pour une zone d'arrivée horizontale, `fillAuto` peut compléter de gauche à droite :

```
direction = com.sun.star.sheet.FillDirection.TO_RIGHT
```

ou de droite à gauche :

```
direction = com.sun.star.sheet.FillDirection.TO_LEFT
```

Le deuxième exemple consiste à recopier une zone horizontale en l'étalant sur une zone rectangulaire. Le principe est identique et `fillAuto` recopiera la zone horizontale, ici en partant du bas.

```
rem Code09-03.ods    bibli : References Module4
Option Explicit

Sub CopierZone1DansZone2()
Dim monDocument As Object, lesFeuilles As Object
Dim fDepart As Object, fArriv As Object
Dim zDepart As Object, cArriv As Object, zArriv As Object
Dim direction As Integer
monDocument = ThisComponent
lesFeuilles = monDocument.Sheets
```

```
fDepart = lesFeuilles.getByName("Refs")
zDepart = fDepart.getCellRangeByName("D13:E13")
' commencer par copier la zone horizontale
fArriv = lesFeuilles.getByName("Arrivée")
cArriv = fArriv.getCellRangeByName("C9")
fArriv.copyRange(cArriv.CellAddress, zDepart.RangeAddress)
' multiplier la zone à l'arrivée, en remontant
zArriv = fArriv.getCellRangeByName("C3:D9")
direction = com.sun.star.sheet.FillDirection.TO_TOP
zArriv.fillAuto(direction, 1)
End Sub
```

La méthode `fillAuto` (et une autre méthode, `fillSeries`) peut remplir des cellules successives avec une suite de valeurs. Ces possibilités sont inutiles pour nous, car il est bien plus simple et plus puissant de créer un tableau Basic et de le remplir avec une boucle, puis de le recopier dans la feuille avec la propriété `DataArray` d'une zone de cellules.

Recopier une formule dans une zone

Lorsque nous avons décrit plus haut les zones nommées, nous avons signalé qu'elles permettent de recopier une formule avec mise à jour de ses références. Si nous voulons recopier intelligemment une formule qui se trouve dans une cellule vers une zone cible, une solution est de définir une zone nommée qui recueille la formule.

L'exemple qui suit suppose, dans la feuille `Refs`, une cellule en `B23` contenant une formule calculée sur d'autres cellules de la colonne. Le but est de recopier cette formule dans les cellules `H33` à `J33`.

```
rem Code09-03.ods    bibli : References Module5
Option Explicit

Sub RecopierFormule()
Dim monDocument As Object, lesFeuilles As Object
Dim maFeuille As Object, maCellule As Object
Dim lesZonesNom As Object, x As Long, cellCible As Object
Const unNom = "x_001h" ' un nom probablement pas utilisé!
monDocument = ThisComponent
lesFeuilles = monDocument.Sheets
lesZonesNom = monDocument.NamedRanges

maFeuille = lesFeuilles.getByName("Refs")
maCellule = maFeuille.getCellRangeByName("B23")
if lesZonesNom.hasByName(unNom) then ' vérifier quand même
  MsgBox("Le nom existe de zone existe déjà",16)
  exit sub
end if
```

```
lesZonesNom.addNewByName(unNom, maCellule.Formula, _
                            maCellule.CellAddress,0)
for x = 7 to 9 ' colonnes H à J
  cellCible = maFeuille.getCellByPosition(x,32) ' ligne 33
  cellCible.Formula = "=" & unNom ' recopie "intelligente"
next
End Sub
```

Il est nécessaire de trouver un nom de zone qui ne soit pas déjà utilisé. La formule recopiée utilisera ce nom, qu'il faudra garder pour qu'elle fonctionne. Nous créons la zone nommée en prenant pour cellule de référence la cellule contenant la formule d'origine. Puis nous recopions la formule dans les cellules cibles.

> Les cellules cibles pourraient se trouver dans une autre feuille, ou même dans un autre document Calc (la zone nommée doit alors être définie dans le document cible).

Le code employé a été choisi pour sa simplicité, au détriment de l'adaptabilité. Vous remarquerez cependant que cette solution est indépendante du contenu de la formule.

Rechercher et remplacer

Les mécanismes de recherche dans un document Calc utilisent un objet « descripteur de recherche » obtenu avec la méthode createSearchDescriptor de l'objet zone de cellules. Ce descripteur comporte plusieurs éléments à remplir avant de lancer la recherche (voir le tableau 9-19). On y retrouve les options de recherche de l'interface utilisateur.

Tableau 9–19 Descripteur de recherche

Élément	Type	Signification
SearchString	String	La chaîne de caractères à rechercher dans la propriété String des cellules.
SearchBackwards	Boolean	True pour faire une recherche à reculons ; par défaut, on recherche dans le sens normal de lecture.
SearchByRow	Boolean	True pour rechercher par lignes. False pour rechercher par colonnes (valeur par défaut).
SearchCaseSensitive	Boolean	True pour distinguer les majuscules des minuscules dans la recherche ; par défaut il n'y a pas de distinction. Quelle que soit la valeur de cette propriété, les caractères accentués sont toujours différenciés des caractères non accentués.
SearchWords	Boolean	True pour rechercher les cellules ne comportant que la chaîne de recherche, sans autre caractère.

Tableau 9–19 Descripteur de recherche (suite)

Élément	Type	Signification
SearchType	Integer	Type de cible de recherche. 0 : rechercher dans les formules et les cellules de valeur fixe 1 : rechercher dans les valeurs fixes ou résultant d'une formule 2 : rechercher dans les commentaires de cellules
SearchRegularExpression	Boolean	True pour faire une recherche avec la méthode des expressions régulières ; par défaut, on recherche une simple égalité de chaînes.
SearchStyles	Boolean	True pour rechercher des cellules d'un style donné par SearchString ; le nom du style est celui affiché par le styliste. Par défaut, on cherche un contenu de cellule.
SearchSimilarity	Boolean	True pour rechercher un texte similaire au texte cherché.
SearchSimilarityRelax	Boolean	True pour essayer toute combinaison des trois critères suivants qui permette de retrouver le texte cherché.
SearchSimilarityRemove	Integer	Nombre de caractères à retrancher pour retrouver le texte cherché.
SearchSimilarityAdd	Integer	Nombre de caractères à ajouter pour retrouver le texte cherché.
SearchSimilarityExchange	Integer	Nombre de caractères à changer pour retrouver le texte cherché.

Rechercher toutes les occurrences

Nous allons utiliser le descripteur de recherche pour trouver toutes les occurrences d'un terme dans les cellules texte de la zone. Chaque cellule trouvée est ensuite mise en exergue avec un arrière-plan coloré. Une zone de cellules expose la fonction findAll qui a pour argument l'objet descripteur de recherche et renvoie un objet conteneur contenant toutes les occurrences trouvées. Leur nombre est disponible dans la propriété Count de l'objet conteneur. Chaque occurrence est soit une cellule, soit une zone de cellules contenant chacune l'information recherchée. On récupère chaque occurrence par la méthode getByIndex du conteneur ; avec OOoBasic, le getByIndex peut être omis, comme si on indexait une variable tableau.

```
rem Code09-04.ods    bibli : Rechercher Module1
Option Explicit

Sub TrouverToutdansUneZone()
Dim monDocument As Object, lesFeuilles As Object
Dim maFeuille As Object, maZone As Object
Dim jeCherche As Object, trouv As Variant, x As Long
monDocument = ThisComponent
lesFeuilles = monDocument.Sheets
maFeuille = lesFeuilles.getByName("Compositeurs")
maZone = maFeuille.getCellRangeByName("A2:C117")
```

```
jeCherche = maZone.createSearchDescriptor
with jeCherche
  .SearchString = "Jean"
  ' rechercher les cellules contenant au moins ce texte
  .SearchWords = false
end with
trouv = maZone.findAll(jeCherche)
print "Nombre d'occurrences : " & trouv.Count
for x = 0 to trouv.Count -1
  trouv(x).CellBackColor = RGB(255,200,255)
  MsgBox(trouv(x).AbsoluteName)
next
End Sub
```

La structure Basic `With ... End With` évite de répéter le nom de la variable descripteur sur plusieurs lignes. Sans elle, on écrirait :

```
jeCherche.SearchString = "Jean"
jeCherche.SearchWords = true
```

Vous remarquerez avec l'exemple du document de l'archive Zip téléchargeable que la recherche de « Jean » donne quatre zones, la deuxième étant deux cellules contiguës : l'API renvoie le nombre minimal de zones. La fonction Tout rechercher dans l'interface utilisateur donne les mêmes résultats. La méthode findAll n'est simple que pour effectuer un traitement global sur les zones obtenues.

Rechercher successivement

Un autre moyen de recherche consiste à trouver la première occurrence avec la méthode findFirst de l'objet zone de cellules, puis à rechercher les occurrences suivantes avec la méthode findNext jusqu'à échec de la recherche. On ne peut pas connaître immédiatement le nombre total d'occurrences, mais on obtiendra successivement chacune des cellules.

```
rem Code09-04.ods    bibli : Rechercher Module2
Option Explicit

Sub TrouverToutsuccessivement()
Dim monDocument As Object, lesFeuilles As Object
Dim maFeuille As Object, maZone As Object
Dim jeCherche As Object, trouv As Variant
monDocument = ThisComponent
lesFeuilles = monDocument.Sheets
maFeuille = lesFeuilles.getByName("Compositeurs")
maZone = maFeuille.getCellRangeByName("A2:C117")
```

```
jeCherche = maZone.createSearchDescriptor
with jeCherche
  .SearchString = "Jean"
  ' rechercher les cellules contenant au moins ce texte
  .SearchWords = false
end with
trouv = maZone.findFirst(jeCherche)
Do Until isNull(trouv)
  trouv.CellBackColor = RGB(255,200,255)
  MsgBox(trouv.AbsoluteName)
  trouv = maZone.findNext(trouv, jeCherche)
Loop
End Sub
```

Si la recherche ne trouve rien, l'objet posTrouve reçoit la valeur Null et la boucle n'est pas exécutée. Si elle trouve, posTrouve est alors un objet cellule. La recherche est relancée par findNext, qui utilise en premier argument l'objet cellule précédemment trouvé.

Il est possible de sélectionner visuellement la zone trouvée, au lieu de changer la couleur de fond :

```
monDocument.CurrentController.Select(posTrouve)
```

Rechercher pour remplacer

Lors d'une recherche progressive, la zone de texte posTrouve sélectionne la cellule trouvée. Nous pourrions alors utiliser cet objet cellule pour analyser le type de contenu de la cellule, ou modifier le contenu ou le format à notre guise. Nous vous laissons faire une telle macro, à titre d'exercice.

Remplacer systématiquement

Dans le cas simple où toutes les occurrences doivent être systématiquement remplacées partout, les objets feuille et zone offrent la fonction replaceAll, qui effectue ce travail et renvoie le nombre de remplacements. Elle utilise un descripteur de remplacement, obtenu avec la méthode createReplaceDescriptor, qui contient tous les éléments du descripteur de recherche et ajoute ReplaceString, de type String, qui contient la chaîne de caractères à mettre à la place de celle qu'on recherche.

```
rem Code09-04.ods   bibli : Remplacer Module1
Option Explicit

Sub RemplacerPartoutdans1Zone()
Dim monDocument As Object, lesFeuilles As Object
Dim maFeuille As Object, maZone As Object
```

```
Dim jeCherche As Object, nbrFois As Long
monDocument = ThisComponent
lesFeuilles = monDocument.Sheets
maFeuille = lesFeuilles.getByName("Compositeurs")
maZone = maFeuille.getCellRangeByName("A2:C117")
jeCherche = maZone.createReplaceDescriptor
with jeCherche
   .SearchString = "Johann"
   .ReplaceString = "Théodule"
   ' rechercher les cellules contenant au moins ce texte
   .SearchWords = false
end with
nbrFois = maZone.replaceAll(jeCherche)
print "Nombre de remplacements : " & nbrFois
End Sub
```

La macro suivante modifie toutes les cellules de style Titre1 d'une feuille pour leur affecter un autre style Résultat2.

```
rem Code09-04.ods    bibli : Remplacer Module2
Option Explicit

Sub RemplacerStylePartoutdans1Feuille()
Dim monDocument As Object, lesFeuilles As Object
Dim maFeuille As Object
Dim jeCherche As Object
monDocument = ThisComponent
lesFeuilles = monDocument.Sheets
maFeuille = lesFeuilles.getByName("Compositeurs")
jeCherche = maFeuille.createReplaceDescriptor
with jeCherche
   .SearchString = "Titre1"
   .ReplaceString = "Résultat2"
   .SearchStyles = true
end with
maFeuille.replaceAll(jeCherche)
End Sub
```

Dans une modification de styles, le nombre de remplacements n'est pas fourni par replaceAll.

Trier une zone

Un objet zone de cellules fournit une méthode de tri (en anglais *Sort*). Nous allons effectuer un tri sur la première colonne du tableau de la feuille Compositeurs. Voici l'ensemble du code, que nous expliquerons progressivement.

```
rem Code09-03.ods    bibli : Calculs Module2
Option Explicit

Sub Trier1Colonne()
Dim monDocument As Object, lesFeuilles As Object
Dim maFeuille As Object, maZone As Object
Dim ConfigTri(0) As New com.sun.star.table.TableSortField
Dim DescrTri As Variant
monDocument = ThisComponent
lesFeuilles = monDocument.Sheets
maFeuille = lesFeuilles.getByName("Compositeurs")
maZone = maFeuille.getCellRangeByName("A1:D118")

With ConfigTri(0)
  .Field = 0 ' colonne A = "Nom, Prénom"
  .IsAscending = true
End With

DescrTri = maZone.createSortDescriptor
setPropVal(DescrTri, "SortFields", ConfigTri())
setPropVal(DescrTri, "IsSortColumns", false)
setPropVal(DescrTri, "CopyOutputData", false)
setPropVal(DescrTri, "IsUserListEnabled", false)
setPropVal(DescrTri, "BindFormatsToContent", false)
setPropVal(DescrTri, "ContainsHeader", true)
maZone.Sort(DescrTri())
End Sub
```

Nous définissons la zone de tri dans le tableau en incluant la première ligne qui contient les en-têtes de colonnes. On aurait pu l'exclure.

La méthode de tri a besoin d'un descripteur de tri, obtenu par la méthode createSortDescriptor, qui précise les conditions globales de tri. Parmi celles-ci, nous trouvons l'élément SortFields, qui contient un tableau (au sens d'une variable Basic) de descripteurs, un par colonne à trier. Nous allons maintenant décrire chaque descripteur.

Un descripteur de tri par colonne est une structure com.sun.star.table. TableSortField composée des éléments détaillés dans le tableau 9-20.

Tableau 9–20 Descripteur de tri par colonne

Élément	Type	Signification
Field	Long	Rang de la colonne dans la zone de cellules ; valeur 0 pour la première colonne.
IsAscending	Boolean	True pour un tri par ordre croissant.
IsCaseSensitive	Boolean	True pour tenir compte de la casse des caractères.
FieldType	Integer	Type du champ (non utilisé).

Tableau 9–20 Descripteur de tri par colonne (suite)

Élément	Type	Signification
CollatorLocale	Object	Langue utilisée pour les fonctions dépendant de la localisation. Voir la notion de Locale dans le chapitre 7.
CollatorAlgorithm	String	Méthode de tri.

L'élément `FieldType` n'est pas utilisé car chaque cellule de tableur indique le type de donnée qu'elle contient. Le tri croissant place les cellules numériques avant les cellules de texte.

L'élément `CollatorLocale` est lui-même une structure `Locale`. Pour les cas courants (français, anglais, espagnol, allemand...) il n'est pas nécessaire de le remplir. De même, `CollatorAlgorithm` peut être omis car il n'y a actuellement pas de choix possible (la seule valeur possible est `alphanumeric`).

Le descripteur global de tri est obtenu avec la méthode `createSortDescriptor` de l'objet `maZone`. Ce descripteur est un tableau (`Array`) de structures `PropertyValue`. Chacune de celles-ci comporte un nom et une valeur. Le tableau 9-21 liste ces propriétés. Les noms sont initialisés par `createSortDescriptor`, mais l'ordre des propriétés dans le tableau de structures dépend de l'implémentation. La routine utilitaire `setPropVal` recherche la propriété d'un nom donné et lui affecte la valeur qui est en argument. Cette routine, empruntée à l'annexe B, est recopiée dans la bibliothèque `Standard`, module `Utilitaires`, de notre document.

Tableau 9–21 Descripteur global de tri

Élément	Type	Signification
IsSortColumns	Boolean	`False` pour trier par colonne (intervertir les lignes). Valeur par défaut. `True` pour trier par lignes (intervertir les colonnes).
SortFields	Array(Object)	Tableau des descripteurs de tri par colonne.
ContainsHeader	Boolean	`True` si la zone contient les en-têtes de colonne.
BindFormatsToContent	Boolean	`True` pour déplacer les formats de cellules avec les cellules. Valeur par défaut.
MaxFieldCount	Long	En lecture seule, nombre maximal de colonnes à trier, valeur actuelle = 3.
CopyOutputData	Boolean	`True` pour mettre le résultat trié dans une autre zone. Valeur par défaut : `False`.
OutputPosition	Object	Position de la première cellule de la zone à utiliser pour le résultat.
IsUserListEnabled	Boolean	`True` pour utiliser une liste de tri particulière. Valeur par défaut : `False`.
UserListIndex	Long	Précise la liste de tri utilisée.

Affectez une valeur à chacun des indicateurs booléens du descripteur global, car ils ne sont pas tous initialisés à False.

L'élément IsSortColumns, au nom particulièrement mal choisi, indique si on trie par colonne (notre cas, le cas courant), ou si on trie des lignes (dans ce cas, le tableau aura des en-têtes de lignes et tout se passe comme si on avait tourné le tableau de 90 degrés). Nous continuons sur notre exemple de tri de colonnes, sachant qu'il suffit de remplacer le terme « ligne » par « colonne » dans le deuxième cas.

L'élément MaxFieldCount est pour nous une constante. Dans la version actuelle d'OpenOffice.org, on peut trier sur un maximum de 3 colonnes, comme on le verra dans l'exemple suivant.

La position OutputPosition est obtenue avec la propriété CellAddress d'un objet cellule.

Nous ne détaillerons pas le concept de UserListIndex. Les tris utilisateurs forment un tableau de chaînes de caractères, mémorisées dans les propriétés du document.

Une fois le descripteur global de tri initialisé, la table est triée avec la méthode Sort. Si vous exécutez la macro sur le document fourni dans le Zip téléchargeable, vous pourrez voir comment s'effectue le tri avec ou sans prise en compte de la casse. Pour revenir à l'ordre initial de la table, utilisez le bouton Annuler sur la fenêtre Writer, ou exécutez la macro TrierTableParLignes qui est dans le module 3 de la même bibliothèque.

Tri sur plusieurs colonnes

Nous allons maintenant trier le même tableau sur trois colonnes successivement. Nous utiliserons un tableau de trois descripteurs de colonnes, qui sont prises en compte dans le même ordre que ces descripteurs.

```
rem Code09-03.ods    bibli : Calculs Module3
Option Explicit

Sub Trier3Colonnes()
Dim monDocument As Object, lesFeuilles As Object
Dim maFeuille As Object, maZone As Object
Dim ConfigTri(2) As New com.sun.star.table.TableSortField
Dim DescrTri As Variant
monDocument = ThisComponent
lesFeuilles = monDocument.Sheets
maFeuille = lesFeuilles.getByName("Compositeurs")
maZone = maFeuille.getCellRangeByName("A1:D118")

ConfigTri(0).Field = 2 ' colonne C = "Naissance"
ConfigTri(0).IsAscending = true
ConfigTri(1).Field = 3 ' colonne D = "Décès"
```

```
ConfigTri(1).IsAscending = false
ConfigTri(2).Field = 0 ' colonne A = "Nom, Prénom"
ConfigTri(2).IsAscending = true

DescrTri = maZone.createSortDescriptor
setPropVal(DescrTri, "SortFields", ConfigTri())
setPropVal(DescrTri, "IsSortColumns", false)
setPropVal(DescrTri, "CopyOutputData", false)
setPropVal(DescrTri, "IsUserListEnabled", false)
setPropVal(DescrTri, "BindFormatsToContent", false)
setPropVal(DescrTri, "ContainsHeader", true)
maZone.Sort(DescrTri())
End Sub
```

Le tri sur plusieurs colonnes ne prend en compte qu'une seule valeur pour le choix de la casse et pour le choix du `Locale`.

Tris sur plus de trois colonnes

La version 3.1 d'OpenOffice.org apporte une nouveauté dans le mécanisme de tri, qu'il soit fait par l'interface utilisateur ou par programmation : l'algorithme de tri est stable. Ceci veut dire que le tri conserve l'ordre des lignes dont les critères ont des valeurs identiques. Ce n'était pas le cas auparavant. L'intérêt est de pouvoir trier en plusieurs étapes, chacune effectuant un tri sur une à trois colonnes. On doit d'abord trier les colonnes « de poids faible », puis les colonnes de poids plus important, etc. Le document de l'archive Zip téléchargeable comporte dans le `Module4` un exemple de tri sur 6 colonnes, chacune triée par valeurs croissantes, l'importance des colonnes étant décroissante de la colonne A à la colonne F. La table de la feuille `Tri6` est d'abord triée sur les colonnes D à F, et le résultat trié sur les colonnes A à C. La feuille `Tri6-2` est une copie de sauvegarde, non triée.

> **POUR ALLER PLUS LOIN**
>
> Le tri de tableau est décrit dans la documentation API à l'interface `XSortable` et aux services `SortDescriptor2`, `TableSortDescriptor2` et `SheetSortDescriptor2`. Les tris utilisateurs sont cités dans le service `GlobalSheetSettings`.

Filtrer une zone de cellules

Le mécanisme de filtrage a été amélioré en version 3.2. Ceci a nécessité d'introduire une seconde variante de divers objets de l'API ; le nom des nouveaux objets se termine par le chiffre 2.

Le filtrage standard d'une zone de cellules nécessite un descripteur de filtrage (voir le tableau 9-22) renvoyé par la méthode `createFilterDescriptor` :

```
descrFiltre = maZone.createFilterDescriptor(True)
```

Quand l'argument de `createFilterDescriptor` vaut `True`, on obtient un descripteur vide ; avec un argument `False` le descripteur obtenu contient les valeurs précédemment utilisées pour la zone.

Tableau 9–22 Descripteur de filtrage

Élément	Type	Signification
IsCaseSensitive	Boolean	True pour tenir compte de la casse.
SkipDuplicates	Boolean	True pour ne pas afficher les doublons.
UseRegularExpressions	Boolean	True pour utiliser des expressions régulières.
CopyOutputData	Boolean	True pour copier le résultat du filtre ailleurs dans le document ; le formatage éventuel (par ex: 1re ligne) est aussi recopié.
SaveOutputPosition	Boolean	Valide si CopyOutputData vaut True. True pour mémoriser la position du résultat du filtre. Valeur par défaut : True.
OutputPosition	Object	Adresse de la cellule (com.sun.star.CellAddress) à partir de laquelle le résultat sera inscrit.
ContainsHeader	Boolean	True pour ne pas filtrer la première ligne (ou la première colonne).
Orientation	Integer	Précise si l'opération est effectuée sur les colonnes ou les lignes ; constante nommée, valeurs possibles : com.sun.star.table.TableOrientation.COLUMNS com.sun.star.table.TableOrientation.ROWS
MaxFieldCount	Long	Lecture seule : le nombre maximum de champs de filtrage, actuellement 8.
FilterFields	Object	Ancien tableau de descripteurs de champs à filtrer, obsolète à partir de la version 3.2.
FilterFields2	Object	Tableau de descripteurs de champs à filtrer. Voir le tableau 9-23.

La propriété `FilterFields2` (en réalité les méthodes `setFilterFields2` et `getFilterFields2`) donne accès à un tableau de descripteurs, un par condition de filtrage. Chaque élément du tableau stocké dans `FilterFields2` est une structure `com.sun.star.sheet.TableFilterField2` décrite dans le tableau 9-23.

Tableau 9–23 Descripteur de champ à filtrer

Élément	Type	Signification
Connection	Integer	Lien avec la condition précédente : soit ET, soit OU ; constante nommée. ET : com.sun.star.sheet.FilterConnection.AND OU : com.sun.star.sheet.FilterConnection.OR
Field	Long	Rang du champ concerné, à partir de zéro.
Operator	Integer	Opérateur à appliquer ; constante nommée, voir tableau 9-24.
IsNumeric	Boolean	True si le champ NumericValue est à utiliser. False si le champ StringValue est à utiliser.
NumericValue	Double	Valeur numérique de la condition.
StringValue	String	Chaîne de caractères de la condition.

Dans le champ Operator d'un descripteur de champ on retrouve les différentes conditions offertes avec l'interface utilisateur. On la précise par une constante nommée de la forme :

```
com.sun.star.sheet.FilterOperator2.LESS_EQUAL
```

Dans la liste des conditions du tableau 9-24, les lignes à partir de CONTAINS sont spécifiques à FilterOperator2.

Tableau 9–24 Constantes d'opérateur

Constante	Signification
EMPTY	Vide.
NOT_EMPTY	Non vide.
EQUAL	Égal à.
NOT_EQUAL	Différent de.
GREATER	Supérieur à.
GREATER_EQUAL	Supérieur ou égal à.
LESS	Inférieur.
LESS_EQUAL	Inférieur ou égal à.
TOP_VALUES	Les n plus grandes valeurs (n = champ NumericValue).
TOP_PERCENT	Les n pour cent plus grandes valeurs (n = champ NumericValue).
BOTTOM_VALUES	Les n plus petites valeurs (n = champ NumericValue).
BOTTOM_PERCENT	Les n pour cent plus petites valeurs (n = champ NumericValue).
CONTAINS	Contient.
DOES_NOT_CONTAIN	Ne contient pas.

Tableau 9–24 Constantes d'opérateur (suite)

Constante	Signification
BEGINS_WITH	Commence par.
DOES_NOT_BEGIN_WITH	Ne commence pas par.
ENDS_WITH	Finit par.
DOES_NOT_END_WITH	Ne finit pas par.

Le mécanisme de filtrage est celui appelé Filtrage spécial dans l'interface utilisateur. Le champ Operator de chaque descripteur de champ relie les descripteurs ainsi :

```
(descr1 AND descr2 AND descr3) OR (descr4 AND descr5) OR (descr6) OR etc...
```

Passons maintenant à la pratique ! Nous allons filtrer dans la feuille Compositeurs ceux qui sont né avant 1760 et décédés après 1800, ou qui sont nés au moins en 1630 et décédés avant 1700. Le résultat du filtrage sera copié dans la feuille Resultats à partir de la position D10.

```
rem Code09-04.ods    bibli : Filtrer Module1
Option Explicit

Sub filtrerZone()
Dim monDocument As Object, lesFeuilles As Object
Dim maFeuille As Object, maZone As Object
Dim monFiltre As Object, feuilleResu As Object, pointResu As Object

Dim champsFiltre(3) As New com.sun.star.sheet.TableFilterField2
With champsFiltre(0)
  .Field = 1 ' colonne B : année de naissance
  .Operator = com.sun.star.sheet.FilterOperator2.LESS
  .IsNumeric = True
  .NumericValue = 1760
End With
With champsFiltre(1)
  .Connection = com.sun.star.sheet.FilterConnection.AND
  .Field = 2 ' colonne C : année de décès
  .Operator = com.sun.star.sheet.FilterOperator2.GREATER
  .IsNumeric = True
  .NumericValue = 1800
End With
With champsFiltre(2)
  .Connection = com.sun.star.sheet.FilterConnection.OR
  .Field = 2 ' colonne C : année de décès
  .Operator = com.sun.star.sheet.FilterOperator2.LESS
  .IsNumeric = True
  .NumericValue = 1700
```

```
End With
With champsFiltre(3)
   .Connection = com.sun.star.sheet.FilterConnection.AND
   .Field = 1 ' colonne B : année de naissance
   .Operator = com.sun.star.sheet.FilterOperator2.GREATER_EQUAL
   .IsNumeric = True
   .NumericValue = 1630
End With

monDocument = ThisComponent
lesFeuilles = monDocument.Sheets
maFeuille = lesFeuilles.getByName("Compositeurs")
maZone = maFeuille.getCellRangeByName("A1:C117")
monFiltre = maZone.createFilterDescriptor(True)
With monFiltre
   .CopyOutputData = True ' essayer aussi : False
   .ContainsHeader = True
   .Orientation = com.sun.star.table.TableOrientation.COLUMNS
   feuilleResu = lesFeuilles.getByName("Resultats")
   pointResu = feuilleResu.getCellRangeByName("D10")
   .OutputPosition = pointResu.CellAddress
   .FilterFields2 = champsFiltre()
End With
maZone.filter(monFiltre)
End Sub
```

Nous commençons par déclarer le tableau de descripteurs de champs et à remplir chacun d'eux. La propriété Connection n'est pas significative pour le premier champ. Puis nous définissons la zone de cellules, comprenant l'en-tête, et nous récupérons un descripteur de filtre vierge. Nous remplissons les champs pour lesquels la valeur par défaut ne convient pas. L'ensemble de la variable tableau champsFiltre est transféré à la propriété FilterFields2. Le filtrage est déclenché en utilisant la méthode filter de la zone de cellules, en donnant en argument le descripteur de filtre.

Le résultat apparaît dans la feuille Resultats ; vous constaterez que le formatage de l'en-tête est recopié dans les données résultantes. On pourrait appliquer un autre filtrage sur ce résultat, obtenant une autre table, etc.

Relancez la macro après avoir modifié en False la valeur de la propriété OutputPosition. Le filtrage s'effectue sur la table initiale. Et maintenant, comment supprimer ce filtrage pour retrouver la table complète ? Tout simplement, en filtrant la même zone avec un descripteur vierge :

```
rem Code09-04.ods   bibli : Filtrer Module2
Option Explicit

Sub SupprimerFiltre()
```

```
Dim monDocument As Object, lesFeuilles As Object
Dim maFeuille As Object, maZone As Object, monFiltre As Object

monDocument = ThisComponent
lesFeuilles = monDocument.Sheets
maFeuille = lesFeuilles.getByName("Compositeurs")
maZone = maFeuille.getCellRangeByName("A1:C117")
monFiltre = maZone.createFilterDescriptor(True)
maZone.filter(monFiltre)
End Sub
```

Le filtre élaboré utilise une zone de cellules pour indiquer les critères de filtrage. Les nouveaux critères (CONTAINS, etc.) ne sont pas supportés dans ce type de filtre. Dans le fichier exemple nous avons défini dans la feuille ValFiltre les mêmes critères de filtrage que précédemment.

```
rem Code09-04.ods    bibli : Filtrer Module4
Option Explicit

Sub filtrerZoneSelonTable()
Dim monDocument As Object, lesFeuilles As Object, maFeuille As Object
Dim maZone As Object, fCrit As Object, criteres As Object
Dim monFiltre As Object, feuilleResu As Object, pointResu As Object

monDocument = ThisComponent
lesFeuilles = monDocument.Sheets
fCrit = lesFeuilles.getByName("ValFiltre")
criteres = fCrit.getCellRangeByName("C3:E9")
maFeuille = lesFeuilles.getByName("Compositeurs")
maZone = maFeuille.getCellRangeByName("A1:C117")
monFiltre = criteres.createFilterDescriptorByObject(maZone)
With monFiltre
  .CopyOutputData = True ' essayer aussi : False
  .ContainsHeader = True
  .Orientation = com.sun.star.table.TableOrientation.COLUMNS
  feuilleResu = lesFeuilles.getByName("Resultats")
  pointResu = feuilleResu.getCellRangeByName("D10")
  .OutputPosition = pointResu.CellAddress
End With
maZone.filter(monFiltre)
End Sub
```

Nous utilisons la méthode createFilterDescriptorByObject de la zone contenant les critères pour obtenir un descripteur de filtrage initialisé avec les champs de filtre correspondants, ce qui simplifie un peu le codage mais surtout permet d'utiliser des critères de filtre définis par l'utilisateur sur sa feuille. Vous remarquerez que la zone lue pour les critères peut aller au-delà des lignes remplies, sans conséquence.

Fonctionnalités générales de Calc

Dans cette partie, nous allons aborder d'autres possibilités offertes par un document Calc. Rappelons que l'importation d'un fichier CSV dans une feuille de document Calc est décrite au chapitre 7.

Attendre le chargement complet du document

Depuis la version 3.0 de Calc, la propriété `IsLoaded` de type `Boolean` nous indique la fin du chargement, ce qui peut être utile pour un document assez complexe.

```
Do While not monDocument.IsLoaded
  Wait 100
Loop
```

Activer le calcul des formules

Le calcul des valeurs de cellules est normalement effectué automatiquement après la modification d'une cellule et pour les cellules qui dépendent de celle-là. Dans un document tableur assez complexe, le temps de recalcul des cellules peut être non négligeable et ralentir l'exécution des macros. L'objet document nous donne plusieurs moyens de maîtriser les conditions de recalculs.

Déterminer si le recalcul automatique est actif :

```
if monDocument.isAutomaticCalculationEnabled then
    ' le recalcul automatique est actuellement activé
end if
```

Inhiber, puis activer le recalcul automatique :

```
' inhiber le recalcul automatique
monDocument.enableAutomaticCalculation(false)
'    - - effectuer divers travaux - -
' activer le recalcul automatique
monDocument.enableAutomaticCalculation(true)
```

Recalculer seulement les formules qui ne sont pas à jour :

```
monDocument.calculate
```

Recalculer toutes les formules du tableur :

```
monDocument.calculateAll
```

Utiliser une fonction de Calc

Basic dispose d'un certain nombre de fonctions, mais Calc en possède de nombreuses autres. Dans vos algorithmes de macros, il est inutile de programmer des fonctions qui existent dans Calc : il suffit de les appeler.

Notre premier exemple va calculer le PPCM (Plus Petit Commun Multiple) de plusieurs nombres. Il utilise une petite fonction que nous appellerons de manière très originale : PPCM.

```
rem Code09-03.ods   bibli : Fonctions Module1
Option Explicit

Sub UtiliserFonctionCalc()
Dim params As Variant
params = Array(35,75,1110)
print PPCM(params())
' appel sans utiliser de variable intermédiaire
print PPCM(Array(17, 525, 357, 76, 54))
End Sub


Function PPCM(liste As Variant) As Long
Dim acceder As Object
acceder = CreateUnoService("com.sun.star.sheet.FunctionAccess")
PPCM = acceder.callFunction("LCM", liste)
End Function
```

Notre fonction PPCM obtient un objet lui permettant d'utiliser le service d'accès aux fonctions Calc. La méthode callFunction de ce service appelle une fonction Calc (son nom interne est en premier argument, les arguments de la fonction sont en deuxième argument), puis renvoie le résultat simplement comme résultat de notre fonction.

La routine principale montre deux exemples d'appels. Le premier utilise la fonction Basic Array() pour créer et initialiser facilement un tableau unidimensionnel qui contient les valeurs numériques dont on recherche le PPCM. Ce tableau est ensuite transmis à notre fonction PPCM, qui s'empresse de le transmettre à la fonction Calc.

Le deuxième appel est similaire au premier, mais utilise directement le résultat de la fonction Array sans variable intermédiaire.

De ces appels, il faut retenir que le deuxième argument de callFunction est une liste (un tableau unidimensionnel). Chaque élément de la liste est un argument pour la fonction Calc. Un argument de fonction Calc peut admettre une valeur ou une série de valeurs ; la série de valeurs se traduit en un tableau uni ou bidimensionnel.

> À RETENIR **Utiliser une fonction de Calc**
>
> Vous avez sans doute remarqué que l'exemple n'utilise aucune référence à une feuille ou à un document Calc. Effectivement, il fonctionne aussi bien dans un document Writer, Draw, ou Impress.

Reste un problème : comment connaître le nom interne d'une fonction Calc ? La feuille NomsFonctions du document Code09-01.ods liste les correspondances de noms de fonctions. Vous remarquerez que l'équivalent anglais de certaines fonctions est un nom interne complexe.

Le deuxième exemple montre comment appeler la fonction TAUX.EFFECTIF qui nécessite deux arguments. La variable params est définie comme un tableau unidimensionnel à deux éléments, chacun recevant un argument.

```
rem Code09-03.ods    bibli : Fonctions Module3
Option Explicit

Sub Fonction2Arguments()
Dim acceder As Object, resu As Double
Dim params(1) ' deux arguments à transmettre
acceder = CreateUnoService("com.sun.star.sheet.FunctionAccess")
params(0) = 9.75/100 ' taux nominal
params(1) = 12 ' nombre de paiements annuels
resu = acceder.callFunction("EFFECTIVE", params())
print "Taux effectif : " & Format(resu, "##.##%")
End Sub
```

Créer une nouvelle fonction pour Calc

Si les nombreuses fonctions proposées par Calc ne vous suffisent pas, écrivez une fonction qui réalise ce dont vous avez besoin. Deux méthodes sont possibles :

- Écrire un *add-in*, ce qui permet une parfaite intégration, y compris dans l'assistant de fonctions, mais nécessite un langage capable de créer un composant UNO (C++, Java, Python) et beaucoup de connaissances techniques.
- Écrire la fonction en Basic. Les fonctions dans un autre langage de script ne sont pas utilisables depuis une formule Calc.

Nous allons commencer simplement, avec une fonction qui remplace un nombre à deux chiffres par une année du XXe siècle. Si le nombre est négatif ou supérieur à 2099, on veut déclencher une erreur. La fonction est définie dans la bibliothèque Standard, nous expliquerons pourquoi un peu plus loin.

```
rem Code09-03.ods    bibli : Standard Module1
Option Explicit
```

```
' nouvelle fonction pour Calc
Function Annee2( arg As Long) As Variant
if (arg<0) or (arg>2099) then
  Annee2 = "Année ?"
elseif arg<100 then
  Annee2 = 1900 +arg
else
  Annee2 = arg
end if
End Function
```

La fonction renvoie normalement un nombre, sauf en cas d'argument incorrect où elle renvoie un texte d'erreur. Suivant la formule contenue dans la cellule, soit le texte sera affiché, soit le mélange de texte et de valeur numérique provoquera une erreur. Votre fonction peut comporter plusieurs arguments, comme dans cet exemple qui calcule un volume à partir de trois dimensions :

```
rem Code09-03.ods    bibli : Standard Module2
Option Explicit

' nouvelle fonction pour Calc
Function Volume(x As Double, y As Double, z As Double) As Double
Volume = x *y *z
End Function
```

L'appel de cette fonction se fera par une formule du genre : =Volume(B3;C17;H28). N'oubliez pas que, dans une formule, les arguments d'une fonction sont séparés par un point-virgule, alors que dans la déclaration de fonction Basic ils sont séparés par une virgule.

Enfin, si un argument utilise les valeurs d'une zone de cellules, il apparaît sous la forme d'un tableau à deux dimensions. Ce dernier exemple montre comment obtenir les valeurs successives de la zone de cellules. Il fonctionne pour une zone rectangulaire ou réduite à une dimension.

```
rem Code09-03.ods    bibli : Standard Module3
Option Explicit

' nouvelle fonction pour Calc
Function maSomme(arg As Variant) As Double
Dim colonne As Long, ligne As Long, resu As Double
resu = 0
for ligne = LBound(arg) to UBound(arg)
  for colonne = LBound(arg, 2) to UBound(arg, 2)
    resu = resu + arg(ligne,colonne)
  next colonne
```

```
next ligne
maSomme = resu
End Function
```

Créer une fonction matricielle

Une fonction matricielle effectue des calculs sur une zone de cellules et inscrit le résultat dans la zone de cellules située à l'emplacement de la formule. Voici une fonction matricielle qui ajoute à chaque cellule de la matrice la valeur donnée en deuxième argument.

```
rem Code09-03.ods    bibli : Standard Module4
Option Explicit

Function ajouter(arg As Variant, valeur) As Variant
Dim colonne As Long, ligne As Long
Dim xMin As Long, xMax As Long, yMin As Long, yMax As Long

yMin = LBound(arg, 1)
yMax = UBound(arg, 1)
xMin = LBound(arg, 2)
xMax = UBound(arg, 2)

Dim resultat(yMin to yMax, xMin to Xmax) As Variant
for ligne = yMin to yMax
  for colonne = xMin to xMax
    resultat(ligne, colonne) = arg(ligne, colonne) +valeur
  next colonne
next ligne
ajouter = resultat()
End Function
```

Le premier argument de notre fonction (variable arg) est une zone de cellules, donc elle apparaît en Basic sous forme d'un tableau à deux dimensions. Le résultat de la fonction matricielle sera lui aussi un tableau à deux dimensions, c'est pourquoi nous déclarons ce résultat de type Variant. Les dimensions exactes du tableau sont connues à l'exécution avec les fonctions LBound et UBound. Ceci nous sert à déclarer une variable interne, resultat, comme tableau aux mêmes dimensions. Une fois calculé, ce tableau devient le résultat de la fonction.

Voici comment utiliser cette fonction. Supposons tout d'abord que la zone B2:C5 contienne les données de la matrice. Dans une cellule, par exemple en E10, écrivez la formule =AJOUTER(B2:C5;1000) puis validez-la avec **Ctrl + Maj + Entrée**. La formule s'affiche alors entourée d'accolades et le résultat apparaît dans la zone E10:F13. Si vous souhaitez modifier la formule, sélectionnez d'abord la zone résultat, modifiez-la, puis validez avec **Ctrl + Maj + Entrée**.

Limitations des fonctions pour Calc

Transmission des arguments de la formule

À travers ces exemples vous avez constaté que, lorsqu'une formule Calc transmet une adresse de cellule, par exemple `=Annee2(B17)`, la fonction ne reçoit jamais l'objet cellule mais seulement sa valeur, au contraire des fonctions dans Microsoft Excel. Le seul moyen de récupérer l'objet cellule est de transmettre explicitement en arguments les coordonnées de la cellule. Il en est de même pour une zone de cellules. C'est une différence majeure de comportement avec Excel, et cela complique le portage de fonctions Excel vers Open-Office.org car on peut être obligé de changer la syntaxe d'appel de la fonction.

Que peut-on faire avec une fonction pour Calc ?

Une fonction Calc sert à renvoyer une valeur qui sera utilisée dans la formule de la cellule utilisant cette fonction. La valeur renvoyée est soit un nombre de type `Double`, soit un type `String`, soit un tableau de `Double` ou `String` (fonction matricielle).

Insistons : une fonction Calc *ne sert qu'à* renvoyer une valeur qui sera utilisée dans la formule de la cellule. C'est pourquoi vous ne pouvez pas modifier la cellule en cours (par exemple la colorier) ou modifier une autre cellule : l'API ignore ces actions.

Impact des bibliothèques Basic

Votre fonction Basic doit être accessible par Calc. Cela signifie que la bibliothèque dans laquelle se trouve votre fonction doit être déjà chargée quand les formules sont évaluées ; or l'évaluation des formules d'un document Calc se produit avant le déclenchement de l'événement « chargement du document ». Si vous ne placez pas votre fonction dans la bibliothèque `Standard` de votre document, l'évaluation ne pourra se faire lors du chargement, et toutes les cellules utilisant la fonction produiront une erreur. La même situation peut arriver avec une bibliothèque de **Mes macros**. Pour cette raison, une fonction pour Calc sera habituellement créée dans la bibliothèque `Standard` de **Mes macros** ou dans la bibliothèque `Standard` du document Calc qui l'utilise.

Si vous désirez que votre fonction `XX` soit dans une bibliothèque `BBB`, vous devez créer une autre fonction `YY` dans `Standard` qui se contentera de charger systématiquement la bibliothèque `BBB` puis d'appeler la fonction `XX` en lui transmettant ses arguments, et renvoyer le résultat obtenu par la fonction `XX`. Les formules de Calc appelleront la fonction `YY`. Voici les déclarations d'une telle fonction.

```
' Bibliothèque BBB du document, protégée par un mot de passe
Function Polynome2(x As Double, a As Double, b As Double, c As Double) _
                As Double
Polynome2 = a*x*x + b*x +c
End Function
```

```
' Bibliothèque Standard du document
Function Polynome(x As Double, a As Double, b As Double, c As Double) _
                 As Double
BasicLibraries.loadLibrary("BBB")
Polynome = Polynome2(x, a, b, c)
End Function
```

Exemple d'utilisation dans une cellule Calc : =POLYNOME(B2;A3;A4;B4)

La cellule indique #VALEUR!

La cellule contient une formule faisant appel à une fonction Basic pour Calc. Ce message d'erreur signifie que votre fonction n'a pu être exécutée. Soit votre fonction est dans une bibliothèque autre que Standard, soit vous avez chargé le document Calc par programme et vous avez oublié de transmettre le paramètre MacroExecutionMode dans loadComponentFromURL (voir le chapitre 7).

Insérer un lien hypertexte

Cette macro insère un lien hypertexte dans le texte d'une cellule.

```
rem Code09-09.ods    bibli : Standard Module1
Option Explicit

Sub InsererLienHyperTexte()
Dim monDocument As Object, maFeuille As Object
Dim maCellule As Object, monCurseur As Object
Dim monHyper As Object

monDocument = ThisComponent
maFeuille = monDocument.Sheets.getByName("HyperTexte")
maCellule = maFeuille.getCellRangeByName("B2")
monHyper = monDocument.createInstance("com.sun.star.text.TextField.URL")
monHyper.URL = "http://fr.openoffice.org"
monHyper.Representation = "OpenOffice.org France"
monCurseur = maCellule.createTextCursor
monCurseur.gotoEnd(false)
maCellule.insertTextContent(monCurseur, monHyper, false)
End Sub
```

Les liens vers un autre classeur

Nous ne traitons pas ici des liens hypertextes, mais de ces trois types de liens :
- lier à une feuille d'un autre classeur ;
- lier à une zone de cellules d'un autre classeur ;

- lien DDE (par copier-coller spécial avec lien vers une cellule d'un autre classeur, disponible seulement sous MS-Windows).

Nous verrons que ces liens sont mémorisés dans trois conteneurs du document Calc, respectivement : `SheetLinks`, `AreaLinks`, `DDELinks`. Chaque lien est accessible par la méthode `getByIndex` du conteneur, ou en Basic par une pseudo-indexation du conteneur.

Les exemples complets sont dans l'archive Zip téléchargeable, dans le fichier `Code09-05.ods`. Dans les macros, l'adresse du fichier lié (`SourceLiens.ods`) doit être adaptée à votre système.

Lier à une feuille d'un autre classeur

Quand on lie une feuille d'un classeur A à la feuille d'un classeur B, le contenu existant de la feuille du classeur A sera écrasé. Seul le contenu des cellules est copié, pas les images, dessins, formulaires. Le lien est réalisé par la méthode `link` de la feuille réceptrice. Cet exemple résume le principe :

```
adrAutreDoc = ConvertToURL("C:\Docs OpenOffice\SourceLiens.ods")

Const nomFiltre = ""        ' nom du filtre éventuel
Const optionsFiltre = "" ' options du filtre
Const nomFeuilleSource = "Compositeurs"

' la liaison va écraser le contenu existant de cette feuille !
maFeuille = monCalc.Sheets.getByName("listeCompositeurs")
maFeuille.link(adrAutreDoc, nomFeuilleSource, nomFiltre, optionsFiltre, _
               com.sun.star.sheet.SheetLinkMode.VALUE )
```

Pour lier à une feuille d'un document Calc ou Excel, il n'est pas nécessaire de préciser un filtre, OpenOffice.org se débrouille tout seul. Dans les autres cas, le nom du filtre et ses options éventuelles doivent être spécifiés. Le cas le plus courant est le lien à un document au format CSV ; bien que ce dernier soit un simple fichier texte, après importation il est traité comme un classeur à une seule feuille et on peut donc effectuer un lien vers celle-ci (et il n'est pas besoin de préciser le nom de cette feuille). L'importation de CSV est traitée au chapitre 7.

Le dernier argument de la méthode `link` permet de recopier soit seulement les valeurs des cellules, comme dans l'exemple, soit les valeurs et les formules dans les cellules en utilisant à la place :

```
com.sun.star.sheet.SheetLinkMode.NORMAL
```

Le lien réalisé est mémorisé dans le conteneur SheetLinks du document Calc. Ce conteneur contient un lien pour chaque document externe lié, et un seul lien si le même document est lié pour plusieurs feuilles. On reconnaît le lien à sa propriété URL, qui correspond à l'adresse du document lié.

```
Dim liens As Object, unLien As Object, n as Long
liens = monCalc.SheetLinks
For n = 0 to liens.Count -1
  unLien = liens(n)
  if adrAutreDoc = unLien.URLthen
    MsgBox("Lien trouvé") ' utiliser éventuellement le lien
    Exit For
  end if
Next
```

Lier à une zone d'un autre classeur

Les zones de cellules liées existant dans un classeur sont mémorisées dans le conteneur AreaLinks du classeur. La méthode insertAtPosition de ce conteneur permet de lier une zone de cellules du document récepteur à une zone de cellules dans un autre classeur.

```
adrAutreDoc = ConvertToURL("C:\Docs OpenOffice\SourceLiens.ods")
Const nomFiltre = ""      ' nom du filtre éventuel
Const optionsFiltre = "" ' options du filtre
Const zoneSource = "Refs.A1:B6"
maFeuille = monCalc.Sheets.getByName("zoneExterne")
' cellule d'arrivée, coin haut-gauche de la zone
arrivee = maFeuille.getCellRangeByName("D3").CellAddress
liens = monCalc.AreaLinks
liens.insertAtPosition(arrivee, adrAutreDoc, zoneSource, _
                      nomFiltre, optionsFiltre)
```

La zone source peut être spécifiée par ses coordonnées ou par son nom si c'est une zone nommée. Nos essais avec un lien d'un document CSV n'ont pas permis une importation correcte.

Le lien réalisé, mémorisé dans le conteneur AreaLinks du document Calc, expose une propriété URL qui correspond à l'adresse du document lié, et une propriété DestArea qui contient la zone de destination sous forme d'une structure CellRangeAddress. Il suffit de comparer le coin haut-gauche de la zone de destination avec celui de la zone liée, puisqu'il ne peut être lié qu'à un seul élément externe.

```
Dim unLien As Object, zarriv As Object, n as Long

For n = 0 to liens.Count -1
  unLien = liens(n)
  zarriv = unLien.DestArea
  if (arrivee.Sheet = zarriv.Sheet) and _
     (arrivee.Column = zarriv.StartColumn) and _
     (arrivee.Row = zarriv.StartRow) then
    MsgBox("Lien trouvé") ' utiliser éventuellement le lien
    Exit For
  end if
Next
```

Lier par DDE

Un lien DDE s'effectue par une formule dans la cellule. En fait, il s'agit d'une formule matricielle, car on peut lier les cellules d'une zone aux cellules d'une zone homologue dans le fichier source. Le cas d'une seule cellule est donc une zone à une cellule. Traitons le cas général :

```
Const zoneSource = "Compositeurs.B55:B60"
Const modeDDE = 0 ' valeurs possibles : 0, 1, 2
adrAutreDoc = "C:\Docs OpenOffice\SourceLiens.ods"

maFeuille = monCalc.Sheets.getByName("Sommaire")
maZone = maFeuille.getCellRangeByName("C18:C23")
maZone.ArrayFormula = "=DDE(""soffice"";""" & adrAutreDoc & _
  """;""" & zoneSource & """;" & modeDDE & ")"
```

Remarquez l'adresse du document source : c'est une adresse système MS-Windows et non une URL, car DDE n'existe que pour ce système.

On obtient l'objet zone de cellules destinataires, puis on remplit sa propriété ArrayFormula avec la formule comportant la fonction DDE. Nous avons déjà vu dans la section « Formule matricielle » cette propriété. La fonction DDE comporte quatre arguments, détaillés dans l'aide F1 (cherchez DDE, fonction). La syntaxe Basic impose de doubler les guillemets à l'intérieur d'une chaîne, ce qui complique l'écriture. Le résultat de la macro est un seul lien ajouté dans le conteneur DDELinks, bien qu'il concerne une zone de cellules.

Rafraîchir les liens

Un lien vers une feuille ou vers une zone peut être rafraîchi périodiquement :

```
unLien.RefreshPeriod = 60 ' rafraîchir toutes les 60 secondes
```

La méthode refresh du lien sert à déclencher un rafraîchissement immédiat. Le principe est identique pour les trois types de liens, comme le montre ce codage :

```
Sub MettreAjourTousLiens()
Dim monCalc As Object
monCalc = ThisComponent

MajLiens(monCalc.DDELinks)
MajLiens(monCalc.AreaLinks)
MajLiens(monCalc.SheetLinks)
MsgBox("Mise à jour effectuée")
End Sub

Sub MajLiens(liens As Object)
Dim unLien As Object, n As Long
for n = 0 to liens.Count -1
  unLien = liens(n)
  unLien.refresh
next
End Sub
```

Supprimer les liens

Pour supprimer le lien vers la feuille liée (et conserver la copie des cellules) il faut mettre à NONE le LinkMode de la feuille réceptrice :

```
maFeuille.LinkMode = com.sun.star.sheet.SheetLinkMode.NONE
```

Pour supprimer un lien de zone particulier, on doit d'abord le retrouver dans le conteneur AreaLinks comme indiqué plus haut, puis utiliser la méthode removeByIndex avec l'index obtenu.

Pour supprimer tous les liens de zone, utilisez de manière répétée la méthode removeByIndex pour enlever le premier lien du conteneur :

```
liens = monCalc.AreaLinks
Do While liens.Count > 0
  liens.removeByIndex(0)
Loop
```

Un lien DDE est une formule matricielle. Pour le supprimer en gardant la valeur il faut imposer dans cette cellule la valeur réelle, ce qu'on peut réaliser avec la propriété DataArray, déjà vue dans la recopie d'une tableau de cellules.

```
Dim donnees As Variant
donnees = maZone.DataArray
maZone.DataArray = donnees ' on garde les valeurs
```

La variable intermédiaire donnees est nécessaire pour que les formules soient écrasées. Le même principe peut être utilisé pour un DDE d'une seule cellule.

Utiliser un Listener

Dans le jargon OpenOffice.org, le mécanisme de surveillance de certains événements est appelé *Listener*, il est décrit au chapitre 14. Nous allons présenter ici quelques applications.

Surveiller la modification d'une cellule

Le principe est de « mettre sur écoute » toute modification du contenu d'une cellule. Dans le document Code09-10.ods nous appliquons un écouteur de modification sur la cellule C5 Feuille2, et sur la cellule B7 Feuille3. Initialement, la cellule B7 dépend de la cellule D5 de la même feuille, et de la cellule B5 Feuille2.

```
rem Code09-10.ods    bibli : Ecouter Module1
Option Explicit

Global ecouteurCellule As Object
Global cellule1 As Object, cellule2 As Object

Sub lancerEcouteCellules
Dim feuilles As Object, feuilleCellule As Object
feuilles = ThisComponent.Sheets

ecouteurCellule = CreateUnoListener( "MC_", _
                  "com.sun.star.util.XModifyListener" )

feuilleCellule = feuilles.getByName("Feuille2")
cellule1 = feuilleCellule.getCellRangeByName("C5")
cellule1.addModifyListener(ecouteurCellule)
feuilleCellule = feuilles.getByName("Feuille3")
cellule2 = feuilleCellule.getCellRangeByName("B7")
cellule2.addModifyListener(ecouteurCellule)
MsgBox "Cellules C5 et B7 sur écoute !"
End Sub

Sub arreterEcouteCellule1
cellule1.removeModifyListener(ecouteurCellule)
MsgBox("Fin d'écoute de la cellule C5 !" )
End Sub

Sub arreterEcouteCellule2
cellule2.removeModifyListener(ecouteurCellule)
MsgBox("Fin d'écoute de la cellule B7 !" )
End Sub
```

```
' détection d'une modification de contenu
Sub MC_modified(evt As Object)
Dim laCellule As Object
laCellule = evt.Source
MsgBox("Cellule : " & laCellule.AbsoluteName & chr(13) & _
       "Valeur : " & laCellule.Value & chr(13) & _
       "Texte : "  & laCellule.String & chr(13) & _
       "Formule : " & laCellule.FormulaLocal)
End Sub


Sub MC_disposing(evt As Object)
' routine obligatoire, même vide !
End Sub
```

Nous devons déclarer en Global l'objet écouteur et chaque objet cellule, car ils seront utilisés dans des macros lancées séparément, donc ils doivent persister entre deux macros. La routine Basic CreateUnoListener sert à obtenir un écouteur d'interface XModifyListener ; le premier argument précise le préfixe qui sera utilisé pour les routines d'événement ; nous avons choisi MC_. La méthode addModifyListener d'une cellule sert à lui affecter l'écouteur ; la déconnexion de l'écouteur se fait par la méthode removeModifyListener.

La routine MC_modified est déclenchée sur l'événement de modification, la source de l'événement est l'objet cellule concerné. La routine MC_disposing est obligatoire car éventuellement déclenchée par l'API lors de la libération de l'écouteur.

Laisser l'utilisateur sélectionner une zone de cellules

Dans l'assistant de fonctions Calc, ou dans la constitution d'un diagramme, l'interface utilisateur utilise une petite fenêtre spéciale pour permettre à l'utilisateur de sélectionner une zone (figure 9-1).

Figure 9–1
Fenêtre de sélection de zone

On peut reproduire ceci en Basic, grâce à l'interface XRangeSelectionListener, obtenue via le contrôleur actuel du document. Un tableau de PropertyValue (voir tableau 9-25) précise la manière dont la sélection s'effectuera.

Tableau 9–25 Options pour la sélection

Propriété	Type	Signification
Title	String	Titre de la fenêtre, complété à l'affichage par le texte «: Plage».

Tableau 9–25 Options pour la sélection (suite)

Propriété	Type	Signification
InitialValue	String	Zone proposée au départ. Écrire cette adresse de zone en absolu car toute zone sélectionnée sera renvoyée en adressage absolu.
SingleCellMode	Boolean	True pour n'autoriser que la sélection d'une seule cellule. False pour autoriser la sélection d'une seule zone de cellules.
CloseOnMouseRelease	Boolean	True : la sélection est prise en compte au relâchement du bouton de souris. False : la sélection est prise en compte en cliquant le bouton «Réduire».

Dans l'exemple de démonstration le *Listener* est mis en place, les options sont remplies puis le mécanisme lancé par la méthode startRangeSelection. La macro entre alors dans une boucle d'attente exécutée 10 fois par seconde dont elle sort lorsqu'une variable commune a été modifiée par un des gestionnaires d'événements, ou au bout d'un certain temps ; le *Listener* est alors supprimé. On distingue un événement aborted (annulation, l'utilisateur a cliqué sur le X de la fenêtre), et un événement done (l'utilisateur a cliqué sur le bouton Réduire de la fenêtre). Dans ce dernier cas, on récupère les coordonnées de la zone sous forme de chaîne de caractères. Si nécessaire, on peut obtenir l'objet zone de cellules à partir de cette adresse textuelle, en extrayant la feuille et les coordonnées de cellule. La méthode abortRangeSelection permet d'annuler à tout moment l'attente d'action utilisateur ; ici nous l'employons quand un certain délai s'est écoulé.

```
rem Code09-10.ods    bibli : Ecouter Module2
Option Explicit

Private selectionFinie As Boolean, laSelection As String

Sub laisserUtilisateurChoisirZone()
Dim props(3) As new com.sun.star.beans.PropertyValue
Dim monCalc As Object, calcControle As Object
Dim surveilleZone As Object, t As long
Const tMax = 20000 ' millisecondes

monCalc = ThisComponent
calcControle = monCalc.CurrentController
surveilleZone = createUnoListener("noterZone_", _
    "com.sun.star.sheet.XRangeSelectionListener")
selectionFinie = False
laSelection = ""
t = 0
calcControle.addRangeSelectionListener(surveilleZone)
props(0).Name = "Title"
props(0).Value = "Premier argument " ' sera complété par ": Plage"
props(1).Name = "CloseOnMouseRelease"
```

```
props(1).Value = False
props(2).Name = "InitialValue"
props(2).Value = "$Feuille2.$B$5:$D$7"
props(3).Name = "SingleCellMode"
props(3).Value = False
calcControle.startRangeSelection(props())
Do ' attendre l'action utilisateur
  wait 100
  t = t +100
  if t > tMax then calcControle.abortRangeSelection
Loop Until selectionFinie
calcControle.removeRangeSelectionListener(surveilleZone)
if Len(laSelection) > 0 then
  MsgBox("Zone sélectionnée : " & laSelection)
elseif t <= TMax then
  MsgBox("Vous avez annulé la sélection", 64)
else
  MsgBox("Vous avez dépassé le temps autorisé", 64)
end if
End Sub


Sub noterZone_done(evt As Object)
laSelection = evt.RangeDescriptor
selectionFinie = True ' pour sortir de la boucle d'attente
End Sub

Sub noterZone_aborted(evt As Object)
selectionFinie = True ' pour sortir de la boucle d'attente
End Sub


Sub noterZone_disposing(evt As Object)
' routine obligatoire, même vide !
End Sub
```

Le contrôleur courant donne aussi accès à l'interface suivante XRangeSelectionChangeListener, qui permet de gérer l'événement de changement de sélection afin de traiter plusieurs zones.

Autres surveillances

Il est possible de surveiller la feuille courante ou les changements de sélection à partir du contrôleur en cours. Mais certaines manipulations de l'utilisateur, notamment le passage en mode Aperçu d'impression, entraînent des changements sur le contrôleur qui font perdre le *Listener* et peuvent provoquer un plantage d'OpenOffice. Le sujet est très complexe et nous n'avons pas vu de solution sûre (voir le message http://www.openoffice.org/servlets/ReadMsg?list=dev&msgNo=21148).

Contrôles de formulaires liés à Calc

Certains contrôles de formulaires peuvent modifier une cellule de Calc, ou dépendre d'une cellule de Calc. Reportez-vous au chapitre 13 pour plus d'information.

Imprimer

Le mécanisme général d'impression est décrit au chapitre 7. Nous traiterons ici des particularités de Calc.

Pour une meilleure mise en page on peut forcer des sauts de pages à certaines lignes et colonnes. Il suffit de mettre à True la propriété IsStartOfNewPage de la ligne ou de la colonne (voir la section « Lignes et colonnes »).

Il n'existe pas d'option d'impression pour ne pas imprimer les pages vierges, ni pour imprimer toutes les pages ou seulement les pages sélectionnées. Cependant, ces paramètres existent au niveau de la configuration de Calc (détaillée plus loin dans ce chapitre, section « Configuration de Calc ») : ce sont respectivement PrintEmptyPages et PrintAllSheets. Il suffit donc de changer le paramètre avant l'instruction d'impression et remettre la valeur initiale après. Par exemple :

```
Dim sv As Object, pEp As Boolean
sv = CreateUnoService("com.sun.star.sheet.GlobalSheetSettings")
pEp = sv.PrintEmptyPages
sv.PrintEmptyPages = False ' ne pas imprimer les feuilles vides
monDocument.Print(Props())
sv.PrintEmptyPages = pEp ' remettre la valeur initiale
```

Zones d'impression

Les zones à imprimer (interface utilisateur Format>Zones d'impression) sont définies au niveau d'une feuille dans la propriété PrintAreas. Elle reçoit un tableau de coordonnées de zones d'impression. Ces coordonnées sont obtenues avec la propriété RangeAddress de chaque zone. L'impression se fera à raison d'une page (au moins) par zone.

```
rem Code07-02.ods    bibli : Imprimer Module4
Option Explicit

Sub ImprimerZones()
Dim monDocument As Object, lesFeuilles As Object
Dim maFeuille As Object, maZone As Object
Dim Props() As New com.sun.star.beans.PropertyValue
Dim adrZones(1) As New com.sun.star.table.CellRangeAddress
```

```
monDocument = ThisComponent
lesFeuilles = monDocument.Sheets
maFeuille = lesFeuilles.getByName("Météo")

maZone = maFeuille.getCellRangeByName("B4:E6")
adrZones(0) = maZone.RangeAddress
maZone = maFeuille.getCellRangeByName("G6:K8")
adrZones(1) = maZone.RangeAddress

maFeuille.PrintAreas = adrZones()
if MsgBox("Imprimer ?", 36) = 6 then
  ' Props() est vide, pas d'option particulière
  monDocument.Print(Props()) ' une page par zone
end if
End Sub
```

Les zones d'impression sont visibles avec le menu Format>Zones d'impression>Éditer...
La lecture de la propriété PrintAreas donne un tableau de coordonnées de zones
d'impression.

Répéter les en-têtes

Le tableau 9-26 liste les propriétés de la feuille qui gouvernent l'impression des
en-têtes sur les pages successives. Comme ce sont des propriétés de feuille, on ne doit
alors imprimer qu'une seule zone dans la feuille.

Tableau 9–26 Options d'impression

Propriété	Type	Signification
PrintTitleColumns	Boolean	True si l'en-tête des colonnes est imprimé sur chaque page.
TitleColumns	Object	Coordonnées de la zone d'en-tête des colonnes.
PrintTitleRows	Boolean	True si l'en-tête des lignes est imprimé sur chaque page.
TitleRows	Object	Coordonnées de la zone d'en-tête des lignes.

Pour répéter l'impression de l'en-tête des colonnes, il suffit d'ajouter des instructions
comme :

```
maZone = maFeuille.getCellRangeByName("B4:E4")
maFeuille.TitleColumns = maZone.RangeAddress
maFeuille.PrintTitleColumns = True
```

Les diagrammes

La grande richesse des diagrammes est bien représentée par l'interface utilisateur, tant par l'outil AutoFormat de diagramme que par les multiples et parfois complexes possibilités de modifications manuelles. S'il est possible d'insérer par macro un diagramme dans une feuille de tableur, ajuster tous les paramètres nécessaires représente une tâche considérable et peu productive. Il est bien plus simple d'utiliser un document existant (ou un modèle) dans lequel les diagrammes ont été créés avec l'interface utilisateur.

Obtenir un diagramme existant

Chaque feuille d'un document Calc peut contenir plusieurs diagrammes. La collection des diagrammes d'une feuille est exposée par l'objet Charts inclus dans celle-ci. Chaque diagramme possède un nom, qui n'est pas accessible à l'utilisateur, et un objet inclus, embeddedObject, qui contient les caractéristiques du diagramme en tant que dessin.

Un diagramme est en effet un dessin. Or, chaque page de Calc contient une page de dessin, Drawpage, qui est la collection des dessins de la feuille. Chaque dessin possède un nom, modifiable par l'utilisateur : dans le cas d'un diagramme, le sélectionner, faire un clic droit et choisir Nommer l'objet... Un dessin de diagramme supporte le service OLE2shape et expose l'objet Model qui n'est autre que l'objet inclus déjà vu. La figure 9-2 résume ces relations.

Figure 9–2
Les diagrammes dans Calc

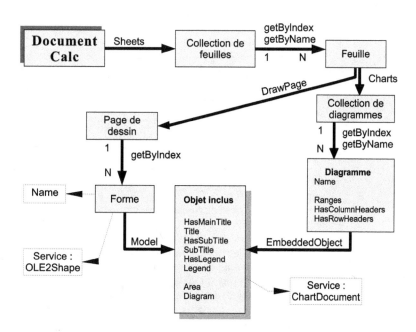

Il existe plusieurs moyens d'accéder à l'objet inclus. Si vous êtes certain qu'il n'existe qu'un seul diagramme dans la feuille, cette instruction suffit :

```
Dim monDiag As Object
monDiag = maFeuille.Charts(0).EmbeddedObject
```

La collection `Charts` donne accès à un de ses diagrammes avec la méthode `getByIndex` ; avec OOoBasic une simple indexation suffit. Le nombre de diagrammes dans la collection est fourni par la propriété `Count` de l'objet `Charts`.

Si la feuille peut comporter plusieurs diagrammes, il est risqué de se fier à l'index, car le rang du diagramme dépend de l'ordre de création. On peut éventuellement explorer chaque diagramme en recherchant un nom significatif de titre ou sous-titre. Si vous connaissez le nom interne, l'objet est accessible ainsi :

```
Dim monDiag As Object
monDiag = maFeuille.Charts.getByName("Nom_xxx").embeddedObject
```

En réalité, il est peu probable que vous connaissiez le nom interne. En revanche, vous avez toute latitude de nommer chacun de vos diagrammes avec l'interface utilisateur. Nous allons retrouver l'objet diagramme à partir de ce nom, grâce à la routine utilitaire `FindObjectByName` décrite à l'annexe B. Le document de l'archive Zip téléchargeable comporte un diagramme nommé `CapaDD` dans la feuille `DiagLine`.

```
rem Code09-08.ods    bibli : Diagrammes Module1
Option Explicit

Sub RetrouverDiagramme()
Dim monDocument As Object, lesFeuilles As Object, maFeuille As Object
Dim forme As Object, diag1 As Object, diag2 As Object, x As Long
monDocument = thisComponent
lesFeuilles = monDocument.Sheets
maFeuille = lesFeuilles.getByName("DiagLigne")

forme = FindObjectByName(maFeuille.Drawpage, "CapaDD", _
                         "com.sun.star.drawing.OLE2Shape")
if not IsNull(forme) then
  diag1 = forme.Model
  if diag1.supportsService("com.sun.star.chart.ChartDocument") then
    ' diag1 est bien le diagramme recherché. Vérification :
    for x = 0 to maFeuille.Charts.Count -1 ' balayer chaque diagramme
      diag2 = maFeuille.Charts(x).EmbeddedObject
      if EqualUnoObjects(diag1, diag2) then
        MsgBox("Rang du diagramme dans la collection : " & x & chr(13) & _
          "Nom du diagramme : " & maFeuille.Charts(x).Name)
        Exit Sub ' diagramme retrouvé
      end if
```

```
      next
    end if
  end if
end if
MsgBox("Le diagramme n'existe pas !", 16)
End Sub
```

La fonction utilitaire `FindObjectByName` est recopiée dans la bibliothèque `Standard` du document. Elle cherche, dans la page de dessin associée à la feuille Calc, une forme (dessin) ayant le nom `CapaDD` et supportant le service `OLE2Shape`. Si un tel objet n'existe pas, elle renvoie la valeur `Null`. Ceci n'est pas une condition suffisante : il pourrait s'agir d'un objet OLE qui ne serait pas un diagramme. Pour nous en assurer, nous récupérons le modèle de cet objet et vérifions qu'il supporte le service `ChartDocument`.

Pour la démonstration, nous retrouvons le même diagramme dans la collection `Charts` de la feuille grâce à la fonction Basic `EqualUnoObjects` qui renvoie `True` si les deux variables désignent le même objet. Finalement, le rang du diagramme trouvé et son nom interne sont affichés. Dans tous les autres cas, le diagramme n'est pas retrouvé, donc un message d'erreur est affiché.

Les propriétés d'un diagramme

Le tableau 9-27 liste les principales propriétés de l'objet inclus, que nous désignerons par `monDiag` dans l'exemple qui suit.

Tableau 9–27 Propriétés de l'objet inclus dans un diagramme

Propriété	Type	Signification
HasMainTitle	Boolean	`True` si un titre est utilisé.
Title	Object	Titre du diagramme (objet Forme).
HasSubTitle	Boolean	`True` si un sous-titre est utilisé.
SubTitle	Object	Sous-titre du diagramme.
HasLegend	Boolean	`True` si la légende est affichée.
Legend	Object	Légende du diagramme.
Area	Object	Arrière-plan du diagramme.
Diagram	Object	Le dessin du diagramme.

Chacun de ces objets possède de multiples propriétés ou objets, que nous n'allons pas développer ici car elles sont réglables directement avec l'interface utilisateur.

ATTENTION

Certaines caractéristiques – comme les dimensions de la légende – sont calculées automatiquement par OpenOffice.org en fonction du contenu. N'espérez pas les modifier via l'API.

Si vous souhaitez étudier ce sujet, utilisez l'outil Xray (voir l'annexe A) pour analyser les propriétés et méthodes de monDiag et afficher la documentation de chaque objet. Continuez l'analyse sur les sous-objets. À titre d'exemple, nous allons affecter au titre d'un diagramme le texte de la cellule A1 de la même feuille et changer la couleur des caractères. Le codage suppose qu'il n'y a qu'un seul diagramme dans la feuille Calc.

```
rem Code09-08.ods    bibli : Diagrammes Module2
Option Explicit

Sub ChangerTitreDiagramme()
Dim monDocument As Object, lesFeuilles As Object, maFeuille As Object
Dim diag1 As Object, maCellule As Object
monDocument = thisComponent
lesFeuilles = monDocument.Sheets
maFeuille = lesFeuilles.getByName("DiagLigne")
' on suppose que la feuille comporte un seul diagramme !
diag1 = maFeuille.Charts(0).EmbeddedObject
diag1.Title.CharColor = RGB(120, 0, 0) ' changer la couleur
maCellule = maFeuille.getCellRangeByName("A1")
diag1.Title.String = maCellule.String ' changer le titre
End Sub
```

Changer la zone de données d'un diagramme

La zone de données utilisée par un diagramme est mémorisée dans un des éléments du conteneur Charts de la feuille. Ici aussi nous supposons que la feuille ne comporte qu'un seul diagramme.

```
rem Code09-08.ods    bibli : Diagrammes Module3
Option Explicit

Sub ChangerZoneDonnees
Dim monDocument As Object, lesFeuilles As Object, maFeuille As Object
Dim ch As Object, lesZones As Variant, adrZ As Object
monDocument = thisComponent
lesFeuilles = monDocument.Sheets
maFeuille = lesFeuilles.getByName("DiagLigne")
' on suppose que la feuille comporte un seul diagramme !
ch = maFeuille.Charts(0)
lesZones = ch.Ranges
adrZ = lesZones(0) ' dans cet exemple on a une seule zone
adrZ.EndRow = 9      ' réduire la zone à A2:B10
lesZones(0) = adrZ
ch.Ranges = lesZones()
End Sub
```

La propriété `Ranges` du diagramme nous donne un tableau de structures `CellRangeAddress` qui correspond aux zones de cellules servant de données. Dans notre cas, le diagramme n'utilise qu'une seule zone, `A2:B12` (elle comprend les en-têtes). Nous réduirons la zone de deux lignes en modifiant la valeur de `EndRow` pour la zone de cellules. L'ensemble du tableau doit être ensuite récrit dans la propriété `Ranges`.

Les styles

Nous avons indiqué au chapitre 7 les éléments communs à la gestion des styles. Nous abordons maintenant les styles propres aux documents Calc.

Style de cellule

Dans le style de cellule, nous retrouvons :
- les propriétés globales de la cellule,
- les propriétés de formatage local de la cellule.

Ces propriétés ont été décrites précédemment.

Style de page

Les propriétés de style de page comprennent, outre celles du tableau 9-28, des propriétés relatives à l'en-tête et au bas de page, qui sont décrites dans une section particulière.

Tableau 9–28 Propriétés de style de page

Propriété	Type	Signification
BackColor	Long	Couleur du fond (visible avec l'aperçu).
BackTransparent	Boolean	True rend le fond transparent (interface utilisateur : sans remplissage).
TopBorder	Object	Structure de la ligne de bordure du haut. Voir tableau 9-10.
TopBorderDistance	Long	Espacement par rapport à la bordure du haut.
BottomBorder	Object	Structure de la ligne de bordure du bas. Voir tableau 9-10.
BottomBorderDistance	Long	Espacement par rapport à la bordure du bas.
LeftBorder	Object	Structure de la ligne de bordure de gauche. Voir tableau 9-10.
LeftBorderDistance	Long	Espacement par rapport à la bordure de gauche.
RightBorder	Object	Structure de la ligne de bordure de droite. Voir tableau 9-10.
RightBorderDistance	Long	Espacement par rapport à la bordure de droite.
ShadowFormat	Object	Ombre portée. Voir tableau 9-7.

Tableau 9–28 Propriétés de style de page (suite)

Propriété	Type	Signification
TopMargin	Long	Marge du haut, en 1/100 de mm.
BottomMargin	Long	Marge du bas, en 1/100 de mm.
LeftMargin	Long	Marge de gauche, en 1/100 de mm.
RightMargin	Long	Marge de droite, en 1/100 de mm.
IsLandscape	Boolean	True si la page est en orientation Paysage.
NumberingType	Integer	Type de numérotation par défaut. Constante nommée, voir tableau 9-30. Valeur par défaut : com.sun.star.style.NumberingType.ARABIC
PageStyleLayout	Integer	Indique quelles pages sont concernées. Constante nommée, voir tableau 9-29. Valeur par défaut : com.sun.star.style.PageStyleLayout.ALL
PrinterPaperTray	String	Nom du bac de l'imprimante sélectionnée.
Width	Long	Hauteur de la page, en 1/100 de mm.
Height	Long	Largeur de la page, en 1/100 de mm.
CenterHorizontally	Boolean	True pour aligner la table horizontalement.
CenterVertically	Boolean	True pour aligner la table verticalement.
FirstPageNumber	Integer	Numéro de la première page d'impression pour cette feuille. Si la valeur vaut zéro, la numérotation suit celle de la feuille précédente.
PageScale	Integer	Échelle de réduction (en pourcentage) pour imprimer la zone d'impression.
ScaleToPages	Integer	Nombre de pages pour imprimer toute la zone d'impression.
ScaleToPagesX	Integer	Nombre de pages pour imprimer la largeur de la zone d'impression.
ScaleToPagesY	Integer	Nombre de pages pour imprimer la hauteur de la zone d'impression.
PrintAnnotations	Boolean	True pour imprimer les commentaires de cellules.
PrintCharts	Boolean	True pour imprimer les diagrammes.
PrintDownFirst	Boolean	True pour imprimer de haut en bas, puis les colonnes suivantes sur la droite. False pour imprimer de gauche à droite, puis les lignes suivantes en dessous.
PrintDrawing	Boolean	True pour imprimer les dessins.
PrintFormulas	Boolean	True pour imprimer le texte des formules. False pour imprimer le résultat des formules.
PrintGrid	Boolean	True pour imprimer la grille des cellules.
PrintHeaders	Boolean	True pour imprimer les en-têtes de ligne et colonnes.
PrintObjects	Boolean	True pour imprimer les objets incorporés.
PrintZeroValues	Boolean	True pour imprimer les valeurs nulles.

Tableau 9–29 Constantes de disposition de page

Constante	Signification
ALL	Pages gauches et droites.
LEFT	Pages gauches seulement.
RIGHT	Pages droites seulement.
MIRRORED	Les pages gauches utilisent ce style, les pages droites prennent des valeurs en miroir.

Tableau 9–30 Constantes de type de numérotation

Constante	Exemple de numérotation
ARABIC	1, 2, 3, 4
CHARS_UPPER_LETTER	A, B, C, D
CHARS_LOWER_LETTER	a, b, c, d
ROMAN_UPPER	I, II, III, IV, V
ROMAN_LOWER	i, ii, iii, iv, v
NUMBER_NONE	Pas de numérotation.
CHARS_UPPER_LETTER_N	A, B, ..., Y, Z, AA, BB, CC, ... AAA, ...
CHARS_LOWER_LETTER_N	a, b, ..., y, z, aa, bb, cc, ... aaa, ...

Comment utiliser les styles de page

Pour insérer dans un document des pages d'orientation différente ou ayant d'autres caractéristiques particulières, il est recommandé d'utiliser des styles de page appropriés. Tous les styles de page sont basés sur le style Standard. Nous allons créer deux styles :

- un style à orientation Portrait au format A4, qui est simplement une copie du style Standard ;
- un style à orientation Paysage, lui aussi au format A4.

La macro va créer les deux styles successivement. Dans le panneau Styles et formatage, basculez éventuellement l'affichage d'une famille de styles à l'autre pour faire apparaître les nouveaux styles.

```
rem Code09-07.ods    bibli : OrientationPages Module1
Option Explicit

Sub CreerDeuxStylesPage()
Dim monDocument As Object
Dim lesFamilles As Object, uneFamille As Object
Dim nouvStyle As Object
monDocument = ThisComponent
lesFamilles = monDocument.StyleFamilies
```

```
uneFamille = lesFamilles.getByName("PageStyles")
nouvStyle = monDocument.CreateInstance(_
                        "com.sun.star.style.PageStyle")
' créer un nouveau style identique au style Standard
uneFamille.insertByName ("A4 Portrait", nouvStyle)
nouvStyle.BackColor = RGB(230,230,255)
nouvStyle = monDocument.CreateInstance(_
                        "com.sun.star.style.PageStyle")
' créer un style Paysage
uneFamille.insertByName ("A4 Paysage", nouvStyle)
nouvStyle.IsLandscape = True
nouvStyle.Width = 29700 ' hauteur 29,7 cm
nouvStyle.Height = 21000 ' largeur 21,0 cm
End Sub
```

Pour chaque nouveau style, nous obtenons un objet style avec la fonction `CreateInstance` de l'objet document. Ce style est inséré dans sa famille par la méthode `insertByName` puis éventuellement modifié. Remarquez qu'avec le format Paysage, nous avons aussi changé la hauteur et la largeur, alors qu'avec l'interface utilisateur un simple clic sur le bouton Paysage suffit à intervertir ces deux valeurs.

Nous disposons maintenant de deux nouveaux styles, A4 Portrait et A4 Paysage. Nous allons les utiliser dans la macro suivante, qui va affecter le premier à une feuille, le deuxième à une autre feuille.

```
rem Code09-07.ods   bibli : OrientationPages Module2
Option Explicit

' exécutez auparavant la routine du module 1
Sub ChangerStyleFeuille()
Dim monDocument As Object, lesFeuilles As Object
Dim maFeuille As Object
monDocument = ThisComponent
lesFeuilles = monDocument.Sheets
maFeuille = lesFeuilles.getByName("Feuille3")
maFeuille.PageStyle = "A4 Portrait"
maFeuille = lesFeuilles.getByName("Feuille4")
maFeuille.PageStyle = "A4 Paysage"
End Sub
```

Sur le document modifié, vous pouvez facilement vérifier le style de page de la feuille visible : il est affiché en bas de la fenêtre Calc. Cliquez sur l'icône Aperçu et visualisez successivement les pages imprimées : vous observerez le fond bleu clair sur la zone affichée de la feuille 3 et le changement d'orientation pour la page contenant la feuille 4.

Les en-têtes et pieds de page

Les en-têtes et pieds de page ne sont pas des éléments ordinaires du document. En effet, ils sont des éléments appartenant à un style de page, par défaut le style de page Standard. Pour faire apparaître ou pour modifier un en-tête ou un pied de page, il faut connaître ou retrouver le style de page de la feuille qui nous intéresse et le modifier. En conséquence, toutes les feuilles du même style subiront la même modification d'en-tête ou de pied de page.

Nous allons insérer un en-tête dans les pages d'impression de la feuille 4. Notre en-tête n'est pas différencié entre pages gauches et pages droites, il suffit de remplir celui des pages de droite.

```
rem Code09-07.ods    bibli : Haut_Bas Module1
Option Explicit

Sub InsererUnEnTete()
Dim monDocument As Object, lesFeuilles As Object
Dim maFeuille As Object, enTete As Object
Dim Texte2 As Object, Curseur2 As Object
Dim nomStyleMaPage As String, StyleMaPage As Object
Dim stylesPage As Object
monDocument = ThisComponent
lesFeuilles = monDocument.Sheets
maFeuille = lesFeuilles.getByName("Feuille4")
' récupérer le nom du style de page en cours
nomStyleMaPage = maFeuille.PageStyle
print "Cette page est du style : " & nomStyleMaPage

' récupérer la collection de styles de pages
stylesPage = monDocument.StyleFamilies.getByName("PageStyles")
' récupérer le style de page
StyleMaPage = stylesPage.getByName(nomStyleMaPage)
StyleMaPage.HeaderIsOn = true ' insérer un en-tête
StyleMaPage.HeaderBodyDistance = 1000 ' 10 mm
StyleMaPage.HeaderHeight = 2500 ' 25mm

' l'en-tête page droite est aussi utilisé pour la gauche
enTete = StyleMaPage.RightPageHeaderContent
Texte2 = enTete.LeftText' zone de texte gauche de l'en-tête
Curseur2 = Texte2.createTextCursor ' curseur dans l'en-tête
' écrire un texte dans l'en-tête
Texte2.insertString(Curseur2, "Voici un en-tête", false)
StyleMaPage.RightPageHeaderContent = enTete' mettre à jour
End Sub
```

Une fois récupéré le style de page, nous activons l'en-tête, réglons sa hauteur et sa position, et obtenons le contenu de l'en-tête. Il comporte trois zones de texte : gauche, centre, droit. Nous récupérons l'objet texte de la partie gauche. La phase d'écriture utilise toutes les possibilités d'écriture dans un texte Writer. De même, nous pourrions modifier les deux autres zones. Enfin, nous recopions le nouveau contenu dans l'en-tête du style de page.

Nous voyons encore un exemple où l'usage d'un document modèle avec des styles bien définis peut alléger considérablement l'écriture de macros en évitant de créer ou modifier les en-têtes ou bas de page.

L'objet style de page expose un très grand nombre de propriétés pour l'en-tête (Header) et pour le pied de page (Footer). Comme ces propriétés sont similaires, le tableau 9-31 ne listera que les principales propriétés de l'en-tête, sachant qu'il suffit de remplacer Header par Footer dans le nom de propriété pour obtenir celle du bas de page.

Tableau 9–31 Principales propriétés d'en-tête de page

Propriété	Type	Signification
HeaderIsOn	Boolean	True si un en-tête est activé.
HeaderIsShared	Boolean	True si les en-têtes gauche et droite sont identiques (valeur par défaut).
HeaderBackColor	Long	Couleur du fond.
HeaderBackTransparent	Boolean	True rend le fond transparent (interface utilisateur : sans remplissage).
HeaderLeftBorderDistance	Long	Distance entre marge et bord gauche de l'en-tête, en 1/100 de mm.
HeaderRightBorderDistance	Long	Distance entre marge et bord droit de l'en-tête, en 1/100 de mm.
HeaderTopBorderDistance	Long	Distance entre marge et bord du haut de l'en-tête, en 1/100 de mm.
HeaderBottomBorderDistance	Long	Distance entre marge et bord du bas de l'en-tête, en 1/100 de mm.
HeaderBodyDistance	Long	Distance entre en-tête et texte principal, en 1/100 de mm.
HeaderHeight	Long	Hauteur de l'en-tête, en 1/100 de mm.
HeaderShadowFormat	Object	Ombre portée. Voir tableau 9-7.
RightPageHeaderContent	Object	Structure d'accès au texte de l'en-tête des pages droites, ou de toutes les pages, voir tableau 9-32.
LeftPageHeaderContent	Object	Structure d'accès au texte de l'en-tête des pages gauches, voir tableau 9-32.
HeaderLeftMargin	Long	Marge gauche de l'en-tête.
HeaderRightMargin	Long	Marge droite de l'en-tête.
HeaderLeftBorder	Object	Structure de la ligne de bordure de gauche. Voir bordure de cellule.
HeaderRightBorder	Object	Structure de la ligne de bordure de droite. Voir bordure de cellule.

Tableau 9–31 Principales propriétés d'en-tête de page (suite)

Propriété	Type	Signification
HeaderTopBorder	Object	Structure de la ligne de bordure du haut. Voir bordure de cellule.
HeaderBottomBorder	Object	Structure de la ligne de bordure du bas. Voir bordure de cellule.

Tableau 9–32 Structure d'un contenu d'en-tête de page

Élément	Type	Signification
LeftText	Object	Zone gauche du texte de l'en-tête.
CenterText	Object	Zone centrale du texte de l'en-tête.
RightText	Object	Zone droite du texte de l'en-tête.

Les formes et les images

Nous expliquerons ici les particularités de Calc concernant les figures de dessin (formes) et les images. Dans le chapitre consacré à Draw, nous décrivons en détail les différents types de formes, leurs propriétés, leur manipulation, ainsi que les propriétés des images. Vous y trouverez aussi des explications sur d'autres types d'objets insérés dans une page de dessin, qui s'appliquent également à la page de dessin d'une feuille Calc.

La page de dessin

Chaque feuille d'un document Calc dispose d'une page de dessin. L'objet page est accessible de deux manières : soit à partir du conteneur DrawPages du document Calc, soit à partir de la propriété DrawPage de la feuille. Attention à l'orthographe ! Une page du conteneur DrawPages n'est accessible que par le rang de la feuille dans le document (méthode getByIndex, ou indexage direct en Basic) ; ce n'est donc pas bien pratique, autant obtenir la page à partir de la feuille.

```
Dim maPage As Object
maPage = monDocument.DrawPages(x)' méthode 1
maPage = maFeuille.DrawPage      ' méthode 2
```

Cette page de dessin dans Calc ne comporte pas les propriétés d'une page Draw, mais uniquement la liste des objets sur cette page. Elle possède quatre couches, non documentées, qui ne sont pas accessibles directement par l'API ; elles sont énumérées au tableau 9-33. Une forme, ainsi qu'une image, comporte deux propriétés : LayerId, le numéro de couche, et LayerName, le nom de la couche où se trouve la forme. On peut déplacer la forme sur une autre couche en modifiant LayerId.

Tableau 9–33 Couches de la page de dessin

LayerId	LayerName	Utilisation
0	vorne	Couche visible, en avant-plan. Après son insertion, la forme ou l'image se trouve dans cette couche.
1	hinten	Couche visible, en arrière-plan, derrière les cellules. L'utilisateur ne peut sélectionner la forme directement, il doit l'encadrer avec l'outil sélection (flèche).
2	intern	Couche visible, devant les cellules. L'utilisateur ne peut plus sélectionner la forme.
3	Controls	Couche visible, utilisée par les contrôles de formulaire.

Les formes

Une forme ou une image est ancrée soit « à la cellule », soit « à la page ». L'insertion se fait toujours « à la cellule ». Le seul moyen de changer l'ancrage par programmation est d'utiliser le dispatcher (de l'enregistreur de macros) avec la commande ".uno:SetAnchorToPage" après avoir sélectionné la forme.

Insérer une forme

L'insertion d'une forme sur la page de dessin de la feuille se fait en utilisant la propriété add de la page de dessin. La forme sera ancrée « à la cellule ».

```
rem Code09-11.ods    bibli : Dessins Module1
Option Explicit

Sub AjouterEllipse()
Dim monDocument As Object, lesFeuilles As Object
Dim maFeuille As Object, maPage As Object, maForme As Object
Dim dimensionsForme As New com.sun.star.awt.Size
Dim positionForme As New com.sun.star.awt.Point
monDocument = thisComponent
lesFeuilles = monDocument.Sheets
maFeuille = lesFeuilles.getByName("F01")
maPage = maFeuille.DrawPage ' récupérer la page de dessin
dimensionsForme.Width = 2600 ' 26 mm de largeur
dimensionsForme.Height = 1200 ' 12 mm de hauteur
positionForme.x = 3500 ' 35 mm à droite du coin de la feuille
positionForme.y = 3300 ' 33 mm en dessous du coin de la feuille

maForme = monDocument.createInstance("com.sun.star.drawing.EllipseShape")
maForme.Size = dimensionsForme
maPage.add(maForme)
maForme.Position = positionForme
maForme.Name = "Ovale" ' donner un nom à cette forme
End Sub
```

Si vous sélectionnez manuellement la forme obtenue sur la feuille, vous verrez qu'elle est ancrée à une cellule de la feuille, par exemple B8. L'API a choisi comme cellule d'ancrage celle qui englobe le point de positionnement, et a complété le positionnement de la forme par rapport à cette cellule pour obtenir la position voulue. Effacez la forme ; modifiez la largeur de la colonne A et la hauteur d'une des premières lignes ; ré-exécutez la macro : le choix de la cellule d'ancrage changera. Ceci signifie que le positionnement est toujours calculé *par rapport à la page* et converti en positionnement à la cellule. Si, après insertion de la forme, on modifie la largeur d'une colonne ou la hauteur d'une ligne recouverte par la forme, ses dimensions changeront. Si on modifie la largeur d'une colonne précédente ou la hauteur d'une ligne précédente, la position de la forme changera.

La propriété Anchor, en lecture seule, renvoie un objet qui est soit la cellule soit la feuille Calc d'ancrage de la forme ou de l'image.

BOGUE **Position et dimensions d'une forme**

Si vous changez par programme la position ou les dimensions d'une forme existante, le document ne passe pas à l'état « modifié ». Vous pouvez cependant forcer cet état, voir le chapitre 7.

Insérer plusieurs formes

À chaque insertion d'une forme, il est nécessaire d'obtenir un nouvel objet forme, même si on insère plusieurs fois le même type de forme. Il faut aussi réinitialiser à chaque fois les propriétés de la forme. Dans cet exemple, on insère deux rectangles identiques à la même position, ancrés sur deux feuilles différentes du document Calc. Nous leur donnons un nom, qui nous servira dans le prochain exemple.

```
rem Code09-11.ods    bibli : Dessins Module2
Option Explicit


Sub PlusieursFormes()
Dim monDocument As Object, lesFeuilles As Object
Dim maFeuille As Object, maPage As Object, maForme As Object
Dim dimensionsForme As New com.sun.star.awt.Size
Dim positionForme As New com.sun.star.awt.Point
monDocument = thisComponent
lesFeuilles = monDocument.Sheets
dimensionsForme.Width = 5500 ' 55 mm de largeur
dimensionsForme.Height = 1200 ' 12 mm de hauteur
positionForme.x = 3500 ' 35 mm à droite du coin de la feuille
positionForme.y = 7200 ' 72 mm en dessous du coin de la feuille
' première forme insérée sur la feuille F01
maFeuille = lesFeuilles.getByName("F01")
maPage = maFeuille.DrawPage ' récupérer la page de dessin
```

```
maForme = monDocument.createInstance("com.sun.star.drawing.RectangleShape")
maForme.Size = dimensionsForme
maPage.add(maForme)
maForme.Position = positionForme
maForme.Name = "Rect1" ' donner un nom à cette forme
' deuxième forme insérée sur la feuille F02
maFeuille = lesFeuilles.getByName("F02")
maPage = maFeuille.DrawPage ' récupérer la page de dessin
maForme = monDocument.createInstance("com.sun.star.drawing.RectangleShape")
maForme.Size = dimensionsForme
maPage.add(maForme)
maForme.Position = positionForme
maForme.Name = "Rect2" ' donner un nom à cette forme
End Sub
```

Retrouver et supprimer une forme

Le Navigateur de Calc n'est pas capable de lister les objets dessins d'un document. Néanmoins, avec une macro, nous sommes capables de retrouver une forme nommée sur la page de dessin d'une feuille. Nous emploierons à cet effet la routine utilitaire FindObjectByName décrite à l'annexe B. Elle est recopiée dans la bibliothèque Standard du document exemple.

```
rem Code09-11.ods    bibli : Dessins Module3
Option Explicit

Sub SelectionnerForme()
Dim monDocument As Object, lesFeuilles As Object
Dim maFeuille As Object, maPage As Object, maForme As Object
monDocument = thisComponent
lesFeuilles = monDocument.Sheets
maFeuille = lesFeuilles.getByName("F01")
maPage = maFeuille.DrawPage ' récupérer la page de dessin
maForme = FindObjectByName(maPage, "Rect1")
if IsNull(maForme) then
  print "Il n'existe aucune forme de ce nom"
else
  monDocument.CurrentController.Select(maForme)
end if
End Sub
```

Une fois la forme trouvée, nous pouvons la modifier. Ici on se contente de la sélectionner de manière visible en employant la méthode select du contrôleur du document.

La suppression d'une forme s'effectue à partir de la page de dessin, par sa méthode remove.

```
maPage.remove(maForme)
```

Les images

Les principes d'insertion, récupération et suppression d'une image sont similaires à ce que nous avons vu pour les formes.

Insérer une image

L'insertion d'une image sur la page de dessin se fait en utilisant la propriété add de la page de dessin.

```
rem Code09-11.ods    bibli : lesImages Module1
Option Explicit

Sub AjouterImage()
Dim monDocument As Object, lesFeuilles As Object
Dim maFeuille As Object, maPage As Object, monImage As Object, gp As Object
Dim positionImage As New com.sun.star.awt.Point
Dim props(0) As New com.sun.star.beans.PropertyValue
monDocument = thisComponent
lesFeuilles = monDocument.Sheets
maFeuille = lesFeuilles.getByName("F01")
maPage = maFeuille.DrawPage ' récupérer la page de dessin

gp = createUnoservice("com.sun.star.graphic.GraphicProvider")
props(0).Name = "URL"
props(0).Value = ConvertToURL("C:\Docs OpenOffice\LogoOpenOffice.png")
monImage=monDocument.createInstance("com.sun.star.drawing.GraphicObjectShape")
monImage.Graphic = gp.queryGraphic( props() ) ' récupérer le fichier image
maPage.add(monImage)
resizeImageByWidth(monImage, 5500) ' largeur en 1/100e de mm
positionImage.x = 3500 ' 35 mm à droite du coin de la feuille
positionImage.y = 3300 ' 33 mm en dessous du coin de la feuille
monImage.Position = positionImage
monImage.Name = "Logo1" ' donner un nom à cette image
End Sub
```

Nous utilisons la méthode queryGraphic du service GraphicProvider pour récupérer le fichier de l'image. Il est ensuite transféré dans la propriété Graphic de l'objet monImage, afin d'intégrer une copie du fichier dans le document.

Pour dimensionner l'image sur le document en conservant les proportions de l'image, nous utilisons la routine utilitaire resizeImageByWidth, que nous avons extraite de l'annexe B de ce livre. Cette routine est recopiée dans la bibliothèque Standard du document exemple.

Insérer plusieurs images

À chaque insertion d'une image, il est nécessaire d'obtenir un nouvel objet image, même si on insère plusieurs fois la même. Il faut aussi réinitialiser à chaque fois les propriétés de la forme. Le document `Code09-11.odt` de l'archive Zip téléchargeable contient un exemple.

Retrouver et supprimer une image

La méthode et le codage exposés pour les formes s'applique aussi bien à une image qu'on a nommée.

Configuration du document

Un document Calc possède quelques propriétés de configuration intéressantes, comme le montre le tableau 9-34. Elles reprennent les options de l'interface utilisateur Outils>Options>OpenOffice.org Calc>Calcul, mais ne s'appliquent qu'au document traité. Pour les propriétés de type `Boolean`, la valeur `True` correspond à la case cochée dans l'interface utilisateur.

Tableau 9–34 Propriétés de calcul pour un document Calc

Propriété	Type	Équivalence dans l'interface utilisateur
IsIterationEnabled	Boolean	Références circulaires, case Itérations.
IterationCount	Long	Références circulaires, valeur de Pas.
IterationEpsilon	Double	Références circulaires, valeur de changement minimum.
IgnoreCase	Boolean	Respecter la casse.
MatchWholeCell	Boolean	Critères de recherche = et <> doivent correspondre à des cellules entières.
CalcAsShown	Boolean	Exactitude comme affiché.
LookUpLabels	Boolean	Rechercher automatiquement les étiquettes de colonnes et lignes.
RegularExpressions	Boolean	Autoriser les caractères génériques dans les formules.

Un petit exemple :

```
monDocument.LookUpLabels = False
```

Configuration d'affichage du document

Ces propriétés du document Calc (tableau 9-35), qui existent dans l'interface utilisateur principalement au niveau Outils>Options>Classeur>Affichage, sont accessibles à partir de l'objet contrôleur du document. Elles sont, pour certaines, mémorisées à la sauvegarde du document. Pour les propriétés de type Boolean, la valeur True correspond à la case cochée dans l'interface utilisateur (sauf exception). La modification du zoom impacte toutes les feuilles du document.

```
rem Code09-06.ods   bibli : Config Module1
Option Explicit

Sub ConfigDocCalc()
Dim monDocument As Object, leControleur As Object
monDocument = ThisComponent
' voir des valeurs pour exemple dans la feuille 2
leControleur = monDocument.CurrentController
With leControleur
  .ShowZeroValues = MsgBox("ShowZeroValues ?", 4) = 6
  .ShowNotes = MsgBox("ShowNotes ?", 4) = 6
  .ShowGrid = MsgBox("ShowGrid ?", 4) = 6
  .ShowPageBreaks = MsgBox("ShowPageBreaks ?", 4) = 6
  .HasColumnRowHeaders = MsgBox("HasColumnRowHeaders ?", 4) = 6
  .ShowFormulas = MsgBox("ShowFormulas ?", 4) = 6
end With
End Sub
```

Tableau 9–35 Propriétés d'affichage de Calc

Propriété	Type	Équivalence dans l'interface utilisateur
ShowZeroValues	Boolean	Afficher>Valeurs zéro
ShowAnchor	Boolean	Afficher>Ancre
ShowFormulas	Boolean	Afficher>Formules
ShowNotes	Boolean	Afficher>Indicateur de commentaires
IsValueHighlightingEnabled	Boolean	Afficher>Mise en évidence des valeurs
ShowPageBreaks	Boolean	Aides visuelles>Sauts de page
ShowHelpLines	Boolean	Aides visuelles>Repères du déplacement
ShowGrid	Boolean	Aides visuelles>Lignes de la grille
GridColor	Long	Aides visuelles>Couleur du trait de la grille
SolidHandles	Boolean	Aides visuelles>Poignées simples La valeur False correspond à l'état coché !
HasVerticalScrollBar	Boolean	Fenêtre>Barre de défilement verticale
HasHorizontalScrollBar	Boolean	Fenêtre>Barre de défilement horizontale

Tableau 9–35 Propriétés d'affichage de Calc (suite)

Propriété	Type	Équivalence dans l'interface utilisateur
HasSheetTabs	Boolean	**Fenêtre>Onglets des feuilles**
IsOutlineSymbolsSet	Boolean	**Fenêtre>Symboles du plan**
HasColumnRowHeaders	Boolean	**Fenêtre>En-têtes de lignes et colonnes**
ShowObjects	Integer	**Objets>Objets/Images** Valeur : 0 pour afficher, 1 pour masquer.
ShowCharts	Integer	**Objets>Diagrammes** Valeur : 0 pour afficher, 1 pour masquer.
ShowDrawing	Integer	**Objets>Objets de dessin** Valeur : 0 pour afficher, 1 pour masquer.
HideSpellMarks	Boolean	True pour cacher les marques du correcteur d'orthographe.
ZoomType	Integer	**Menu Affichage>Zoom>Facteur de zoom>**(choix) Constante nommée, voir chapitre 7.
ZoomValue	Integer	**Menu Affichage>Zoom>Facteur de zoom>Autre** Valeur du zoom : voir chapitre 7.

Configuration de Calc

Nous décrivons ici comment modifier certaines options de l'application Calc. Elles s'appliquent ensuite à chaque ouverture de document Calc. Néanmoins, vous pouvez aussi modifier ces propriétés temporairement, pendant un travail sur un document particulier.

Le service GlobalSheetSettings donne accès à plusieurs propriétés intéressantes, listées dans le tableau 9-36. Elles ont pour la plupart un équivalent dans le panneau du menu **Outils>Options>Classeur**. Elles sont accessibles en lecture et en écriture. La mise en œuvre est très simple, par exemple :

```
Dim sv As Object
sv = CreateUnoService("com.sun.star.sheet.GlobalSheetSettings")
sv.MoveSelection = false
```

Tableau 9–36 Principales propriétés de GlobalSheetSettings

Propriété	Type	Signification
MoveSelection	Boolean	True pour déplacer la sélection de cellule quand on appuie sur la touche **Entrée**. False pour rester sur la même cellule.
MoveDirection	Integer	Sens du déplacement du curseur de cellule à l'appui de la touche **Entrée** (si la propriété MoveSelection vaut True). Constante nommée, voir tableau 9-37.

Tableau 9–36 Principales propriétés de GlobalSheetSettings (suite)

Propriété	Type	Signification
UseTabCol	Boolean	Avec la valeur True, et si MoveSelection vaut True, à l'appui de la touche **Entrée** la sélection de cellule revient dans la colonne d'où on était parti avec une tabulation. Le déplacement est aussi combiné avec la valeur de MoveDirection.
EnterEdit	Boolean	True bascule en mode édition quand on appuie sur la touche **Entrée**.
ExtendFormat	Boolean	True active l'expansion du formatage.
RangeFinder	Boolean	True affiche les références en couleur.
ExpandReferences	Boolean	True active l'expansion des références.
MarkHeader	Boolean	True met en évidence la sélection dans les en-têtes de lignes et colonnes.
DoAutoComplete	Boolean	True pour activer l'AutoSaisie.
StatusBarFunction	Integer	Fonction utilisée dans la barre d'état (voir explications).
Scale	Integer	Valeur par défaut du zoom sur un nouveau document Calc, s'il n'est pas basé sur un modèle. La valeur est en pourcentage, 100 pour 100 %, ou bien : -1 pour un zoom optimal, -2 pour afficher la page entière, -3 pour s'adapter à la largeur de page.
UserLists	Array(String)	Listes de tri. Chaque liste est une chaîne de caractères dont chaque nom est séparé du suivant par une virgule.
LinkUpdateMode	Integer	Actualiser les liens au chargement : 0 : toujours, 1 : jamais, 2 : sur demande.
PrintAllSheets	Boolean	True pour imprimer toutes les feuilles. False pour n'imprimer que les feuilles sélectionnées.
PrintEmptyPages	Boolean	True pour imprimer même les feuilles vides.
UsePrinterMetrics	Boolean	True pour utiliser les paramètres de l'imprimante pour le formatage.
ReplaceCellsWarning	Boolean	True pour avertir avant d'écraser la donnée d'une cellule.

Les constantes pour MoveDirection, listées au tableau 9-37, sont de la forme :

```
com.sun.star.sheet.MoveDirection.RIGHT
```

Tableau 9–37 Constantes de déplacement de sélection

Constante	Signification
DOWN	Vers le bas.
UP	Vers le haut.
RIGHT	Vers la droite.
LEFT	Vers la gauche.

La propriété StatusBarFunction mérite quelques explications. Lorsque vous sélectionnez un groupe de cellules dans Calc, vous voyez en bas à droite de la fenêtre Calc une indication comme : Somme=1234,56. Automatiquement, Calc a appliqué une fonction à l'ensemble des cellules de la sélection. Cette fonction est par défaut la somme des valeurs. En modifiant la propriété StatusBarFunction, vous pouvez choisir une autre fonction parmi celles listées au tableau 9-38. Les valeurs sont des constantes nommées de la forme :

```
com.sun.star.sheet.StatusBarFunction.AVERAGE
```

La figure 9-3 montre l'affichage d'une moyenne dans le tableur.

Figure 9–3
Moyenne automatique

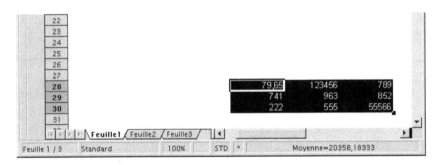

Tableau 9–38 Constantes de fonction de barre d'état

Constante	Signification
NONE	Pas de fonction.
AVERAGE	Moyenne des valeurs des cellules à contenu numérique.
COUNTNUMS	Nombre de cellules à contenu numérique (l'affichage est : Nombre=n).
COUNT	Nombre de cellules non vides (l'affichage est : Nombre2=n).
MAX	Valeur maximale des cellules à contenu numérique.
MIN	Valeur minimale des cellules à contenu numérique.
SUM	Somme des cellules à contenu numérique.

Conclusion

Nous venons d'exposer l'utilisation de l'API pour les documents de type tableur issus de Calc. Après une description de ces objets et de leur manipulation, nous avons abordé diverses méthodes d'utilisation. Le chapitre suivant traite du maniement des objets Draw et des présentations Impress.

10

Les documents
Draw et Impress

Draw est une application de dessin, et effectivement la majeure partie de ce chapitre vous montrera comment créer les figures les plus diverses avec des macros. Ces figures ont besoin d'un support, les pages de dessin. Nous commencerons donc par manipuler celles-ci. Comme les concepts d'arrière-plan et de couche sont basés sur le même principe, nous les avons décrits à la suite, mais vous pouvez remettre à plus tard leur étude, et sauter ensuite à la section « Dessiner une forme ».

Quant à Impress, c'est une application essentiellement basée sur Draw. Nous parlerons dans ce chapitre essentiellement de Draw, sachant que presque tout est applicable à Impress. En fin de chapitre nous indiquerons les éléments qui sont spécifiques à Impress.

API Référence sur Draw et Impress (en anglais)

La documentation de l'API est décrite dans le *Developer's Guide*, chapitre *Drawing Documents and Presentation Document*.
http://wiki.services.openoffice.org/wiki/Documentation/DevGuide/
OpenOffice.org_Developers_Guide

Les pages de dessin

Par défaut, Draw présente une seule page de dessin, mais il est possible d'en ajouter d'autres. Le concept est très similaire aux feuilles du tableur Calc, mais il existe des différences au niveau de l'interface utilisateur et au niveau de l'API.

Accéder aux pages existantes

Un document Draw expose l'objet `DrawPages` (terme anglais pour pages de dessin) qui est la collection des pages du document. Le nombre actuel de pages est exposé par la propriété `Count` de l'objet `DrawPages`. On accède à une page particulière par son numéro d'ordre, compté à partir de zéro, avec la méthode `getByIndex`. Avec OOoBasic, le `getByIndex` peut être omis, comme si on indexait une variable tableau. Chaque page du document Draw est elle-même un objet. Le nom interne d'une page nous est indiqué dans sa propriété `Name`. Le nom de la page pour l'interface utilisateur est indiqué par la propriété `LinkDisplayName`. En appliquant ces notions nous allons énumérer les pages d'un document Draw :

```
rem Code10-01.odg   bibli : Pages Module1
Option Explicit

Sub EnumererPages()
Dim monDocument As Object, lesPages As Object, unePage As Object
Dim x As Long, nbP As Long

monDocument = ThisComponent
lesPages = monDocument.DrawPages
nbP = lesPages.Count
MsgBox("Nombre de pages : " & nbP)
for x = 0 to nbP -1
  unePage = lesPages(x)
  MsgBox("Page de rang : " & x & chr(13) & _
         "Nom interne : " & unePage.Name & chr(13) & _
         "Nom pour l'utilisateur : " & unePage.LinkDisplayName)
next
End Sub
```

Les risques des pages non renommées

La gestion des pages de Draw est différente de celle de Calc, pour les pages ayant gardé leur nom par défaut. Chaque page de dessin comporte un nom, visible dans le volet `Pages`. Par défaut, dans la version localisée en français, elles sont baptisées `Diapo 1`, `Diapo 2`, etc. Le numéro de page utilisé est le rang de la vignette dans le volet `Page`, compté à partir du haut. Notez ces particularités :

- Dans le volet `Pages`, déplacez avec la souris une vignette de page non renommée : son nom change pour refléter sa position dans la liste, ainsi que pour les autres pages non renommées. Le nom interne change également.
- Relisez attentivement les noms de page affichés par la macro : la propriété `Name` donne un nom différent pour les pages non renommées ! En effet, la page `Diapo 2` a pour nom interne `page2`.
- Les noms affichés pour les pages non renommées dépendent de la langue de l'interface utilisateur ! Ainsi, le même document affichera en français `Diapo 2` ; en anglais `Slide 2` ; en allemand `Folie 2`. Cependant, le nom interne, la propriété `Name`, indiquera toujours `page2`, car c'est un nom anglais.

Pour éviter toutes ces bizarreries, une seule solution : renommer chaque page.

Renommer une page

L'utilisateur peut changer l'ordre des pages, donc vous ne pouvez vous fier à l'index pour retrouver une page particulière. Le seul moyen sûr d'obtenir l'objet page que l'on souhaite consiste à utiliser son nom interne (propriété `Name`), et encore, à condition que la page ait été renommée. L'objet `DrawPages` nous fournit pour cela la méthode `getByName`, qui prend en argument le nom de la page souhaitée et renvoie l'objet correspondant, s'il existe. S'il n'existe pas, une erreur se produira ; aussi l'objet `DrawPages` nous donne le moyen de tester l'existence d'une page d'un nom donné avec la fonction `hasByName` qui renvoie `True` dans le cas positif.

Nous allons utiliser ces notions pour renommer une page. Pour cela, il suffit de modifier la propriété `Name` de la page. Après quoi, nous exécuterons la macro précédente pour lister les différentes pages.

```
rem Code10-01.odg    bibli : Pages Module2
Option Explicit

Sub RenommerPage()
Dim monDocument As Object, lesPages As Object, unePage As Object
Dim nom1 As String, nom2 As String
monDocument = ThisComponent
lesPages = monDocument.DrawPages

nom1 = InputBox("Nom actuel de la page")
if lesPages.hasByName(nom1) then
  nom2 = InputBox("Nouveau nom pour la page")
  ' récupérer la page "nom1"
  unePage = lesPages.getByName(nom1)
  unePage.Name = nom2 ' renommer cette page
  EnumererPages ' lister les pages du document
```

```
else
  MsgBox(nom1 & " n'existe pas",16)
end if
End Sub
```

Exécutez la macro, vous verrez le nom de la vignette concernée changer. Attention à la casse : les noms de pages doivent être écrits en respectant les majuscules et minuscules.

> **PIÈGE Pages du même nom**
>
> La fonction API de renommage accepte sans sourciller un nom de page existante ! Vous obtenez alors deux ou plusieurs pages du même nom, et la fonction getByName vous renvoie une des pages existantes. L'interface utilisateur, au contraire, vérifie le nom avant de renommer la page ; faites-en autant.

En renommant une page avec une chaîne de caractères vide, la page redevient « non-renommée ».

Ajouter une nouvelle page

La fonction insertNewByIndex de l'objet DrawPages sert à créer une nouvelle page vierge après une page existante (selon l'ordre des vignettes). Cette méthode prend pour argument l'index de la page de référence, index compté à partir de zéro. Comme la nouvelle page n'a pas encore été renommée, elle aura pour nom Diapo n. La valeur n sera égal à l'index de la page de référence, plus 2. Si la valeur de l'argument est hors limites, par exemple négative, la page sera ajoutée à la fin. Il n'est pas vraiment pratique d'insérer une page à une position, car l'utilisateur peut modifier la structure du document. Il est plus sûr de se positionner par rapport à une page dont on connaît le nom. La position d'une page Draw est exposée par sa propriété Number, qui vaut 1 pour la première page, alors que nous avons besoin d'un index débutant à zéro.

> **Insérer en première position**
>
> Il n'est pas possible d'insérer une page Draw avant la première page actuelle.

La fonction insertNewByIndex renvoie l'objet page nouvellement créé. Après avoir inséré la nouvelle page, nous la renommons ; ensuite nous énumérons les pages du document.

```
rem Code10-01.odg   bibli : Pages Module3
Option Explicit
```

```
Sub AjouterPage()
Dim monDocument As Object, lesPages As Object
Dim unePage As Object, P1 As Object
Dim nom1 As String, nom2 As String, idx As Long
monDocument = ThisComponent
lesPages = monDocument.DrawPages
Do
  nom1 = InputBox("Insérer après la page :")
  ' reposer la question en cas d'erreur
Loop Until lesPages.hasByName(nom1)
P1 = lesPages.getByName(nom1)
idx = P1.Number -1 ' position de la page "nom1"
nom2 = InputBox("La nouvelle page aura pour nom :")
' insérer à droite de la page "nom1"
unePage = lesPages.insertNewByIndex(idx)
unePage.Name = nom2 ' renommer la page créée
EnumererPages ' lister les pages du document
End Sub
```

Supprimer une page

La méthode remove de l'objet DrawPages supprime l'objet page fourni en argument. Cet exemple demande un nom de page à supprimer ; si la chaîne de caractères est nulle c'est que la demande est annulée ; autrement nous vérifions qu'une page de ce nom existe avant de la supprimer.

```
rem Code10-01.odg    bibli : Pages Module4
Option Explicit

Sub SupprimerPage()
Dim monDocument As Object, lesPages As Object, unePage As Object
Dim nom1 As String
monDocument = ThisComponent
lesPages = monDocument.DrawPages

Do
  nom1 = InputBox("Page à supprimer ?")
  if nom1 = "" then exit sub ' annulation, ne rien supprimer
  ' reposer la question en cas d'erreur
Loop Until lesPages.hasByName(nom1)
unePage = lesPages.getByName(nom1) ' récupérer l'objet page
lesPages.remove(unePage)' supprimer la page
End Sub
```

Dupliquer une page

L'objet document Draw permet de dupliquer une page existante, avec ses dessins, grâce à la méthode `duplicate`. Elle reçoit en argument l'objet page à dupliquer, et renvoie l'objet page créé. La nouvelle page sera insérée après la page de référence. Ici aussi, elle sera créée « non renommée ».

```
rem Code10-01.odg    bibli : Pages Module5
Option Explicit

Sub DupliquerPage()
Dim monDocument As Object, lesPages As Object
Dim unePage As Object, clone As Object, nom1 As String
monDocument = ThisComponent
lesPages = monDocument.DrawPages
Do
  nom1 = InputBox("Page à dupliquer ?")
  if nom1 = "" then exit sub ' annulation, ne pas dupliquer
  ' reposer la question en cas d'erreur
Loop Until lesPages.hasByName(nom1)
unePage = lesPages.getByName(nom1)

clone = monDocument.duplicate(unePage)
EnumererPages ' lister les pages du document
End Sub
```

Déplacer une page dans la liste des pages

Les fonctions de l'API ne permettent pas de modifier l'ordre des pages, alors que l'interface utilisateur peut le faire.

La page visible par l'utilisateur

La page visible dans l'interface utilisateur est appelée en anglais *current page* (page courante). Nous pouvons la récupérer avec la propriété `CurrentPage` de l'objet contrôleur associé au document. Pour rendre visible une autre page, il suffit de l'affecter à la propriété `CurrentPage`.

```
rem Code10-01.odg    bibli : Pages Module6
Option Explicit

Sub PageVisible()
Dim monDocument As Object, lesPages As Object, unePage As Object
Dim texte1 As String, nom2 As String
monDocument = ThisComponent
lesPages = monDocument.DrawPages
```

```
unePage = monDocument.CurrentController.CurrentPage
texte1 = "Page active : " & unePage.Name & chr(13)
nom2 = InputBox(texte1 & "Quelle page rendre active ?")
if lesPages.hasByName(nom2) then
  unePage = lesPages.getByName(nom2)
  monDocument.CurrentController.CurrentPage = unePage
end if
End Sub
```

Les arrière-plans

Draw peut utiliser des pages d'arrière-plan (en anglais *Master page*). Une page ordinaire est toujours liée à une page d'arrière-plan. Tout ce qui se trouve sur une page d'arrière-plan apparaîtra en fond pour les pages qui l'utilisent. L'interface utilisateur de Draw permet de changer l'arrière-plan d'une page en le choisissant parmi plusieurs modèles (cliquer avec le bouton droit sur la page, puis activer Page>Conception de diapo). Pour accéder au mode d'affichage arrière-plan, utiliser le menu Afficher>Masque. La version française appelle curieusement Masque ce qui est un arrière-plan. Dans cet affichage, le contenu d'un arrière-plan est affiché et le volet Pages liste maintenant les arrière-plans disponibles. Il est possible de les renommer, de supprimer un arrière-plan inutilisé, d'en créer d'autres.

Comme les arrière-plans sont gérés de manière un peu similaire aux pages, nous allons suivre la même démarche dans la description. Attention toutefois, il y a des différences.

Accéder aux arrière-plans existants

Nous accédons facilement à l'objet arrière-plan utilisé par une page grâce à la propriété MasterPage de celle-ci :

```
Dim arrPlan As Object
arrPlan = maPage.MasterPage
```

L'objet MasterPages (notez le s final) du document Draw est la collection des arrière-plans disponibles dans le document. Le nombre actuel d'arrière-plans est fourni par la propriété Count de l'objet MasterPages. On accède à un des arrière-plans par son numéro d'ordre avec la méthode getByIndex de la collection. Avec OOoBasic, le getByIndex peut être omis, comme si on indexait une variable tableau. L'index démarre à zéro. Le nom d'un arrière-plan nous est indiqué dans sa propriété Name. L'énumération des arrière-plans est calquée sur celle des pages. Le document du Zip téléchargeable comporte plusieurs arrière-plans pour être plus intéressant.

```
rem Code10-01.odg    bibli : MasterP Module1
Option Explicit

Sub EnumererArrierePlans()
Dim monDocument As Object, lesArrPlans As Object, unArrPlan As Object
Dim x As Long, nbP As Long
monDocument = ThisComponent
lesArrPlans = monDocument.MasterPages
nbP = lesArrPlans.Count
MsgBox("Nombre de pages d'arrière-plan : " & nbP)
for x = 0 to nbP -1
  unArrPlan = lesArrPlans(x)
  MsgBox("Arrière-plan de rang : " & x & chr(13) & _
        "Nom interne : " & unArrPlan.Name)
next
End Sub
```

Le nom initial d'un arrière-plan est localisé : avec une interface utilisateur en langue française, un arrière-plan inséré a pour nom Standard ; si ce nom existe, OpenOffice choisit Standard 1, puis Standard 2, etc. Si l'interface utilisateur est en langue anglaise, le nom initial est Default, Default 1, etc.

Ces noms initiaux sont gardés lorsque vous réouvrez le document avec une autre langue d'interface utilisateur. Si vous insérez dans un même document des arrière-plans à partir de différentes localisations d'OpenOffice, vous obtiendrez un joli mélange de noms, comme dans notre exemple.

Renommer un arrière-plan

Contrairement aux pages de dessin, la collection d'arrière-plans n'offre pas les méthodes getByName et hasByName. Seul l'accès par index est possible, aussi nous utiliserons une routine utilitaire, getIndexByName, que nous avons mise dans la bibliothèque Standard du document exemple. Elle renvoie l'index correspondant à un nom dans une collection.

```
rem Code10-01.odg    bibli : MasterP Module2
Option Explicit

Sub RenommerArrierePlan()
Dim monDocument As Object, lesArrPlans As Object
Dim unArrPlan As Object
Dim nom1 As String, nom2 As String, idx As Long
monDocument = ThisComponent
lesArrPlans = monDocument.MasterPages
```

```
nom1 = InputBox("Nom actuel de l'arrière-plan")
idx = getIndexByName(lesArrPlans, nom1)
if idx >= 0 then
  nom2 = InputBox("Nouveau nom pour l'arrière-plan")
  unArrPlan = lesArrPlans(idx) ' récupérer l'arrière-plan "nom1"
  unArrPlan.Name = nom2' renommer cet arrière-plan
  EnumererArrierePlans
else
  MsgBox("Cet arrière-plan n'existe pas", 16)
end if
End Sub
```

La routine getIndexByName renvoie un index négatif en cas d'échec. En cas de succès, l'index est supérieur ou égal à zéro.

```
rem Code10-01.odg    bibli : Standard module Utilitaires
Option Explicit

' renvoie l'index de l'élément ayant le nom donné en argument
Function getIndexByName(collection As Object, leNom As String) As Long
Dim x As Long
for x = 0 to collection.Count -1
  if collection(x).Name = leNom then
    getIndexByName = x ' renvoyer l'index correspondant au nom
    Exit Function
  end if
next
getIndexByName = -1 ' valeur d'index hors limites
End Function
```

> **PIÈGE Vérifiez le nouveau nom d'arrière-plan**
>
> La fonction API de renommage n'effectue aucun contrôle, contrairement à l'interface utilisateur. Ainsi, elle accepte sans sourciller un nom d'arrière-plan existant ! Vous obtenez alors deux ou plusieurs arrière-plans du même nom. Assurez-vous aussi que le nouveau nom n'est pas une chaîne de longueur nulle.

Ajouter un arrière-plan

La fonction insertNewByIndex de l'objet MasterPages sert à créer un nouvel arrière-plan vierge *à la position* d'un arrière-plan existant (selon l'ordre des onglets). Cette méthode prend pour argument l'index de la page de référence. Si la valeur de l'argument est supérieure ou égale au nombre d'arrière-plans existants, la page sera ajoutée à la fin. La fonction insertNewByIndex renvoie l'objet page nouvellement créé.

Comme tout nouvel arrière-plan, il aura le nom par défaut commençant par Standard (si l'interface utilisateur est en français). Nous le renommerons donc aussitôt. L'ordre d'un arrière-plan dans la collection n'ayant aucune importance, nous simplifierons l'exemple en le positionnant en tête. Puis, nous listerons l'ensemble de la collection.

```
rem Code10-01.odg    bibli : MasterP Module3
Option Explicit

Sub AjouterArrierePlan()
Dim monDocument As Object, lesArrPlans As Object, unArrPlan As Object
Dim nom As String
monDocument = ThisComponent
lesArrPlans = monDocument.MasterPages

nom = InputBox("Nom de l'arrière-plan à créer")
' insérer en première place
unArrPlan = lesArrPlans.insertNewByIndex(0)
unArrPlan.Name = nom ' renommer l'arrière-plan
EnumererArrierePlans
End Sub
```

Supprimer un arrière-plan

La méthode remove de l'objet MasterPages supprime l'objet arrière-plan fourni en argument.

```
rem Code10-01.odg    bibli : MasterP Module4
Option Explicit

Sub SupprimerArrierePlan()
Dim monDocument As Object, lesArrPlans As Object, unArrPlan As Object
Dim nom1 As String, idx As Long
monDocument = ThisComponent
lesArrPlans = monDocument.MasterPages

Do
  nom1 = InputBox("Arrière-plan à supprimer ?")
  if nom1 = "" then exit sub ' annulation, ne rien supprimer
  ' reposer la question en cas d'erreur
  idx = getIndexByName(lesArrPlans, nom1)
Loop Until idx >= 0
' récupérer l'arrière-plan
unArrPlan = lesArrPlans(idx)
lesArrPlans.remove(unArrPlan)' supprimer l'arrière-plan
End Sub
```

Il n'est pas possible de supprimer un arrière-plan utilisé par une des pages du document. La méthode remove ne déclenche pas d'erreur, mais ne fait rien.

Dupliquer un arrière-plan

Il n'existe pas de fonction permettant de dupliquer un arrière-plan.

Déplacer un arrière-plan dans la liste des arrière-plans

Il n'existe pas de fonction permettant de déplacer un arrière-plan dans la liste. Ce n'est pas non plus possible avec l'interface utilisateur.

Affecter un arrière-plan à une page

L'arrière-plan utilisé par une page est exposé par sa propriété MasterPage (notez le singulier). Pour que la page utilise un autre arrière-plan, il suffit de modifier cette propriété. La macro ci-dessous reprend des séquences déjà vues ; la seule instruction nouvelle est à la fin.

```
rem Code10-01.odg    bibli : MasterP Module5
Option Explicit

Sub AffecterArrierePlanAPage()
Dim monDocument As Object, unePage As Object, lesPages As Object
Dim unArrPlan As Object, lesArrPlans As Object
Dim idx As Long, nomP As String, nomArr As String
monDocument = ThisComponent

lesPages = monDocument.DrawPages
Do
  nomP = InputBox("Nom de la page ?")
  if nomP = "" then exit sub ' annulation, ne rien supprimer
  ' reposer la question en cas d'erreur
Loop Until lesPages.hasByName(nomP)
unePage = lesPages.getByName(nomP)

lesArrPlans = monDocument.MasterPages
Do
  nomArr = InputBox("Arrière-plan à appliquer ?")
  if nomArr = "" then exit sub ' annulation, ne rien supprimer
  idx = getIndexByName(lesArrPlans, nomArr)
  ' reposer la question en cas d'erreur
Loop Until idx >= 0
unArrPlan = lesArrPlans(idx)
' appliquer l'arrière-plan choisi à la page choisie
unePage.MasterPage = unArrPlan
End Sub
```

Nous avons signalé qu'il n'est pas possible de supprimer un arrière-plan utilisé par une des pages du document. Le seul moyen de vérifier qu'un arrière-plan n'est pas utilisé est de balayer toutes les pages et de vérifier l'arrière-plan que chacune utilise.

Les couches

Ici aussi nous allons trouver des mécanismes similaires de gestion de « page », mais encore différents. Notez que la notion de couches existe seulement pour Draw, pas Impress.

Accéder aux couches existantes

L'objet LayerManager (anglais pour gestionnaire de couches) est la collection des couches d'un document Draw. Le nombre actuel de couches est fourni par la propriété Count de l'objet LayerManager. On accède à une des couches par son numéro d'ordre avec la méthode getByIndex de la collection. Avec OOoBasic, le getByIndex peut être omis, comme si on indexait une variable tableau. L'index démarre à zéro. Le nom d'une couche nous est indiqué dans sa propriété Name. L'énumération des couches est calquée sur celle des pages. Le document du Zip téléchargeable comporte plusieurs couches pour être plus intéressant.

```
rem Code10-01.odg    bibli : Couches Module1
Option Explicit

Sub EnumererCouches()
Dim monDocument As Object, lesCouches As Object, uneCouche As Object
Dim x As Long, nbP As Long
monDocument = ThisComponent

lesCouches = monDocument.LayerManager
nbP = lesCouches.Count
MsgBox("Nombre de couches : " & nbP)
for x = 0 to nbP -1
  uneCouche = lesCouches(x)
  MsgBox("Couche de rang : " & x & chr(13) & _
        "Nom interne : " & uneCouche.Name)
next
End Sub
```

En exécutant la macro vous constatez que les couches prédéfinies affichent des noms internes, qui sont en anglais :

- layout = mise en page
- controls = contrôles

- measurelines = lignes de cote
- background = arrière-plan
- backgroundobjects = objets d'arrière-plan

Les couches et l'interface utilisateur

L'interface utilisateur n'affiche pas toutes les couches existantes. La couche Objets d'arrière-plan n'est visible qu'en affichage Masque. La couche Arrière-plan n'est jamais visible. Il en résulte que l'ordre des onglets des couches ne reflète pas l'ordre dans la collection LayerManager.

Les noms des couches prédéfinies apparaissent sur les onglets dans la langue de l'interface utilisateur, mais le nom interne est en anglais. Cependant, la fonction hasByName reconnaît aussi le nom localisé.

Information

Avec l'interface anglaise, les onglets des couches par défaut ont aussi un nom différent du nom interne.

Renommer une couche

Comme pour les pages de dessin, le gestionnaire de couches expose les méthodes getByName et hasByName.

```
rem Code10-01.odg    bibli : Couches Module2
Option Explicit

Sub RenommerCouche()
Dim monDocument As Object, lesCouches As Object, uneCouche As Object
Dim nom1 As String, nom2 As String, idx As Long
monDocument = ThisComponent
lesCouches = monDocument.LayerManager

nom1 = InputBox("Nom actuel de la couche")
if lesCouches.hasByName(nom1) then
  nom2 = InputBox("Nouveau nom pour la couche")
  uneCouche = lesCouches.getByName(nom1)
  uneCouche.Name = nom2 ' renommer cette couche
  EnumererCouches ' lister les couches du document
else
  MsgBox("Cette couche n'existe pas", 16)
end if
End Sub
```

> PIÈGE **Vérifiez le nouveau nom de couche**
>
> La fonction API de renommage n'effectue aucun contrôle, contrairement à l'interface utilisateur. Ainsi, elle accepte sans sourciller un nom de couche existant ! Vous obtenez alors deux ou plusieurs couches du même nom. L'interface utilisateur, au contraire, vérifie le nom avant de renommer la page ; faites-en autant. Assurez-vous aussi que le nouveau nom n'est pas une chaîne de longueur nulle, ni identique à celui d'une des couches par défaut.

Ajouter une couche

La fonction `insertNewByIndex` de l'objet `LayerManager` sert à créer une nouvelle couche vierge *à la position* d'une couche existante (selon l'ordre interne des couches, pas l'ordre des onglets visibles). Cette méthode prend pour argument l'index de la couche de référence. Comme la nouvelle couche n'a pas encore été renommée, elle aura pour nom `CoucheN` avec pour `N` un numéro égal au nombre total d'onglets visibles en mode d'affichage Normal. Si la valeur de l'argument est supérieure ou égale au nombre de couches existantes, la nouvelle sera ajoutée à la fin. La fonction `insertNewByIndex` renvoie l'objet page nouvellement créé.

```
Rem Code10-01.odg    bibli : Couches Module3
Option Explicit

Sub AjouterCouche()
Dim monDocument As Object, lesCouches As Object, uneCouche As Object
Dim nom1 As String, nom2 As String, idx As Long
monDocument = ThisComponent
lesCouches = monDocument.LayerManager

Do
  nom1 = InputBox("Insérer à l'emplacement de la couche :")
  ' reposer la question en cas d'erreur
Loop Until lesCouches.hasByName(nom1)
' position de la couche "nom1"
idx = getIndexByName(lesCouches, nom1)
nom2 = InputBox("La nouvelle couche aura pour nom :")
' insérer à la position de la couche "nom1"
uneCouche = lesCouches.insertNewByIndex(idx)
uneCouche.Name = nom2 ' renommer la couche créée
EnumererCouches ' lister les couches du document
End Sub
```

Pour obtenir l'index d'une couche connaissant son nom, nous emploierons la routine utilitaire `getIndexByName` que nous avons décrite plus haut, à propos des arrière-plans.

> **Nom initial des couches**
>
> Le nom initial choisi par OpenOffice dépend de la langue de l'interface utilisateur. Dans la version française d'OpenOffice, une couche insérée a pour nom CoucheN. Dans la version anglaise d'OpenOffice, le nom initial est LayerN. Ces noms initiaux sont conservés lorsque vous ouvrez le document dans une autre version localisée. Si vous insérez dans un même document des couches à partir de différentes localisations d'OpenOffice, vous obtiendrez un joli mélange de noms.

Supprimer une couche

La méthode remove, de l'objet LayerManager, supprime l'objet couche fourni en argument. Un bogue (Issue 90705) rend cette fonction inefficace si elle est exécutée depuis l'EDI. Exécutez la macro depuis le document Draw.

```
rem Code10-01.odg    bibli : Couches Module4
Option Explicit

Sub SupprimerCouche()
Dim monDocument As Object, lesCouches As Object, uneCouche As Object
Dim nom1 As String
monDocument = ThisComponent
lesCouches = monDocument.LayerManager

Do
  nom1 = InputBox("Couche à supprimer ?")
  if nom1 = "" then exit sub ' annulation, ne rien supprimer
  ' reposer la question en cas d'erreur
Loop Until lesCouches.hasByName(nom1)
uneCouche = lesCouches.getByName(nom1)
lesCouches.remove(uneCouche)
End Sub
```

Il est possible de supprimer une couche utilisée par des formes (dessins) du document. Celles-ci disparaissent avec la couche.

> **PIÈGE Couches par défaut**
>
> Il est possible par programmation de supprimer les pages par défaut. OpenOffice.org manifeste ensuite sa désapprobation avec une erreur logicielle et un plantage à la fermeture du fichier ! Donc, ne faites pas ça.

Dupliquer une couche

Il n'existe pas de fonction permettant de dupliquer une couche.

Déplacer une couche dans la liste des arrière-plans

Il n'existe pas de fonction permettant de déplacer une couche dans la liste. Ce n'est pas non plus possible avec l'interface utilisateur.

Les propriétés d'une couche

En dehors de la propriété Name, de type String, que nous avons déjà utilisée, une couche dispose de trois autres propriétés intéressantes, toutes de type Boolean qu'on peut lire et modifier :

- IsLocked : si True, la couche est verrouillée.
- IsPrintable : si True, les objets de la couche sont imprimables.
- IsVisible : si True, les objets de la couche sont visibles.

La macro doit être exécutée depuis la fenêtre Draw, et non depuis l'EDI. Modifiez ces propriétés de la manière suivante :

```
uneCouche.IsVisible = False ' rendre la couche invisible
ThisComponent.CurrentController.IsMasterPageMode = False
```

La deuxième instruction a pour but de rendre effectif en affichage la modification de la propriété, pour les couches prédéfinies. C'est un contournement du bogue Issue 97955. Avec l'interface utilisateur, l'onglet d'une couche invisible change de couleur ; ce n'est pas le cas pour un changement par programme.

Changement du mode d'affichage

Le mode d'affichage Normal, ou Masque (arrière-plan) dépend de l'indicateur booléen IsMasterPageMode de l'objet CurrentController . Le mettre à True permet de passer au mode Masque.

```
ThisComponent.CurrentController.IsMasterPageMode = True
```

Bogues

En principe, il devrait être possible de changer l'arrière-plan visible en modifiant la propriété CurrentPage de l'objet CurrentController. En réalité, l'effet est imprévisible en raison de différents bogues.

Les propriétés d'une page de dessin

Le tableau 10-1 liste les principales propriétés d'une page de dessin. Les arrière-plans ont les mêmes propriétés, excepté bien sûr `MasterPage` qui n'existe pas.

Tableau 10–1 Propriétés d'une page de dessin

Propriété	Type	Signification
Name	String	Nom interne de la page.
LinkDisplayName	String	Nom de la page, pour l'utilisateur.
BorderLeft	Long	Marge de gauche en 1/100 de mm.
BorderRight	Long	Marge de droite en 1/100 de mm.
BorderTop	Long	Marge du haut en 1/100 de mm.
BorderBottom	Long	Marge du bas en 1/100 de mm.
Height	Long	Hauteur totale de la page en 1/100 de mm.
Width	Long	Largeur totale de la page en 1/100 de mm.
Number	Integer	Rang de la page dans l'ordre des vignettes du volet Pages de la fenêtre Draw. Numérotation à partir de 1 ; en lecture seulement.
Orientation	Long	Orientation de la page à l'impression, constante nommée.
MasterPage	Object	Arrière-plan utilisé par la page.
Count	Long	Nombre de formes sur la page.
Forms	Object	Collection des formes sur la page.

La propriété `Orientation` ne concerne que l'impression, elle ne change pas la visualisation de la page. Elle ne peut prendre que deux valeurs :

```
com.sun.star.view.PaperOrientation.PORTRAIT
com.sun.star.view.PaperOrientation.LANDSCAPE
```

Attention à la casse ! Les constantes nommées doivent être écrites en respectant les majuscules et minuscules.

> **À retenir**
>
> Toutes les pages de dessin d'un document Draw ou Impress utilisent les mêmes valeurs pour `Height`, `Width`, `Orientation`. Modifier l'une de ces valeurs dans une page change toutes les pages du document.

Les commentaires de page de dessin

Depuis la version 3.2 d'OpenOffice.org l'utilisateur peut insérer un commentaire sur une page de dessin. L'API n'est pas encore documentée, mais semble assez avancée.

Chaque page de dessin peut énumérer les commentaires qu'elle renferme. Ceci nécessite une boucle de programme.

```
rem Code10-08.odg    bibli : Commenter Module1
Option Explicit

Sub LireCommentaires()
Dim monDocument As Object, maPage As Object
Dim enumNotes As Object, laNote As Object
monDocument = ThisComponent
maPage = monDocument.DrawPages.getByName("alpha")
enumNotes = maPage.createAnnotationEnumeration()
Do While enumNotes.hasMoreElements
  laNote = enumNotes.nextElement
  voirLeCommentaire(laNote)
  if MsgBox("Changer le texte du commentaire ?", 4) = 6 then
    laNote.TextRange.String = "Ceci est modifié le" & chr(13) & Now
  end if
Loop
End Sub

Sub voirLeCommentaire(laNote As Object)
Dim cr As String, d As Date, dt As Object
cr = chr(13) ' fin de ligne
dt = laNote.DateTime
With dt
  d = DateSerial(.Year, .Month, .Day) _
  + TimeSerial(.Hours, .Minutes, .Seconds)
End With
MsgBox("Auteur du commentaire : " & laNote.Author & cr & _
  "Date du commentaire : "    & d & cr & _
  "Texte du commentaire : " & cr & laNote.TextRange.String)
End Sub
```

La méthode createAnnotationEnumeration renvoie un objet énumérateur. La boucle While teste si le conteneur peut encore fournir un élément et le récupère : chaque élément est un commentaire Draw/Impress, qui est affiché avec un petit sous-programme que nous réutiliserons. La date du commentaire est une structure com.sun.star.util.DateTime. Pour l'afficher, nous convertissons son contenu en une donnée du type Basic Date. Le nom de l'auteur est la propriété Author, de type String.

Le texte du commentaire peut être formaté. La propriété TextRange renvoie un objet de texte similaire à celui de Writer. Pour un simple affichage, on se contente de la propriété String de l'objet texte qui donne le texte complet en chaîne de caractères. Pour écrire un simple texte de commentaire, il suffit de changer la valeur de cette propriété String.

L'insertion d'un commentaire se fait en deux temps : d'abord insérer un commentaire vide grâce à la méthode createAndInsertAnnotation, puis le remplir, comme on le voit dans l'exemple suivant.

```
rem Code10-08.odg   bibli : Commenter Module2
Option Explicit

Sub creerCommentaire()
Dim monDocument As Object, maPage As Object
Dim laNote As Object
Dim dt As New com.sun.star.util.DateTime
monDocument = ThisComponent
maPage = monDocument.DrawPages.getByName("beta")
laNote = maPage.createAndInsertAnnotation()
laNote.TextRange.String = "Figures géométriques"
laNote.Author = "Giovanni Battista Pergolesi"
With dt
  .Year = 1967 : .Month = 5 : .Day = 27
  .Hours = 18 : .Minutes = 55 : .Seconds = 1
End With
laNote.DateTime = dt
End Sub
```

La suppression d'un commentaire utilise la méthode removeAnnotation comme le montre ce dernier exemple.

```
rem Code10-08.odg   bibli : Commenter Module3
Option Explicit

Sub supprimerCommentaire()
Dim monDocument As Object, maPage As Object
Dim enumNotes As Object, laNote As Object
monDocument = ThisComponent
maPage = monDocument.DrawPages.getByName("beta")
enumNotes = maPage.createAnnotationEnumeration()
Do While enumNotes.hasMoreElements
  laNote = enumNotes.nextElement
  voirLeCommentaire(laNote)
  if MsgBox("Supprimer ce commentaire ?", 4) = 6 then
    maPage.removeAnnotation(laNote)
  end if
Loop
End Sub
```

Dessiner une forme

Nous appellerons forme (en anglais *shape*) un dessin élémentaire, par exemple un rectangle ou une ellipse. Ne confondez pas avec l'anglais *form*, qui désigne un formulaire dans le jargon OpenOffice.org.

Les formes sont dessinées sur une page de dessin, c'est-à dire une page ordinaire de Draw ou une diapo d'Impress, ou un arrière-plan.

Dessiner une forme consiste à ajouter une nouvelle forme sur une page de dessin ou sur un arrière-plan. Voici un exemple, les commentaires suivent.

```
rem Code10-02.odg    bibli : Ajouter Module1
Option Explicit

Sub AjouterEllipse()
Dim monDocument As Object, maPage As Object, maForme As Object
Dim dimensionsForme As New com.sun.star.awt.Size
Dim positionForme As New com.sun.star.awt.Point
monDocument = ThisComponent
maPage = monDocument.DrawPages.getByName("Dessin1")

maForme = monDocument.createInstance(_
        "com.sun.star.drawing.EllipseShape")
dimensionsForme.Width = 13400  ' 134 mm de large
dimensionsForme.Height = 2530  ' 25,3 mm de haut
positionForme.x = 2500  ' 25 mm à droite du coin de la page
positionForme.y = 5300  ' 53 mm en dessous du coin de la page

maForme.Size = dimensionsForme
maForme.Position = positionForme
maPage.add(maForme)
End Sub
```

Dans un premier temps, nous obtenons une forme virtuelle grâce à la fonction createInstance de l'objet document. Nous avons choisi une ellipse, mais d'autres variantes de formes existent. Avant de l'ajouter sur la page, il faut la dimensionner et préciser où elle sera positionnée. Ceci est réalisé avec deux structures que nous retrouverons souvent.

Les dimensions d'une forme (*size* en anglais) sont celles du rectangle qui l'englobe. Pour les indiquer, nous avons besoin d'une structure com.sun.star.awt.Size (voir le tableau 10-2).

Tableau 10–2 Structure Size

Élément	Type	Signification
Width	Long	Largeur, en 1/100 de mm.
Height	Long	Hauteur, en 1/100 de mm.

La position d'une forme est définie par les distances horizontale et verticale entre le coin en haut à gauche de la page de dessin et le coin du haut à gauche du rectangle qui englobe la forme. Pour indiquer une position, nous utilisons une structure com.sun.star.awt.Point (voir le tableau 10-3).

Tableau 10–3 Structure Point

Élément	Type	Signification
X	Long	Position horizontale, en 1/100 de mm.
Y	Long	Position verticale, en 1/100 de mm.

> À RETENIR **Position dans l'interface utilisateur**
>
> Les coordonnées de position affichées par l'interface utilisateur se réfèrent au coin en haut à gauche de la zone imprimable de la page. Il y a donc une différence, correspondant aux marges horizontale et verticale.

Une fois ces deux structures remplies, nous les copions sur les propriétés Size et Position de l'objet forme. Avant de définir d'autres propriétés, que nous décrirons plus loin, il faut ajouter notre forme virtuelle sur la page grâce à sa méthode add. La forme apparaît. Il est encore possible de modifier les propriétés de position et dimension de la forme après l'avoir ajoutée.

Pour ajouter une forme à un arrière-plan, la seule différence par rapport au paragraphe précédent est qu'il faut utiliser la méthode add de l'arrière-plan au lieu de celle de la page de dessin.

Les différents types de forme (rectangle, ellipse, etc.) sont décrits plus loin. Auparavant, nous allons voir comment retrouver une forme existante.

Trouver une forme existante

Trouver une forme nommée

L'utilisateur peut nommer une forme (cliquer avec le bouton droit sur la forme sélectionnée). En fait, il peut nommer ainsi tout objet sur la page. Le nom de la forme est exposé dans sa propriété Name, de type String. Par programmation, nommer une forme se fait très simplement :

```
maForme.Name = "Ma première forme"
```

> **PIÈGE Noms des objets sur une page**
>
> Avec l'interface utilisateur il est impossible de donner le même nom à deux objets (dessin, image, etc.) sur une même page. Par contre l'API n'effectue aucun contrôle quand vous modifiez la propriété Name !

Une page de dessin est un conteneur de formes. Malheureusement, ce conteneur ne sait pas retrouver une forme par son nom, mais seulement par un index avec la méthode getByIndex de la page Draw. Avec OOoBasic, le getByIndex peut être omis, comme si on indexait une variable tableau. Voici un exemple :

```
maForme = maPage(3)
```

Ceci ne nous avance pas beaucoup, car nous ne connaissons pas l'ordre des dessins dans l'objet page. Pire, les objets récupérés par getByIndex ne sont pas uniquement des formes, mais aussi des images ou d'autres objets graphiques. Nous allons utiliser une fonction utilitaire de l'annexe B, la fonction FindObjectByName, qui prend comme argument l'objet page de dessin et le nom du dessin recherché. Elle explore la collection des formes et images et retourne l'objet qui a le nom demandé. En cas d'échec, la fonction renvoie un objet Null.

Un exemple typique, que nous retrouverons souvent dans la section consacrée aux propriétés des formes, est reproduit ci-dessous. Nous obtenons directement la page nommée Dessin3, puis nous utilisons FindObjectByName pour obtenir l'objet forme nommé F4 qui se trouve dans cette page.

```
Dim monDocument As Object, maPage As Object, maForme As Object
monDocument = ThisComponent
maPage = monDocument.DrawPages.getByName("Dessin3")
maForme = FindObjectByName(maPage, "F4")
```

La routine FindObjectByName est recopiée dans la bibliothèque Standard des documents exemples qui l'utilisent.

Trouver les formes sélectionnées par l'utilisateur

S'il y a sélection, les éléments sélectionnés sont obligatoirement sur la page de dessin visible. Or, nous savons déjà retrouver la page visible. L'objet CurrentSelection, exposé par le document Draw ou Impress, nous fournit la collection des formes sélectionnées par l'utilisateur. Mais attention, s'il n'a rien sélectionné, cet objet est Null. Chaque objet sélectionné est accessible par la méthode getByIndex de la collection, ou en Basic par une simple indexation.

Ces remarques sont mises en œuvre dans le code suivant, qui affiche le texte de chacune des formes sélectionnées.

```
rem Code10-04.odg   bibli : Selections Module1
Option Explicit

Sub SelectionsUtilisateur()
Dim monDocument As Object, maPage As Object
Dim lesFormes As Object, maForme As Object, n As Long
monDocument = ThisComponent
maPage = monDocument.CurrentController.CurrentPage
lesFormes = monDocument.CurrentSelection
if IsNull(lesFormes) then
  print "Aucune sélection !"
else
  for n = 0 to lesFormes.Count -1
    maForme = lesFormes(n)
    print n, maForme.Text.String
  next
end if
End Sub
```

Vous remarquerez en faisant des essais que l'ordre des formes dans la collection n'est pas toujours identique à l'ordre des sélections.

Sélectionner visiblement une forme

Supposons que nous ayons besoin de sélectionner une forme nommée unTriangle qui se trouve dans la page nommée Dessins du document. En sélectionnant la forme avec la méthode select de l'objet CurrentController, la page est automatiquement rendue visible.

```
rem Code10-04.odg   bibli : Selections Module2
Option Explicit

Sub SelectionnerForme()
Dim monDocument As Object, maPage As Object, maForme As Object
monDocument = ThisComponent
maPage = monDocument.DrawPages.getByName("Dessins")
maForme = FindObjectByName(maPage, "unTriangle")
if IsNull(maForme) then
  print "Il n'existe aucune forme de ce nom"
else
  monDocument.CurrentController.select(maForme)
end if
End Sub
```

Lister les formes d'une page

L'ensemble des formes (et images) d'une page est disponible dans une collection gérée par la page. La propriété Count de l'objet page nous renseigne sur le nombre d'objets sur la page et, grâce à Basic, nous avons accès à chacun d'eux par simple indexation de l'objet page.

Dans cet exemple, nous allons énumérer les formes ordinaires d'une page. Nous éviterons de lister les autres objets éventuels (image, diagramme, dessin 3D), en testant si le service LineProperties est supporté. Nous afficherons le type de chaque forme en utilisant la propriété ShapeType.

```
rem Code10-04.odg   bibli : Selections Module6
Option Explicit

Sub EnumererFormes2D()
Dim monDocument As Object, maPage As Object
Dim lesFormes As Object, maForme As Object
Dim nomP As String, n As Long
' rechercher seulement les formes 2D
Const serv = "com.sun.star.drawing.LineProperties"
monDocument = ThisComponent
nomP = InputBox("Donnez un nom de page")
if not monDocument.DrawPages.hasByName(nomP) then exit sub
maPage = monDocument.DrawPages.getByName(nomP)
for n = 0 to maPage.Count -1
  maForme = maPage(n)
  if maForme.supportsService(serv) then
    monDocument.CurrentController.select(maForme)
    MsgBox("Forme " & n & chr(13) & "Type = " & _
       maForme.ShapeType & chr(13) & " Nom = " & maForme.Name)
  end if
next
monDocument.CurrentController.select(Null) ' plus de sélection
End Sub
```

Supprimer une forme

La méthode remove de l'objet page de dessin supprime la forme fournie en argument.

```
rem Code10-02.odg   bibli : Ajouter Module2
Option Explicit

Sub SupprimerForme()
Dim monDocument As Object, maPage As Object
```

```
Dim lesFormes As Object, maForme As Object
monDocument = ThisComponent
lesFormes = monDocument.DrawPages
maPage = lesFormes.getByName("Dessin2")
maForme = FindObjectByName(maPage, "cube1")
maPage.remove(maForme)
End Sub
```

Le principe est identique pour supprimer une forme d'une couche ou d'un arrière-plan.

Propriétés des formes

Pour manipuler les propriétés d'une forme, nous utiliserons des formes nommées dans une page de dessin du document `Code10-02.odg`. Si vous créez une forme, commencez par l'insérer dans la page avant de modifier ses propriétés.

Type de la forme

La propriété `ShapeType`, de type `String`, indique le type de la forme. Exemple :

```
"com.sun.star.drawing.EllipseShape"
```

La liste des différents types de formes possibles est indiquée au tableau 10-25 de la section « Les différentes formes ».

Position et taille de la forme

La position d'une forme est définie par sa propriété `Position`, tandis que la taille de la forme est définie par sa propriété `Size`. Nous avons détaillé ces propriétés à la section « Dessiner une forme ». Vous pouvez naturellement modifier ces valeurs pour toute forme existante.

Une forme possède deux propriétés de type `Boolean` qui interdisent à l'utilisateur de modifier la taille ou la position si vous leur affectez la valeur `True` :

- `SizeProtect` interdit de modifier la taille.
- `MoveProtect` interdit de déplacer la forme.

Mais par programmation vous pouvez toujours modifier taille et position.

Les liens entre forme et couche

Toute forme est associée à une couche, et une seule. Si vous n'avez pas défini de couche particulière, une forme d'une page de dessin est associée à la couche layout (c'est l'onglet **Mise en page**, en mode d'affichage normal).

La forme expose deux propriétés :

- LayerName, de type String, est le nom interne de la couche associée.
- LayerID, de type Integer, est le rang interne de la couche associée.

De son côté, le gestionnaire de couches (aussi appelé LayerManager), indique dans quelle couche se trouve une forme avec la fonction getLayerForShape. Cette dernière reçoit en argument un objet forme et renvoie un objet couche.

L'exemple qui suit liste, pour chaque forme de la page de dessin, le nom de la forme et le nom de la couche associée, obtenu des deux manières.

```
rem Code10-02.odg    bibli : CoucheForme Module1
Option Explicit

Sub AfficherCoucheDesObjets()
Dim monDocument As Object, maPage As Object, maForme As Object
Dim lesCouches As Object, maCouche As Object, x As Long
monDocument = ThisComponent
lesCouches = monDocument.LayerManager
maPage = monDocument.DrawPages.getByName("Dessin4")
for x = 0 to maPage.Count -1 ' toutes les formes de la page
  maForme = maPage(x)
  maCouche = lesCouches.getLayerForShape(maForme)
  ' deux manières de trouver le nom de la couche
  print maForme.Name, maCouche.Name, maForme.LayerName
next
End Sub
```

Pour associer une forme à une autre couche l'API nous offre encore deux moyens :

- changer le nom de la couche dans la propriété LayerName de la forme ;
- utiliser la méthode attachShapeToLayer du gestionnaire de couches.

Nous allons utiliser la première manière pour modifier l'affectation des formes sélectionnées par l'utilisateur. Exceptée la ligne concernant l'association, la macro utilise des principes décrits dans les sections précédentes.

```
rem Code10-02.odg    bibli : CoucheForme Module2
Option Explicit

Sub AssocierFormeAcouche()
Dim monDocument As Object, f As Long, nc As String
```

```
Dim lesFormes As Object, maForme As Object
Dim lesCouches As Object, maCouche As Object
monDocument = ThisComponent
lesCouches = monDocument.LayerManager
Do
  nc = InputBox("Nom de la couche à associer" & chr(13) & _
                " aux formes sélectionnées")
Loop Until lesCouches.hasByName(nc)
lesFormes = monDocument.CurrentSelection
if IsNull(lesFormes) then exit sub
for f = 0 to lesFormes.Count -1 ' les formes sélectionnées
  maForme = lesFormes(f)
  maForme.LayerName = nc' associer à la couche choisie
next
End Sub
```

La deuxième manière se ferait ainsi :

```
lesCouches.attachShapeToLayer(maForme, lesCouches.getByName(nc))
```

Le contour de la forme

Le contour d'une forme utilise les propriétés de ligne, dont le tableau 10-4 liste les principales. Certaines de ces propriétés sont expliquées plus en détail dans le texte. Si vous souhaitez étudier précisément les possibilités de ligne, consultez dans l'API la page sur le service : com.sun.star.drawing.LineProperties.

Tableau 10–4 Propriétés de ligne

Propriété	Type	Signification
LineStyle	Long	Genre de la ligne ; constante nommée (voir le tableau 10-5).
LineColor	Long	Couleur de la ligne.
LineWidth	Long	Largeur de la ligne, en 1/100 de mm.
LineTransparence	Integer	Pourcentage de transparence, entre 0 (opaque) et 100 (transparent).
LineJoint	Long	Dessin des angles de la forme ; constante nommée (voir le tableau 10-6).
LineDashName	String	Nom d'un tireté prédéfini.
LineDash	Object	Structure décrivant le tireté (voir le tableau 10-7).

Le genre de la ligne, LineStyle, peut prendre les valeurs du tableau 10-5. Ce sont des constantes nommées de la forme :

```
com.sun.star.drawing.LineStyle.SOLID
```

Tableau 10–5 Constantes de LineStyle

Constante	Signification
NONE	Pas de ligne, donc pas de contour apparent.
SOLID	Ligne continue (valeur par défaut).
DASH	Ligne tiretée.

La propriété `LineJoint` correspond à **Style d'angle** dans le panneau de propriétés de ligne de l'interface utilisateur, et indique comment abouter deux lignes épaisses de la même forme (ligne brisée, contour d'un rectangle ou d'un polygone). Elle contient une constante nommée dont les valeurs possibles sont listées dans le tableau 10-6. Exemple de valeur :

```
com.sun.star.drawing.LineJoint.MITER
```

Tableau 10–6 Constantes de LineJoint

Constante	Adaptation du bout de ligne
NONE	Les deux traits sont juxtaposés sans adaptation.
MIDDLE	Comme BEVEL (constante non utilisée).
BEVEL	Un angle biseauté est dessiné à l'intersection.
MITER	Un angle vif est dessiné à l'intersection.
ROUND	Un angle arrondi est dessiné à l'intersection.

Les lignes tiretées

Les difficultés apparaissent avec les lignes tiretées, qui utilisent de nombreux paramètres. Le plus simple pour indiquer quel tireté est à utiliser serait de remplir la propriété `LineDashName` avec le nom d'un tireté existant. Malheureusement, ces noms prédéfinis ou personnalisés ne sont pas correctement intégrés dans le document. Après divers essais et déboires, nous déconseillons son utilisation.

La propriété `LineDash` décrit précisément le tiret. C'est une structure décrite au tableau 10-7.

Tableau 10–7 Éléments de définition d'un tireté de ligne

Élément	Type	Signification
Style	Long	Forme du tiret ; constante nommée (voir le tableau 10-8).
Dots	Integer	Nombre de points dans le tireté.
DotLen	Long	Longueur d'un point, en 1/100 de mm.
Dashes	Integer	Nombre de tirets dans le tireté.

Tableau 10–7 Éléments de définition d'un tireté de ligne (suite)

Élément	Type	Signification
DashLen	Long	Longueur d'un tiret, en 1/100 de mm.
Distance	Long	Distance entre les points ou les tirets, en 1/100 de mm.

La forme du tiret (élément Style de la propriété Linedash) est une constante nommée dont les valeurs possibles sont listées dans le tableau 10-8. Exemple de valeur :

```
com.sun.star.drawing.DashStyle.RECT
```

Tableau 10–8 Constantes de DashStyle

Constante	Signification
RECT	En forme de trait (rectangle).
ROUND	En forme de point (disque).
RECTRELATIVE	En forme de rectangle proportionnel à la longueur de la ligne.
ROUNDRELATIVE	En forme de disque proportionnel à la longueur de la ligne.

Pour imposer par programmation la forme du tireté, il est nécessaire de remplir un objet ayant la structure LineDash, puis l'appliquer à la propriété LineStyle de la forme.

```
rem Code10-02.odg    bibli : Contour Module1
Option Explicit

Sub DefinirTirete()
Dim monDocument As Object, maPage As Object, maForme As Object
Dim mesTirets As New com.sun.star.drawing.LineDash
monDocument = ThisComponent
maPage = monDocument.DrawPages.getByName("Dessin3")
maForme = FindObjectByName(maPage, "F4")

With mesTirets
  .Style = com.sun.star.drawing.DashStyle.RECT
  .Dots = 4        ' 4 points
  .DotLen = 50     ' de 0,5 mm
  .Dashes = 2      ' suivis de 2 tirets
  .DashLen = 200   ' de 2 mm
  .Distance = 150  ' espacés de 1,5 mm
End With
maForme.LineWidth = 100 ' 1 mm d'épaisseur
maForme.LineDash = mesTirets
maForme.LineStyle = com.sun.star.drawing.LineStyle.DASH
End Sub
```

Le fond et la forme

Sans instruction particulière, la forme est créée avec une couleur de fond uniforme, dont le coloris est une valeur par défaut. Mais d'autres styles de remplissage du fond sont possibles, selon la valeur de la propriété FillStyle.

Les styles de remplissage du fond

Le terme « style » employé ici a seulement le sens de variante. La propriété FillStyle d'une forme est de type Long, et contient une constante nommée (tableau 10-9), de la forme :

```
com.sun.star.drawing.FillStyle.SOLID
```

Tableau 10–9 Constantes de style de remplissage

Constante	Signification
NONE	Fond invisible (quelle que soit la valeur de FillTransparence).
SOLID	Couleur uniforme (valeur par défaut).
GRADIENT	Dégradé de couleur.
HATCH	Hachuré.
BITMAP	Utilisation d'un motif bitmap (une image répétée).

Nous allons expliquer comment utiliser chacun de ces styles de remplissage. Si vous souhaitez étudier dans le détail les possibilités de dégradé, quadrillage, etc., consultez l'API à la page sur le service : com.sun.star.drawing.FillProperties

Couleur de fond

Pour imposer une couleur on donne à la propriété FillColor de la forme une valeur de couleur.

```
rem Code10-02.odg    bibli : Proprietes Module1
Option Explicit

Sub CouleurDuFondForme()
Dim monDocument As Object, maPage As Object, maForme As Object
monDocument = ThisComponent
maPage = monDocument.DrawPages.getByName("Dessin2")
maForme = FindObjectByName(maPage, "F2")

maForme.FillColor = RGB(100,255,255)
End Sub
```

La couleur obtenue est répartie uniformément sur la surface de la forme. Open-Office.org offre une alternative, le dégradé de couleur.

Fond en dégradé de couleur

Créer par l'API un dégradé de couleurs est assez complexe, et le résultat ne peut être jugé que visuellement. Il est préférable d'utiliser un modèle de document dans lequel on aura défini des dégradés personnels avec l'interface utilisateur.

Pour visualiser les dégradés prédéfinis ou ajouter des dégradés dans un document, sélectionnez une forme, cliquez avec le bouton droit, puis choisissez Remplissage, onglet Dégradés. Vous aurez ainsi une idée de la quantité de paramètres utilisables et de leurs effets. Chaque dégradé défini comporte un nom. Malheureusement, ces noms prédéfinis ou personnalisés ne sont pas correctement intégrés dans le document et nous déconseillons d'utiliser la propriété FillGradientName.

Le dégradé de remplissage d'une forme est obtenu par sa propriété FillGradient. C'est une structure dont les éléments sont indiqués dans le tableau 10-10. Vous y retrouvez les paramètres de l'interface utilisateur, panneau Remplissage, onglet Dégradés.

Tableau 10–10 Propriétés d'un dégradé

Propriété	Type	Signification
Style	Long	Genre du dégradé (linéaire, axial, radial, etc.) ; constante nommée (voir le tableau 10-11).
StartColor	Long	Couleur initiale.
EndColor	Long	Couleur finale.
Angle	Integer	Angle, en 1/10 de degré, n'utiliser que les valeurs positives ; le sens de rotation est l'inverse des aiguilles d'une montre.
Border	Integer	Pourcentage de la largeur totale où la couleur initiale est utilisée ; valeur de 0 à 100.
XOffset	Integer	Pourcentage de la largeur totale où le dégradé commence ; valeur de 0 à 100.
YOffset	Integer	Pourcentage de la hauteur totale où le dégradé commence ; valeur de 0 à 100.
StartIntensity	Integer	Intensité au début du dégradé.
EndIntensity	Integer	Intensité à la fin du dégradé.
StepCount	Integer	Utilisé seulement dans un style de dégradé. Nombre de pas de changement de couleur ; zéro si ce nombre n'est pas limité.

La propriété `Style` du dégradé peut prendre les valeurs du tableau 10-11. Ces constantes nommées sont de la forme :

```
com.sun.star.awt.GradientStyle.ELLIPTICAL
```

Tableau 10–11 Constantes de style de dégradé

Constante	Signification
LINEAR	Linéaire.
AXIAL	Axial.
RADIAL	Radial.
ELLIPTICAL	Ellipsoïde.
SQUARE	Carré.
RECT	Rectangulaire.

Le nombre de pas de changement de couleurs (ou de nuances) est précisé dans la propriété `FillGradientStepCount` de la forme. Une valeur nulle donne le maximum de nuances de dégradé. Maintenant nous en savons assez pour affecter un dégradé à une forme : récupérer la forme, récupérer son dégradé, le modifier et le restocker, et ne pas oublier de changer la propriété `FillStyle` de la forme pour indiquer que le remplissage est un dégradé. Changez les valeurs des paramètres et exécutez la macro de nouveau pour observer leur impact sur le rendu.

```
rem Code10-02.odg    bibli : Degrades Module1
Option Explicit

Sub AppliquerDegrade()
Dim monDocument As Object, maPage As Object, maForme As Object
Dim monDegrade As Object
monDocument = ThisComponent
maPage = monDocument.DrawPages.getByName("Dessin2")
maForme = FindObjectByName(maPage, "Rect5")

monDegrade = maForme.FillGradient
With monDegrade
  .Style = com.sun.star.awt.GradientStyle.ELLIPTICAL
  .XOffset = 25
  .YOffset = 50
  .Angle = 150 ' 15 degrés, sens anti-horaire
  .Border = 5
  .StartColor = RGB(0,255,0) ' vert pur
  .StartIntensity = 100
  .EndColor = RGB(0,7,255) ' bleu presque pur
```

```
   .EndIntensity = 80
End With
maForme.FillGradient = monDegrade
maForme.FillGradientStepCount = 10 ' 10 plages de couleurs
maForme.FillStyle = com.sun.star.drawing.FillStyle.GRADIENT
End Sub
```

Un peu de transparence

La couleur, uniforme ou en dégradé, est opaque par défaut. On peut régler sa transparence par la propriété FillTransparence, de type Integer. Elle prend une valeur entre 0 et 100 qui est le pourcentage de transparence : 0 pour une couleur opaque, 100 pour une couleur totalement transparente.

```
maForme.FillTransparence = 65
```

Cette transparence est uniforme sur toute la surface de la forme, mais il est possible d'obtenir un dégradé de la transparence !

Le dégradé de transparence

Contrairement aux dégradés de remplissage, il n'est pas possible d'appliquer un dégradé de transparence sans le nommer. Ces noms ne sont pas accessibles par l'interface utilisateur, cependant tous les dégradés de transparence utilisés sont nommés, même ceux créés par l'interface utilisateur. Seuls restent mémorisés dans le document les dégradés utilisés dans au moins une forme. L'application d'un dégradé de couleur par programmation comportera plusieurs étapes :

1 Créer et remplir une structure Gradient, en lui donnant un nom non utilisé.

2 Trouver un nom de dégradé n'existant pas dans le conteneur de dégradés transparents. Ce conteneur est obtenu en invoquant le service TransparencyGradientTable à partir du document.

3 Insérer sous ce nom le dégradé dans le conteneur.

4 Donner ce nom de dégradé à la propriété FillTransparenceGradientName de la forme.

Bien entendu, le même nom de dégradé peut être utilisé pour plusieurs formes.

La structure Gradient est utilisée de manière particulière :

- Les éléments StartColor et EndColor doivent contenir une valeur de gris correspondant aux valeurs initiale et finale de transparence. Le noir complet correspond à aucune transparence et le blanc complet correspond à une transparence totale.

- Les éléments StartIntensity et EndIntensity doivent contenir la valeur 100.

L'exemple suivant met en œuvre ces principes.

```
rem Code10-02.odg    bibli : Degrades Module2
Option Explicit

Sub AppliquerDegradeDeTransparence()
Dim monDocument As Object, maPage As Object, maForme As Object
Dim monDegrade As New com.sun.star.awt.Gradient
Dim nomDegrade As String, n As Long, servGrad As Object
monDocument = ThisComponent
maPage = monDocument.DrawPages.getByName("Dessin2")
maForme = FindObjectByName(maPage, "F2")
With monDegrade ' construction du dégradé
  .Style = com.sun.star.awt.GradientStyle.ELLIPTICAL
  .StartColor = transparence(20)
  .EndColor = transparence(80)
  .XOffset = 50
  .YOffset = 50
  .Angle = 200 '20 degrés, sens anti-horaire
  .Border = 5
  .StartIntensity = 100 ' toujours 100
  .EndIntensity = 100 ' toujours 100
End With
servGrad = monDocument.createInstance(_
  "com.sun.star.drawing.TransparencyGradientTable")
' trouver un nom pas encore utilisé, pour ce dégradé
nomDegrade = "zzz"
n = 1
Do While servGrad.hasByName(nomDegrade & n)
  n = n+1
Loop
MsgBox("Insertion du dégradé nommé : " & nomDegrade & n)
servGrad.insertByName(nomDegrade & n, monDegrade)
' utiliser ce dégradé
maForme.FillTransparenceGradientName = nomDegrade & n
End Sub


' renvoie un gris correspondant au pourcentage demandé
Function transparence(pourCent As Long) As Long
Dim composante As Integer
if pourCent < 0    then
  composante = 0
elseif pourCent > 100 then
  composante = 255
else
  composante = 255.0 * pourCent / 100.0
end if
transparence = RGB(composante, composante, composante)
End Function
```

Pour remplir les éléments `StartColor` et `EndColor`, nous utilisons la fonction utilitaire `transparence` afin de se rapprocher de ce qu'offre l'interface utilisateur. Nous lui donnons en argument le pourcentage de transparence, et elle nous renvoie la valeur de gris correspondante.

La méthode `createInstance` du document permet d'invoquer le service donnant accès au conteneur des dégradés de transparence. Ce conteneur n'est accessible que par le nom de ses contenus. La méthode `hasByName` du conteneur renvoie `True` si un nom existe dans le conteneur. Nous utiliserons un nom quelconque complété par un nombre pour rechercher un nom inexistant. La méthode `insertByName` du conteneur nous permet d'insérer notre dégradé avec le nom obtenu.

Il est parfaitement possible de combiner sur une même forme un dégradé de couleur et un dégradé de transparence.

Fond hachuré

Hachurer se traduit en anglais par *to hatch* (à vos souhaits !). Comme pour un dégradé de couleur, une forme dispose de la propriété `FillHatchName`, de type `String`, qui indique le nom du modèle de hachures, et que nous n'avons pas besoin d'utiliser. Nous remplirons directement la propriété `FillHatch` qui contient l'objet hachure, une structure décrite dans le tableau 10-12.

Tableau 10–12 Propriétés de hachure

Propriété	Type	Signification
Style	Long	Style de hachure ; constante nommée, voir tableau 10-13.
Color	Long	Couleur des lignes.
Distance	Long	Ecartement des lignes, en 1/100 de mm.
Angle	Long	Angle, en 1/10 de degré, n'utiliser que les valeurs positives ; le sens de rotation est l'inverse des aiguilles d'une montre.

Les styles de hachures sont des constantes nommées (tableau 10-13) de la forme :

```
com.sun.star.drawing.HatchStyle.SINGLE
```

Tableau 10–13 Constantes de style de hachure

Constante	Élément de base de la hachure
SINGLE	Une ligne.
DOUBLE	Deux lignes perpendiculaires.
TRIPLE	Deux lignes perpendiculaires et une ligne en diagonale.

Les hachures ont un fond transparent si la propriété `FillBackground`, de type `Boolean`, vaut `False`. Si elle vaut `True`, le fond prendra la couleur indiquée par la propriété `FillColor`. Dans ce cas, la transparence peut dépendre d'un dégradé de transparence. N'oublions pas enfin de changer la propriété `FillStyle` de la forme.

```
rem Code10-02.odg    bibli : Hachures Module1
Option Explicit

Sub AppliquerHachure()
Dim monDocument As Object, maPage As Object, maForme As Object
Dim hachures As Object
monDocument = ThisComponent
maPage = monDocument.DrawPages.getByName("Dessin2")
maForme = FindObjectByName(maPage, "F2")
hachures = maForme.FillHatch
With hachures
  .Style = com.sun.star.drawing.HatchStyle.SINGLE
  .Color = RGB(200,0,0)
  .Distance = 500
  .Angle = 250
End With
maForme.FillHatch = hachures
maForme.FillBackground = True
maForme.FillStyle = com.sun.star.drawing.FillStyle.HATCH
End Sub
```

Fond à motif bitmap

L'API ne permet pas d'ajouter par programmation un nouveau motif bitmap dans un document. De plus, les motifs non utilisés ne sont pas sauvegardés dans le document. Pour utiliser un motif bitmap pour le remplissage d'une forme, il faut donc que ce même motif soit déjà utilisé dans une autre forme. En pratique, la solution est de partir d'un document ou modèle existant dans lequel on aura manuellement introduit les motifs dans des formes.

Le conteneur de motifs du document est obtenu en invoquant le service `com.sun.star.drawing.BitmapTable`. Un motif bitmap est appliqué à une forme en copiant son nom dans la propriété `FillBitmapName` et en affectant à la propriété `FillStyle` la constante nommée `BITMAP`. Dans le document exemple, nous avons utilisé le motif Granit_vert dans une forme d'une page de dessin, afin qu'il reste mémorisé.

```
rem Code10-02.odg    bibli : Motifbmp Module1
Option Explicit

Sub AppliquerMotifBitmap()
Dim monDocument As Object, maPage As Object, maForme As Object
```

```
Dim servMotifs As Object, nomMotif As String, unMotif As String
monDocument = ThisComponent
maPage = monDocument.DrawPages.getByName("Dessin2")
maForme = FindObjectByName(maPage, "F2")

nomMotif = "Granit_vert"
servMotifs = monDocument.createInstance(_
           "com.sun.star.drawing.BitmapTable")
if servMotifs.hasByName(nomMotif) then
  maForme.FillBitmapName = nomMotif
  maForme.FillStyle = com.sun.star.drawing.FillStyle.BITMAP
else
  MsgBox("Nom de motif inconnu : " & nomMotif, 16)
end if
End Sub
```

La forme expose plusieurs propriétés qui précisent la manière d'appliquer le motif sur la surface de la forme, voir le tableau 10-14. Ces propriétés remplissent le rôle des paramètres de l'interface utilisateur pour le remplissage, onglet Remplissage.

Tableau 10–14 Propriétés d'application de motif

Propriété	Type	Signification
FillBitmapLogicalSize	Boolean	True signifie que FillBitmapSizeX et Y sont en pourcentage relatif à la taille du bitmap original. False signifie que ces dimensions sont en 1/100 de mm.
FillBitmapOffsetX	Long	Décalage horizontal du début de motif, en pourcentage de la largeur du bitmap original.
FillBitmapOffsetY	Long	Décalage vertical du début de motif, en pourcentage de la hauteur du bitmap original.
FillBitmapPositionOffsetX	Long	Décalage horizontal d'une ligne sur deux, en pourcentage de la largeur du bitmap original.
FillBitmapPositionOffsetY	Long	Décalage vertical d'une colonne sur deux, en pourcentage de la hauteur du bitmap original.
FillBitmapSizeX	Long	Largeur.
FillBitmapSizeY	Long	Hauteur.
FillBitmapMode	Long	Méthode d'utilisation du motif pour couvrir la surface. Constante nommée (voir le tableau 10-15).
FillBitmapRectanglePoint	Long	Position dans le bitmap utilisée pour le coin haut-gauche. Constante nommée (voir le tableau 10-16).

Les constantes nommées (tableau 10-15) de `FillBitMapMode` sont de la forme :

```
com.sun.star.drawing.BitmapMode.REPEAT
```

Tableau 10–15 Constantes de mode d'utilisation du motif

Constante	Méthode
REPEAT	Répéter le motif.
STRETCH	Étaler le motif.
NO_REPEAT	Plaquer tel quel.

Les constantes nommées (tableau 10-16) de `FillBitmapRectanglePoint` sont de la forme :

```
com.sun.star.drawing.RectanglePoint.LEFT_TOP
```

Tableau 10–16 Constantes de position dans un rectangle

Constante	Position
LEFT_TOP	Coin en haut à gauche.
MIDDLE_TOP	En haut et au milieu.
RIGHT_TOP	Coin en haut à droite.
LEFT_MIDDLE	À gauche et au milieu.
MIDDLE_MIDDLE	Centre.
RIGHT_MIDDLE	À droite et au milieu.
LEFT_BOTTOM	Coin en bas à gauche.
MIDDLE_BOTTOM	En bas et au milieu.
RIGHT_BOTTOM	Coin en bas à droite.

L'ombre d'une forme

L'ombre portée par une forme est définie par plusieurs propriétés, listées au tableau 10-17.

Tableau 10–17 Propriétés d'ombre de forme

Propriété	Type	Signification
Shadow	Boolean	True pour activer l'ombre.
ShadowColor	Long	Couleur de l'ombre.
ShadowTransparence	Integer	Pourcentage de transparence, entre 0 (opaque) et 100 (transparent).

Tableau 10-17 Propriétés d'ombre de forme (suite)

Propriété	Type	Signification
ShadowXDistance	Long	Décalage horizontal de l'ombre, mesuré par rapport au bord gauche de la forme. En 1/100 de mm, positif vers la droite.
ShadowYDistance	Long	Décalage vertical de l'ombre, mesuré par rapport au bord du haut de la forme. En 1/100 de mm, positif vers le bas.

Les décalages de l'ombre peuvent avoir une valeur négative.

```
rem Code10-02.odg    bibli : Proprietes Module3
Option Explicit

Sub OmbreForme()
Dim monDocument As Object, maPage As Object, maForme As Object
monDocument = ThisComponent
maPage = monDocument.DrawPages.getByName("Dessin3")
maForme = FindObjectByName(maPage, "F5")

With maForme
  .ShadowColor = RGB(100,100,100)
  .ShadowTransparence = 30
  .ShadowXDistance = -1000 ' ombre portée à gauche
  .ShadowYDistance = 300   ' et vers le bas
  .Shadow = true
End With
End Sub
```

Angle de rotation de la forme

Cette propriété effectue une rotation de la forme.

```
maForme.RotateAngle = 2500 ' 25 degrés
```

L'angle est exprimé en 1/100 de degré par rapport à l'horizontale. N'utilisez que des valeurs positives, qui correspondent au sens inverse des aiguilles d'une montre.

Cisaillement de la forme

Cet effet transforme un rectangle en parallélogramme. Pour un autre type de forme, l'effet est équivalent.

```
maForme.ShearAngle = 3000 ' 30 degrés de cisaillement
```

L'angle est exprimé en 1/100 de degré par rapport au côté vertical d'un rectangle ; une valeur positive correspond au sens des aiguilles d'une montre.

Écrire un texte dans une forme

Le texte d'une forme peut être géré dans sa totalité, mais il est aussi possible de modifier le formatage de certains caractères du texte.

Gestion globale du texte

Pour un usage simple, on peut se contenter de l'objet Text exposé par la forme. L'ensemble du texte est disponible en lecture et en écriture dans la propriété String, de type String, de l'objet texte. Cet exemple écrit un texte dans une forme nommée F1.

```
rem Code10-03.odg    bibli : Texte Module1
Option Explicit

Sub EcrireTexteGlobal()
Dim monDocument As Object, maPage As Object, maForme As Object
Dim monTexte As Object
monDocument = ThisComponent
maPage = monDocument.DrawPages.getByName("Dessin1")
maForme = FindObjectByName(maPage, "F1")

monTexte = maForme.Text
monTexte.String = "Bonjour !"
End Sub
```

On peut appliquer au texte dans son ensemble la plupart des propriétés de formatage des caractères détaillées au chapitre 8, à la section « Formatage local des caractères ». Les propriétés CharBackColor, CharBackTransparent, CharCaseMap et CharStyleName ne sont pas supportées dans Draw.

Il suffit de reprendre dans les exemples pour Writer la ligne de formatage en remplaçant monCurseur par monTexte. À titre d'exemple, ce codage modifie la taille des caractères du texte de la forme.

```
rem Code10-03.odg    bibli : Texte Module2
Option Explicit

Sub TaillePoliceTexte()
Dim monDocument As Object, maPage As Object, maForme As Object
Dim monTexte As Object, taille As Long
monDocument = ThisComponent
maPage = monDocument.DrawPages.getByName("Dessin1")
maForme = FindObjectByName(maPage, "F1")
monTexte = maForme.Text
```

```
Taille = InputBox("Taille de la police (en points)")
if Taille > 0 then
  monTexte.CharHeight = Taille
end if
End Sub
```

Notez que pour définir le formatage de caractère sur une forme qui n'a pas encore reçu de texte, vous devez utiliser le curseur d'écriture.

Position du texte dans la forme

Elle dépend des propriétés indiquées au tableau 10-18, qui correspondent aux paramètres du panneau contextuel Texte, onglet Texte reproduit sur la figure 10-1.

Figure 10–1
Panneau contextuel Texte
sur une forme

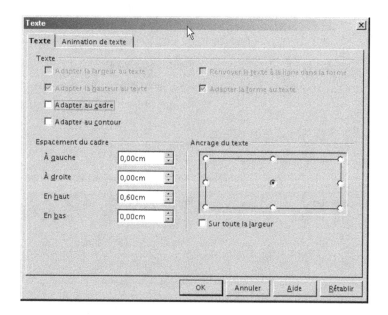

Tableau 10–18 Propriétés de position du texte

Propriété	Type	Signification
TextHorizontalAdjust	Long	Point d'origine de la position horizontale. Constante nommée, voir tableau 10-19.
TextVerticalAdjust	Long	Point d'origine de la position verticale. Constante nommée, voir tableau 10-20.
TextLeftDistance	Long	Espacement du cadre à gauche du texte.
TextRightDistance	Long	Espacement du cadre à droite du texte.
TextUpperDistance	Long	Espacement du cadre en haut du texte.

Tableau 10–18 Propriétés de position du texte (suite)

Propriété	Type	Signification
TextLowerDistance	Long	Espacement du cadre en bas du texte.
TextFitToSize	Long	Adaptation de la police du texte dans un changement de taille de la forme. Constante nommée, voir tableau 10-21.
TextContourFrame	Boolean	True pour adapter le texte au contour.

L'ancrage du texte est la combinaison des propriétés TextHorizontalAdjust et TextVerticalAdjust. Elles reçoivent respectivement des constantes nommées de la forme :

```
com.sun.star.drawing.TextHorizontalAdjust.LEFT
com.sun.star.drawing.TextVerticalAdjust.TOP
```

Tableau 10–19 Constantes de position horizontale du texte

Constante	Position du texte
LEFT	Horizontalement : à gauche.
CENTER	Horizontalement : au centre.
RIGHT	Horizontalement : à droite.
BLOCK	Horizontalement : étalé

Tableau 10–20 Constantes de position verticale de texte

Constante	Position du texte
TOP	Verticalement : en haut.
CENTER	Verticalement : au centre.
BOTTOM	Verticalement : en bas.
BLOCK	Verticalement : étalé.

La propriété TextFitToSize reçoit une constante nommée de la forme :

```
com.sun.star.drawing.TextFitToSizeType.PROPORTIONAL
```

Les différentes valeurs sont listées au tableau 10-21. Cependant, seules les valeurs NONE et PROPORTIONAL semblent avoir une utilité, contrairement à ce que dit la documentation API.

Tableau 10–21 Constantes d'adaptation du texte au cadre

Constante	Adaptation
NONE	Pas d'adaptation.
PROPORTIONAL	La largeur de la police est modifiée pour que la plus longue ligne du texte corresponde à la largeur du rectangle englobant la forme. La hauteur de la police dépend de la hauteur du rectangle englobant.
ALLLINES	Même effet que PROPORTIONAL.
RESIZEATTR	Pas d'effet visible d'adaptation.

Texte animé

Ces propriétés, qui s'appliquent à l'ensemble du texte de la forme, sont disponibles pour Draw mais en pratique utilisées dans le contexte d'une présentation Impress visualisée avec un ordinateur. Elles sont listées dans le tableau 10-22.

Tableau 10–22 Propriétés d'animation du texte

Propriété	Type	Signification
TextAnimationKind	Long	Genre d'animation ; constante nommée, voir tableau 10-23.
TextAnimationDirection	Long	Sens du défilement du texte ; constante nommée, voir tableau 10-24.
TextAnimationAmount	Integer	Nombre de pixels de décalage à chaque pas du défilement.
TextAnimationDelay	Integer	Nombre de millisecondes entre chaque pas du défilement, ou pour chaque étape du clignotement.
TextAnimationCount	Integer	Nombre de répétitions de l'animation. Zéro, s'il n'y a pas de limitation.
TextAnimationStartInside	Boolean	True pour que le texte soit visible au début de l'animation.
TextAnimationStopInside	Boolean	True pour que le texte soit visible à la fin de l'animation.

Le tableau 10-23 liste les valeurs possibles de la propriété TextAnimationKind. Les constantes nommées sont de la forme :

```
com.sun.star.drawing.TextAnimationKind.SCROLL
```

Tableau 10–23 Constantes de genre d'animation du texte

Constante	Résultat
NONE	Pas d'animation.
BLINK	Texte clignotant.
SCROLL	Texte défilant.
ALTERNATE	Texte défilant alternativement dans un sens puis dans l'autre.
SLIDE	Le texte apparaît en défilant et s'arrête une fois en place. La propriété TextAnimationCount doit être à zéro.

Le tableau 10-24 indique les différentes directions de défilement. Ces constantes nommées sont de la forme :

```
com.sun.star.drawing.TextAnimationDirection.UP
```

Tableau 10–24 Constantes de direction de défilement

Constante	Défilement du texte
LEFT	Vers la gauche.
RIGHT	Vers la droite.
UP	Vers le haut.
DOWN	Vers le bas.

Nous laisserons le lecteur s'amuser à tester toutes ces possibilités avec une macro.

Utilisation d'un curseur d'écriture

Pour formater certains caractères du texte différemment des autres, nous aurons besoin d'un curseur d'écriture qui permet de pointer une zone dans le texte. Nous ne développerons pas ici cette méthode, qui est expliquée au chapitre 8, aux sections « Le curseur d'écriture », « Insérer du texte » et « Formatage local des caractères ». Le curseur d'écriture obtenu est un simple curseur de caractère, il ne reconnaît ni les mots, ni les phrases. Les propriétés de caractère CharBackColor, CharBackTransparent, CharCaseMap et CharStyleName ne sont pas supportées dans Draw.

Dans cet exemple, nous allons modifier le texte « Bonjour ! » que nous avons écrit précédemment dans la forme F1.

```
rem Code10-03.odg    bibli : Texte Module3
Option Explicit

Sub ManipulerTexte()
```

```
Sub ManipulerTexte()
Dim monDocument As Object, maPage As Object, maForme As Object
Dim monTexte As Object, monCurseur As Object, pargr As String
monDocument = ThisComponent
maPage = monDocument.DrawPages.getByName("Dessin1")
maForme = FindObjectByName(maPage, "F1")

pargr = com.sun.star.text.ControlCharacter.PARAGRAPH_BREAK
monTexte = maForme.Text
monCurseur = monTexte.createTextCursor
With monCurseur
  .gotoStart(false) ' ne pas oublier de positionner le curseur
  .goRight(1, true) 'sélectionner le 1er caractère
  .CharColor = RGB(255,0,0) ' peindre en rouge
  .CharWeight = com.sun.star.awt.FontWeight.BOLD
  .gotoEnd(false) ' aller en fin de texte
  .goLeft(1, false) ' se placer avant le point d'exclamation
  monTexte.insertString(monCurseur, "tout le monde ", false)
  .gotoEnd(false) ' aller en fin de texte
  ' insérer une fin de paragraphe
  monTexte.insertControlCharacter(monCurseur, pargr, false)
  .CharHeight = 16 ' changer la taille à partir d'ici
  .CharFontName = "Arial" ' changer la police
  .CharUnderlineHasColor = false
  .CharUnderline = com.sun.star.awt.FontUnderline.DOUBLE
  monTexte.insertString(monCurseur, "OpenOffice.org", false)
End With
End Sub
```

Pour éviter des problèmes d'initialisation, positionnez le curseur en début ou fin de texte, juste après sa création. Vous avez remarqué l'insertion d'un paragraphe. Effectivement, le curseur supporte un service restreint de paragraphe. Les propriétés offertes sont :

- ParaAdjust
- ParaTopMargin
- ParaBottomMargin
- ParaLeftMargin
- ParaRightMargin
- ParaFirstLineIndent
- ParaLastLineAdjust
- ParaLineSpacing
- ParaTabStops

Les différentes formes

Nous avons vu plus haut comment ajouter une forme sur une page. Le paramètre de la méthode `createInstance` précise quel type de forme doit être créé. Le tableau 10-25 liste les principaux types, qui sont des chaînes de caractères représentant des noms de service. Leur nom complet est de la forme (il faut respecter la casse) :

```
com.sun.star.drawing.RectangleShape
```

Tableau 10–25 Noms des formes

Nom	Forme
RectangleShape	Rectangle ou carré.
EllipseShape	Ellipse ou cercle.
LineShape	Ligne droite.
PolyLineShape	Ligne brisée.
PolyPolygonShape	Polygone.
TextShape	Texte.
CaptionShape	Étiquette.
ConnectorShape	Connecteur.
MeasureShape	Ligne de cote.
OpenBezierShape	Courbe de Bézier ouverte.
ClosedBezierShape	Courbe de Bézier fermée.
PolyPolygonBezierShape	Polygone de Bézier.
GraphicObjectShape	Contient une image, voir la section « Les images ».
GroupShape	Contient des formes groupées, voir la section « Grouper des formes ».
ControlShape	Aspect forme d'un contrôle de formulaire. Voir le chapitre 13.
OLE2Shape	Objet OLE2.
PluginShape	Objet plug-in.
AppletShape	Objet applet Java.
PageShape	Vignette d'une diapo Impress, utilisé dans les feuilles de notes Impress.
Shape3DSceneObject	Forme 3D.
TableShape	Tableau.
CustomShape	Forme composée (symboles Frimousse, Soleil, Lune, etc.).

Les derniers types cités dans le tableau 10-25 sont peu (voire pas) documentés, ou difficiles à utiliser depuis l'API.

Le rectangle et le carré

Le rectangle a déjà été utilisé quand nous avons créé une forme. Si la hauteur est égale à la largeur, évidemment vous obtenez un carré.

La propriété `CornerRadius`, de type `Long`, indique le rayon, mesuré en 1/100 de mm, du quart de cercle effectué à chaque coin. Une valeur nulle produit un rectangle ordinaire, une autre valeur produit un rectangle aux coins arrondis.

L'ellipse et le cercle

Si la hauteur de l'ellipse est égale à sa largeur, vous obtenez un cercle.

La propriété `CircleKind`, de type `Long`, permet d'obtenir différentes variantes d'ellipse, listées au tableau 10-26. Cette propriété reçoit une constante nommée de la forme :

```
com.sun.star.drawing.CircleKind.SECTION
```

Tableau 10–26 Constantes de variante d'ellipse

Constante	Signification
FULL	Disque.
SECTION	Tranche de camembert.
CUT	Segment de cercle délimité par l'arc de cercle et sa corde.
ARC	Arc de cercle.

La figure 10-2 représente les différentes formes possibles.

Figure 10–2
Les variantes d'ellipse

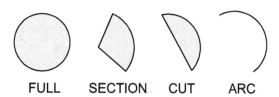

FULL   SECTION   CUT   ARC

Le positionnement de l'arc de cercle dans les variantes dépend de deux autres propriétés, de type `Long` :

- `CircleStartAngle` est l'angle initial de l'arc.
- `CircleEndAngle` est l'angle terminal de l'arc.

Les angles sont mesurés en 1/100 de degré, valeurs positives dans le sens inverse des aiguilles d'une montre. La position zéro de l'angle est l'horizontale, avec le centre de rotation situé à gauche de l'arc.

Le texte

La forme de type texte peut être dessinée avec un contour apparent, ce qui donne un cadre. Dans ce cas, il est possible de le forcer à s'adapter au texte qu'il contient, grâce aux propriétés listées au tableau 10-27.

Tableau 10–27 Propriétés d'adaptation automatique du cadre

Propriété	Type	Signification
TextAutoGrowHeight	Boolean	True pour que la hauteur du cadre s'adapte au texte.
TextMaximumFrameHeight	Long	Hauteur maximale autorisée, en 1/100 de mm.
TextMinimumFrameHeight	Long	Hauteur minimale autorisée, en 1/100 de mm.
TextAutoGrowWidth	Boolean	True pour que la largeur du cadre s'adapte au texte.
TextMaximumFrameWidth	Long	Largeur maximale autorisée, en 1/100 de mm.
TextMinimumFrameWidth	Long	Largeur minimale autorisée, en 1/100 de mm.

L'équivalent sur l'interface utilisateur se trouve dans le panneau **Position et taille**, onglet **Position et taille**, cases à cocher **Adapter la largeur au texte** et **Adapter la hauteur au texte**.

Dans le document du Zip téléchargeable nous avons mis dans la page Dessin2 une forme texte F5 avec un cadre apparent. Cet exemple montre l'effet sur la largeur, selon les textes à afficher.

```
rem Code10-03.odg    bibli : Texte Module4
Option Explicit

Sub EnveloppeElastique()
Dim monDocument As Object, maPage As Object, maForme As Object
Dim nouvTxt As String, souhaitAuto As Long
monDocument = ThisComponent
maPage = monDocument.DrawPages.getByName("Dessin2")
maForme = FindObjectByName(maPage, "F5")
Do
  souhaitAuto = MsgBox("Largeur automatique ?", 3)
  if souhaitAuto = 2 then exit do ' réponse = Annuler
  maForme.TextAutoGrowWidth = (souhaitAuto = 6)
  maForme.String = InputBox("Nouveau texte", "", maForme.String)
Loop
End Sub
```

La ligne simple

Rien n'est plus simple que de définir une ligne simple : la position et les dimensions de la forme suffisent. Cependant, il existe une deuxième méthode pour la définir, en considérant qu'elle n'est rien d'autre qu'une ligne brisée à un seul segment.

Les propriétés de contour s'appliquent à la ligne (qu'elle soit simple, brisée, ou autre). Les extrémités d'une ligne (flèche, carré, rond) sont des poly-polygones de Bézier rattachés au début et à la fin de la ligne. Ces objets sont accessibles par les propriétés LineStart et LineEnd respectivement. Il n'est pas possible d'obtenir des extrémités prédéfinies, au contraire de l'interface utilisateur.

Notez enfin qu'il est parfaitement possible d'affecter un texte à une ligne, et ajuster la position du texte pour le placer au-dessus ou au-dessous de la ligne.

La ligne brisée

Une ligne brisée est décrite à partir des coordonnées des points extrémités des segments de droite successifs. Chaque point est défini avec une structure Point (voir le tableau 10-3). À la série de points correspondra un tableau de structures.

Nous devons d'abord ajouter la ligne brisée à la page, sans indication de position ni dimension. Ensuite seulement nous affecterons à la forme les coordonnées de points.

```
rem Code10-04.odg    bibli : Polygones Module2
Option Explicit

Sub LigneBrisee()
Dim monDocument As Object, maPage As Object, maForme As Object
Dim lesPoints(8) As New com.sun.star.awt.Point
monDocument = ThisComponent
maPage = monDocument.DrawPages.getByName("Polygones")
maForme = monDocument.createInstance(_
         "com.sun.star.drawing.PolyLineShape")
lesPoints(0).X = 4000
lesPoints(0).Y = 2000
lesPoints(1).X = 4500
lesPoints(1).Y = 4000
lesPoints(2).X = 11500
lesPoints(2).Y = 8000
lesPoints(3).X = 12000
lesPoints(3).Y = 10000
lesPoints(4).X = 16000
lesPoints(4).Y = 4550
lesPoints(5).X = 8000
lesPoints(5).Y = 9000
lesPoints(6).X = 9000
lesPoints(6).Y = 11500
lesPoints(7).X = 22000
lesPoints(7).Y = 9500
lesPoints(8).X = 11000
lesPoints(8).Y = 4000
```

```
maPage.add(maForme)
maForme.LineWidth = 80
maForme.PolyPolygon = Array(lesPoints())
End Sub
```

La manière d'affecter les points est particulière : l'utilisation de la fonction Basic `Array()` constitue un tableau dont les éléments sont les arguments. Ici, il y a un seul élément, `lesPoints()` qui est lui-même notre tableau de points. La raison d'être de cette construction est que la ligne brisée utilise des mécanismes qui servent aussi à dessiner des polygones multiples. La ligne brisée est considérée comme un polygone unique et ouvert. La forme résultante est entièrement dépendante des points successifs, comme on le voit sur la figure 10-3.

Figure 10–3
Une ligne brisée

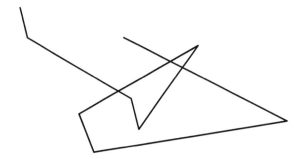

Nous avons dit que la ligne simple était un cas particulier de la ligne brisée. En effet, pour la construire il suffirait de reprendre le code ci-dessus avec le tableau `lesPoints()` réduit à deux éléments, et de créer la forme avec le service `LineShape` au lieu de `PolyLineShape`.

Le polygone

Reprenons l'exemple de la ligne brisée. Il suffit d'utiliser le service `PolyPolygonShape` au lieu du service `PolyLineShape` pour obtenir un polygone fermé. Le point initial et le point final sont automatiquement reliés par un segment de droite.

```
rem Code10-04.odg    bibli : Polygones Module3
Sub unPolygone()
' - - - - - - - partie identique - - - - - -
maForme = monDocument.createInstance(_
        "com.sun.star.drawing.PolyPolygonShape")
' - - - - - - - partie identique - - - - - -
```

Le dessin obtenu, reproduit à la figure 10-4, est étonnant en ce qui concerne le remplissage.

Figure 10–4
Polygone fermé

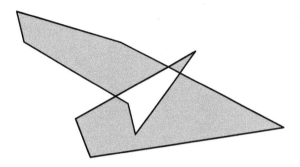

La figure contient des trous lorsque les lignes se croisent. Il s'agit bien de trous, car une autre forme en arrière-plan apparaîtrait dans ces zones. Quel est le principe de « création » de ces trous ? OpenOffice.org part d'un point à l'extérieur du dessin, et analyse par exemple de gauche à droite. À partir de la première ligne du dessin rencontrée, OpenOffice.org décide qu'il se trouve sur la surface du dessin. S'il rencontre une autre ligne du même dessin, il décide qu'il vient de passer à l'extérieur. Le processus se répète à chaque ligne traversée. Les trous sont les zones considérées comme extérieures au polygone fermé.

Nous pouvons donc créer des formes sans trous ou avec trous, mais pas n'importe lesquels : nous ne pouvons pas créer un trou sans aucun point commun avec le contour englobant. Pour plus de liberté nous avons besoin du poly-polygone.

Le poly-polygone

Le poly-polygone consiste à utiliser plusieurs polygones dans la suite de points définissant la forme. Certains polygones peuvent être inclus à l'intérieur d'autres. Cependant, comme ils sont considérés comme appartenant à la même forme, l'algorithme de décision surface/trou s'appliquera à chaque ligne rencontrée.

Nous allons dessiner un rectangle avec deux trous en triangles opposés par un sommet. Cette fois-ci la propriété `PolyPolygon` recevra un tableau de deux éléments, le premier étant le rectangle, le deuxième étant un polygone croisé.

```
rem Code10-04.odg   bibli : Polygones Module4
Option Explicit

Sub GruyereAbstrait()
Dim monDocument As Object, maPage As Object, maForme As Object
Dim enveloppe(3) As New com.sun.star.awt.Point
Dim triangles(3) As New com.sun.star.awt.Point
monDocument = ThisComponent
maPage = monDocument.DrawPages.getByName("Polygones")
```

```
maForme = monDocument.createInstance(_
        "com.sun.star.drawing.PolyPolygonShape")
enveloppe(0).X = 4500
enveloppe(0).Y = 3500
enveloppe(1).X = 4500
enveloppe(1).Y = 9500
enveloppe(2).X = 19000
enveloppe(2).Y = 9500
enveloppe(3).X = 19000
enveloppe(3).Y = 3500
triangles(0).X = 6000
triangles(0).Y = 5000
triangles(1).X = 17000
triangles(1).Y = 9000
triangles(2).X = 17000
triangles(2).Y = 5000
triangles(3).X = 6000
triangles(3).Y = 9000
maPage.add(maForme)
maForme.LineWidth = 80
maForme.PolyPolygon = Array(enveloppe(), triangles())
End Sub
```

La forme résultante est reproduite à la figure 10-5. Dans le document du Zip téléchargeable, la forme se superpose à un dessin existant, afin de mettre en valeur les trous.

Figure 10–5
Poly-Polygone troué

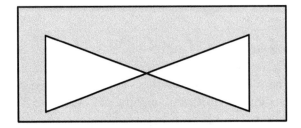

Le connecteur

Les propriétés de ligne simple sont aussi disponibles pour le connecteur. Les symboles éventuels (flèche, carré, rond) à une extrémité du connecteur sont des poly-polygones de Bézier rattachés au début et à la fin de la ligne. Ces objets sont accessibles par les propriétés LineStart et LineEnd.

Les principales propriétés spécifiques du connecteur sont listées au tableau 10-28. Les huit premières correspondent au panneau Connecteur du menu contextuel, dans l'interface utilisateur.

Tableau 10–28 Propriétés d'un connecteur

Propriété	Type	Signification
EdgeKind	Long	Type de connecteur ; constante nommée, voir tableau 10-29.
EdgeLine1Delta	Long	Décalage de ligne 1, en 1/100 de mm.
EdgeLine2Delta	Long	Décalage de ligne 2, en 1/100 de mm.
EdgeLine3Delta	Long	Décalage de ligne 3, en 1/100 de mm.
EdgeNode1HorzDist	Long	Interligne, début horizontal, en 1/100 de mm.
EdgeNode1VertDist	Long	Interligne, début vertical, en 1/100 de mm.
EdgeNode2HorzDist	Long	Interligne, fin horizontale, en 1/100 de mm.
EdgeNode2VertDist	Long	Interligne, fin verticale, en 1/100 de mm.
StartShape	Object	La forme à laquelle le début du connecteur est connecté ; null si le début du connecteur n'est pas connecté.
StartGluePointIndex	Long	Rang du point de colle auquel le début du connecteur est connecté.
StartPosition	Object	Coordonnées du début du connecteur, en1/100 de mm ; structure Point, voir le tableau 10-3. En lecture seule si le connecteur est connecté.
EndShape	Object	Comme StartShape, pour la fin du connecteur.
EndGluePointIndex	Long	Comme StartGluePointIndex pour la fin du connecteur.
EndPosition	Object	Comme StartPosition, pour la fin du connecteur.

Les constantes nommées de la propriété EdgeKind, listées au tableau 10-29, sont de la forme :

```
com.sun.star.drawing.ConnectorType.STANDARD
```

Tableau 10–29 Constantes de type de connecteur

Constante	Type de connecteur
STANDARD	Standard.
CURVE	Incurvé.
LINE	Direct.
LINES	Linéaire.

Nous donnons un exemple d'utilisation de connecteur dans la section « Collages (les points de colle) ».

L'étiquette

Ce type de forme n'est pas présent par défaut dans la barre de dessin. Il ne faut pas le confondre avec le choix de formes appelé « Légendes » qui renvoie à des formes du type CustomShape et que nous ne savons pas programmer. Personnalisez la barre d'outils en insérant la commande **Légende** dans la catégorie **Dessin**.

Le tableau 10-30 liste les propriétés spécifiques essentielles d'une étiquette. Certaines propriétés se retrouvent dans le panneau contextuel **Position et taille**, onglet **Légende**. Notez que la propriété CornerRadius, déjà vue pour le rectangle, permet d'arrondir les angles du cadre de l'étiquette.

Les symboles éventuels (flèche, carré, rond) à une extrémité du trait indicateur sont des poly-polygones de Bézier rattachés au début et à la fin de la ligne. Ces objets sont accessibles par les propriétés LineStart et LineEnd.

Tableau 10–30 Propriétés d'une étiquette

Propriété	Type	Signification
CaptionPoint	Object	Position du point indiqué par l'étiquette. Structure Point (voir le tableau 10-3).
CaptionType	Integer	Type du trait indicateur, constante nommée, (voir le tableau 10-31).
CaptionGap	Long	Écart entre le trait indicateur et le cadre de l'étiquette, en 1/100 de mm.
CaptionIsFixedAngle	Boolean	True pour imposer l'angle de la ligne avec CaptionAngle. False pour laisser l'application choisir l'angle optimal.
CaptionAngle	Long	Angle du trait indicateur.
CaptionIsEscapeRelative	Boolean	True si la position de départ du trait indicateur est exprimée par CaptionEscapeRelative ; False si elle est exprimée par CaptionEscapeAbsolute.
CaptionEscapeRelative	Long	Position relative au coin haut-gauche de l'étiquette, exprimée en 1/100 de pourcentage de la largeur ou la hauteur de celle-ci. Par exemple, 5000 correspond à 50,00% de la largeur ou de la hauteur.
CaptionEscapeAbsolute	Long	Position relative au coin haut-gauche de l'étiquette, exprimée en 1/100 de mm.
CaptionEscapeDirection	Long	Direction du trait indicateur, constante nommée (voir le tableau 10-32).

Tableau 10–30 Propriétés d'une étiquette (suite)

Propriété	Type	Signification
CaptionIsFitLineLength	Boolean	True pour laisser l'application choisir la longueur optimale du premier segment du trait indicateur ; False si la longueur est imposée par CaptionLineLength.
CaptionLineLength	Long	Longueur du premier segment du trait indicateur, en 1/100 de mm.

Le type de trait indicateur, décrit au tableau 10-31, est une constante nommée de la forme :

```
com.sun.star.drawing.CaptionType.connector
```

Tableau 10–31 Type de trait indicateur

Constante	Type de trait
straight	Ligne droite.
angled	Ligne en angle.
connector	Ligne en angle fléchie.

La direction du trait indicateur est réalisée différemment de ce qui est visible dans le panneau d'interface utilisateur. Les valeurs possibles sont listées au tableau 10-32. Les constantes nommées sont de la forme :

```
com.sun.star.drawing.CaptionEscapeDirection.horizontal
```

Tableau 10–32 Direction du trait indicateur

Constante	Direction
horizontal	Horizontale.
vertical	Verticale.
auto	Optimale.

La ligne de cote

Le tableau 10-33 liste les propriétés spécifiques essentielles d'une ligne de cote. La plupart ont un équivalent dans le panneau contextuel Cotation de l'interface utilisateur. Toutes les longueurs et distances sont exprimées en 1/100 de mm sur la page de dessin. Faites des essais sur diverses lignes de cotes pour visualiser les effets (voir le Zip téléchargeable, Code10-03.odg, bibliothèque Cotations).

Tableau 10–33 Propriétés d'une ligne de cote

Propriété	Type	Signification
MeasureHelpLine1Length	Long	Longueur du repère gauche.
MeasureHelpLine2Length	Long	Longueur du repère droit.
MeasureHelpLineDistance	Long	Écart des repères.
MeasureHelpLineOverhang	Long	Dépassement des repères.
MeasureLineDistance	Long	Écart des lignes.
MeasureTextHorizontalPosition	Long	Position horizontale du texte, constante nommée, voir tableau 10-34.
MeasureTextVerticalPosition	Long	Position verticale du texte, constante nommée, voir tableau 10-35.
MeasureBelowReferenceEdge	Boolean	True pour une ligne de cote sous l'objet.
MeasureUnit	Long	Unité de mesure, voir tableau 10-36.
MeasureShowUnit	Boolean	True pour afficher l'unité de mesure.
MeasureTextRotate90	Boolean	True pour mettre le texte perpendiculaire à la ligne de cote. La valeur False correspond à la case **Parallèle au repère** de l'interface utilisateur.
MeasureTextUpsideDown	Boolean	True pour tourner le texte de 180°.
MeasureDecimalPlaces	Integer	Nombre de décimales de la mesure.

Les positions du texte horizontale et verticale sont listées dans les tableaux 10-34 et 10-35. Les constantes nommées respectives sont de la forme :

```
com.sun.star.drawing.MeasureTextHorzPos.LEFTOUTSIDE
com.sun.star.drawing.MeasureTextVertPos.WEST
```

Tableau 10–34 Position horizontale du texte de cotation

Constante	Position
AUTO	Automatiquement horizontal.
LEFTOUTSIDE	À gauche.
INSIDE	Au milieu.
RIGHTOUTSIDE	À droite.

Tableau 10–35 Position verticale du texte de cotation

Constante	Position
AUTO	Automatiquement vertical.
EAST	Au-dessus de la ligne de cote.

Tableau 10–35 Position verticale du texte de cotation (suite)

Constante	Position
BREAKEDLINE	Au milieu et interrompant la ligne de cote.
WEST	Au-dessous de la ligne de cote.
CENTERED	Au milieu et interrompant la ligne de cote.

Tableau 10–36 Unités de mesure d'une cote

Valeur	Unité
0	Celle du document
1	mm
2	cm
3	m
4	Km
5	Twip
6	Pouce
7	Pied
8	Mile
9	Pica
10	Point
11	Non utilisé
12	Pourcentage
13	/100 de mm

Les formes de Bézier

Nous abordons ici des formes complexes, aussi bien à l'interface utilisateur qu'au niveau de la programmation.

> **À RETENIR Bézier**
>
> Les courbes de Bézier sont des courbes polynomiales décrites pour la première fois en 1972 par l'ingénieur français Pierre Bézier (1910-1999) qui les utilisa pour concevoir par ordinateur, des automobiles. Les plus importantes courbes de Bézier, sont les cubiques, qui sont utilisées en informatique pour le graphisme et dans de multiples systèmes de traitement d'image tels que PostScript, Metafont et Gimp pour dessiner des courbes lisses joignant des points ou des polygones de Bézier. Les fontes TrueType utilisent des courbes de Bézier quadratiques plus simples.
> ▸ Source : http://fr.wikipedia.org/

La propriété `PolyPolygonBezier` est une structure de deux éléments :

- `Coordinates` est un tableau de tableaux de points, comme nous en avons vu avec les lignes brisées, les polygones et poly-polygones ;
- `Flags` est un tableau de tableaux d'entiers `Long`, tel que chaque élément correspond au point de même index dans `Coordinates`.

Chaque élément de `Flags` contient une constante nommée (tableau 10-37) de la forme :

```
com.sun.star.drawing.PolygonFlags.NORMAL
```

Tableau 10–37 Constantes de point de Bézier

Constante	Signification
NORMAL	Point d'inflexion normal.
SMOOTH	Point d'inflexion à jonction lisse.
SYMMETRIC	Point d'inflexion à jonction symétrique.
CONTROL	Point de contrôle.

Lorsque vous éditez un point d'une courbe de Bézier, la barre d'outils affiche son type : inflexion normale, jonction lisse et jonction symétrique. Un point de contrôle est le point d'extrémité de la tangente à la courbe (voir la figure 10-6). Quand vous déplacez ce point, un effet de levier modifie la forme de la courbe.

Figure 10–6
Courbe et point de contrôle

Point de contrôle

Si nous utilisions seulement des points d'inflexion, nous obtiendrions une ligne brisée. Pour dessiner une courbe entre deux points A et B, nous avons besoin d'ajouter deux points de contrôle cA et cB ; la position du point cA règle la tangente aboutissant au point A et la position du point cB règle la tangente aboutissant au point B. En résumé, chaque courbe élémentaire est définie par deux points d'inflexion situés aux extrémités de la courbe et deux points de contrôle situés en dehors de celle-ci. Si le point B est une jonction lisse, la courbe gardera une transition douce de part et d'autre du point.

Pour réaliser cela par programmation, il est nécessaire de remplir les propriétés `Coordinates` et `Flags` avec des structures complètes, en décrivant les points d'inflexion ou de contrôle rencontrés successivement, par exemple : A, cA, cB, B, C. N'oubliez pas que les points de contrôle sont utilisés par paires.

```
rem Code10-04.odg    bibli : Polygones Module5
Option Explicit

Sub LigneBezier()
Dim monDocument As Object, maPage As Object, maForme As Object
Dim lesPoints(7) As New com.sun.star.awt.Point
Dim lesInflex(7) As Long
Dim BezCoo As New com.sun.star.drawing.PolyPolygonBezierCoords
monDocument = ThisComponent
maPage = monDocument.DrawPages.getByName("Polygones")
maForme = monDocument.createInstance(_
          "com.sun.star.drawing.OpenBezierShape")
lesPoints(0).X = 3500
lesPoints(0).Y = 2000
lesInflex(0) = com.sun.star.drawing.PolygonFlags.NORMAL
lesPoints(1).X = 4000
lesPoints(1).Y = 5000
lesInflex(1) = com.sun.star.drawing.PolygonFlags.CONTROL
lesPoints(2).X = 4000
lesPoints(2).Y = 5000
lesInflex(2) = com.sun.star.drawing.PolygonFlags.CONTROL
lesPoints(3).X = 11500
lesPoints(3).Y = 10000
lesInflex(3) = com.sun.star.drawing.PolygonFlags.NORMAL
lesPoints(4).X = 17500
lesPoints(4).Y = 3000
lesInflex(4) = com.sun.star.drawing.PolygonFlags.CONTROL
lesPoints(5).X = -2300
lesPoints(5).Y = 3100
lesInflex(5) = com.sun.star.drawing.PolygonFlags.CONTROL
lesPoints(6).X = 4500
lesPoints(6).Y = 9000
lesInflex(6) = com.sun.star.drawing.PolygonFlags.SMOOTH
lesPoints(7).X = 8500
lesPoints(7).Y = 12500
lesInflex(7) = com.sun.star.drawing.PolygonFlags.NORMAL

BezCoo.Coordinates = Array(lesPoints())
BezCoo.Flags = Array(lesInflex())
maPage.add(maForme)
maForme.LineWidth = 80
maForme.PolyPolygonBezier = BezCoo
End Sub
```

La forme résultante est reproduite à la figure 10-7. En sélectionnant chaque point de la forme, vous pourrez faire apparaître les points de contrôle et vérifier leur position (mesurée par rapport à la page entière).

Figure 10–7
Courbe de Bézier

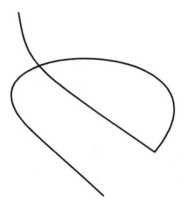

Une forme de Bézier fermée s'obtient en invoquant le service `ClosedBezierShape` au lieu de `OpenBezierShape`.

Exercice

Nous laisserons le lecteur s'exercer à obtenir de jolis poly-polygones de Bézier, en s'inspirant du poly-polygone ordinaire et en utilisant le service `PolyPolygonBezierShape`.

Collages

Les points de colle

Les points de colle d'une forme sont accessibles par sa propriété `GluePoints`. Cet objet est une collection un peu particulière. On peut obtenir un point de colle en utilisant son numéro d'ordre dans la collection avec la méthode `getByIndex`. Contrairement aux autres collections indexées, Basic ne peut cependant pas l'indexer comme un tableau. De toute façon, l'utilisation de l'index n'est pas judicieuse. En effet, l'ajout et la suppression de points de colle peuvent changer l'ordre des autres points de colle dans le conteneur.

Pour identifier chaque point, fourni par défaut ou ajouté, on utilise non pas un nom mais un simple entier de type `Long`. On obtient un point de colle particulier avec la fonction `getByIdentifier`, qui prend en argument l'identificateur du point. La méthode `getIdentifiers` de l'objet `GluePoints` renvoie un tableau des identificateurs des points de colle de la forme, l'index du tableau étant celui du conteneur. En balayant ce tableau, on peut récupérer l'index d'un point dont on connaît l'identificateur.

Une forme possède quatre points de colle prédéfinis, identifiés par les numéros 0 à 3. Voici leur position, par rapport au rectangle englobant la forme :

- 0 : en haut et au milieu,
- 1 : à droite et à mi-hauteur,
- 2 : en bas et au milieu,
- 3 : à gauche et à mi-hauteur.

Chaque objet point de colle est une structure `GluePoint2` détaillée au tableau 10-38.

Tableau 10–38 Structure d'un point de colle

Propriété	Type	Signification
Position	Object	Coordonnées du point de colle par rapport à `PositionAlignment` ; structure `Point` (voir le tableau 10-3).
IsRelative	Boolean	`True` si la position est donnée en 1/100 de pourcent. `False` si la position est donnée en 1/100 de mm.
PositionAlignment	Long	Origine des coordonnées pour le point de colle ; constante nommée, voir explications ci-après.
Escape	Long	Direction d'échappement du connecteur collé sur le point ; constante nommée, voir explications ci-après.
IsUserDefined	Boolean	`True` si le point est ajouté par l'utilisateur.

La `Position` est exprimée en coordonnées X et Y par rapport à un point origine. Les valeurs positives vont vers la droite pour X, vers le bas pour Y, et les valeurs négatives vont respectivement vers la gauche et vers le haut (voir figure 10-8).

Figure 10–8
Coordonnées relatives centrées

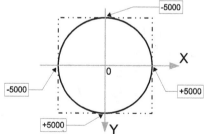

Le point origine est précisé par la propriété `PositionAlignment`. Les valeurs possibles sont énumérées dans le tableau 10-39, et se réfèrent au rectangle englobant ; les valeurs sont de la forme :

```
com.sun.star.drawing.Alignment.CENTER
```

Si la propriété `IsRelative` vaut `False`, les coordonnées sont exprimées en 1/100 de mm, toujours par rapport au point origine. Si la propriété `IsRelative` vaut `True`, les coordonnées X et Y sont exprimées en centième de pourcentage de la largeur totale pour X et de la hauteur totale pour Y. Par exemple, un point situé sur le côté droit d'un rectangle a pour valeur + 50,00 %, ce qui correspond à une valeur de 5000 pour X. La figure 10-8 présente les coordonnées par rapport au centre d'un cercle. Le rectangle englobant est dessiné en tireté.

Tableau 10–39 Constantes de PositionAlignment

Constante	Point d'origine des coordonnées
TOP_LEFT	Le coin en haut à gauche.
TOP	Le milieu du côté du haut.
TOP_RIGHT	Le coin en haut à droite.
LEFT	Le milieu du côté de gauche.
CENTER	Le centre du rectangle.
RIGHT	Le milieu du côté de droite.
BOTTOM_LEFT	Le coin en bas à gauche.
BOTTOM	Le milieu du côté du bas.
BOTTOM_RIGHT	Le coin en bas à droite.

Les constantes de la propriété `Escape`, listées au tableau 10-40, sont assez explicites, sauf la première. Voici la forme générale :

```
com.sun.star.drawing.EscapeDirection.RIGHT
```

Tableau 10–40 Constantes de Escape

Constante	Direction
SMART	À l'initiative d'OpenOffice.org.
LEFT	Vers la gauche.
RIGHT	Vers la droite.
UP	Vers le haut.
DOWN	Vers le bas.
HORIZONTAL	Horizontalement (gauche ou droite).
VERTICAL	Verticalement (haut ou bas).

Un point de colle posé par programmation peut se situer ailleurs que sur le contour de la forme, mais à l'intérieur du rectangle englobant.

Le code ci-dessous liste les points de colle d'une forme. Dans le document du Zip téléchargeable, nous avons ajouté et supprimé plusieurs points de colle de caractéristiques variées. Comparez aussi les valeurs d'index et d'identificateur.

```
rem Code10-05.odg    bibli : Collages Module1
Option Explicit

Sub DemoPointsDeColle()
  ListerPointsdeColle("carre1")
End Sub

Sub ListerPointsdeColle(nomForme As String)
Dim monDocument As Object, maPage As Object, maForme As Object
Dim lesPtColle As Object, unPtColle As Object, identites As Object
Dim x As Long, idPtColle As Long
monDocument = ThisComponent
maPage = monDocument.DrawPages.getByName("Dessin1")
maForme = FindObjectByName(maPage, nomForme)
lesPtColle = maForme.GluePoints
identites = lesPtColle.Identifiers' méthode getIdentifiers()
for x = 0 to lesPtColle.Count -1
  idPtColle = identites(x)
  unPtColle = lesPtColle.getByIdentifier(idPtColle)
  MsgBox("Index : " & x & "    Identité : " & idPtColle & chr(13) & _
  "Point rajouté : " & unPtColle.IsUserDefined & chr(13) & _
  "Alignement : " & unPtColle.PositionAlignment & chr(13) & _
  "Relatif : " & unPtColle.IsRelative & chr(13) & _
  "Echappement : " & unPtColle.Escape & chr(13) & _
  "Position X : " & unPtColle.Position.X & chr(13) & _
  "Position Y : " & unPtColle.Position.Y)
next
End Sub
```

Ajouter un point de colle

Si vous avez bien compris ce qui précède, l'insertion d'un point de colle vous paraîtra limpide. Nous allons insérer un point sur le contour d'un cercle. Connaissant le point X et le rayon du cercle, le théorème de Pythagore nous donne la valeur de Y.

```
rem Code10-05.odg    bibli : Collages Module2
Option Explicit

Sub AjouterPtColle()
Dim monDocument As Object, maPage As Object, maForme As Object
Dim lesPtColle As Object, idPtColle As Long
Dim unPtColle As New com.sun.star.drawing.GluePoint2
```

```
Dim unPoint As New com.sun.star.awt.Point
monDocument = ThisComponent
maPage = monDocument.DrawPages.getByName("Dessin1")
maForme = FindObjectByName(maPage, "cercle1")
lesPtColle = maForme.GluePoints

unPoint.X = 1600 ' 16% du diamètre = 32% du rayon de la forme
' Le rayon du cercle vaut 50,00% de la hauteur de la forme
' appliquer le théorème de Pythagore
unPoint.Y = sqr(5000*5000 - unPoint.X * unPoint.X)

With unPtColle
  .IsRelative = true ' position en pourcentage
  .PositionAlignment = com.sun.star.drawing.Alignment.CENTER
  .Position = unPoint
  .Escape = com.sun.star.drawing.EscapeDirection.RIGHT
end With
idPtColle = lesPtColle.insert(unPtColle)
print "Identité du nouveau point : " & idPtColle
ListerPointsdeColle("cercle1")
End Sub
```

Nous déclarons une variable ayant la structure `GluePoint2`. Une fois cet objet initialisé, nous le mettons en argument de la méthode `insert` de l'objet collection de points de colle. Cette méthode nous renvoie l'identité qu'elle a choisie pour ce point de colle.

Supprimer un point de colle

Il n'existe pas de fonction `hasByIdentifier` qui permettrait de savoir si un identificateur est présent dans la forme. La méthode `removeByIdentifier` de l'objet collection de points de colle supprime le point fourni en argument. S'il n'existe pas de point ayant cette identité, une exception est déclenchée. Nous allons utiliser cette particularité dans la macro exemple, en interceptant l'exception avec l'instruction `on error Goto`.

```
rem Code10-05.odg    bibli : Collages Module3
Option Explicit

Sub SupprimerPtColle()
Dim monDocument As Object, maPage As Object, maForme As Object
Dim lesPtColle As Object, idPtColle As Long
monDocument = ThisComponent
maPage = monDocument.DrawPages.getByName("Dessin1")
maForme = FindObjectByName(maPage, "cercle1")
lesPtColle = maForme.GluePoints
```

```
idPtColle = InputBox("Identité du point à supprimer")
on error Goto pointNex' intercepter les exceptions
lesPtColle.removeByIdentifier(idPtColle)
on error Goto 0
ListerPointsdeColle("cercle1")
exit sub
pointNex:' removeByIdentifier a déclenché une exception
  on error Goto 0
  MsgBox("Point de colle inexistant ou interdit", 16)
End Sub
```

Vous pourrez vérifier qu'il est interdit de supprimer un des points de colle prédéfinis.

Relier deux formes par un connecteur

Nous allons utiliser les notions de point de colle et les caractéristiques de connecteur dans la macro suivante. Dans le document du Zip téléchargeable, nous avons dessiné et nommé deux formes que nous allons relier par un connecteur. Comme le connecteur sera positionné par les points de colle des deux formes, il est inutile de le positionner à sa création.

```
rem Code10-05.odg    bibli : Collages Module4
Option Explicit

Sub Connecter2Formes()
Dim monDocument As Object, maPage As Object
Dim leConnecteur As Object, uneForme As Object
monDocument = ThisComponent
maPage = monDocument.DrawPages.getByName("Dessin1")

leConnecteur = monDocument.createInstance(_
               "com.sun.star.drawing.ConnectorShape")
' inutile de définir la position et les dimensions
' car elles seront imposées par le collage
maPage.add(leConnecteur) ' ajouter avant de compléter
With leConnecteur
  .EdgeKind = com.sun.star.drawing.ConnectorType.LINES
  .StartShape = FindObjectByName(maPage, "carre1")
  .StartGluePointIndex = 1 ' le point à droite
  .EndShape = FindObjectByName(maPage, "cercle1")
  .EndGluePointIndex = 0 ' le point en haut
end With
End Sub
```

Pour voir les variantes possibles, changez la valeur de type de connecteur et les valeurs d'index.

Manipuler plusieurs formes

L'ordre Z

Une forme peut en cacher une autre, tout dépend de l'ordre dans lequel elles sont affichées. Cet ordre est défini par la propriété ZOrder, de type Long, que possède chaque forme. Une forme peut cacher toutes celles qui possèdent un ZOrder inférieur au sien.

En lisant puis modifiant le ZOrder de vos formes vous décidez de l'ordre effectif d'affichage, indépendamment de l'ordre dans lequel elles ont été insérées. La valeur de ZOrder doit être positive ou nulle, et inférieure à maPage.Count.

Grouper des formes

Pour grouper des formes qui se trouvent sur une même page, on les met « dans le même sac », c'est-à-dire dans une collection de formes. Les formes sont ajoutées une à une dans la collection avec sa méthode add, puis la collection est donnée en argument à la méthode group de l'objet page. Elle renvoie un objet groupe. Le dégroupage utilise la méthode ungroup de la page. Elle prend comme argument l'objet groupe.

Notre exemple utilise des formes pré-existantes et nommées, pour alléger le code. Cette macro va grouper trois formes. Vérifiez le groupage après exécution.

```
rem Code10-04.odg    bibli : Selections Module3
Option Explicit

Sub GrouperFormes()
Dim monDocument As Object, maPage As Object, uneForme As Object
Dim groupage As Object, monGroupe As Object
monDocument = ThisComponent
maPage = monDocument.DrawPages.getByName("Dessins")

groupage = createUnoService(_
            "com.sun.star.drawing.ShapeCollection")
uneForme = FindObjectByName(maPage, "carreVide")
groupage.Add(uneForme)
uneForme = FindObjectByName(maPage, "camembert_entamé")
groupage.Add(uneForme)
uneForme = FindObjectByName(maPage, "unTriangle")
groupage.Add(uneForme)
monGroupe = maPage.group(groupage)
End Sub
```

Il est possible de déplacer ou redimensionner un groupe de formes, mais il n'est pas possible de modifier par macro les autres caractéristiques : trait, couleur, texte. Effectuez donc ces formatages avant de grouper les formes.

Un groupe de formes est assimilé à un type spécial de forme, GroupShape. On le récupère comme une forme ordinaire de la page, et on le reconnaît par son type. Les formes contenues dans le groupe (et qui ne sont plus accessibles directement depuis la page) sont récupérées par la méthode getByIndex du groupe. Le nombre de formes contenues est indiqué par sa propriété Count. Notez qu'un groupe peut comporter des formes et des groupes, et ainsi de suite... La macro suivante traite un cas simple, pour retrouver notre groupe afin de le dégrouper.

```
rem Code10-04.odg   bibli : Selections Module3
Option Explicit

Sub rechercherGroupes()
Dim monDocument As Object, maPage As Object, uneForme As Object
Dim monGroupe As Object, n As Long, x As Long, info As String
monDocument = ThisComponent
maPage = monDocument.DrawPages.getByName("Dessins")

for n = 0 to maPage.Count -1 ' balayer les formes de la page
  monGroupe = maPage(n)
  if monGroupe.ShapeType = "com.sun.star.drawing.GroupShape" then
    info = "Un groupe existe, il contient : " & chr(13)
    for x = 0 to monGroupe.Count -1 ' balayer les formes du groupe
      uneForme = monGroupe(x)
      info = info & uneForme.Name & chr(13)
    next
    info = info & chr(13) & "Dégrouper ?"
    if MsgBox(info, 4) = 6 then maPage.ungroup(monGroupe)
  end if
next
End Sub
```

Combiner plusieurs formes

La combinaison de formes se réalise de manière quasi-identique à un groupement. On utilisera la fonction combine pour combiner, et la méthode split pour supprimer la combinaison. Comme avec l'interface utilisateur, combinaison et annulation de combinaison ne permettent pas de retrouver les objets originels.

```
rem Code10-04.odg   bibli : Selections Module4
Option Explicit
```

```
Sub CombinerFormes()
Dim monDocument As Object, maPage As Object, uneForme As Object
Dim groupage As Object, maCombinaison As Object
monDocument = ThisComponent
maPage = monDocument.DrawPages.getByName("Dessins")
groupage = createUnoService(_
            "com.sun.star.drawing.ShapeCollection")
uneForme = FindObjectByName(maPage, "carreVide")
groupage.Add(uneForme)
uneForme = FindObjectByName(maPage, "camembert_entamé")
groupage.Add(uneForme)
uneForme = FindObjectByName(maPage, "unTriangle")
groupage.Add(uneForme)
maCombinaison = maPage.combine(groupage)
End Sub
```

Le résultat de la combinaison est une forme du type `ClosedBezierShape`. Pour annuler la combinaison, nous vous demanderons de la sélectionner avant de lancer la macro.

```
rem Code10-04.odg    bibli : Selections Module4
Option Explicit
Sub AnnulerCombinaison()
Dim monDocument As Object, maPage As Object, maCombinaison As Object
monDocument = ThisComponent
maPage = monDocument.CurrentController.CurrentPage
maCombinaison = monDocument.CurrentSelection(0)
if IsNull(maCombinaison) then
  MsgBox("Sélectionnez la forme combinée", 16)
else
  maPage.split(maCombinaison)
end if
End Sub
```

Connecter plusieurs formes

La connexion de formes se réalise comme une combinaison de formes. À la place de `combine` et `split`, on utilisera la fonction `bind` pour connecter, et la méthode `unbind` pour supprimer la connexion.

Les images

La première partie, insertion, récupération, suppression d'images, est spécifique à Draw. Les sections suivantes sont aussi applicables aux images dans Writer et Calc.

Insérer une image

L'insertion (du lien) d'une image dans Draw offre des similarités avec l'insertion d'une forme.

```
Rem Code10-10.odg    bibli : lesImages Module1
Option Explicit

Sub AjouterImage()
Dim monDocument As Object, maPage As Object, monImage As Object, gp As Object
Dim positionImage As New com.sun.star.awt.Point
Dim props(0) As New com.sun.star.beans.PropertyValue
monDocument = ThisComponent
maPage = monDocument.DrawPages.getByName("Photos1")

gp = createUnoservice("com.sun.star.graphic.GraphicProvider")
props(0).Name = "URL"
props(0).Value = ConvertToURL("C:\Docs OpenOffice\LogoOpenOffice.png")
monImage = monDocument.createInstance("com.sun.star.drawing.GraphicObjectShape")
monImage.Graphic = gp.queryGraphic( props() ) ' récupérer le fichier image
maPage.add(monImage)
resizeImageByWidth(monImage, 11000) ' largeur en 1/100 de mm
positionImage.x = 6500 ' 65 mm à droite du coin de la page
positionImage.y = 5300 ' 53 mm en dessous du coin de la page
monImage.Position = positionImage
monImage.Name = "Logo1"' donner un nom à cette image
End Sub
```

Nous utilisons la méthode queryGraphic du service GraphicProvider pour récupérer le fichier de l'image. Il est ensuite transféré dans la propriété Graphic de l'objet monImage, afin d'intégrer une copie du fichier dans le document. L'image est dimensionnée après son insertion, en fixant sa largeur. Pour conserver les proportions de l'image nous utilisons la routine utilitaire resizeImageByWidth, que nous avons extraite de l'annexe B de ce livre. Cette routine est recopiée dans la bibliothèque Standard du document exemple. Le positionnement de l'image n'offre rien de nouveau. Il est possible et recommandé de nommer une image en utilisant sa propriété Name.

Insérer plusieurs images

À chaque insertion d'une image, il est nécessaire d'obtenir un nouvel objet image, même si on insère plusieurs fois la même. Il faut aussi réinitialiser à chaque fois les propriétés de la forme. Le document Code10-10.odt de l'archive Zip téléchargeable contient un exemple.

Retrouver, supprimer une image

L'image ayant été nommée, elle peut être retrouvée sur une page de dessin en utilisant la routine utilitaire de l'annexe B : `FindObjectByName`. Nous pouvons ensuite la modifier. Ici, nous nous contentons de la sélectionner de manière visible en employant la méthode `select` du contrôleur du document.

```
Rem Code10-10.odg   bibli : lesImages Module3
Option Explicit

Sub SelectionnerImage()
Dim monDocument As Object, maPage As Object, monImage As Object
monDocument = ThisComponent
maPage = monDocument.DrawPages.getByName("Photos1")
monImage = FindObjectByName(maPage, "Logo2")
if IsNull(monImage) then
  print "Il n'existe aucune image de ce nom"
else
  monDocument.CurrentController.Select(monImage)
end if
End Sub
```

La méthode `remove` de l'objet page de dessin permet de supprimer une image :

```
maPage.remove(monImage)
```

Propriétés des images

Une image expose à la fois les propriétés des formes et des propriétés spécifiques, dont les principales sont listées au tableau 10-41.

Tableau 10–41 Propriétés spécifiques des images

Propriété	Type	Signification
AdjustRed	Integer	Correction de la couleur Rouge, valeur en pourcentage positif ou négatif.
AdjustGreen	Integer	Correction de la couleur Vert.
AdjustBlue	Integer	Correction de la couleur Bleu.
AdjustLuminance	Integer	Correction de la luminosité, valeur en pourcentage positif ou négatif.
AdjustContrast	Integer	Correction du contraste, valeur en pourcentage positif ou négatif.
Gamma	Double	Valeur du Gamma.
GraphicColorMode	Long	Correspond au mode graphique sur la barre d'objets graphiques ; constante nommée, voir le tableau 10-42.
GraphicCrop	Object	Recadrage de l'image ; structure, voir le tableau 10-43.

Tableau 10–41 Propriétés spécifiques des images (suite)

Propriété	Type	Signification
GraphicURL	String	Chemin d'accès au fichier lié, ou référence du fichier incorporé au document.
Graphic	Object	Caractéristiques du graphique, décrites plus loin.
GraphicObjectFillBitmap	Object	Propriété obsolète, utiliser Graphic.

Les corrections ou le recadrage ne concernent que l'affichage dans le document ; elles ne modifient pas le fichier image.

La propriété GraphicColorMode reçoit une constante nommée (tableau 10-42) de la forme :

```
com.sun.star.drawing.ColorMode.NORMAL
```

Tableau 10–42 Constantes de GraphicColorMode

Constante	Mode graphique
NORMAL	Standard.
GREYS	Niveaux de gris.
MONO	Noir/Blanc.
WATERMARK	Filigrane.

La propriété GraphicCrop est une structure décrite dans le tableau 10-43.

Tableau 10–43 Structure GraphicCrop

Propriété	Type	Signification
Top	Long	Recadrage du haut.
Bottom	Long	Recadrage du bas.
Left	Long	Recadrage du côté gauche.
Right	Long	Recadrage du côté droit.

Il est nécessaire d'utiliser une variable intermédiaire pour modifier un élément.

```
dim rognure as object
rognure = monImage.GraphicCrop
rognure.Bottom = -2000
monImage.GraphicCrop = rognure
```

Une valeur positive rogne l'image, la partie visible s'étendant sur la surface offerte par les dimensions actuelles. Une valeur négative réduit l'image par rapport à ses dimensions, laissant une marge. Les valeurs sont exprimées en 1/100 de millimètres. Notez que l'interface utilisateur effectue simultanément un redimensionnement (boutons de choix Conserver l'échelle ou Conserver la taille de l'image).

Lorsqu'une image est incorporée dans le document, la propriété `GraphicURL` contient une URL particulière, par exemple :

```
vnd.sun.star.GraphicObject:10000000000016400000152463C5E09
```

Le nom du fichier image intégré dans le Zip constituant le document est composé du nombre, suivi de l'extension du fichier. Le fichier est stocké dans le répertoire `Pictures` du Zip.

La propriété `Graphic` fournit un objet donnant d'autres caractéristiques de l'image (voir le tableau 10-4). D'après l'API (service `GraphicDescriptor`), ces informations ne sont pas toujours disponibles.

EXIF

Par suite du bogue Issue 93716, la propriété `Size100thMM` n'est pas remplie si l'image contient des données EXIF (comme cela est le cas d'un cliché pris avec un appareil numérique).

Tableau 10–44 Caractéristiques de l'image

Propriété	Type	Signification
Alpha	Boolean	True si l'image a un canal alpha (valeur de transparence dans chaque pixel).
Animated	Boolean	True si l'image est animée.
Transparent	Boolean	True si l'image est transparente.
BitsPerPixel	Integer	Nombre de bits pour coder chaque pixel.
GraphicType	Integer	Constante nommée, trois valeurs possibles : Image vide : com.sun.star.graphic.GraphicType.EMPTY. Image bitmap : com.sun.star.graphic.GraphicType.PIXEL. Image vectorielle : com.sun.star.graphic.GraphicType.VECTOR.
Size100thMM	Object	Taille de l'image sur le document, en 1/100 de mm. Structure Size (voir le tableau 10-2).
SizePixel	Object	Taille de l'image, en pixels. Structure Size (voir le tableau 10-2). La routine resizeImageByWidth de l'annexe B utilise cette propriété.

Les autres objets insérés dans une page de dessin

Différents types d'objets peuvent être insérés dans une page de dessin, ils apparaissent comme des formes d'un certain type. L'outil Xray (voir l'annexe A) vous permettra d'inspecter ces objets et leurs sous-objets. Les exemples réalisés sous Draw, sont aisément transposables sous Calc ou Writer, qui offrent les mêmes possibilités.

Les objets OLE2

Il s'agit des éléments insérés suivants (liste non exhaustive) :

- diagramme ;
- formule, aussi appelée équation ;
- son (inséré par le menu **Objet>Son**), vidéo, plug-in ;
- document OpenOffice ;
- cadre flottant (normalement utilisé dans un document HTML).

Ils apparaissent sur la page de dessin comme des formes qui supportent le service com.sun.star.drawing.OLE2Shape. Le nom contenu dans la propriété ShapeType de ces formes dépend de l'objet OLE2. Si ce nom est com.sun.star.drawing.OLE2Shape, l'objet offre une propriété EmbeddedObject. Elle contient un objet complexe, dont nous utiliserons la propriété Component, qui fournit l'objet final : diagramme, formule, document OpenOffice, etc. La liste des services supportés permet de préciser de quel type d'objet il s'agit.

L'exemple suivant liste les objets OLE2 d'une page de dessin Draw.

```
rem Code10-06.odg    bibli : ObjetsInseres Module1
Option Explicit

Sub ListerObjetsOLE2()
Dim maPage As Object, maForme As Object
Dim conteneurOLE2 As Object, objetOLE2 As Object
Dim n As Long, sv As String, info As String, cr As String

cr = chr(13)
maPage = ThisComponent.DrawPages.getByName("Exemple")
for n = 0 to maPage.Count -1 ' énumérer les formes de la page
  maForme = maPage.getByIndex(n) ' on aurait pu indexer directement
  if maForme.supportsService("com.sun.star.drawing.OLE2Shape") then
    info = "Nom de la forme : " & maForme.Name & cr & cr _
      & "Type de la forme : " & maForme.ShapeType & cr & cr
```

```
       if maForme.ShapeType = "com.sun.star.drawing.OLE2Shape" then
         conteneurOLE2 = maForme.EmbeddedObject
         objetOLE2 = conteneurOLE2.Component
         info = info & "Services supportés par l'objet OLE2 :"
         for each sv in objetOLE2.SupportedServiceNames
           info = info & cr & sv
         next
       end if
       MsgBox(info, 0, "Forme OLE2")
     end if
  next
End Sub
```

Les formules, ou équations

L'objectif de notre exemple est de modifier la taille d'une équation du document en cours, connaissant le nom donné à la forme.

```
rem Code10-06.odg   bibli : ObjetsInseres Module2
Option Explicit

Sub ModifierTailleEquation()
Dim maPage As Object, maForme As Object, objetOLE2 As Object
Dim nouvelleTaille As Integer

maPage = ThisComponent.DrawPages.getByName("Exemple")
maForme = FindObjectByName(maPage, "exemple de formule", _
  "com.sun.star.drawing.OLE2Shape")
if IsNull(maForme) then
  MsgBox("La formule n'existe pas", 16)
else
  if maForme.ShapeType <> "com.sun.star.drawing.OLE2Shape" then
    MsgBox("La formule n'existe pas", 16)
  else
    objetOLE2 = maForme.EmbeddedObject.Component
    if objetOLE2.supportsService( _
       "com.sun.star.formula.FormulaProperties") then
      nouvelleTaille = InputBox("Donner une nouvelle taille :", "", _
         objetOLE2.BaseFontHeight)
      objetOLE2.BaseFontHeight = nouvelleTaille
      objetOLE2.Modified = True
    else
      MsgBox("La formule n'existe pas", 16)
    end if
  end if
end if
End Sub
```

Pour être sûr d'avoir obtenu l'équation, et non une forme autre du même nom, nous effectuons plusieurs vérifications successives :

1 D'abord, en utilisant la routine de l'annexe B `FindObjectByName` en lui demandant de retrouver sur la page de dessin une forme du nom recherché, et supportant le service `OLE2Shape`. Cette routine est recopiée dans la bibliothèque `Standard` du document.

2 Puis, en vérifiant le type de la forme, afin d'utiliser la propriété `EmbeddedObject`.

3 Enfin, on vérifie que le document incorporé supporte le service `FormulaProperties`.

La macro demande alors à l'utilisateur d'indiquer la nouvelle taille de la police des équations, en affichant la valeur actuelle, qui se trouve dans la propriété `BaseFontHeight`. L'outil Xray vous permettrait de visualiser les nombreuses autres propriétés d'une équation. La propriété `Modified` permet d'informer le document que la représentation de la formule a changé et qu'il faut mettre à jour l'affichage.

Il est tout à fait possible de changer la formule contenue dans l'objet équation. Dans la macro précédente, il suffirait d'ajouter cette ligne :

```
objetOLE2.Formula= "{2+4} over {1+1} = 3"
```

Nous intervenons cette fois sur la propriété `Formula` qui attend un texte tel qu'il aurait été saisi dans l'éditeur d'équation.

Ces exemples ne sont évidemment pas exhaustifs. L'API couvrant les équations se situe dans le module `com.sun.star.formula` et le service `FormulaProperties`.

Les objets vidéo et son

Il s'agit des objets insérés par le menu Insertion>Vidéo et son. On obtient une forme supportant les services `com.sun.star.drawing.MediaShape` et `com.sun.star.drawing.Shape`. La propriété `ShapeType` de la forme a pour valeur `com.sun.star.drawing.Shape`. La forme expose aussi les propriétés `MediaURL` et `Loop`.

Les styles

Nous avons indiqué au chapitre 7 les éléments communs à la gestion des styles. Nous abordons maintenant les particularités des documents Draw et Impress.

En affichant le panneau Styles et formatage vous constatez que toutes les propriétés de formes sont réglables sur un style d'images. Effectivement, vous retrouvez les propriétés que nous avons décrites ainsi que d'autres. Il suffit de les modifier sur votre objet style pour le changer.

> BOGUE **Objets styles de Draw**
>
> Si vous cherchez à explorer le contenu d'un style de Draw, soit dans l'IDE en mettant en témoin une variable contenant un style, soit avec l'outil Xray, l'application OpenOffice.org va planter. Ceci est dû à une structure incorrecte de l'objet style. Ce problème est signalé par l'Issue 97880.

Pour créer un nouveau style d'images, on invoque le service `Style` :

```
uneFamille = lesFamilles.getByName("graphics")
nouvStyle = monDocument.CreateInstance("com.sun.star.style.Style")
uneFamille.insertByName("Objet ombre à gauche", nouvStyle)
nouvStyle.ParentStyle = "Objet avec ombre" ' hériter d'un style
nouvStyle.ShadowXDistance = -300
```

Imprimer

Le mécanisme général d'impression est décrit au chapitre 7. Nous traiterons ici des particularités de Draw.

Chaque forme dispose d'une propriété `Printable`, de type `Boolean`. La valeur `True` autorise son impression. De même, chaque couche expose une propriété `IsPrintable` qui permet d'imprimer ou non les objets qui lui sont associés.

Configuration d'impression

Les propriétés listées au tableau 10-45 correspondent aux cases à cocher de l'interface utilisateur Impression>Options. Il s'agit des propriétés de configuration du document, qui sont obtenues en invoquant le service `DocumentSettings`, comme dans cet exemple.

```
rem Code07-03.odg    bibli : Imprimer Module4
Option Explicit

Sub ConfigImpression()
Dim monDocument As Object, conf As Object, servConfig As String
monDocument = ThisComponent
servConfig = "com.sun.star.drawing.DocumentSettings"
conf = monDocument.createInstance(servConfig)
print conf.PrinterName
End Sub
```

Tableau 10–45 Propriétés d'impression pour Draw

Propriété	Type	Signification
IsPrintFitPage	Boolean	True pour adapter la page à l'espace imprimable.
IsPrintTilePage	Boolean	True pour imprimer en mosaïque.
PrinterName	String	Nom de l'imprimante utilisée par le document.
IsPrintPageName	Boolean	True pour imprimer le nom de la page.
IsPrintDate	Boolean	True pour imprimer la date.
IsPrintTime	Boolean	True pour imprimer l'heure.
IsPrintBooklet	Boolean	True pour imprimer en format prospectus.
IsPrintBookletBack	Boolean	True pour n'imprimer que le verso du prospectus.
IsPrintBookletFront	Boolean	True pour n'imprimer que le recto du prospectus.
PrintQuality	Long	Qualité d'impression. 0 : Normal, 1 : Niveaux de gris, 2 : Noir et Blanc seulement.

Configuration du document

Les propriétés listées au tableau 10-46 concernent la mise à l'échelle du document et l'unité de mesure employée (pour les cotations). Avec l'interface utilisateur, ceci est défini dans le menu Outils>Options>Dessin>Général. Par programmation, on y accède en invoquant le service DocumentSettings pour le document en cours.

Tableau 10–46 Propriétés de document Draw

Propriété	Type	Signification
MeasureUnit	Integer	Unité de mesure par défaut, constante nommée.
ScaleNumerator	Long	Numérateur de l'échelle du document.
ScaleDenominator	Long	Dénominateur de l'échelle du document.

Les principales unités de mesure sont listées au tableau 10-47. Les constantes nommées sont de la forme :

```
com.sun.star.util.MeasureUnit.MM
```

L'échelle ne donne des résultats cohérents que pour un rapport numérateur/dénominateur inférieur ou égal à 1. Dans l'exemple suivant nous avons placé des cotations

Tableau 10–47 Constantes d'unité de mesure

Constante	Signification	Constante	Signification
MM_100TH	1/100 de mm	INCH	pouce
MM	mm	FOOT	pied
CM	cm	MILE	mile
M	m	PICA	pica
KM	km	POINT	point
TWIP	Twip	PERCENT	pourcentage

sur la page de dessin. La macro va changer l'échelle de cotation pour le document. Observez le changement des valeurs affichées sur le dessin.

```
rem Code10-09.odg    bibli : Config Module1
Option Explicit

Sub ConfigEchelle()
Dim monDocument As Object, conf As Object, servConfig As String
monDocument = ThisComponent
servConfig = "com.sun.star.drawing.DocumentSettings"
conf = monDocument.createInstance(servConfig)
' alterner entre deux échelles très différentes !
if conf.MeasureUnit = com.sun.star.util.MeasureUnit.MM then
  conf.MeasureUnit = com.sun.star.util.MeasureUnit.KM
  conf.ScaleNumerator = 3
  conf.ScaleDenominator = 100000
else
  conf.MeasureUnit = com.sun.star.util.MeasureUnit.MM
  conf.ScaleNumerator = 7
  conf.ScaleDenominator = 10
end if
End Sub
```

Spécificités d'Impress par rapport à Draw

Nous décrivons ici les quelques particularités d'Impress.

Couches de dessin

Depuis la version 2.0 d'OpenOffice.org, les couches de dessin ne sont plus disponibles dans Impress.

Page de diapo

Une diapo Impress peut être masquée dans les diaporamas. Ceci est réalisé avec la propriété Visible de la page de dessin.

```
maPage.Visible = False ' masquer cette diapo
```

La configuration d'exécution des diaporamas

La pseudo-propriété Presentation d'un document Impress nous donne un objet comportant des propriétés gouvernant le fonctionnement des diaporamas du document. La liste en est donnée au tableau 10-48. Ces propriétés peuvent être lues ou modifiées, elles sont sauvegardées avec le document.

```
Dim monDocument As Object, pr As Object
monDocument = ThisComponent
pr = monDocument.Presentation
MsgBox(pr.CustomShow) ' nom du diaporama personnalisé utilisé
```

Tableau 10–48 Propriétés du diaporama

Propriété	Type	Signification
AllowAnimations	Boolean	True pour autoriser les animations GIF.
CustomShow	String	Nom du diaporama personnalisé utilisé (ou chaîne vide).
FirstPage	String	Nom de la page débutant le diaporama (ou chaîne vide).
IsAlwaysOnTop	Boolean	True impose le diaporama au premier-plan.
IsAutomatic	Boolean	False change les diapos automatiquement ! Cet indicateur correspond à **Transition de diapo manuelle** dans les paramètres du diaporama.
IsEndless	Boolean	True répète le diaporama inlassablement.
IsFullScreen	Boolean	True affiche le diaporama en plein écran.
IsMouseVisible	Boolean	True affiche le curseur de souris.
Pause	Long	Durée de la pause, en secondes, avant la relance du diaporama.
StartWithNavigator	Boolean	True affiche le navigateur.
UsePen	Boolean	True affiche le pointeur crayon.
Display	Long	Pour un ordinateur à deux écrans : 1 : diaporama affiché sur l'écran 1 ; 2 : diaporama affiché sur l'écran 2 ; 3 : diaporama affiché sur les deux écrans.

> RAPPEL **Diaporama personnalisé**
>
> Un diaporama personnalisé permet de choisir l'ordre d'affichage des diapos, d'afficher plusieurs fois la même diapositive au cours du diaporama, et de ne pas toutes les afficher. L'utilisateur peut définir plusieurs diaporamas personnalisés.

Lancer un diaporama

Le même objet obtenu par la pseudo-propriété `Presentation` du document Impress expose plusieurs méthodes servant à l'exécution d'un diaporama (voir le tableau 10-49).

Tableau 10–49 Méthodes du diaporama

Méthode	Signification	Disponible depuis
isRunning	Renvoie True si le diaporama est en cours d'affichage.	OOo 3.0
start	Démarre le diaporama avec ses paramètres.	OOo 1.1
startWithArguments	Démarre le diaporama avec des paramètres imposés.	OOo 3.0
rehearseTimings	Démarre le diaporama en présentation chronométrée.	OOo 1.1
end	Arrête le diaporama.	OOo 1.1

Ces méthodes s'utilisent sans argument, à l'exception de `startWithArguments` qui reçoit un tableau de `PropertyValue`. Chaque élément du tableau indique la valeur à utiliser pour une propriété du diaporama, à la place de la valeur enregistrée. Ceci permet d'imposer certaines valeurs sans modifier la configuration du diaporama. Les propriétés utilisables sont celles du tableau 10-48.

```
rem Code10-11.odp    bibli : Standard Module2
Option Explicit

Sub lancerPresentation
Dim monDocument As Object, pr As Object
Dim props(1) As New com.sun.star.beans.PropertyValue
monDocument = ThisComponent
props(0).Name = "IsFullScreen"
props(0).Value = False
props(1).Name = "StartWithNavigator"
props(1).Value = True
pr = monDocument.Presentation
pr.startWithArguments(props())
End Sub
```

> **ASTUCE Tableau de PropertyValue**
>
> La routine utilitaire `CreateProperties` de l'annexe B vous simplifiera le codage, si vous souhaitez imposer de nombreux paramètres.

Intervenir pendant un diaporama

Depuis la version 2.0 d'OpenOffice.org, il n'est plus possible par action de l'API de modifier directement l'affichage d'une forme dans une diapo pendant l'exécution de la présentation. La macro fonctionnera correctement en mode conception, mais ne fera aucun changement visible durant la présentation.

La version 3.0 d'OpenOffice.org introduit l'interface `XSlideShowController` permettant d'intervenir sur le déroulement du diaporama en cours. On obtient cette interface à partir de la pseudo-propriété `Controller` de l'objet obtenu par `Presentation` :

```
rem Code10-11.odp    bibli : Standard Module1
Option Explicit

Sub UtiliserControleurDeDiaporama()
Dim pc As Object
pc = ThisComponent.Presentation.Controller
if IsNull(pc) then Exit Sub ' le diaporama n'est pas en cours
' exemple d'utilisation
pc.gotoSlideIndex(4) ' afficher la diapo de rang 4 dans le diaporama
End Sub
```

Avant d'utiliser l'interface, nous vérifions que l'objet obtenu existe bien, car il n'est disponible que si un diaporama est en cours. Cette interface comporte de nombreuses méthodes, listées dans le tableau 10-50.

Tableau 10–50 Méthodes de contrôle du diaporama

Méthode	Argument	Résultat	Signification
isRunning	aucun	Boolean	True si le diaporama est en cours d'affichage.
isEndless	aucun	Boolean	True si le diaporama se répète inlassablement.
isFullScreen	aucun	Boolean	True si le diaporama s'affiche en plein écran.
isActive	aucun	Boolean	True si les actions souris sont prises en compte.
activate	aucun	aucun	Prendre en compte les actions de souris.
deactivate	aucun	aucun	Ignorer les actions de souris.
isPaused	aucun	Boolean	True si le diaporama est en pause.

Tableau 10–50 Méthodes de contrôle du diaporama (suite)

Méthode	Argument	Résultat	Signification
pause	aucun	aucun	Inhiber les transitions automatiques. Le diaporama continue soit après appel à resume, soit en actionnant une touche une fois la macro terminée.
resume	aucun	aucun	Reprendre le cours du diaporama.
blankScreen	Long	aucun	Afficher un écran vide, dont la couleur est donnée en argument. Le diaporama continue soit après appel à resume, soit par un clic de souris ou une action sur le clavier, une fois la macro terminée.
getSlideCount	aucun	Long	Nombre de diapos affichées sur l'ensemble du diaporama. Un diaporama personnalisé peut afficher plusieurs fois la même diapo.
getCurrentSlideIndex	aucun	Long	Rang, débutant à zéro, de la diapo dans le diaporama.
getNextSlideIndex	aucun	Long	Rang de la prochaine diapo dans le diaporama.
getSlideByIndex	Long	Object	Renvoie l'objet page de la diapo de rang donné en argument.
gotoSlideIndex	Long	aucun	Afficher le diaporama à la diapo de rang donné en argument.
getCurrentSlide	aucun	Object	Renvoie l'objet page de la diapo actuelle.
gotoFirstSlide	aucun	aucun	Afficher la première diapo du diaporama.
gotoLastSlide	aucun	aucun	Afficher la dernière diapo du diaporama.
gotoNextSlide	aucun	aucun	Afficher la diapo suivante du diaporama.
gotoPreviousSlide	aucun	aucun	Afficher la diapo précédente du diaporama.
gotoSlide	Object	aucun	Afficher la diapo dont l'objet page est donné en argument. Cette diapo peut ne pas exister dans le diaporama en cours.
gotoBookmark	String	aucun	Afficher la diapo dont le nom est donné en argument. Cette diapo peut ne pas exister dans le diaporama en cours.
gotoNextEffect	aucun	aucun	Afficher le prochain effet d'animation, ou la prochaine diapo.
stopSound	aucun	aucun	Arrêter les sons en cours (mais ne semble pas fonctionner à ce jour).
addSlideShowListener	Object	aucun	Ajouter un *Listener*.
removeSlideShowListener	Object	aucun	Supprimer un *Listener*.

L'interface XSlideShowController comporte aussi des attributs, listés au tableau 10-51. On les utilise comme des propriétés. Ces attributs ne fonctionnaient pas correctement lors de nos essais en pré-version 3.1.

Tableau 10–51 Attributs de contrôle de diaporama

Propriété	Type	Signification
AlwaysOnTop	Boolean	True impose le diaporama toujours au premier-plan. Ne fonctionne pas.
MouseVisible	Boolean	True affiche le curseur de souris dans le diaporama. Ne fonctionne pas.
UsePen	Boolean	True affiche le crayon. N'est pas pris en compte sur la diapo courante.
PenColor	Long	Couleur du tracé de crayon. N'est pas pris en compte sur la diapo courante.

La page de notes

Chaque page de dessin d'un document Impress est associée à une page de notes, qu'on peut obtenir avec la propriété NotesPage de la page.

Cette page de notes a toutes les propriétés d'une page de dessin : tout ce qui a été dit à ce propos lui est donc applicable. Par défaut, on trouve dans la page de notes deux formes, chacune d'un type spécial :

```
com.sun.star.presentation.PageShape
com.sun.star.presentation.NotesShape
```

La première contient une reproduction de la diapo, la deuxième contient les notes proprement dites.

NotesPage

Une page de notes a elle aussi une propriété NotesPage ! Elle n'est d'aucune utilité, car elle ne donne accès qu'à elle-même.

Nous allons énumérer les objets qui se trouvent sur la page de notes de la page Diapo1, et afficher le texte de la note. Cette macro est très similaire à l'énumération des formes dans une page de dessin, vue plus haut.

```
rem Code10-07.odp   bibli : Library1 Module1
Option Explicit

Sub formesDeNotes()
Dim monDocument As Object, maPage As Object, maNote As Object
Dim maForme As Object, typF As String, n As Long
monDocument = ThisComponent
maPage = monDocument.DrawPages.getByName("Diapo1")

maNote = maPage.NotesPage
for n = 0 to maNote.Count -1
```

```
    maForme = maNote(n)
    typF = maForme.ShapeType
    print "Type de la forme = " & typF
    if typF = "com.sun.star.presentation.NotesShape" then
      MsgBox(maForme.Text.String) ' texte de la note
    end if
  next
End Sub
```

Chaque arrière-plan est aussi associé à sa page de notes, elle aussi accédée par la propriété `NotesPage` de l'objet arrière-plan.

La page prospectus

Le mode d'affichage Page de prospectus (en anglais, *handout*) reproduit plusieurs diapos sur une même page, pour fournir un résumé imprimé de la présentation.

L'objet page de prospectus est accessible par la propriété `HandoutMasterPage` de l'objet document. Il y a peu à dire de cette page ; on ne peut modifier avec l'API le nombre de diapos qu'elle contient, seulement le connaître avec la propriété `Count`.

Les styles Impress

La famille de styles `Standard` correspond aux styles de présentation. Dans cette famille, les méthodes `hasByName` et `getByName` ne reconnaissent que le nom interne anglais de ces styles. Voici la correspondance nom interne/nom localisé :

- `title` : Titre
- `subtitle` : Sous-titre
- `background` : Arrière-plan
- `backgroundobjects` : Objets d'arrière-plan
- `notes` : Notes
- `outline1` à `outline9` : Plan 1 à Plan 9

Nous ne pouvons pas créer de nouveaux styles dans la famille `Standard`, ni supprimer un style existant, seulement le modifier.

Configuration de document

Les propriétés d'unité de mesure et d'échelle ne sont pas disponibles.

Configuration d'impression

Pour obtenir la configuration d'impression d'un document Impress, on emploiera le service :

```
servConfig = "com.sun.star.presentation.DocumentSettings"
```

On obtient les propriétés d'impressions décrites pour Draw, et quelques autres listées au tableau 10-52, spécifiques à Impress.

Tableau 10–52 Propriétés d'impression spécifiques à Impress

Propriété	Type	Signification
IsPrintDrawing	Boolean	True pour imprimer les diapos.
IsPrintNotes	Boolean	True pour imprimer les notes de page.
IsPrintHandout	Boolean	True pour imprimer les diapos à plusieurs par page (résumé de présentation).
IsPrintOutline	Boolean	True pour imprimer le plan.
IsPrintHiddenPages	Boolean	True pour imprimer les diapos cachées.

Conclusion

De nombreux objets et méthodes à vocation graphique, tels que les primitives de bases mais aussi les points de colle ou les groupements sont disponibles pour réaliser des dessins (ou formes) dans Draw. La plupart des principes décrits ici sont aussi valables pour les documents Writer ou Calc. Quant à Impress, c'est essentiellement un document Draw enrichi de fonctionnalités supplémentaires que nous avons détaillées.

Ce chapitre clôt la présentation de l'API propre aux composants Writer, Calc, Draw et Impress. La quatrième partie de ce livre va élargir le recours à l'API au contexte du développement d'applications.

Construire des applications avec OpenOffice.org

Savoir modifier les documents OpenOffice.org ne suffit généralement pas pour obtenir une application utilisable. Dans cette partie, vous apprendrez à afficher des dialogues tout à fait semblables à ceux des applications classiques. Vous pourrez interroger ou modifier une base de données, effectuer un publipostage, et concevoir des formulaires utilisant des macros. Nous exposerons enfin d'autres fonctionnalités de l'API ainsi que des méthodes sophistiquées qui vous aideront à réaliser des programmes plus puissants.

11

Les boîtes de dialogue

Nous avons vu au chapitre 5 comment afficher des informations et obtenir une réponse de l'utilisateur. L'instruction MsgBox est parfaite pour afficher un court texte d'information ou une question fermée qui attend une réponse telle que Oui, Non ou Annuler. Quant à l'instruction InputBox, elle est d'un aspect peu esthétique, n'effectue aucun contrôle des données saisies et ne vous permet de demander qu'une information à la fois.

Grâce aux boîtes de dialogue, vous pourrez présenter de manière conviviale les différentes options de votre programme, recevoir plusieurs informations en un seul panneau, afficher des textes entiers. Vous avez le choix entre plusieurs langages de programmation pour réaliser vos boîtes de dialogue, mais OOoBasic permet de les gérer de façon simple.

API **Référence sur les boîtes de dialogue (en anglais)**

Le *Developer's Guide* décrit les boîtes de dialogue dans deux chapitres redondants, *OpenOffice.org Basic and Dialogs* et *Graphical User Interfaces*. Le premier de ces chapitres est orienté programmation Basic, le second est une description adaptée à d'autres langages de programmation, avec des exemples en Java.

▸ http://wiki.services.openoffice.org/wiki/Documentation/DevGuide/
OpenOffice.org_Developers_Guide

Construire une boîte de dialogue avec l'EDI

L'onglet de dialogue

Ouvrez un nouveau document, puis dans ce document, créez une nouvelle bibliothèque Basic que vous nommerez `PremierDialogue`. Dans l'EDI, cliquez avec le bouton droit sur la zone des onglets de modules et choisissez Insérer>Boîte de dialogue Basic. Vous obtenez la boîte de dialogue vierge de la figure 11-1.

> **À savoir**
>
> Les exemples sont réalisés sur des documents Writer, mais ils sont tout aussi valides sous d'autres types de document OpenOffice : Calc, Draw...

Figure 11-1
Une nouvelle boîte de dialogue

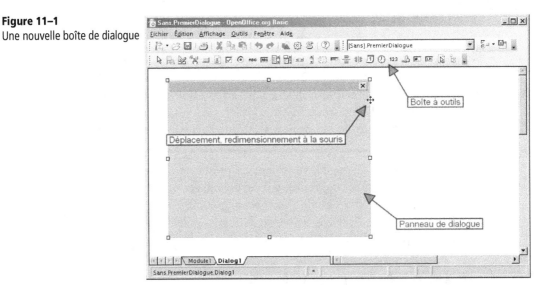

L'onglet Dialog1 peut être renommé comme pour un onglet de module. La fenêtre vierge au centre de la feuille est le panneau de la boîte de dialogue. Avec le menu Affichage>Barre d'outils nous avons fait apparaître la Boîte à outils, que nous avons ancrée dans la fenêtre Basic. La plupart des icônes de la Boîte à outils sont des éléments de dialogue, appelés contrôles.

Sélectionnez le panneau de dialogue avec la souris : pour cela, cliquez précisément sur un des bords du panneau. Des marques de redimensionnement apparaissent et le curseur de la souris devient un curseur de déplacement ou un curseur de dimensionnement, comme sur la figure 11-1.

La fenêtre des propriétés

 Tout en gardant sélectionné le panneau de dialogue, cliquez avec le bouton droit sur un des bords et choisissez Propriétés. Vous obtenez une fenêtre flottante et redimensionnable, représentée sur la figure 11-2. Vous pouvez également y accéder depuis la Boîte à outils, en cliquant sur l'icône reproduite en marge.

Figure 11–2
La fenêtre des propriétés

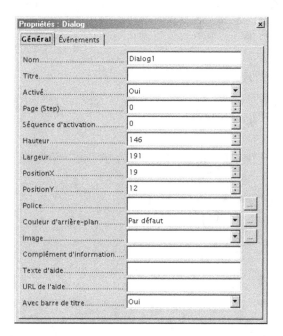

Vous aurez très souvent à utiliser la fenêtre des propriétés. Grâce à elle, vous allez inspecter et modifier les caractéristiques de l'objet sélectionné, dans le cas présent celles du panneau de dialogue, mais aussi celles de chacun des contrôles que vous allez y déposer. Comme cette fenêtre est encombrante, n'hésitez pas à la redimensionner, la déplacer, la faire disparaître et réapparaître. Elle comporte deux onglets, Général et Événements.

L'onglet Général

La plupart des propriétés listées sur cet onglet existent aussi pour les autres contrôles. Les plus intéressantes pour le panneau dialogue sont :

- **Nom** – Le nom du dialogue, qui peut être différent du nom du module de dialogue ; inscrivez `DialogueUn`.
- **Titre** – Le texte qui apparaît dans la barre de titre du dialogue ; inscrivez ici `Mon premier dialogue`.

- **Hauteur, Largeur** – Les dimensions du panneau de dialogue.
- **PositionX, PositionY** – La position du coin du haut et à gauche du panneau de dialogue.

Dimensions et positions dans les dialogues

L'unité de mesure n'est pas le pixel, ni même le *twip*, mais le *Map AppFont*, qui est lié aux hauteur et largeur moyennes des caractères de la police système. L'avantage est d'obtenir un panneau proportionné aux textes affichés par le système.

L'onglet Événements

En cliquant sur l'onglet Événements de la fenêtre des propriétés, vous verrez apparaître une liste (figure 11-3) :

Figure 11–3
L'onglet Événements du panneau des propriétés

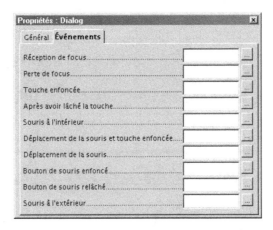

Cet onglet affiche la liste des différents événements concernant le panneau de dialogue. Vous obtiendrez une liste similaire pour chacun des contrôles que vous déposerez sur la boîte de dialogue.

L'onglet Événements sert à lancer une macro lorsqu'un événement particulier survient. Cette macro effectuera un petit traitement, par exemple mémoriser une information dans une variable pour un traitement ultérieur. La boîte de dialogue reste affichée, et selon les actions de l'utilisateur plusieurs événements seront peut-être déclenchés successivement, jusqu'à la fermeture de la boîte de dialogue.

Pour affecter une macro à un événement, cliquez sur la case à la droite de l'événement : le panneau de sélection s'affiche (figure 11-4).

1 Cliquez sur le bouton Macro... Après quelques secondes (chargement du JRE), un nouveau panneau s'affiche (figure 11-5) pour sélectionner la macro à exécuter.

Figure 11–4
Assigner une action à un
événement

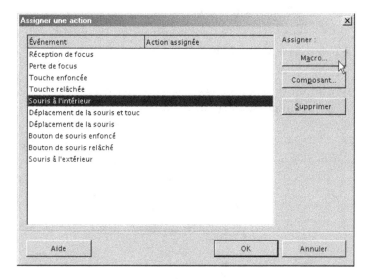

Figure 11–5
Lier un événement à une macro

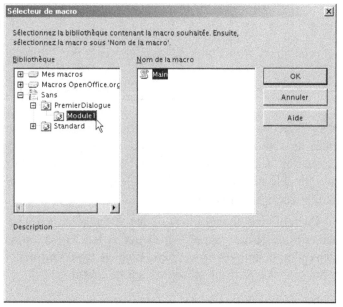

Vous pouvez sélectionner une macro (ou script) écrite dans un des langages de
script supportés par OpenOffice.org : Basic, JavaScript, Java compilé, BeanShell,
Python. Depuis un document, on peut choisir un script situé dans Mes macros ou
dans Macros OpenOffice.org ou encore dans le document lui-même (ici appelé
« Sans » car pas encore sauvegardé).

2 Déroulez l'arbre des documents.

3 Déroulez l'arbre des modules Basic du document.

4 Choisissez un module.

5 Choisissez une macro dans le module.

6 Cliquez sur le bouton OK. Le panneau se ferme, et le panneau précédent est mis à jour, comme sur la figure 11-6.

Figure 11–6
Lier un événement à une macro

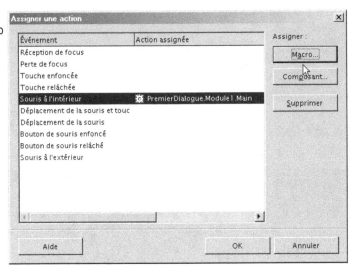

Nous pouvons ainsi savoir quels événements ont un traitement particulier et éventuellement en supprimer avec le bouton Supprimer. Le bouton Composant permet de lancer une des méthodes d'un composant UNO. Certains langages permettent de créer de tels composants, tels Java, C++, Python. Cliquez le bouton OK pour valider les modifications effectuées.

Si plus tard vous changez le nom de votre macro, pensez à réaffecter la macro à l'événement qu'elle doit traiter. Notez que la macro est toujours appelée sans argument, bien qu'un objet Event puisse être reçu en argument dans la déclaration de la macro, comme nous le verrons plus loin dans ce chapitre.

ATTENTION **Les événements répétitifs**

Certains événements sont déclenchés jusqu'à plusieurs fois par seconde, comme le déplacement de souris. Ce genre d'événement doit être traité seulement quand c'est absolument nécessaire, et avec des macros très courtes. Dans la plupart des cas, vous traiterez des événements plus simples, comme le déclenchement d'un bouton.

Votre première boîte de dialogue

Une boîte de dialogue se construit en déposant des contrôles un à un sur le panneau de dialogue. Nous commencerons par les contrôles les plus simples, qui ont aussi l'intérêt de présenter des propriétés que vous retrouverez dans la plupart des autres contrôles.

L'étiquette

ABC

Le contrôle Étiquette (`Label`) sert à afficher une information non modifiable par l'utilisateur. Dans l'EDI, cliquez sur l'icône **ABC** dans la liste des contrôles, puis mettez la souris au-dessus du panneau de dialogue et cliquez-glissez pour obtenir un rectangle blanc allongé horizontalement. Il contiendra le texte `Label1`.

Faites apparaître la fenêtre des propriétés, en gardant la sélection du rectangle. Dans le champ de la propriété **Étiquette**, tapez le texte : « Voulez-vous lancer cette macro ? ». Appuyez sur la touche **Entrée** ou cliquez sur le champ d'une autre propriété et vous devriez obtenir quelque chose de voisin de la figure 11-7.

Figure 11–7
Insertion d'un contrôle
Étiquette

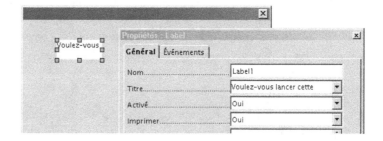

Vous avez certainement remarqué que le texte n'apparaît pas en totalité dans le champ Titre ; ce n'est pas grave, il suffit d'augmenter la largeur de la fenêtre des propriétés, ou de cliquer sur le triangle à droite du champ.

Cependant, le texte affiché dans le contrôle est tronqué, lui aussi ! Avec la souris, il suffit d'augmenter la largeur du rectangle. Toujours avec la souris, exercez-vous à redimensionner et à déplacer ce contrôle, auquel Basic a donné le nom `Label1`, mais que vous pouvez renommer à votre convenance.

Le contrôle Label sert uniquement à afficher un texte fixe. Néanmoins, il a plusieurs apparences que vous allez découvrir en jouant avec les propriétés.

- **Alignement** – Positionnez le texte dans son rectangle.
- **Bordure** – Essayez les différentes possibilités. Seul un cadre « plat » permet de changer la couleur de bordure.

- **Couleur d'arrière-plan** – Essayez des couleurs claires.
- **Police** – Changez la police, ou sa taille.
- **Coupure de mot** – Choisissez Oui, puis redimensionnez le rectangle pour autoriser plusieurs lignes. Vous pouvez forcer un retour à la ligne dans le texte, avec le raccourci Maj + Entrée.

En fonction de vos besoins, vous décidez donc de l'aspect le plus approprié de votre contrôle. Ceci ne change absolument rien dans le codage de votre macro. La preuve : nous n'avons encore rien programmé !

Le Bouton

Un contrôle Bouton (Button) sert à déclencher un traitement lorsque l'utilisateur l'actionne. De la même manière que précédemment, choisissez l'icône dans la liste des contrôles et dessinez un rectangle sur le panneau du dialogue. Affichez les propriétés.

Le bouton obtenu est nommé par Basic : CommandButton1. Le comportement d'un bouton est influencé par sa propriété Type de Bouton. Il est possible de proposer une image (elle doit être petite, environ 16 × 16 pixels) à côté du libellé du bouton. Pour éviter le bogue Issue 83964, créez le bouton sans modifier son type (qui est Par défaut), puis recherchez une image en cliquant le bouton à côté de la propriété Image de l'EDI. Réglez ensuite la propriété Alignement des images et enfin modifiez si vous le souhaitez le type de bouton.

Le bouton Standard

La propriété Type de Bouton est initialement à Par défaut, qui correspond à un bouton standard. Un bouton de ce type sert à déclencher un événement, qui doit alors être pris en compte avec une routine spécifique. Pour le moment, nous nous contenterons des trois types les plus simples et les plus fréquents que sont OK, Annuler, Aide.

Le bouton OK

Avec la propriété Étiquette changez le titre du bouton en Oui. Changez le type de Bouton en OK. Vous venez de créer un bouton spécial : quand l'utilisateur clique sur ce bouton, le dialogue se termine avec une valeur de retour spécifique. Ce type de bouton ne déclenche pas de routine d'événement.

Dans le champ Texte d'aide des propriétés du bouton Oui, tapez : « Exécuter le dialogue ». Ce texte apparaîtra sous forme de bulle au passage de la souris.

Le bouton Annuler

Glissez encore une fois la souris sur le panneau de dialogue pour obtenir un deuxième bouton. Le bouton obtenu est nommé par Basic : `CommandButton2`. Changez le titre du bouton en `Non`. Changez le type de bouton en `Annuler`. Vous venez de créer un autre bouton spécial : quand l'utilisateur clique sur ce bouton, le dialogue se termine avec une autre valeur de retour spécifique. En fait, ce bouton effectue exactement la même action que de cliquer sur la case de fermeture de fenêtre. Ce type de bouton ne déclenche pas de routine d'événement.

Le bouton Aide

Il existe un dernier type de bouton, le bouton `Aide`. Dans son fonctionnement de base, il permet d'afficher la page principale de l'aide `F1` d'OpenOffice.org et éventuellement de lancer une routine d'événement. Il est possible de créer des extensions qui utilisent ce bouton pour afficher une page d'aide propre au panneau de dialogue.

Ajuster les éléments du dialogue

Exercez-vous à sélectionner un des contrôles de la boîte : il suffit de cliquer dessus. Déplacez-le en glissant avec la souris. Redimensionnez-le. Pour sélectionner plusieurs contrôles à la fois essayez deux méthodes :

- un clic sur le premier contrôle, un `Maj + clic` sur les autres ;

- dans la barre flottante des contrôles, choisissez l'icône `Sélection` ; cliquez en dehors d'un contrôle et faites glisser la souris pour créer un rectangle pointillé englobant les contrôles à sélectionner.

Quand un groupe de contrôles est sélectionné, vous pouvez le déplacer sans modifier leurs positions relatives, ou effectuer un redimensionnement global.

La fenêtre des propriétés affiche les valeurs de propriétés qui sont identiques pour tous les objets du groupe. Cela peut servir à modifier globalement la taille des boutons, par exemple.

Attention, si vous sélectionnez uniquement le panneau de dialogue, son déplacement laisse les contrôles sur place ! Donc sélectionnez l'ensemble avec la technique du rectangle pointillé, puis déplacez le groupe.

Tester le dialogue

Après quelques ajustements, vous obtiendrez un dialogue similaire à celui de la figure 11-8.

Figure 11–8
Votre première
boîte de dialogue

C'est le moment de tester l'aspect final de votre dialogue. Dans la liste des contrôles, cliquez sur l'icône indiquée par le curseur de souris sur la figure.

Le panneau de dialogue s'affiche. Déplacez la souris au-dessus du bouton Oui, une bulle d'aide apparaît. Cliquez sur un des boutons, ou sur la croix de fermeture de fenêtre et le dialogue disparaît.

L'intérêt du test est de voir votre dialogue tel qu'il se présentera à l'utilisateur. Et ceci sans avoir encore écrit une seule ligne de codage ! Évidemment, il n'y a aucune exécution réelle. Aucun événement n'est produit dans ce mode de test de l'interface.

Utilisez l'EDI pour changer sur le bouton Non la propriété Type de Bouton en Par défaut. Testez de nouveau : le panneau de dialogue reste présent quand vous cliquez sur ce bouton. Un bouton de type Par défaut ne fait rien par lui-même, il faut affecter une macro à l'événement Lors du déclenchement. Cliquez sur l'autre bouton ou sur la case de fermeture de fenêtre. Dans l'EDI, remettez le type de bouton sur Annuler.

Exécuter le dialogue

Dans la même bibliothèque PremierDialogue, écrivez dans un module le code suivant :

```
rem Code11-01.odt bibli : PremierDialogue Module1
Option Explicit

Sub appelerDialogue()
Dim dlg As Object, bibli As Object, monDialogue As Object

' étape 1 : charger la bibliothèque en mémoire
DialogLibraries.loadLibrary("PremierDialogue")
' étape 2 : récupérer l'objet bibliothèque
bibli = DialogLibraries.getByName("PremierDialogue")
' étape 3 : récupérer la boîte de dialogue dans la bibliothèque
monDialogue = bibli.getByName("Dialog1")
dlg = CreateUnoDialog(monDialogue) ' étape 4 : créer le dialogue
```

```
' étapes 5 et 6
if dlg.execute = com.sun.star.ui.dialogs.ExecutableDialogResults.OK then
  MsgBox("Dialogue exécuté normalement")
else
  MsgBox("Dialogue annulé")
end if
dlg.dispose
End Sub
```

Exécuter un dialogue, même simple, nécessite plusieurs étapes :

1 Charger en mémoire d'OpenOffice la bibliothèque de dialogue contenant le dialogue à utiliser. Ici la bibliothèque se trouve dans le document de la macro, et on utilise l'objet Basic `DialogLibraries`.

2 Récupérer l'objet bibliothèque, une fois celle-ci chargée dans `DialogLibraries`. En effet, `DialogLibraries` contient plusieurs bibliothèques.

3 Dans cette bibliothèque, récupérer le module de dialogue, qui est un objet modélisant la structure du dialogue. Une bibliothèque peut contenir plusieurs dialogues, chacun étant dans un module. Remarquez que le nom du module est le nom sur l'onglet dans l'EDI, et non pas de la propriété Nom du panneau de dialogue.

4 Avec la fonction Basic `CreateUnoDialog`, créer une instance de dialogue à partir de l'objet modèle de dialogue.

5 Après éventuellement diverses initialisations, lancer le dialogue avec sa méthode `execute`. Celle-ci affiche la fenêtre de dialogue et gère toutes les interactions de l'utilisateur jusqu'à sa fermeture.

6 Tester la valeur renvoyée en fin d'exécution pour savoir si le dialogue s'est déroulé normalement ou a été annulé par l'utilisateur. Dans le premier cas, on analyse en général le contenu des contrôles afin de déterminer les choix de l'utilisateur.

7 Libérer la ressource de dialogue.

ATTENTION À LA CASSE

Veillez à bien respecter la casse pour le nom de la bibliothèque et le nom du dialogue.

Les étapes 1 et 2 utilisent l'objet prédéfini `DialogLibraries` car nous utilisons une bibliothèque de dialogues qui se trouve dans le document. Mais il est possible d'utiliser un dialogue situé dans Mes macros et boîtes de dialogue ou dans Macros et boîtes de dialogue OpenOffice.org. Ces bibliothèques sont accessibles depuis tout document comme depuis une macro située dans Mes macros. Pour cela, on doit ajouter l'objet `GlobalScope`, qui expose son propre objet `DialogLibraries`. Cela nous donne :

```
GlobalScope.DialogLibraries.loadLibrary("PremierDialogue" )
bibli = GlobalScope.DialogLibraries.getByName("PremierDialogue")
```

Si vous omettez l'étape 1 (c'est-à-dire de charger la bibliothèque dans OpenOffice), cela marchera dans certaines situations, mais pas toujours dans d'autres. Pour éviter de vous arracher les cheveux, le mieux est de l'utiliser systématiquement, et même si le dialogue se trouve dans la bibliothèque Standard.

Les étapes 1 à 4 sont spécifiques à une programmation avec OOoBasic. Avec d'autres langages de programmation, la méthode est un peu différente. Reportez-vous au *Developer's Guide* ou à la section sur les boîtes à outils signalées à l'annexe A.

La fonction dlg.Execute retourne une valeur numérique qui est une constante nommée. Ici, nous testons si le dialogue a été fermé par un bouton de type OK. Si le dialogue est fermé par un bouton de type Annuler, ou en fermant la fenêtre, la valeur de retour est :

```
com.sun.star.ui.dialogs.ExecutableDialogResults.CANCEL
```

MÉTHODE

Pour information, la valeur de retour pour OK est 1, mais ceci est un choix d'implémentation. Utilisez le plus souvent possible la constante API et non la valeur numérique. Cette habitude amènera une plus grande facilité de relecture.

La dernière instruction libère les ressources de dialogue. Elle n'est pas nécessaire ici car la fin de la Sub va libérer toutes ses variables internes, mais c'est une bonne pratique de codage.

Les étapes 1, 2, 3, 4 sont assez pénibles lorsqu'on crée souvent des dialogues. Nous avons mis dans la bibliothèque Standard du même document la fonction utilitaire CreerDialogue.

```
rem Code11-01.odt bibli : Standard Module1
Option Explicit

' crée un dialogue et renvoie son objet ( ou Null )
Function CreerDialogue(nomBibli As String, nomDialogue As String, _
        Optional resident As Boolean) As Object
Dim conteneur As Object, bibli as Object

On Error GoTo errBibli
if IsMissing(resident) then resident = False
if resident then
  conteneur = GlobalScope.DialogLibraries
else
  conteneur = DialogLibraries
end if
```

```
conteneur.loadLibrary(nomBibli)
bibli = conteneur.getByName(nomBibli)
CreerDialogue = CreateUnoDialog(bibli.getByName(nomDialogue))
On Error Goto 0
Exit Function ' résultat : l'objet dialogue

errBibli:
Resume errBibli2
errBibli2:
On Error GoTo 0 ' résultat : Null
End Function
```

Cette fonction renvoie un objet dialogue. Il suffit de lui donner en argument le nom de la bibliothèque de dialogue, le nom du module de dialogue, et, si nécessaire, un argument True si la bibliothèque se trouve dans Mes macros et boîtes de dialogue ou dans Macros et boîtes de dialogue OpenOffice.org. La macro d'appel est notablement simplifiée :

```
rem Code11-01.odt bibli : PremierDialogue Module2
Option Explicit

Sub appelerDialogue()
Dim dlg As Object

dlg = CreerDialogue("PremierDialogue", "Dialog1") ' étape 1,2,3,4
' étapes 5 et 6
if dlg.execute = com.sun.star.ui.dialogs.ExecutableDialogResults.OK then
  MsgBox("Dialogue exécuté normalement")
else
  MsgBox("Dialogue annulé")
end if
dlg.dispose
End Sub
```

Si la macro d'appel est située dans une autre bibliothèque du document, les instructions sont exactement les mêmes. Maintenant que nous savons comment appeler un dialogue, nous allons voir comment utiliser les contrôles de dialogue. Tous les exemples de dialogues utiliseront la fonction CreerDialogue, copiée dans la bibliothèque Standard du document afin qu'elle soit accessible depuis les autres bibliothèques.

Les principaux champs de saisie

Jusqu'à présent, nous n'avons qu'un dialogue équivalent à un `MsgBox`. Néanmoins, en ajoutant de nouveaux contrôles, nous allons multiplier les possibilités d'interaction avec l'utilisateur.

La zone de texte

Le contrôle Zone de texte (`TextField`) permet à l'utilisateur de saisir un texte. Dans un nouveau document, créez une nouvelle boîte de dialogue avec :

- un bouton OK ;
- un bouton Annuler ;
- un contrôle Étiquette intitulé Votre Prénom ;
- juste en-dessous, un contrôle Zone de texte : c'est l'icône ABC entourée d'un cadre. Dans la propriété Texte de ce contrôle inscrivez : `Arthur`.

Vous obtenez une boîte de dialogue similaire à celle de la figure 11-9.

Figure 11–9
Dialogue avec
une zone de texte

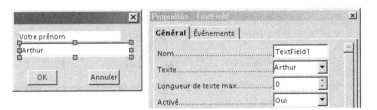

Vous retrouvez les propriétés d'un contrôle Étiquette et de nouvelles propriétés. Utilisez l'icône de test pour voir leur utilité. Dans l'état initial, le test vous montrera que vous pouvez modifier le champ zone de texte.

Donnez à la propriété Longueur de texte max la valeur 5. Le champ n'affiche plus que `Arthu` et vous êtes limité à 5 caractères. Remettez la valeur zéro pour ne pas avoir de limitation. Donnez à la propriété En lecture seule la valeur `Oui`. Durant le test, vous ne pouvez plus modifier le champ. Remettez la valeur `Non`. Donnez à la propriété Caractère pour mots de passe la valeur `x`. Le contenu du champ devient `xxxxxx` et tout ce que vous tapez en mode test est affiché avec le caractère `x`. Effacez ce caractère dans la propriété, le contenu réapparaît en clair.

Comment récupérer le texte saisi par l'utilisateur du dialogue ? Quelques instructions nouvelles vont suffire.

```
rem Code11-02.odt bibli : ZTexte Module1
Option Explicit
```

```
Sub Main1()
Dim dlg As Object, champPrenom As Object, prenom As String

dlg = CreerDialogue("Ztexte", "Dialog1")
if dlg.execute = com.sun.star.ui.dialogs.ExecutableDialogResults.OK then
  champPrenom = dlg.getControl("TextField1")
  prenom = champPrenom.Text
  MsgBox("Votre prénom est : " & prenom)
end if
dlg.dispose
End Sub
```

Nous récupérons d'abord dans la variable champPrenom l'objet contrôle Zone de texte, grâce à la fonction GetControl de l'objet dlg. La fonction getControl d'un objet dialogue est très utilisée car elle permet d'accéder à chacun des contrôles de la boîte de dialogue. Le nom du contrôle passé en argument doit être écrit en respectant la casse. Le texte saisi par l'utilisateur (ou le texte initial, s'il n'a pas été modifié) est obtenu avec la propriété Text sous la forme d'une variable String. Si le contrôle utilise la propriété **Caractère pour mots de passe**, le texte est récupéré en clair.

Les propriétés **Plusieurs lignes** et **Barres de défilement** vous seront utiles avec un champ zone de texte contenant de nombreuses lignes. En effet, ce champ affiche le contenu d'une variable String qui peut atteindre 65 535 caractères. Vous pouvez introduire des retours à la ligne avec la touche Maj + Entrée.

Une zone de texte en lecture seule avec la propriété **Plusieurs lignes** est pratique pour afficher un texte d'information comme un mode d'emploi. Les avantages par rapport au contrôle Étiquette sont les suivants : les barres de défilement permettent de lire un texte très long et l'utilisateur peut sélectionner et copier tout ou partie de ce texte.

Le texte à afficher peut être déterminé par votre programme, comme le montre ce deuxième exemple.

```
rem Code11-02.odt bibli : ZTexte Module2
Option Explicit

Sub Main2
Dim dlg As Object, information As Object
Dim cr As String, blabla As String, n As Long

cr = chr(13)
blabla = "Voici un texte multi-ligne en lecture seule " & _
  "écrit par programme. Vous pouvez le sélectionner et le copier"
for n = 2 to 500
  blabla = blabla & cr & "Ceci est la ligne numéro " & n
next
```

```
dlg = CreerDialogue("Ztexte", "Dialog2")
information = dlg.getControl("TextField1")
information.Text = blabla
dlg.execute
dlg.dispose
End Sub
```

Le retour à la ligne est réalisé avec le caractère `chr(13)`. La chaîne de caractères préparée est copiée dans la propriété `Text` du contrôle avant d'afficher le dialogue. Comme il s'agit d'un simple affichage informatif, nous n'attendons rien de l'utilisateur et il est inutile de tester la valeur de retour de la méthode `execute`.

Le champ numérique

Le contrôle Champ numérique (`NumericField`) sert à récupérer une valeur numérique saisie par l'utilisateur. Dans un nouveau document, créez une nouvelle boîte de dialogue avec :

- un bouton OK, un bouton Annuler ;
- un contrôle Étiquette intitulé : `Votre Poids` ;
- juste en-dessous, un contrôle Champ numérique : c'est l'icône **123** sur la barre flottante des contrôles.

Le contrôle Champ numérique possède plusieurs propriétés spécifiques. Remplissez-en quelques-unes :

- Valeur = 70 ;
- Valeur min = 3 ;
- Valeur max = 250 ;
- Décimales = 1.

Figure 11–10
Dialogue avec un Champ numérique

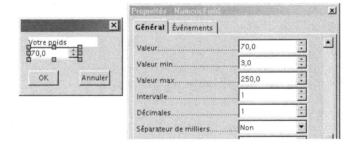

Vous avez remarqué que la fenêtre des propriétés ajoute un nombre de décimales zéro correspondant à la valeur courante de la propriété Décimales. Le caractère séparateur de décimales est bien une virgule, conformément à l'usage français. Jouez avec les propriétés. Utilisez l'icône de test pour voir leur utilité. Modifiez à Oui la propriété **Compteur** : les triangles qui apparaissent servent à incrémenter ou décrémenter la valeur numérique. Vous obtenez une boîte de dialogue similaire à celle de la figure 11-10.

La valeur numérique fournie par l'utilisateur est récupérée de manière très similaire à un contrôle Zone de texte.

```
rem Code11-02.odt bibli : Znum Module1
Option Explicit

Sub Main1
Dim dlg As Object, champPoids As Object, lePoids As Double

dlg = CreerDialogue("Znum", "Dialog1")
if dlg.execute = com.sun.star.ui.dialogs.ExecutableDialogResults.OK then
  champPoids = dlg.getControl("NumericField1")
  lePoids = champPoids.Value
  MsgBox("Votre poids est : " & lePoids & " Kg")
end if
dlg.dispose
End Sub
```

La propriété Value du contrôle Champ numérique est de type Double, même si vous avez seulement besoin d'un nombre entier. Il existe d'autres contrôles numériques spécialisés (heure, date, monétaire, masqué) que nous étudierons bientôt.

La zone de liste

Le contrôle Zone de liste (ListBox) permet à l'utilisateur de choisir un texte parmi plusieurs proposés. On dit aussi : choisir une entrée parmi plusieurs. Il existe plusieurs variations de zone de liste, qui ont beaucoup de points communs.

La zone de liste simple

Dans cette variante, l'utilisateur ne peut pas modifier les textes. Dans un nouveau document, créez une nouvelle boîte de dialogue avec :

- un bouton OK, un bouton Annuler ;
- un contrôle Étiquette intitulé : Votre destination ;
- juste en-dessous, un contrôle Zone de liste.

Le contrôle Zone de liste possède plusieurs propriétés spécifiques. Remplissez-en quelques-unes :

- Entrées de liste = tapez ici 7 ou 8 noms de ville, avec un retour à la ligne entre chacune (touche Maj+Entrée) ;
- Déroulante = Oui ou Non ;
- Nombre de lignes = 5 ;
- Sélection multiple = Non ;
- Sélection : cliquez la case à droite du champ, choisissez un des noms proposés, qui sera le choix initial. Pour ne pas imposer de choix, supprimez le contenu du champ Sélection.

Selon la valeur de la propriété Déroulante, vous obtenez une des deux boîtes de dialogue de la figure 11-11.

Figure 11–11
Dialogue avec
une zone de liste simple

Utilisez l'icône Test pour voir le comportement dynamique du dialogue. Si vous mettez Non à la propriété Déroulante et augmentez suffisamment la hauteur du contrôle, toutes les lignes disponibles sont affichées, ce qui est parfois plus pratique pour l'utilisateur. La propriété Nombre de lignes n'est utile que pour une liste déroulante ; elle précise le nombre de lignes visibles dans la section déroulée.

Tapez une lettre. S'il existe une entrée commençant par cette lettre, elle s'affiche ; s'il en existe plusieurs, la première s'affiche. C'est une recherche incrémentale : si vous tapez plusieurs lettres successivement, la première entrée commençant par ces lettres s'affiche. Appuyez sur la barre Espace pour reprendre la recherche à zéro.

La récupération du choix de l'utilisateur nécessite plusieurs paramètres.

```
rem Code11-02.odt bibli : Zliste Module1
Option Explicit

Sub Main1()
Dim dlg As Object, champDest As Object, dest As String, numdest As
Integer
```

```
dlg = CreerDialogue("Zliste", "Dialog1")
champDest = dlg.getControl("ListBox1")
champDest.selectItemPos(1, True) ' sélection éventuelle par programme
champDest.Model.ItemSeparatorPos = 3 ' insérer une ligne de séparation
if dlg.execute = com.sun.star.ui.dialogs.ExecutableDialogResults.OK then
  dest = champDest.SelectedItem
  numdest = champDest.SelectedItemPos
  MsgBox("Rang choisi : " & numdest & " = " & dest)
end if
dlg.dispose
End Sub
```

Le choix initial peut être déterminé par programme, avec la méthode selectItemPos. Chaque choix a une position, le premier choix ayant la position zéro. Vous devez effectuer l'initialisation avant d'afficher le dialogue, mais après l'avoir créé. Le premier paramètre de la méthode est la position, le deuxième précise si ce choix est sélectionné ou non.

Accessible au niveau du Model du contrôle, la propriété ItemSeparatorPos sert à insérer une ligne de séparation, ici après le choix d'index 3. Cette propriété est disponible avec la version 3.3 d'OpenOffice.org. On ne peut insérer qu'une seule ligne de séparation dans la liste.

La propriété SelectedItem est une chaîne de caractères contenant le choix de l'utilisateur. La propriété SelectedItemPos est la position de ce choix dans la liste présentée. Il peut être plus simple d'utiliser la position que la chaîne de caractères.

Notre zone de liste comporte une liste fixée avec l'EDI. Plus loin dans ce chapitre, après avoir expliqué des notions complémentaires, nous montrerons comment gérer dynamiquement la liste de choix.

La zone de liste à sélection multiple

Si dans le contrôle Zone de liste la propriété Sélection multiple vaut Oui, l'utilisateur peut sélectionner plusieurs lignes (en utilisant la souris comme dans l'explorateur de fichiers). La propriété Déroulante doit alors être positionnée à Non. La propriété Sélection accepte de sélectionner plusieurs noms.

ROBUSTESSE

Attention, l'utilisateur peut tout désélectionner, en faisant un Ctrl + clic sur la dernière ligne encore sélectionnée. Il faut en tenir compte dans le codage.

L'analyse du choix utilisateur diffère car on obtient un tableau des valeurs sélectionnées au lieu d'une seule valeur. Les propriétés ont un nom quasiment identique : `Item` (élément) devient `Items` pour marquer le pluriel.

```
rem Code11-02.odt bibli : Zliste Module3
Option Explicit

Sub Main3()
Dim dlg As Object, champDest As Object
Dim dest() As String, numdest() As Long, n As Long
Dim listeSel As String, nbSelectDest As Long

dlg = CreerDialogue("Zliste", "Dialog3")
champDest = dlg.getControl("ListBox1")
champDest.selectItemPos(1, True) ' sélection éventuelle par programme
champDest.selectItemPos(4, True)
if dlg.execute = com.sun.star.ui.dialogs.ExecutableDialogResults.OK then
  dest = champDest.SelectedItems        ' attention au pluriel !
  numdest = champDest.SelectedItemsPos' attention au pluriel !
  if UBound(numdest()) < 0 then
    MsgBox("Vous n'avez choisi aucune destination")
  else
    listeSel = ""
    for n = 0 to UBound(numdest())
      listeSel = listeSel & numDest(n) & " : " & dest(n) & chr(13)
    next
    MsgBox(listeSel, 0, "Destinations choisies")
  end if
end if
dlg.dispose
End Sub
```

Nous avons choisi de sélectionner au départ deux lignes. On récupère un tableau de `String` avec `SelectedItems`, et un tableau d'`Integer` avec `selectedItemsPos`. La valeur minimale de l'index des tableaux est toujours zéro, `UBound` fournit la valeur haute de l'index. Notez que `UBound` renvoie −1 si rien n'est sélectionné.

Plus loin dans ce chapitre, section « Modifier le contenu d'une zone de liste », se trouve le tableau 11-2 qui récapitule les méthodes et propriétés de ce contrôle.

La zone de liste combinée

Avec le contrôle Boîte combinée (`ComboBox`), l'utilisateur peut fournir un texte autre que ceux proposés. Créez une boîte de dialogue identique à celle de la zone de liste simple, mais choisissez l'icône zone combinée.

L'apparence du dialogue est identique à celle de la zone de liste simple (figure 11-11).

Inscrivez dans la propriété Texte de l'EDI le nom d'une des destinations de la liste, par exemple Brest. Activez le test du dialogue et déroulez la liste : l'entrée Brest est sélectionnée. Il en est de même si vous saisissez le nom d'une des autres destinations. En la saisissant, vous verrez la recherche incrémentale fonctionner. Vous pourriez inscrire un nom absolument quelconque dans la propriété Texte, mais la liste de choix sera inchangée. L'équivalent en programmation est la propriété Text du contrôle.

Les propriétés SelectedItemPos, SelectedItemsPos, SelectedItem, SelectedItems n'existent pas pour une zone de liste combinée ; la méthode selectItemPos non plus. La récupération du choix de l'utilisateur se fait donc de manière différente de celle vue pour la zone de liste simple.

```
rem Code11-02.odt bibli : Zcombi Module1
Option Explicit

Sub Main1()
Dim dlg As Object, champDest As Object, dest As String

dlg = CreerDialogue("Zcombi", "Dialog1")
champDest = dlg.getControl("ComboBox1")
' champDest.Text = "Marseille" ' sélection éventuelle par programme
if dlg.execute = com.sun.star.ui.dialogs.ExecutableDialogResults.OK then
  dest = champDest.Text
  MsgBox("Destination choisie : " & dest)
end if
dlg.dispose
End Sub
```

Que l'utilisateur choisisse une des propositions ou en indique une autre, on récupère le texte de l'entrée dans la propriété Text, de type String. La ligne de code en commentaire juste avant dlg.Execute montre comment on peut, à l'exécution, choisir la valeur par défaut.

Si nécessaire, le programmeur devra mémoriser la nouvelle entrée fournie par l'utilisateur afin de construire dynamiquement la liste de choix pour un nouvel affichage du dialogue. Ceci sera développé plus loin dans ce chapitre, section « Modifier le contenu d'une zone de liste combinée ». Vous y trouverez le tableau 11-4 qui récapitule les propriétés et méthodes de la zone de liste combinée.

Les cases à cocher

Un contrôle Case à cocher (CheckBox) sert à rentrer une information binaire (oui, non). L'utilisateur change l'état de la case en cliquant dessus. Créez une nouvelle boîte de dialogue avec :

- un bouton OK, un bouton Annuler ;
- trois contrôles Case à cocher ayant respectivement pour titre Gras, Italique, Souligné.

En sélectionnant les trois contrôles Case à cocher dans l'EDI, donnez-leur la même largeur, la même hauteur et la même PositionX. En utilisant la PositionY de chacun, espacez-les régulièrement de haut en bas. Pour la case Italique, mettez la propriété Statut à : Sélectionné. Vous obtenez la boîte de dialogue de la figure 11-12.

Figure 11–12
Dialogue avec
des cases à cocher

Testez la boîte de dialogue : chaque case peut être cochée ou décochée par l'utilisateur. Le codage ci-dessous vous montre une manière, parmi d'autres, de savoir quelles cases ont été cochées.

```
rem Code11-02.odt   bibli : Cocher Module1
Option Explicit

Sub Main1()
Dim dlg As Object, coche As Object
Dim Gras As Boolean, Italique As Boolean, Souligne As Boolean

dlg = CreerDialogue("Cocher", "Dialog1")
if dlg.execute = com.sun.star.ui.dialogs.ExecutableDialogResults.OK
then
  coche = dlg.getControl("cocheGras")
  Gras = (coche.State = 1)
  coche = dlg.getControl("cocheItalique")
  Italique = (coche.State = 1)
  coche = dlg.getControl("cocheSouligne")
  Souligne = (coche.State = 1)
  Print "Texte";
  if Gras then Print " gras";
  if Italique then Print " italique";
  if Souligne then Print " souligné";
  if not (Gras or Italique or Souligne) then Print " normal";
  Print
end if
dlg.dispose
End Sub
```

La variable `coche` donne accès successivement à chaque contrôle Case à cocher ; la propriété `State` (État) du contrôle peut prendre une des valeurs :

0 la case n'est pas cochée ;

1 la case est cochée ;

2 état « indéterminé » ou « je ne sais pas ».

L'étrange état 2 ne peut être atteint que si la propriété **Statut triple** a la valeur `Oui`. Dans ce cas, la coche apparaît en grisé. Dans la grande majorité des utilisations, **Statut triple** est laissé à `Non`, et `State` ne peut alors valoir que 0 ou 1. Notre codage remplit pour chaque contrôle une variable `Boolean` à partir de `State`. Ces variables servent ensuite au traitement.

Les cases de choix 1 parmi N

Ces cases de choix (`OptionButton`) sont appelées contrôle Bouton radio par référence aux vieux postes de radio sur lesquels, quand on enfonçait un bouton pour changer de gamme d'ondes, un autre bouton précédemment enfoncé remontait par un effet mécanique. L'intérêt des Cases de choix 1 parmi N est que le système vous assure qu'une seule case sera active dans l'ensemble des cases de choix.

Créez une nouvelle boîte de dialogue avec :

- un bouton OK, un bouton Annuler ;

 • quatre contrôles Case de choix 1 parmi N ayant respectivement pour titre : `Célibataire`, `Marié`, `Veuf`, `Divorcé`.

En sélectionnant les quatre contrôles Case de choix dans l'EDI, donnez-leur la même largeur, la même hauteur et la même **PositionX**. En utilisant la **PositionY** de chacun, espacez-les régulièrement de haut en bas.

Sur une des quatre cases, modifiez la propriété **Statut** à `Sélectionné`, afin d'assurer qu'une des possibilités est choisie au départ.

Utilisez la fonction test pour changer à volonté la case choisie : il est effectivement impossible de sélectionner plus d'une case. La figure 11-13 vous montre le résultat.

Figure 11–13
Dialogue avec
des Cases de choix 1 parmi N

Pour mieux visualiser une liste de choix, il est recommandé d'encadrer l'ensemble des cases de choix. Il suffit de déposer un contrôle Zone de groupe (voir plus loin, section « L'aspect visuel des dialogues »), puis les cases de choix à l'intérieur de celui-ci. Dans une boîte de dialogue plus complète, vous pourriez avoir cette série de cases ainsi qu'une autre série (par exemple pour le choix Homme ou Femme). Comment Basic va-t-il distinguer les deux ensembles de cases ?

La réponse est la suivante : Basic regroupe dans un ensemble toutes les cases 1 parmi N qui possèdent des valeurs successives de leur propriété Séquence d'activation. La valeur de cette propriété est incrémentée par l'EDI chaque fois qu'on dépose un nouveau contrôle. Pour obtenir un deuxième ensemble de cases, déposez sur le panneau de dialogue un deuxième contrôle Zone de groupe, puis chacune des cases du deuxième ensemble. La dépose du contrôle Zone de groupe crée une discontinuité entre les séquences d'activation de la première série et de la deuxième série. OpenOffice les traitera comme des séries indépendantes.

Il est possible de modifier la valeur de la propriété Séquence d'activation d'un contrôle afin de le remettre dans une série. Cependant, comme l'EDI renumérote alors une partie des contrôles, il faudra plusieurs essais pour obtenir l'ordre correct. À chaque essai, utilisez le test pour juger du résultat. En conclusion, prévoyez à l'avance vos contrôles 1 parmi N ; déposez-les successivement, déposez un contrôle Zone de groupe, puis déposez les contrôles de la série suivante.

Voici un exemple de code qui traite le dialogue de la figure 11-13.

```
rem Code11-02.odt    bibli : Choix1N Module1
Option Explicit

Sub Main1()
Dim dlg As Object, choix As Object

dlg = CreerDialogue("Choix1N", "Dialog1")
if dlg.execute = com.sun.star.ui.dialogs.ExecutableDialogResults.OK then
  choix = dlg.getControl("_celib")
  if choix.State then Print "Vous êtes célibataire"
  choix = dlg.getControl("_mar")
  if choix.State then Print "Vous êtes marié"
  choix = dlg.getControl("_veuf")
  if choix.State then Print "Vous êtes veuf"
  choix = dlg.getControl("_div")
  if choix.State then Print "Vous êtes divorcé"
end if
dlg.dispose
End Sub
```

Ici, la propriété `State` des contrôles de choix 1 parmi N nous donne directement une valeur binaire, `True` quand le contrôle est sélectionné (et donc que tous les autres du groupe sont `False`). À l'exécution de ce codage, une instruction `Print` et une seule sera exécutée si l'utilisateur a fermé la boîte de dialogue par le bouton OK.

Zone de liste et choix 1 parmi N

La zone de liste à sélection unique et un groupe de cases de choix 1 parmi N remplissent la même fonction de deux manières différentes, visuellement et dans le codage. Le choix de l'une ou l'autre des méthodes dépend du contexte et des contraintes d'interface utilisateur.

L'aspect visuel des dialogues

L'aspect visuel et l'ergonomie d'un dialogue jouent un grand rôle dans l'aspect final d'une application. Ces deux points ne sont pas secondaires : l'enquête sur l'accident de surdosage d'irradiation dans un hôpital d'Épinal a montré que des manipulateurs n'avaient pas compris la signification d'une case à cocher intitulée « DW » dans une boîte de dialogue affichée par l'appareil.

Présenter un dialogue ergonomique signifie qu'il doit paraître clair, avec des possibilités et des comportements similaires à ceux que l'utilisateur peut avoir déjà expérimentés ailleurs. Regardez avec un œil de concepteur de dialogues les divers panneaux affichés par les applications actuelles sous interface graphique. Observez en particulier les différents panneaux des options d'une application, qui vous donneront des exemples de dialogues complexes et pensés pour être ergonomiques. Ce chapitre présente quelques conseils de base.

Un dialogue clair

Les utilisateurs ont parfois des écrans plus petits que le vôtre. En règle générale et avec l'état actuel du parc informatique, vos boîtes de dialogue doivent pouvoir tenir facilement dans un écran SVGA (800 × 600 pixels). En fonction de la définition de votre écran (par exemple 1280 × 1024), découpez une feuille de papier représentant une zone de 800 × 600 sur votre écran afin de la comparer à l'affichage de votre boîte de dialogue.

Si votre dialogue affiche beaucoup de contrôles, découpez-le en affichant des étapes successives plus simples (voir plus loin la section sur les dialogues à pages multiples).

Quand vous avez des éléments répétitifs, comme plusieurs boutons, ou plusieurs cases à cocher, veillez à les espacer régulièrement et leur donner les mêmes dimensions. Si votre application emploie plusieurs boîtes de dialogue, prenez des dimensions identiques pour les contrôles de même type, dans la mesure du possible.

Pour chaque contrôle, essayez de trouver un libellé clair et précis pour l'utilisateur. Éventuellement écrivez un texte explicatif dans la propriété `Texte d'aide` du contrôle, il s'affichera en bulle au passage de la souris.

La notion de focus

Difficile de traduire le terme anglais *focus* ! Dans le contexte des systèmes d'exploitation à fenêtres, dont MS-Windows est le plus connu, un élément visuel a le *focus* quand il est destinataire des touches du clavier. Pour une fenêtre, ceci se manifeste par une couleur particulière de l'en-tête. Cependant, dans une fenêtre, chaque contrôle peut, tour à tour, prendre le *focus*. C'est alors ce contrôle qui reçoit les saisies de l'utilisateur.

Dans une fenêtre de dialogue, le *focus* passe d'un contrôle à l'autre en cliquant sur un contrôle ou en appuyant sur la touche Tab ou Maj + Tab, ou parfois en appuyant sur une autre touche. Un contrôle en *focus* se distingue par certaines modifications visibles, par exemple un champ texte devient sélectionné dans une couleur soutenue, ou le libellé d'un bouton est encadré en pointillé. Quand un bouton a le *focus*, appuyer sur la touche Entrée déclenche celui-ci.

L'ordre dans lequel les contrôles sont parcourus avec des tabulations successives est celui des valeurs croissantes de la propriété Séquence d'activation. Les valeurs successives sont choisies par l'EDI dans l'ordre de pose des contrôles sur la boîte de dialogue. En imposant des valeurs adéquates, vous pouvez choisir un ordre de parcours quelconque. Cependant, comme l'EDI modifie parfois l'ordre d'autres contrôles pour garder une cohérence, plusieurs modifications seront peut-être nécessaires. Enfin, n'oubliez pas que la propriété Séquence d'activation est utilisée pour regrouper les contrôles Case de choix 1 parmi N.

La propriété Tabulation indique si le contrôle peut ou non recevoir le *focus*. En général, un contrôle en lecture seule ne reçoit pas le *focus*.

Le fichier `Code11-01.odt` du Zip téléchargeable contient dans la bibliothèque Focus un dialogue avec quelques contrôles, reproduit dans la figure 11-14. Vérifiez par vous-même ce qui est décrit ici, soit avec la fonction de test du dialogue, soit en exécutant la macro du module Basic associé.

Il est parfois utile après un traitement de positionner le *focus* sur le contrôle de dialogue qui devrait logiquement être modifié. La méthode est simple :

```
monControl.setFocus
```

Figure 11–14
Exemple de dialogue

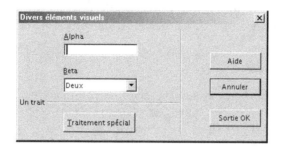

Le bouton par défaut

Dans l'EDI, il existe une propriété de bouton appelée Bouton par défaut. Dans un dialogue comportant plusieurs boutons, si vous mettez à Oui cette propriété pour un (et un seul) des boutons, celui-ci sera déclenché si vous appuyez sur la touche Entrée.

Néanmoins, ceci se fera à condition que le *focus* ne soit sur aucun des boutons. Typiquement, le *focus* est sur un champ de saisie que vous venez de remplir. Si le *focus* est sur un des boutons, il sera déclenché avec la touche Entrée, même s'il n'est pas le bouton par défaut. Cette condition illustre aussi l'importance de l'ordre des contrôles, qui gouverne la succession des *focus*.

Dans la figure 11-14, le bouton Annuler est le bouton par défaut, reconnaissable par une ombre portée plus visible que sur les autres boutons.

S'il n'y a pas de bouton par défaut et si le *focus* n'est pas sur un des boutons, appuyer sur la touche Entrée ne déclenche aucun bouton.

Lettre accélératrice

Sur chaque bouton ordinaire (c'est-à-dire ayant le type Par défaut), une lettre de son libellé est soulignée. Il suffit de taper celle-ci pour amener le *focus* sur ce bouton, à condition qu'il soit déjà sur un autre bouton. Par défaut, OpenOffice.org choisit la lettre accélératrice en fonction des libellés des boutons. À la conception du dialogue vous pouvez imposer la lettre accélératrice d'un bouton en la faisant précéder par le caractère tilde ~.

Peut-on de la même manière mettre directement le *focus* sur un contrôle à remplir ? La réponse est oui, mais le principe est subtil. Dans le dialogue de la figure 11-14 vous avez peut-être remarqué que les contrôles Étiquette ont, eux aussi, une lettre soulignée. Si le *focus* est sur un bouton et que vous tapez cette lettre, le *focus* passe sur le contrôle situé en-dessous du contrôle Étiquette. En fait, le *focus* passe au contrôle dont la propriété Séquence d'activation a une valeur immédiatement supérieure à celle du contrôle Étiquette. Pour arriver à cela nous avons déposé successivement un contrôle Étiquette, un contrôle Zone de texte, un contrôle Étiquette, un contrôle Zone de liste. Si vous ne souhaitez pas voir de lettre accélératrice sur un contrôle Étiquette, dans l'EDI mettez à Oui la propriété Pas d'étiquette de ce contrôle.

Les éléments visuels

Ces contrôles sont totalement passifs, leur utilité est entièrement visuelle. Ils vous aideront à structurer des boîtes de dialogue complexes dans lesquelles l'utilisateur repérera facilement les éléments principaux.

La zone de groupe

Le contrôle Zone de groupe sert à encadrer plusieurs contrôles qui ont un rapport entre eux. On utilise la zone de groupe pour entourer des contrôles Case à cocher ou des contrôles Case de choix 1 parmi N. Cependant, elle peut aussi bien entourer un mélange de contrôles de différents types qui servent à définir les paramètres d'une fonctionnalité.

ATTENTION **Un cadre, pas un conteneur**

Le contrôle Zone de groupe ne contient pas les éléments qu'il encadre ; il n'a pas de rapport hiérarchique avec les autres contrôles de la boîte de dialogue.

Dans une boîte de dialogue, déposez un contrôle Zone de groupe.

Redimensionnez-le. Pour le sélectionner, cliquez sur la ligne du cadre, à gauche, à droite, en bas, mais pas en haut. Pour le déplacer, posez votre souris sur une ligne du cadre et glissez.

Si vous effacez le texte de la propriété Étiquette, vous obtenez un rectangle simple.

Placez plusieurs contrôles à l'intérieur du cadre de la zone de groupe. Déplacez ensuite la zone de groupe : les autres contrôles restent sur place ! En effet, la zone de groupe est seulement un élément visuel, elle n'a aucune influence sur les autres contrôles.

Les lignes horizontale et verticale

Le contrôle Ligne horizontale sépare deux régions haute et basse de la boîte de dialogue. La propriété Étiquette de ce contrôle permet d'ajouter un texte sur la gauche de la ligne.

Le contrôle Ligne verticale sépare deux régions gauche et droite de la boîte de dialogue. Ici en revanche, la propriété Étiquette n'est pas utilisée.

Le dialogue de la figure 11-14 utilise ces deux contrôles.

Les champs de saisie spécialisés

Nous allons maintenant aborder des contrôles plus élaborés, disposant de nouvelles propriétés. Pour des raisons d'implémentation, des propriétés peuvent être présentes dans plusieurs contrôles mais actives seulement dans certains.

Le champ de date

Le contrôle de champ Date (`DateField`) est utilisé pour saisir une date située entre le 1er janvier 1600 et le 1er janvier 9999. Déposez sur une boîte de dialogue un contrôle de champ **Date**.

Les propriétés **Date**, **Date min**, **Date max** permettent d'initialiser une date et de délimiter l'éventail des dates acceptées. La propriété **Format de date** vous offre de nombreuses variations de format, dont celle de la figure 11-15.

Figure 11–15
Dialogue avec un champ
Date en format long

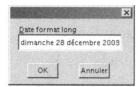

Il est à noter que l'utilisateur peut remplir ce champ avec un format différent, mais qu'il sera affiché avec le format du dialogue quand l'utilisateur passera à un autre contrôle du dialogue, par exemple en tapant la touche **Tab**. Parmi les formats acceptés dans la saisie, une date comme 14 juillet 75 est aussi acceptée.

La propriété **Déroulante** a la particularité d'afficher un petit calendrier quand l'utilisateur clique sur le triangle noir. La figure 11-16 montre l'aspect du dialogue et du calendrier.

Figure 11–16
Dialogue avec un champ
Date déroulant

Vous remarquerez la position du curseur sur la gauche du champ. On peut positionner le curseur par un clic de souris. Le calendrier quant à lui offre de nombreuses possibilités :

- cliquer sur la date du mois affiché ;
- changer de mois en cliquant sur les flèches droite ou gauche ;
- choisir l'année précédente ou suivante en cliquant sur l'année, ce qui donne ensuite le choix du mois ;
- imposer la date d'aujourd'hui.

La propriété Compteur permet d'incrémenter ou de décrémenter facilement le jour, le mois ou l'année, selon la position du curseur (figure 11-17).

Figure 11–17
Dialogue avec un champ
Date compteur

Il est même possible de combiner l'affichage déroulant et l'affichage compteur.

Sur le plan du codage, nous devons résoudre une petite difficulté. La propriété Date obtenue du contrôle est un entier Long dont la valeur, affichée sous forme décimale, est une juxtaposition des chiffres d'année, mois, jour. Par exemple, le 28 décembre 2003 est représenté par la valeur 20031228. Ce format est une date ISO. Basic est capable de le convertir au format interne de type Date avec la fonction CDateFromISO.

Le codage nécessaire à la récupération de la date saisie est finalement assez simple.

```
rem Code11-03.odt    bibli : Date Module1
Option Explicit

Sub demanderDate()
Dim dlg As Object
Dim champDate As Object, dateISO As Long, laDate As Date
Dim a As Integer, m As Integer, j As Integer

dlg = CreerDialogue("Date", "Dialog1")
if dlg.execute = com.sun.star.ui.dialogs.ExecutableDialogResults.OK then
  champDate = dlg.getControl("DateField1")
  dateISO = champDate.Date
  laDate = CDateFromISO(dateISO)
  print dateIso, laDate
```

```
end if
dlg.dispose
End Sub
```

Le champ horaire

 Le contrôle de champ Horaire (`TimeField`) est utilisé pour saisir une heure (et minutes, secondes). Déposez sur une boîte de dialogue un contrôle de champ horaire.

Les propriétés Heure, Heure min, Heure max permettent d'initialiser l'heure et de délimiter l'éventail des heures acceptées.

La propriété Format d'heure vous offre quelques variations de format, dont deux formats à l'anglaise. Il est à noter que l'utilisateur peut remplir ce champ avec un format différent, mais qu'il sera affiché avec le format du dialogue quand l'utilisateur passera à un autre contrôle, par exemple en tapant la touche Tab. La figure 11-18 montre l'aspect du dialogue.

Figure 11–18
Dialogue avec un champ Heure

Vous remarquerez la position du curseur sur la droite du champ. On peut positionner le curseur par un clic de souris. La propriété Compteur permet d'incrémenter ou de décrémenter facilement l'heure, les minutes ou les secondes, selon la position du curseur.

Sur le plan du codage, nous devons ici aussi résoudre une petite difficulté. La propriété Time obtenue du contrôle est un entier Long dont la valeur, affichée sous forme décimale, est une juxtaposition des chiffres d'heures, de minutes, de secondes, et d'un emplacement pour les centièmes de secondes, non utilisés. Par exemple, 15h 57min 38s est représentée par la valeur décimale : 15573800.

Ce format n'est pas utilisable tel quel, et Basic ne nous offre pas de fonction de conversion. Nous en créons une ConvHeure, qui renvoie une heure au format interne à partir de la valeur de la propriété Time.

```
rem Code11-03.odt    bibli : Heure Module1

' conversion du champ Time en heure, minute, seconde
Function ConvHeure(champ As Long) As Date
Dim chaineHeure As String
Dim hr As Integer, mn As Integer, sec As Integer
```

```
' pour traiter les cas heure=0 et heure=minute=0
' on ajoute un nombre pour forcer l'apparition des zéros
chaineHeure = Str(champ +100000000)
hr = CInt(Mid(chaineHeure, 3, 2))
mn = CInt(Mid(chaineHeure, 5, 2))
sec = CInt(Mid(chaineHeure, 7, 2))
ConvHeure = TimeSerial(hr, mn, sec)
End Function
```

Le codage nécessaire à la récupération de l'heure saisie est lui-même assez simple.

```
rem Code11-03.odt    bibli : Heure Module1
Option Explicit

Sub demanderHeure()
Dim dlg As Object
Dim champHeure As Object, uneHeure As Date, HeureBrute As Long

dlg = CreerDialogue("Heure", "Dialog1")
if dlg.execute = com.sun.star.ui.dialogs.ExecutableDialogResults.OK then
   champHeure = dlg.getControl("TimeField1")
   HeureBrute = champHeure.Time
   ' convertir le format spécial en heure interne
   uneHeure = ConvHeure(HeureBrute)
   print HeureBrute, uneHeure
end if
dlg.dispose
End Sub
```

Le champ monétaire

 Le contrôle de champ Monétaire (`CurrencyField`) est utilisé pour saisir la valeur numérique d'une somme monétaire. Déposez sur une boîte de dialogue un contrôle de champ monétaire.

En plus des propriétés classiques (Valeur, Valeur min, Valeur max), il existe une série de propriétés permettant de formater le champ affiché :

* Décimales ;
* Séparateur de milliers ;
* Symbole monétaire ;
* Placer le symbole avant le nombre.

Saisissez un nombre de manière classique dans une des propriétés Valeur. Au passage à une autre propriété, la valeur saisie sera formatée conformément à l'ensemble des propriétés de formatage. La figure 11-19 montre un exemple de dialogue avec champ Monétaire.

Figure 11-19
Dialogue avec un champ
Monétaire

Au niveau du codage, la valeur du champ monétaire est récupérée avec la propriété
Value, qui est de type Double (et non pas Currency).

```
rem Code11-03.odt    bibli : Monnaie Module1
Option Explicit

Sub Main1()
Dim dlg As Object, champMonnaie As Object, Prix As Double

dlg = CreerDialogue("Monnaie", "Dialog1")
if dlg.execute = com.sun.star.ui.dialogs.ExecutableDialogResults.OK then
  champMonnaie = dlg.getControl("CurrencyField1")
  prix = champMonnaie.Value
  MsgBox(Format(prix*6.55957, "0.00 FF"), 0, "Francs français")
end if
dlg.dispose
End Sub
```

Le champ masqué

Comme un masque qui ne découvre que certaines zones, le contrôle de champ
Masqué (PatternField) est utilisé pour remplir des zones dans un champ de saisie.
Dans chacune de celles-ci, l'éventail des caractères acceptés peut être limité. Par
exemple, on utilisera un champ masqué pour demander un numéro de compte ban-
caire comprenant des chiffres et une lettre. Un exemple d'utilisation est représenté
sur la figure 11-20.

Figure 11-20
Dialogue avec un champ
Masqué

Déposez sur une boîte de dialogue un contrôle de champ Masqué.

La propriété Texte de l'EDI est la valeur initialement affichée dans le contrôle.

> **Attention**
>
> Ce texte sera repris tel quel comme résultat si l'utilisateur ne le modifie pas. Saisissez donc un format correct.

Le fonctionnement du contrôle masqué dépend de trois paramètres essentiels. La propriété Masque de saisie (`PatternField`) indique, caractère par caractère, quels ensembles de valeurs sont acceptables (voir le tableau 11-1).

Tableau 11–1 Lettres du masque de saisie

Lettre	Valeur acceptée	Signification
L	Littéral	Reproduire le caractère correspondant du masque littéral.
N	Numérique	Seuls les chiffres 0 à 9 sont acceptés.
a	Alphabétique	Les lettres minuscules ou majuscules seules sont acceptées, y compris les accentuées.
A	Alphabétique	Comme a, mais le caractère est affiché en majuscule.
c	Caractère	Lettre ou chiffre ; équivalent à : a ou N.
C	Caractère	Comme c, mais le caractère est affiché en majuscule.
x	Caractère	Caractère quelconque, y compris les ponctuations, etc.
X	Caractère	Comme x, mais le caractère est affiché en majuscule.

La propriété Masque littéral indique, caractère par caractère, ce qui doit être affiché par défaut dans le champ. Si le caractère correspondant du Masque de saisie vaut L, le caractère du Masque littéral est reproduit tel quel, et restera figé. Sinon, on va en général mettre un caractère espace ou souligné pour indiquer un emplacement à remplir.

La propriété Vérification de Format fonctionne ainsi :

- Si la valeur est Oui, l'affichage dans le champ est reformaté selon les autres paramètres au cours de la frappe ; la valeur récupérée par la macro correspond à ce qui est affiché.
- Si la valeur est Non, l'affichage est reformaté seulement quand le *focus* passe sur un autre contrôle ; la valeur récupérée par la macro correspond à ce qui a été tapé, non à ce qui est affiché.

Ceci sera plus clair en variant les paramètres sur un exemple. La valeur résultante du contrôle est récupérée en codage dans les propriétés `Text` et `String`, du type `String`. Un codage typique se présente ainsi :

```
rem Code11-03.odt    bibli : Masque Module1
Option Explicit
```

```
Sub Main1()
Dim dlg As Object, champMasque As Object, saisie As String

dlg = CreerDialogue("Masque", "Dialog1")
if dlg.execute = com.sun.star.ui.dialogs.ExecutableDialogResults.OK then
  champMasque = dlg.getControl("PatternField1")
  saisie = champMasque.String ' champMasque.Text est équivalent
  print saisie
end if
dlg.dispose
End Sub
```

Le champ formaté

Le contrôle de champ Formaté (`FormattedField`) offre une grande variété de formats d'affichage, dont ceux vus dans les champs Date, Horaire et Monétaire, d'autres formats qui lui sont spécifiques, et la possibilité de créer sa propre variante de format. Évidemment, cette puissance implique une plus grande difficulté de maîtrise.

Nous allons présenter ici seulement des formats spécifiques au champ Formaté et qui sont prédéfinis. Les différents exemples sont réalisés et utilisés de manière similaire, et nous expliquerons essentiellement le premier. Sur une boîte de dialogue, déposez des boutons OK et Annuler, et l'icône Champ Formaté.

Format Date

Le panneau Propriété (figure 11-21) vous permet de définir le type de format, la valeur par défaut ainsi que les valeurs minimale et maximale.

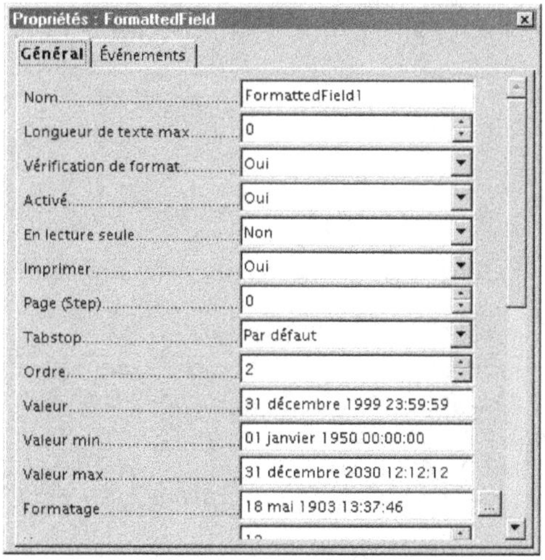

Figure 11–21
Panneau des propriétés du
contrôle champ Formaté

En cliquant sur l'icône à droite du champ Formatage, vous retrouvez le panneau de dialogue du formatage de cellule dans Calc, onglet Nombre.

> **MÉTHODE** **Initialiser le format**
>
> Quel que soit le type de format, veillez à donner une valeur initiale à la propriété Valeur. Activez aussi la vérification de format.

Utilisez la fonction de test pour obtenir la figure 11-22.

Figure 11–22
Dialogue avec un champ
Formaté en Date

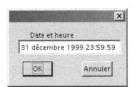

Effacez tout le champ, puis remplissez-le avec 15/8/6, et appuyez sur la touche Tab. L'affichage change pour représenter la date/heure dans le format requis. L'utilisateur peut employer divers formats de saisie, par exemple une heure sous la forme 1:2 pm qui sera interprétée comme 13h 2min 0s ; il peut aussi modifier une partie de l'affichage. Cependant, la combinaison de la date et de l'heure dans un seul champ est en général moins compréhensible que deux champs séparés.

Au plan de la programmation, le résultat affiché est disponible dans la propriété Text du contrôle. Obtenir la valeur de date est plus complexe, car elle est fournie par la propriété EffectiveValue, qui elle-même provient du modèle du contrôle. De plus, le type de la valeur obtenue dépend du format utilisé. Aussi utiliserons-nous dans nos exemples un type Variant et des fonctions de conversion quand ce sera nécessaire.

```
rem Code11-03.odt    bibli : Formate Module1
Option Explicit

Sub FormatDate()
Dim dlg As Object
Dim ChampValeur As Object, chmod As Object, valeur As Variant

dlg = CreerDialogue("Formate", "Dialog1")
if dlg.execute = com.sun.star.ui.dialogs.ExecutableDialogResults.OK then
  ChampValeur = dlg.getControl("FormattedField1")
  chmod = ChampValeur.Model
  valeur = chmod.EffectiveValue
  MsgBox("Date et heure : " & CDate(valeur) & chr(10) & _
```

```
    "Date formatée : " & ChampValeur.Text & chr(10) & _
    "Date Min =" & CDate(chmod.EffectiveMin) & chr(10) & _
    "date Max =" & CDate(chmod.EffectiveMax) )
end if
dlg.dispose
End Sub
```

La valeur est récupérée sous forme de `Double` que nous devons convertir en `Date` pour l'affichage. Les valeurs extrêmes acceptées sont accessibles dans les propriétés `EffectiveMin` et `EffectiveMax` du modèle du contrôle. Faites des essais avec différentes valeurs et différents formats. Nous avons trouvé un bogue dans certains cas (Issue 91334).

Format Pourcentage

La figure 11-23 montre comment la valeur 0,25 est affichée au format Pourcentage :

Figure 11–23
Dialogue avec un champ
Formaté en Pourcentage

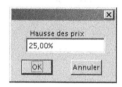

La programmation est identique au cas précédent. L'exemple est simplifié :

```
rem Code11-03.odt    bibli : Formate Module2
Option Explicit

Sub FormatPourcent()
Dim dlg As Object, ChampValeur As Object, valeur As Variant

dlg = CreerDialogue("Formate", "Dialog2")
if dlg.execute = com.sun.star.ui.dialogs.ExecutableDialogResults.OK then
  ChampValeur = dlg.getControl("FormattedField1")
  valeur = ChampValeur.Model.EffectiveValue
  MsgBox("Valeur réelle : " & Format(valeur, "0.000") & chr(10) & _
    "Valeur affichée : " & ChampValeur.Text )
end if
dlg.dispose
End Sub
```

Ici, il n'est pas nécessaire de convertir la valeur, quoique cela ne ferait aucun mal.

Format Monétaire

Nous avons choisi un format monétaire qui affiche en rouge les valeurs négatives. Évidemment, sur la figure 11-24, c'est difficile à voir.

Figure 11–24
Dialogue avec un champ
Formaté en Monétaire

La valeur résultante est encore un `Double`. La programmation est identique à celle du format Pourcentage.

Format Booléen

Ce format affiche en clair VRAI ou FAUX (si on a choisi le français comme langue de format) selon que le contenu est `True` ou `False` (voir la figure 11-25). Les valeurs admissibles en entrée sont les textes VRAI ou FAUX, ou un nombre. Un nombre différent de zéro est équivalent à VRAI, un texte non reconnu ou la valeur zéro sont équivalents à FAUX.

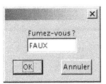

Figure 11–25
Dialogue avec un champ
Formaté en Booléen

La valeur résultante est une valeur numérique zéro ou un, que nous convertissons en un type `Boolean`.

```
rem Code11-03.odt    bibli : Formate Module4

' -- partie spécifique ---
  MsgBox("Valeur réelle : " & CBool(valeur) & chr(10) & _
    "Valeur affichée : " & ChampValeur.Text )
```

Sur le plan visuel et ergonomique, la case à cocher ou la zone de liste simple sont bien plus utilisées que le champ **Formaté Booléen**.

Format Fractionnaire

Il s'agit d'une présentation utilisée dans les pays anglo-saxons. Un nombre réel est représenté par sa partie entière et une fraction correspondant *approximativement* à la partie fractionnaire. La figure 11-26 montre la représentation du nombre 3,3.

Figure 11–26
Dialogue avec un champ
Formaté en Fractionnaire

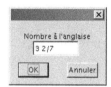

Faites le calcul :

```
3 + 2/7 = 3,285714285714285714
```

Si vous saisissez la valeur 3,3 et cliquez sur OK, vous obtiendrez le résultat ci-dessus, et non pas ce que vous avez saisi ! En revanche, le résultat est exact pour 5,25 et d'autres valeurs.

Par une bizarrerie d'implémentation, si vous indiquez 3,3 comme valeur initiale dans l'EDI et si vous acceptez cette valeur, vous récupérez bien 3,3.

La valeur obtenue par programmation est de type Double. La programmation est identique à celle du format Pourcentage. En pratique, à cause de son manque de précision, le champ Formaté Fractionnaire sera plutôt limité à des affichages en lecture seule.

La sélection de fichiers

Le contrôle Sélection de fichiers (FileControl) est assez primitif, mais peut être utile pour rechercher facilement un fichier. Sur une boîte de dialogue, déposez une icône Sélection de fichiers.

En augmentant suffisamment sa largeur, vous obtiendrez un dialogue similaire à celui de la figure 11-27.

Figure 11–27
Dialogue avec un champ
Sélection de fichiers

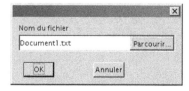

La propriété Texte sert à indiquer un répertoire existant comme point de départ d'exploration. Utilisez le mode test pour voir comment fonctionne le contrôle. Cliquez sur le bouton Parcourir... pour explorer un disque de votre PC. Dans le panneau de recherche le champ Fichiers de type n'est pas employé, mais on peut taper un filtre de recherche (comme *.odt) dans le champ Nom du fichier, puis cliquer sur le bouton Ouvrir pour le prendre en compte.

Par programmation, vous utiliserez la propriété Text du contrôle pour récupérer le chemin du fichier choisi. Ce chemin est présenté dans le format natif du système d'exploitation.

```
rem Code11-03.odt   bibli : Fichiers Module1
Option Explicit

Sub Main1()
Dim dlg As Object, champFich As Object, cheminFich As String

dlg = CreerDialogue("Fichiers", "Dialog1")
champFich = dlg.getControl("FileControl1")
if dlg.execute = com.sun.star.ui.dialogs.ExecutableDialogResults.OK then
  cheminFich = champFich.Text
  MsgBox(cheminFich)
end if
dlg.Dispose
End Sub
```

Nous verrons avec les services de dialogues de l'API une autre méthode de recherche de fichiers offrant plus de possibilités.

Le contrôle Image ou contrôle Picto

 Le contrôle Image, ou contrôle Picto (ImageControl), sert à afficher un fichier image. La plupart des types de fichiers sont reconnus. Déposez sur une boîte de dialogue un contrôle Picto. Dessinez-le suffisamment grand.

Déposez ensuite seulement un bouton OK, puisqu'il s'agit d'un simple affichage. Les propriétés spécifiques au contrôle Image sont :

- Image : donne accès à une fenêtre de recherche de fichier ; une fois choisi, celui-ci s'affiche dans le contrôle.
- Échelle : définit comment adapter l'image à la taille du contrôle. Les valeurs autorisées ont changé depuis la version 3.1 d'OpenOffice.org.
  - Non : l'image est affichée telle quelle ; si elle est plus grande que le contrôle, une partie sera visible, si elle est plus petite, elle ne couvrira pas toute la surface du contrôle.

– Adapter à la taille : l'image est redimensionnée pour couvrir totalement la surface du contrôle, en réduisant ou augmentant la taille. Si les proportions hauteur sur largeur sont différentes de celles de l'image, l'affichage sera déformé.

– Proportionnel : l'image est agrandie ou réduite proportionnellement pour tenir dans la largeur ou la hauteur du contrôle. Cependant, à l'exécution du dialogue, l'affichage est identique à Adapter à la taille (Issue 98734).

Choisissez donc une image, grande ou petite. Vous obtiendrez un dialogue similaire à celui de la figure 11-28.

Figure 11–28
Dialogue avec un contrôle
Image

Nous allons choisir par programme le fichier qui sera affiché dans le contrôle Image. Pour cela, nous afficherons un premier dialogue pour récupérer le chemin d'accès au fichier. C'est le codage vu dans la section « La sélection de fichiers ».

```
rem Code11-03.odt    bibli : Fichiers Module2
Option Explicit

Sub Main2()
Dim dlg As Object
Dim champFich As Object, cheminFich As String, champImage As Object

dlg = CreerDialogue("Fichiers", "Dialog1")
champFich = dlg.getControl("FileControl1")
if dlg.execute = com.sun.star.ui.dialogs.ExecutableDialogResults.OK then
  cheminFich = champFich.Text
  dlg.dispose ' libérer le dialogue 1
  dlg = CreerDialogue("Fichiers", "Dialog2")
  champImage = dlg.getControl("ImageControl1")
  champImage.Model.ImageURL = ConvertToURL(cheminFich)
  dlg.execute ' simple affichage
end if
dlg.dispose
End Sub
```

Dans la deuxième partie du codage, nous réutilisons la variable dlg pour créer le deuxième dialogue qui utilisera l'URL du fichier d'image. Auparavant, la méthode dispose a libéré les ressources du premier dialogue.

Au niveau programmation, on accède à la propriété Image de l'EDI avec la propriété ImageURL de l'objet Model du contrôle Image.

La propriété ImageURL doit contenir, vous l'aviez deviné, une URL. Comme nous avons récupéré un chemin de fichier au format natif, nous utiliserons la fonction Basic de conversion au format URL.

Enfin, puisque notre deuxième dialogue est un simple affichage, il suffit d'appeler la fonction execute sans utiliser l'information qu'elle renvoie.

Les barres de défilement

Les contrôles Barre de défilement (ScrollBar) sont horizontales ou verticales. Ces contrôles peuvent servir à créer des ascenseurs pour faire défiler le contenu d'une boîte de dialogue, mais ceci est assez complexe et rarement utile.

Nous utiliserons ces contrôles comme des glissières de réglage semblables aux dispositifs utilisés dans les amplificateurs Hi-Fi pour ajuster les graves et les aigus. On peut ainsi modifier de manière analogique (par glissement de la souris) la valeur d'une variable, par exemple commandant un niveau sonore.

Déposez sur une boîte de dialogue des boutons OK et Annuler, et une icône Barre de défilement horizontale.

Affectez à la propriété Valeur de défilement la valeur 20. Vous obtenez le dialogue de la figure 11-29.

Figure 11–29
Dialogue avec un contrôle
Barre de défilement

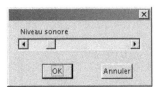

L'utilisateur fait glisser le curseur de défilement de diverses manières :

- avec sa souris, en faisant glisser le curseur ;
- en cliquant sur les flèches aux extrémités de la barre (petit déplacement) ;
- en cliquant sur la zone de déplacement de la barre (grand déplacement) ;
- en appuyant sur les touches de déplacement droite et gauche (petit déplacement) ;
- en appuyant sur les touches de saut de page (grand déplacement).

Les valeurs de petit et grand déplacement sont initialisées dans l'EDI avec les propriétés Petit changement et Grand changement respectivement.

Au plan de la programmation, la valeur correspondant à la position du curseur se trouve dans la propriété `Value`, qui est du type `Double`.

```
rem Code11-03.odt   bibli : Reglage Module1
Option Explicit

Sub Main1()
Dim dlg As Object, champReglage As Object, reglage As Double

dlg = CreerDialogue("Reglage", "Dialog1")
if dlg.execute = com.sun.star.ui.dialogs.ExecutableDialogResults.OK then
  champReglage = dlg.getControl("ScrollBar1")
  reglage = champReglage.Value
  Print "Régler le volume à : " & reglage & "%"
end if
dlg.dispose
End Sub
```

La barre de progression

Le contrôle Barre de progression (`ProgressBar`) sert à présenter une graduation proportionnelle à une valeur. C'est l'équivalent d'une jauge analogique.

POUR LES EXPERTS **Exécution parallèle de lignes de codes**

Basic ne permet pas de gérer plusieurs *threads*. Il n'est donc pas possible d'afficher une boîte de dialogue avec une barre de progression qui avancerait à mesure de l'avancement d'un autre processus Basic exécuté en parallèle. L'exemple que nous présentons utilise une particularité des routines de traitement d'événement sur un contrôle.

Dans une boîte de dialogue, déposez un bouton ordinaire, un bouton Annuler et un bouton OK. Pour ce dernier, mettez à Non la propriété Activé. Ajoutez enfin l'icône d'une Barre de Progression.

Donnez à la propriété Valeur de progression la valeur 10. La barre de progression apparaît. Il est possible de choisir une autre couleur pour le fond du contrôle et pour les barrettes de progression. Les valeurs Valeur de progression min et max de la progression sont par défaut zéro et 100. La figure 11-30 montre l'aspect de la barre de progression.

Figure 11–30
Dialogue avec un contrôle
Barre de progression

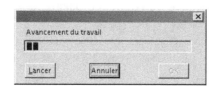

La difficulté de programmation est de simuler un travail qui fait avancer peu à peu la barre de progression. Pour la surmonter, nous utiliserons les possibilités offertes par la gestion des événements. Voici la totalité du code que nous allons ensuite expliquer en détail.

```
rem Code11-03.odt    bibli : Progres Module1
Option Explicit

Private dlg As Object

Sub BarreProgression()
dlg = CreerDialogue("Progres", "Dialog1")
if dlg.execute <> com.sun.star.ui.dialogs.ExecutableDialogResults.OK then
  MsgBox "annulation du travail"
  ' ici il faudrait annuler ce qu'on a commencé à faire
end if
dlg.Dispose
End Sub


Sub Avancer()
Dim av As Double, ok As Object, demarre As Object, champProgres As Object

demarre = dlg.getControl("DemarrerBouton")
demarre.Enable = False ' désactiver le bouton
champProgres = dlg.getControl("ProgressBar1")
' récupérer la valeur initiale d'avancement
av = champProgres.Value
Do While av < 100.0
  wait 100 ' attendre 100 millisecondes
  av = av + 2
  champProgres.Value = av ' la barre s'allonge...
Loop
ok = dlg.getControl("OKbouton")
ok.Enable = True ' activer le bouton
MsgBox("Travail terminé")
End Sub
```

La variable dlg est déclarée comme Private car elle est utilisée par les deux routines du module.

Nous pourrions initialiser la valeur de la barre de progression avec la propriété Value, qui est du type Double. Ici c'est inutile car déjà fait avec l'EDI. L'appel de la fonction Execute va tester si le dialogue se termine normalement ou s'il a été annulé. Dans ce cas, il est nécessaire de défaire ce qui a été fait.

La routine `Avancer` est lancée par l'événement `Lors du déclenchement` du bouton `Lancer` ; cette affectation se fait avec l'EDI, comme décrit plus haut dans la section « Premières notions d'événement ». Nous simulons un travail qui prend un certain temps avec l'instruction `wait` et une augmentation progressive de la valeur du champ de progression. À la fin de la boucle, le travail est terminé. Le bouton `OK` du dialogue est alors activé afin que l'utilisateur puisse éventuellement le déclencher. Un message visualise cet instant.

Il est important de comprendre qu'à tout moment pendant l'exécution de la boucle, l'utilisateur peut déclencher le bouton `Annuler`. Alors, la boîte de dialogue disparaît, mais la routine `Avancer` continue aveuglément. Quand elle est terminée, l'exécution du programme reprend à l'instruction `if` de la routine `BarreProgression`. De la même manière, l'utilisateur pourrait actionner plusieurs fois le bouton `Lancer`, ce qui relancerait la routine `Avancer` avec des conséquences gênantes. Pour les éviter, nous désactivons ce bouton en début de routine.

MÉTHODE ALTERNATIVE

Au chapitre 14 nous verrons un meilleur moyen d'afficher la progression d'un travail, en utilisant la barre d'état de la fenêtre.

Principes à connaître pour des dialogues élaborés

Maintenant que vous connaissez les contrôles de dialogue, voici quelques notions très utiles pour la conception de dialogues. Elles nous serviront dans les exemples qui vont suivre.

Le contrôle et son modèle

Ce que nous appelons couramment « contrôle » est, du point de vue technique, la vue du contrôle. En effet, OpenOffice.org distingue la vue du contrôle et son modèle. *Grosso modo*, les propriétés du modèle gèrent tout ce qui est modifiable par le panneau `Propriétés` dans l'EDI, alors que les aspects liés à l'exécution sont traités directement par la vue du contrôle. Le panneau de dialogue lui-même présente ce double aspect, vue et modèle.

Pour aller plus loin

Le chapitre *Programming Dialogs and Dialog Controls* du *Developer's Guide* décrit techniquement les concepts d'implémentation des dialogues.

L'objet contrôle (ou dialogue) et son objet modèle sont liés. Une modification de l'un peut déclencher une mise à jour de l'autre et réciproquement. De plus, il arrive que la même information soit accessible via le contrôle et via son modèle, avec des noms de méthode ou propriété identiques ou différents...

Il existe deux manières d'accéder au modèle d'un contrôle : soit à partir du contrôle (sa vue), soit à partir du modèle du dialogue. On suppose ici que la variable dlg représente l'objet dialogue.

```
dim k As Object, mk As Object, mk2 As Object, md As Object
k = dlg.getControl("TextField1") ' la vue du contrôle TextField1
mk = k.Model    ' le modèle du contrôle TextField1
md = dlg.Model ' le modèle du panneau de dialogue
' deuxième manière d'accéder au modèle du contrôle TextField1
mk2 = md.getByName("TextField1")
```

Nous utiliserons souvent la première manière, sans utiliser la variable intermédiaire mk pour accéder à une propriété ou méthode du modèle. Remarquez que le nom d'un contrôle n'existe que sur son modèle.

```
k = dlg.getControl("TextField1")
k.Model.ReadOnly = True
MsgBox("Contrôle : " & k.Model.Name)
```

Relations entre contrôles et dialogue

Depuis un objet contrôle, on accède au dialogue qui le gère avec la propriété Context. Ceci est très utile dans un codage traitant un événement sur un dialogue :

```
dlg = leControle.Context
```

Depuis un dialogue, nous savons que la méthode getControl permet d'obtenir un contrôle dont on connaît le nom. Il est aussi possible de balayer tous les contrôles appartenant au dialogue grâce à sa pseudo-propriété Controls qui renvoie un tableau d'objets contrôles :

```
Dim dlg As Object, k As Object, lesCtrls() as object
lesCtrls = dlg.Controls
for each k in lesCtrls()
  MsgBox("Contrôle : " & k.Model.Name)
next
```

De même, depuis le modèle du dialogue, la pseudo-propriété ControlModels renvoie un tableau des modèles de contrôles.

Les autres propriétés de contrôle et de dialogue

Les propriétés du dialogue et de chaque type de contrôle sont nombreuses, tant au niveau de la vue qu'au niveau du modèle. L'outil Xray (voir l'annexe A) les affichera facilement. Vous trouverez dans le Zip téléchargeable, dans le répertoire consacré à ce chapitre, le fichier `PropsDialogue.ods` qui contient une liste synthétique des propriétés de chacun des contrôles. Notez que certaines propriétés ne sont pas documentées ou s'avèrent inefficaces.

Propriété Activé

C'est la propriété `Enabled` du modèle du contrôle, aussi accessible par la propriété `Enable` du contrôle. Affectez-lui la valeur `False` si le contrôle n'a pas à être utilisé, il apparaîtra alors grisé.

Propriété Visible

Il s'agit en fait de la méthode `setVisible()` du contrôle, introduite par la version 3.2 d'OpenOffice.org. La pseudo-propriété est donc en écriture seule, en lui affectant la valeur `False` le contrôle disparaît du dialogue. À utiliser dans des cas ponctuels.

Propriété Page (pas)

Il s'agit de la propriété `Step` du modèle du contrôle. Le mécanisme du `Step` est décrit plus loin à la section « Dialogues à pages multiples ».

Propriété Complément d'information

Il s'agit de la propriété `Tag` du modèle du contrôle. Elle est du type `String`, et n'a aucune utilité particulière ! En effet, elle est à votre disposition pour mémoriser toute information dont vous auriez besoin (on peut mettre beaucoup d'informations dans une chaîne de caractères). Nous en verrons un usage bientôt.

Remettre à « vide » un champ numérique

Comment ne mettre aucune valeur dans le champ d'un contrôle numérique ? Avec l'EDI, c'est possible en supprimant toute valeur. Dynamiquement (sur un événement), il suffit de mettre une chaîne de caractères nulle dans la propriété `Text` du contrôle.

```
champPoids.Text = ""
```

Une autre méthode, qui fonctionne aussi sur d'autres contrôles, est de réinitialiser la propriété `Value` dans le modèle du contrôle :

```
champPoids.Model.PropertyToDefault = "Value"
```

> **Attention**
>
> La `ValueMin` ne sera pas prise en compte si l'utilisateur ne remplit pas le champ. Dans ce cas la valeur récupérée est zéro.

Gérer dynamiquement les contrôles de dialogue

Bien qu'il soit préférable de définir à partir de l'EDI les paramètres de chacun des éléments d'une boîte de dialogue, vous aurez parfois l'information nécessaire seulement au moment de l'exécution de la macro. De plus, il peut être nécessaire d'effectuer un traitement avant de fermer le dialogue. Notre premier cas utilise plusieurs notions fondamentales pour aboutir à une solution réutilisable.

Déclencher une routine dans un dialogue

L'apparence du panneau de dialogue de la figure 11-31 est celle de l'EDI. Nous avons mis un contrôle Zone de texte multiligne, en lecture seule, et avec des ascenseurs horizontaux et verticaux ; un deuxième contrôle Zone de texte, un bouton Annuler, et un bouton OK qui est en fait un bouton de type « par défaut ».

Figure 11–31
Panneau de dialogue « brut »

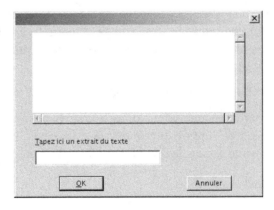

Le contrôle multiligne sera rempli par programme avant d'afficher le dialogue. L'utilisateur devra en recopier un extrait dans la deuxième zone de texte. Le dialogue se fermera :

- s'il est annulé ;
- ou en actionnant le bouton OK et si le texte recopié existe avec une longueur suffisante.

Si le texte recopié est incorrect, le bouton OK ne ferme pas le dialogue et un message d'erreur est affiché. Voici le code complet, les explications suivent.

```
rem Code11-04.odt bibli : ModifDyn Module1
Option Explicit

Sub UnBoutonActif()
Dim dlg As Object, texteRef As Object, choix As Object

dlg = CreerDialogue("ModifDyn", "Dialog1")
texteRef = dlg.getControl("TextField1")
texteRef.Text = ThisComponent.Text.String
dlg.execute
if dlg.Model.Tag = "OK" then
  choix = dlg.getControl("TextField2")
  MsgBox("Extrait choisi : " & chr(10) & choix.Text)
else
  MsgBox("Dialogue annulé")
end if
dlg.dispose
End Sub


' exécuté sur déclenchement du bouton OK
Sub validationExtrait(evt As Object)
Dim dlg As Object, texteRef As Object, choix As Object
Dim extrait As String

dlg = evt.Source.Context
texteRef = dlg.getControl("TextField1")
choix = dlg.getControl("TextField2")
extrait = Trim(choix.Text)
if Len(extrait) < 5 then
  MsgBox("Cet extrait est trop court : " & chr(10) & extrait, 16)
elseif InStr(1, texteRef.Text, extrait, 0) = 0 then
  MsgBox("Cet extrait n'est pas dans le texte", 16)
else
  dlg.endExecute
  dlg.Model.Tag = "OK"
end if
End Sub
```

La routine `UnBoutonActif` crée le dialogue, puis remplit le contrôle Zone de texte avec le texte du document. Remarquez que, par programme, nous pouvons écrire dans un contrôle en lecture seule pour l'utilisateur. Le dialogue est affiché par la méthode `execute`, mais ici nous ne testons pas son résultat. En effet, nous lisons le contenu de la propriété `Tag` du modèle de dialogue pour distinguer le cas d'annulation. À la création du dialogue, elle contient une chaîne vide. Comment cela fonctionne-t-il ? Grâce à une routine exécutée sur l'événement de déclenchement du bouton OK. Dans l'EDI vous verrez que l'événement Lors du déclenchement de ce bouton a été affecté à la routine `validationExtrait`.

Avant d'examiner la routine d'événement, soulignons le point suivant : l'affectation d'un événement à un bouton n'est efficace que s'il a le type Par défaut. Si le bouton était de type OK ou Annuler ou Aide, la routine ne serait pas exécutée. Ceci complique un peu le codage.

Une routine d'événement reçoit dans un paramètre (ici la variable `evt`) un objet spécifique de l'événement. Le contenu de cet objet dépend du type d'événement, mais il possède toujours une propriété `Source` qui donne l'objet à l'origine de l'événement. Cet objet est ici notre contrôle Bouton. Comme nous l'avons vu plus haut, depuis ce contrôle on peut obtenir son dialogue par la propriété `Context`. Ceci nous évite de déclarer commune (`Private` ou `Public`) la variable contenant le dialogue. À partir du dialogue, nous retrouvons ses contrôles. Pour clarifier, nous avons repris les mêmes noms de variables que dans la routine principale, mais ceci n'est pas obligatoire.

La routine d'événement vérifie donc, d'une part que le texte choisi est suffisamment long, et d'autre part qu'il existe bien dans le texte proposé. En cas d'erreur, un message est affiché et la routine se termine : le dialogue reste. Si le texte choisi est acceptable, on l'indique dans la propriété `Tag` du modèle de contrôle, et on termine le dialogue en employant la méthode `endExecute` de celui-ci. Cette méthode a pour conséquence de fermer le dialogue quand la routine d'événement sera terminée (et seulement à ce moment-là). La méthode `execute` du dialogue retourne alors la même valeur que pour une annulation, ce qui oblige à distinguer les deux cas. L'usage de la propriété `Tag` nous évite de déclarer une variable commune aux deux routines. Dans un cas réel, le dialogue pourrait comporter de nombreux autres contrôles, et la routine de validation pourrait vérifier la cohérence entre certains d'entre eux.

Gestionnaire d'événements commun à plusieurs contrôles

Certains dialogues comportent plusieurs contrôles dont le traitement doit être similaire. Il est tout à fait possible d'affecter le même gestionnaire d'événements à des événements de plusieurs contrôles. Mais alors comment déterminer le contrôle ayant déclenché l'événement ? En récupérant sur le contrôle un élément qui lui est spécifique, par exemple son nom, à savoir la propriété Name du modèle. Mais, encore une fois, la propriété Tag nous offre une solution plus élégante. La figure 11-32 présente un dialogue dans lequel on affiche dans un contrôle Étiquette un texte de salutation. Chaque bouton de gauche affiche le texte dans une langue différente, grâce à une routine événementielle commune.

```
rem Code11-04.odt bibli : ModifDyn Module2
Option Explicit

Sub GererPlusieursControles()
Dim dlg As Object
dlg = CreerDialogue("ModifDyn", "Dialog2")
dlg.execute
dlg.dispose
End Sub

' déclenché par les boutons de langue
Sub boutonsLangue(evt As Object)
Dim btnEvt As Object, aff As Object, dlg As Object

btnEvt = evt.Source
dlg = btnEvt.Context
aff = dlg.getControl("Affichage")
aff.Text = btnEvt.Model.Tag
End Sub
```

Figure 11–32
Salutation internationale

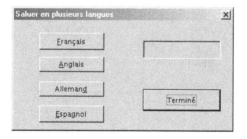

Il suffit, dans l'EDI, d'affecter à la propriété Complément d'information de chaque bouton le texte correspondant. La routine boutonsLangue récupère son contenu et l'affecte à la propriété Text du contrôle Étiquette. Ce principe n'est absolument pas limité à une chaîne de caractères : on pourrait mettre un nombre (qui serait converti en caractères) et le récupérer par une conversion inverse dans une variable Long ou Double.

> **ASTUCE Créer de nombreux contrôles similaires**
>
> Vous avez peut-être remarqué que si on sélectionne plusieurs contrôles, même de type identique, il n'est pas possible de leur affecter une routine d'événement commune. Une meilleure méthode de travail consiste à créer un premier contrôle, remplir ses valeurs, y compris l'affectation d'une routine à un événement. Ce contrôle étant sélectionné, copiez-le dans le Presse-Papier, puis désélectionnez-le. Collez depuis le Presse-Papier, vous obtenez un nouveau contrôle que vous déplacerez à sa position finale. Désélectionnez, recommencez le collage pour le suivant. Chacun a ainsi la même routine d'événement. Personnalisez ensuite chaque contrôle (son nom et son libellé, par exemple).

Modifier le contenu d'une zone de liste

Les différentes valeurs de la liste de choix ne sont pas nécessairement remplies depuis l'EDI. L'exemple qui suit crée une liste de choix, l'affiche dans un dialogue, et supprime ou ajoute des éléments dans la liste grâce à des routines déclenchées par des boutons. Il utilise des propriétés et méthodes de l'objet Zone de liste, parmi celles citées au tableau 11-2. Les arguments de méthodes sont explicités au tableau 11-3.

```
rem Code11-04.odt bibli : ModifDyn Module3
Option Explicit

Sub ChoixDynamique()
Dim dlg As Object, listeChoix As Variant, k As Object
listeChoix = Array("Hector", "Charles Édouard", "Annie", "Joséphine", _
"Raoul", "Mireille", "Norbert", "Pauline", "Xavier")

dlg = CreerDialogue("ModifDyn", "Dialog3")
k = dlg.getControl("ListBox1")
k.Model.StringItemList = listeChoix()
k.selectItemPos(0, True)
dlg.execute
dlg.dispose
End Sub


Sub supprimerElement(evt As Object) ' le bouton Supprimer est actionné
Dim dlg As Object, k As Object, position As Long
dlg = evt.Source.Context ' récupérer le dialogue
k = dlg.getControl("ListBox1")
position = k.SelectedItemPos
k.removeItems(position, 1)
if position >= k.ItemCount  then position = k.ItemCount -1
if position >= 0 then k.selectItemPos(position, True)
End Sub
```

```
Sub ajouterElement(evt As Object) ' le bouton Ajouter est actionné
Dim dlg As Object, k1 As Object, k2 As Object, position As Long
dlg = evt.Source.Context ' récupérer le dialogue
k1 = dlg.getControl("ListBox1")
k2 = dlg.getControl("TextField1")
position = k1.SelectedItemPos
k1.addItem(k2.Text, position)
k1.selectItem(k2.Text, True)
End Sub
```

Tableau 11–2 Gestion d'une zone liste

Méthode / Propriété	Signification	Résultat
Model.StringItemList	Liste des éléments, modifiable.	[]String
Items	Liste des éléments, en lecture seule.	[]String
ItemCount	Nombre d'éléments de la liste, en lecture seule.	Integer
SelectedItemPos	Rang de l'élément sélectionné, à partir de zéro.	Integer
SelectedItem	Élément sélectionné.	String
SelectedItemsPos	Liste des rangs des éléments sélectionnés.	[]Integer
SelectedItems	Liste des éléments sélectionnés.	[]String
addItem(elem, rang)	Ajoute un élément.	aucun
addItems([]elem, rang)	Ajoute plusieurs éléments à partir du rang indiqué.	aucun
removeItems(rang, nombre)	Supprime un nombre d'éléments à partir du rang indiqué.	aucun
selectItem(elem, sel)	Sélectionne ou désélectionne l'élément indiqué.	aucun
selectItemPos(rang, sel)	Sélectionne ou désélectionne l'élément dont le rang est indiqué.	aucun
selectItemsPos([]rang, sel)	Sélectionne ou désélectionne les éléments dont les rangs sont indiqués.	aucun

Tableau 11–3 Termes employés

Terme	Type	Signification
elem	String	Libellé d'un élément de choix.
rang	Integer	Position d'un élément de choix, compté à partir de zéro.
sel	Boolean	True pour sélectionner l'élément. False pour désélectionner l'élément.
[]	Array	Tableau de valeurs, indexé à partir de zéro. Le type de chaque valeur est indiqué à droite, exemple []String.

Notre dialogue emploie une zone de liste à choix unique. Le principe serait similaire pour un choix multiple. L'ensemble des choix possibles se présente sous la forme d'un tableau de chaînes de caractères. Nous l'avons rempli avec la fonction Basic `Array` pour simplifier, mais on aurait pu déclarer une variable tableau et remplir ensuite chaque élément. Ce tableau est transféré dans la Zone de liste en l'affectant à la propriété `StringItemList` de son modèle.

Bien que ce soit peu courant, il est tout à fait possible d'afficher une liste de choix sans aucun élément sélectionné. Ici, nous sélectionnons un des éléments de la liste avec la méthode `selectItemPos`. Comme notre liste est à choix unique, une action de sélection conduit à désélectionner un éventuel autre élément sélectionné. Dans le cas d'une zone de liste où plusieurs choix simultanés sont possibles, l'indicateur booléen `sel` offre toutes facilités de sélection/désélection. Le dialogue est affiché, les deux routines qui suivent sont déclenchées chacune par un bouton.

La routine `supprimerElement` élimine de la liste de choix l'élément actuellement sélectionné, c'est-à-dire affiché sur cette Zone de liste déroulante. Il est ensuite nécessaire de sélectionner un autre élément pour que la Zone de liste affiche quelque chose. Le codage s'assure que la nouvelle position sélectionnée reste dans la gamme des valeurs acceptables.

La routine `ajouterElement` insère le texte du contrôle Zone de texte dans la liste de choix à la position actuellement affichée, en repoussant cet élément de choix et les suivants. Si on voulait gérer une liste ordonnée, il faudrait développer un petit algorithme pour déterminer la position adéquate dans la liste. Nous avons utilisé la méthode `addItem`, parfaite pour un seul élément. Lors d'ajouts en nombre d'éléments à une liste déroulante, préférez l'utilisation de la méthode `addItems`, quitte à passer par un tableau intermédiaire. Les appels d'insertion d'éléments sont coûteux et insérer les éléments un par un avec la méthode `addItem` risque de dégrader les performances de votre macro jusqu'à la rendre inutilisable.

Modifier dynamiquement les sélections multiples

L'exemple qui suit comporte une zone de liste à choix multiples. Nous ne nous occuperons pas du résultat du dialogue, ce n'est pas notre but. En actionnant des boutons, nous allons effacer ou changer les sélections dans le dialogue. Revoyez le tableau 11-2 et faites très attention aux noms des méthodes et propriétés employées.

```
rem Code11-04.odt bibli : ModifDyn Module5
Option Explicit

Sub ModifierSelectionMultiple()
Dim dlg As Object, listeChoix As Variant, k As Object
```

```
dlg = CreerDialogue("ModifDyn", "Dialog5")
k = dlg.getControl("ListBox1")
dlg.execute
dlg.dispose
End Sub

' routine déclenchée par le bouton "Supprimer toute sélection"
Sub effacerSelections(evt As Object)
Dim dlg As Object, kChoix As Object
dlg = evt.Source.Context
kChoix = dlg.getControl("Choix Couleurs")

if UBound(kChoix.SelectedItemsPos) < 0 then
  MsgBox("Aucun élément n'est sélectionné")
else
  ' Suppression de tous les éléments sélectionnés
  kChoix.selectItemsPos(kChoix.SelectedItemsPos, False)
end if
End Sub

' routine déclenchée par le bouton "Sélectionner plusieurs valeurs"
Sub imposerSelections(evt As Object)
Dim dlg As Object, kChoix As Object
dlg = evt.Source.Context
kChoix = dlg.getControl("Choix Couleurs")
' Sélection des éléments 2, 7, 8
kChoix.selectItemsPos(Array(7,2,8), True)
End Sub
```

Le bouton **Supprimer toute sélection** déclenche une routine qui récupère le contrôle Zone de liste. Nous savons déjà que la propriété `SelectedItemsPos` renvoie un tableau des rangs correspondant aux éléments sélectionnés. Nous mettons en premier argument de la méthode `selectItemsPos` justement le tableau des positions sélectionnées, et en deuxième argument la valeur `False`. Ainsi, tous les éléments sélectionnés seront désélectionnés.

Le bouton **Sélectionner plusieurs valeurs** déclenche une autre routine, qui utilise la méthode `selectItemsPos` pour sélectionner un ou plusieurs éléments. Les positions à sélectionner sont transmises dans un tableau indexé à partir de zéro. Nous avons utilisé la fonction Basic `Array` pour créer ce tableau. Le deuxième argument prend la valeur `True` afin de sélectionner les éléments. Vous constaterez que cette routine ne fait qu'ajouter des sélections. Pour imposer la totalité du choix, on doit supprimer toute sélection puis ajouter celles que l'on souhaite.

Modifier le contenu d'une zone de liste combinée

Le contrôle Zone de liste combinée ne comporte qu'un sous-ensemble des méthodes et propriétés du contrôle Zone de liste (voir le tableau 11-4). Il ajoute en revanche la propriété `Text` qui contient le texte affiché.

Tableau 11–4 Gestion d'une zone liste combinée

Méthode / Propriété	Signification	Résultat
`Model.StringItemList`	Liste des éléments, modifiable.	`[]String`
`Items`	Liste des éléments, en lecture seule.	`[]String`
`ItemCount`	Nombre d'éléments de la liste, en lecture seule.	`Integer`
`addItem(elem, rang)`	Ajoute un élément.	aucun
`addItems([]elem, rang)`	Ajoute plusieurs éléments à partir du rang indiqué.	aucun
`removeItems(rang, nombre)`	Supprime un nombre d'éléments à partir du rang indiqué.	aucun
`Text`	Valeur affichée.	`String`

Nous allons créer une liste de choix et permettre l'ajout et la suppression d'élément.

```
rem Code11-04.odt bibli : ModifDyn Module4
Option Explicit
Sub ZoneCombineeDynamique()
Dim dlg As Object, listeChoix As Variant, k As Object
listeChoix = Array("Hector", "Charles Édouard", "Annie", "Joséphine", _
"Raoul", "Mireille", "Norbert", "Pauline", "Xavier")

dlg = CreerDialogue("ModifDyn", "Dialog4")
k = dlg.getControl("ComboBox1")
k.Model.StringItemList = listeChoix()
k.Text = k.Items(2)
dlg.execute
dlg.dispose
End Sub


Sub supprimerElement(evt As Object) ' le bouton Supprimer est actionné
Dim dlg As Object, k As Object
Dim position As Long, element As String, liste() As String
dlg = evt.Source.Context
k = dlg.getControl("ComboBox1")
element = k.Text
liste() = k.Items
position = k.ItemCount -1
Do While position >= 0 ' retrouver la position de l'élément
   if liste(position) = element then Exit Do
```

```
   position = position -1
Loop
if position >= 0 then ' L'élément existe bien dans la liste
  k.removeItems(position, 1)
  if k.ItemCount > 0 then k.Text = k.Items(0) else k.Text = ""
end if
End Sub


Sub ajouterElement(evt As Object) ' le bouton Ajouter est actionné
Dim dlg As Object, k As Object
Dim position As Long, element As String, liste() As String
dlg = evt.Source.Context
k = dlg.getControl("ComboBox1")
element = k.Text
liste() = k.Items
position = k.ItemCount -1
Do While position >= 0 ' retrouver la position de l'élément
  if liste(position) = element then Exit Do
  position = position -1
Loop
if position < 0 then k.addItem(k.Text, 0) ' ajout en tête de liste
End Sub
```

La création de la liste de choix est identique à l'exemple précédent. L'équivalent de la sélection d'un élément revient à remplir la propriété Text avec le contenu d'un des éléments ; mais on pourrait mettre un texte quelconque.

Il n'existe pas de méthode permettant de supprimer directement l'élément dont le texte est indiqué par l'utilisateur. Nous devons faire une boucle pour rechercher la position de cet élément. L'utilisation des variables intermédiaires liste et element accélère un peu la recherche dans une longue liste. Si l'élément est retrouvé, sa position est positive ou nulle et nous utilisons la méthode removeItems. La valeur affichée doit être changée ; nous avons choisi d'afficher le premier élément de la liste, s'il en reste un.

L'ajout d'un élément dans la liste ne pose pas de problème particulier. Après avoir vérifié qu'il n'existe pas déjà, nous le mettons en tête de liste et gardons sa valeur pour l'affichage.

Liste de choix avec éléments à images

Une liste de choix comportant des images, en général des icônes, est plus agréable pour l'utilisateur. La version 3.3 d'OpenOffice.org ajoute cette fonctionnalité, mais il faut alors construire la liste par programme. Dans notre exemple nous avons utilisé des images de 16 pixels de côté, au format PNG qui permet d'obtenir un effet de transparence. Le principe est identique pour une zone de liste combinée.

```
rem Code11-04.odt bibli : ModifDyn Module6
Option Explicit

Sub ElementsTexteImage()
Dim dlg As Object, k As Object, km As Object
Dim URLimages As String

dlg = CreerDialogue("ModifDyn", "Dialog6")
URLimages = ConvertToURL("C:\Docs OpenOffice\")
k = dlg.getControl("ListBox1")
km = k.Model
' construire la liste
km.insertItem(0, "Une pomme", URLimages & "pomme.png")
km.insertItemText(1, "Sans image")
km.insertItem(2, "Joli cœur", URLimages & "coeur.png")
km.insertItemImage(3,     URLimages & "carre.png")
km.insertItem(4, "Pique", URLimages & "pique.png")
km.ItemSeparatorPos = 2 ' un séparateur après "Joli coeur"
k.selectItemPos(4, True) ' sélectionner Pique
if dlg.execute = com.sun.star.ui.dialogs.ExecutableDialogResults.OK then
  MsgBox("Rang choisi : " & k.SelectedItemPos)
end if
dlg.dispose
End Sub
```

La liste est construite élément par élément en utilisant trois méthodes du modèle du contrôle. Le premier argument est le rang que prendra l'élément dans la liste. Dans notre cas, nous construisons la liste par ajouts successifs. La méthode insertItem insère un élément texte (deuxième argument) accompagné d'une image dont l'URL est fournie en troisième argument. La méthode insertItemText est réduite au texte seul, la méthode insertItemImage est réduite à l'image seule.

Les principaux événements

Dans l'EDI, l'onglet Événement de la page de propriétés permet de lister la plupart des événements que peut produire un dialogue ou un contrôle, et d'y affecter une routine. Sur un même contrôle, vous pouvez donc affecter des traitements à plusieurs des événements disponibles. Vous risquez alors de déclencher plusieurs événements pour la même action de l'utilisateur, et donc des appels successifs de vos gestionnaires d'événements. Les interactions logicielles entre ces gestionnaires peuvent être très difficiles à maîtriser. Dans la mesure du possible, n'utilisez qu'un seul événement sur un contrôle.

Avec les événements, vous abordez le domaine du temps réel, qui peut provoquer des comportements aléatoires :

- Un utilisateur rapide peut déclencher une deuxième fois un événement pendant le temps de traitement du premier.
- Une routine d'événement peut être interrompue par une deuxième routine déclenchée par un autre événement, qui modifie une donnée commune.
- La simple écriture d'une donnée dans un contrôle peut déclencher un événement !

Écrivez des gestionnaires simples et rapides, ne multipliez pas les traitements d'événements et éventuellement bloquez l'interface utilisateur pendant le traitement (voir chapitre 14).

Bon à savoir

Un événement est déclenché sur une action de l'utilisateur ou sur une modification de la vue du contrôle. Il n'est pas déclenché sur une modification du modèle du contrôle. Par exemple, sur une liste de choix, la méthode `selectItemPos` déclenche un événement Statut modifié, alors que la modification de `Model.SelectedItems` ne déclenche pas d'événement. Ceci peut être exploité avec profit.

Nous allons passer en revue les événements les plus courants. L'argument transmis à un sous-programme de gestion d'événement, la variable `evt` dans nos exemples, est une donnée structurée représentant l'événement. La composition de cette structure dépend du type d'événement survenu. Seul l'élément `Source`, déjà vu, existe pour tous les événements.

Pour aller plus loin

La description des différentes structures d'événement se trouve dans la documentation de l'API, à la page décrivant le module `com.sun.star.awt`. À partir de la section **Struct** de cette page, suivez les liens concernant `ActionEvent`, `FocusEvent`, `KeyEvent`, `MouseEvent`, etc.

Lors du déclenchement

Cet événement apparaît sur plusieurs types de contrôles. La variable d'événement comporte la propriété `ActionCommand`, de type `String`. Elle contient la valeur que le programmeur a éventuellement donnée à la propriété `ActionCommand` du contrôle.

- Bouton : il a été déclenché (par clavier ou souris). Seul un bouton de type Par défaut peut déclencher cet événement. C'est l'événement à utiliser pour une action commandée par bouton, il est déclenché aussi bien par un clic de souris qu'une touche de clavier.
- Zone de liste, Zone de liste combinée : un choix a été effectué (par clavier ou souris).

- Case de choix 1 parmi N : la case est choisie (déclenché même si on clique dessus alors qu'elle était déjà dans l'état sélectionné).
- Case à cocher : la coche a changé d'état.

Statut modifié

Cet événement apparaît sur plusieurs types de contrôles. La variable d'événement comporte la propriété Selected, de type Long, représentative de l'état du contrôle après l'action ayant déclenché l'événement.

- Zone de liste : Selected vaut toujours 1. L'événement est déclenché dès que l'affichage a commuté sur un autre des éléments de la liste. Pour connaître l'élément actuellement affiché, récupérez le contrôle avec la propriété Source.
- Zone de liste combinée : Selected vaut toujours 1. L'événement ne se déclenche que si on a sélectionné un autre élément dans la liste. Il ne se déclenche pas si on a modifié le texte affiché, même en tapant le texte d'un autre élément.
- Case de choix 1 parmi N : Selected vaut toujours 1. Un seul événement est déclenché sur l'ensemble des contrôles de choix d'un même groupe. Il est déclenché sur le contrôle qui devient coché.
- Case à cocher : Selected vaut 0 si la case n'est pas cochée, 1 si elle est cochée normalement, 2 si elle est cochée dans l'état « indéterminé ». Chaque changement de coche déclenche l'événement.
- Bouton : l'événement est seulement déclenché pour un bouton à bascule (propriété Basculer dans l'EDI mise à Oui). La propriété Selected vaut 1 si le bouton vient de passer en position enfoncée, et vaut 0 si le bouton est passé en position relevée.

Changement de focus

Il s'agit des événements Réception de focus et Perte de focus.

Penchons-nous sur les circonstances d'apparition : toute action qui déplace le *focus* dans le sens correspondant à l'événement. Cela peut se produire à l'occasion d'un clic ou d'un d'appui sur la touche Tab ou sur une touche déclenchant un autre bouton, etc.

La variable d'événement expose les propriétés FocusFlags, Temporary et NextFocus. L'élément FocusFlags, de type Integer, fournit la raison du changement de *focus*, sous la forme de la somme de constantes nommées. Prenons un exemple :

```
if evt.FocusFlags = com.sun.star.awt.FocusChangeReason.TABthen
```

Chacune de ces constantes, listées au tableau 11-5, est une puissance de deux, ce qui permet de détecter sa présence avec un ET logique (opérateur and).

Tableau 11–5 Constantes de FocusFlags

Constante	Raison
TAB	Utilisation de la touche **Tabulation**.
CURSOR	Utilisation d'un touche **haut, bas, page précédente, page suivante**.
MNEMONIC	Utilisation d'une touche de raccourci.
FORWARD	Le *focus* est passé au contrôle suivant.
BACKWARD	Le *focus* est passé au contrôle précédent.
AROUND	Bouclage sur la liste des contrôles.
UNIQUEMNEMONIC	Le raccourci employé désigne un unique contrôle.

L'élément `Temporary`, de type `Boolean`, vaut `True` si le changement de *focus* est une conséquence indirecte d'une autre action (par exemple la fermeture de la fenêtre de dialogue).

L'élément `NextFocus` fournit la fenêtre qui reçoit le *focus* (en cas de perte de *focus*).

Signalons enfin que dans une boîte de dialogue affichée, on peut déterminer à tout moment si un contrôle particulier possède le focus :

```
if k.Peer.hasFocus then
```

Touche du clavier

Il s'agit des événements Touche enfoncée et Après avoir lâché la touche.

L'élément `KeyCode`, de type `Integer`, identifie la touche appuyée sous la forme d'une constante nommée (tableau 11-6), exemple :

```
if evt.KeyCode = com.sun.star.awt.Key.HOME then
```

L'action simultanée d'une touche Maj, Ctrl ou Alt, n'a pas d'influence sur la valeur donnée par `KeyCode`.

Tableau 11–6 Constantes de KeyCode

Constante	Touche	Constante	Touche
NUM0 à NUM9	1 à 9 (clavier numérique ou principal)	DELETE	Suppr
A à Z	Lettre majuscule ou minuscule	ADD	+
F1 à F26	Touche de fonction	SUBSTRACT	-
DOWN	Direction bas	MULTIPLY	*
UP	Direction haut	DIVIDE	/

Tableau 11–6 Constantes de KeyCode (suite)

Constante	Touche	Constante	Touche
LEFT	Direction gauche	POINT	Point
RIGHT	Direction droite	COMMA	Virgule
HOME	Direction coin	LESS	<
END	Fin	GREATER	>
PAGEUP	Page précédente	EQUAL	signe =
PAGEDOWN	Page suivante	INSERT	Inser
RETURN	Entrée	SPACE	Espace
ESCAPE	Échap	BACKSPACE	Retour arrière
TAB	Tabulation		

L'élément KeyChar, de type String, donne :

- soit le caractère correspondant, en tenant compte de la touche Maj ;
- soit un pseudo-caractère dont la valeur ASC est inférieure à 32, (exemple Entrée donne 13) ;
- soit un pseudo-caractère dont la valeur ASC est zéro.

```
if evt.KeyChar = "X" then
```

L'élément KeyFunc, de type Integer, indique la signification fonctionnelle de la touche, quand elle en a une. C'est une constante nommée (voir tableau 11-7), exemple :

```
if evt.KeyFunc = com.sun.star.awt.KeyFunction.DONTKNOW then
```

Une touche ordinaire renvoie la valeur DONTKNOW. La touche **Ctrl + C** renvoie COPY. Certains valeurs sont particulières à certains claviers et systèmes.

Tableau 11–7 Constantes de KeyFunc

Constante	Signification	Constante	Signification
DONTKNOW	Aucune	CUT	Couper
NEW	Nouveau	COPY	Copier
OPEN	Ouvrir	PASTE	Coller
SAVE	Enregistrer	UNDO	Défaire
SAVEAS	Enregistrer sous	REDO	Refaire
PRINT	Imprimer	REPEAT	Répéter

Tableau 11–7 Constantes de KeyFunc

Constante	Signification	Constante	Signification
CLOSE	Fermer	FIND	Chercher
QUIT	Quitter	FINDBACKWARD	Chercher en sens inverse
PROPERTIES	Propriétés	FRONT	Avant-plan

L'élément `Modifiers`, de type `Integer`, indique si une touche Maj, Ctrl ou Alt est pressée. À chacune correspond une constante nommée :

```
com.sun.star.awt.KeyModifier.MOD1   ' touche Ctrl
com.sun.star.awt.KeyModifier.MOD2   ' touche Alt
com.sun.star.awt.KeyModifier.SHIFT  ' touche Maj
```

Les valeurs des constantes étant des puissances de deux, on détermine lesquelles sont activées avec un ET logique.

Souris

> **ATTENTION**
>
> Certains événements de souris peuvent se déclencher un grand nombre de fois par seconde.

L'élément `KeyModifiers` est disponible, nous l'avons décrit plus haut. L'élément `Buttons`, de type `Integer`, indique quels boutons de souris sont pressés. À chacun correspond une constante nommée :

```
com.sun.star.awt.MouseButton.LEFT    ' bouton gauche
com.sun.star.awt.MouseButton.RIGHT   ' bouton droit
com.sun.star.awt.MouseButton.MIDDLE  ' bouton du milieu
```

Les éléments `X` et `Y`, de type `Long`, indiquent la position de la souris, exprimée en pixels, la valeur 0 correspondant respectivement au bord gauche et au bord haut de la surface du contrôle. L'élément `ClickCount`, de type `Long`, compte le nombre de clics effectués. Elle est remise automatiquement à zéro après une temporisation de quelques dixièmes de secondes. Plusieurs clics successifs déclencheront autant de fois l'événement Bouton de souris enfoncé (par exemple). La valeur ne peut être modifiée par programmation. L'élément `PopupTrigger`, de type `Boolean`, indique `True` si l'événement correspond à l'ouverture d'un menu contextuel.

Texte Modifié

Cet événement apparaît dans les contrôles où l'utilisateur peut modifier un texte ou une valeur numérique, et à chaque modification, même d'un seul caractère. Il n'existe aucune information transmise avec cet événement.

Ajouter des contrôles par programme

Il est de loin préférable de définir toute la structure d'un dialogue avec l'EDI. Si vous ressentez le besoin d'ajouter par programme un nombre variable de boutons ou autres contrôles, étudiez votre problème sous d'autres angles. Il y a probablement une meilleure solution en repensant le principe de votre dialogue.

Pour chaque contrôle ajouté, il va falloir remplir toutes les propriétés nécessaires, et pour chaque traitement d'événement du contrôle, lui affecter un *Listener* (ce point est expliqué au chapitre 14). Vous trouverez dans la documentation de l'API à la page `com.sun.star.awt` les services pour chaque type de modèle de contrôle et les interfaces des *Listener* disponibles. Dans l'exemple suivant, nous ajoutons à un dialogue un bouton et une zone de texte. Le déclenchement du bouton lancera une routine de traitement.

```
rem Code11-04.odt bibli : AjoutCtrl Module1
option explicit

Sub Main1()
Dim dlg As Object, km As Object, k As Object, clic As Object
dlg = CreerDialogue("AjoutCtrl", "Dialog1")

' créer le modèle du bouton à insérer
km = dlg.Model.createInstance("com.sun.star.awt.UnoControlButtonModel")
km.PositionX = 10
km.PositionY = 20
km.Width = 30
km.Height = 15
km.Name = "unBouton"
km.TabIndex = 2
km.Label = "Coucou"
' insérer le modèle du contrôle dans le modèle du dialogue
dlg.Model.insertByName(km.Name, km)
' affecter une routine au déclenchement du bouton
clic = CreateUnoListener("bouton_", "com.sun.star.awt.XActionListener")
k = dlg.getControl("unBouton") ' récupérer le bouton lui-même
k.addActionListener(clic)
```

```
' créer le modèle du contrôle Zone de texte à insérer
km = dlg.Model.createInstance("com.sun.star.awt.UnoControlEditModel")
km.PositionX = 60
km.PositionY = 20
km.Width = 40
km.Height = 15
km.Name = "une zone texte"
km.TabIndex = 3
km.Text = "xxx"
km.Align = 1 ' centrer le texte
' insérer le modèle du contrôle dans le modèle du dialogue
dlg.Model.insertByName(km.Name, km)

dlg.execute
dlg.dispose
End Sub


Sub bouton_actionPerformed(evt As Object)
MsgBox("Le contrôle " & evt.Source.Model.Name & " vous salue bien!")
End Sub


Sub bouton_disposing(evt As Object)
End Sub
```

Le dialogue a été créé avec l'EDI, il ne comporte qu'un bouton OK et un bouton Annuler. Chaque nouveau contrôle est créé à partir de son modèle, au moyen de la méthode createInstance du modèle du dialogue. L'argument est le nom du service supportant le type de contrôle à créer. Chaque propriété est ensuite initialisée, puis le contrôle est inséré dans le modèle du dialogue, en précisant son nom. Pour le bouton, l'événement Lors du déclenchement de l'EDI est géré par l'interface XActionListener. On crée l'objet *Listener* avec la fonction Basic CreateUnoListener, et on l'affecte à la vue du contrôle bouton avec la méthode addActionListener, spécifique de ce gestionnaire d'événements.

L'interface XActionListener expose la méthode actionPerformed, qui est exécutée au déclenchement du bouton. La routine correspondante doit avoir un nom portant le préfixe indiqué dans CreateUnoListener suivi du nom de la méthode invoquée. La méthode disposing existe pour tout gestionnaire d'événements, elle doit trouver une routine d'un nom correspondant, même vide.

On voit ici combien l'EDI simplifie le codage, par rapport à une création à la volée.

Gestion du panneau de dialogue

Position et dimensions d'un dialogue

L'origine des coordonnées d'un dialogue est le coin du haut à gauche de la fenêtre parente. Habituellement, cette fenêtre est celle du document ouvert. Par défaut, un dialogue apparaît centré dans la fenêtre parente, ce qui assure une bonne visibilité. Dans certaines situations, notamment quand un dialogue affiche un deuxième dialogue, on peut souhaiter positionner la nouvelle fenêtre différemment, par exemple décalée par rapport à la fenêtre parente. Ceci est réalisable en utilisant la méthode setPosSize du dialogue, que nous allons utiliser dans le dialogue de la figure 11-33.

```
rem Code11-04.odt bibli : DialDial Module1
Option Explicit

Sub positionnerDialogue()
Dim dlg As Object, X As Long, Y As Long, p As Object
dlg = CreerDialogue("DialDial", "Dialog1")
Do While dlg.execute = com.sun.star.ui.dialogs.ExecutableDialogResults.OK
  X = dlg.getControl("Position X").Value
  Y = dlg.getControl("Position Y").Value
  dlg.setPosSize(X, Y, 0, 0, com.sun.star.awt.PosSize.POS)
Loop
dlg.dispose
End Sub

' routine exécutée en actionnant le bouton "Mettre à jour"
Sub donnerCoordonneesActuelles(evt As Object)
Dim p As Object, dlg As Object, k As Object
dlg = evt.Source.Context
p = dlg.Peer.PosSize
k = dlg.getControl("Actu X")
k.Text = p.X
k = dlg.getControl("Actu Y")
k.Text = p.Y
k = dlg.getControl("Largeur")
k.Text = p.Width
k = dlg.getControl("Hauteur")
k.Text = p.Height
End Sub
```

Le panneau de dialogue permet d'afficher sur sa gauche la position actuelle du dialogue. Cette information ne peut être obtenue qu'une fois le dialogue affiché, c'est pourquoi il faut actionner le bouton Mise à jour. La routine donnerCoordonneesActuelles utilise l'objet Peer du dialogue pour obtenir la pro-

Figure 11–33
Dialogue positionnable

priété `PosSize`. Cette propriété donne une structure `Rectangle` décrite au tableau 11-8 (les valeurs sont exprimées en pixels). Les valeurs de largeur et hauteur sont un peu plus petites que les dimensions réelles du dialogue, car le dialogue visible comporte en plus une marge gérée par le système d'exploitation, notamment le titre de la fenêtre.

Tableau 11–8 Structure Rectangle

Propriété	Type	Signification
X	Long	Position horizontale du coin haut-gauche.
Y	Long	Position verticale du coin haut-gauche.
Width	Long	Largeur.
Height	Long	Hauteur.

Sur la droite du panneau, nous avons deux champs numériques et un bouton pour changer les coordonnées X et Y du coin haut-gauche du panneau de dialogue. En actionnant le bouton Changer la position, les nouvelles coordonnées X et Y servent d'argument (de type `Long`) pour la méthode `setPosSize` du dialogue. Les arguments 3 et 4 correspondent à une nouvelle valeur de largeur et hauteur, nous ne les utilisons pas. Le cinquième argument est une constante nommée précisant ce qui est à réaliser. Comme ici nous réalisons un repositionnement, seuls les arguments X et Y sont donc pris en compte. Le dialogue est réaffiché, jusqu'à ce qu'il soit fermé par l'utilisateur (par le bouton Quitter ou la touche Échap).

Essayez diverses valeurs, vous remarquerez ceci :

- Il est possible d'utiliser des valeurs négatives.
- Les coordonnées nouvelles ne sont pas acceptées si le dialogue est amené à disparaître de l'écran ; soit la position reste inchangée, soit le dialogue est recentré.

Dialogues emboîtés

Notre exemple va montrer comment emboîter des dialogues et les positionner. Il est préférable d'ouvrir le document du Zip téléchargeable afin de profiter des dialogues déjà configurés.

```
rem Code11-04.odt bibli : DialDial Module2
Option Explicit

Sub DialoguesImbriques()
Dim dlg As Object
dlg = Dialogue("DialDial", "Dlg1")
dlg.execute
dlg.dispose
End Sub


' déclenché par les boutons Lancer Dialogue n
Sub LancerDialogue(evt As Object)
Dim dlg As Object, nomDialog As String
nomDialog = evt.Source.Model.Tag
dlg = CreerDialogue("DialDial", nomDialog)
dlg.execute
dlg.dispose
End Sub


' déclenché par le bouton Lancer et centrer Dialogue 2
Sub LancerDialogueCentre(evt As Object)
Dim dlg As Object, dlgParent As Object, nomDialog As String
nomDialog = evt.Source.Model.Tag
dlg = CreerDialogue("DialDial", nomDialog)
dlgParent = evt.Source.Context
CenterDialog(dlg, dlgParent)
dlg.execute
dlg.dispose
End Sub


Sub CenterDialog(nouvDial As Object, optional parentDial As Object)
Dim parentSize As Object, XPos As Long, YPos As Long
' les tailles et positions sont exprimées en pixels
if isMissing(parentDial) then
  if IsNull(StarDesktop.CurrentFrame) then exit sub
  parentSize = StarDesktop.CurrentFrame.ComponentWindow.Size
else
  parentSize = parentDial.Size
end if
XPos = (parentSize.Width/2) - (nouvDial.Size.Width/2)
```

```
YPos = (parentSize.Height/2) - (nouvDial.Size.Height/2)
nouvDial.setPosSize(XPos, YPos, 0, 0, com.sun.star.awt.PosSize.POS)
End Sub
```

Le premier dialogue est affiché comme d'habitude. Il comporte deux boutons pour afficher le dialogue Dlg2. Leur propriété Tag (**Complément d'information**) contient le nom du dialogue à appeler. Normalement, OpenOffice va centrer le dialogue enfant dans la fenêtre parente (ici la fenêtre de Dlg1), comme sur la figure 11-34. Mais si le dialogue enfant est de plus grandes dimensions (largeur et hauteur) que la fenêtre parente, OpenOffice utilisera les coordonnées relatives du dialogue dans sa fenêtre EDI. Le deuxième bouton appelle une routine CenterDialog pour forcer le centrage du dialogue enfant dans ce cas. Essayez diverses tailles du dialogue Dlg2.

Figure 11–34
Quatre dialogues centrés

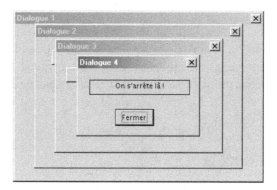

Les dialogues 2 et 3 ne comportent qu'un seul bouton, pour simplifier. Nous arrêtons la démonstration au niveau 4. Vous aurez remarqué que les variables de dialogue sont toutes locales, mémorisées dans la pile des appels des routines.

Dialogues à pages multiples

Les dialogues OpenOffice.org ne disposent pas de contrôle à onglets. La méthode du Step est ce qui s'en rapproche le plus. Ce mécanisme a été inventé pour les dialogues comme ceux des Assistants, où l'utilisateur est guidé pas à pas dans un processus à plusieurs étapes. Il utilise la propriété Step, appelée **Page** dans le panneau **Propriétés** de l'EDI. Cette propriété est disponible dans le panneau de dialogue lui-même et dans chacun des contrôles. On y accède par programmation comme Model.Step, qui est du type Long. Le principe consiste à rendre visible ou non chaque contrôle selon la valeur de son Step :

- Si le Step du contrôle vaut zéro, le contrôle est visible en permanence.
- Si le Step du panneau vaut zéro, tous les contrôles sont visibles.

- Si le `Step` du panneau vaut N, seuls les contrôles dont le `Step` vaut N sont visibles, ainsi que ceux dont le `Step` vaut zéro.
- Par défaut, tous les `Step` sont à zéro et tous les contrôles sont visibles.
- Dans l'EDI, quand on dépose un nouveau contrôle sur le dialogue, le `Step` de ce contrôle est initialisé à la valeur actuelle du `Step` du dialogue.

Attention

Puisque l'affichage des contrôles dans l'EDI dépend des valeurs de `Step`, vous ne verrez sans doute pas tous les contrôles si le `Step` du dialogue est différent de zéro.

La conception d'un tel dialogue peut amener à définir plusieurs contrôles (par exemple des boutons) superposés, car normalement un seul est visible à la fois. Dans ce cas, vous devrez changer dans l'EDI la valeur de `Step` du panneau pour accéder à un contrôle caché.

En général, on définit un ou plusieurs contrôles (boutons, par exemple) ayant un `Step` nul afin qu'ils soient toujours visibles à l'exécution. Quand l'utilisateur active un de ces contrôles, un traitement s'effectue, puis le `Step` du panneau est modifié. La conception et la mise au point d'un dialogue à pages multiples peut être assez complexe. Le document `Code11-05.odt` du Zip téléchargeable contient dans la bibliothèque `Steps` une ébauche d'un tel dialogue.

Les dialogues multilingues

L'interface utilisateur d'OpenOffice.org est disponible en diverses langues. Ainsi, dans une entreprise multinationale, les employés jouissent sur chaque site d'une interface compréhensible.

Mieux encore, sur une version localisée d'OpenOffice.org, il est possible d'ajouter des *langpacks* (paquets linguistiques) contenant chacun tous les textes d'interface dans une langue (voir dans l'annexe C la section concernant les sites de téléchargement d'Open-Office.org). Une fois installés, depuis le menu Outils>Options>Paramètres linguistiques>Langues il suffit de choisir dans Interface utilisateur une des langues disponibles et de fermer et de relancer OpenOffice.org : l'interface s'exprime dans une autre langue !

Les dialogues fournis prêts à l'emploi par l'API, comme un `MsgBox`, utilisent la langue de l'interface utilisateur pour les textes comme OK, Annuler, Ignorer, etc. Vous pouvez créer vos dialogues en version multilingue.

Définir un dialogue multilingue

Sur votre système de développement, vous devez installer toutes les langues que vos dialogues pourront gérer, afin de pouvoir les tester en conditions réelles. Prenons comme exemple un dialogue avec une Zone de texte et une Zone de liste combinée (figure 11-35).

Figure 11–35
Un dialogue simple

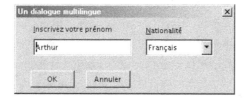

Dans le menu Afficher de l'EDI, affichez la barre d'outils Langues (figure 11-36).

Figure 11–36
La barre d'outils Langue

Cliquez sur le bouton Gérer la langue, cliquez sur le bouton Ajouter. Choisissez la langue par défaut, celle qui sera utilisée si l'interface est dans une langue non prévue. Cliquez de nouveau sur le bouton Ajouter, et cochez les langues supplémentaires. Vous obtenez le panneau de la figure 11-37. La langue par défaut peut être changée plus tard. Vous pouvez déclarer une seule ou plusieurs variantes de langues (français de France, de Suisse, du Canada). Vous aurez à gérer autant de versions de textes que de langues ou variantes déclarées.

Figure 11–37
Le panneau de Langues

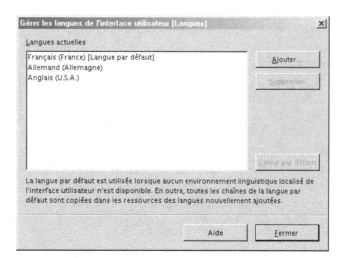

À présent, la barre d'outils Langue vous permet de choisir la langue des textes à afficher dans l'EDI. Choisissez une autre langue : rien n'a changé dans l'EDI ! En effet, vous devez maintenant remplacer les libellés français par leur équivalent dans la langue qui vous intéresse. N'oubliez rien, ni le texte par défaut dans le contrôle Zone de texte, ni le libellé des boutons (au moins pour le bouton Annuler). Recommencez pour les langues restantes.

Choisissez le français dans la barre d'outils Langue et exécutez cette macro :

```
rem Code11-05.odt bibli : Langues Module1
Option Explicit

Sub Main1()
Dim dlg As Object, prenom As Object, nationalite As Object

dlg = CreerDialogue("Langues", "Dialog1")
if dlg.execute = com.sun.star.ui.dialogs.ExecutableDialogResults.OK then
  prenom = dlg.getControl("TextField1")
  nationalite = dlg.getControl("ComboBox1")
  MsgBox("Prénom : " & prenom.Peer.Text & chr(10) & _
         "Nationalité : " & nationalite.Peer.Text)
end if
dlg.dispose
End Sub
```

Vous avez probablement remarqué que nous n'affichons pas le contenu de la propriété Text des contrôles Zone de texte. En effet, si l'utilisateur ne change pas un champ, son contenu est remplacé par un texte bizarre du genre :

```
Prénom : &5.Dialog1.TextField1.Text
```

Notre MsgBox par contre reproduit bien le texte du champ inchangé. La réalisation du mécanisme multilingue convertit toute chaîne localisable en une ressource, séquence lui permettant de retrouver la bonne chaîne dans un conteneur de ressources, commun à tous les dialogues de la bibliothèque. Toutes les propriétés affichables contenant une chaîne de caractères (par exemple, le titre du dialogue) sont codées ainsi. Comme on ne peut plus utiliser directement leur contenu, une solution simple, dans notre cas particulier, est de passer par l'objet Peer associé au contrôle, qui reflète l'affichage sur écran. Dans le cas général, on doit utiliser un mécanisme de traduction. La fonction utilitaire ci-dessous renvoie le texte dans la langue utilisateur à partir de l'objet dialogue et du libellé codé.

```
Function trad(dlg As Object, libelle As String) As String
Dim rr As Object
```

```
rr = dlg.Model.ResourceResolver
trad = rr.resolveString(Mid(libelle, 2))
End Function
```

Choisissez une autre langue dans la barre d'outils Langue, et relancez la macro : les textes des contrôles sont bien dans cette langue. Ceci permet de tester facilement les différentes langues du dialogue.

Définir des messages multilingues

Il y a encore un point ennuyeux dans notre macro : le MsgBox affiche la chaîne de caractères « Prénom : » qui est toujours en français. Pour afficher un texte dans la langue de l'utilisateur, une solution pratique est de créer et de mémoriser les ressources dans une Zone de liste (ListBox) d'un dialogue. Il peut s'agir d'un dialogue qui ne sert qu'à cela, et qui ne sera jamais affiché, ou d'un contrôle caché dans un dialogue. Pour le cacher, il suffit de mettre sa propriété Step à une valeur inutilisée dans l'affichage du dialogue. Dans notre exemple, le dialogue et ses contrôles visibles utilisent le Step 1, le contrôle invisible utilise le Step –1. Modifiez le Step du dialogue pour voir ce contrôle, et n'oubliez pas de le remettre ensuite à 1, car le Step zéro du dialogue affiche tous les contrôles à la fois.

Chaque message sera récupéré à partir de son numéro d'ordre (commençant à zéro) dans la liste de choix. Il est recommandé de paramétrer ces numéros pour éviter les erreurs et faciliter les relectures de code. La liste de messages peut évoluer, soit en rajoutant une nouvelle langue pour la bibliothèque de dialogue, soit en rajoutant de nouveaux messages en fin de liste pour éviter de changer les index existants.

```
rem Code11-05.odt bibli : Langues Module2
Option Explicit

Sub Main2()
Dim dlg As Object, prenom As Object, nationalite As Object
Const txtPrenom = 0, txtNation = 1

dlg = CreerDialogue("Langues", "Dialog1")
if dlg.execute = com.sun.star.ui.dialogs.ExecutableDialogResults.OK then
  prenom = dlg.getControl("TextField1")
  nationalite = dlg.getControl("ComboBox1")
  MsgBox(msgTrad(dlg, txtPrenom) & prenom.Peer.Text & chr(10) & _
         msgTrad(dlg, txtNation) & nationalite.Peer.Text)
end if
dlg.dispose
End Sub
```

```
Function msgTrad(dlg As Object, rangMess As Long) As String
Dim msg As Object
msg = dlg.getControl("mesMessages")
msgTrad = trad(dlg, msg.Items(rangMess))
End Function
```

Le rang du message à traduire est transmis à la fonction msgTrad chargée de récupérer le texte codé et d'obtenir le texte affichable en utilisant la fonction trad vue précédemment.

À présent, changez la langue de l'interface utilisateur de votre logiciel OpenOffice, fermez OpenOffice, rechargez le document, relancez la macro : elle affiche bien automatiquement dans la langue correspondante, comme sur la figure 11-38.

Figure 11–38
Le dialogue en allemand

Comment faire si nous avons besoin d'afficher un message multilingue en dehors de tout dialogue ? La solution est la même : il suffit de ne pas lancer la méthode execute du dialogue pour qu'il reste invisible, et cependant profiter des messages de la Zone de liste.

À l'usage, vous constaterez que créer des macros avec des dialogues et textes multilingues est assez pénible : il faut prévoir assez de largeur pour les contrôles, rédiger des messages indépendants de la syntaxe de la langue, vérifier que chaque texte de chaque contrôle de dialogue est bien traduit dans toutes les langues qu'on supporte.

Le gestionnaire de ressources, dont on utilise la méthode resolveString dans la fonction trad, est décrit dans la documentation API aux interfaces :

- com/sun/star/resource/XStringResourceResolver pour les méthodes de lecture des ressources,
- com/sun/star/resource/XStringResourceManager pour les méthodes modifiant les ressources.

On peut, entre autres, connaître la langue actuellement utilisée avec `getCurrentLocale`, ou retrouver le texte correspondant à une des langues supportées avec `resolveStringForLocale`, ou modifier un de ces textes avec `setStringForLocale`.

Bogues

Le mécanisme multilingue comporte quelques anomalies, vérifiez si les Issues 87330, 87336, 87412, 88470 ont été corrigées.

Les services de dialogues de l'API

Nous avons vu que le contrôle Sélection de fichiers (`FileControl`), placé dans un dialogue, donne à l'utilisateur le moyen de rechercher un fichier en explorant des répertoires. Nous avons aussi constaté qu'il est assez primitif. Des services de l'API (voir le tableau 11-9) offrent des possibilités plus évoluées, sans nécessiter de créer une boîte de dialogue. En fait, si on veut utiliser un de ces services dans un dialogue, on devra l'exécuter sur un événement, par exemple suite au déclenchement d'un bouton.

Tableau 11–9 TablServices de dialogues de l'API

Service	Utilité
`com.sun.star.ui.dialogs.FilePicker`	Sélection de fichier, style selon la configuration utilisateur.
`com.sun.star.ui.dialogs.OfficeFilePicker`	Sélection de fichier, style OpenOffice.org.
`com.sun.star.ui.dialogs.SystemFilePicker`	Sélection de fichier, style du système d'exploitation.
`com.sun.star.ui.dialogs.FolderPicker`	Sélection de répertoire, style selon la configuration utilisateur.
`com.sun.star.ui.dialogs.OfficeFolderPicker`	Sélection de répertoire, style OpenOffice.org.
`com.sun.star.ui.dialogs.SystemFolderPicker`	Sélection de répertoire, style du système d'exploitation.

Suivant l'option Utiliser les boîtes de dialogue OpenOffice.org affichée par le menu Outils>Options>OpenOffice.org>Général, les services `FilePicker` et `FolderPicker` affichent une boîte de dialogue soit propre à OpenOffice.org, soit propre au système d'exploitation. Les variantes de ces services permettent d'imposer le style d'affichage.

Les services de dialogues sont décrits en anglais à la page `com.sun.star.ui.dialogs` de la documentation de l'API. Notez que le terme `ui` est l'abrégé anglais pour interface utilisateur (*user interface*).

Sélectionner un fichier existant

Cet exemple montre quelques possibilités appréciables.

```
rem Code11-06.odt bibli : ChoixFich Module1
Option Explicit

Sub OuvrirUnFichier()
Dim FP As Object, lesFichiers() As String

FP = CreateUnoService("com.sun.star.ui.dialogs.FilePicker")
FP.DisplayDirectory = ConvertToURL("C:\Docs OpenOffice\")
FP.appendFilter("Textes", "*.txt")
FP.appendFilter("Documents ODF", "*.odt;*.ods;*.odg,*.odp")
FP.appendFilter("Documents MS-Office", "*.doc;*.xls;*.ppt")
FP.CurrentFilter = "Documents ODF"
FP.Title = "Choisissez le fichier à traiter"

if FP.execute = com.sun.star.ui.dialogs.ExecutableDialogResults.OK then
  lesFichiers() = FP.Files
  MsgBox(FP.CurrentFilter, 0, "Filtre choisi")
  MsgBox(FP.DisplayDirectory, 0, "Répertoire")
  MsgBox(lesFichiers(0), 0, "Chemin complet")
end if
FP.dispose
End Sub
```

Nous demandons d'abord à l'API de nous fournir un objet FilePicker. Il est utilisé comme un dialogue : la méthode execute l'affiche et indique comment il a été fermé ; la méthode dispose libère la ressource. Ici, elle est peu utile, car nous sommes en fin d'exécution. Avant d'afficher le dialogue, nous effectuons quelques initialisations, qui sont facultatives :

- DisplayDirectory permet de choisir un répertoire initial. Il est nécessaire de lui fournir le chemin au format URL.
- La méthode appendFilter ajoute des filtres de visualisation, pour ne voir que les noms de fichiers correspondant au nom générique indiqué. Le caractère * représente un nombre quelconque de caractères, le caractère ? représente un caractère quelconque. On indique plusieurs filtres simultanés en les séparant par un point-virgule.
- La propriété CurrentFilter précise le filtre à utiliser initialement, un de ceux précédemment définis.
- La propriété Title sert à imposer un texte dans le titre de la fenêtre de dialogue. Par défaut, le titre affiché est Ouvrir.

Lors de l'exécution (voir les figures 11-39 et 11-40), vous vérifiez l'efficacité de ces initialisations. Vous constatez que le dialogue refuse un nom de fichier inexistant. Ceci est normal, car nous sommes dans un dialogue destiné à ouvrir un fichier.

Figure 11–39
Dialogue de sélection
de fichier OOo

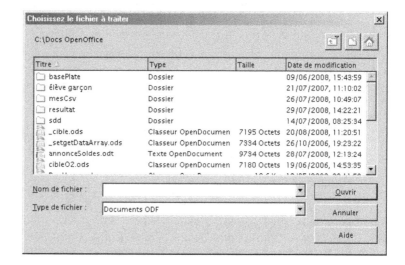

Figure 11–40
Dialogue de sélection
de fichier MS-Windows

Vous ne pouvez choisir qu'un seul fichier et pourtant nous avons utilisé une variable tableau pour recueillir le nom du fichier fourni dans la propriété `Files`. La raison apparaîtra dans le prochain exemple. Ici, le tableau n'a qu'un seul élément, d'index zéro, contenant le chemin complet du fichier.

Les propriétés `CurrentFilter` et `DisplayDirectory` précisent ce que l'utilisateur a choisi. Remarquez le / final dans le contenu de `DisplayDirectory`.

Sélectionner plusieurs fichiers existants

Pour sélectionner plusieurs fichiers dans le même dialogue (figure 11-41), il suffit de donner la valeur `True` à sa propriété `MultiSelectionMode`. Dans ce cas, la propriété `Files` renverra un tableau d'un ou plusieurs éléments. Exécutez cet exemple et notez bien les résultats.

```
rem Code11-06.odt bibli : ChoixFich Module2
Option Explicit

Sub SelectionnerDesFichiers()
Dim FP As Object, lesFichiers() As String
Dim repCommun As String, x As Long
FP = CreateUnoService("com.sun.star.ui.dialogs.FilePicker")
FP.DisplayDirectory = ConvertToURL("C:\Docs OpenOffice\")
FP.appendFilter("Textes", "*.txt")
FP.appendFilter("Documents ODF", "*.odt;*.ods;*.odg,*.odp")
FP.appendFilter("Documents MS-Office", "*.doc;*.xls;*.ppt")
FP.CurrentFilter = "Documents ODF"
FP.MultiSelectionMode = True
FP.Title = "Choisissez le ou les fichiers à traiter"
if FP.execute = com.sun.star.ui.dialogs.ExecutableDialogResults.OK then
  lesFichiers() = FP.Files
  MsgBox(FP.CurrentFilter, 0, "Filtre choisi")
  MsgBox(FP.DisplayDirectory, 0, "Répertoire")
  if UBound(lesFichiers) > 0 then
    MsgBox("Nombre de fichiers sélectionnés : " & UBound(lesFichiers))
    repCommun = lesFichiers(0) & "/"
    for x = 1 to UBound(lesFichiers)
      MsgBox(repCommun & lesFichiers(x), 0, "Un fichier, chemin complet")
    next
  else
    MsgBox(lesFichiers(0), 0, "Un seul fichier, chemin complet")
  end if
end if
FP.dispose
End Sub
```

Si vous avez choisi un seul fichier, le résultat est identique à l'exemple précédent. Si vous avez choisi plusieurs fichiers, le résultat est assez différent :

- La propriété `DisplayDirectory` nous donne un chemin sans le / final.
- Le premier élément de la variable `lesFichiers` est le chemin d'accès aux fichiers, sans le / final.
- Les éléments suivants ne comportent que le nom et l'extension de chaque fichier choisi.

Figure 11–41
Sélection de plusieurs fichiers

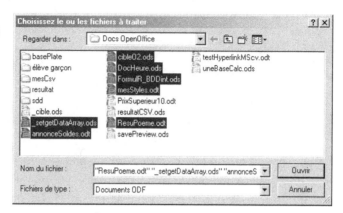

Pour ces raisons, la récupération des chemins complets des fichiers nécessite une petite gymnastique logicielle : tester le nombre d'éléments obtenus, traiter différemment le cas d'un seul fichier sélectionné et le cas de plusieurs fichiers.

> **Pseudo-propriétés en écriture seule**
>
> Les pseudo-propriétés `Title`, `MultiSelectionMode`, `DefaultName`, sont en réalité les méthodes `setTitle`, etc. Les méthodes pour la lecture `getTitle`, etc. ne sont pas disponibles, on ne peut donc que modifier les valeurs et non les lire.

Enregistrer un fichier

Nous allons maintenant construire un dialogue pour choisir le nom de sauvegarde d'un fichier (figure 11-42). Comme seul le dialogue nous intéresse, nous n'enregistrerons rien.

```
rem Code11-06.odt bibli : ChoixFich Module3
Option Explicit

Sub EnregistrerUnFichier()
Dim FP As Object, lesFichiers() As String, FPtype(0) As Integer
FP = CreateUnoService("com.sun.star.ui.dialogs.FilePicker")
FPtype(0) = com.sun.star.ui.dialogs.TemplateDescription.FILESAVE_SIMPLE
FP.initialize(FPtype())
FP.DisplayDirectory = ConvertToURL("C:\Docs OpenOffice\")
FP.DefaultName = "mon beau fichier.odt"
FP.appendFilter("Textes", "*.txt")
FP.appendFilter("Documents ODF", "*.odt;*.ods;*.odg,*.odp")
FP.appendFilter("Documents MS-Office", "*.doc;*.xls;*.ppt")
FP.CurrentFilter = "Documents ODF"
```

```
FP.Title = "Sauvegarde du travail"
if FP.execute = com.sun.star.ui.dialogs.ExecutableDialogResults.OK then
  lesFichiers() = FP.Files
  MsgBox(FP.CurrentFilter, 0, "Filtre choisi")
  MsgBox(FP.DisplayDirectory, 0, "Répertoire")
  MsgBox(lesFichiers(0), 0, "Chemin complet")
end if
FP.dispose
End Sub
```

Nous utilisons la méthode `initialize` pour préciser quel modèle de dialogue nous allons utiliser. Plusieurs modèles sont possibles, comme nous le verrons plus bas. Pour des raisons de conception de l'API, la méthode `initialize` n'accepte qu'un tableau de valeurs, bien que dans le contexte des dialogues une seule valeur soit utilisée.

La propriété `DefaultName` nous sert à proposer un nom de fichier. Le bogue Issue 79211 sous MS-Windows fait que ce nom n'apparaît pas s'il n'existe aucun fichier des extensions recherchées. Nous avons imposé le titre du dialogue, mais par défaut le titre est Enregistrer sous. Si vous choisissez un fichier existant, le dialogue demande une confirmation.

Figure 11–42
Dialogue d'enregistrement
de fichier

Il est possible d'utiliser la sélection multiple, bien que cela ne cadre pas avec l'usage habituel.

Les différents dialogues de FilePicker

Les variantes de dialogues sont définies par des constantes nommées extrêmement longues, dont la racine est `com.sun.star.ui.dialogs.TemplateDescription`.

L'étude de ces variantes laisse une impression de développement logiciel encore en cours. Seulement trois d'entre elles sont utilisables facilement :

- FILEOPEN_SIMPLE qui correspond à la valeur par défaut lorsque la méthode initialize n'est pas employée ;
- FILESAVE_SIMPLE qui a déjà été vue à la section « Enregistrer un fichier » ;
- FILESAVE_AUTOEXTENSION qui ajoute à la précédente une case à cocher Extension automatique du nom du fichier, pour utiliser la première des extensions indiquées par le filtre.

Pour être utilisables, les autres dialogues nécessitent des développements qui sortent du cadre de ce livre. De même, il est possible d'ajouter certains boutons dans le panneau de dialogue. Nous renvoyons les développeurs intéressés à la documentation API du service FilePicker.

Choisir un répertoire

Le service FolderPicker est assez simple à utiliser. Le panneau résultant est reproduit aux figures 11-43 et 11-44.

```
rem Code11-06.odt bibli : ChoixRep Module1
Option Explicit

Sub ChoisirUnRepertoire()
Dim FP As Object
FP = CreateUnoService("com.sun.star.ui.dialogs.FolderPicker")
FP.DisplayDirectory = ConvertToURL("C:\Docs OpenOffice\")
FP.Description = "Cliquez sur un répertoire"
FP.Title = "Choisissez votre répertoire de sauvegarde"
if FP.execute = com.sun.star.ui.dialogs.ExecutableDialogResults.OK then
  MsgBox(FP.Directory, 0, "Chemin obtenu")
end if
End Sub
```

À son ouverture, le dialogue affiche le répertoire contenant celui qui est indiqué par sa propriété DisplayDirectory. Actuellement, avec le dialogue propre à MS-Windows, ceci ne se fait pas ; voyez à ce sujet l'Issue 64800.

La propriété Title remplace le texte par défaut Sélection d'un chemin.

La propriété Description remplace le texte par défaut Sélectionnez un dossier. Avec le dialogue propre à OpenOffice.org la propriété Description n'est pas efficace, le texte reste inchangé.

Le répertoire choisi par l'utilisateur est obtenu dans la propriété Directory, en lecture seule. Il est présenté sous forme d'une URL.

La méthode `dispose` n'existe que dans la version de dialogue propre à Open-Office.org, aussi on ne peut pas l'employer car le fonctionnement dépendrait d'une configuration utilisateur.

Figure 11–43
Dialogue de sélection
de répertoire OOo

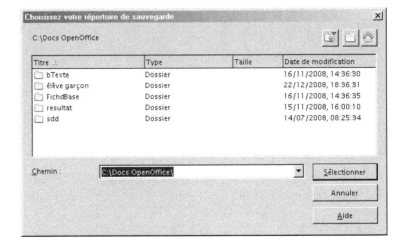

Figure 11–44
Dialogue de sélection
de répertoire MS-Windows

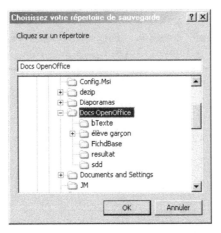

Conclusion

Nous avons passé en revue les fonctionnalités de base des contrôles et boîtes de dialogue. Les outils exposés permettent d'envisager de multiples utilisations pour créer des boîtes et assistants toujours plus simples et conviviaux pour l'utilisateur.

Pour la simplicité de l'exposé, chaque exemple de ce chapitre utilisait un nombre minimal de contrôles. Pour vous exercer, essayez de réaliser des boîtes de dialogue comportant plusieurs contrôles et programmez la récupération des informations utilisateur. Soignez l'aspect esthétique et l'ergonomie de vos dialogues. Inspirez-vous des applications sur votre PC, et en particulier de l'application OpenOffice.org : le panneau Rechercher et remplacer, chaque onglet du menu Outils>Options, et surtout les Assistants. Ces derniers utilisent des notions plus avancées, mais restent basés sur les contrôles que nous avons décrits.

Toujours dans un esprit d'élargissement des possibilités offertes par les macros et l'API, le chapitre suivant traite de l'utilisation des sources de données.

12

Les sources de données

Un outil bureautique permet certes de rédiger des lettres et de construire des tableaux, mais il doit également pouvoir manipuler les données de l'utilisateur, données qu'on aura souvent intérêt à stocker dans une base de données. OpenOffice.org propose un module d'accès à ces données par l'intermédiaire de l'outil « source de données ».

API Référence sur les sources de données (en anglais)

La documentation de l'API est décrite dans le *Developer's Guide* au chapitre *Database Access*.
http://wiki.services.openoffice.org/wiki/Documentation/DevGuide/
OpenOffice.org_Developers_Guide

Ce chapitre va nous permettre d'utiliser les outils mis à notre disposition pour intervenir sur ces sources de données et donc utiliser OpenOffice.org comme un moyen de visualisation et de modification de ces données. Certaines des manipulations présentées ci-après requièrent quelques connaissances de base du langage SQL et bien sûr des notions sur les bases de données. Comme ailleurs dans ce livre, nous supposons que le lecteur connaît suffisamment OpenOffice.org pour le manipuler comme un utilisateur confirmé.

VOCABULAIRE Source de données

Une source de données est un concept OpenOffice.org. Elle permet d'accéder à une base de données (les tables), de mémoriser des requêtes prêtes à l'emploi et propose des liens vers des formulaires utilisant la source de données.

Le concept Base

D'extension `odb`, un document Base est un conteneur renfermant plusieurs sous-documents :

- des informations sur la base de données utilisée ;
- des requêtes enregistrées ;
- des rapports (qui sont des documents Writer) ;
- des formulaires (qui sont des documents Writer) ;
- éventuellement la base de données elle-même.

La base de données est caractérisée par son « moteur », logiciel permettant de lire et modifier les données de la base. Cette base est soit embarquée dans le document Base, soit externe. Le moteur gérant la base embarquée est une version adaptée de HSQLDB. OpenOffice.org accède à une base externe (gérée par un moteur comme MySQL, dBase, PostGreSQL, HSQLDB, ou autre) au moyen d'un pilote (*driver* en anglais), qui peut être disponible sous les protocoles `sdbc` ou `JDBC`. Certains pilotes ne permettent que de lire la base, pas la modifier (citons comme exemple celui accédant à une base Calc).

Un formulaire peut être soit intégré dans le document Base, soit séparé sous la forme d'un document Writer, Calc ou Draw.

Pour avoir accès à une base embarquée, à un formulaire ou à un rapport du document Base, il est donc nécessaire d'ouvrir ce document et d'en extraire le sous-document. Toute la base de données embarquée est alors chargée en mémoire vive. Si on modifie le contenu de la base embarquée ou d'un rapport ou formulaire embarqué, le document Base devra être récrit (le sous-document est remplacé dans le Zip du fichier Base).

ATTENTION **Compatibilité**

Un document Base sauvé au format ODF 1.2 (format par défaut pour OpenOffice.org version 3) ne peut être lu par une version plus ancienne que 2.4. De plus, l'intégration de macros dans un document Base évolue avec la version 3.1 d'OpenOffice.org et nécessite une sauvegarde au format ODF 1.2.

Limitations de la base de donnée embarquée

La base de données embarquée est très pratique pour une utilisation personnelle, car tout est intégré dans un seul fichier, facilement transférable sur un autre système. Mais cette simplicité a quelques inconvénients.

La mise à jour de l'image persistante de la base de données ne se fait pas à chaque modification ou ajout d'enregistrement, mais seulement à la fermeture de la connexion à la base de données, car sauver le document Base est une opération lourde. Des transactions peuvent donc être perdues en cas d'anomalie.

Cette base n'est pas faite pour mémoriser des enregistrements lourds (comme les images jpeg) ou comportant énormément d'enregistrements :

- La sauvegarde de la base devient de plus en plus longue car elle récrit tout le contenu systématiquement.
- Le risque de perdre toute l'information est important (Issue 55496).
- Il n'y a actuellement pas de fonction automatique de tassage des enregistrements. Pour récupérer les zones vides, il faut exécuter manuellement la commande SQL SHUTDOWN COMPACT lorsque la base commence à grossir exagérément.
- La base entière est déployée en RAM à l'utilisation.

La base embarquée ne permet pas de protéger l'accès à certaines données par un mot de passe (Issue 55894). Son accès est limité à un utilisateur à la fois (Issue 42614).

Les bases de données du Zip téléchargeable

Le Zip téléchargeable contient dans le répertoire consacré à ce chapitre plusieurs fichiers que nous vous conseillons de copier et d'installer sur votre disque dur pour exécuter les exemples. Adaptez à votre système les adresses données dans les codages.

- Le fichier BDDext.odb gère une base de données simple utilisant le moteur dBase ; la base de données elle-même est dans le sous-répertoire FichdBase/. Elle est constituée d'une table Clients et d'une table Produits.
- Le fichier BDDint.odb gère une base de données embarquée (moteur HSQL) ayant des tables similaires.
- Le fichier BDDint31.odb gère une base de données HSQL identique, mais contient en plus des macros qui ne sont utilisables qu'à partir de la version 3.1 d'OpenOffice.org.
- Le fichier uneBaseCalc.ods est une base de données similaire, mais fonctionnant sous Calc. Chaque table correspond à une feuille du classeur.
- Le sous-répertoire bTexte/ contient un exemple de base de données similaire, sous forme d'une base plate : un fichier au format texte pour chaque table.

Pour enregistrer la base BDDint sur votre ordinateur :

1 Ouvrez le menu **Outils>Options>OpenOffice.org Base>Base de Données**.

2 Cliquez sur le bouton **Nouveau**.

3 Choisissez le fichier BDDint.odb.

4 Affectez à la base le nom BDDint.

Pour la base `BDDext`, commencez par ouvrir le fichier `BDDext.odb` depuis OpenOffice.

1 Dans le menu Édition>Base de données>Propriétés, ouvrez l'onglet Propriétés avancées.

2 Indiquez le chemin vers le répertoire `FichdBase/` sur votre ordinateur.

3 Fermez le fichier `BDDext.odb`

4 Enregistrez la base de données comme indiqué pour `BDDint`.

Pour nos exemples, la base plate et la base Calc n'ont pas besoin d'un fichier Base.

MÉTHODE **Limitations de dBase**

L'utilisation du format dBase permet de fournir une base commune de tests pour nos exemples, mais il est insuffisant pour bien des usages. Pour éviter des anomalies, nous avons utilisé des noms de colonnes de longueur limitée et en majuscules, et proscrit les caractères accentués dans les colonnes de texte. Les colonnes à contenu auto-incrémenté n'existent pas. Les relations entre tables ne sont pas supportées. Vous ne pourrez profiter pleinement de la puissance d'OpenOffice.org qu'en utilisant une vraie base de données relationnelle comme la base de données embarquée, ou bien la base MySQL où les jointures sont autorisées, et le langage SQL pleinement reconnu.

Cependant les principes exposés dans ce chapitre sont indépendants du moteur de base de données utilisé.

Les sources de données

Le chapitre *Database Access* du *Developer's Guide* est consacré à la gestion des sources et bases de données. Les objets utilisés au niveau des sources de données sont essentiellement regroupés dans les branches de l'API :

- `com.sun.star.sdb`
- `com.sun.star.sdbc`
- `com.sun.star.sdbcx`

AVERTISSEMENT **Usage des bases de données**

Les exemples donnés ici sont volontairement simplifiés. Ne vous lancez pas dans la définition ou la programmation d'une base de données à *usage professionnel* si vous n'êtes pas compétent dans ce domaine. L'économie que vous pourriez espérer réaliser risque de vous coûter très cher. Laissez ce travail à ceux qui en font leur métier.

Lister les sources de données

Tout accès aux sources de données est basé sur un contexte de base de données disponible par le service `DatabaseContext`. On crée donc un objet `dbContexte` basé sur ce service, à l'aide de l'instruction CreateUnoService. L'objet dbContexte est l'objet principal à partir duquel nous allons utiliser les sources de données. Il est équivalent à la fenêtre de l'interface graphique à partir de laquelle toutes les sources de données sont accessibles. Cet objet est un conteneur. Sa propriété ElementNames renvoie un tableau des noms de sources, ce qui nous permet de les lister.

```
rem Code12-01.odt bibli : Sources Module1
Option Explicit

Sub ListerNomDesSourcesDeDonnees()
Dim dbContexte As Object, lesNoms() As String, i As Long

dbContexte = CreateUnoService("com.sun.star.sdb.DatabaseContext")
lesNoms=dbContexte.ElementNames
for i = lbound(lesNoms) to ubound(lesNoms)
  print lesNoms(i)
next i
print "Codage plus simple, utilisant une boucle for each"
Dim unNom As String
for each unNom in lesNoms
  print unNom
next
End Sub
```

Le conteneur dbContexte est capable de retrouver une source par son nom. Ainsi, il possède la méthode hasByName permettant d'indiquer si une source de donnée est présente et la méthode getByName pour obtenir l'objet source. La première méthode s'avèrera très intéressante quand nous créerons dynamiquement une source de données afin d'éviter une duplication du nom (ce qui est interdit par l'API). Pour accéder à chacun des objets de la collection contenue dans dbContexte, nous utiliserons une deuxième approche.

```
rem Code12-01.odt bibli : Sources Module2
Option Explicit

Sub ListeSourcesDeDonnees()
dim dbContexte As Object, MonEnum As Object, UneSource As Object

dbContexte = CreateUnoService("com.sun.star.sdb.DatabaseContext")
MonEnum = dbContexte.createEnumeration()
while MonEnum.hasMoreElements
  UneSource = MonEnum.nextElement
  print UneSource.Name
wend
End Sub
```

En utilisant l'énumération MonEnum retournée par la méthode createEnumeration, nous constituons une liste des sources de données accessibles. MonEnum peut donc être vu comme un tableau constitué des sources de données présentes au niveau d'Open-Office.org. Cependant, il s'agit d'une séquence, et non d'un tableau, et son utilisation est un peu différente.

Toute énumération retournée par l'API possède en effet des méthodes de navigation permettant de savoir si en parcourant cette liste, il reste des éléments auxquels accéder (le booléen hasMoreElements) et d'accéder à l'objet suivant (par l'utilisation de nextElement). Ainsi, la boucle while nous permet de parcourir cette énumération et d'obtenir à chaque boucle une source de données différente. Pour connaître celle que nous manipulons, nous affichons sa propriété Name.

> **À RETENIR Énumération**
>
> De nombreux objets collections capables d'énumérer leur contenu existent dans l'API. La même méthode que celle décrite ici est alors employée.

Propriétés d'une source de données

Avant d'aller plus avant, voici quelques propriétés accessibles au niveau de la source de données. Nous ne donnons ici que les plus courantes, en utilisant la source de données Bibliography présente en standard dans OpenOffice.org.

```
rem Code12-01.odt bibli : Sources Module3
Option Explicit

Sub ProprieteSource()
dim nomSource As String, cr As String
dim dbContexte As Object, maSource As Object

cr = chr(13) ' retour à la ligne
nomSource = "Bibliography"
dbContexte = CreateUnoService("com.sun.star.sdb.DatabaseContext")

if dbContexte.hasByName(nomSource) then
  maSource = dbContexte.getByName(nomSource)
  MsgBox("Nom = " & maSource.Name & cr & _
    "URL = " & maSource.URL & cr & _
    "Mot de passe requis ? " & maSource.IsPasswordRequired & cr & _
    "En lecture seule ? " & maSource.IsReadOnly & cr & _
    "Utilisateur = " & maSource.User & cr & _
    "Mot de passe = " & maSource.Password)
else
```

```
  MsgBox("La source '" & nomSource & "' n'existe pas", 16)
endif
End Sub
```

Après avoir créé notre contexte de source de données, nous vérifions que la source de données `Bibliography` existe bien, grâce à la fonction `hasByName` qui renvoie `True` dans ce cas. Puis, en utilisant la fonction `getByName`, nous définissons la variable `maSource` attachée à la source de données `Bibliography`. Nous affichons ensuite différentes propriétés. Une liste plus complète est reproduite dans le tableau 12-1. Vous trouverez de plus amples informations dans la documentation API du service `com.sun.star.sdb.DataSource`.

Tableau 12–1 Propriétés de la source de données

Propriété	Type	Signification
Name	String	Nom de la source de données.
URL	String	Chemin de la source de données. La structure de cette URL contient les protocoles utilisés, elle est exposée plus loin.
IsPasswordRequired	Boolean	True si un mot de passe est requis.
IsReadOnly	Boolean	True si la source de données est déclarée comme étant en lecture seule.
User	String	Nom de l'utilisateur.
Password	String	Mot de passe.
LoginTimeOut	Long	Nombre de secondes avant la déclaration d'un échec de connexion.
TableFilter	Array	Tableau de String. Liste des tables affichables. On peut utiliser les caractères génériques % et ?.
TableTypeFilter	Array	Tableau de String. Liste des types de tables affichables. Les types acceptés sont : TABLE, VIEW, SYSTEM TABLE.

Créer et supprimer une source de données

La méthode la plus pratique et la plus rapide est bien sûr d'utiliser l'assistant par le menu Fichier>Nouveau>Base de données. Ce n'est que dans des cas particuliers qu'il sera nécessaire de créer une source de données par programmation.

L'URL d'une source de données

Créer une source de données revient avant tout à indiquer à OpenOffice.org le chemin d'accès aux données ainsi que le protocole utilisé, sous la forme d'une URL. OpenOffice.org propose un grand nombre de connecteurs aux sources de données

qui vont influer sur la syntaxe de cette URL. L'URL se décompose ainsi :
`<protocole>:<sous-protocole>:<chemin>`

Les protocoles reconnus sont :

- `sdbc` – celui que nous utiliserons par la suite
- `JDBC`

Les sous-protocoles définissent le type de la base de données :

- `MySQL`
- `Adabas`
- `ODBC`
- `dBase` – celui que nous utiliserons par la suite
- `ADO`
- `texte`
- `calc` (un tableur Calc)
- `Carnet d'adresses`
- `embedded:hsqldb` pour la base embarquée d'OpenOffice.org

Les URL complètes avec le protocole `sdbc` sont les suivantes :

- document Calc : `sdbc:calc:URLfichierCalc`
- fichier texte plat : `sdbc:flat:URLfichierTexteOuRepertoire`
- dBase : `sdbc:dbase:URLfichierDBaseOuRepertoire`
- carnet d'adresses ThunderBird : `sdbc:address:thunderbird:`
- carnet d'adresses Mozilla : `sdbc:address:mozilla`
- carnet d'adresses LDAP : `sdbc:address:ldap`
- carnet d'adresses Outlook Express(MS-Windows) : `sdbc:address:outlookexp`
- carnet d'adresses Outlook (MS-Windows) : `sdbc:address:outlook`
- base embarquée : `sdbc:embedded:hsqldb`

La source de données créée est alors listée dans le menu Outils>Options>OpenOffice.org Base>Sources de données.

Créer une source de données

Voici donc comment créer une source de données utilisant une base de données externe :

```
rem Code12-01.odt bibli : Sources Module4
Option Explicit

Sub CreerSourceExterne()
```

```
Dim dbContexte As Object, maSource As Object, monDocBase As Object
Dim nomSource As String, cheminBdd As String, cheminDocBase As String

nomSource = "maBase1"
cheminBdd = convertToURL("C:\Docs OpenOffice\FichdBase")
cheminDocBase = convertToURL("C:\Docs OpenOffice\maPetiteBase.odb")
dbContexte = CreateUnoService("com.sun.star.sdb.DatabaseContext")
if not dbContexte.hasByName(nomSource) then
  maSource = dbContexte.createInstance()
  monDocBase = maSource.DatabaseDocument
  monDocBase.storeAsURL(cheminDocBase, Array())
  dbContexte.registerObject(nomSource, maSource)
  ' cette ligne qui va définir le type de base de données sous-jacent
  maSource.URL = "sdbc:dbase:" & cheminBdd
  ' remplir éventuellement les autres propriétés de la base
  monDocBase.store' mémoriser les caractéristiques dans le fichier Base
else
  MsgBox("Ce nom de source existe déjà." & chr(13) & _
          "Impossible de créer la nouvelle source.", 16)
endif
End Sub
```

Après avoir créé notre contexte de source de données, nous vérifions que la source de donnée n'existe pas déjà. Il est en effet impossible de créer deux sources de données sous le même nom. C'est donc l'objet du test avec la méthode hasByName. Si ce nom n'est pas utilisé, nous pouvons alors créer notre source de données.

Nous commençons par obtenir un nouvel objet source de données à partir du contexte de base données dbContexte. Cet objet expose la propriété DatabaseDocument qui va nous servir à définir le fichier Base conteneur de notre source de données. Ce fichier est enregistré, comme tout autre fichier OpenOffice, grâce à sa méthode storeAsUrl. L'adresse de stockage peut être quelconque.

La source de données est alors enregistrée au niveau d'OpenOffice.org en utilisant la méthode registerObject du contexte dbContexte.

Il est alors possible de modifier ses propriétés et notamment son type défini par la propriété URL. Dans le cas d'une base dBase, cette URL est constituée du préfixe sdbc:dbase: suivi de l'URL du répertoire contenant les fichiers.

Afin de sauvegarder nos modifications sur la structure de la source de données, il est nécessaire de les mémoriser au niveau du fichier .odb conteneur que nous venons de créer. Nous appelons donc la méthode store de l'objet DatabaseDocument de notre contexte. À partir de ce point, notre source de données est créée.

La création d'une source de données embarquées est un peu plus simple, car la propriété URL contient une valeur fixe :

```
maSource.URL = "sdbc:embedded:hsqldb"
```

Bien sûr, notre base de données embarquée est encore vide, elle ne contient aucune table.

À partir d'un fichier Base

Si on dispose déjà du fichier Base, on peut créer la source en indiquant directement le chemin de ce fichier pour obtenir l'objet source que nous enregistrons sous le nom désiré.

```
rem Code12-01.odt bibli : Sources Module5
Option Explicit

Sub CreerSourceDepuisOdb()
Dim dbContexte As Object, maSource As Object
Dim nomSource As String, cheminBdd As String

nomSource = "maBase2"
cheminBdd = convertToURL("C:\Docs OpenOffice\uneBase.odb")
dbContexte = CreateUnoService("com.sun.star.sdb.DatabaseContext")
if not dbContexte.hasByName(nomSource) then
  maSource = dbContexte.getByName(cheminBdd)
  dbContexte.registerObject(nomSource, maSource)
else
  MsgBox("Ce nom de source existe déjà." & chr(13) & _
          "Impossible de créer la nouvelle source.", 16)
endif
End Sub
```

Cette méthode permet soit de réenregistrer une source de donnée qu'on a supprimée, soit d'enregistrer une source à partir d'un fichier Base transféré depuis une autre installation. Dans ce dernier cas, si la propriété URL de l'objet source indique le chemin d'une base de données externe, il faudra éventuellement l'adapter au chemin dans la nouvelle configuration et sauver le fichier Base, comme décrit dans l'exemple précédent.

À partir d'une base plate (fichier texte ou csv)

Une base plate est une base de données constituée de fichiers textes. Chaque fichier est une table dont le nom est celui du fichier, et dont chaque ligne est un enregistrement dans la table. Les colonnes de la table sont reconnues par un caractère séparateur de champ, par exemple une tabulation. Un fichier dit « csv » n'est rien d'autre qu'un tel fichier texte, mais avec une extension csv. Nous allons créer un fichier Base et enregistrer une source à partir d'un répertoire contenant un ou plusieurs fichiers d'extension `txt`. Si la base ne comporte qu'un seul fichier, on peut mettre dans `cheminBdd` l'adresse de celui-ci.

```
rem Code12-01.odt bibli : Sources Module6
Option Explicit

Sub CreerSourceBasePlateCsv()
Dim dbContexte As Object, maSource As Object, monDocBase As Object
Dim nomSource As String, cheminBdd As String, cheminDocBase As String

nomSource = "maBase3"
cheminBdd = ConvertToURL("C:\Docs OpenOffice\bTexte\") ' répertoire
cheminDocBase = ConvertToURL("c:\Docs OpenOffice\maClientele.odb")
dbContexte = CreateUnoService("com.sun.star.sdb.DatabaseContext")
if not dbContexte.hasByName(nomSource) then
  maSource = dbContexte.createInstance()
  monDocBase = maSource.DatabaseDocument
  monDocBase.storeAsURL(cheminDocBase, Array())
  dbContexte.registerObject(nomSource, maSource)
  maSource.URL = "sdbc:flat:" & cheminBdd
  With maSource.Settings
    .Extension = "txt" ' chaque fichier .txt de cheminBdd sera une table
    .HeaderLine = True         ' la première ligne contient les en-têtes
    .FieldDelimiter = chr(9)  ' séparateur de champ : tabulation
    .StringDelimiter = """"   ' délimiteur : un guillemet
    .DecimalDelimiter = "."   ' Point décimal : 1,234,567.89
    .ThousandDelimiter = ","  ' Virgule sépare les milliers : 1,234,567.89
    .CharSet = "windows-1252" ' codage windows-1252
    .EnableSQL92Check = False
  End With
  monDocBase.store
else
  MsgBox("Ce nom de source existe déjà." & chr(13) & _
        "Impossible de créer la nouvelle source.", 16)
endif
End Sub
```

L'objet obtenu par la propriété `Settings` de l'objet source nous sert à préciser la codification utilisée par les fichiers constituant la base : s'il y a une ligne d'en-tête, le séparateur décimal, le séparateur de champ, etc.

Le tableau 12-2 donne la valeur de `CharSet` pour les systèmes les plus courants.

Tableau 12–2 Principaux jeux de caractères pour une base plate

Jeu de caractères	Valeur de CharSet
Europe occidentale (ASCII/US)	us-ascii
Europe occidentale (DOS/OS2-437/US)	ibm437

Tableau 12–2 Principaux jeux de caractères pour une base plate (suite)

Jeu de caractères	Valeur de CharSet
Europe occidentale (DOS/OS2-850/International)	ibm850
Europe occidentale (DOS/OS2-863/Français canadien)	IBM863
Europe occidentale (Windows-1252/WinLatin1)	windows-1252
Europe occidentale (Apple MacIntosh)	macintosh
Europe occidentale (ISO-8859-1)	iso-8859-1
Latin 3 (ISO-8859-3)	iso-8859-3
Europe occidentale (ISO-8859-14)	iso-8859-14
Europe occidentale (ISO-8859-15/EURO)	iso-8859-15
Unicode (16 bits)	non disponible
Unicode (UTF-8)	utf-8
Système (jeu de caractères natif)	chaîne vide
Le jeu de caractères du système est aussi utilisé pour toute valeur non reconnue	xxx

Supprimer une source de données

Pour supprimer la source de données, il suffit d'appeler la méthode revokeObject du contexte de base de données, en transmettant comme argument le nom de la source de donnée. Attention, aucune demande de confirmation n'est demandée lors de l'utilisation de cette méthode !

```
rem Code12-01.odt bibli : Sources Module7
Option Explicit

Sub SupprimerSource()
Dim dbContexte As Object, nomSource As String

nomSource = "maBase1"
dbContexte = CreateUnoService("com.sun.star.sdb.DatabaseContext")

if dbContexte.hasByName(nomSource) then
   dbContexte.revokeObject(nomSource)
else
   MsgBox("Cette source de données n'existe pas", 16)
endif
End Sub
```

Cette suppression ne détruit pas le fichier Base qui était associé à la source. Il pourra être nécessaire de le supprimer pour nettoyer toute trace de la définition de la source de données en utilisant l'instruction Kill de Basic par exemple.

Se connecter à une source de données

Maintenant que nous disposons d'une source de données spécifique déclarée dans OpenOffice.org, nous allons voir comment l'utiliser avec les ressources de l'API.

La première étape est de demander explicitement à OpenOffice.org de se connecter à la source en question, c'est-à-dire obtenir un objet permettant de l'utiliser. Sachez qu'il est parfaitement possible d'obtenir plusieurs connexions sur une même base de données, par exemple pour conduire plusieurs interrogations en même temps. L'exemple ConnecterDeconnecter présenté ici utilise deux macros utilitaires que nous réutiliserons tout au long de ce chapitre, pour nous connecter et nous déconnecter de la source.

```
rem Code12-01.odt bibli : BaseDonnees Module1
Option Explicit

Sub ConnecterDeconnecter()
Dim maConnexion As Object

maConnexion = ConnecterSource("BDDext")
if IsNull(maConnexion) then
  MsgBox("Source inexistante ou mot de passe incorrect", 16)
  Exit Sub
end if
On Error GoTo fermerConnexion

' exemple d'utilisation de la connexion
MsgBox(maConnexion.Parent.Name)

suite:
On Error GoTo 0
DeconnecterSource(maConnexion)
Exit Sub

fermerConnexion:
MsgBox(Error, 16)
Resume suite
End Sub
```

La macro ConnecterSource effectue une connexion à la source dont le nom est fourni en argument. Nous détaillons cette macro plus bas. Elle renvoie un objet connexion, ou un objet Null si la connexion n'a pu être effectuée. Cette éventualité est testée pour afficher un message d'erreur et arrêter la macro.

Quand une connexion est en cours, si le programme déclenche une erreur (éventuellement renvoyée par le pilote de la base de données), il faut fermer la connexion pour éviter de bloquer la base, surtout si la base est embarquée. Pour cela, il est indispensable d'effectuer un traitement d'erreur, ce que nous avons fait dans la suite du codage. Le principe des traitements d'erreur est expliqué au chapitre 6. Pour alléger les autres exemples, nous omettrons ensuite le traitement d'erreur, mais ne l'oubliez pas dans vos codages !

La propriété `Parent` d'une connexion nous donne la source de données gérant la base utilisée. Ici, nous affichons le nom de cette source. En cas d'erreur, le programme se poursuit à l'étiquette `fermerConnexion`, où il affiche le message d'erreur, désactive l'erreur en cours, et reprend la fin de traitement, qui effectue la déconnexion.

Les routines `ConnecterSource`, `DeconnecterSource` sont déclarées dans le module `Standard` du document exemple afin d'être utilisables par les macros situées dans d'autres bibliothèques de ce même document.

```
rem Code12-01.odt bibli : Standard Module1
Option Explicit

Function ConnecterSource(nomSource As String, _
        Optional nomUtilisateur As String, _
        Optional motDePasse As String) As Object

Dim maSource As Object, dbContexte As Object, demandePasse As Object

dbContexte = CreateUnoService("com.sun.star.sdb.DatabaseContext")
if dbContexte.hasByName(nomSource) then
  maSource=dbContexte.getByName(nomSource)
  if IsMissing(nomUtilisateur) then
    ' demander le mot de passe, si nécessaire
    demandePasse = CreateUnoService("com.sun.star.sdb.InteractionHandler")
    ConnecterSource = maSource.connectWithCompletion(demandePasse)
  else ' nomUtilisateur imposé
    if IsMissing(motDePasse) then motDePasse = ""
    ConnecterSource = maSource.getConnection(nomUtilisateur, motDePasse)
  end if
end if
End Function


Sub DeconnecterSource(maConnexion As Object)
maConnexion.close
maConnexion.dispose
End Sub
```

La fonction `ConnecterSource` utilise un argument obligatoire qui est le nom de la source, et deux arguments optionnels que sont le nom d'utilisateur et le mot de passe d'accès à la base. Pour une base à accès libre, le premier argument suffit. Il est à noter qu'il n'est pas non plus nécessaire de spécifier utilisateur et mot de passe si la source de données utilise le protocole ODBC et que ces informations y sont stockées. Nous commençons donc par obtenir la source de données à partir de son nom. Si elle n'existe pas, la fonction renverra un résultat Null.

Dans le cas où le nom d'utilisateur n'est pas fourni, on se connecte avec la méthode connectWithCompletion de l'objet source. Le service InteractionHandler transmis en argument, nous permet d'afficher automatiquement un panneau de demande de mot de passe si la source le requiert (voir la figure 12-1).

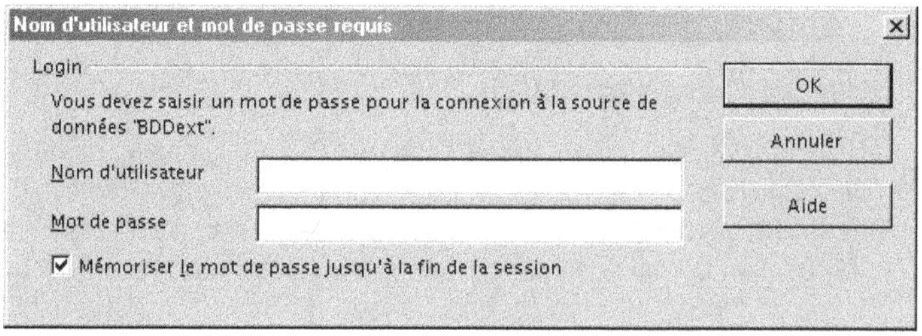

Figure 12–1
La boîte de dialogue
d'authentification

Dans le cas où le nom d'utilisateur est fourni à la fonction ConnecterSource, le mot de passe est en principe fourni (par défaut on utilisera un mot de passe constitué d'une chaîne de longueur nulle). La méthode getConnection de l'objet source transmet directement le nom d'utilisateur et le mot de passe au pilote de base de données. Si les valeurs sont correctes, on se connecte à la base, sinon, la fonction ConnecterSource renverra un résultat Null.

Pour fermer la connexion, nous appelons la routine DeconnecterSource, qui utilise comme argument la connexion en cours. La routine appelle la méthode close de l'objet maConnexion, puis détruit l'objet en appelant sa méthode dispose.

Comme ni la base BDext ni la base BDint ne peuvent être protégées par un mot de passe, nous allons user d'un artifice logiciel pour forcer une demande de mot de passe dans l'exemple qui suit.

```
rem Code12-01.odt bibli : BaseDonnees Module1

Sub demanderMotDePasse
' -------- séquence pour simuler une base avec un mot de passe ----------
Dim maSource As Object, dbContexte As Object
dbContexte = CreateUnoService("com.sun.star.sdb.DatabaseContext")
maSource=dbContexte.getByName("BDDext")
maSource.User = ""
maSource.Password = ""
maSource.IsPasswordRequired = True
```

```
'  --------------------------------------------------------------------
ConnecterDeconnecter()
End Sub
```

Avant d'appeler la macro de l'exemple précédent, nous modifions temporairement quelques propriétés de la source. On obtient à l'exécution le panneau de la figure 12-1, pour lequel n'importe quel nom et mot de passe suffiront, puisque la base les ignore. L'annulation du dialogue, par contre, n'ouvre pas la connexion, on obtient un objet `Null`.

PIÈGE Fichier de verrouillage

Nous avons signalé qu'une base embarquée HSQLDB est mono-utilisateur. C'est pour cela qu'un fichier de verrouillage d'extension `.lck` apparaît dans le répertoire contenant le fichier Base dès qu'une connexion est en cours avec la base et ne disparaît que lorsqu'elle a été fermée. Si, à la suite d'une anomalie d'exécution, la connexion n'a pu être fermée, votre base restera bloquée en lecture seule. Effacer le fichier de verrouillage n'est pas chose aisée. En fermant complètement OpenOffice ce fichier devrait disparaître. Dans certains cas de faute logicielle mal gérée, les processus OpenOffice `soffice.bin` et `soffice.exe` peuvent rester bloqués. Il faut alors les « tuer » pour retrouver un fonctionnement normal. Si le fichier ne peut toujours pas être effacé manuellement, il faudra redémarrer le système d'exploitation.

Se connecter à une base non enregistrée

Nous avons établi une connexion à partir du nom de la source, ce qui implique que la base ait été enregistrée sur l'application OpenOffice de votre ordinateur. Dans certains cas, on peut n'avoir besoin d'une base de données que temporairement, ou celle-ci n'a pas à être connue de l'utilisateur. Il suffit alors de fournir l'adresse URL du fichier Base de la base de données.

```
Dim dbContexte As Object, cheminBdd As String
Dim maSource As Object, maConnexion As Object

cheminBdd = convertToURL("C:\Docs OpenOffice\uneBase.odb")
dbContexte = CreateUnoService("com.sun.star.sdb.DatabaseContext")
maSource = dbContexte.getByName(cheminBdd)
maConnexion = maSource.getConnection("", "") ' se connecter à la source
```

Peut-on se connecter si on ne dispose même pas d'un fichier Base ? C'est encore possible, ainsi que nous allons le voir avec deux exemples courants (non exhaustifs).

À partir d'une base Calc

Le fichier Calc devra contenir une table par feuille, le nom de chaque table sera celui de l'onglet de la feuille.

> **Rappel**
>
> Les tables d'une base Calc sont en lecture seule. Pour les modifier, il faut ouvrir le document Calc lui-même, à condition qu'il n'y ait pas de connexion en cours.

Si on ne dispose pas d'un fichier Base gérant cette base de données, on doit utiliser directement le pilote correspondant au type de la base de données.

```
rem Code12-01.odt bibli : BaseDonnees ModuleC
' ---- partie spécifique -----
Dim chefPilote As Object, pilote As Object, maConnexion As Object
Dim cheminBdd As String, URLbdd As String
Dim infos() As New com.sun.star.beans.PropertyValue

chefPilote = CreateUnoService("com.sun.star.sdbc.DriverManager")
cheminBdd = convertToURL("C:\Docs OpenOffice\uneBaseCalc.ods")
URLbdd = "sdbc:calc:" & cheminBdd
maConnexion = chefPilote.getConnectionWithInfo(URLbdd, infos() )
```

Le service `DriverManager` se charge de trouver le pilote capable de traiter le type de base indiqué par l'URL. Sa méthode `getConnectionWithInfo`, ici sans option particulière, établit une connexion. Suivant les besoins, on peut transmettre dans `infos()` des structures `PropertyValue` contenant les propriétés `User`, `Password`, ou d'autres nécessaires à un pilote particulier. La connexion obtenue est un objet `sdbc.Connection`, moins sophistiqué que l'objet `sdb.Connection` obtenu par une connexion classique, mais suffisant pour interroger la base.

À partir d'une base plate (fichier texte ou csv)

Naturellement, on peut de la même manière se connecter à une base plate sans avoir besoin d'un fichier Base. Il faut alors transmettre dans `infos()` un tableau de `PropertyValue` décrivant la structure des fichiers. Pour simplifier, nous utiliserons la routine utilitaire `CreateProperties` décrite à l'annexe B et recopiée dans la bibliothèque `Standard` du document exemple. Avec le répertoire `bTexte\` d'un exemple précédent, les changements seront :

```
rem Code12-01.odt bibli : BaseDonnees ModuleD
' ---- partie spécifique -----
Dim infos As Variant
cheminBdd = convertToURL("C:\Docs OpenOffice\bTexte\")
URLbdd = "sdbc:flat:" & cheminBdd
infos = CreateProperties(Array( _
    "HeaderLine", True,        "FieldDelimiter", chr(9), _
    "StringDelimiter", """",   "EnableSQL92Check", False, _
    "DecimalDelimiter", ".",   "ThousandDelimiter", ",", _
    "Extension", "txt",        "CharSet", "windows-1252" ))
```

Les tables d'une base plate ne sont accessibles qu'en lecture.

Propriétés d'une connexion

L'objet `maConnexion` va désormais être notre objet de travail principal. Il expose plusieurs propriétés et méthodes que nous allons explorer dans les sections suivantes. Signalons d'abord que vous devez penser à sauvegarder le document Base si vous avez modifié, ajouté, supprimé un rapport, un formulaire, une requête, ou la structure d'une base de données. Les modifications du contenu des tables d'une base embarquée HSQLDB ne sont sauvegardées automatiquement qu'à la fermeture de la connexion, aussi il peut être nécessaire d'effectuer une sauvegarde du document Base en cours de travail pour éviter de perdre les changements de données en cas d'anomalie. La sauvegarde du document Base se fait comme pour un document Open-Office.org ordinaire, on peut le récupérer de différentes manières :

```
' depuis la source directement
monDocBase = maSource.DatabaseDocument
' depuis la connexion, en récupérant son parent : la source
monDocBase = maConnexion.Parent.DatabaseDocument
' depuis un RowSet, en récupérant la connexion puis la source
monDocBase = monRowSet.ActiveConnection.Parent.DatabaseDocument

monDocBase.store ' sauvegarde du document Base
```

Certaines propriétés relatives, entre autres, au pilote utilisé et à la syntaxe SQL reconnue sont accessibles par la propriété `MetaData`. Ces informations étant assez techniques (comme le nom du pilote, sa version...), nous fournissons une macro pour en lister quelques-unes, mais nous ne rentrerons pas dans les détails. Vous trouverez plus d'informations sur le contenu de `MetaData` dans la documentation API, à l'interface `com.sun.star.sdbc.XDatabaseMetaData`.

```
rem Code12-01.odt bibli : BaseDonnees Module2
Option Explicit

Sub afficherMetaData()
Dim maConnexion As Object, LesMetaDatas As Object, cr As String
cr = chr(13)
maConnexion = ConnecterSource("BDDext") ' essayer aussi "BDDint"
LesMetaDatas = maConnexion.getMetaData
with LesMetaDatas
  MsgBox("URL : " & .URL & cr & "Utilisateur : " & .UserName & cr & _
    "Nom du produit : " & .DatabaseProductName & cr & "Version : " & _
    .DatabaseProductVersion, 0, "Informations générales")
```

```
    MsgBox("Nom : " & .DriverName & cr & _
      "Version : " & .DriverVersion & cr & _
      "Version majeure : " & .DriverMajorVersion & cr & _
      "Version mineure : " & .DriverMinorVersion, 0, "Pilote de données")
    MsgBox("Délimiteur d'identificateur : " & .IdentifierQuoteString)
    MsgBox(.SQLKeywords, 0, "Mots-clés SQL")
    MsgBox(.NumericFunctions, 0, "Fonctions numériques")
    MsgBox(.StringFunctions, 0, "Fonctions de chaînes")
    MsgBox(.SystemFunctions, 0, "Fonctions du système")
    MsgBox(.TimeDateFunctions, 0, "Fonctions date/heure")
    MsgBox("Supporte les transactions : " & .supportsTransactions & cr & _
      "Supporte les transactions multiples : " & _
      .supportsMultipleTransactions & cr & _
      "Seulement les transactions de données : " & _
      .supportsDataManipulationTransactionsOnly, 0, "Transactions")
  end with
  DeconnecterSource(maConnexion)
  End Sub
```

Bien entendu, ce type d'information trouvera toute sa pertinence lors de l'utilisation d'une vraie base de données relationnelle (ce qui n'est pas le cas avec BDDext), les informations accessibles étant extrêmement nombreuses. Vous pouvez d'ailleurs comparer avec la base BDDint, en modifiant l'argument de ConnecterSource. Nous en donnons un très bref aperçu dans le tableau 12-3.

Tableau 12–3 Quelques propriétés de MetaData

Propriété	Type	Signification
URL	String	Répertoire et nom de fichier de la base de données.
UserName	String	Identifiant de l'utilisateur connecté.
DatabaseProductName	String	Type du moteur de la base de données.
DatabaseProductVersion	String	Version du moteur de la base.
DriverName	String	Nom du pilote utilisé.
DriverVersion	String	Verson du pilote.
SQLKeywords	String	Liste des mots-clés SQL reconnus et n'appartenant pas à la norme SQL92.
NumericFunctions	String	Liste des fonctions mathématiques reconnues dans la syntaxe SQL.
StringFunctions	String	Liste des fonctions de manipulation de chaînes de caractères reconnues dans la syntaxe SQL.
TimeDateFunctions	String	Liste des fonctions date/heure reconnues dans la syntaxe SQL.
SupportsGroupBy	Boolean	True si la clause GroupBy est reconnue.
SupportsTransaction	Boolean	True si les transactions sont reconnues.

La connexion sur une source de données donne accès à plusieurs collections permettant de visualiser ou manipuler sa structure. Nous nous intéresserons maintenant à la collection `Tables` et à la collection `Queries` qui, elle, donne accès aux requêtes pré-enregistrées.

Les tables

La collection `Tables`, comme son nom l'indique, nous donne accès à des objets `Table` (`com.sun.star.sdbcx.Table`) décrivant la structure de la base. Dans une base de données, chaque table a un nom et contient des colonnes possédant chacune un nom et un type. Un objet `Table` contient donc lui-même une collection `Columns`, les colonnes. Cette collection contient quant à elle, les objets `Column` (`com.sun.star.sdbcx.Column`) donnant accès aux propriétés de chaque colonne.

L'exemple suivant va nous permettre d'illustrer simplement les imbrications énoncées. Il utilise deux routines que nous détaillerons successivement.

```
rem Code12-01.odt bibli : BaseDonnees Module3
Option Explicit

Sub InfoTables()
Dim lesTables As Object, uneTable As Object, maConnexion As Object
Dim i As Long, NombreTables As Long

maConnexion = ConnecterSource("BDDint") ' essayer aussi "BDDext"
lesTables = maConnexion.Tables 'Collection des tables de la base
NombreTables = lesTables.Count
MsgBox("Nombre de Tables : " & NombreTables)

for i=0 to NombreTables -1 'Boucle sur les tables
  uneTable = lesTables(i)
  MsgBox("Examen de la table : " & uneTable.Name & chr(13) & _
    "Type : " & uneTable.Type)
  AnalyserPrivileges(uneTable.Privileges)
  AfficherInfosColonnes(uneTable)
next i
DeconnecterSource(maConnexion)
End Sub
```

Nous récupérons la collection des tables dans la variable `lesTables`. Afin de parcourir cette collection, nous aurions pu utiliser la méthode `createEnumeration` comme vu précédemment. Mais on peut aussi accéder à une table par son numéro d'ordre avec la méthode `getByIndex`. Avec OOoBasic, le `getByIndex` peut être omis, comme si on indexait une variable tableau. Le nombre d'éléments de la collection est donné par sa propriété `Count`. Il nous suffit donc d'utiliser une simple boucle `FOR` pour balayer chacune des tables.

L'objet lesTables est une collection nommée, la méthode hasByName indique donc si une table est présente, la méthode getByName donne accès à une table par son nom, et la méthode getElementNames (ou pseudo-propriété ElementNames en Basic) donne un tableau listant les noms des tables. Le codage suivant résume les possibilités de l'objet lesTables.

```
dim listeNoms() As String, reponse As Boolean, uneTable As Object

' Liste des noms des tables
listeNoms = LesTables.getElementNames
' La table achats existe-t-elle ?
reponse = LesTables.hasByName("achats")
if reponse then
    ' Acceder à une table
    uneTable = LesTables.getByName("achats")
endif
' Accéder à la dernière table de la collection
uneTable = lesTables.getByIndex(LesTables.Count-1)
' Autre syntaxe valide en Basic
uneTable = lesTables(lesTables.Count-1)
```

La propriété Type de l'objet uneTable permet de distinguer une table ordinaire (valeur TABLE) d'une vue (valeur VIEW) ou d'une table système (valeur SYSTEM TABLE). Nous avons créé une vue dans la base BDDint, ce qui n'est pas possible avec le pilote dBase.

Avant de manipuler une table, il est nécessaire de connaître les droits de l'utilisateur avec lequel nous sommes connectés. C'est la propriété Privilege qui va nous renseigner.

```
rem Code12-01.odt bibli : BaseDonnees Module3

Sub AnalyserPrivileges(lesPriv As Long)
dim chaine As String

chaine = "Privileges = " & hex(lesPriv)
if (lesPriv and com.sun.star.sdbcx.Privilege.SELECT) then
  chaine = chaine & chr(13) & "SELECT"
endif
if (lesPriv and com.sun.star.sdbcx.Privilege.INSERT) then
  chaine = chaine & chr(13) & "INSERT"
endif
if (lesPriv and com.sun.star.sdbcx.Privilege.UPDATE) then
  chaine = chaine & chr(13) & "UPDATE"
endif
if (lesPriv and com.sun.star.sdbcx.Privilege.DELETE) then
  chaine = chaine & chr(13) & "DELETE"
endif
```

```
if (lesPriv and com.sun.star.sdbcx.Privilege.READ) then
  chaine = chaine & chr(13) & "READ"
endif
if (lesPriv and com.sun.star.sdbcx.Privilege.CREATE) then
  chaine = chaine & chr(13) & "CREATE"
endif
if (lesPriv and com.sun.star.sdbcx.Privilege.ALTER) then
  chaine = chaine & chr(13) & "ALTER"
endif
if (lesPriv and com.sun.star.sdbcx.Privilege.REFERENCE) then
  chaine = chaine & chr(13) & "REFERENCE"
endif
if (lesPriv and com.sun.star.sdbcx.Privilege.DROP) then
  chaine = chaine & chr(13) & "DROP"
endif

MsgBox(chaine)
End Sub
```

La propriété `Privileges` de l'objet `LaTable` retourne un entier `Long` qui est l'addition de constantes représentant les actions du groupe `com.sun.star.sdbcx.Privilege`. Comme ces constantes sont des puissances de 2, à l'aide d'un ET logique (`AND`) nous pouvons savoir si telle ou telle action est autorisée. Nous affichons en hexadécimal la valeur de la propriété `Privileges`, en utilisant la fonction `hex` de Basic. Contrairement aux privilèges affichés, une vue ne donne qu'un accès en lecture seule ; toute tentative de modification se soldera par une exception SQL.

Les colonnes

Dans la boucle de la macro `InfoTables` parcourant les tables de la collection, nous appelons la fonction `AfficherInfosColonnes` avec l'objet `uneTable` en cours, afin de parcourir les colonnes de celle-ci.

```
rem Code12-01.odt bibli : BaseDonnees Module3
Sub AfficherInfosColonnes(uneTable)
dim lesColonnes As Object, laColonne As Object
dim i As Long, nombreColonnes As Long

lesColonnes = uneTable.Columns ' Collection des colonnes
nombreColonnes = lesColonnes.Count ' Nombre de colonnes dans la table

for i = 0 to nombreColonnes -1 'Boucle sur les colonnes
  laColonne = lesColonnes(i)
  MsgBox("Colonne : "& laColonne.Name & chr(13) & _
    "Type = " & laColonne.TypeName & chr(13) & _
    "Colonne facultative : " & laColonne.IsNullable & chr(13) & _
```

```
    "Auto-incrément = " & laColonne.IsAutoIncrement & chr(13) & _
    "Valeur par défaut = " & laColonne.DefaultValue)
next i
End Sub
```

Cette macro est basée sur le même principe que la précédente : on récupère la collection `lesColonnes`, on détermine le nombre d'éléments du tableau par `Count` et on boucle sur chacune des colonnes pour obtenir un objet `laColonne`.

Pour chacun des colonnes, nous concaténons dans la variable `chaine` son nom `name`, son type `TypeName` et l'indication si la colonne est auto-incrémentée `isAutoIncrement`. La variable `chaine` est ensuite affichée à la sortie de la routine, quand toutes les colonnes ont été parcourues. D'autres propriétés peuvent être manipulées (voir le tableau 12-4). Elles sont décrites, entre autres, dans `com.sun.star.sdbcx.Column`.

Tableau 12–4 Propriétés de Column

Propriété	Type	Signification
Name	String	Nom de la colonne.
Type	Long	Type SQL de la colonne.
TypeName	String	Nom du type SQL.
Precision	Long	Nombre de chiffres.
Scale	Long	Nombre de chiffres après la virgule décimale.
IsNullable	Long	Précise si la saisie du champ est obligatoire. Si elle est facultative, la colonne peut alors contenir une valeur nulle. Voir le texte pour les valeurs.
IsAutoIncrement	Boolean	True si la colonne est auto-incrémentée (numérotation automatique).
Description	String	Description de la colonne.
DefaultValue	String	Valeur par défaut, sous forme de chaîne de caractères.

La propriété `IsNullable` n'est pas un `Boolean`, mais contient une constante nommée. Les trois valeurs possibles sont :

```
com.sun.star.sdbc.ColumnValue.NULLABLE         ' valeur 0, colonne facultative
com.sun.star.sdbc.ColumnValue.NO_NULLS         ' valeur 1, colonne obligatoire
com.sun.star.sdbc.ColumnValue.NULLABLE_UNKNOWN ' valeur 2, indéterminé
```

La propriété `Type` est une constante nommée de la forme :

```
com.sun.star.sdbc.DataType.VARCHAR
```

La définition des types est basée sur JDBC 3.0. Les valeurs possibles sont listées dans le tableau 12-5 avec la correspondance en types supportés par Java. Attention, les types Java et OOoBasic ne sont pas identiques, pour le même nom. De plus, OOoBasic ne supporte pas certains types Java.

Tableau 12–5 Types de colonne

Constante	Type Java	Constante	Type Java
BIT	boolean	TIME	java.sql.Time
TINYINT	byte	TIMESTAMP	java.sql.Timestamp
SMALLINT	short	BINARY	byte[]
INTEGER	int	VARBINARY	byte[]
BIGINT	long	LONGVARBINARY	byte[]
REAL	float	SQLNULL	
FLOAT	double	OTHER	
DOUBLE	double	OBJECT	
NUMERIC	java.math.BigDecimal	DISTINCT	
DECIMAL	java.math.BigDecimal	STRUCT	Struct
CHAR	String	ARRAY	Array
VARCHAR	String	BLOB	Blob
LONGVARCHAR	String	CLOB	Clob
DATE	java.sql.Date	REF	ref

Notons également que la collection lesColonnes permet les mêmes méthodes d'accès par nom et par index que celles illustrées pour les tables : hasByName, getByName, etc.

Créer ou supprimer une table

Si la connexion nous y autorise, nous pouvons ajouter une table par macro. Cette table, pour être définie, doit au moins contenir une colonne. Nous utiliserons la base de données embarquée BDDint comme exemple, car elle permet de définir un index primaire. Nous déclarerons trois colonnes de types différents, dont deux serviront pour l'index primaire.

```
rem Code12-01.odt bibli : BaseDonnees Module4
Option Explicit

Sub CreerTable()
Dim lesTables As Object, maConnexion As Object
```

```
Dim descrTable As Object, descrCol As Object, descrClef As Object

maConnexion = ConnecterSource("BDDint")
lesTables = maConnexion.Tables 'Collection des tables
MsgBox("Nombre de tables avant insertion : " & lesTables.Count)

' Créer un descripteur de table
descrTable = lesTables.createDataDescriptor
descrTable.Name = "UneNouvelleTable"

' Créer un descripteur d'index
descrClef = descrTable.Keys.createDataDescriptor
descrClef.Name = "Principal" ' nom de l'index
descrClef.Type = com.sun.star.sdbcx.KeyType.PRIMARY


' Déclarer une colonne texte utilisé en index primaire
descrCol = descrTable.columns.createDataDescriptor
descrCol.Name = "ColonneTexte"
descrCol.Type = com.sun.star.sdbc.DataType.VARCHAR
descrCol.Precision = 100 ' nombre maximal de caractères
descrTable.Columns.appendByDescriptor(descrCol)
descrClef.Columns.appendByDescriptor(descrCol) ' mise en index

' Déclarer une colonne en virgule flottante, non indexé
descrCol = descrTable.columns.createDataDescriptor
descrCol.Name = "ColonneNombre"
descrCol.Type = com.sun.star.sdbc.DataType.DECIMAL
descrCol.Precision = 10 ' nombre total de chiffres de la colonne
descrCol.Scale   = 6 ' nombre de chiffres après la virgule
descrTable.Columns.appendByDescriptor(descrCol)

' Déclarer une colonne date utilisé en index primaire
descrCol = descrTable.columns.createDataDescriptor
descrCol.Name = "ColonneDateHeure"
descrCol.Type = com.sun.star.sdbc.DataType.TIMESTAMP
descrTable.Columns.appendByDescriptor(descrCol)
descrClef.Columns.appendByDescriptor(descrCol) ' mise en index

' Ajouter l'index à la description de table
descrTable.Keys.appendByDescriptor(descrClef)
' Créer la nouvelle table
lesTables.appendByDescriptor(descrTable)

MsgBox("Nombre de tables après insertion : " & lesTables.Count)
AfficherInfosColonnes(lesTables.getByName("UneNouvelleTable"))

DeconnecterSource(maConnexion)
End Sub
```

Nous allons créer et remplir trois types d'objets descripteurs :

- pour créer la table ;
- pour chaque colonne de la table ;
- pour l'index primaire de la table.

Chacun est obtenu par une méthode `createDataDescriptor` spécialisée. La première est exposée par la collection `lesTables`, la deuxième est celle de l'objet `Columns` de cette même collection, la troisième est celle de l'objet `Keys` de la collection.

Le nom de la nouvelle table est défini par la propriété `Name` de son descripteur. Il en est de même pour le descripteur d'index (ce nom n'est pas affiché dans l'interface utilisateur). Pour chaque descripteur de colonne, la propriété `Name` est le nom de la colonne.

La propriété `Type` d'un descripteur de colonne est initialisée à une des valeurs déjà vues au tableau 12-5. Les propriétés `Precision` et `Scale` sont significatives pour les types `NUMERIC` et `DECIMAL`. Le descripteur de colonne possède d'autres propriétés, reportez-vous au tableau 12-4. Une fois rempli, le descripteur est ajouté à l'objet `Columns` du descripteur de table, avec la méthode `appendByDescriptor`.

La propriété `Type` du descripteur d'index reçoit une des trois valeurs suivantes :

- `com.sun.star.sdbcx.KeyType.PRIMARY` ' index primaire
- `com.sun.star.sdbcx.KeyType.UNIQUE ` ' index unique
- `com.sun.star.sdbcx.KeyType.FOREIGN` ' index étranger

Pour chaque colonne faisant partie de l'index, le descripteur de colonne correspondant est ajouté à l'objet `Columns` du descripteur d'index. Vous remarquerez qu'il est possible de choisir deux colonnes non consécutives. Finalement constitué, le descripteur d'index est ajouté à l'objet `Keys` du descripteur de table.

Le descripteur de table est maintenant initialisé. Il ne reste qu'à l'insérer dans la collection `lesTables`, toujours avec une méthode `appendByDescriptor`, pour créer la nouvelle table, évidemment vide. Les modifications du document Base sont automatiquement sauvegardées. Avant de fermer la connexion, nous appelons la routine `AfficherInfosColonnes` vue précédemment, pour visualiser la configuration de notre nouvelle table.

En cas d'anomalie, nous affichons le message d'erreur et fermons la connexion.

Effacer une table est bien plus simple : on utilise les méthodes `dropByName` ou `dropByIndex` de la collection `lesTables`. Attention, la table est supprimée même si elle contient des données !

```
rem Code12-01.odt bibli : BaseDonnees Module5
Option Explicit
```

```
Sub SupprimerTable()
Dim lesTables As Object, maConnexion As Object

maConnexion = ConnecterSource("BDDint")
lesTables = maConnexion.tables 'Collection des tables
MsgBox("Nombre initial de tables : " & lesTables.Count)
if lesTables.hasByName("UneNouvelleTable") then
  lesTables.dropByName("UneNouvelleTable")
else
  MsgBox("La table n'existe pas", 16)
end if
MsgBox("Nombre final de tables : " & lesTables.Count)
DeconnecterSource(maConnexion)
End Sub
```

Les requêtes pré-enregistrées

La connexion établie donne accès à la collection des requêtes enregistrées dans la source de données, les Queries. Ainsi, plutôt que créer des requêtes par macro, vous pouvez directement accéder aux requêtes créées dans le gestionnaire de sources de données. Afin d'éviter toute ambiguïté, nous garderons le terme de *query* pour ce type de requête, réservant le mot *requête* à la manipulation de véritables requêtes SQL (comme chaînes de caractères) dans les macros. Nous allons lire et modifier la collection des requêtes qui y sont présentes. Les *queries* étant propres à la source de données, il n'est pas nécessaire d'ouvrir une connexion.

```
rem Code12-01.odt bibli : BaseDonnees Module6
Option Explicit

Sub InfoQueries()
Dim lesQueries As Object, uneQuery As Object, dbContexte As Object
Dim maSource As Object, i As Long, nombreQueries As Long

dbContexte = CreateUnoService("com.sun.star.sdb.DatabaseContext")
maSource = dbContexte.getByName("BDDext") ' essayer aussi "BDDint"
lesQueries = maSource.QueryDefinitions
nombreQueries = lesQueries.Count
MsgBox("Nombre de Requetes : " & nombreQueries)
for i = 0 to nombreQueries -1 'Boucle sur les requêtes
  uneQuery = lesQueries(i)
  MsgBox(uneQuery.Command, 0, "Requête : " & uneQuery.Name)
next i
End Sub
```

Nous constatons que la macro InfoQueries ressemble beaucoup à la macro InfoTables. En fait, LesQueries est une collection nommée et donc toutes les méthodes de manipulation évoquées précédemment sont utilisables (Count, hasByName, getByName, dropByName...)

L'objet de base est uneQuery du type com.sun.star.sdb.QueryDefinition. Les propriétés Name et Command suffisent à le définir.

Ajouter ou supprimer une requête

Pour ajouter une nouvelle requête pré-enregistrée à la collection, nous aurons besoin d'un descripteur de requête, obtenu par la méthode createInstance de la collection. Après remplissage, il sera ajouté à la collection avec la méthode insertByName.

```
rem Code12-01.odt bibli : BaseDonnees Module7
Option Explicit

Sub CreerRequete()
Dim dbContexte As Object, maSource As Object
Dim lesQueries As Object, descrQuery As Object, dbDoc As Object
Const nomQuery = "Produits chers"

dbContexte = CreateUnoService("com.sun.star.sdb.DatabaseContext")
maSource = dbContexte.getByName("BDDext")
lesQueries = maSource.QueryDefinitions

if not lesQueries.hasByName(nomQuery) then
  'création d'un nouvelle requête par descripteur
  descrQuery = lesQueries.createInstance
  descrQuery.Command = _
    "SELECT * FROM Produits WHERE Prix >= 50 ORDER BY INTITULE ASC"
  lesQueries.insertByName(nomQuery, descrQuery)
  dbDoc = maSource.DatabaseDocument
  dbDoc.store' sauver la requête dans le fichier .odb
  MsgBox("Requête enregistrée : " & nomQuery)
else
  MsgBox("Nom déjà existant - Impossible de créer la requête", 16)
endif
End Sub
```

Après avoir vérifié qu'il n'existe pas déjà une requête du même nom, nous demandons un descripteur de requête vierge de la forme com.sun.star.sdb. QueryDescriptor. La documentation de l'API décrit les différentes propriétés du descripteur. Habituellement, il suffit de remplir la propriété Command avec l'instruction SQL de la requête. Après insertion de la nouvelle *query*, il est nécessaire d'effectuer une sauvegarde du document Base afin de mémoriser les changements. Ce document est obtenu à partir de l'objet source de données, et la sauvegarde s'effectue comme pour un document OpenOffice ordinaire.

Cette technique s'avère particulièrement efficace lors de migration de bases de données MS-Access, comme nous le verrons à la fin de ce chapitre.

Supprimer une requête pré-enregistrée se fait avec la méthode removeByName de la collection des requêtes, après avoir vérifié que le nom existe bien. Ici aussi il faut sauvegarder le document Base.

```
rem Code12-01.odt bibli : BaseDonnees Module8

Sub SupprimerRequete()
Dim dbContexte As Object, maSource As Object
Dim lesQueries As Object, dbDoc As Object
Const nomQuery = "Produits chers"

dbContexte = CreateUnoService("com.sun.star.sdb.DatabaseContext")
maSource = dbContexte.getByName("BDDext")
lesQueries = maSource.QueryDefinitions

if lesQueries.hasByName(nomQuery) then
  lesQueries.removeByName(nomQuery)
  dbDoc = maSource.DatabaseDocument
  dbDoc.store ' sauver la requête dans le fichier .odb
  MsgBox("Requête supprimée")
else
  MsgBox("Pas de requête de ce nom", 16)
endif
End Sub
```

Modifier une requête

Il est parfois utile de modifier l'instruction SQL d'une requête existante afin de rechercher des enregistrements dépendant des besoins du moment. Par exemple, on peut créer avec l'interface utilisateur un état basé sur le résultat d'une requête pré-enregistrée. Ce même état peut sortir d'autres sélections d'enregistrements, simplement en modifiant l'instruction SQL de la requête : il suffit de modifier la commande SQL de la *query*.

```
rem Code12-01.odt bibli : BaseDonnees Module9
Option Explicit

Sub ModifierRequete()
Dim dbContexte As Object, maSource As Object
Dim lesQueries As Object, uneQuery As Object, dbDoc As Object
Const nomQuery = "Clients jeunes"

dbContexte = CreateUnoService("com.sun.star.sdb.DatabaseContext")
maSource = dbContexte.getByName("BDDext")
```

```
lesQueries = maSource.QueryDefinitions

if lesQueries.hasByName(nomQuery) then
  uneQuery = lesQueries.getByName(nomQuery)
  uneQuery.Command = "SELECT * FROM Clients WHERE NAISS >= 1982"
  dbDoc = maSource.DatabaseDocument
  dbDoc.store ' sauver la requête dans le fichier .odb
  MsgBox("Requête modifiée")
else
  MsgBox("Pas de requête de ce nom", 16)
endif
End Sub
```

Accéder aux données avec le langage SQL

La raison d'être d'une base de données est de consulter et manipuler les données qu'elle contient. Les données sont ainsi vivantes et le langage SQL nous permet d'extraire des constructions simples ou complexes de ces données. Cette section va nous permettre d'illustrer l'emploi du langage SQL au travers d'OpenOffice.org. À titre d'exemple, nous utiliserons la source de données BDDext fournie, tout en étant conscients de ses limitations, notamment à propos des jointures qui ne sont pas possibles avec ce format. Néanmoins, ceci ne restreint en rien ce qui est dit. Utiliser les jointures ne relève que d'un changement de syntaxe SQL et du moment que la base les accepte, OpenOffice.org n'y verra aucun inconvénient.

Dans un premier temps, nous allons utiliser des fonctionnalités du ResultSet. Il faut savoir qu'OpenOffice.org offre aussi un objet RowSet, apportant encore plus de facilité, mais comme il est basé sur le ResultSet, vous devez d'abord bien connaître ses possibilités. L'utilisation du RowSet est décrite plus loin.

Nous n'utiliserons pas la base BDDint dans ces exemples car le pilote de base embarquée HSQLDB gère mal le ResultSet (Issue 77865, Issue 61869, etc.). Par contre, dans la section consacrée au RowSet, nous emploierons la base BDDInt pour utiliser la fonctionnalité de ResultSet que fournit un RowSet, car sa réalisation est exempte de ces bogues.

Quelques règles syntaxiques du SQL

Nous ne décrirons pas les commandes SQL, des livres entiers traitent ce sujet. Nous rappellerons cependant que les commandes SQL sont des chaînes de caractères qui doivent satisfaire au moins à quatre règles :

1 Les noms d'éléments de la base, comme le nom de table ou le nom de colonne, ne doivent pas utiliser de lettres accentuées, ni débuter par un chiffre. Dans la base BDDext, qui utilise un moteur dBase assez ancien, les noms de colonnes sont en majuscules pour qu'ils soient reconnus par le pilote.

2 Le nom d'un élément de la base doit être entouré de guillemets, afin d'être reconnu. Certains interpréteurs peuvent s'en passer dans les commandes simples. Pensez aux guillemets en cas d'erreur SQL apparemment injustifiée.

3 Une valeur littérale (une chaîne de caractères) doit être entourée d'apostrophes. Si cette valeur comporte elle-même des apostrophes, chacune doit être dupliquée.

4 Les nombres ayant une partie décimale doivent être écrits avec un point décimal.

La règle 2 est parfois systématiquement appliquée par souci de simplification logicielle. C'est le cas des commandes SQL créées par l'outil de création de requête d'OpenOffice.org. C'est aussi le cas pour les commandes SQL vers une base embarquée lorsqu'on utilise un simple ResultSet. Voici un exemple :

```
SELECT "NOM", "NAISS" FROM "Clients" WHERE "NAISS" < 1958
```

La syntaxe de Basic ajoute une cinquième règle : nous avons vu au chapitre 3 que si une chaîne de caractères littérale comporte des guillemets, chacun doit être dupliqué. Pour créer une telle chaîne de caractères en Basic, il faudra écrire une instruction du type :

```
c = "SELECT ""NOM"", ""NAISS"" FROM ""Clients"" WHERE ""NAISS"" < 1958"
MsgBox(c, 0, "Commande SQL")
```

L'instruction MsgBox affichera bien le texte de la commande SQL.

La règle 3 est facile à respecter, même en Basic, pour une commande SQL écrite explicitement. Ici, on cherche les noms commençant par « D' » :

```
c = "SELECT NOM FROM Clients WHERE NOM LIKE 'D''%'"
```

Cependant, dans une commande SQL construite par programme, la chaîne littérale étant dans une variable, une petite routine de conversion Apos s'assurera que la règle 3 est respectée.

```
rem Code12-01.odt bibli : Standard Module3
Option Explicit

Sub TesteApos
Dim s As String, c As String
s = "D'%"
c = "SELECT NOM FROM Clients WHERE NOM LIKE " & Apos(s)
```

```
MsgBox(c, 0, "Commande SQL")
End Sub

' double les apostrophes de l'argument chaine,
' puis l'encadre entre apostrophes
Function Apos(ByVal chaine As String) As String
Apos = "'" & join(split(chaine, "'"), "''") & "'"
End Function
```

Les fonctions Basic `join` et `split` sont expliquées au chapitre 5. La règle 4 nécessite elle aussi une petite routine `PointDec` pour éviter une virgule décimale malencontreuse, introduite par la conversion de type `Double` vers `String` lorsqu'on est dans un environnement linguistique comme le français de France.

```
rem Code12-01.odt bibli : Standard Module4
Option Explicit

Sub TestePointDec
Dim v As Double, c As String
v = 4.5 * 1.196
c = "SELECT INTITULE, PRIX FROM Produits WHERE PRIX > " & PointDec(v)
MsgBox(c, 0, "Commande SQL")
End Sub

'transforme la virgule décimale en point décimal
Function PointDec(ByVal txtNombre As String) As String
PointDec = join(split(txtNombre, ","), ".")
End Function
```

Exploiter les résultats d'une requête

Une commande SQL de requête permet d'interroger la base de données selon plusieurs critères. Les informations obtenues sont disponibles dans un objet `ResultSet` (anglais pour : ensemble de résultats). Il existe trois services appelés `ResultSet`. Ils sont définis dans les branches de l'API :

- `com.sun.star.sdb`
- `com.sun.star.sdbcx`
- `com.sun.star.sdbc`

Le résultat d'une requête SQL est un objet `ResultSet` offrant le service `sdb`, qui inclut le service `sdbcx`, qui inclut lui-même `sdbc`. Il s'agit donc de la variante la plus élaborée.

Nous allons utiliser la table `Clients` de notre source de données `BDDext`. Notre requête SQL va consister à obtenir une image de la table, ordonnée selon les valeurs croissantes de la colonne REF. En effet, les enregistrements de la table n'ont pas d'ordre particulier. Nous balayerons les résultats de la requête, dans un sens, puis un autre. Nous irons ensuite chercher directement un des résultats.

Cette macro est assez longue, mais peu complexe. Nous la commenterons après.

```
rem Code12-01.odt bibli : avecResultSet Module1
Option Explicit

Sub LireResultatRequeteSQL1() ' ***** base dBase BDDext
dim maRequete As Object, resuQuery As Object, maConnexion As Object
dim instrSQL As String, monSignet As Variant
dim execOK As Boolean, info As String, cr As String
cr = chr(13) ' retour à la ligne, pour les messages

maConnexion = ConnecterSource("BDDext")
' Texte de la requête
instrSQL = "select * from Clients order by REF"
maRequete = maConnexion.createStatement() ' Envoyer la requête
resuQuery = maRequete.executeQuery(instrSQL)
' Traitement du résultat
With resuQuery
  execOK = .next' obtenir la première ligne
  GoSub afficher
  execOK = .next ' ligne suivante
  GoSub afficher
  execOK = .previous' ligne précédente, donc la première ligne
  GoSub afficher
  execOK = .last' obtenir la dernière ligne
  GoSub afficher
  execOK = .relative(-3) ' remonter de 3 lignes
  GoSub afficher
  execOK = .absolute(3) ' aller à la ligne 3
  GoSub afficher
  monSignet = .Bookmark' mémoriser cette position (ligne 3)

  execOK = .relative(-9999) ' remonter au-delà du début !
  GoSub afficher
  ' revenir à la position du signet
  execOK = .moveToBookmark(monSignet)
  GoSub afficher
  execOK = .absolute(9999) ' descendre au-delà de la fin !
  GoSub afficher
  execOK = .first' retourner à la première ligne
  GoSub afficher
  ' aller 3 lignes plus bas que la position du signet
  execOK = .moveRelativeToBookmark(monSignet, 3)
  GoSub afficher
```

```
DeconnecterSource(maConnexion)
Exit Sub' fin du sous-programme

afficher: ' --- sous-programme interne ---
if execOK then
  info = "Ligne : " & .Row& "    " & _
         "Client numéro = " & .Columns(0).Short & cr & _
         "Nom = " & .Columns.getByName("NOM").String & cr & _
         "Prénom = " & .Columns(2).String & cr & _
         "Année de naissance : " & .Columns(3).Int
  if .isFirst then info = info & cr & "Curseur en première ligne"
  if .isLastthen info = info & cr & "Curseur en dernière ligne"
else
  info = "Déplacement non exécuté !"
  if .isBeforeFirst then info = info & cr & "Curseur au début"
  if .isAfterLast  then info = info & cr & "Curseur à la fin"
end if
MsgBox(info)
  Return
End With
End Sub
```

Donnons deux explications sur le codage employé dans la macro :

- Dans la zone encadrée par `With resuQuery` et `End With`, le mot `resuQuery` est sous-entendu quand un terme commence par un point. Par exemple, `.next` doit être interprété par OOoBasic comme `resuQuery.next`. Cela allège considérablement l'écriture (et la relecture).

- Nous utilisons un sous-programme interne appelé par `GoSub`. Lisez le chapitre 4 si vous ne connaissez pas cette structure.

Après nous être connectés à la source de données, nous utilisons la fonction `createStatement` pour obtenir l'objet `maRequete` qui sera capable d'effectuer une requête SQL : il suffit d'utiliser sa fonction `executeQuery`, qui prend pour argument l'instruction SQL. Le résultat de la requête, `resuQuery`, est un objet offrant le service `com.sun.star.sdb.ResultSet`. Le reste de la macro va vous montrer les possibilités de cet objet. Il faut savoir que le résultat d'une requête a une structure logique en lignes et colonnes : chaque ligne est un enregistrement, et chaque colonne est un champ du résultat. Notre exemple renvoie la totalité des lignes d'une table, mais en général, le résultat ne sera pas la copie d'une table existante, tout dépend de la commande SQL.

L'intérêt d'un `ResultSet` est sa capacité à explorer les lignes du résultat de la commande SQL grâce à un curseur interne qui permet de se positionner sur une des lignes du résultat. Sitôt après l'exécution de la requête, le curseur de ligne se positionne « avant le début » des résultats. La fonction `next` avance d'une ligne, c'est-à-dire d'un enregistrement, dans la lecture du résultat. Ainsi, suite au premier `next`, nous sommes sur la première ligne (si résultat il y a). La fonction next, comme celles que nous verrons ensuite, renvoie une valeur True si le déplacement a pu être réalisé. Si le curseur est sur la dernière ligne, l'action next déplace le curseur « après la fin » et renvoie False. Si la commande SQL a donné un résultat nul (aucune ligne), le curseur est à la fois « avant le début » et « après la fin ». Le ResultSet nous offre de nombreuses méthodes sur ces principes, dont les principales sont listées au tableau 12-6, vous y retrouverez celles utilisées dans l'exemple.

Tableau 12–6 Méthodes du ResultSet

Méthode	Argument	Résultat	Signification
next	aucun	Boolean	Déplace le curseur à la ligne suivante du résultat. Voir la Note 1 ci-après.
previous	aucun	Boolean	Déplace le curseur à la ligne précédente du résultat. Voir la Note 1.
beforeFirst	aucun	aucun	Déplace le curseur avant la première ligne du résultat.
isBeforeFirst	aucun	Boolean	True si le curseur se trouve avant la première ligne du résultat.
first	aucun	Boolean	Déplace le curseur sur la première ligne du résultat. Voir la Note 1.
isFirst	aucun	Boolean	True si le curseur se trouve sur la première ligne du résultat.
afterLast	aucun	aucun	Déplace le curseur après la dernière ligne du résultat.
isAfterlast	aucun	Boolean	True si le curseur se trouve après la dernière ligne du résultat.
last	aucun	Boolean	Déplace le curseur sur la dernière ligne du résultat. Voir la Note 1.
isLast	aucun	Boolean	True si le curseur se trouve sur la dernière ligne du résultat.
getRow	aucun	Long	Renvoie le numéro de la ligne de résultat sur laquelle se trouve le curseur. La première ligne est numérotée 1.
absolute	Long	Boolean	Déplace le curseur sur la ligne du numéro indiqué. Un numéro négatif correspond à la position en numérotant en inverse depuis la dernière ligne : -1, -2, etc. Voir la Note 2.
relative	Long	Boolean	Déplace le curseur du nombre de lignes indiqué, positif ou négatif. Voir la Note 2.
refreshRow	aucun	aucun	Met à jour la ligne courante de résultat avec la valeur la plus récente de la base de données. Voir la Note 3.
rowUpdated	aucun	Boolean	True si la ligne courante a été modifiée. Voir la Note 3.
rowInserted	aucun	Boolean	True si la ligne courante a été insérée. Voir la Note 3.
rowDeleted	aucun	Boolean	True si la ligne courante a été effacée. Voir la Note 3.
IsBookmarkable	(propriété)	Boolean	True si le ResultSet permet de naviguer par signet (bookmark).
getBookmark	aucun	Variant	Renvoie un signet correspondant à la ligne courante.

Tableau 12–6 Méthodes du ResultSet (suite)

Méthode	Argument	Résultat	Signification
moveToBookmark	Variant	Boolean	Déplace le curseur à la ligne indiquée par le signet en argument. Voir la Note 1.
moveRelativeToBookmark	Variant Long	Boolean	Argument 1 : signet. Argument 2 : nombre de lignes. Déplace le curseur du nombre de lignes indiqué, positif ou négatif, par rapport à la position indiquée par le signet. Voir la Note 2.

Notes

1. La fonction renvoie True si le déplacement aboutit sur une ligne existante, False dans le cas contraire.
2. Une tentative de positionnement au-delà des limites amène le curseur avant la première ou après la dernière ligne du résultat. La fonction renvoie True si le déplacement aboutit sur une ligne existante, False dans le cas contraire.
3. Dépend des possibilités de la base de données.

Le ResultSet est aussi capable de mémoriser le rang de la ligne courante, avec un signet (en anglais, *bookmark*). Notez que la variable de signet doit être du type Variant car le contenu du signet dépend de l'implémentation.

Chaque colonne du résultat est accessible par le ResultSet de plusieurs façons. La première consiste à utiliser les méthodes de l'interface com.sun.star.sdbc.XRow du ResultSet, dont les principales sont listées au tableau 12-7. Elles gèrent des colonnes de différents types, et reçoivent en argument un index de colonne, numéroté à partir de 1 en commençant à gauche.

```
valeur = resuQuery.getString(3)
```

Les autres méthodes d'accès à une colonne utilisent la collection de colonnes obtenue par la pseudo-propriété Columns. On accède à une colonne par son numéro d'ordre avec la méthode getByIndex, ou en OOoBasic comme si on indexait un tableau. L'index est numéroté à partir de zéro de gauche à droite. L'objet colonne obtenu expose des fonctions similaires pour récupérer la valeur mémorisée (voir de nouveau le tableau 12-7). Mais ici elles n'ont plus besoin d'argument. Avec OOoBasic, on pourra les traiter comme des propriétés en omettant le get. Les deux instructions suivantes sont équivalentes.

```
valeur = resuQuery.Columns(2).String
valeur = resuQuery.getColumns.getByIndex(2).getString()
```

Enfin, la collection de colonnes permet d'accéder à une colonne par son nom avec la méthode getByName. Cette méthode est la plus sûre, car avec un numéro d'index, vous pouvez vous tromper de colonne sans le détecter à l'exécution.

```
valeur = resuQuery.Columns.getByName("PRENOM").String
```

En résumé, on peut obtenir la valeur d'une colonne de trois manières. Ainsi pour une colonne contenant un Double :

```
valeur = resuQuery.getDouble(4)         ' attention : rang 1, 2, 3, etc
valeur = resuQuery.Columns(3).Double ' attention : rang 0, 1, 2, etc
valeur = resuQuery.Columns.getByName("NAISS").Double
```

Tableau 12–7 Fonctions getXxx d'un ResultSet

Fonction	Type Basic	Fonction	Type Basic
getByte	Integer	getBytes	Array(Integer)
getShort	Integer	getDate	Object
getInt	Long	getTime	Object
getLong	Voir texte	getTimestamp	Object
getFloat	Single	getCharacterStream	Object
getDouble	Double	getBinaryStream	Object
getBoolean	Boolean	getObject	Object
getString	String		

Dans certaines fonctions getXxx, le nom Xxx est un type API simple, qui a une correspondance en langage Java. Basic le convertit dans un de ses types ou un type approchant, dans la mesure du possible. Ainsi, le type String est limité à 65 535 caractères et la fonction getLong renvoie un entier de 64 bits (type Hyper de l'API), qui n'existe pas en natif dans OOoBasic.

Les fonctions getXxx sont capables de convertir la donnée réelle dans leur propre type de résultat : un entier de faible valeur pourrait être récupéré avec getShort, getFloat, getDouble, ou même getByte ou getString.

Si une colonne de table est du type BIGINT, on pourra utiliser getInt si on sait que le contenu est représentable dans un type Basic Long. Sinon, on peut utiliser getString qui renverra la représentation décimale sous forme de chaîne de caractères, et convertir cette chaîne en sous-type décimal d'un Variant.

```
Dim gros As Variant
gros = CDec(resuQuery.Columns.getByName("ChampBIGINT").String)
```

La méthode `getDate` renvoie une structure `Date` décrite au tableau 12-8 alors que la méthode `getTime` renvoie une structure `Time` décrite au tableau 12-9. La méthode `getTimestamp` renvoie une structure `DateTime` qui contient les éléments des deux tableaux précédents.

Tableau 12–8 Structure Date

Propriété	Type	Signification
Day	Integer	Jour du mois, 1 à 31, 0 pour une date vide.
Month	Integer	Mois de l'année, 1 à 12, 0 pour une date vide.
Year	Integer	Année, exemple 1975.

Tableau 12–9 Structure Time

Propriété	Type	Signification
HundredthSeconds	Integer	Centièmes de seconde, 0 à 99.
Seconds	Integer	Secondes, 0 à 59.
Minutes	Integer	Minutes, 0 à 59.
Hours	Integer	Heures, 0 à 59.

Notons aussi la méthode `wasNull`, qui renvoie `True` si la dernière instruction `getXxx` a récupéré une valeur `SQL NULL`, c'est-à-dire une colonne vide. Cette méthode existe au niveau du `ResultSet` comme au niveau d'un objet colonne.

Pour rechercher des enregistrements d'une date donnée, la syntaxe SQL dépend du moteur de base de données : relisez la documentation de l'éditeur du moteur que vous utilisez. Une autre possibilité est d'effectuer une requête avec le gestionnaire de données, puis d'éditer la requête en désactivant le mode Ébauche, pour voir l'instruction SQL créée.

La réponse à une commande SQL n'est pas toujours immédiate, surtout s'il s'agit de commandes complexes ou d'une base sur un serveur bien chargé. Par défaut, le `executeQuery` attendra indéfiniment, mais il est possible de limiter le temps d'attente (qui s'exprime en secondes) :

```
maRequete.QueryTimeOut = 5 ' cinq secondes
resuQuery = maRequete.executeQuery(instrSQL)
```

Si l'attente excède la limite définie, une exception SQL est déclenchée. La valeur zéro correspond à une attente sans limite.

Autres exemples de requêtes d'interrogation

D'autres interrogations sont possibles en utilisant des instructions SQL adéquates (et dans une syntaxe acceptée par le pilote de la base de données). Voici quelques exemples basiques. Pour simplifier, nous n'avons pas entouré les noms de table et colonnes de guillemets.

```
select count(*) as nb from Clients
```

Renvoie au maximum une ligne, contenant dans une colonne le nombre d'enregistrements de la table Clients.

```
select libelle, prix from Produits where prix > 2.99 order by prix asc
```

Recherche dans la table Produits ceux dont le prix est supérieur à 2,99 et renvoie le résultat en indiquant le libellé et le prix, mis par ordre de prix croissant.

Insérer un enregistrement dans une table

L'accès aux données est également possible en écriture. La requête SQL utilisée pour insérer un enregistrement est un INSERT. Pour cela, il faut utiliser une autre méthode de l'objet requête : executeUpdate.

Nous allons ajouter une entrée supplémentaire dans la table Produits. Le codage sera plus complexe qu'à l'accoutumée, mais nous l'expliquerons pas à pas.

```
rem Code12-01.odt bibli : avecSQL Module1
Option Explicit

Sub InsererDonneesParSQL1() ' ***** base dBase BDDext
Dim maRequete As Object, resuQuery As Object, maConnexion As Object
Dim nbLignesEcrites As Long, indexP As Long, x As Long
Dim LeLibelle As String, LePrix As Double, instrSQL As String

LeLibelle = "Gant de toilette"
LePrix = 1.2

maConnexion = ConnecterSource("BDDext")
'chercher la valeur maximale de REF
maRequete = maConnexion.createStatement()
resuQuery = maRequete.executeQuery("select REF from Produits")
indexP = 1
while resuQuery.next
  x = resuQuery.Columns.getByName("REF").Int
  if x >= indexP then indexP = x +1
wend
```

```
' construction de la requête d'insertion
instrSQL = "Insert into Produits " & _
           "(PRIX, INTITULE, REF) values(" & _
  PointDec(LePrix) & "," & Apos(LeLibelle) & "," & indexP & ")"
' ajout du nouvel enregistrement
nbLignesEcrites = maRequete.executeUpdate(instrSQL)
MsgBox("Instruction SQL :" & chr(13) & instrSQL & chr(13) & _
       "Nombre de lignes écrites : " & nbLignesEcrites)
DeconnecterSource(maConnexion)
End Sub
```

Pour simplifier l'exemple, `LeLibelle` contient un texte et `LePrix` contient un nombre réel. Il nous manque une information, qui est le numéro d'identité du produit. Ce numéro doit être unique. Dans une base de données plus élaborée que dBase, par exemple la base embarquée HSQLDB, nous aurions déclaré une colonne auto-incrémentée par la base elle-même et nous n'aurions pas à nous en préoccuper. Ici, nous allons choisir une valeur supérieure à toutes les valeurs d'identité déjà existantes dans la table. Pour cela, nous allons effectuer une première requête SQL.

Avec un pilote de base de données un peu plus évolué que celui fourni, il suffirait de faire une requête demandant le `MAX()` de la colonne `REF`. Ici, nous devons faire le travail nous-mêmes. Nous effectuons une requête qui retourne la valeur de la colonne dans toutes les lignes existantes. Le résultat de la requête est exploré complètement avec des appels successifs de la méthode `next`. À la fin de la boucle `while`, la variable `indexP` contient une valeur supérieure d'une unité à la valeur maximale trouvée.

L'étape suivante consiste à construire la requête SQL qui servira à insérer le nouvel enregistrement, sous forme d'une chaîne de caractères. Nous devons satisfaire aux règles indiquées plus haut, dans la section « Quelques règles syntaxiques du SQL » : la valeur `LePrix` comportant des décimales, nous la convertirons avec la routine `PointDec`, et le libellé sera entouré d'apostrophes grâce à la routine `Apos`.

Ces deux routines sont dans la bibliothèque `Standard` du document. La variable `indexP` étant une valeur entière, la conversion implicite en `String` sera suffisante.

Ayant constitué l'instruction SQL, nous la transmettons au pilote de la base de données avec la fonction `executeUpdate`, qui renvoie le nombre d'enregistrements écrits. Dans notre cas, ce sera un seul, si tout se passe bien.

PIÈGE **Base multi-utilisateur**

L'exemple utilisé peut engendrer des incohérences dans le cas d'une base de données multi-utilisateur. Il faudrait utiliser une transaction pour couvrir l'ensemble des deux requêtes, comme nous le verrons dans la section « Les transactions ».

Modifier un enregistrement d'une table

Pour modifier des enregistrements d'une table, la requête SQL doit employer la commande UPDATE. Attention à cette instruction, qui peut tout détruire dans votre table. La requête sera exécutée avec la méthode executeUpdate.

```
rem Code12-01.odt bibli : avecSQL Module2
Option Explicit

Sub ModifierDonneesParSQL1() ' ***** base dBase BDDext
Dim maRequete As Object, resuQuery As Object, maConnexion As Object
Dim instrSQL As String, nbLignesEcrites As Long

maConnexion = ConnecterSource("BDDext")
' construction de la requête d'insertion
instrSQL = "UPDATE Produits SET PRIX = 149.4 WHERE PRIX > 150"
maRequete = maConnexion.createStatement()
' modification des enregistrements sélectionnés
nbLignesEcrites = maRequete.executeUpdate(instrSQL)
MsgBox("Nombre d'enregistrements modifiés : " & nbLignesEcrites)
DeconnecterSource(maConnexion)
End Sub
```

Supprimer des enregistrements

L'exemple suivant supprime tous les enregistrements de la table Produits dont le prix est inférieur à 1 en utilisant une instruction SQL delete. Ne pas mettre de clause where reviendrait à vider complètement la table. Nous utilisons la fonction executeUpdate, comme précédemment.

```
rem Code12-01.odt bibli : avecSQL Module3
Option Explicit

Sub SupprimerEnregistrementsParSQL1() ' ***** base dBase BDDext
dim maRequete As Object, instrSQL As String, maConnexion As Object
dim nbLignesTraitees As Long

maConnexion = ConnecterSource("BDDext")
instrSQL = "DELETE FROM Produits WHERE PRIX < 1"
maRequete = maConnexion.createStatement()
nbLignesTraitees = maRequete.executeUpdate(instrSQL)

MsgBox("Nombre de lignes traitées : " & nbLignesTraitees)
DeconnecterSource(maConnexion)
End Sub
```

Les requêtes paramétrées

Lorsque vous avez à insérer un grand nombre d'enregistrements dans une table, ou à effectuer des modifications avec de nombreuses instructions SQL, l'utilisation d'une requête paramétrée est recommandée, car elle réduit la charge de travail du pilote de la base de données.

Une requête paramétrée est une instruction SQL dans laquelle certaines valeurs sont remplacées par un point d'interrogation. Dans un premier temps, l'instruction SQL est envoyée au pilote de la base de données. Il en effectue l'analyse syntaxique et mémorise une version compilée de l'instruction, puis il renvoie une référence sur cette instruction.

Dans un deuxième temps, à chaque insertion ou modification à réaliser, la référence est envoyée au pilote accompagnée des valeurs manquantes. Il peut alors éviter la phase d'analyse de l'instruction SQL.

Le mécanisme de requête paramétrée est pris en charge par l'objet connexion. Dans cet exemple, nous ajoutons 50 enregistrements à la table stocks. Le contenu est sans signification, seul le principe est intéressant.

```
rem Code12-01.odt bibli : avecSQL Module4
Option Explicit
Sub InsererDonneesParRequetePreparee1() ' ***** base dBase BDDext
Dim maRequete As Object, maConnexion As Object, x As Long
Dim instrSQL As String

maConnexion = ConnecterSource("BDDext")
instrSQL = "INSERT INTO Produits (INTITULE, PRIX, REF) VALUES(?,?,?)"
maRequete = maConnexion.prepareStatement(instrSQL)
for x = 1 to 50
  maRequete.setInt(3, 20+x)                  ' valeur REF
  maRequete.setString(1, "Objet" & x)        ' valeur INTITULE
  maRequete.setDouble(2, Fix(rnd*50000)/100) ' valeur PRIX
  maRequete.execute
next
maRequete.dispose
DeconnecterSource(maConnexion)
End Sub
```

Les variables SQL sont remplies avec des instructions setXxx dont le premier argument est le rang (débutant à 1) du point d'interrogation dans l'instruction SQL, et le deuxième argument est la valeur elle-même. Dans notre cas, la première variable doit être du texte, la deuxième est un entier. Il existe autant de méthodes setXxx que de méthodes getXxx listées au tableau 12-7, plus la méthode setNull.

La valeur d'une variable SQL est conservée jusqu'à une nouvelle affectation. La méthode clearParameters permet de réinitialiser toute modification des paramètres.

Accéder aux données avec un ResultSet

Au début de la section précédente, nous avons vu que l'interrogation d'une base de données renvoie un ResultSet qui permet d'explorer l'ensemble des résultats. Ce même ResultSet permet alors d'ajouter, de modifier ou de supprimer des enregistrements à volonté, par programmation, sans utiliser d'autre instruction SQL.

Insérer un enregistrement dans une table

La première partie du codage est identique à l'exemple d'insertion utilisant SQL. Ici cependant, notre instruction SQL va récupérer toute la table Produits. Le résultat de la requête SQL nous servira pour ajouter un enregistrement.

```
rem Code12-01.odt bibli : avecResultSet Module2
Option Explicit

Sub InsererDonneesParResultSet1() ' ***** base dBase BDDext
Dim maRequete As Object, resuQuery As Object, maConnexion As Object
Dim LeLibelle As String, LePrix As Double, indexP As Long, x As Long

LeLibelle = "Gant de toilette"
LePrix = 1.2

maConnexion = ConnecterSource("BDDext")
' chercher la valeur maximale de REF
maRequete = maConnexion.createStatement()
resuQuery = maRequete.executeQuery("select * from Produits")
indexP = 1
while resuQuery.next
  x = resuQuery.Columns.getByName("REF").Int
  if x >= indexP then indexP = x +1
wend
' ajout du nouvel enregistrement
resuQuery.moveToInsertRow          ' aller à la zone de préparation
resuQuery.Columns.getByName("PRIX").updateDouble(LePrix)
' resuQuery.Columns(2).updateDouble(LePrix) ' équivalent
' resuQuery.updateDouble(3, LePrix)          ' équivalent
resuQuery.Columns.getByName("INTITULE").updateString(LeLibelle)
resuQuery.Columns.getByName("REF").updateInt(indexP)
resuQuery.insertRow               ' insérer l'enregistrement dans la table
DeconnecterSource(maConnexion)
End Sub
```

Dans un premier temps, nous nous positionnons dans une zone spéciale, qui est la ligne d'insertion, grâce à la méthode moveToInsertRow. Puis, nous allons remplir chaque colonne du nouvel enregistrement avec des méthodes updateXxx. Ces méthodes constituent le pendant des fonctions getXXX que nous avons déjà vues, mais avec un argument supplémentaire, à savoir la valeur à placer dans la colonne. Nous avons choisi les méthodes de l'objet colonne afin de profiter de l'accès par le nom de colonne, mais des méthodes équivalentes existent aussi pour le ResultSet. Comme nous modifions directement chaque colonne sans passer par l'interpréteur SQL, les règles concernant les apostrophes et point décimal ne s'appliquent pas.

Pour terminer, la ligne d'insertion complétée est insérée physiquement dans la table avec la méthode insertRow. Nous ne l'avons pas employée ici, mais, après avoir inséré un ou plusieurs enregistrements, la méthode moveToCurrentRow permet de revenir au point où on en était dans le ResultSet.

Modifier un enregistrement d'une table

Par rapport à la version utilisant SQL, nous avons toute latitude pour effectuer par programmation des évaluations complexes des modifications à réaliser. Pour rester simple, nous allons appliquer une hausse de 25 % au prix du premier article que nous trouverons dans la table Produits.

```
rem Code12-01.odt bibli : avecResultSet Module3

Sub ModifierDonneesParResultSet1() ' ***** base dBase BDDext
Dim maRequete As Object, resuQuery As Object, maConnexion As Object
Dim instrSQL As String, unPrix As Double, LeLibelle As String

maConnexion = ConnecterSource("BDDext")
' Texte de la requête
instrSQL = "select * from Produits"
maRequete = maConnexion.createStatement() ' Envoyer la requête
resuQuery = maRequete.executeQuery(instrSQL)
if resuQuery.next then
  LeLibelle = resuQuery.Columns.getByName("INTITULE").String
  unPrix = resuQuery.Columns.getByName("PRIX").Double
  unPrix = unPrix * 1.25 ' hausse de 25%
  resuQuery.Columns.getByName("PRIX").updateDouble(unPrix)
  resuQuery.updateRow' transférer dans la table
  MsgBox("Produit modifié : " & LeLibelle)
end if
DeconnecterSource(maConnexion)
End Sub
```

Après exécution de la requête, nous utilisons la fonction next pour nous positionner sur la première ligne (si le résultat de la requête est vide, on ne fera rien). Nous récupérons le libellé et le prix de l'article. Après application de la hausse, nous utilisons updateDouble pour mettre à jour la colonne. Mais ceci ne modifie pas la table, car nous travaillons sur une zone tampon. Nous pourrions modifier ainsi d'autres colonnes. Puis nous transférons la totalité de la ligne modifiée dans la table avec la méthode updateRow.

Dans une application plus complexe, vous pouvez avoir besoin d'annuler des modifications en cours et recommencer tous les updateXXX. Ceci est possible avant d'exécuter updateRow ; il suffit d'employer la méthode cancelRowUpdates.

Les valeurs nulles

Une colonne d'une table peut accepter une valeur Null, ce qui signifie « absence de valeur ». Ceci est différent d'une valeur zéro ou d'une chaîne de caractères vide. Pour « remplir » une colonne avec une valeur Null, employez la méthode updateNull au lieu d'un updateXxx.

Supprimer des enregistrements

Pour simplifier l'exemple, nous présenterons la suppression de l'enregistrement de rang 2 dans le ResultSet. Il va de soi qu'on peut choisir à volonté le ou les enregistrements à supprimer.

```
rem Code12-01.odt bibli : avecResultSet Module4
Option Explicit

Sub EffacerDonneesParResultSet1() ' ***** base dBase BDDext
Dim maRequete As Object, resuQuery As Object, maConnexion As Object
Dim instrSQL As String, LeLibelle As String

maConnexion = ConnecterSource("BDDext")
instrSQL = "select * from Produits" ' Texte de la requête
maRequete = maConnexion.createStatement()
resuQuery = maRequete.executeQuery(instrSQL) ' Envoyer la requête
if resuQuery.absolute(2) then
  LeLibelle = resuQuery.Columns(1).String
  resuQuery.deleteRow'supprimer de la table
  MsgBox("Produit supprimé : " & LeLibelle)
end if
DeconnecterSource
End Sub
```

Les différentes capacités des ResultSet

Dans nos exemples, nous utilisons un ResultSet avec ses possibilités par défaut. Celles-ci sont des propriétés de l'objet requête. La propriété ResultSetType possède une valeur parmi trois (constantes nommées) :

```
com.sun.star.sdbc.ResultSetType.FORWARD_ONLY
com.sun.star.sdbc.ResultSetType.SCROLL_INSENSITIVE
com.sun.star.sdbc.ResultSetType.SCROLL_SENSITIVE
```

La première valeur n'autorise que les déplacements vers les lignes suivantes. La deuxième valeur est celle utilisée par défaut avec notre pilote. La différence entre la deuxième et la troisième est qu'un ResultSet SCROLL_SENSITIVE se met à jour des modifications effectuées par d'autres utilisateurs de la base de données. Le pilote dBase que nous utilisons pour la base BDDext initialise le ResultSet à SCROLL_INSENSITIVE alors que le pilote de la base embarquée BDDint l'initialise à FORWARD_ONLY.

La propriété ResultSetConcurrency possède une valeur parmi deux :

```
com.sun.star.sdbc.ResultSetConcurrency.READ_ONLY
com.sun.star.sdbc.ResultSetConcurrency.UPDATABLE
```

La première valeur indique que le résultat est en lecture seule, alors que le deuxième permet de modifier. La deuxième valeur est celle utilisée par défaut avec le pilote dBase, alors que le pilote de la base embarquée utilise seulement la valeur READ_ONLY, ce qui limite singulièrement l'utilité de son ResultSet. Si on souhaite une valeur particulière acceptable par le pilote, les propriétés ResultSetType et ResultSetConcurrency doivent toutes deux être initialisées avant d'exécuter l'instruction SQL.

Accéder aux données avec un RowSet

Un RowSet possède toutes les possibilités d'un ResultSet, mais il intègre en plus un objet requête SQL et de nouvelles fonctionnalités. C'est cette approche que nous allons maintenant explorer. Ici nous pourrons utiliser aussi bien la base BDDext que la base BDDint.

Se connecter à la base de données

Pour qu'un RowSet soit utile, il doit être connecté à une source de données. Il existe plusieurs manières de procéder : soit le RowSet se charge d'établir une connexion vers la source de données, soit il utilise une connexion déjà établie.

Les premiers exemples incluent un traitement d'erreur. Nous l'omettrons dans les autres exemples afin d'aller à l'essentiel, mais ne l'oubliez pas dans vos codages !

Le RowSet établit la connexion

Nous utiliserons la base embarquée, le principe est identique pour une base externe.

```
rem Code12-01.odt bibli : avecRowSet Module1
Option Explicit

Sub CreerRowSetAutonome2() ' ***** base embarquée BDDint
Dim unRowSet As Object

UnRowSet=createUnoService("com.sun.star.sdb.RowSet")
With unRowSet
  .DataSourceName = "BDDint"
  .User = ""
  .Password = ""
  ' préciser l'origine des données
  .CommandType = com.sun.star.sdb.CommandType.TABLE
  .Command = "Clients"
  On Error GoTo fermerConnexion
  .execute' effectuer la requête implicite
  ' analyser le résultat avec le RowSet intégré
  .next ' afficher le premier enregistrement
  MsgBox("Nom = " & .Columns.getByName("Nom").String)

  suite:
  On Error GoTo 0
  .dispose' détruire le RowSet et sa connexion
  Exit Sub

  fermerConnexion:
  MsgBox(Error, 16)
  Resume suite
End With
End Sub
```

Nous commençons donc par créer un objet UnRowSet vierge en utilisant le service com.sun.star.sdb.RowSet. La propriété DataSourceName est initialisée avec le nom de la source de données. Si la base est protégée par mot de passe, on ajoute les paramètres de connexion nécessaires dans les propriétés User et Password (dans notre cas les instructions correspondantes sont inutiles). Ainsi, le RowSet nous affranchit de tout le travail d'établissement de connexion. La tâche à accomplir par le RowSet est précisée avec deux propriétés : CommandType, de type Long, et Command, de type String. La première reçoit une constante nommée de la forme :

```
com.sun.star.sdb.CommandType.TABLE
```

Le contenu de la propriété Command dépend de ce choix, ainsi que le montre le tableau 12-10.

Tableau 12–10 Relations entre Command et CommandType

CommandType	Agit sur	Contenu de Command
TABLE	Une table de la source de données.	Le nom de la table.
QUERY	Une requête pré-enregistrée.	Le nom de la requête pré-enregistrée.
COMMAND	Une requête SQL.	Une chaîne de caractères contenant la requête.

Dans cet exemple, nous choisissons la constante TABLE et indiquons dans la propriété Command le nom de la table Clients. En fait, notre RowSet va déduire de ce choix l'instruction SQL implicite :

```
SELECT * FROM Clients
```

Nous voyons donc que les trois possibilités reviennent à demander l'exécution d'une instruction SQL. Ce sera fait en appelant la méthode execute. À titre de démonstration, nous affichons le nom du premier client obtenu dans le ResultSet intégré au RowSet. Pour finir, nous détruisons la ressource RowSet avec sa méthode dispose, ce qui ferme la connexion à la base de données.

Au lieu de fournir le nom d'utilisateur et mot de passe en clair dans le programme, il est possible de les demander à l'utilisateur avec une boîte de dialogue standardisée.

```
rem Code12-01.odt bibli : avecRowSet Module1

Sub CreerRowSetAutonome3() ' ***** base embarquée BDDint
Dim unRowSet As Object, demandePasse As Object

' ce codage ne sert qu'à forcer l'usage d'un mot de passe
Dim dbContexte As Object, maSource As Object
dbContexte = CreateUnoService("com.sun.star.sdb.DatabaseContext")
maSource=dbContexte.getByName("BDDint")
maSource.IsPasswordRequired = True ' forcer l'usage du mot de passe

UnRowSet=createUnoService("com.sun.star.sdb.RowSet")
demandePasse = CreateUnoService("com.sun.star.sdb.InteractionHandler")
With unRowSet
  .DataSourceName = "BDDint"
  .CommandType = com.sun.star.sdb.CommandType.TABLE
  .Command = "Clients"
  On Error GoTo fermerConnexion
  .executeWithCompletion(demandePasse)
  .next
```

```
    MsgBox("Nom = " & .Columns.getByName("Nom").String)
    suite:
    On Error GoTo 0
    .dispose
    Exit Sub
    fermerConnexion:
    MsgBox(Error, 16)
    Resume suite
End With
```

Une base embarquée ne supportant pas la protection par mot de passe, nous rendons artificiellement obligatoire celui-ci en modifiant temporairement la source de données. Le service InteractionHandler nous fournit un objet permettant le dialogue avec l'utilisateur. La méthode executeWithCompletion du RowSet se charge alors d'utiliser le service de dialogue de mot de passe et le panneau de la figure 12-1 (voir page 697) apparaît.

Se connecter à une base non enregistrée

Dans ce cas il suffit de mettre dans la propriété DataSourcename l'URL du fichier Base.

```
Dim cheminBdd As String
cheminBdd = convertToURL("C:\Docs OpenOffice\uneBase.odb")
unRowSet.DataSourceName = cheminBdd
```

Utiliser une connexion existante

Si une connexion est définie par ailleurs dans votre code, elle peut être réutilisée par le RowSet, ce qui permet d'économiser les ressources du système. Il est tout à fait possible de greffer plusieurs RowSet sur la même connexion. Dans l'exemple, nous supposons que le programme principal établit la connexion, effectue un certain travail, puis appelle un sous-programme qui a besoin d'un RowSet.

```
rem Code12-01.odt bibli : avecRowSet Module2
Option Explicit

Sub ProgrammePrincipal
Dim maConnexion As Object

maConnexion = ConnecterSource("BDDint")
' on suppose que la connexion sert à autre chose avant d'arriver ici!
CreerRowSetGreffe(maConnexion)
' autre traitement éventuel avant déconnexion
DeconnecterSource(maConnexion)
End Sub
```

```
Sub CreerRowSetGreffe(connexion As Object) ' ***** base embarquée BDDint
Dim unRowSet As Object

unRowSet = createUnoService("com.sun.star.sdb.RowSet")
On Error GoTo fermerRowSet
With unRowSet
  .ActiveConnection = connexion
  .CommandType = com.sun.star.sdb.CommandType.TABLE
  .Command = "Clients"
  .execute ' effectuer la requête implicite
  .afterLast' aller au-delà du dernier enregistrement
  if .IsRowCountFinal then
    MsgBox("Nombre d'enregistrements : " & .RowCount)
    if .absolute(3)then ' exemple d'utilisation du ResultSet intégré
      MsgBox("Client : " & .Columns.getByName("Nom").String)
    end if
  else
    MsgBox("Erreur, fin de table pas atteinte !", 16)
  end if
  suite:
  On Error GoTo 0
  .dispose ' détruire le RowSet
  Exit Sub

  fermerRowSet:
  MsgBox(Error, 16)
  Resume suite
End With
End Sub
```

Nous reprenons notre routine ConnecterSource, qui nous renvoie un objet connexion. Il est transmis en argument du sous-programme CreerRowSetGreffe puis affecté à la propriété ActiveConnection du RowSet, qui peut ainsi l'utiliser.

Nous profitons de l'exemple pour vous montrer une autre caractéristique du RowSet : la propriété RowCount indique le nombre de lignes lues. La propriété IsRowCountFinal vaut True si toutes les lignes ont été lues, et donc si RowCount indique le nombre total de lignes. Ici, ce n'est pas très utile, mais si, par la suite, vous insérez et/ou supprimez de multiples enregistrements, RowCount sera mis à jour.

Explorer les résultats d'une requête

L'exemple réalisé plus haut avec une commande SQL et un ResultSet est aussi réalisable avec un RowSet. Il suffit de se rappeler qu'un RowSet est aussi un ResultSet. Mais ici, toutes les fonctionnalités sont utilisables avec la base embarquée, alors que ce n'est pas le cas avec ResultSet.

```
rem Code12-01.odt bibli : avecRowSet Module3
Option Explicit

Sub LireResultatRequeteSQL2() ' ***** base embarquée BDDint
Dim maRequete As Object, resuQuery As Object, unRowSet As Object
Dim instrSQL As String, monSignet As Variant
Dim execOK As Boolean, info As String, cr As String
cr = chr(13) ' retour à la ligne, pour les messages

UnRowSet=createUnoService("com.sun.star.sdb.RowSet")
With unRowSet
  .DataSourceName = "BDDint"
  .CommandType = com.sun.star.sdb.CommandType.COMMAND
  .Command = "select * from Clients order by Nom"
  On Error GoTo fermerConnexion
  .execute ' Envoyer la requête
  ' Traitement du résultat
  execOK = .next ' obtenir la première ligne
  GoSub afficher
  execOK = .next ' ligne suivante
  GoSub afficher
  execOK = .previous ' ligne précédente, donc la première ligne
  GoSub afficher
  execOK = .last ' obtenir la dernière ligne
  GoSub afficher
  execOK = .relative(-3) ' remonter de 3 lignes
  GoSub afficher
  execOK = .absolute(3) ' aller à la ligne 3
  GoSub afficher
  monSignet = .Bookmark ' mémoriser cette position (ligne 3)

  execOK = .relative(-9999) ' remonter au-delà du début !
  GoSub afficher
  ' revenir à la position du signet
  execOK = .moveToBookmark(monSignet)
  GoSub afficher
  execOK = .absolute(9999) ' descendre au-delà de la fin !
  GoSub afficher
  execOK = .first ' retourner à la première ligne
  GoSub afficher
  ' aller 3 lignes plus bas que la position du signet
  execOK = .moveRelativeToBookmark(monSignet, 3)
  GoSub afficher

  suite:
  On Error GoTo 0
  .dispose ' détruire le RowSet
  Exit Sub ' fin du sous-programme
```

```
        fermerConnexion:
        MsgBox(Error, 16)
        Resume suite

        afficher: ' --- sous-programme interne ---
        if execOK then
          info = "Ligne : " & .Row & "     " & _
                 "Client numéro = " & .Columns(0).Short & cr & _
                 "Nom = " & .Columns.getByName("Nom").String & cr & _
                 "Prénom = " & .Columns(2).String & cr & _
                 "Année de naissance : " & .Columns(3).Date.Year
          if .isFirst then info = info & cr & "Curseur en première ligne"
          if .isLast then info = info & cr & "Curseur en dernière ligne"
        else
          info = "Déplacement non exécuté !"
          if .isBeforeFirst then info = info & cr & "Curseur au début"
          if .isAfterLast   then info = info & cr & "Curseur à la fin"
        end if
        MsgBox(info)
        Return
End With
End Sub
```

La durée maximale d'attente d'exécution de la commande est spécifiée par la propriété QueryTimeOut du RowSet. On la modifie ainsi :

```
unRowSet.QueryTimeOut = 5 ' cinq secondes
```

Insérer un enregistrement dans une table

Avec la base embarquée BDDint, la colonne Ref étant auto-incrémenté, il n'est pas nécessaire de lui donner une valeur, ce qui simplifie les choses par rapport à la base BDDext. Pour le reste, les méthodes employées sont celles du ResultSet.

```
rem Code12-01.odt bibli : avecRowSet Module4
Option Explicit

Sub InsererDonneesParRowSet2() ' ***** base embarquée BDDint
Dim maRequete As Object, unRowSet As Object
Dim LeLibelle As String, LePrix As Double, EnStock As Long

LeLibelle = "Gant de toilette"
LePrix = 1.2
EnStock = 250
```

```
UnRowSet=createUnoService("com.sun.star.sdb.RowSet")
With unRowSet
  .DataSourceName = "BDDint"
  .CommandType = com.sun.star.sdb.CommandType.TABLE
  .Command = "Produits"
  .execute
  'ajout du nouvel enregistrement
  .moveToInsertRow ' aller à la zone de préparation
  .Columns.getByName("Prix").updateDouble(LePrix)
  .Columns.getByName("Intitule").updateString(LeLibelle)
  .Columns.getByName("Stock").updateInt(EnStock)
  ' la colonne Ref est auto-incrémentée
  .insertRow ' insérer l'enregistrement dans la table
  .dispose ' détruire le RowSet
End Sub
```

Modifier ou supprimer un enregistrement d'une table

La modification et la suppression d'un enregistrement présent dans une table ne posent pas non plus de difficulté particulière. Il suffit de reprendre les méthodes employées avec le ResultSet. Reportez-vous aux exemples de la bibliothèque avecRowSet du document Code12-01.odt du Zip téléchargeable.

Tri et filtre supplémentaires

Vous pouvez effectuer un tri, ou un filtre, ou les deux, sur le résultat de la commande. Le ResultSet obtenu en tiendra compte. Les fonctions de tri et de filtre dans une grille de formulaire utilisent ces mécanismes pour varier les affichages d'une même commande SQL.

Le tri emploie la propriété Order, de type String. Elle contient les arguments qui suivent habituellement un ORDER BY du langage SQL.

Le filtre utilise la propriété Filter du RowSet, qui contient les arguments qui suivent habituellement un WHERE du langage SQL. L'utilisation du filtre est validée en affectant la valeur True à la propriété ApplyFilter.

L'exemple qui suit recherche dans la table Produits les éléments dont le prix se situe hors d'une plage de valeurs, et trie les résultats par ordre alphabétique inversé. En ne gardant que les instructions correspondantes, vous pouvez vous limiter au tri ou au filtre.

```
rem Code12-01.odt bibli : avecRowSet Module7
Option Explicit
```

```
Sub TrierFiltrerResultat2() ' ***** base embarquée BDDint
Dim unRowSet As Object, resu As String

unRowSet = createUnoService("com.sun.star.sdb.RowSet")
With unRowSet
  .DataSourceName = "BDDint"
  .CommandType = com.sun.star.sdb.CommandType.TABLE
  .Command = "Produits"
  .Order = "Intitule DESC" ' trier en ordre alphabétique inversé
  .Filter = "Prix < 10.5 AND Prix > 1"
  .ApplyFilter = True
  .execute ' effectuer la requête implicite
  resu = ""
  Do While .next
    resu = resu & .Columns.getByName("Intitule").String _
      & " : " & .Columns.getByName("Prix").String & chr(13)
  Loop
  .dispose ' détruire le RowSet
  MsgBox(resu,0, "Produits correspondants")
End With
End Sub
```

Un tri en ordre croissant s'écrirait :

```
.Order = "Intitule"
```

ou encore :

```
.Order = "Intitule ASC"
```

Plusieurs critères de tris simultanés sont acceptés. Par exemple, sur la table Clients, voici comment classer les résultats par ordre alphabétique des noms, ordre alphabétique des prénoms en cas de même nom, et ordre inverse du numéro de clients au cas où des noms et prénoms seraient identiques :

```
.Order = "Nom, Prenom, NumClient DESC"
```

Pour filtrer une colonne numérique, les opérateurs de comparaison habituels (les mêmes que pour Basic) sont utilisables. Pour une colonne texte, outre ces opérateurs qui s'appliquent sur l'ordre alphabétique, nous disposons aussi d'une recherche générique. Le filtre suivant recherche tous les libellés commençant par « Dent » :

```
.Filter = "Intitule LIKE 'Dent%'"
```

Celui-ci recherche les libellés ne commençant pas par « Dent » :

```
.Filter = "Intitule NOT LIKE 'Dent%'"
```

D'autres possibilités existent selon les pilotes, consultez un manuel de langage SQL.

Utiliser les requêtes pré-enregistrées

Nous avons vu que `CommandType` permet d'associer une requête pré-enregistrée à un `RowSet`. Nous utiliserons la requête enregistrée créée au début de ce chapitre.

```
rem Code12-01.odt bibli : avecRowSet Module8
Option Explicit

Sub UtiliserRequeteEnregistree2() ' ***** base embarquée BDDint
Dim unRowSet As Object, ligne As String

unRowSet = createUnoService("com.sun.star.sdb.RowSet")
With unRowSet
  .DataSourceName = "BDDint"
  .CommandType = com.sun.star.sdb.CommandType.QUERY
  .Command = "Clients jeunes"
  .execute ' effectuer la requête enregistrée
  Do
    if not .next then Exit Do ' sortir si plus de résultat
    ' colonnes résultat : Naissance, Nom, Prenom
    ligne = "Nom = " & .Columns(1).String & "  Né en " & .Columns(0).Int
  Loop Until MsgBox(ligne, 1) = 2 ' sortir si on clique Annuler
  .dispose ' détruire le RowSet
End With
End Sub
```

Les événements du RowSet

En complément de la manipulation des enregistrements, l'objet `RowSet` engendre des événements permettant un contrôle fin des actions. Le principe des gestionnaires d'événements, ou *Listener*, est exposé au chapitre 14.

Ces événements peuvent être interceptés au moyen de *Listener* à deux niveaux :

- avant l'action, pour approbation (*approve* en anglais), avec le service `com.sun.star.sdb.XRowSetApproveListener` ;
- après l'action grâce à `com.sun.star.sdbc.XRowSetListener`.

Ces deux *Listener* sont affectés au RowSet respectivement par les méthodes addRowSetApproveListener et addRowSetListener. L'exemple suivant est intéressant à exécuter pas à pas dans l'EDI, en cliquant sur le bouton Étape de procédure.

```
rem Code12-01.odt bibli : avecRowSet ModuleEvt
Option Explicit

Sub IntercepterEvenements1() ' ***** base dBase BDDext
Dim unRowSet As Object, ecoute1 As Object, ecoute2 As Object

unRowSet = createUnoService("com.sun.star.sdb.RowSet")
With unRowSet
  ' mise en place des écoutes
  ecoute1 = createUnoListener("ecouteAvant_", _
          "com.sun.star.sdb.XRowSetApproveListener")
  .addRowSetApproveListener(ecoute1)

  ecoute2 = createUnoListener("ecouteApres_", _
          "com.sun.star.sdbc.XRowSetListener")
  .addRowSetListener(ecoute2)
  ' ------ travail sur le RowSet ----
  .DataSourceName = "BDDext"
  .CommandType = com.sun.star.sdb.CommandType.TABLE
  .Command = "Clients"
  .execute
  ' colonnes résultat : REF, NOM, PRENOM, NAISS
  .next ' premier résultat
  .next ' deuxième résultat
  MsgBox("Modification de " & .getString(2) & " " & .getString(3))
  .updateString(3, "Claudine") ' changer le prénom
  .updateRow
  .moveToInsertRow
  .updateInt(1, 50)
  .updateString(2, "Allezi")
  .updateString(3, "Lola")
  .updateInt(4, 1990)
  .insertRow ' ajouter cet enregistrement
  .execute ' recharger le RowSet => événement RowSetChange
  .last
  ' supprimer les écoutes
  .removeRowSetApproveListener(ecoute1)
  .removeRowSetListener(ecoute2)
  .dispose ' détruire le RowSet
End With
End Sub


'--- gestionnaires des événements XRowSetApproveListener ---
```

```
Function ecouteAvant_approveCursorMove(eve As Object) As Boolean
dim rep As Long
rep = Msgbox("Passer à une autre ligne ?",4)
ecouteAvant_approveCursorMove = (rep = 6)
End Function

Function ecouteAvant_approveRowChange(eve As Object) As Boolean
dim rep As Long
rep = MsgBox("Modifier la ligne ?", 4)
ecouteAvant_approveRowChange = (rep = 6)
End Function

Function ecouteAvant_approveRowSetChange(eve As Object) _
                                        As Boolean
MsgBox("Le RowSet va changer")
ecouteAvant_approveRowSetChange=true
End Function

Sub ecouteAvant_disposing() ' nécessaire, même si pas utilisé
End Sub

'--- gestionnaires des événements XRowSetListener ---

Sub ecouteApres_cursorMoved(eve As Object)
MsgBox "On est passé à un autre ligne"
End Sub

Sub ecouteApres_rowChanged(eve As Object)
MsgBox "La ligne vient d'être modifiée"
End Sub

Sub ecouteApres_rowSetChanged(eve As Object)
MsgBox "Le RowSet vient de changer"
End Sub

Sub ecouteApres_disposing() ' nécessaire, même si pas utilisé
End Sub
```

Après avoir obtenu un objet RowSet, nous nous en servons pour mettre en place l'interception d'événements. Ici, nous traitons les deux jeux d'événements, mais nous pourrions nous limiter par exemple aux événements d'approbation. Le premier argument de createUnoListener est le préfixe qui sera utilisé pour chaque routine de gestion des événements concernés. Le préfixe doit se terminer par le caractère « souligné ».

Pour chaque service d'événements intercepté, chacun d'eux doit être traité par un sous-programme Sub ou Function, y compris l'événement disposing qui existe toujours, et pour lequel on ne fait souvent rien de particulier. Chaque routine d'interception reçoit en argument optionnel un objet événement. Les routines d'approbation sont des fonctions booléennes qui doivent renvoyer `True` pour approuver l'événement, `False` pour l'annuler.

Dans la séquence de travail avec le `RowSet`, nous avons mis en gras les instructions qui vont déclencher des événements (avant, après).

Le traitement des *Listener* est très important dans la validation des données à entrer ou pour contrôler l'exécution de votre code. Nous verrons au chapitre 13 que les formulaires donnent un accès simplifié à ces événements.

Les transactions

Tout au long de l'exposé précédent, nous avons pu constater que toute modification sur la base de données intervenait immédiatement. Il est cependant des cas où des traitements longs faisant intervenir plusieurs requêtes successives sont à valider globalement. C'est la notion de transaction.

Le pilote de base de données dBase utilisé par notre base de données `BDDext` ne permet pas les transactions. Le pilote de la base embarquée `BDDint` supporte en partie les mécanismes de transactions, car il est une adaptation de HSQLDB, mais il ne détecte pas les conflits. Pour votre projet assurez-vous que votre base de données externe supporte bien les transactions.

Ouverture de la base

Le mécanisme de transaction est géré par la connexion qui supervise les modifications de contenu de la base afin d'éviter les conflits. Si on utilise un `RowSet`, il devra utiliser une connexion établie pour la transaction. Dans l'exemple suivant, nous établissons une connexion pour transaction et affichons la valeur initiale du niveau d'isolement de la transaction.

```
rem Code12-01.odt bibli : Transactions Module1
Option Explicit

Sub TransactionParDefaut()
Dim maConnexion As Object
maConnexion = ConnecterSourcePourTransaction("BDDint") ' essayez BDDext
afficherNiveauIsolement(maConnexion)
DeconnecterSource(maConnexion)
End Sub
```

```
Function ConnecterSourcePourTransaction(nomSource As String, _
        Optional nomUtilisateur As String, _
        Optional motDePasse As String) As Object

Dim maSource As Object, dbContexte As Object
if IsMissing(nomUtilisateur) then
  nomUtilisateur = ""
  motDePasse = ""
elseif IsMissing(motDePasse) then
  motDePasse = ""
end if
dbContexte = CreateUnoService("com.sun.star.sdb.DatabaseContext")
if dbContexte.hasByName(nomSource) then
  maSource=dbContexte.getByName(nomSource)
  ConnecterSourcePourTransaction = _
      maSource.getIsolatedConnection(nomUtilisateur, motDePasse)
end if
End Function



Sub afficherNiveauIsolement(maConnexion As Object)
Dim mess As String
mess = "Validation immédiate ? " & maConnexion.AutoCommit & chr(13)
Select Case maConnexion.TransactionIsolation
Case com.sun.star.sdbc.TransactionIsolation.NONE
  mess = mess & "Méthode utilisée : NONE"
Case com.sun.star.sdbc.TransactionIsolation.READ_UNCOMMITTED
  mess = mess & "Méthode utilisée : READ_UNCOMMITTED"
Case com.sun.star.sdbc.TransactionIsolation.READ_COMMITTED
  mess = mess & "Méthode utilisée : READ_COMMITTED"
Case com.sun.star.sdbc.TransactionIsolation.REPEATABLE_READ
  mess = mess & "Méthode utilisée : REPEATABLE_READ"
Case com.sun.star.sdbc.TransactionIsolation.SERIALIZABLE
  mess = mess & "Méthode utilisée : SERIALIZABLE"
End Select
MsgBox(mess, 0, "Niveau d'isolement")
End Sub
```

L'établissement de la connexion fait appel à la méthode getIsolatedConnection. Par défaut, les connexions valident les modifications dès l'instruction soumise par une instruction execute. C'est la propriété autoCommit qui indique ce comportement avec la valeur True. Si nous désirons entrer dans un processus de transaction, il nous faudra modifier ce comportement par défaut pour informer la connexion qu'elle doit attendre un ordre explicite avant d'inscrire définitivement les modifications en base.

Le sous-programme afficherNiveauIsolement donne une information supplémentaire, que nous allons expliciter. Lorsque deux transactions (sur des processus indépendants) travaillent sur la même zone de table, se pose le problème de l'accès concurrent aux données. Plusieurs anomalies peuvent se produire :

- La transaction 1 modifie une ligne, mais avant que cette modification soit validée par `commit`, la transaction 2 lit cette ligne : si la transaction 1 est annulée par `rollback`, la donnée lue par la transaction 2 est inexacte. Cette situation est appelée *dirty read* (lecture sale).
- La transaction 1 lit une ligne, la transaction 2 modifie cette ligne, puis la transaction 1 relit la ligne : la première lecture est différente de la deuxième. Cette situation est appelée *non-repeatable read* (lecture non répétitive).
- La transaction 1 récupère une série de lignes satisfaisant à une condition `WHERE`, la transaction 2 ajoute une ligne qui satisfait aussi à la condition `WHERE`, puis la transaction 1 relance la même condition `WHERE` et récupère une ligne nouvelle (ligne fantôme). Cette situation est appelée *phantom* (fantôme).

Il est possible d'indiquer à une connexion de transaction comment gérer l'accès concurrent, en modifiant le contenu de la propriété `TransactionIsolation` si le moteur de la base de données le permet. Les valeurs possibles, listées dans le tableau 12-11, sont des constantes nommées de la forme :

```
com.sun.star.sdbc.TransactionIsolation.NONE
```

Tableau 12–11 Constantes de TransactionIsolation

Constante	Description
NONE	Les transactions ne sont pas prises en charge.
READ_UNCOMMITTED	Les lectures peuvent produire des *dirty reads, non-repeatable reads*, et *phantoms*.
READ_COMMITTED	Seuls les *dirty reads* sont empêchés.
REAPEATABLE_READ	Les *dirty reads* et *non-repeatable reads* sont empêchés, mais pas les *phantoms*.
SERIALIZABLE	Les *dirty reads, non-repeatable reads*, et *phantoms* sont empêchés. La conséquence est que les demandes de transaction sont satisfaites successivement (c'est-à-dire en série).

Gérer les transactions

Afin d'illustrer l'utilisation des transactions, nous présentons un exemple certes simpliste mais particulièrement éloquent : nous modifions un enregistrement, insérons un autre, et demandons la confirmation de la transaction. Les transactions s'appliquent bien entendu à des cas beaucoup plus complexes, et là aussi il faut étudier soigneusement les traitements d'erreur d'exécution. Rappelons que la base embarquée utilisée pour l'exemple ne détecte pas les conflits de transactions.

```
rem Code12-01.odt bibli : Transactions Module2
Option Explicit

Sub TestTransaction() ' ***** base embarquée BDDint
Dim maConnexion As Object, unRowSet As Object

surveillerTable("Clients", "Etat initial")
maConnexion = ConnecterSourcePourTransaction("BDDint")
maConnexion.AutoCommit = False' on ouvre la transaction
afficherNiveauIsolement(maConnexion)
UnRowSet = createUnoService("com.sun.star.sdb.RowSet")
With unRowSet
  .activeConnection = maConnexion
  .CommandType = com.sun.star.sdb.CommandType.TABLE
  .Command = "Clients"
  .execute
  if .absolute(2) then ' modifier un enregistrement
    .Columns.getByName("Prenom").updateString("Valérie-Anne")
    .updateRow
  end if
  ' ajouter un nouvel enregistrement
  .moveToInsertRow ' aller à la zone de préparation
  .Columns.getByName("Nom").updateString("Cepamoi")
  .Columns.getByName("Prenom").updateString("Jean-Edouard")
  .Columns.getByName("Naissance").updateInt(1988)
  ' la colonne Ref est auto-incrémentée
  .insertRow ' insérer l'enregistrement dans la table
  surveillerTable("Clients", "Après insertion")
  if MsgBox("Confirmez-vous les changements ?", 48+4) = 6 then
    maConnexion.commit' OUI
  else
    maConnexion.rollback' NON
  endif
  .dispose ' détruire le RowSet
End With
maConnexion.AutoCommit = True' fermer la transaction
DeconnecterSource(maConnexion)
surveillerTable("Clients", "Etat final")
End Sub


Sub surveillerTable(nomTable As String, titre As String)
Dim unRowSet As Object, message As String

unRowSet = createUnoService("com.sun.star.sdb.RowSet")
With unRowSet
  .DataSourceName = "BDDint"
  .CommandType = com.sun.star.sdb.CommandType.TABLE
```

```
        .Command = nomTable
        .execute
        if .absolute(2) then ' lire l'enregistrement en modification
          message = chr(13) & "Enregistrement 2 :" & chr(13) & _
            .Columns.getByName("Nom").String & " " & _
            .Columns.getByName("Prenom").String & chr(13)
        end if
        .afterLast ' aller au-delà du dernier enregistrement
        if .IsRowCountFinal then
          message ="Nombre d'enregistrements : " & .RowCount & message
        else
          message = "Erreur, fin de table pas atteinte !"
        end if
        MsgBox(message, 0, titre)
        .dispose ' détruire le RowSet et sa connexion
End With
End Sub
```

Nous utilisons un sous-programme surveillerTable qui nous permet de visualiser un enregistrement particulier et le nombre total d'enregistrements. Ce sous-programme utilise un RowSet qui crée sa propre connexion à la base BDDint.

Nous ouvrons donc une connexion dans le mode transactionnel et désactivons le mode de validation automatique. Puis, nous affichons le niveau d'isolement avec le sous-programme de l'exemple précédent. Nous utilisons un RowSet pour effectuer la transaction. Il est greffé sur cette connexion. Nous modifions le deuxième enregistrement (une facilité, pour l'exemple), et ajoutons un nouvel enregistrement. Le sous-programme surveillerTable affiche bien ce nouvel état de la base, transitoire.

La macro demande donc ensuite d'accepter ces changements. Si l'utilisateur répond oui alors la transaction est validée par la méthode commit. Si l'utilisateur répond non, toute la transaction est annulée par la méthode rollback.

Nous fermons alors la transaction en replaçant la connexion dans son mode par défaut de validation automatique. Le sous-programme surveillerTable confirme l'état final de la table : soit les deux changements ont eu lieu, soit aucun n'a été conservé.

Utilisation dans le contexte bureautique

OpenOffice.org n'est pas qu'un gestionnaire de bases de données et l'intérêt de l'API sur les bases de données est de pouvoir utiliser ces fonctionnalités dans un contexte bureautique. Nous présentons maintenant quelques exemples non exhaustifs des traitements possibles.

Le publipostage

Une utilisation fréquente des sources de données en bureautique est le publipostage. Il permet par exemple de remplir une lettre type avec des informations propres à chaque enregistrement de la source de données. À titre d'exemple, nous allons effectuer un publipostage sur la table `Clients` de notre source de tests `BDDext`. La lettre type aura été préparée auparavant à l'aide de l'outil *mailing* du traitement de texte. Nous utiliserons le fichier `annonceSoldes.odt`, fourni dans le Zip téléchargeable. Nous allons créer autant de fichiers textes qu'il y a de clients dans la base de données. Chaque fichier comporte les nom, prénom et adresse du client.

```
rem Code12-01.odt bibli : Publipostage Module1
Option Explicit

Sub PublipostageFichiers()
Dim nomSource As String, nomTable As String, colonnePrefixe As String
Dim URLmodele As String, repResultats As String
Dim monPublipostage As Object, props()

nomSource = "BDDext"
nomTable = "Clients"
colonnePrefixe = "NOM"
URLmodele = ConvertToURL("C:\Docs OpenOffice\annonceSoldes.odt")
repResultats = ConvertToURL("C:\Docs OpenOffice\resultat\")

monPublipostage = createUnoService("com.sun.star.text.MailMerge")
With monPublipostage
  .DataSourceName = nomSource
  .CommandType = com.sun.star.sdb.CommandType.TABLE
  .Command = nomTable
  .OutputType = com.sun.star.text.MailMergeType.FILE
  .FileNameFromColumn = True
  .FilenamePrefix = colonnePrefixe
' .SaveAsSingleFile = True
' .SaveFilter = "writer_pdf_Export" ' exemple d'export en PDF
  .DocumentURL = URLmodele
  .OutputURL = repResultats
  .execute(props()) 'Envoi de la commande de publipostage
End With
MsgBox("Fin du publipostage")
End Sub
```

La fonction de publipostage est directement accessible depuis le service `MailMerge`. Il expose de nombreuses propriétés listées pêle-mêle dans la documentation de l'API, nous allons les décrire par catégories.

Dans le tableau 12-12, on retrouve des propriétés que nous avons déjà vues à propos du `RowSet`. Elles concernent l'accès à la base de données : `DataSourceName`, `ActiveConnection`, `CommandType`, `Command`. Nous nous contentons d'explorer une table, mais nous pourrions effectuer des recherches plus sophistiquées avec une requête ou une commande SQL. Une alternative est d'indiquer dans la propriété `ResultSet` un objet `ResultSet` ou un `RowSet` déjà initialisé, ce qui est plus efficace que d'utiliser le `ResultSet` implicite obtenu par les propriétés précédentes. Les propriétés `Selection` et `Filter` permettent de sélectionner les résultats utiles. Attention, la sélection semble ne pas fonctionner (Issue 50519, Issue 62958).

Tableau 12–12 Propriétés concernant l'interrogation de la base de données

Propriété	Type	Signification
DataSourceName	String	Nom de la source de données.
ActiveConnection	Object	Connexion vers la base de données.
ResultSet	Object	Optionnel : un `ResultSet` existant, à utiliser pour interroger la base de données.
CommandType	Long	Voir le tableau 12-10.
Command	String	Voir le tableau 12-10.
Selection	[]Object	Tableau de bookmarks sur le `ResultSet`.
EscapeProcessing	Boolean	`True` pour éviter que la commande SQL ne soit analysée par OpenOffice avant son envoi au moteur de base de données.
Filter	String	Filtre éventuel sur les résultats. Il faut utiliser la même syntaxe qu'après le `WHERE` d'une instruction SQL.

La propriété `DocumentURL` sert à indiquer l'adresse du document servant de modèle. La propriété `OutputType` permet de spécifier un des trois modes de sortie possibles, avec une constante nommée :

```
com.sun.star.text.MailMergeType.FILE     ' sortie sous forme de fichiers
com.sun.star.text.MailMergeType.PRINTER  ' sortie sur une imprimante
com.sun.star.text.MailMergeType.MAIL     ' sortie sous forme de courriels
```

Dans notre exemple, nous voulons une sortie de fichiers. On indique dans quel répertoire stocker les fichiers créés, et comment les nommer (voir le tableau 12-13). Un moyen simple de nommer ces fichiers est d'utiliser comme préfixe une des colonnes du résultat. En exécutant l'exemple avec notre base `BDDext`, vous constaterez que les fichiers commencent par le nom du client suivi d'un numéro : si le fichier existe déjà dans le répertoire, un autre numéro est utilisé, ce qui est le cas pour les deux clients Durand. Si les propriétés `FileNameFromColumn` et `FilenamePrefix` ne sont pas initialisées, les fichiers utilisent comme préfixe le nom du fichier modèle. La propriété

`SaveAsSingleFile` permet d'obtenir un seul fichier contenant toutes les lettres, chacune séparée par un saut de page. Ceci est bien pratique pour imprimer l'ensemble.

Tableau 12–13 Propriétés concernant une sortie fichier

Propriété	Type	Signification
OutputURL	String	Répertoire où seront créés les fichiers.
FileNameFromColumn	Boolean	True si les noms de fichiers proviennent d'une colonne de la base de données.
FileNamePrefix	String	Nom de la colonne servant à créer les noms de fichier.
SaveAsSingleFile	Boolean	True pour regrouper les résultats dans un seul fichier.
SaveFilter	String	Nom du filtre d'export pour les fichiers obtenus. Voir l'export de fichiers, chapitre 7.
SaveFilterData	[]Object	Paramètres éventuels du filtre (tableau de structures PropertyValue).
SaveFilterOptions	String	Paramètres éventuels du filtre.

Les propriétés `SaveFilter...` permettent de convertir (ou d'exporter) le document dans un autre format que le format du modèle et correspondent aux propriétés similaires `FilterName`, etc., décrites au chapitre 7. La pseudo-propriété `SaveFilterData` ne fonctionne pas directement avec Basic, on doit utiliser la méthode `setPropertyValue`.

```
monPublipostage.setPropertyValue("SaveFilterData", optsFiltre() )
```

Il ne reste plus qu'à lancer le publipostage avec la méthode `execute`, qui utilise un tableau de propriétés. Ici, un tableau vide suffit car nous avons rempli directement chaque propriété. On aurait pu les transmettre dans ce tableau, mais cette méthode est davantage sujette à erreurs.

Sortie imprimante

Pour imprimer directement le résultat, la propriété `OutputType` doit avoir la valeur `PRINTER`. À la place des propriétés de sortie fichier, on utilise deux autres propriétés :

- La propriété `SinglePrintJobs` évite d'envoyer une multitude de travaux (en anglais *jobs*) à l'imprimante. Le nom de cette propriété est trompeur, car il faut employer la valeur `False` (c'est-à-dire la valeur par défaut) pour regrouper les résultats dans un seul envoi à l'imprimante.

- La propriété `PrintOptions` sert à transmettre les options d'impression vues au chapitre 7, à la section « Lancer l'impression ». À cause d'un bogue, on doit utiliser en Basic la méthode `setPropertyValue` pour la remplir :

```
monPublipostage.setPropertyValue("PrintOptions", printOpts() )
```

Sortie courriel

Si la propriété `OutputType` prend la valeur `MAIL`, le résultat du publipostage sera une série de courriers électroniques. Pour que le publipostage fonctionne, il faut remplir les informations du panneau **Outils>Options>OpenOffice.org Writer>E-mail de mailing**. Utilisez le bouton **Tester les paramètres** pour vérifier les paramètres du compte de votre messagerie.

Ce type de publipostage utilise aussi des propriétés spécifiques, comme le montre le tableau 12-14. La propriété `OutputURL` doit être remplie, bien que le répertoire indiqué ne semble pas utilisé. Dans notre exemple, pour changer un peu, nous utilisons une requête qui récupère les clients ayant donné leur adresse e-mail. Notez que dans nos essais, le fichier attaché était reçu vide, ou l'application OpenOffice.org bloquait. Il s'agit sans doute de quelques bogues résiduels...

```
rem Code12-01.odt bibli : Publipostage Module3
Option Explicit

Sub PublipostageCourriel()
Dim nomSource As String, URLmodele As String, repResultats As String
Dim monPublipostage As Object, props()
nomSource = "BDDext"
repResultats = ConvertToURL("C:\Docs OpenOffice\resultat\")

monPublipostage = createUnoService("com.sun.star.text.MailMerge")
With monPublipostage
  .DataSourceName = nomSource
  .CommandType = com.sun.star.sdb.CommandType.QUERY
  .Command = "Clients avec courriel"
  .OutputType = com.sun.star.text.MailMergeType.MAIL
  .OutServerPassword = ""
  .InServerPassword = ""
  .AddressFromColumn = "EMAIL"
  .SendAsAttachment = True
  .Subject = "Soldes ! Soldes ! Soldes !"
  .MailBody = "Lisez vite le document ci-joint !"
  .AttachmentName = "Annonce"
  .AttachmentFilter = "writer_pdf_Export" ' exemple d'export en PDF
  .DocumentURL = URLmodele
```

```
   .OutputURL = repResultats
   .execute(props()) 'Envoi de la commande de publipostage
End With
MsgBox("Fin du publipostage")
End Sub
```

Tableau 12–14 Propriétés concernant une sortie courriel

Propriété	Type	Signification
OutServerPassword	String	Mot de passe éventuellement nécessaire pour accèder au serveur de courrier sortant.
InServerPassword	String	Mot de passe éventuellement nécessaire pour accèder au serveur de courrier sortant, dans le cas d'un serveur de courrier configuré en authentification « SMTP après POP».
OutputURL	String	Répertoire où seront créés les fichiers.
Subject	String	Sujet du courriel.
AddressFromColumn	String	Nom de la colonne servant à obtenir l'adresse de courrier électronique du destinataire.
SendAsAttachment	Boolean	True pour envoyer le document en pièce attachée.
SendAsHTML	Boolean	True pour envoyer le document en format HTML dans le corps du message. Pris en compte si SendAsAttachment a la valeur False.
MailBody	String	Texte du corps du message. Pris en compte si SendAsAttachment a la valeur True.
AttachmentName	String	Nom de la pièce attachée. Pris en compte si SendAsAttachment a la valeur True.
AttachmentFilter	String	Nom du filtre d'export pour les fichiers obtenus. Voir l'export de fichiers, au chapitre 7. Pris en compte si SendAsAttachment a la valeur True.
CopiesTo	[]String	Tableau de chaînes de caractères contenant les adresses de courriel en copie visible.
BlindCopiesTo	[]String	Tableau de chaînes de caractères contenant les adresses de courriel en copie cachée.

Calc et les bases de données

Dans cette section, nous utiliserons Calc en tant que classeur, et non comme base de données. Calc est à même d'utiliser des données provenant d'une base de données quelconque, pour créer des graphes, par exemple.

Importer des données dans Calc

Nous allons importer dans une feuille de tableur le résultat d'une requête sur la base BDDint.

```
rem Code12-02.ods bibli : Standard Module1
Option Explicit

Sub ImporterDepuisUneBase()
Dim monDocument As Object, maFeuille As Object, propsBDD As Variant
Dim coinResultats As Object, zoneResultats As Object
Dim zonesBDD As Object, maZoneBDD As Object, nomMaZone As String

nomMaZone = "Ados"
monDocument = ThisComponent
maFeuille = monDocument.Sheets.getByName("RecupBDD")
coinResultats = maFeuille.getCellRangeByName("C2")

zonesBDD = monDocument.DatabaseRanges
if zonesBDD.hasByName(nomMaZone) then zonesBDD.removeByName(nomMaZone)
zonesBDD.addNewByName(nomMaZone, coinResultats.RangeAddress)

propsBDD = CreateProperties(Array( _
   "DatabaseName", "BDDint", _
   "SourceType",   com.sun.star.sheet.DataImportMode.QUERY, _
   "SourceObject", "Clients jeunes" ))

coinResultats.doImport(propsBDD)
maZoneBDD = zonesBDD.getByName(nomMaZone)
zoneResultats = maZoneBDD.ReferredCells
zoneResultats.CellBackColor = RGB(255, 255, 200)
End Sub
```

Le tableur mémorise dans la propriété DatabaseRanges chacune des zones servant à une importation de données. Calc est capable de créer une telle zone à la volée lors d'une action d'importation, mais nous préférons déclarer explicitement la zone de réception. L'objet obtenu de DatabaseRanges est une collection d'objets nommés : chaque zone de réception existant dans le document possède un nom. La méthode hasByName renvoie True si le nom est déjà pris par une zone existante. Dans ce cas, la méthode removeByName permet de la supprimer de la collection. On déclare la nouvelle zone par la méthode addNewByName, avec en argument le nouveau nom et les coordonnées de la cellule du coin haut-gauche de la zone de réception. Ainsi, les données seront écrites dans une table débutant à cette position.

L'importation des données est effectuée par la méthode doImport de la cellule du coin de la zone de réception. Cette méthode nécessite en argument un tableau de structures PropertyValue dont les propriétés (voir le tableau 12-15) proviennent du service `com.sun.star.sheet.DatabaseImportDescriptor`. Pour remplir facilement ce tableau, nous utilisons la routine utilitaire `CreateProperties`, décrite à l'annexe B.

Tableau 12–15 Descripteur d'importation de données

Propriété	Type	Signification
DataBaseName	String	Nom de la source de données.
SourceType	Long	Voir le tableau 12-16.
SourceObject	String	Voir le tableau 12-10.
IsNative	Boolean	True pour éviter que la commande SQL ne soit analysée par OpenOffice avant son envoi au moteur de base de données.

Les constantes nommées de la propriété `SourceType` (voir le tableau 12-16) conditionnent le contenu de `SourceObject`. Elles sont de la forme :

```
com.sun.star.sheet.DataImportMode.NONE
```

Tableau 12–16 Valeurs possibles de SourceType

Constante	Signification
NONE	Aucune importation n'est effectuée.
SQL	La source de l'importation est une requête SQL.
TABLE	La source de l'importation est une table.
QUERY	La source de l'importation est une requête enregistrée.

Une fois l'import effectué, l'objet zone de réception `maZoneBDD` nous donne, par sa propriété `ReferredCells`, un objet zone de cellules couvrant exactement toutes les données importées. Nous nous en servons ici pour colorer en jaune pâle le fond de ces cellules. La propriété `DataArea` de l'objet `maZoneBDD` fournit une structure `CellRangeAddress` qui permet également de déterminer les coordonnées de la zone de cellules (voir le chapitre 9).

Si la base de données est modifiée par d'autres processus (par exemple une base fournissant des cours de Bourse en temps réel), il est possible de rafraîchir les données importées, soit sur demande avec la méthode `refresh`, soit périodiquement avec la propriété `RefreshPeriod`.

```
maZoneBDD.RefreshPeriod = 30 ' rafraîchir toutes les 30 secondes
```

Le service `com.sun.star.sheet.DatabaseRange` et son interface `XDatabaseRange` disponibles sur l'objet `maZoneBDD` comportent d'autres possibilités, dont un filtrage, un tri et une sous-totalisation. Nous ne nous étendrons pas dessus, consultez la documentation API du service et suivez les nombreux liens.

Une requête dans une cellule

Le fichier `CalcSQL.ods` regroupe quelques fonctions permettant d'accéder aux sources de données depuis Calc. Sans donner le détail de tout le code, nous en mentionnerons les points importants.

Ces fonctions s'appuient sur le fait qu'une macro, définie sous forme de fonction, peut être appelée depuis une cellule de Calc. Bien que n'apparaissant pas dans l'Autopilote, le résultat retourné par la fonction, sous forme matricielle ou non, sera affiché dans Calc au même titre qu'une fonction intrinsèque.

Une formule matricielle s'obtient en validant la saisie de la fonction dans Calc par Ctrl + Maj + Entrée à la place de la seule touche Entrée. Du coté de la macro, ce retour matriciel se traduit par un résultat sous forme de tableau. Une première approche consiste à exploiter directement l'API d'accès aux sources de données avec laquelle nous avons déjà travaillé. Voici à quoi pourrait ressembler l'appel depuis une cellule Calc (la ligne est coupée en deux par la mise en page).

```
=CALCSQL1("SourceDeDonnees";"select * from LaTable
   where LeChamp=" & Apos(A14))
```

On remarque que les arguments sont séparés par des points-virgules et que la concaténation de chaînes est autorisée par l'intermédiaire de l'opérateur &. Si nécessaire, n'hésitez pas à utiliser la fonction Apos. Cette syntaxe permet l'utilisation de valeurs issues d'autres cellules pour construire la requête, par exemple A14.

La fonction `CalcSQL1` contient plusieurs arguments, certains obligatoires, d'autres optionnels, comme le montre le tableau 12-17.

Tableau 12–17 Arguments de la fonction CalcSQL1

Ordre	Argument	Optionnel	Signification
1	nomSource	Non	Nom de la source de données telle que définie dans Ooo - La casse est importante.
2	Requete	Non	Requête SQL valide de type SELECT. Aucun contrôle de validité autre que celui interne à OpenOffice.org n'est effectué.
3	AfficheTitre	Oui	La valeur 1 permet d'afficher le nom des colonnes récupérées.
4	BorneMax	Oui	Affiche les BorneMax premiers éléments.
5	BorneMin	Oui	Saute les BorneMin premiers éléments.

Ces arguments de la formule Calc sont en fait les arguments de la macro. Il est cependant à noter que les paramètres optionnels ne le sont que s'ils sont situés à la fin de la formule. Si ce n'est pas le cas, il deviennent obligatoires.

```
Function CalcSQL1(nomSource, Requete, _
        Optional AfficheTitre, _
        Optional BorneMax, Optional BorneMin)
```

Les traitements de cette macro sont exactement dans l'esprit des macros que nous avons explorées précédemment. Nous ne redétaillerons pas le processus. Une fois le traitement effectué, la macro retourne un tableau.

```
CalcSQL1 = TabResultat()
```

La cellule Calc contient alors le résultat de la requête.

ATTENTION **Résultats matriciels**

Il existe plusieurs problèmes dûs aux retours matriciels :
- Toutes les cellules affichées sont recalculées : cela implique des appels successifs aux fonctions qui peuvent être pénalisants si la requête est lourde.
- Lorsque la fonction a été évaluée une première fois, la taille de la matrice n'est pas adaptée si l'on change la requête. Cela implique l'affichage de #NA si moins de lignes sont retournées. Si plus de lignes sont retournées, le retour est tronqué à la taille initiale.

Importer des données depuis une cellule

Le tableur Calc permet, par l'intermédiaire de la touche F4, d'afficher le pilote de sources de données. À partir de cet endroit, toute requête ou table glissée-déposée dans une feuille importe les données. Le lien n'est cependant pas conservé.

La fonction CalcSQL2 utilise l'API d'importation des données que nous avons précédemment décrite afin de reproduire et d'automatiser ce comportement. La requête source est alors conservée.

```
=CALCSQL2("Feuille";"Cellule";"Source";"select * from LaTable
where LeChamp=" & Apos(A14))
```

La fonction CalcSQL2 importe donc le résultat de la requête à l'endroit spécifié par les arguments. Le résultat est cellule par cellule et non pas matriciel. Les arguments de cette fonction (tableau 12-18) sont tous obligatoires.

Tableau 12–18 Arguments de la fonction CalcSQL2

Ordre	Argument	Signification
1	NomFeuille	Feuille où sera affiché le résultat - Doit être différente de la feuille contenant la cellule.
2	CelluleCible	Cellule en haut à gauche contenant le résultat.
3	nomSource	Nom de la source de données telle que définie dans Ooo. La casse est importante.
4	Requete	Requête SQL valide de type SELECT. Aucun contrôle de validité autre que celui interne à OpenOffice.org n'est effectué.

On remarque que les arguments sont séparés par des points-virgules et que la concaténation de chaînes est autorisée par l'intermédiaire de l'opérateur &. Si nécessaire, n'hésitez pas à utiliser la fonction Apos. Cette syntaxe permet donc l'utilisation de valeurs issues d'autres cellules pour construire la requête, par exemple A14.

Le fichier CalcSQL.ods propose une dernière fonction CalcSQL3 qui comprend davantage d'options de mise en forme. Cette fonction reprend les deux approches exposées ci-dessus, nous ne nous y attarderons donc pas.

Importer les requêtes MS-Access

Nous avons vu qu'il était possible de créer dynamiquement des requêtes enregistrées. Cette technique va nous permettre d'importer les requêtes d'une base MS-Access. Ainsi, lors d'une migration de base de données, nous pourrons continuer à utiliser les requêtes, parfois complexes, qui y étaient enregistrées.

Deux macros, une en VBA pour l'exportation et l'autre en OOoBasic pour l'importation en passant par un fichier texte intermédiaire, vont permettre de recréer ces requêtes dans la source de données utilisée par OpenOffice.org.

```
Rem ATTENTION, ceci est du code VBA
Rem Il n'est pas utilisable dans OpenOffice.org

Rem Code VBA à executer dans Access

Sub ExporteRequetes()
Dim mabase As database
Set mabase = Currentdb
Set mesdefs = mabase.QueryDefs

Open "Result.txt" For Output As #1

For i = 0 To mesdefs.Count - 1
  Print #1, CStr(i) + "|------------------"
```

```
    Print #1, mesdefs(i).Name
    Print #1, mesdefs(i).Sql 'peut être écrit sur plusieurs lignes
    Print #1, ""
Next i
Print #1, "|||"
Close #1

MsgBox "ok"
End Sub
```

Cette première macro VBA parcourt toutes les requêtes de la base Access et les exporte dans un fichier texte.

Maintenant, la macro suivante va relire ce fichier dans OpenOffice.org, en tenant compte des éventuels sauts de lignes inclus dans les requêtes, et va les recréer dans la source de données.

```
Sub ImporteRequetes()
Dim rien as string

oDBContext= CreateUnoService("com.sun.star.sdb.DatabaseContext")
'Nom de la source de données OOo
odb=odbcontext.getbyname("EssaiMDB")
queries=odb.getQueryDefinitions()

Open "C:\Result.txt" For Input As #1

line input #1, rien
while not eof(1)
    NomRequete=""
    requete=""
    suite=""
    'Récupère les informations Info de chaque requête
    line input #1, NomRequete
    line input #1, requete
    line input #1, suite
    while trim(suite)<>""
        requete=requete+" "+suite
        line input #1, suite
    wend
    while trim(suite)=""
        line input #1, suite
    wend

    'Insère la requête dans la source de données
    UneRequete=queries.createInstance
    UneRequete.setPropertyValue("Command",requete)
```

```
  if not queries.hasByName(NomRequete) then
    'on ne peut écrire deux requêtes avec le même nom
    queries.InsertByName(NomRequete,UneRequete)
  endif
wend

on Error goto OOoV1
dbDoc = odb.DatabaseDocument 'erreur avant OOo 2.0 !
on Error Goto 0 ' supprimer le traitement d'erreur
dbDoc.store ' sauver la requête dans le fichier .odb
Goto L1
OOoV1:
Resume L1 ' ignorer l'erreur : OOo 1.1 ou inférieur
L1:
on Error Goto 0

close #1
Msgbox "C'est Fini"
End Sub
```

Cette macro est un premier jet. En toute rigueur, il faudrait vérifier que les requêtes sont syntaxiquement correctes et ne contiennent pas d'éléments étrangers à la norme SQL. Nous vous laissons poursuivre ce travail...

Conclusion

Nous venons de présenter le traitement des sources de données au travers de l'API. Les différentes actions de création, modification ou consultation des données ont été exposées. Quelques exemples d'utilisation dans un contexte bureautique ont permis d'illustrer les concepts expliqués.

Le chapitre suivant va présenter la manipulation des formulaires directement inclus dans les documents et qu'on peut connecter à des sources de données.

13

Les formulaires

Le mot formulaire (en anglais, *form*) a trois significations dans OpenOffice.org :

- un document de type questionnaire, comportant des zones à remplir par l'utilisateur ;
- un document affichant des informations provenant d'une base de données ;
- un objet logiciel auquel sont rattachés des contrôles visuels, et connectable à une base de données.

Nous traiterons dans ce chapitre de ces trois aspects qui sont liés. Nous supposons que vous savez créer dans un document un objet formulaire et le connecter à une base de données, sans programmation. Si OpenOffice.org facilite la création de formulaires intégrés à un document Base, il est tout à fait possible de définir un document formulaire séparé, ce qui a certains avantages. Nous allons utiliser comme exemples des documents formulaires séparés, puis nous montrerons comment accéder aux formulaires intégrés dans un document Base.

> **ATTENTION Vocabulaire VBA**
>
> Dans la terminologie de Microsoft, le terme formulaire désigne aussi bien une boîte de dialogue (voir le chapitre 11), qu'un formulaire dans Access. Ce dernier correspond au concept de document formulaire lié à une base de données.

Dans la barre d'outils Conception de formulaires, rappelons l'existence d'un bouton pour afficher le Navigateur de formulaires (figure 13-1). Ce dernier visualise dans une arborescence les objets formulaires contenus dans un document, et pour chacun les contrôles qui lui sont rattachés. À partir du Navigateur de formulaire, on peut créer un nouvel objet formulaire, lui ajouter des contrôles, sélectionner un contrôle, etc.

Figure 13–1
Le Navigateur de formulaires

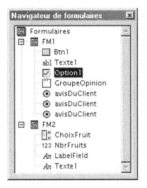

Plus d'informations

Consultez l'aide **F1**, dans l'onglet **Contenu**, rendez-vous à la rubrique **Fonctionnalité de la base de données**, et cliquez sur la sous-rubrique **Base de données OpenOffice.org**.
Nous conseillons la lecture préalable du chapitre 12 traitant des sources de données, ainsi que du chapitre 11 sur les boîtes de dialogue : leurs contrôles ont bien des points communs – mais aussi des différences – avec les formulaires. Ils ne peuvent notamment pas être liés à une base de données.
Nous utiliserons dans les exemples les sources BDDext et BDDint du chapitre 12.

API Référence sur les formulaires (en anglais)

La documentation de l'API est décrite dans le *Developer's Guide*, chapitre *Forms*.
▸ http://wiki.services.openoffice.org/wiki/Documentation/DevGuide/
OpenOffice.org_Developers_Guide

Accéder aux contrôles d'un formulaire

Les objets formulaires sont rattachés à une page de dessin du document. Nous avons vu précédemment la notion de page de dessin dans les documents Writer, Calc, Draw, lorsque nous avons décrit comment insérer des formes.

Pour accéder à un contrôle de formulaire, nous devons suivre un jeu de piste, résumé à la figure 13-2.

À partir du document, nous obtenons une page de dessin : soit celle du document (Writer), soit celle d'une de ses feuilles (Calc, Draw, Impress).

Figure 13–2
Comment retrouver
un contrôle dans
un formulaire

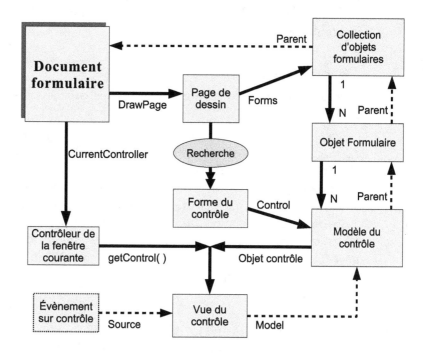

Une page de dessin peut contenir un objet formulaire ou plusieurs. La propriété `Forms` de la page de dessin nous donne une collection de formulaires (collection éventuellement vide). Cette collection est capable de nous indiquer si un formulaire d'un nom donné existe, avec sa fonction `hasByName`, et de nous renvoyer ce formulaire avec la fonction `getByName`. Le formulaire est lui-même une collection, qui contient des contrôles. De la même manière, les fonctions `hasByName` et `getByName` d'un formulaire permettent de vérifier l'existence et d'obtenir le modèle d'un contrôle. Celui-ci contient l'essentiel des propriétés utiles du contrôle.

Contrairement aux boîtes de dialogue, le modèle est l'objet contrôle principal. Il existe en plus un objet « vue du contrôle » qui gère les propriétés visibles de celui-ci. Il n'y a pas de lien modèle vers vue, car il peut y avoir plusieurs vues s'il existe plusieurs fenêtres sur le même document. Toutefois, les vues restent cohérentes entre elles et avec le modèle. Pour obtenir la vue du contrôle, il est nécessaire de passer par le contrôleur de la fenêtre courante, qui est capable de renvoyer, avec sa fonction `getControl`, la vue du modèle de contrôle donné en argument.

Enfin, un contrôle possède une forme associée, gérée comme telle dans la page de dessin. La forme du contrôle possède toutes les spécificités communes aux formes (voir le chapitre 10), par exemple son ancrage, sa position et ses dimensions. Pour la retrouver, il est nécessaire d'examiner successivement les formes existant dans la page afin de récupérer celle qui correspond bien au contrôle. Pour cela, nous avons réalisé une routine utilitaire que nous détaillerons.

Formes groupées

Il est possible de grouper les formes de plusieurs contrôles, mais dans ce cas, la récupération d'une forme est plus complexe.

La macro ci-dessous met en œuvre le processus décrit. Vous remarquerez que notre algorithme se base sur les noms des diverses entités pour retrouver sûrement l'élément désiré. Il est de votre intérêt de choisir vous-même ces noms, plutôt que de laisser ceux donnés par défaut. Dans le document Calc utilisé par la macro, nous avons mis dans la feuille Formulaires deux formulaires, appelés FM1 et FM2. Nous allons rechercher un contrôle appelé Texte1 dans le formulaire FM1. Nous avons poussé le vice jusqu'à appeler Texte1 un autre contrôle du formulaire FM2.

```
rem Code13-01.ods bibli : TrouverControles Module1
Option Explicit

Sub TrouverParLesNoms()
Dim monDocument As Object, maFeuille As Object, maPage As Object
Dim monControleur As Object
Dim lesFormulaires As Object, unFormulaire As Object
Dim monCtrl As Object, vueCtrl As Object, formeCtrl As Object
monDocument = thisComponent
monControleur = monDocument.CurrentController
maFeuille = monDocument.Sheets.getByName("Formulaires")
maPage = maFeuille.DrawPage ' récupérer la page de dessin
lesFormulaires = maPage.Forms' la collection des formulaires
unFormulaire = lesFormulaires.getByName("FM1")
monCtrl = unFormulaire.getByName("Texte1")
monCtrl.Text = Time ' changer le texte affiché dans ce contrôle
vueCtrl = monControleur.getControl(monCtrl)
print "Mettre la date sur le contrôle Text"
vueCtrl.Text = Date
' rechercher la forme correspondant au contrôle
' attention : il existe aussi un contrôle Texte1 dans FM2 !
formeCtrl = FindCtrlShapeByName(maPage, "FM1", "Texte1")
print "Taille :", formeCtrl.Size.Width, formeCtrl.Size.Height
End Sub
```

Nous récupérons dans l'ordre la feuille de Calc, la page de dessin correspondant à la feuille, la collection de formulaires, puis le formulaire appelé FM1 et, dans celui-ci, le (modèle de) contrôle appelé Texte1. La propriété Text de ce contrôle champ de texte correspond au texte affiché ; nous le modifions en lui affectant l'heure courante.

Une fois obtenue la vue du contrôle, nous démontrons que nous avons le bon objet en affichant la date à la place de l'heure, ici aussi avec la propriété Text de la vue du contrôle. La forme (dessin) du contrôle est obtenue grâce à la fonction utilitaire FindCtrlShapeByName, que nous allons maintenant expliquer.

```
rem Code13-01.ods    bibli : Standard Module1
Option Explicit

' retrouve la forme d'un contrôle de formulaire
Function FindCtrlShapeByName(unePage As Object, _
        leFormulaire As String, leControle As String) As Object
Dim objX As Object, x As Long

for x = 0 to unePage.Count -1
  objX = unePage(x)
  if objX.supportsService("com.sun.star.drawing.ControlShape") then
    if objX.Control.Name = leControle then
      if objX.Control.Parent.Name = leFormulaire then
        FindCtrlShapeByName = objX ' forme trouvée
        Exit Function
      end if
    end if
  end if
next
End Function ' renvoie Null en cas d'échec
```

Cette fonction va analyser chacune des formes se trouvant dans la page, en effectuant des tests successifs : d'abord, elle vérifie que la forme rend le service ControlShape (le nom du service de formes pour contrôles). Si c'est le cas, sa propriété Control nous donne le contrôle auquel elle est liée ; nous vérifions que le nom de ce contrôle est bien celui recherché. Pour éviter les homonymies entre plusieurs formulaires, nous récupérons le formulaire dans lequel se trouve ce contrôle, grâce à sa propriété Parent. Si le nom du formulaire est celui attendu, l'objet forme est trouvé et renvoyé en résultat de la fonction. En cas d'échec, la fonction renverra la valeur Null, que l'appelant pourra tester avec la fonction IsNull de OOoBasic. Si, dans la macro précédente, vous modifiez dans l'appel de FindCtrlShapeByName le nom du formulaire en FM2, vous trouverez l'autre contrôle de même nom.

La figure 13-2 représente en pointillés les chemins permettant de remonter vers le document formulaire, ils peuvent vous servir à l'occasion.

Les sous-formulaires

Un objet sous-formulaire n'est pas accessible directement à partir de l'ensemble des objets formulaires de la page. En fait, il est vu comme un contrôle appartenant au formulaire parent, et on l'obtient de la même façon qu'un autre contrôle :

```
Dim lesFormulaires As Object
Dim unFormulaire As Object, sousFormulaire As Object
unFormulaire = lesFormulaires.getByName("Sujets photos")
sousFormulaire = unFormulaire.getByName("Cliches")
```

Une fois en possession du sous-formulaire, vous avez accès de la même façon aux contrôles qu'il contient, et éventuellement à un deuxième niveau de sous-formulaire, etc.

Fonctionnalités de base des contrôles

Un formulaire n'est pas obligatoirement lié à une base de données. Il peut servir à obtenir des renseignements qui seront ensuite imprimés, ou servir à déclencher des macros du document. Inversement, tout contrôle de formulaire est rattaché à un objet logiciel formulaire. Lorsque vous déposez un bouton sur une page d'un document Writer vierge, un objet formulaire est immédiatement créé ; vous le constatez facilement avec le Navigateur de formulaires.

Les contrôles sont pour la plupart similaires à ceux rencontrés dans les boîtes de dialogue. D'une manière générale, le modèle d'un contrôle de formulaire est équivalent au modèle du contrôle analogue d'une boîte de dialogue et la vue d'un contrôle de formulaire est similaire au contrôle lui-même de la boîte de dialogue. Il existe cependant de notables différences.

Les propriétés de chaque contrôle sont nombreuses, tant au niveau du contrôle qu'au niveau de son modèle. Vous trouverez dans le Zip téléchargeable, dans le répertoire consacré à ce chapitre, le fichier `PropsFormulaire.ods` qui liste la plupart des propriétés de chacun des contrôles.

Attacher une macro à un événement d'un contrôle est identique à ce que nous avons vu avec les boîtes de dialogue.

Le bouton

Un bouton de formulaire sert en général à déclencher une macro. Pour cela, on affecte le nom d'une macro existante à l'événement Lors du déclenchement, dans l'onglet Événements du panneau des propriétés du contrôle.

Dans le panneau de propriétés d'un bouton, la propriété Action accepte différentes valeurs :

- Aucun correspond à un bouton ordinaire. Pour réaliser une action, on doit gérer un événement de ce bouton, en lui affectant une macro.
- Toute une série de valeurs correspondant à des actions de navigation sur le formulaire auquel le bouton est rattaché.
- L'action Ouvrir la page web permet effectivement de lancer l'affichage d'une page HTML sur le navigateur Internet par défaut. Mais elle peut aussi bien lancer toutes sortes d'URL, notamment celles des commandes de `Dispatch` ne nécessitant pas d'argument. Par exemple, en mettant dans la propriété URL du panneau la valeur `.uno:SearchDialog`, appuyer sur le bouton affichera le dialogue de rechercher-remplacer ; ou encore, la valeur `.uno:CloseWin` fermera la fenêtre en cours.

Le bouton picto ou bouton-image

Ce contrôle est spécifique aux formulaires. Il sert à afficher une image, sans texte, et se déclenche comme un bouton. On retrouve la propriété Action.

Les zones de liste non liées à une base de données

Dans une première approche, nous allons étudier les contrôles de type Zone de liste dont la liste des choix est définie en mode conception ou par programmation.

Lorsque vous déposez une zone de liste sur un formulaire, l'Assistant entre en action pour configurer le lien vers la source de données. Annulez l'Assistant pour imposer une liste de choix non liée à une base de données.

La zone de liste simple

Son fonctionnement est identique à celui d'une boîte de dialogue. L'objet Vue du contrôle (revoir la figure 13-2) expose les propriétés et méthodes de gestion de la liste que nous avons listées au chapitre 11, section « Modifier le contenu d'une zone de liste ». Dans la macro suivante, nous affichons le rang et la valeur choisie dans une zone de liste à choix unique, puis nous sélectionnons le choix de rang 1.

```
rem Code13-01.ods bibli : ManipControles Module2
Option Explicit

Sub ZoneDeListe()
Dim monDocument As Object, maFeuille As Object
Dim lesFormulaires As Object, unFormulaire As Object
Dim monCtrl As Object, vueCtrl As Object
monDocument = thisComponent
```

```
maFeuille = monDocument.Sheets.getByName("Formulaires")
lesFormulaires = maFeuille.DrawPage.Forms
unFormulaire = lesFormulaires.getByName("FM2")
monCtrl = unFormulaire.getByName("ChoixFruit")
vueCtrl = monDocument.CurrentController.getControl(monCtrl)
print "Rang= " & vueCtrl.SelectedItemPos, vueCtrl.SelectedItem
print "Sélection du choix de rang 1"
vueCtrl.selectItemPos(1, True)
End Sub
```

La propriété `SelectedItemPos` renvoie -1 si rien n'est sélectionné.

Le principe de la zone de liste à choix multiple est similaire à ce que nous avons vu avec les boîtes de dialogue, une fois la vue du contrôle obtenue.

```
rem Code13-01.ods bibli : ManipControles Module3
Option Explicit

Sub ZoneDeListeChoixMultiple()
Dim monDocument As Object, maFeuille As Object
Dim lesFormulaires As Object, unFormulaire As Object
Dim monCtrl As Object, vueCtrl As Object
Dim n As Long, listeSel As String
monDocument = ThisComponent
maFeuille = monDocument.Sheets.getByName("Formulaires")
lesFormulaires = maFeuille.DrawPage.Forms
unFormulaire = lesFormulaires.getByName("FM2")
monCtrl = unFormulaire.getByName("Choix Couleurs")
vueCtrl = monDocument.CurrentController.getControl(monCtrl)
if UBound(vueCtrl.SelectedItemsPos) < 0 then
  MsgBox("Aucun élément n'est sélectionné")
else
  listeSel = ""
  for n = 0 to UBound(vueCtrl.SelectedItemsPos)
    listeSel = listeSel & vueCtrl.SelectedItemsPos(n) & " : " & _
      vueCtrl.SelectedItems(n) & chr(13)
  nextobtenue .
  MsgBox(listeSel, 0, "Éléments sélectionnés")
  MsgBox("Suppression des éléments sélectionnés")
  vueCtrl.selectItemsPos(vueCtrl.SelectedItemsPos, False)
end if
MsgBox("Sélection des éléments 2, 7, 8")
vueCtrl.selectItemsPos(Array(7,2,8), True)
End Sub
```

La zone de liste combinée

Son utilisation est similaire à celle vue au chapitre 11.

Autres possibilités des zones de liste

Le contenu des listes est modifiable par programmation, suivant le principe exposé dans le chapitre 11, section « Gérer dynamiquement les contrôles de dialogue ». Vous y verrez aussi comment insérer un séparateur dans la liste de choix, et comment créer des listes comportant des images.

La case à cocher

Son utilisation est identique à celle vue dans une boîte de dialogue. Ici aussi, la propriété `State` de l'objet contrôle peut prendre une des valeurs :

0 La case n'est pas cochée.

1 La case est cochée.

2 L'état est « indéterminé » ou « je ne sais pas » si le statut triple est activé.

Le choix 1 parmi N

La manière de créer un ensemble de cases de choix 1 parmi N (ou boutons radio) est très différente de ce que nous avons vu avec les boîtes de dialogue. C'est la parfaite illustration qu'il y a plusieurs solutions à un même problème...

La manière la plus simple de créer un tel ensemble est de déposer une zone de groupe. Un Assistant vous guidera dans les étapes :

1 Donner l'intitulé de chaque bouton (le texte affiché).

2 Sélectionner un bouton par défaut.

3 Donner une valeur à chaque option (la valeur référentielle, qui peut être un texte).

4 Donner l'intitulé de la zone de groupe (le texte affiché en haut du cadre).

Vous obtenez un ensemble de boutons régulièrement espacés et entourés par un cadre. Cliquez n'importe où dans le cadre : l'ensemble est sélectionné, vous pouvez le déplacer en faisant glisser la souris. Cliquez ailleurs pour désélectionner. Maintenant, faites un Ctrl + clic sur un des éléments ; celui-ci seulement sera sélectionné. Le Navigateur de formulaires facilite la sélection d'un élément.

Dans un choix 1 parmi N de formulaire, tous les boutons reçoivent le même nom. C'est ainsi que le formulaire saura qu'ils fonctionnent ensemble. Donc, si vous souhaitez ajouter une autre option plus tard, déposez un contrôle Bouton radio et donnez lui ce même nom. Comment distinguer le bouton choisi par l'utilisateur ? Nous avons besoin d'un élément spécifique. L'intitulé du bouton pourrait convenir, mais il est susceptible d'être modifié plus tard, soit pour le traduire dans une autre langue, soit pour des raisons de clarté. La valeur référentielle, définie à l'étape 3 convient mieux. Cependant, cette propriété `RefValue` du modèle est normalement prévue pour être envoyée à un serveur web après validation du formulaire. Une autre solution totalement indépendante de l'usage du formulaire est d'utiliser la propriété Tag (Complément d'information) de chaque bouton. C'est ce que nous avons fait dans le document exemple.

La récupération du choix effectué par l'utilisateur est encore complètement différente de ce que nous avons vu pour une boîte de dialogue, comme le montre la macro suivante.

```
rem Code13-01.ods bibli : ManipControles Module1
Option Explicit

Sub Groupe1ParmiN()
Dim monDocument As Object, maFeuille As Object
Dim lesFormulaires As Object, unFormulaire As Object
Dim opinion() As Object, alternative As Object
monDocument = thisComponent
maFeuille = monDocument.Sheets.getByName("Formulaires")
lesFormulaires = maFeuille.DrawPage.Forms
unFormulaire = lesFormulaires.getByName("FM1")
unFormulaire.getGroupByName("avisDuClient", opinion())
for each alternative in opinion()
  With alternative
    MsgBox("Label= " & .Label & chr(13) & _
           "Tag= " & .Tag & chr(13) & "Etat= " & .State)
  End With
next
End Sub
```

Après avoir récupéré l'objet formulaire, nous utilisons sa méthode getGroupByName. Le premier argument est le nom commun à tous les boutons du groupe (attention, ne pas confondre avec le nom du contrôle **zone de groupe**). La méthode affectera au deuxième argument un tableau d'objets, chacun d'eux étant un des boutons. Signalons qu'il n'y a aucune raison de supposer que les éléments du tableau sont dans l'ordre des boutons, car les boutons ont pu être déplacés en mode conception. Le tableau obtenu est exploré par une boucle For Each ; pour la démonstration, nous affichons l'intitulé du bouton. La valeur de la propriété Tag servant à distinguer chaque alternative de choix, prenez des valeurs qui simplifient votre programme. La propriété State vaut 1 si le bouton est choisi, 0 s'il ne l'est pas.

Naturellement, il est aussi possible d'utiliser un événement comme Lors du déclenchement sur chacun des boutons.

Les champs de saisie

Il s'agit des contrôles Zone de texte, Champ numérique, Champ date, Champ horaire, Champ monétaire, Champ masqué, Champ formaté.

Leur utilisation est identique à celle vue dans une boîte de dialogue. La valeur courante est obtenue directement depuis une propriété du modèle (voir le tableau 13-1).

Tableau 13–1 Propriétés donnant la valeur actuelle d'un contrôle

Contrôle	Propriété	Type	Signification
Texte	Text	String	Texte affiché.
Numérique	Value	Double	Valeur.
Monétaire	Value	Double	Valeur.
Masqué	Text	String	Texte affiché.
Formaté	Text	String	Texte affiché.
Date	Date	Long	Date au format ISO, voir le chapitre 11, section « Le champ de date ».
Heure	Time	Long	Heure au format d'un entier, voir le chapitre 11, section « Le champ horaire ».

Pour un contrôle Numérique ou Monétaire, le texte affiché est obtenu par la propriété Text de la vue du contrôle.

```
Ctrl.Value renvoie : 123456.57
vueCtrl.Text renvoie : € 123 456,57
```

Pour les contrôles Date et Heure, le texte affiché est obtenu par la propriété Text de l'objet Peer de la vue du contrôle.

```
Ctrl.Date renvoie : 19540714
vueCtrl.Peer.Text renvoie : 1954-07-14
```

La zone de texte avec formatage

Dans le panneau de propriétés du contrôle Zone de texte, si la propriété Type de texte est configurée à Plusieurs lignes avec formatage, on obtient une zone ayant les mêmes possibilités de formatage qu'une zone de texte dans Writer, et sans limitation du nombre de caractères.

```
rem Code13-07.odt bibli : Standard Module1
Option Explicit

Sub EcrireTexteFormate()
Dim monDocument As Object, leFormulaire As Object, zTexte As Object
Dim monTexte As Object, monCurseur As Object
Dim finLigne As Integer
```

```
finLigne = com.sun.star.text.ControlCharacter.PARAGRAPH_BREAK
monDocument = ThisComponent
leFormulaire = monDocument.Drawpage.Forms(0)
ztexte = leFormulaire.getByName("TextBox")
monTexte = zTexte
monCurseur = monTexte.createTextCursor
With monCurseur
  .gotoStart(False)
  .gotoEnd(True)
  .String = ""  ' raz du texte existant
  .CharPosture = com.sun.star.awt.FontSlant.NONE
  .CharWeight = com.sun.star.awt.FontWeight.BOLD
  .CharColor = RGB(255, 50, 50)
  .CharHeight = 12
  monTexte.insertString(monCurseur, "Bonjour tout le monde,", False)
  monTexte.insertControlCharacter(monCurseur, finLigne, False)
  .CharWeight = com.sun.star.awt.FontWeight.NORMAL
  .CharColor = -1
  .CharHeight = 10
  .CharPosture = com.sun.star.awt.FontSlant.ITALIC
  monTexte.insertString(monCurseur, "Comment allez-vous ?", false)
  monTexte.insertControlCharacter(monCurseur, finLigne, False)
End With
End Sub
```

Le texte au sens Writer est obtenu par le contrôle lui-même. Ici, on a simplement changé le nom de la variable pour retrouver le style de codage employé au chapitre 8.

Le compteur

Il s'agit en fait de deux boutons flèche groupés à l'horizontale ou à la verticale. L'un incrémente, l'autre décrémente un compteur de valeur entière Long. L'orientation, les valeurs limites et l'incrément sont réglables dans le panneau de propriétés. La valeur courante du compteur n'est pas affichée sur le formulaire, on l'obtient par la propriété SpinValue du modèle du contrôle.

Le contrôle Image ou contrôle Picto

Ce contrôle est amélioré avec la version 3.1 d'OpenOffice.org sur les points suivants :

- Dans le panneau des propriété, Échelle permet de conserver les proportions de l'image à l'affichage.
- Lorsqu'on affecte au contrôle une image via le panneau des propriétés, le dialogue permet de décocher la case Lien, afin d'intégrer l'image dans le document lui-même.

- Lorsque le contrôle est lié à un champ de la table, ce champ est interprété comme contenant l'adresse URL de l'image. Ainsi, la base de données d'images ne contient que les adresses, et les fichiers images sont externes à la base.

Autres contrôles

Il s'agit des contrôles :

- Sélection de fichier ;
- Barre de défilement.

Leur utilisation est identique à celle vue dans une boîte de dialogue.

Il nous reste à voir les contrôles spécifiques aux bases de données, ainsi que la gestion des contrôles quand ils sont liés à une base de données.

Principes communs aux contrôles

Imposer le focus sur un contrôle

Nous avons défini la notion de *focus* au chapitre 11 « Les boîtes de dialogue », et montré comment mettre le *focus* sur un contrôle de dialogue. La méthode est similaire pour un contrôle de formulaire. On utilise la méthode setFocus de la vue du contrôle concerné.

```
unCtrl = unFormulaire.getByName("DateNaiss")
vueCtrl = monDocument.CurrentController.getControl(unCtrl)
vueCtrl.setFocus
```

Remettre le focus sur le document

Quand on effectue une action sur un contrôle de formulaire, le *focus* passe sur le formulaire. Par exemple, avec Writer, si on clique un bouton le curseur courant n'apparaît plus sur le document, ce qui est gênant pour l'utilisateur. Avec Calc, on le voit si une cellule est en mode édition.

En fin d'exécution de la macro appelée par le contrôle, ces instructions remettent le *focus* sur le document :

```
Dim w As Object
w = ThisComponent.CurrentController.Frame.ContainerWindow
w.setFocus
```

Rendre un contrôle invisible

La méthode `setVisible` de la vue du contrôle le rend invisible avec l'argument `False`. La méthode `isVisible` renvoie `True` si le contrôle est visible.

```
vueCtrl.Visible = False
if vueCtrl.isVisible then ....
```

Gérer les événements d'un contrôle

On affecte une macro à un des événements du contrôle (onglet Événements du panneau de propriétés). Comme pour un dialogue, la macro gérant l'événement reçoit un objet événement en argument. Cet objet expose une propriété `Source` qui permet, grâce à sa propriété `Parent`, de remonter jusqu'à l'objet formulaire auquel est rattaché le contrôle.

```
Sub traitement(evt As Object)
Dim vueCtrl As Object, Ctrl As Object, formulaire As Object

vueCtrl = evt.Source
Ctrl = vueCtrl.Model
formulaire = Ctrl.Parent
End Sub
```

On retrouve avec les contrôles de formulaire les événements que nous avons décrits pour les contrôles de dialogue dans le chapitre 11, à la section « Les principaux événements ». Lorsque le contrôle est lié à un champ de base de données, d'autres événements peuvent se produire, comme nous le verrons plus loin dans ce chapitre à la section « Les événements des formulaires ».

Gestionnaire d'événements commun à plusieurs contrôles

De même que pour les dialogues, il est tout à fait possible d'affecter le même gestionnaire d'événements à plusieurs contrôles. Voici un exemple simple, que vous pouvez tester en mettant plusieurs boutons sur un document Writer, et en affectant un même gestionnaire à l'événement lors du déclenchement. Pour chaque bouton, avec le panneau Propriétés de l'EDI, remplissez la propriété Complément d'information avec un texte quelconque, spécifique à chacun.

```
Sub GestionnaireMultiple(Evenement As Object)
Msgbox(Evenement.Source.Model.Tag)
End Sub
```

Notre gestionnaire récupère la vue du contrôle déclencheur avec la propriété `Source` de l'objet événement. Le modèle du contrôle est obtenu par la propriété `Model` de la vue, et la propriété `Tag` correspond à **Complément d'information** dans l'EDI. Vous pouvez aussi bien accéder aux autres propriétés, comme le nom du contrôle par exemple.

Formulaire intelligent

Vous trouverez dans l'API (voir l'annexe A) un exemple très instructif et réaliste d'un formulaire pour passer une commande à un fast-food : `burger_factory.odt`. À chaque valeur introduite dans un contrôle, des *Listener* mettent à jour d'autres contrôles du formulaire. Vous trouverez le formulaire dans le sous-répertoire du SDK :

```
/examples/basic/forms_and_controls/
```

Les contrôles de formulaire dans Calc

La plupart des contrôles de formulaire peuvent être liés à une cellule du document Calc dans lequel ils sont déposés. Par exemple, déposez une zone de texte sur une feuille d'un document Calc. Dans le panneau **Propriétés**, à l'onglet **Données**, remplissez le champ **Cellule liée** avec la valeur `D4`. Une fois le mode conception désactivé, tapez un texte dans la zone de texte : il apparaît dans la cellule D4 de la feuille. Éditez le contenu de la cellule D4 : le nouveau contenu apparaît dans la zone de texte. La cellule liée a son propre format d'affichage, sans lien avec l'affichage du contrôle.

Les contrôles autorisant un lien avec Calc sont : Zone de texte, Champ numérique, Champ formaté, Case à cocher, Bouton Radio, Zone de liste simple, Zone de liste combinée, Compteur, Barre de défilement.

À quoi cela peut-il bien servir ? Le document `Code13-06.ods` du Zip téléchargeable comporte un formulaire à remplir sur la feuille **Remplir**, et une exploitation du contenu des contrôles sur la feuille `Resultats`. Dans cet exemple, le contrôle utilisé pour la valeur d'heure n'accepte qu'une valeur comprise entre 0 et 23, et permet une incrémentation/décrémentation par boutons.

De plus, un contrôle Zone de liste simple ou Zone de liste combinée peut utiliser une liste de valeurs située dans une zone de cellules du document Calc. Dans le document exemple, le choix d'une couleur est une zone de liste simple, le choix d'une destination est une zone de liste combinée, et ces listes sont dans la feuille **Fliste**. Ici aussi, la zone de cellules et la liste du contrôle sont liées : si on change la valeur d'une des cellules de la zone servant à la liste, la liste du contrôle se met à jour. Si on insère des lignes dans la zone de cellules, la liste insère les nouveaux éléments.

Pour un contrôle Zone de liste, la cellule liée peut contenir soit le texte de l'élément choisi, soit le rang de cet élément dans la liste. Le rang est plus pratique pour l'exploitation informatique. Pour une zone de liste combinée, la cellule reproduit le texte choisi ou tapé par l'utilisateur.

Par programmation, il est possible de changer l'adresse de la cellule liée, et la zone de cellules servant à la liste. Dans le document exemple, actionner le bouton Changer la liste déclenche la macro suivante qui modifie le contrôle Zone de liste combinée :

```
rem Code13-06.ods bibli : Standard Module1
Option Explicit

Sub changerZonesLiees()
Dim monDocument As Object, leFormulaire As Object, lien As Object
Dim maCellule As Object, maZone As Object, monCombo As Object
Dim fRemplir As Object, fResultats As Object, fListe As Object
Dim prop(0) As New com.sun.star.beans.NamedValue

monDocument = ThisComponent
fResultats = monDocument.Sheets.getByName("Resultats")
fListe = monDocument.Sheets.getByName("Fliste")
fRemplir = monDocument.Sheets.getByName("Remplir")
leFormulaire = fRemplir.Drawpage.Forms.getByName("Standard")
monCombo = leFormulaire.getByName("Choix destinations")

Select Case InputBox("Numéro de configuration : 1 ou 2", "", "1")
case "2"
  maCellule = fRemplir.getCellRangeByName("D7")
  maZone = fListe.getCellRangeByName("F22:F30")
Case Else
  maCellule = fResultats.getCellRangeByName("B5")
  maZone = fListe.getCellRangeByName("F4:F16")
End Select
' changer le lien vers la cellule résultat
prop(0).Name = "BoundCell"
prop(0).Value = maCellule.CellAddress
lien = monDocument.createInstanceWithArguments(_
  "com.sun.star.table.CellValueBinding", prop())
monCombo.setValueBinding(lien)
' changer le lien vers la zone de cellules contenant la liste
prop(0).Name = "CellRange"
prop(0).Value = maZone.RangeAddress
lien = monDocument.createInstanceWithArguments(_
  "com.sun.star.table.CellRangeListSource", prop())
monCombo.setListEntrySource(lien)
' réinitialiser le Texte du combo, qui n'a pas été modifié
monCombo.Text = ""
End Sub
```

Les méthodes `setValueBinding` et `setListEntrySource` du contrôle reçoivent un objet décrivant le lien. Pour cela, on invoque deux services spécialisés en leur transmettant une structure, qui n'est pas une `PropertyValue` mais une `NamedValue`, très similaire. Cette structure reçoit les coordonnées de la cellule ou de la zone.

Mémoriser une information cachée dans un contrôle

La propriété `Tag` (Complément d'information) d'un contrôle est rarement utilisée, surtout dans un contrôle Étiquette. Cette propriété contient une chaîne de caractères quelconque, pouvant atteindre 65 535 caractères. Dans un document formulaire, on peut donc l'employer sur un ou plusieurs contrôles pour mémoriser des informations de programmation que l'utilisateur n'a ni à connaître, ni à modifier.

Dans un document sans formulaire apparent, on peut toujours ajouter un ou plusieurs contrôles Étiquette de taille réduite et avec un titre vide, ils seront invisibles mais pourront contenir une information dans `Tag`. On pourra les retrouver et les sélectionner avec le Navigateur de formulaire.

Contrôles et base de données

La plupart des contrôles peuvent être liés à une base de données, ce qui permet à l'utilisateur de visualiser le contenu de certains éléments et de les modifier facilement. Il est important de se rappeler les points suivants :

- Un objet formulaire est lié au maximum à une source de données (une base de données).
- Dans cette base de données, un objet formulaire ne peut gérer qu'une seule table, ou résultat d'une instruction SQL, ou requête enregistrée. Le résultat d'une instruction SQL est l'équivalent d'une table créée dynamiquement ; une requête est en fait une instruction SQL.
- Les contrôles orientés données affichent un champ dans cette table (sauf le contrôle **Table**, que nous allons voir, qui en affiche un par colonne).
- Les objets sous-formulaires permettent de gérer d'autres tables de la même base de données que le formulaire principal auquel ils sont rattachés. Ils recherchent les enregistrements d'une autre table dont un champ a la même valeur qu'un champ de la table principale. Notez également qu'un sous-formulaire peut lui-même comporter un ou plusieurs sous-formulaires.

L'objet formulaire

Le formulaire permet d'accéder à une table et d'y naviguer. Il possède les propriétés et méthodes que nous avons vues au chapitre 12 pour un RowSet, et ajoute les siennes propres :

- La méthode isLoaded de l'objet formulaire renvoie True lorsqu'il est complètement chargé. Si vous ouvrez par programme un document formulaire, attendez la fin du chargement de l'objet formulaire avant de l'utiliser.
- La méthode reload de l'objet formulaire permet de rafraîchir les données en ré-exécutant la commande du RowSet.
- La méthode createResultSet crée un ResultSet utilisant la même commande SQL que le Rowset du formulaire. Nous verrons un exemple d'utilisation avec le contrôle Table.

La barre de navigation

Ce contrôle est en fait une barre d'outils qu'on pose sur le document. Il permet de changer d'enregistrement courant dans la table du formulaire, et offre divers boutons. Vous pouvez choisir d'afficher ou masquer certains d'entre eux.

Le contrôle Table

Le contrôle de table, ou plutôt grille (*grid*, en anglais) sert à visualiser les champs d'une table, à changer leur contenu, à insérer ou à supprimer des enregistrements. Il est donc très courant dans un document formulaire utilisant une base de données, mais n'est pas indispensable. Bien qu'il ressemble à une feuille de tableur, un contrôle Table n'a pas les fonctionnalités d'un tableur.

Chaque colonne d'un contrôle Table est lui-même un des contrôles que nous avons déjà vus. L'objet Table expose ses colonnes sous forme d'une collection dont chaque élément est accessible par indexation ou par le nom (propriété Name) de la colonne. Ne confondez pas cette propriété avec l'en-tête de la colonne que voit l'utilisateur (propriété Label).

Bon à savoir

Les affectations de macro aux événements de contrôles de colonne dans un contrôle Table sont actuellement ignorées. Seuls les contrôles déposés sur la page du document peuvent déclencher des macros sur un événement.

Dans l'exemple suivant, nous avons créé un formulaire sur la table Clients de la base de données BDDext du chapitre 12. Nous aurions pu faire l'équivalent avec la base BDDint. Dans ce formulaire, un contrôle Table a été déposé en utilisant l'Assistant, pour afficher les colonnes NOM, PRENOM, NAISS. Nous avons renommé ensuite les valeurs par défaut des noms des objets colonnes et des en-têtes de colonnes. Nous avons ajouté sur la page quelques autres contrôles pour visualiser le nom du client (en lecture seule) et son adresse. Avec un clic droit sur chaque contrôle, nous avons changé l'ancrage en À la page pour faciliter le positionnement. Enfin, en affichant les propriétés du formulaire, nous avons effectué un tri dans l'ordre décroissant des dates de naissance. Ceci vous donne un aperçu des facilités de formulaire.

```
rem Code13-02.odt bibli : ModifTable Module1
Option Explicit

Sub ExplorerFormulaire()
Dim monDocument As Object, unFormulaire As Object, grille As Object
Dim ctrColNaiss As Object, ctrlAdresse As Object, colTable As Object
Dim uneColonne As Object, x As Long
monDocument = ThisComponent
unFormulaire = monDocument.DrawPage.Forms.getByName("MajClient")
grille = unFormulaire.getByName("TableControl")
for x = 0 to grille.Count -1
  uneColonne = grille(x)
  MsgBox ("Nom du contrôle = " & uneColonne.Name & chr(13) & _
    "En-tête de colonne = " & uneColonne.Label & chr(13) & _
    "Type du contrôle = " & chr(13) & uneColonne.ColumnServiceName, 0, _
    "Contrôle Table, colonne " & x)
next
' trois manières d'accéder à l'enregistrement courant
ctrColNaiss = grille.getByName("Annee Naissance")
ctrlAdresse = unFormulaire.getByName("Rue")
colTable = unFormulaire.Columns.getByName("PRENOM")
MsgBox("Prénom : " & colTable.String & chr(13) & _
       "Année de naissance : " & ctrColNaiss.Value & chr(13) & _
       "Adresse : " & ctrlAdresse.Text, 0, "Client en cours")
End Sub
```

Nous commençons par récupérer dans le document le formulaire nommé MajClient, puis le contrôle Table nommé TableControl. Sa propriété Count nous donne le nombre de colonnes que le contrôle affiche, et on accède à chaque objet colonne avec la méthode getByIndex. Avec OOoBasic, le getByIndex peut être omis, comme si on indexait une variable tableau. La boucle For affiche successivement pour chaque colonne le nom de du contrôle, le libellé de l'en-tête de colonne, et le type du contrôle ce qui nous permet de voir que les deux premières colonnes sont des champs Texte, et la troisième un champ numérique.

Nous allons maintenant récupérer des valeurs correspondant à l'enregistrement courant (celui pointé par la flèche du contrôle Table). Pour la démonstration plusieurs méthodes sont utilisées.

- L'année de naissance est obtenue à partir du contrôle de la colonne « Né en » du contrôle Table. La valeur numérique est récupérée par sa propriété Value.
- L'adresse est obtenue à partir du contrôle Zone de Texte « Rue ». Sa propriété String nous donne la valeur de ce champ.
- Le prénom n'est disponible dans aucun des contrôles de l'objet formulaire. Mais ce dernier interroge la table Clients, et possède les fonctionnalités d'un RowSet qui lui-même hérite des fonctionnalités d'un ResultSet. On peut donc récupérer la valeur courante du prénom dans la colonne PRENOM de la table Clients. Ici nous avons choisi une des trois manières d'y arriver, relisez au besoin la section « Explorer les résultats d'une requête » du chapitre 12. Bien entendu, si le formulaire avait été basé sur le résultat d'une requête plus spécialisée, il aurait fallu utiliser les noms de colonnes fournis par la requête.

Ainsi, il n'est pas nécessaire de mettre toutes les colonnes disponibles dans un contrôle Table. Il est même possible de s'en passer et n'utiliser que les autres contrôles, pour les seules colonnes nécessaires à l'utilisateur.

Connaître la sélection dans le contrôle Table

L'utilisateur dispose de plusieurs moyens de sélection :

- placer le curseur dans une des cellules affichées par le contrôle Table ;
- ou bien sélectionner une ligne en cliquant sur la marge gauche du contrôle ;
- ou encore sélectionner plusieurs lignes avec Maj + clic et/ou Ctrl + clic sur la marge ;
- enfin, sélectionner le contenu entier en cliquant sur la marge en haut à gauche.

Le codage ci-dessous traite ces différents cas.

```
rem Code13-02.odt bibli : ModifTable Module2
Option Explicit

Sub SelectionDansControleTable()
Dim monDocument As Object, unFormulaire As Object
Dim grille As Object, vueGrille As Object
Dim lignesSel As Variant, rs As Object, positionLigne As Variant
monDocument = thisComponent
unFormulaire = monDocument.DrawPage.Forms.getByName("MajClient")
grille = unFormulaire.getByName("TableControl")
vueGrille = monDocument.CurrentController.getControl(grille)
lignesSel = vueGrille.Selection
if UBound(lignesSel) < 0 then
  MsgBox("Position courante :" & chr(13) & _
```

```
        grille(1).Text & " " & grille(0).Text & chr(13) & _
        "Le curseur est en colonne " & vueGrille.CurrentColumnPosition & _
        " du contrôle Table", 0, "Pas de ligne sélectionnée")
  else
    rs = unFormulaire.createResultSet
    for each positionLigne in lignesSel()
     if rs.moveToBookmark(positionLigne) then
       ' accès par rang de colonne du ResultSet, à partir de 1
       MsgBox(rs.getString(3) & " " & rs.getString(2), 0, _
         "Ligne sélectionnée")
     else
       MsgBox("Signet non trouvé ! ", 16)
     end if
    next
  end if
End Sub
```

L'analyse se fait à partir de la vue du contrôle, obtenue à partir de la propriété CurrentController du document. Dans cet objet vueGrille, la propriété Selection est un tableau représentant les lignes sélectionnées. Si le tableau est vide (son index maximal est négatif), il y a au plus une cellule sélectionnée, ou le curseur est dans une cellule.

Dans ce premier cas le modèle du contrôle Table nous fournit les valeurs de chaque champ de la ligne, et nous récupérons le prénom et le nom en utilisant la pseudo-indexation de Basic sur la collection des colonnes de la grille (encore une autre méthode d'accès). La propriété CurrentColumnPosition de la vue du contrôle nous renseigne sur la position de la cellule courante, relativement aux colonnes du controle Table.

Dans le cas où le tableau renvoyé par la propriété Selection n'est pas vide, il contient un signet (bookmark) par ligne sélectionnée. L'utilisation des signets a été expliquée au chapitre 12, section « Exploiter les résultats d'une requête ». Nous avons auparavant « cloné » un ResultSet à partir du RowSet de l'objet formulaire (méthode createResultSet). Ce ResultSet nous sert à balayer toutes les lignes du résultat sans perturber l'état du RowSet. La méthode moveToBookmark nous positionne sur la ligne de la table correspondant à une des lignes sélectionnées sur la grille. Pour varier les plaisirs, nous affichons le prénom et le nom de la ligne en utilisant les index de colonne relatifs au ResultSet, donc sans rapport avec la disposition des colonnes dans la grille.

Déplacer la position courante dans le contrôle Table

En fait, déplacer la ligne courante du contrôle Table est très simple. Il suffit d'utiliser les méthodes de navigation du ResultSet du formulaire, comme nous l'avons fait au chapitre 12. Le contrôle Table n'est qu'un afficheur, esclave du ResultSet.

```
rem Code13-02.odt bibli : ModifTable Module3
Option Explicit
```

```
Sub SeDeplacerDansLeControleTable()
Dim monDocument As Object, unFormulaire As Object

monDocument = thisComponent
unFormulaire = monDocument.DrawPage.Forms.getByName("MajClient")
MsgBox("Position actuelle : " & unFormulaire.Row & chr(13) & _
        "Cliquez OK pour aller à la ligne 2")
unFormulaire.absolute(2)
MsgBox("Position actuelle : " & unFormulaire.Row & chr(13) & _
        "Cliquez OK pour aller à la dernière ligne")
unFormulaire.last
MsgBox("Position actuelle : " & unFormulaire.Row & chr(13) & _
        "Cliquez OK pour remonter de 4 lignes")
unFormulaire.relative(-4)
MsgBox("Position actuelle : " & unFormulaire.Row & chr(13) & _
        "Cliquez OK pour aller à la ligne suivante")
unFormulaire.next
MsgBox("Position actuelle: " & unFormulaire.Row)
End Sub
```

Modifier le contenu d'un champ du formulaire

Dans l'utilisation d'un formulaire, le passage à un autre enregistrement est une validation implicite des modifications de la ligne en cours effectuées par l'utilisateur. La base de données utilisée par le formulaire est alors automatiquement mise à jour. Il existe aussi un bouton sur la barre de navigation de formulaire pour valider la ligne. À l'inverse, l'utilisateur a plusieurs moyens pour annuler les modifications avant validation : il peut soit appuyer sur la touche Échap quand il est sur un champ du contrôle Table, ou alors actionner un autre bouton sur la barre de navigation de formulaire.

Si on change par programme la valeur d'un champ de formulaire, ceci n'est pas répercuté immédiatement sur la ligne en cours. Pour chaque contrôle dont on a modifié la valeur, il faut exécuter la méthode commit. Cet exemple le démontre.

```
rem Code13-02.odt bibli : ModifTable Module4
Option Explicit

Sub ModifierValeur()
Dim monDocument As Object, unFormulaire As Object, grille As Object
Dim ctrColNaiss As Object, ctrlAdresse As Object
monDocument = ThisComponent
unFormulaire = monDocument.DrawPage.Forms.getByName("MajClient")
grille = unFormulaire.getByName("TableControl")
ctrColNaiss = grille.getByName("Annee Naissance")
ctrlAdresse = unFormulaire.getByName("Rue")
ctrColNaiss.Value = 2005
```

```
ctrlAdresse.Text = "18, avenue des Hirondelles"
if MsgBox("Prendre en compte les nouvelles valeurs ?", 4) = 6 then
  ctrlAdresse.commit
  ctrColNaiss.commit
end if
End Sub
```

La macro va modifier la date de naissance et l'adresse du client en cours. Lancez-la d'abord en répondant Non à la question. Le champ Né en ne change pas (probablement un effet de l'intégration du contrôle numérique dans le contrôle Table), mais le champ Adresse change. Passez à l'enregistrement suivant et revenez sur l'enregistrement initial : les valeurs sont bien revenues aux valeurs initiales, preuve que la base de données n'a pas été mise à jour.

Relancez la macro en répondant Oui à la question. Les deux champs changent de valeur, l'indicateur d'enregistrement modifié apparaît en marge du contrôle Table. En tapant sur la touche Échap, les changements sont annulés. Relancez encore en répondant Oui, passez à l'enregistrement suivant et revenez sur l'enregistrement initial : les valeurs sont bien modifiées.

Zone de liste et base de données

Les contrôles Zone de liste peuvent offrir un choix obtenu à partir d'une table. L'Auto-pilote facilite la configuration du contrôle pour cet usage. Dans une telle configuration, le contrôle Zone de liste oblige à sélectionner un élément et un seul. Ceci est normal, car le choix résultant sera stocké dans un champ de table.

Le document exemple Code13-05.odt présente plusieurs formulaires utilisant la base de données BDDext. Rappelons que ces exemples n'ont qu'un but didactique, une vraie gestion commerciale est bien plus complexe.

L'encadré Gestion des factures est un formulaire servant à modifier ou ajouter un enregistrement dans la table Factures. Il utilise une zone de liste pour choisir le nom du client depuis une requête sur la table Clients, et le choix obtenu servira à remplir le champ CLIENT de la table Factures avec le numéro (et pas le nom) du client. Ce numéro est le champ REF de la table Clients. Les contrôles affichant le prénom et l'adresse du client sont obtenus par un sous-formulaire.

Cliquez sur la liste déroulante du nom de client, et remontez en haut de la liste : vous observez une ligne vide. Cette ligne est ajoutée automatiquement à la liste affichée, elle correspond à la valeur Null pour le champ. Dans des bases de données plus élaborées (telle la base interne HSQLDB), on peut spécifier si une valeur Null est acceptable pour un champ.

La requête employée pour la liste déroulante donne une liste en ordre alphabétique des noms. Vous remarquerez qu'il y a deux « Durand ». Le problème des homonymes ne se résout qu'avec un numéro de client. Mais, lorsque l'on crée une facture, on part d'un client : il nous faut visualiser tous les éléments permettant de s'assurer de son identité. Cependant, si on sélectionne un autre nom que l'actuel, les champs prénom, rue, code postal, ne changent pas ! En effet, ces champs ne reflètent que le contenu actuel de l'enregistrement dans la table `Factures`. Il n'y a pas de moyen d'afficher simplement les valeurs correspondant à un choix non validé. Cette manière de procéder ne convient donc pas. Une autre solution serait de choisir d'abord un client, puis de transférer son numéro dans l'enregistrement de `Factures`.

L'encadré `Vente d'articles` est un formulaire permettant de modifier ou d'ajouter un enregistrement dans la table `Ventes`. Chaque type d'objet vendu fait l'objet d'un enregistrement, avec une référence à un numéro de facture. Ici, la liste de choix se justifie, car chaque libellé d'article est supposé différent.

Nous n'avons pas eu besoin de programmer, mais seulement de définir les formulaires et leurs contrôles. Étudiez leur configuration avec le Navigateur de formulaires et le panneau des propriétés de contrôles. Les formulaires `Gestion des factures` et `Vente d'articles` fonctionnent, faites des manipulations et affichez ensuite le contenu des tables. D'autres formulaires seraient utiles, par exemple pour lister les articles d'une facture, ou les factures d'un client.

Les événements des formulaires

L'onglet Événements du panneau de propriétés de l'objet formulaire ainsi que chacun de ses contrôles liés à un champ de données présentent la plupart des événements utiles, ce qui peut éviter de mettre en place un *Listener* (le principe d'un gestionnaire d'événements, ou *Listener*, est exposé au chapitre 14).

Le tableau 13-2 liste, pour un objet formulaire, les noms d'événements en français, le terme anglais équivalent, la correspondance probable avec l'interface et la routine de *Listener* concernées. Il indique également si le gestionnaire a un droit de veto (colonne V) sur l'événement. Pour de tels événements, la routine de gestion est une fonction qui renvoie `True` si l'événement est autorisé, `False` s'il doit être interdit. S'il y a plusieurs gestionnaires sur le même événement, la priorité est donnée à `False`. Pour ce panneau comme pour le suivant, la traduction française peut varier, mais le tableau liste les événements dans l'ordre d'affichage sur le panneau.

Tableau 13–2 Événements sur un objet formulaire

Français	Anglais	Interface	Routine	V
Avant de rétablir	Prior to reset	XResetListener	approveReset	V
Après le rétablissement	After resetting	XResetListener	resetted	
Avant l'envoi	Before submitting	XSubmitListener	approveSubmit	V
Lors du chargement	When loading	XLoadListener	loaded	
Avant le rechargement	Before reloading	XLoadListener	reloading	
Lors du rechargement	When reloading	XLoadListener	reloaded	
Avant le déchargement	Before unloading	XLoadListener	unloading	
Lors du déchargement	When unloading	XLoadListener	unloaded	
Confirmation de suppression	Confirm deletion	XConfirmDeleteListener	confirmDelete	V
Avant l'opération d'enregistrement	Before record action	XRowSetApproveListener	approveRowchange approveRowSetchange	V V
Après l'opération d'enregistrement	After record action	XRowSetListener	rowChanged rowSetChanged	
Avant le changement d'enregistrement	Before record change	XRowSetApproveListener	ApproveCursorMove	V
Après le changement d'enregistrement	After record change	XRowSetListener	cursorMoved	
Remplir les paramètres	Fill parameters	XDatabaseParameterListener	approveParameter	V
Erreur survenue	Error occurred	XSQLErrorListener	errorOccured (cf. Note)	

> **Note**
>
> Le nom de la routine errorOccured comporte une faute d'orthographe, qui sera perpétuée pour des raisons de compatibilité.

Le tableau 13-3 liste les événements concernant la base de données qui apparaissent en fin de liste sur l'onglet Événements du panneau de propriétés des contrôles orientés données. L'événement Erreur survenue n'existe que pour un contrôle Table.

Tableau 13–3 Événements sur un contrôle

Français	Anglais	Interface	Routine	V
Avant de rétablir	Prior to reset	XResetListener	approveReset	V
Après le rétablissement	After resetting	XResetListener	resetted	
Avant l'actualisation	Before updating	XUpdateListener	ApproveUpdate	V
Après l'actualisation	After updating	XUpdateListener	updated	
Erreur survenue	Error occurred	XSQLErrorListener	errorOccured	

Le document `Code13-03.odt` démontre l'utilisation d'événements sur le formulaire. Il utilise trois macros lancées sur événement. Le formulaire utilise la base `BDDext`, table `Clients`. Les boutons **Supprimer l'enregistrement en cours**, **Enregistrer la saisie**, **Annuler la saisie** ont leur propriété **Action** positionnée sur l'action correspondante, qui est alors exécutée automatiquement.

Le bouton **Afficher les événements** modifie le comportement des macros attachées aux événements. Commencez par manipuler le formulaire sans actionner ce bouton. Voyez le comportement des trois autres boutons, qui passent à l'état grisé s'il n'y a pas de modification en cours. Voyez l'action du bouton **Annuler la saisie** : toutes les modifications en cours sont remplacées par les valeurs actuelles de la table.

```
rem Code13-03.odt bibli : ModifTable2 Module1
Option Explicit

Global VoirEvenements As Boolean

' Événement du bouton Afficher les événements : Changement d'état
Sub TracerLesEvenements(evt As Object)
VoirEvenements = (evt.Selected = 1)
End Sub


' Événement sur l'objet formulaire : Avant l'opération d'enregistrement
' renvoie True pour accepter, False pour refuser le changement
Function AvantOperation(evt As Object) As Boolean
if VoirEvenements then
  AvantOperation = (MsgBox("Source : " & evt.Source.ImplementationName _
    & chr(13) & "Approuvez-vous cette modification ?", 4, _
    "Avant opération d'enregistrement") = 6)
else
  AvantOperation = True
end if
End Function

' Événement sur l'objet formulaire : Avant le changement d'enregistrement
' renvoie True pour accepter, False pour refuser le changement
Function AvantDeplacement(evt As Object) As Boolean
if VoirEvenements then
  AvantDeplacement = (MsgBox("Approuvez-vous ce déplacement ?", 4, _
    "Avant changement d'enregistrement") = 6)
else
  AvantDeplacement = True
end if
End Function
```

Nous avons utilisé une variable globale afin de mémoriser son état entre deux lancements de macro provoqués par les événements de formulaire. Initialement, cette variable a la valeur `False`, ce qui conduit les gestionnaires d'événements à ne rien faire. Le bouton Afficher les événements est un bouton à bascule. Sur son événement Changement d'état la macro `TracerLesEvenements` est exécutée. La propriété `Selected` de l'objet événement reflète alors l'état atteint par le bouton : 0 pour le bouton relevé et 1 pour le bouton enfoncé. La variable globale prend la valeur `True` si le bouton est enfoncé.

Dans l'onglet Événements du panneau Propriétés du formulaire, nous avons intercepté les événements :

- Avant l'opération d'enregistrement ;
- Avant le changement d'enregistrement.

Ces deux événements peuvent être rejetés (la documentation dit peu élégamment « veto-isé »). Nous les traitons donc par deux fonctions à résultat de type `Boolean`. Si l'affichage des événements n'est pas activé, l'événement est approuvé. Si l'affichage des événements est activé, un message demandant l'approbation est affiché. Selon le résultat du `MsgBox`, l'événement est approuvé ou non. Un véritable programme pourrait effectuer des contrôles de validité avant d'autoriser un événement.

Appuyez maintenant le bouton Afficher les événements. Effectuez une modification et actionnez le bouton Enregistrer la saisie. Vous constaterez que deux événements du même type sont déclenchés, par un contrôleur et par l'objet formulaire.

Effectuez une modification et passez à un autre enregistrement : trois événements apparaissent, deux pour la modification et un pour le changement d'enregistrement.

En conclusion, la gestion des événements est assez délicate et le codage doit tenir compte des différents cas possibles.

Ajouter des contrôles par programme

Dans certains cas, il n'est pas possible de connaître à la conception le nombre de contrôles dont on aura besoin dans un document formulaire. Il est alors nécessaire d'ajouter ces contrôles par programme. Ce travail est assez complexe et nécessite une bonne connaissance de l'API et sa documentation. Avant de l'entreprendre, réfléchissez bien à vos besoins. Peut-être qu'une autre approche du problème permettrait de concevoir un formulaire fixe, bien plus simple à mettre au point.

Nous allons partir d'un document formulaire existant, comportant un objet formulaire nommé `Questionnaire`, avec un contrôle étiquette et un contrôle bouton qui déclenche une macro. Cette dernière va créer :

- un contrôle Zone de texte ;
- un contrôle Zone numérique ;
- un contrôle Bouton dont le déclenchement lance une macro existante dans le document.

Nous verrons aussi comment supprimer ces contrôles. Le codage se compose des routines :

- `AjouterControles`, appelée par le bouton pré-existant sur le formulaire ;
- `insererControle`, qui facilite l'insertion de chaque contrôle ;
- `SupprimerAutoControles`, qui supprime les contrôles créés dynamiquement ;
- `reinitialiserControlesAuto`, qui sera déclenché quand on appuie sur le bouton inséré.

Voici la routine principale :

```
rem Code13-08.odt bibli : Standard Module1
Option Explicit

Sub AjouterControles() ' déclenché par le bouton "Ajouter"
Dim monDocument As Object, leFormulaire As Object, maPage As Object
Dim ctrl As Object, p As Long

monDocument = ThisComponent
maPage = monDocument.DrawPage
leFormulaire = maPage.Forms.getByName("Questionnaire")
SupprimerAutoControles(leFormulaire, maPage)
ctrl = createUnoService("com.sun.star.form.component.TextField")
ctrl.Name = "info 1"
ctrl.Tag = "Auto"' sert à repérer les contrôles ajoutés
leFormulaire.insertByIndex(leFormulaire.Count, ctrl)
' Largeur 20 mm, Hauteur 10 mm, dans la page 5 cm à droite et 12 cm en bas
insererControle(monDocument, ctrl, 2000, 1000, 5000, 12000)

ctrl = createUnoService("com.sun.star.form.component.NumericField")
ctrl.Name = "info 2"
ctrl.Tag = "Auto"
ctrl.DecimalAccuracy = 3 ' afficher trois décimales
ctrl.ValueMin = -10.0
ctrl.ValueMax = 15.3
ctrl.ValueStep = 0.1
ctrl.DefaultValue = 2.718
ctrl.Spin = True    ' présentation en forme "compteur"
leFormulaire.insertByIndex(leFormulaire.Count, ctrl)
' Largeur 20mm, Hauteur 10 mm, dans la page 8cm à droite et 12cm en bas
insererControle(monDocument, ctrl, 2000, 1000, 8000, 12000)
```

```
ctrl = createUnoService("com.sun.star.form.component.CommandButton")
ctrl.Name = "btn Remplissage"
ctrl.Label = "Remplir"
ctrl.Tag = "Auto" ' sert à repérer les contrôles ajoutés
p = leFormulaire.Count ' position de ce contrôle dans la collection
leFormulaire.insertByIndex(p, ctrl)
' Largeur 26mm, Hauteur 10 mm, dans la page 11cm à droite et 12cm en bas
insererControle(monDocument, ctrl, 2600, 1000, 11000, 12000)
' affecter un traitement à l'événement "Lors du déclenchement"
Dim evt As New com.sun.star.script.ScriptEventDescriptor
evt.ListenerType = "XActionListener"
evt.EventMethod = "actionPerformed"
evt.ScriptType = "Script" ' plus général que "Basic"
evt.ScriptCode = "vnd.sun.star.script:" & _
  "Standard.Module1.reinitialiserControlesAuto" & _
  "?language=Basic&location=document"
leFormulaire.registerScriptEvent(p, evt) ' affectation au contrôle
End Sub
```

La routine commence par supprimer les contrôles éventuellement créés par une exécution précédente ; nous la détaillerons plus loin.

Le service com.sun.star.form.component.TextField fournit le modèle d'un contrôle de Zone de texte. Pour d'autres types de contrôles, vous devrez utiliser le service adéquat parmi ceux listés dans la documentation de l'API, à la page com.sun.star.form.component. Nous lui donnons un nom interne (propriété Name), et nous utilisons la propriété Tag pour noter qu'il s'agit d'un contrôle créé automatiquement ; cela nous servira pour le retrouver quand on voudra le supprimer.

Ce modèle de contrôle est inséré dans la collection de l'objet formulaire, en le mettant à la fin de la liste. Puis, nous appelons la routine insererControle en lui transmettant notamment les dimensions et la position que devra prendre le contrôle dans la page.

```
rem Code13-08.odt bibli : Standard Module1
Sub insererControle(monDocument As Object, ctrl As Object, _
        L As Long, H As Long, X As Long, Y As Long)
Dim formeCtrl As Object, monTexte As Object, monCurseur As Object
Dim dimensionsForme As New com.sun.star.awt.Size
Dim positionForme As New com.sun.star.awt.Point

monTexte = monDocument.Text
monCurseur = monTexte.createTextCursor
formeCtrl = monDocument.createInstance("com.sun.star.drawing.ControlShape")
formeCtrl.Control = ctrl ' relier la forme au modèle du contrôle
dimensionsForme.Width = L
dimensionsForme.Height = H
```

```
positionForme.x = X
positionForme.y = Y
formeCtrl.Size = dimensionsForme
formeCtrl.AnchorType = com.sun.star.text.TextContentAnchorType.AT_PAGE
monTexte.insertTextContent(monCurseur, formeCtrl, False)
formeCtrl.Position = positionForme
End Sub
```

Pour insérer un contrôle de formulaire, nous devons créer la forme (son dessin) qui sera sa partie visible. On retrouve la méthode d'insertion d'une forme dans un document Writer (voir à ce sujet le chapitre 8). Ici le type de forme est toujours `ControlShape`. La partie spécifique est l'affectation de l'objet modèle du contrôle à la propriété `Control` de la forme. Elle doit être réalisée avant l'insertion effective de la forme dans la page de dessin.

Revenons à la routine principale. Le même principe est employé pour ajouter le contrôle de Zone numérique. On a initialisé quelques-unes des propriétés que l'on règle d'ordinaire par le panneau **Propriétés**. Le document `PropsFormulaire.ods` disponible aussi dans le Zip téléchargeable vous sera très utile pour trouver les propriétés de chaque type de contrôle.

Puis nous insérons le contrôle bouton. Ici, nous devons affecter une routine à l'événement lors du déclenchement. Pour cela, nous avons besoin d'une structure `com.sun.star.script.ScriptEventDescriptor` dont nous allons remplir :

- `ListenerType` avec le nom de l'interface responsable de cet événement (et éventuellement d'autres événements).
- `EventMethod` avec le nom de l'événement, lu dans la documentation API à la page décrivant l'interface.
- `ScriptType` avec le texte `"Script"`. Ceci nous permet d'appeler un des langages de script supportés, Basic, Python, JavaScript, etc. Ceci est plus général que l'ancienne valeur `"StarBasic"`, qui est limitée aux macros Basic.
- `ScriptCode` avec un texte complexe (ici réparti sur plusieurs lignes), qui est une URL dont la structure dépend du langage de script appelé. Vous y retrouvez les noms de la bibliothèque, du module, et de la routine appelée.

Pour finir, le traitement est affecté à l'événement du contrôle en employant la méthode `registerScriptEvent` de l'objet formulaire. Le premier argument est le rang du contrôle dans la collection de l'objet formulaire (c'est la raison pour laquelle nous l'avions mémorisé dans la variable `p`).

Connaître les valeurs à mettre dans la structure `ScriptEventDescriptor` nécessite une très bonne connaissance de l'API et sa documentation, et comporte un gros risque d'erreur. Une astuce consiste à créer manuellement sur un document séparé un contrôle du type souhaité, lui affecter manuellement un script sur un événement, et visualiser le contenu de cette structure avec l'outil Xray. C'est ce que fait la macro `VoirEvenementsTraitesParControles` du `Module2`. Nous ne la décrirons pas, elle est facile à adapter sur un autre document.

Comment supprimer des contrôles de formulaire ? Pour notre exemple nous avons créé une routine qui supprime tous les contrôles dont la propriété `Tag` vaut `"Auto"`, donc ceux que nous avons créés avec une telle valeur.

```
rem Code13-08.odt bibli : Standard Module1
Sub SupprimerAutoControles(leFormulaire As Object, maPage As Object)
Dim ctrl As Object, formeCtrl As Object, x As Long, suppr As Boolean

suppr = False
x = 0
Do While x < leFormulaire.Count
  ctrl = leFormulaire(x)
  if ctrl.Tag = "Auto" then
    formeCtrl = FindCtrlShapeByName(maPage, leFormulaire.Name, ctrl.Name)
    if not IsNull(formeCtrl) then
      leFormulaire.revokeScriptEvents(x)
      maPage.remove(formeCtrl) ' ceci enlève aussi le ctrl du formulaire
      suppr = True
      x = -1
    end if
  end if
  x = x +1
Loop
if suppr then MsgBox("Les contrôles ""Auto"" ont été supprimés")
End Sub
```

La routine balaie tous les contrôles de la collection de l'objet formulaire. Pour ceux ayant la valeur `"Auto"`, elle retrouve la forme associée avec la routine utilitaire `FindCtrlShapeByName` que nous avons décrite au début de ce chapitre. Elle est recopiée dans le module `Utilitaires` du document exemple. Si la forme est retrouvée, on commence par désaffecter tous les traitements d'événements sur le contrôle avec la méthode `revokeScriptEvents` de l'objet formulaire, puis on supprime la forme de la page de dessin avec la méthode `remove` de la page, comme toute forme de dessin. Sauf que cette suppression entraîne en interne la suppression du contrôle associé, donc il y a un impact sur la collection de contrôles. Notez la manière dont le balayage de la collection s'effectue : après chaque suppression, le balayage reprend depuis le début. Ceci fonctionne même si les contrôles sont ré-ordonnés par l'objet collection.

Les documents intégrés dans un document Base

Le document Base permet de mémoriser un ou plusieurs rapports (aussi appelés états) et documents formulaires, sous forme de sous-documents. Les documents formulaires intégrés sont obligatoirement de type Writer, alors qu'un formulaire séparé peut être un document Writer, Calc, Draw, ou Impress.

Les macros dans un document Base

Jusqu'à la version 3.0 il n'était pas possible de mettre des macros dans un document Base. Pour contourner cette limitation, on avait deux possibilités :

• Soit déclarer les macros dans Mes macros, ce qui compliquait la portabilité d'un ordinateur à l'autre.

• Soit déclarer les macros dans un formulaire intégré au document Base. On obtenait alors systématiquement un message d'avertissement à chaque ouverture du formulaire, car cette méthode n'était pas vraiment prévue.

À partir de la version 3.1 les macros ou les scripts d'un des langages supportés peuvent être stockés dans le document Base lui-même, mais pas dans un sous-document de Base. Ceci nécessite de sauvegarder le document Base au format ODF 1.2. L'ancienne méthode, consistant à ajouter des macros dans un sous-document, ne devrait plus être employée. Notons qu'un assistant de conversion est prévu pour les anciens documents.

On peut maintenant affecter une macro à un événement concernant un document formulaire, par exemple à l'ouverture de celui-ci. Le formulaire étant en mode édition, ouvrez le menu Outils>Personnaliser>Événements.

Dans le document Base lui-même, on dispose des événements Sous-document chargé et Sous-document fermé, déclenchés lors de l'ouverture ou de la fermeture de tout sous-document, même en mode édition. Le tableau 13-4 présente les propriétés de l'objet transmis avec l'événement (evt dans nos exemples). Elles ne donnent pas accès au sous-document lui-même.

Tableau 13–4 Propriétés d'événement de sous-document

Propriété	Type	Signification
EventName	String	Nom de l'événement : OnSubComponentOpened ou OnSubComponentClosed.
Source	Object	Le document Base père.
ViewController	Object	Le contrôleur en charge de l'affichage du sous-document.
Supplement	Object	À l'ouverture, la fenêtre (frame) du sous-document.

Ouvrir un formulaire d'un document Base

Ouvrir depuis un autre document que Base

On peut parfaitement ouvrir un formulaire intégré dans un document Base depuis un autre document, séparé du fichier Base. Ici, nous ouvrons le formulaire Stock des produits situé dans le document Base BDDint.odb, que nous atteignons via sa source enregistrée. L'affichage prend un certain temps pour aboutir à un formulaire contenant les données de la base.

```
rem Code13-04.odt bibli : SousDocs Module1
Option Explicit

Sub AfficherFormulaireVivant()
Dim maConnexion As Object
Dim dbDoc As Object, unFormulR As Object, lesFormulR As Object
Dim props(0) As New com.sun.star.beans.PropertyValue
Const nomFormulaire = "Stock des produits"

maConnexion = ConnecterSource("BDDint")
dbDoc = maConnexion.Parent.DatabaseDocument
lesFormulR = dbDoc.FormDocuments
if lesFormulR.hasByName(nomFormulaire) then
  props(0).Name = "ActiveConnection"
  props(0).Value = maConnexion
  unFormulR = lesFormulR.loadComponentFromURL(nomFormulaire, "", 0, props())
  'unFormulR.print(Array())
  MsgBox("Regardez le formulaire")
  unFormulR.CurrentController.Frame.close(True)
else
  MsgBox("Pas de formulaire de ce nom", 16)
end if
DeconnecterSource(maConnexion)
End Sub
```

Tout d'abord, nous devons établir une connexion sur la source de données, car le formulaire doit s'afficher en mode connecté (et non en mode conception). Nous récupérons le document Base afin d'obtenir la collection de ses formulaires avec la propriété FormDocuments (en réalité la méthode getFormDocuments). Après avoir vérifié qu'un formulaire du nom donné existe bien, nous le chargeons avec la méthode loadComponentFromURL. Il s'agit d'une version très simplifiée de la méthode employée pour charger un document classique : le premier argument est le nom du formulaire, les deux arguments suivants ne sont pas utilisés, et le dernier est un tableau de PropertyValue dont seulement deux propriétés sont utilisables :

- ActiveConnection contient la connexion déjà établie vers la source de données.
- OpenMode contient une chaîne de caractères, qui est soit "open", soit "openDesign" selon qu'on veut respectivement un mode connecté ou un mode conception. La valeur par défaut est le mode connecté, aussi nous n'avons pas besoin de l'utiliser.

Vous remarquerez qu'il n'est pas possible de charger le formulaire en mode caché, la propriété Hidden étant ignorée. On peut éventuellement imprimer le formulaire, comme pour un document ordinaire (voir le chapitre 7), éventuellement après une temporisation.

La fermeture du formulaire n'est pas évidente, un simple close(True) déclencherait une exception. Ici, nous fermons en réalité la fenêtre visible du formulaire, ce qui fermera le formulaire indirectement. Sans notre instruction de fermeture, il resterait affiché jusqu'à sa fermeture par l'utilisateur.

Ouvrir un formulaire intégré depuis un autre formulaire

Cette partie nécessite au moins la version OpenOffice.org 3.1, qui simplifie les choses. Nous utiliserons le document BDDint31.odb du Zip téléchargeable.

Ouvrez ce document Base. Il comporte des macros dans le document lui-même. Ouvrez le formulaire Stock des produits : il comporte plusieurs boutons ; celui intitulé Ouvrir Clientele Méthode simple déclenche la macro ci-dessous :

```
rem BDDint31.odb    bibli : Standard Module1
Option Explicit

Sub OuvrirFormulaire(evt As Object)
Dim dbDoc As Object, lesFormulR As Object, docFormulaire2 As Object
Dim bouton As Object, nomFormulaire As String

bouton = evt.Source
nomFormulaire = bouton.Model.tag

' dbDoc = ThisComponent.Parent
dbDoc = ThisDatabaseDocument ' accès direct en Basic
lesFormulR = dbDoc.FormDocuments
if lesFormulR.hasByName(nomFormulaire) then
  docFormulaire2 = lesFormulR.getByName(nomFormulaire)
  docFormulaire2.open
else
  MsgBox("Formulaire inconnu : " & nomFormulaire, 16)
end if
End Sub
```

Cette macro est générale : elle ouvre un formulaire dont le nom est récupéré dans la propriété Tag du modèle du bouton (propriété **Complément d'information** dans le panneau des propriétés). Dans l'instruction mise en commentaire, la fonction Basic ThisComponent renvoie le document formulaire sur lequel nous avons posé le bouton. La propriété Parent du formulaire intégré nous donne le document Base dont il est un sous-document. Mais Basic nous offre une instruction « magique », ThisDatabaseDocument qui retrouve le document Base depuis une macro exécutée dans le document ; nous utiliserons cette simplification. Comme nous l'avons déjà vu, la propriété FormDocuments du document Base nous donne un objet collection regroupant tous les sous-documents formulaires. La méthode getByName (introduite avec la version 3.1) nous renvoie un objet qui n'est pas vraiment le document formulaire, mais qui permet de l'ouvrir par sa méthode open. La méthode openDesign existe aussi, pour ouvrir le formulaire en mode conception. La méthode close(True) permettrait de le fermer.

Pour avoir accès au véritable document formulaire, il faut utiliser l'ancienne méthode, appelée par le deuxième bouton d'ouverture intitulé **Ouvrir Clientele Méthode complexe**.

```
rem BDDint31.odb    bibli : Standard Module2
Option Explicit

Sub OuvrirFormulaireBis(evt As Object)
Dim objFormulaire1 As Object, docFormulaire2 As Object
Dim dbDoc As Object, lesFormulR As Object
Dim props(0) As New com.sun.star.beans.PropertyValue
Dim bouton As Object, nomFormulaire As String

bouton = evt.Source
nomFormulaire = bouton.Model.tag
' accès au document Base sans utiliser ThisComponent
objFormulaire1 = bouton.Model.Parent
' dbDoc = objFormulaire1.Parent.Parent.Parent
' dbDoc = ThisComponent.Parent ' accès Basic par ThisComponent
dbDoc = ThisDatabaseDocument' accès direct en Basic
lesFormulR = dbDoc.FormDocuments
if lesFormulR.hasByName(nomFormulaire) then
  props(0).Name = "ActiveConnection"
  props(0).Value = objFormulaire1.ActiveConnection
  docFormulaire2 = lesFormulR.loadComponentFromURL(nomFormulaire, _
    "", 0, props())
else
  MsgBox("Formulaire inconnu : " & nomFormulaire, 16)
end if
End Sub
```

La première instruction en commentaire récupère le document Base en remontant depuis un événement sur un contrôle, ici le bouton. Revoyez la figure 13-2 : le chemin est indiqué en pointillés. Comme dans l'exemple précédent, une fois obtenu le document formulaire, sa propriété `Parent` nous donne le document Base. Nous aurions pu écrire, pour vous épater :

```
dbDoc = evt.Source.Model.Parent.Parent.Parent.Parent
```

La deuxième instruction en commentaire récupère le document Base à partir du document formulaire, obtenu par `ThisComponent`. Mais la méthode la plus simple est encore d'utiliser la magie de la fonction Basic `ThisDatabaseDocument`.

La méthode d'ouverture reprend l'exemple déjà vu avec `Code13-04.odt`, mais ici nous utilisons la connexion déjà établie pour le formulaire `Stock des produits`, actuellement ouvert. Ici, contrairement à la méthode simplifiée, nous pourrions accéder aux contrôles du formulaire.

Fermer un formulaire par un bouton

Deux manières de fermer sont mises en œuvre dans le formulaire `Stock des produits` du document `BDDint31.odb` disponible dans le Zip téléchargeable.

Sauver puis fermer

L'utilisateur peut apprécier de sauver les modifications en cours et fermer le formulaire en actionnant un seul bouton. Il suffit que le bouton lance cette macro :

```
rem BDDint31.odb    bibli : Standard Module3
Option Explicit

Sub SauverModifsEtFermerFormulaire(evt As Object)
Dim objFormulaire As Object
objFormulaire = evt.Source.Model.Parent
objFormulaire.updateRow
StarDesktop.CurrentFrame.close(True)
ThisDatabaseDocument.store
End Sub
```

Depuis l'objet événement transmis par l'action sur le bouton, nous remontons à l'objet formulaire selon le chemin sur la figure 13-2. Sa méthode `updateRow` permet de prendre en compte une ligne actuellement en cours de modification. La fenêtre du document formulaire est tout simplement la fenêtre OpenOffice en cours, que nous fermons. N'oublions pas de mettre à jour le document Base, qui renferme la base de données modifiée, avec la méthode `store` du document.

Fermer directement

Dans le cas où on veut simplement fermer le formulaire comme si on actionnait la case X du coin de la fenêtre, il est plus simple de ne pas déclencher de macro mais de se contenter de remplir les propriétés Action et URL du panneau de propriétés du bouton :

- Dans le champ Action, choisissez Ouvrir la page web.
- Dans le champ URL, saisissez .uno:CloseWin.

Avec cette deuxième solution si une modification est en cours, OpenOffice demandera à l'utilisateur s'il veut enregistrer les changements.

Tout fermer par un bouton

Le formulaire Clientele comporte un bouton qui ferme tout d'un coup : les formulaires ouverts, les rapports ouverts, et le document Base. Rien de plus simple :

```
rem BDDint31.odb    bibli : Standard Module3
Option Explicit

Sub fermerCompletementOdb()
ThisDatabaseDocument.close(True)
End Sub
```

Obtenir les contrôles d'un formulaire intégré

Nous allons lister les noms des contrôles de chaque objet formulaire contenu dans un document formulaire intégré dans le document Base. Dans cet exemple, réalisé dans un document séparé, il nous faut dans un premier temps récupérer le sous-formulaire correspondant, puis trouver le ou les objets formulaire au sens API, et enfin trouver les contrôles contenus dans chacun de ces objets.

```
rem Code13-04.odt bibli : SousDocs Module2
Option Explicit

Sub retrouverControles()
Dim maConnexion As Object
Dim dbDoc As Object, unFormulR As Object, lesFormulR As Object
Dim props(0) As New com.sun.star.beans.PropertyValue
Const nomFormulaire = "Stock des produits"

maConnexion = ConnecterSource("BDDint")
dbDoc = maConnexion.Parent.DatabaseDocument
lesFormulR = dbDoc.FormDocuments
if lesFormulR.hasByName(nomFormulaire) then
  props(0).Name = "ActiveConnection"
  props(0).Value = maConnexion
```

```
        unFormulR = lesFormulR.loadComponentFromURL(nomFormulaire, "", 0, props())
        listerObjetsFormulaires(unFormulR.DrawPage.Forms)
        MsgBox("Le document va fermer")
        unFormulR.CurrentController.Frame.close(True)
      else
        MsgBox("Pas de formulaire de ce nom", 16)
      end if
      DeconnecterSource(maConnexion)
      End Sub


      Sub listerObjetsFormulaires(lesFormulaires As Object)
      Dim unFormulR As Object, unCtrl As Object, liste As String
      Dim f As Long, k As Long

      for f = 0 to lesFormulaires.Count -1
        unFormulR = lesFormulaires(f)
        liste = "Contrôles : " & chr(13)
        for k = 0 to unFormulR.Count -1
          unCtrl = unFormulR(k)
          liste = liste & unCtrl.Name & chr(13)
        next
        MsgBox(liste, 0, "Formulaire : " & unFormulR.Name)
      next
      End Sub
```

Nous commençons par afficher le document formulaire en mode connecté. Nous récupérons ensuite l'objet collection des objets formulaires contenus dans le sous-document. Nous avons prévu une boucle, mais vous verrez qu'il n'y a qu'un seul objet formulaire principal. Il ne reste plus qu'à explorer les contrôles affectés à l'objet formulaire.

Ouvrir un formulaire en mode conception

Si nous souhaitons seulement ouvrir un formulaire en mode conception, il n'est pas nécessaire d'établir une connexion avec la base de données. Le document Base est en réalité ouvert en mode caché, et il sera fermé à la fermeture du formulaire. Ici, nous laissons à l'utilisateur le soin de fermer le formulaire.

```
rem Code13-04.odt bibli : SousDocs Module3
Option Explicit

Sub AfficherFormulaireModeConception()
Dim dbContexte As Object, maSource As Object
Dim dbDoc As Object, unFormulR As Object, lesFormulR As Object
Dim props(0) As New com.sun.star.beans.PropertyValue
Const nomFormulaire = "Stock des produits"
```

```
dbContexte = CreateUnoService("com.sun.star.sdb.DatabaseContext")
maSource = dbContexte.getByName("BDDint")
dbDoc = maSource.DatabaseDocument
lesFormulR = dbDoc.FormDocuments
if lesFormulR.hasByName(nomFormulaire) then
  props(0).Name = "OpenMode"
  props(0).Value = "openDesign"
  unFormulR = lesFormulR.loadComponentFromURL(nomFormulaire, "", 0, props())
else
  MsgBox("Pas de formulaire de ce nom", 16)
end if
End Sub
```

Ouvrir un rapport d'un document Base

Ouvrir un rapport intégré dans le document Base suit exactement le même principe que pour un formulaire intégré. Au lieu de la propriété `FormDocuments`, on utilise la propriété `ReportDocuments`. Le document `Code13-04.odt` du Zip téléchargeable contient un exemple, au `Module4` de la bibliothèque `SousDocs`. Le formulaire `Stock des produits` du document `BDDint31.odb` comporte un bouton pour ouvrir un rapport.

Conclusion

Les documents formulaires comportent des contrôles très similaires à ceux des dialogues. Ils peuvent soit être utilisés indépendamment d'une base de données, soit permettre à l'utilisateur de manipuler la base de données. Les formulaires intégrés sont plus pratiques pour l'utilisateur mais plus complexes pour le programmeur. Ce chapitre clôt le traitement des sources de données au travers de l'API.

Nous exposerons au chapitre suivant une partie de l'API dans un contexte hors document bureautique, illustrant ainsi la richesse et la puissance applicative qui sont à la disposition du développeur par le biais des macros.

14

Techniques avancées
pour le poste de travail

Ce chapitre présente des manipulations et des macros utilitaires faisant appel à des aspects avancés de la programmation OpenOffice.org. Ces méthodes peu connues trouveront leur utilité dans la plupart des projets d'applications d'envergure utilisant l'API d'OpenOffice.org comme un véritable environnement de développement dans lequel de nombreux outils sont disponibles.

Les répertoires d'installation

Disponible sous différents systèmes d'exploitation, OpenOffice.org permet à l'utilisateur de choisir le nom du répertoire principal d'installation. De plus, les données de chaque utilisateur sont mémorisées dans des répertoires particuliers, selon le système d'exploitation. L'organisation des répertoires évoluant avec les versions d'OpenOffice.org, nous décrivons plus loin des services permettant de connaître l'adresse réelle d'une catégorie d'informations. Le menu Outils>Options>OpenOffice.org>Chemins permet de modifier certains de ces répertoires.

La structure en couches d'OpenOffice.org 3

La version 3 d'OpenOffice.org a introduit une installation en trois couches des données propres à l'application :

- La couche la plus basse est l'URE (*UNO Runtime Environment*), qui implémente le concept UNO.
- La couche intermédiaire, Basis, contient l'essentiel des fonctionnalités OpenOffice.org.
- La couche externe personnalise le produit commercial (OpenOffice.org, BrOffice, StarOffice, LibreOffice, etc.). Plusieurs couches externes pourraient être installées en parallèle et utiliser en même temps les couches inférieures.

Cette organisation explique pourquoi on trouve dans l'arborescence d'installation d'OpenOffice.org un dossier Basis/, un dossier URE/, et des sous-dossiers en double exemplaires comme program/ et share/.

Le service PathSettings

Le service PathSettings connaît toutes les adresses de répertoires utilisés par la version d'OpenOffice.org qui exécute la macro. Son usage est très simple : d'abord obtenir un accès au service, puis utiliser ses propriétés, qui sont toutes des chaînes de caractères listant un ou plusieurs répertoires. S'il existe plusieurs répertoires pour une propriété, ils sont séparés par un point-virgule. Chaque répertoire est sous forme d'URL, sans caractère / final. Un répertoire indiqué peut ne pas exister, selon la configuration.

Voici comment lister les répertoires des macros Basic :

```
rem Code14-01.odt    bibli : Chemins Module1
Option Explicit

Sub UtiliserPathSettings()
Dim ps As Object, repertoires As Variant, r As String
ps = CreateUnoService("com.sun.star.util.PathSettings")
repertoires = split(ps.Basic, ";")
For Each r in repertoires
  MsgBox(r, 0, "URL de répertoire macros Basic")
Next
End Sub
```

Nous avons utilisé la propriété Basic de l'objet fourni par le service PathSettings. La fonction split découpe la chaîne de caractères obtenue à chaque point-virgule et crée un tableau de chaînes, une par répertoire. La boucle For Each explore ce tableau et affiche chaque URL. Les propriétés disponibles sont listées au tableau 14-1.

Tableau 14–1 Propriétés de PathSettings

Propriété	Usage des répertoires
Addin	Utilisé par les anciens add-ins de Calc.
AutoCorrect	Configuration pour l'Autocorrection.
AutoText	Modules de l'AutoTexte.
Backup	Copies de sauvegarde.
Basic	Fichiers contenant les macros Basic et les dialogues.
Bitmap	Anciennes icônes pour les barres d'outils.
Config	Fichiers de configuration de l'application.
Dictionary	Dictionnaires.
Favorite	Favoris.
Filter	Filtres. Semble non utilisé.
Gallery	Fichiers de la Galerie.
Graphic	Fichiers images.
Help	Fichiers d'aide.
Linguistic	Fichiers de dictionnaires.
Module	Modules de programme.
Palette	Fichiers de palettes de couleurs.
Plugin	Fichiers plug-ins.
Storage	Données utilisateur concernant e-mail, FTP, etc.
Temp	Répertoire de données temporaires.
Template	Modèles de documents.
UIConfig	Fichiers pour configurer l'interface utilisateur.
UserConfig	Répertoire des configurations utilisateur.
Work	Répertoire de travail.

Le service PathSubstitution

Le service PathSubstitution offre d'autres possibilités : il remplace un mot-clé dans une chaîne de caractères par la valeur correspondante, en principe un chemin. La chaîne de caractères doit être compatible avec un format URL, car le résultat sera une URL. Ainsi, cette macro écrit un fichier de travail dans le répertoire dédié aux fichiers temporaires :

```
rem Code14-01.odt    bibli : Chemins Module2
Option Explicit
```

```
Sub SubstituerChemin()
Dim fichTempo As String
Dim f1 As Integer, ps As Object

ps = CreateUnoService("com.sun.star.util.PathSubstitution")
fichTempo = "$(temp)/monFich$12345x.html"
fichTempo = ps.substituteVariables(fichTempo, false)
f1 = FreeFile
' écrire le fichier en écrasant un éventuel fichier existant
Open fichTempo for Output As f1
print #f1, "Bonjour tout le monde!"
Close #f1
End Sub
```

Le mot-clé $(temp) représente le répertoire utilisé pour les fichiers temporaires. La fonction substituteVariables du service va remplacer tous les mots-clés existant dans la chaîne de caractères en premier argument. Lorsque le deuxième paramètre vaut true, une erreur sera déclenchée en cas d'impossibilité de substituer. La fonction renvoie la chaîne de caractères résultant de la substitution. Nous utilisons l'adresse obtenue pour créer le fichier et le remplir.

L'intérêt de ce service PathSubstitution est de rendre indépendante du système d'exploitation une adresse URL comportant un substituant : la conversion inverse donnera une véritable URL correspondant à l'installation propre au système d'exploitation en cours, qu'il soit MS-Windows, Linux, ou Mac OS.

Le tableau 14-2 liste les variables de substitution disponibles. Le contenu d'une variable est renvoyé par la fonction getSubstituteVariableValue :

```
Dim ps As Object, s1 As String
ps = CreateUnoService("com.sun.star.util.PathSubstitution")
s1 = ps.getSubstituteVariableValue("$(work)")
MsgBox(s1)
```

Tableau 14–2 Variables de substitution

Variable	Signification
$(inst) $(insturl)	Répertoire d'installation de la couche Basis.
$(prog) $(progurl)	Répertoire du programme OpenOffice.org dans la couche Basis.
$(brandbaseurl)	Répertoire de la couche commerciale.
$(user) $(userdataurl)	Répertoire user propre à l'utilisateur.
$(work)	Répertoire de travail.

Tableau 14–2 Variables de substitution (suite)

Variable	Signification
$(home)	Répertoire de données de l'utilisateur.
$(temp)	Répertoire des fichiers temporaires.
$(path)	Contenu de la variable d'environnement PATH. Les répertoires sont séparés par un point-virgule.
$(lang)	Numéro de pays de la langue de l'interface utilisateur (France=33, USA=01).
$(langid)	Numéro de code de langue de l'interface utilisateur (France=1036).
$(vlang)	Locale de l'interface utilisateur (par exemple fr ou en-US). Voir la définition de Locale au chapitre 7.

Il est possible de définir d'autres variables de chemin en ajoutant un fichier Substitution.xml dans le répertoire org/openoffice/Office/ de la Registry. Le chapitre *Office Development>Common Application Features>Path Organization* du *Developer's Guide* donne plus de détails techniques sur les services PathSettings et PathSubstitution.

Répertoires des scripts

Les macros et scripts de Mes Macros sont mémorisées dans des sous-répertoires basic/ et Scripts/ des données utilisateur, les macros et scripts de Macros Open-Office.org sont mémorisées dans des sous-répertoires Basis/basic/ et Basis/Scripts/ de l'installation OpenOffice.org.

À partir de la version 3.0 d'OpenOffice.org, les macros Basic et les scripts des extensions sont mémorisées seulement dans le sous-répertoire user/uno_packages/ ou share/uno_packages/, selon que l'extension est installée pour un utilisateur ou pour tous les utilisateurs.

Répertoire d'installation d'une extension

Chaque extension est physiquement déployée dans un répertoire dont le chemin est défini dynamiquement lors de son installation. Il est parfois nécessaire de connaître ce répertoire afin d'obtenir un des fichiers de l'extension (par exemple une image à afficher). Rappelons que l'extension est elle-même une arborescence de sous-répertoires.

```
dim sv As Object, repExt As String
sv = GetDefaultContext.getByName
    ⮕ ("/singletons/com.sun.star.deployment.PackageInformationProvider")
repExt = sv.getPackageLocation("org.toto.test3")
```

Nous utilisons un type de service particulier, appelé *singleton*. On l'obtient avec la fonction OOoBasic GetDefaultContext et sa méthode getByName. Le nom complet doit être écrit tel quel, et l'instruction est ici repliée sur deux lignes par contrainte d'édition. Ce service nous donne l'URL du répertoire avec sa méthode getPackageLocation qui prend en argument le nom unique de l'extension. Ce nom unique doit être déclaré dans la section identifier du fichier description.xml de l'extension. Avec l'outil Extension Compiler, il s'agit du premier argument de l'instruction beginDescription.

La chaîne de caractères obtenue est un chemin très long, se terminant par un répertoire qui a le nom du fichier extension, sans caractère / final. Il s'agit bien d'un répertoire, et non d'un fichier.

Modifier la configuration d'OpenOffice.org

La configuration d'OpenOffice.org est mémorisée dans une base de données d'un genre assez particulier, appelée base de Registre (*Registry*, en anglais), qui contient :

- la configuration d'OpenOffice.org lui-même, avec des éléments propres à Writer, Calc, etc, et des données liées aux extensions OpenOffice.org ;
- la configuration propre à chaque utilisateur, barres d'outils, menus, raccourcis, et des données liées à ses extensions.

> NE PAS CONFONDRE **Registre et registre**
> Notre base de registre n'a rien à voir avec la base de registre MS-Windows. Ce sont deux bases de données indépendantes.

La configuration effective peut être considérée comme le résultat d'application de couches successives de configurations, la couche utilisateur ayant priorité sur la couche extension, elle-même prioritaire sur la couche de l'application.

Pour accéder à la base de Registre OpenOffice.org, on peut utiliser la fonction GetRegistryKeyContent qui se trouve, avec quelques exemples d'utilisation, dans la bibliothèque Tools de **Macros OpenOffice.org**, module Misc. Nous avons préféré une méthode qui peut être appliquée systématiquement pour toute donnée : les macros utilitaires du document ExplorateurConfig.ods (qui se trouve dans le Zip téléchargeable, dans le dossier consacré à ce chapitre).

> **Pour aller plus loin**
>
> Le *Developer's Guide* consacre un chapitre à la gestion de configuration :
> ▸ http://wiki.services.openoffice.org/wiki/Documentation/DevGuide/Config/
>   Configuration_Management
> Les services essentiels sont :
> • com.sun.star.configuration.ConfigurationProvider
> • com.sun.star.configuration.ConfigurationAccess
> • com.sun.star.configuration.ConfigurationUpdateAccess

Comment est stockée la base de registre OpenOffice.org ?

L'information contenue dans la base de Registre est stockée dans des fichiers XML d'extension xcu et xcd. Un fichier XML ressemble à un fichier HTML : il est lisible en clair avec un simple éditeur de texte, mais sa structure suit des règles précises, définies dans un schéma XML. Le nom d'un fichier de configuration est totalement sans importance, de même que son emplacement dans une des arborescences. Soulignons que seul compte le contenu du fichier. Les données d'un conteneur d'un nœud de la base de Registre peuvent être physiquement réparties dans différents fichiers, à différents endroits des arborescences. C'est ce qui permet de modifier une configuration pour un utilisateur, ou par l'installation d'une extension, simplement en ajoutant un fichier qui modifie l'existant ou ajoute des données.

Le principe de stockage de la base de Registre a été entièrement revu avec la version 3.3 d'OpenOffice.org afin d'accélérer son chargement, tout en gardant une compatibilité dans l'accès de la base par l'API. Un grand nombre de fichiers spécialisés on été remplacés par quelques fichiers regroupant diverses données. Ils sont difficilement lisibles avec un éditeur de texte, car pour réduire leur taille il n'y a aucun souci de clarté : aucun retour à la ligne, aucune indentation ne permet de visualiser la structuration des éléments. Un fichier est ainsi équivalent à une seule ligne pouvant comporter bien plus de 65 535 caractères. Rappelons que le langage Basic ne peut manipuler une chaîne de caractères dépassant cette limite. En pratique, pour lire ces fichiers on utilisera un éditeur XML capable d'analyser les éléments constitutifs et de les afficher de manière claire.

Configuration utilisateur

La configuration d'un utilisateur (les données de Outils>Options, les listes des derniers documents utilisés) est mémorisée dans un seul fichier du répertoire des données

OpenOffice.org propres à chaque utilisateur, sous forme d'une liste d'éléments (items) :

```
OpenOffice.org/3/user/registrymodifications.xcu
```

MS-Windows

Sous MS-Windows, changez les `/` en `\` des adresses relatives que nous indiquons.

Les données de configuration relatives aux extensions installées « pour cet utilisateur seulement » sont dans divers fichiers de l'arborescence :

```
OpenOffice.org/3/user/uno_packages/cache/registry/
```

Configuration de l'installation

Dans le répertoire d'installation d'OpenOffice.org, on trouve les initialisations propres à l'apparence commerciale dans le fichier :

```
OpenOffice.org 3/share/registry/brand.xcd
```

Les valeurs initiales de configuration se trouvent dans divers fichiers d'extension xcd situés dans l'arborescence :

```
OpenOffice.org 3/Basis/share/registry/
```

Ces fichiers contiennent des données structurées (component-data). Le fichier main.xcd décrit les schémas employés (component-schema).

Les données de configuration relatives aux extensions installées « pour tous les utilisateurs » sont dans divers fichiers de l'arborescence :

```
OpenOffice.org/3/share/uno_packages/cache/registry/
```

La hiérarchie de la base de Registre

L'ensemble de la base de données est organisée dans une hiérarchie virtuelle qui débute par la séquence /org.openoffice. Le caractère / indique une adresse absolue dans la hiérarchie. La séquence org.openoffice a été choisie pour la distinguer d'autres hiérarchies qui ne seraient pas celle utilisée par OpenOffice.org.

La base est répartie sur plusieurs niveaux, par exemple :

```
/org.openoffice.Office
/org.openoffice.Office.UI
/org.openoffice.Office.UI.CalcCommands
```

À chaque niveau, on peut trouver des données qui sont regroupées sous un nom. Un niveau comportant des données est un nœud (*nodepath*, en anglais).

Un nœud fournit une liste de noms de conteneurs rattachés à ce nœud. Chaque conteneur est lui-même hiérarchisé. Il peut exposer soit des sous-conteneurs hiérarchisés, soit des éléments terminaux. Dans le chemin de la hiérarchie de la base de registre, chaque conteneur est ajouté après un caractère /. Voici quelques exemples :

```
/org.openoffice.Office.UI/FilePicker
/org.openoffice.Office.UI/FilePicker/Timeout
/org.openoffice.Office.UI/FilterClassification/GlobalFilters
```

Les données terminales

Chaque donnée terminale a un nom. Elle peut être de type simple, ou être un tableau de valeurs d'un type simple. Les types simples possibles sont :

- `string` : chaîne de caractères Unicode ;
- `boolean` : valeur binaire ;
- `short` : entier sur 16 bits ;
- `int` : entier sur 32 bits ;
- `long` : entier sur 64 bits ;
- `double` : nombre flottant.

Le type `binary` est un tableau d'octets. Il ne doit pas être utilisé pour mémoriser des fichiers, car cela ne serait pas efficace. On utilise à la place une chaîne de caractères donnant l'adresse URL du fichier concerné.

Certaines données de configuration, par exemple contenant des chaînes de caractères à afficher, dépendent de la langue utilisée. Le mécanisme de stockage permet de qualifier une donnée, ou un ensemble de données, avec un identifiant de localisation (par exemple `fr`), ce qui permet de mémoriser pour la même donnée des valeurs différentes suivant la langue.

La lecture du registre OpenOffice.org s'effectue normalement pour une localisation particulière, éventuellement implicite. Cette lecture donne la donnée dont la localisation correspond au mieux à celle demandée. Par exemple, si nous cherchons une donnée dans sa localisation `"fr-BE"` (français parlé en Belgique) :

1 Si la donnée existe avec cette localisation, sa valeur sera récupérée.

2 Sinon, si elle existe en `fr`, sa valeur sera récupérée.

3 Sinon, si elle existe avec une quelconque variante `fr-XX`, la valeur de la première variante trouvée sera récupérée.

4 Sinon, si elle existe en localisation `en`, sa valeur sera récupérée.

5 Sinon, n'importe quelle autre localisation fera l'affaire.

Les routines de l'API utilise par défaut la langue de l'interface utilisateur.

Explorer la base de registre

Bizarrement, il ne semble pas exister de méthode API pour explorer systématiquement la base de registre OpenOffice.org. Il est nécessaire de partir d'un nœud connu.

L'API permet d'effectuer une recherche récursive sur le contenu d'un nœud. Voici comment la paramétrer dans le document `ExplorateurConfig.ods` du Zip téléchargeable :

1 Cliquez sur le bouton de la feuille `Sommaire` du document. Un panneau de dialogue s'ouvre.

2 Choisissez un nœud dans la liste, ou indiquez un autre nœud.

3 Précisez éventuellement la localisation, par défaut ce sera la langue de l'interface utilisateur.

La feuille `Resultats` liste chaque élément terminal trouvé, avec son type et sa valeur. Le type est indiqué par son équivalent Basic. Certains nœuds donnent plusieurs milliers de lignes.

Lire une valeur de la base de registre

Connaissant le chemin hiérarchique d'une donnée (colonne A de la feuille `Resultats` du document `ExplorateurConfig.ods`) et le nom de la donnée (colonne B de la même feuille), il est possible d'obtenir la valeur de cette donnée. Pour simplifier ce travail, nous avons créé la routine `ReadOOoUserData` située dans le module `Utiles` de la bibliothèque `Standard` du document. Elle utilise les arguments suivants :

- `keyPath` : le chemin hiérarchique vers la donnée ;
- `dataName` : le nom de la donnée à lire ;
- `dataValue` : la valeur lue sera récupérée dans la variable passée à cet argument. Utilisez une variable `Variant` pour récupérer le résultat, celui-ci pouvant être `Empty` ;
- `errNbr` : un numéro d'erreur (ou zéro) sera récupéré dans la variable passée à cet argument ;
- `language` : argument optionnel, pour préciser la langue, par exemple `fr-CA` ou `de`.

La macro `RecuperationDeValeur` (bibliothèque `Standard`, `Module3`) donne plusieurs exemples d'utilisation.

Modifier une valeur de la base de registre

De manière similaire à la lecture, le module `Utiles` dans la bibliothèque `Standard` du document `ExplorateurConfig.ods` offre la routine `WriteOOoUserData` pour modifier une donnée. Les arguments sont identiques. La macro `ModificationDeValeur` (bibliothèque `Standard`, `Module4`) donne des exemples d'utilisation.

OpenOffice.org utilise abondamment un cache des valeurs de registre. Une modification de configuration ne sera pas toujours reflétée dans l'interface utilisateur (par exemple dans les panneaux du menu **Outils>Options**), il faudra peut-être redémarrer OpenOffice.org (voir l'Issue 93203). De plus, certaines options de défaut peuvent être remplacées par celles utilisées dans le document en cours, ou dans le modèle qui a créé le document, par exemple **Outils>Options>Calc>Calculer>Nombre de décimales**.

Modifier une configuration par fichier

Il est possible de créer un fichier `xcu` qui se base sur la structure d'un fichier existant, et qui se limite à changer une ou plusieurs valeurs dans un nœud. Ce nouveau fichier sera installé en créant une extension simple. L'avantage est double : d'une part l'installation est facile, d'autre part l'annulation des modifications se fait par désinstallation de l'extension. Reportez-vous pour plus de détails à la page (en anglais) :

http://wiki.services.openoffice.org/wiki/Non-code_extensions

Une extension peut nécessiter de mémoriser des données de configuration, parfois complexes, propres à l'utilisateur de l'extension. Pour ce faire, l'extension comportera un fichier `xcu` spécifique, accompagné de son fichier schéma `xcs`.

Gérer les fichiers depuis l'API

Le service `SimpleFileAccess` offre des fonctions de gestion de fichiers (effacer un fichier, le copier, etc.) qui sont redondantes avec celles de Basic. Néanmoins, il apporte aussi des possibilités complémentaires. La gestion de fichier par l'API emploie le principe logiciel des flux (*stream*, en anglais).

Écrire un fichier binaire

Nous allons créer un fichier, octet par octet. Adaptez à votre configuration le chemin du fichier indiqué par la constante `nomFich1`, nous l'utiliserons aussi pour lire le fichier.

```
rem Code14-01.odt    bibli : Fichiers Module1
Option Explicit

Public Const nomFich1 = "C:\Docs OpenOffice\essai002.bin"

Sub EcrireFichierBinaire()
Dim f1 As Object, flux As Object, unPaquet(4) As Integer

if FileExists(nomFich1) then Kill(nomFich1)
' constitution d'un paquet d'octets à écrire
unPaquet(0) = extSigne(78)
unPaquet(1) = extSigne(111)
unPaquet(2) = extSigne(255)
unPaquet(3) = extSigne(0)
unPaquet(4) = extSigne(200)
f1 = createUnoService("com.sun.star.ucb.SimpleFileAccess")
flux = f1.openFileWrite(convertToURL(nomFich1))
flux.writeBytes(unPaquet())
flux.flush
flux.closeOutput
End Sub

' étend le bit signe de l'octet sur tout l'entier Integer
Function extSigne( unOctet As Integer) As Integer
if unOctet < 128 then
  extSigne = unOctet
else ' étendre le bit signe (valeur 1) sur 8 bits à gauche
  extSigne = -256 or unOctet ' attention : OU binaire
end if
End Function
```

Avec l'API, ouvrir un fichier en écriture ne supprime pas un fichier existant : les octets non récrits sont conservés. Dans notre cas, nous préférons supprimer un éventuel fichier existant avec l'instruction OOoBasic `Kill`.

Le service `SimpleFileAccess` permet d'ouvrir le fichier en écriture avec sa méthode `openFileWrite`, qui nous donne un objet de flux servant à l'écriture. La méthode `writeBytes` écrit les octets qui lui sont transmis par un tableau, dans l'ordre croissant de l'index. Bien que le type `Byte` ait été introduit dans OOoBasic, il n'est en fait pas utilisable ici car l'interfaçage avec l'API nécessite des valeurs signées, entre -128 et +127. Nous devons utiliser un tableau de valeurs `Integer` (16 bits). Afin de conserver l'habitude de manipuler des octets non signés (valeur entre 0 et 255) nous utilisons une fonction utilitaire `extSigne` qui réalise le transcodage en étendant vers la gauche le bit signe de l'octet. Dans un véritable programme, la méthode `writeBytes` serait utilisée autant de fois que nécessaire, en employant un tableau dont la taille peut varier selon les besoins.

La méthode `flush` sert à garantir que le tampon a bien été écrit physiquement avant de fermer le fichier par la méthode `closeOutput`.

Lire un fichier binaire

Nous allons relire par macro, et octet par octet, le fichier écrit précédemment.

```
rem Code14-01.odt    bibli : Fichiers Module2
Option Explicit

Sub LireFichierBinaire()
Dim f1 As Object, flux As Object, unPaquet() As Integer
Dim x As Long, nbOct As Long

f1 = createUnoService("com.sun.star.ucb.SimpleFileAccess")
flux = f1.openFileRead(convertToURL(nomFich1))
nbOct = flux.readBytes(unPaquet(), 100)
for x = 0 to nbOct-1
  print (unPaquet(x) and 255)
next
nbOct = flux.readBytes(unPaquet(), 100)
MsgBox("Reste à lire : " & nbOct & " octets")
flux.closeInput
End Sub
```

On ouvre le fichier en lecture avec la méthode `openFileRead` du flux.

La méthode `readBytes` remplit le tableau transmis en premier argument. Le deuxième argument est le nombre maximum d'octets que l'on souhaite lire. Le résultat de la méthode est le nombre d'octets effectivement lus, qui peut être inférieur si la fin du fichier a été atteinte. Dans notre cas, tout le fichier est lu d'un seul coup. Pour afficher chaque octet sous une forme naturelle, il est nécessaire de le transformer en valeur positive par un `ET` logique avec la valeur 255 (en valeur hexadécimale : 00FF). La deuxième instruction `readBytes` confirme que tout le fichier a été lu, car elle renvoie une valeur nulle.

Le fichier est fermé par la méthode `closeInput`, puisqu'il a été ouvert en lecture.

Signalons l'existence de la méthode `skipBytes` de l'objet `stream`, qui sert à avancer dans le fichier du nombre d'octets indiqué en argument. Ceci est utile pour sauter des zones que l'on sait sans intérêt pour le travail envisagé.

```
st.skipByte(200) ' sauter les 200 octets suivants
```

Lecture-écriture d'un fichier binaire

La méthode `openFileReadWrite` ouvre un fichier en lecture et écriture. On combine alors les méthodes de lecture et d'écriture. Faites attention à ne pas oublier de fermer le fichier en écriture et en lecture.

```
rem Code14-01.odt   bibli : Fichiers Module3
Option Explicit

Sub ModifierFichierBinaire()
Dim f1 As Object, flux As Object, unPaquet() As Integer, nbOct As Long

f1 = createUnoService("com.sun.star.ucb.SimpleFileAccess")
flux = f1.openFileReadWrite(convertToURL(nomFich1))
nbOct = flux.readBytes(unPaquet(), 3)
Redim unPaquet(4) As Integer
unPaquet(0) = extSigne(33)
unPaquet(1) = extSigne(58)
unPaquet(2) = extSigne(128)
unPaquet(3) = extSigne(230)
unPaquet(4) = extSigne(100)
flux.writeBytes(unPaquet())
flux.flush
flux.closeOutput
flux.closeInput
End Sub
```

Écrire un fichier texte encodé

Nous considérons ici un texte ordinaire, sans aucune marque de formatage, dont les caractères sont encodés (par exemple en Windows-1252). Pour cela il faut utiliser la collaboration de deux flux issus des services `SimpleFileAccess` et `TextOutputStream`. et préciser le jeu de caractères servant à l'encodage.

Cet exemple crée un fichier de trois lignes. Adaptez à votre configuration le chemin du fichier indiqué par la constante `nomFich2`, nous l'utiliserons aussi pour lire le fichier.

```
rem Code14-01.odt   bibli : Fichiers Module4
Option Explicit

Public Const nomFich2 = "C:\Docs OpenOffice\monTexte.txt"

Sub EcrireTexteEncode()
Dim monTexte As Object, f2 As Object, flux As Object, URLfich As String

URLfich = convertToURL(nomFich2)
```

```
monTexte = createUnoService("com.sun.star.io.TextOutputStream")
f2 = createUnoService("com.sun.star.ucb.SimpleFileAccess")
On Error Goto fichierKO1
if f2.exists(URLfich) then f2.kill(URLfich)
flux = f2.openFileWrite(URLfich)
monTexte.OutputStream = flux
monTexte.Encoding = "iso-8859-15"
monTexte.writeString("À Lætitia, tous nos vœux " & chr(10))
monTexte.writeString("Çà, tu rêves de théâtre, Œdipe!" & chr(10))
monTexte.writeString("Æ á Ä å Å ë í Ï ö Ø ñ û Ü ÿ ß €" & chr(10))
flux.closeOutput
monTexte.closeOutput
On Error Goto 0
Exit Sub

FichierKO1:
  Resume FichierKO3
FichierKO3:
  On Error Resume Next
  flux.closeOutput
  monTexte.closeOutput
  On Error Goto 0
  MsgBox("Erreur d'écriture !", 16)
End Sub
```

Pour varier un peu, nous utilisons ici le service SimpleFileAccess pour tester l'existence d'un fichier de même nom et le supprimer. Le principe est très similaire à la gestion de fichiers Basic, mais il s'agit de méthodes de l'API et nous devons employer obligatoirement une adresse URL.

La méthode openFileWrite ouvre un flux binaire. Le service TextOutputStream nous donne un deuxième flux, monTexte, qui se charge du traitement des caractères et transmet le flux résultant sur le premier flux, indiqué par OutputStream.

> **Rappel**
>
> Nous avons développé un traitement d'erreur. Vous remarquerez qu'il s'assure de fermer les deux flux qui ont été ouverts.

Si vous ne remplissez pas la propriété Encoding, le texte est encodé en utf-8. Mais vous pouvez préciser le nom d'un encodage particulier. Le tableau 14-3 liste les noms pour quelques encodages courants. Il existe en général plusieurs noms possibles pour un encodage donné, et l'API est indifférent à la casse de ces noms.

Tableau 14–3 Noms d'encodage pour les principaux jeux de caractères

Jeu de caractères	Valeur
Europe occidentale (ASCII/US)	us-ascii
Europe occidentale (DOS/OS2-437/US)	ibm437
Europe occidentale (DOS/OS2-850/International)	ibm850
Europe occidentale (DOS/OS2-863/Français canadien)	ibm863
Europe occidentale (Windows-1252/WinLatin1)	windows-1252
Europe occidentale (Apple MacIntosh)	macintosh
Europe occidentale (ISO-8859-1)	iso-8859-1
Latin 3 (ISO-8859-3)	iso-8859-3
Europe occidentale (ISO-8859-14)	iso-8859-14
Europe occidentale (ISO-8859-15/EURO)	iso-8859-15
Unicode (16 bits)	non disponible
Unicode (UTF-8)	utf-8

L'écriture d'un texte ignore en fait la structure de ligne : la méthode writeString n'écrit rien d'autre que la chaîne de caractères qui lui est transmise. C'est à vous d'ajouter le ou les caractères de fin de ligne (caractères CR, ou LF, ou CR+LF).

Lire ou écrire en Unicode 16 bits

Cet encodage est seulement supporté par les mécanismes d'import/export. Voyez au chapitre 7 la section « Importer et exporter du texte pur ».

Lire un fichier texte encodé

La lecture nécessitera elle aussi la collaboration de deux flux, d'une part SimpleFileAccess et d'autre part TextInputStream. Grâce à sa propriété InputStream, ce dernier reçoit le flux binaire pour l'interpréter comme des caractères. Nous vous laisserons réaliser le traitement d'erreurs.

```
rem Code14-01.odt    bibli : Fichiers Module5
Option Explicit

Sub LireTexteEncode()
Dim monTexte As Object, f2 As Object, flux As Object
Dim uneLigne As String, URLfich As String

URLfich = convertToURL(nomFich2)
f2 = createUnoService("com.sun.star.ucb.SimpleFileAccess")
```

```
flux = f2.openFileRead(URLfich)
monTexte = createUnoService("com.sun.star.io.TextInputStream")
monTexte.InputStream = flux
monTexte.Encoding = "iso-8859-15"
Do while not monTexte.isEOF
  uneLigne = monTexte.readLine
  MsgBox(uneLigne)
Loop
flux.closeInput
monTexte.closeInput
End Sub
```

Ici aussi, nous pouvons préciser l'encodage du fichier, par défaut l'API supposera un encodage utf-8. La méthode isEOF renvoie True quand il n'y a plus rien à lire. La méthode readLine renvoie une ligne de texte en reconnaissant automatiquement la fin de ligne (caractère CR ou LF ou CR et LF) ; le texte récupéré ne comporte pas la fin de ligne.

Il existe une méthode readString qui récupère le texte jusqu'à trouver un des caractères de fin de ligne précisés dans un tableau de String fourni en argument (reportez-vous à la documentation API de l'interface XTextInputStream pour plus de détail).

Les deux flux doivent être fermés en fin de lecture.

Création et décompression d'un fichier Zip

Le service Package de l'API est capable de lire ou d'écrire un fichier Zip. Quelques informations assez générales sont disponibles dans la documentation de l'API, à partir de la page com.sun.star.packages.

Le Zip téléchargeable contient diverses macros pouvant servir d'outils de manipulation de Zip. Nous ne les décrirons pas dans le détail, nous contentant de montrer leur utilisation.

```
rem Code14-01.odt    bibli : Zipper Module Exemples
Option Explicit

Private Const nomZip = "C:\Docs OpenOffice\monZipe.zip"
Private Const Fichier1 = "C:\Docs OpenOffice\EditerWiki.pdf"
Private Const Fichier2 = "C:\Docs OpenOffice\baratin.txt"

Sub EcrireZip()
Dim URLzip As String
URLzip = convertToURL(nomZip)
' créer un nouveau ZIP avec un fichier dedans
zipFile(URLzip, convertToURL(Fichier1), "")
' ajouter un fichier dans le répertoire textes/ de ce ZIP
zipFile(URLzip, convertToURL(Fichier2), "textes/")
```

```
MsgBox("Modifiez maintenant le fichier" & chr(13) & Fichier2)
' mettre à jour le Zip
zipFile(URLzip, convertToURL(Fichier2), "textes/")
End Sub

Sub supprimerZip()
Dim URLzip As String
URLzip = convertToURL(nomZip)
removeFileinZip(URLzip, "baratin.txt", "textes/")
End Sub

Sub listerContenuZip()
Dim URLzip As String, nomRep As String
URLzip = convertToURL(nomZip)
listZipContents(URLzip, "")
nomRep = InputBox("Répertoire du zip ? (xxx/)"
listZipContents(URLzip, nomRep)
End Sub

Sub dezipperFichier()
Dim URLzip As String
Const Fichier3 = "C:\Docs OpenOffice\Tatata.txt"
URLzip = convertToURL(nomZip)
UnzipAFile(URLzip, "textes/baratin.txt", convertToURL(Fichier3))
End Sub

Sub zipperArborescence()
Dim leZip As String, arbreAzipper As String
leZip = convertToURL("D:\essai1.zip")
arbreAzipper = convertToURL("C:\Docs OpenOffice\")
zipTree(lezip, arbreAzipper)
End Sub

Sub dezipperArchive()
Dim leZip As String, arbreDezip As String
leZip = convertToURL("C:\Docs OpenOffice\GrosWriter.odt")
arbreDezip = convertToURL("C:\Dezip\")
unzipArchive(leZip, arbreDezip)
End Sub
```

On crée un fichier Zip en donnant en arguments de la macro `zipFile` :

1 l'adresse URL du futur Zip ;

2 l'adresse URL d'un fichier à insérer dans le Zip ;

3 le chemin du répertoire interne au Zip dans lequel sera placé le fichier : une chaîne vide si le fichier est placé à la racine ; `alpha/` si le fichier est placé dans le répertoire `alpha`, `alpha/beta/` s'il est placé dans le sous-répertoire `beta`, etc.

On évitera d'utiliser des caractères accentués ou autres non ASCII dans les noms de répertoire et de fichier dans un Zip. Une fois le Zip créé avec un fichier, on peut ajouter des fichiers, un par un, avec la même macro. Si le fichier existe déjà dans le Zip, il sera remplacé.

La macro `removeFileinZip` supprime un fichier contenu dans un Zip. Si le fichier n'existe pas dans le Zip une erreur est déclenchée. Cette macro utilise trois arguments :

1 l'adresse URL du fichier Zip ;

2 le nom du fichier à supprimer du Zip ;

3 le chemin du répertoire de Zip contenant le fichier à supprimer.

La macro `listZipContents` affiche les fichiers et répertoires contenus dans un répertoire d'un Zip. Elle a pour arguments :

1 l'adresse URL du fichier Zip ;

2 le chemin d'un répertoire dans le Zip (chaîne vide pour le répertoire racine).

La macro `UnzipAFile` décompresse un fichier d'un Zip pour obtenir un fichier ordinaire. Si le fichier n'existe pas dans le Zip une erreur est déclenchée. Cette macro utilise trois arguments :

1 l'adresse URL du fichier Zip ;

2 l'adresse URL du fichier dans le Zip ;

3 l'adresse URL du fichier final.

La macro `zipTree` compresse tout un répertoire, avec ses fichiers et sous-répertoires. Elle utilise deux arguments :

1 l'adresse URL du fichier Zip ;

2 l'adresse URL du répertoire à compresser (terminé par un /).

La macro `unzipArchive` décompresse une archive Zip, avec ses fichiers et sous-répertoires, dans un répertoire de destination. Elle utilise deux arguments :

1 l'adresse URL du fichier Zip ;

2 l'adresse URL du répertoire de destination (terminé par un /).

Lancer l'application associée à un document

Le service `SystemShellExecute` est capable, par exemple, d'afficher un document HTML sur le navigateur configuré par défaut sur le PC. Ceci nécessite toutefois une configuration correcte d'OpenOffice.org et du système d'exploitation, qui doit retrouver l'application à partir de l'extension du fichier. Cet exemple affiche un fichier PDF (que vous trouverez dans le Zip téléchargeable).

```
rem Code14-01.odt   bibli : Lancer Module1
Option Explicit

Sub AfficherPDF()
Dim sv As Object, fichier As String
sv = createUnoService("com.sun.star.system.SystemShellExecute")
fichier = "C:\Docs OpenOffice\EditerWiki.pdf"
sv.execute(fichier, "", 0)
End Sub
```

Nous invoquons le service SystemShellExecute, puis nous utilisons sa méthode execute. L'adresse du fichier doit être dans le format natif du système d'exploitation. La méthode execute peut aussi lancer une application *exécutable* en lui fournissant un argument, sous forme d'une chaîne de caractères :

```
sv.execute(application, argument, 0)
```

Toutefois, ceci ne fonctionne pas sur tous les systèmes (pour raison de sécurité). Le troisième argument de la méthode execute, s'il n'est pas nul, permet de ne pas afficher de message système si la méthode échoue. Il faut alors lui donner comme valeur la constante nommée :

```
com.sun.star.system.SystemShellExecuteFlags.NO_SYSTEM_ERROR_MESSAGE
```

La palette des couleurs

La palette des couleurs est accessible par l'interface utilisateur, menu Outils>Options>OpenOffice.org>Couleurs. Le contenu de la palette est utilisable grâce au service ColorTable de l'API. Cette macro affiche le nom de chacune des couleurs de la palette.

```
rem Code14-02.odt    bibli : Palette Module1
Option Explicit
Sub PaletteCouleurs()
dim sv As Object, lesCouleurs As Object, couleur As String
sv = createUnoService("com.sun.star.drawing.ColorTable")
' obtenir un tableau des couleurs de la palette
lesCouleurs = sv.ElementNames
for each couleur in lesCouleurs() ' lister les couleurs
  print couleur
next
End Sub
```

Le service `ColorTable` nous renvoie un objet conteneur. Il possède une propriété `ElementNames`, qui est un tableau, indexé à partir de zéro, dont chaque élément est un nom de couleur. Basic nous permet de balayer le tableau avec une boucle `for each` et d'afficher chaque nom de couleur.

> **ATTENTION**
>
> Les noms des couleurs prédéfinies sont localisés. Vous n'obtiendrez pas les mêmes noms sur une version allemande d'OpenOffice.org, par exemple.

La macro suivante montre comment récupérer la valeur d'une des couleurs de la palette.

```
rem Code14-02.odt    bibli : Palette Module2
Option Explicit

Sub lirePalette()
dim sv As Object, c As Long, nomCouleur As String
sv = createUnoService("com.sun.star.drawing.ColorTable")

nomCouleur = InputBox("Donnez un nom de couleur", "", "Jaune")
if sv.hasByName(nomCouleur) then
  c = sv.getByName(nomCouleur) ' récupérer la valeur de couleur
  MsgBox("R = " & Red(c) & chr(13) & "V = " & Green(c) & _
      chr(13) & "B = " & Blue(c), 0, nomCouleur)
else
  MsgBox(nomCouleur & " n'existe pas !", 16)
end if
End Sub
```

Le service `ColorTable` nous expose la fonction `hasByName`. Elle renvoie la valeur `True` si le nom en argument existe bien dans la palette. Dans ce cas, la fonction `getByName` du service nous donne la valeur correspondante. Nous avons vérifié l'existence du nom au préalable car, s'il n'était pas reconnu par `getByName`, une erreur serait déclenchée. À partir de la valeur de couleur, nous affichons ses composantes avec les fonctions `Red`, `Green`, `Blue`. Les instructions `chr(13)` servent à changer de ligne dans le message affiché.

Le service `ColorTable` n'est pas documenté. Il comporte aussi des méthodes pour modifier la palette, mais elles ne fonctionnent pas.

Penser à l'utilisateur

Geler l'affichage du document

Certaines macros peuvent prendre un temps non négligeable pour s'exécuter et, si elles modifient le contenu du document, l'affichage va évoluer en même temps. Ce n'est pas agréable pour l'utilisateur et cela peut ralentir considérablement l'exécution. Il est possible de « geler » l'affichage sur l'interface utilisateur au début du traitement, puis de le libérer en fin de traitement, ce qui permet sa mise à jour automatique. Ceci est réalisé par deux méthodes de l'objet document.

```
monDocument.lockControllers
' ici l'affichage utilisateur est bloqué
monDocument.unlockControllers
' ici l'affichage utilisateur est libéré
```

En conséquence, si dans votre traitement vous souhaitez afficher une information à l'utilisateur, pensez à débloquer l'interface avant !

```
monDocument.unlockControllers
if MsgBox("Erreur rencontrée, continuer ?", 20) = 7 then
  ' réponse Non - terminer le programme
  ' - - - - -
else
  ' réponse Oui - continuer
  monDocument.lockControllers
end if
```

Pour chaque `lockControllers` exécuté, il faut exécuter plus tard un `unlockControllers`. Vous ne pouvez pas exécuter `unlockControllers` sans avoir auparavant exécuté `lockControllers`. En effet, l'API maintient un compteur de blocage, et non pas un simple indicateur binaire. Vous devez donc exécuter le même nombre de ces instructions, quels que soient les chemins empruntés par le programme. Éventuellement, vous pouvez savoir si les contrôleurs sont encore bloqués :

```
if monDocument.hasControllersLocked then
  ' encore bloqué !
```

Gels spécifiques à Calc

Dans un tableur, la modification d'une cellule peut entraîner des calculs en cascade et ralentir l'exécution d'une série d'actions programmées. Voici comment l'empêcher temporairement :

```
monDocument.addActionLock
' ici la mise à jour est inhibée
monDocument.removeActionLock
' ici la mise à jour reprend
```

Il s'agit d'un compteur de blocages, pour revenir à l'état normal, vous devez exécuter autant de remove que de add. Imbriquer un couple ActionLock dans un couple lockControllers peut apporter un gain supplémentaire.

Si le document comporte des graphiques associés aux cellules à modifier, on peut éviter la mise à jour des graphiques pendant les modifications. Cette routine gèle ou dégèle tous les graphiques du document :

```
Sub bloquerGraphes(monDocument As Object, bloquer As Boolean)
Dim lesFeuilles As Object, lesGraphes As Object, f As Long, gr As Long

lesFeuilles = monDocument.Sheets
for f = 0 to lesFeuilles.Count -1
  lesGraphes = lesFeuilles(f).Charts
  for gr = 0 to lesGraphes.Count -1
    if bloquer then
      lesGraphes(gr).EmbeddedObject.lockControllers
    else
      lesGraphes(gr).EmbeddedObject.unlockControllers
    end if
  next
next
End Sub
```

Indiquer l'avancement du travail

Nous avons vu avec les dialogues, qu'il existe un contrôle Barre de progression. Il y a un autre moyen de rassurer l'utilisateur pendant un travail de durée non négligeable : le service StatusIndicator permet d'afficher un texte et une barre de progression en bas d'une fenêtre de document OpenOffice.org.

Notre exemple simule l'avancement du travail avec une boucle temporisée. En pratique, cette boucle serait remplacée par le codage permettant de réaliser le travail et on afficherait des messages plus utiles.

```
rem Code14-02.odt    bibli : Progression Module1
Option Explicit

Sub IndiquerProgression()
Dim monDocument As Object, avance As Object, i As Long
monDocument = ThisComponent
monDocument.lockControllers
avance = monDocument.CurrentController.StatusIndicator
avance.start("Attendez svp ...", 100)
For i = 1 To 100
  avance.Value = i
  if i = 75 then avance.Text = "Patience, bientôt fini ..."
  Wait 80 ' ceci simule un codage prenant un certain temps
Next
avance.Text = "Terminé !"
wait 800
avance.end
monDocument.unlockControllers
End Sub
```

Nous commençons par geler l'affichage sur l'interface utilisateur. Nous verrons en effet que cela n'empêche pas l'affichage de l'indicateur de progression. Puis, nous récupérons dans la variable avance l'objet StatusIndicator qui appartient au contrôleur courant, c'est-à-dire celui de la fenêtre du document où s'exécute la macro. La méthode start de l'objet avance sert à afficher la barre de progression accompagnée de son texte. Le deuxième argument est la valeur maximale de la progression. La barre de progression apparaît au bas de la fenêtre du document.

La valeur de progression est mise à jour avec la propriété Value de l'objet avance. Le texte associé peut être modifié par la propriété Text de cet objet. On pourra ainsi indiquer quelle phase du travail est en cours de réalisation.

En fin de travail, la barre de progression est supprimée en appelant la méthode end de l'objet avance. Aussitôt, le contenu habituel du bas de la fenêtre réapparaît. L'affichage est ensuite débloqué pour l'utilisateur.

Empêcher les actions de l'utilisateur

Si l'affichage est gelé, rien n'empêche pour autant l'utilisateur de pianoter sur le clavier et donc de modifier le document, bien que le résultat ne soit pas visible. Bien sûr, il est souhaitable de prévenir l'utilisateur quand un travail va prendre un certain temps, avec un message préalable et un indicateur de progression, mais il vaut mieux se mettre à l'abri des actions intempestives.

La manière la plus simple est de désactiver la fenêtre du document :

```
Dim fenetre as Object
fenetre = monDocument.CurrentController.Frame.ContainerWindow
fenetre.Enable = False
' ici un codage prenant un certain temps
fenetre.Enable = True
```

Le codage exécuté comportera en général, comme nous l'avons vu, un gel de l'affichage et un indicateur d'avancement du travail.

Pour traiter tous les cas, on doit désactiver toutes les fenêtres du document. La section suivante explique comment les obtenir.

Si un dialogue est en cours, la méthode précédente ne le gèle pas. On utilise alors la propriété Enable du dialogue. Même la case X de fermeture de la fenêtre de dialogue est inhibée.

```
dlg.Enable = False
' ici un codage prenant un certain temps
dlg.Enable = True
```

Les fenêtres dans OpenOffice.org

Le terme fenêtre recouvre plusieurs entités logicielles : Frame, qui contient aussi les objets ContainerWindow et ComponentWindow. ContainerWindow représente la zone de fenêtre gérée par OpenOffice. La fenêtre visible comporte en plus une marge gérée par le système d'exploitation, notamment le titre de la fenêtre. L'objet ComponentWindow n'a pas d'utilité pour nous.

L'utilisateur peut ouvrir plusieurs documents OpenOffice.org à la fois, et même plusieurs fenêtres par document. La fenêtre Frame active dans OpenOffice.org est obtenue par :

```
fenetreActive = StarDesktop.CurrentFrame
```

Pour un document donné, la fenêtre Frame principale est obtenue par :

```
fenetreActive = monDocument.CurrentController.Frame
```

Changer la position ou taille de la fenêtre

Vous pouvez connaître et changer la taille de la fenêtre sur l'écran, ou sa position, qui sont évaluées en pixels. Cet exemple pourrait être transposé facilement à un formulaire de base de données qu'on vient d'ouvrir :

```
rem Code14-02.odt    bibli : Fenetre Module1
Option Explicit

Sub PositionTailleFenetreDocument()
Dim cw As Object, ps As Object, cr As String

cw = ThisComponent.CurrentController.Frame.ContainerWindow
ps = cw.PosSize
cr = chr(13)
MsgBox("X = " & ps.X & cr & "Y = " & ps.Y & cr & _
  "Largeur = " & ps.Width & cr & "hauteur = " & ps.Height, _
  0, "Position et taille en pixels")
' changer seulement la hauteur
cw.setPosSize(0, 0, 0, 500, com.sun.star.awt.PosSize.HEIGHT)
End Sub
```

Les caractéristiques de la fenêtre courante du document sont regroupées dans la propriété PosSize de la fenêtre principale (ContainerWindow) de l'objet fenêtre (Frame) exposé par le contrôleur actuellement utilisé par le document. La méthode setPosSize sert à modifier une ou plusieurs des coordonnées de cette fenêtre. Le nombre d'arguments est toujours le même, dans l'ordre : coordonnée horizontale X, coordonnée verticale Y, largeur, hauteur, et une constante nommée (tableau 14-4) qui précise quels éléments sont à modifier. Signalons que ces coordonnées et dimensions sont légèrement différentes de celles de la fenêtre visible.

Tableau 14–4 Constantes de modification de position et taille

Constante	Signification
X	Modifier la coordonnée X.
Y	Modifier la coordonnée Y.
WIDTH	Modifier la largeur.
HEIGHT	Modifier la hauteur.
POS	Modifier les coordonnées X et Y.
SIZE	Modifier la largeur et la hauteur.
POSSIZE	Modifier tout.

Document affiché avec plusieurs fenêtres

Par le menu Fenêtre, l'utilisateur peut afficher plusieurs fenêtres du même document. Chaque fenêtre est gérée par un contrôleur. La propriété Controllers du document nous permet d'énumérer chacun d'eux, et ainsi d'accéder à chaque fenêtre :

```
rem Code14-02.odt    bibli : Fenetre Module2
Option Explicit

Sub EnumererFenetres()
Dim monDocument As Object, lesControleurs As Object
Dim unControleur As Object, ps As Object, n As Long, m As String

monDocument = ThisComponent
lesControleurs = monDocument.Controllers
Do While lesControleurs.hasMoreElements
  unControleur = lesControleurs.nextElement
  ps = unControleur.Frame.ContainerWindow.PosSize
  n = n+1
  m = "Fenêtre " & n
  if unControleur.Frame.isActivethen m = m & " (active)"
  MsgBox("X = " & ps.X & "      Y = " & ps.Y, 0, m)
Loop
End Sub
```

La méthode isActive d'une fenêtre renvoie True si elle est en premier plan des fenêtres OpenOffice.org.

Ordre des fenêtres OpenOffice.org

Lorsque vous manipulez plusieurs documents, une seule fenêtre OpenOffice.org sera au premier plan. Un document est affiché dans une fenêtre d'écran, que nous obtenons ainsi :

```
Dim doc1 As Object, fenetre1 As Object
fenetre1 = doc1.CurrentController.Frame.ContainerWindow
```

Il en est de même pour chaque document ; la méthode toFront de la fenêtre la fait passer à l'avant-plan par rapport aux autres fenêtres OpenOffice.org.

```
fenetre1.toFront
```

La méthode toBack renvoie la fenêtre au plus bas de la pile des fenêtres :

```
fenetre1.toBack
```

Fenêtre visible ou invisible

La propriété Visible de la fenêtre permet de la cacher à volonté :

```
fenetre1.Visible = False
' modification invisible du document ...
fenetre1.Visible = True
```

À partir de la version 2.2 d'OpenOffice.org, un document chargé de manière invisible peut être rendu visible de cette manière.

Afficher ou masquer une barre d'outils

Chaque barre d'outils possède un nom interne. Depuis la fenêtre Frame d'un document, il est assez facile de gérer la visibilité d'une barre d'outils :

```
rem Code14-02.odt    bibli : Fenetre Module3
Option Explicit

Sub basculerBarre()
Dim monDocument As Object, f As Object, v As Boolean, nomBarre As String
monDocument = ThisComponent
f = monDocument.CurrentController.Frame
nomBarre = InputBox("Nom interne", "Barre d'outils", "drawbar")
v = barreVisible(nomBarre, f)
MsgBox("Actuellement visible ? " & v, 0, "Barre " & nomBarre)
barreVisible(nomBarre, f, not v) ' changer la visibilité
End Sub

' lit ou change la visibilité d'une barre d'outil
Function barreVisible(nomBarre As String, fenetre As Object, _
                      Optional afficher As Boolean) As Boolean
Dim conf As Object, nomRessource As String

nomRessource = "private:resource/toolbar/" & nomBarre
conf = fenetre.LayoutManager
if not IsMissing(afficher) then
  if afficher then
    if IsNull(conf.getElement(nomRessource)) then
      conf.createElement(nomRessource) ' créer la barre
    end if
    conf.showElement(nomRessource)
  else
    conf.hideElement(nomRessource)
  end if
end if
barreVisible = conf.isElementVisible(nomRessource)
End Function
```

Depuis le document, lancez la macro `basculerBarre`. Essayez d'abord la valeur par défaut `drawbar`, puis essayez la barre `symbolshapes`. Respectez la casse pour le nom.

La fonction utilitaire `barreVisible` a deux modes d'exploitation : avec seulement deux arguments, elle renvoie l'état de visibilité de la barre d'outils ; avec le troisième, elle rend visible ou cache la barre d'outils et renvoie l'état final. Cette fonction utilise quelques méthodes de l'objet `LayoutManager` attaché à la fenêtre du document. Le `LayoutManager` est chargé de la gestion de tous les éléments visibles, dont les barres d'outils.

Comment trouver le nom interne d'une barre d'outils ? Dans le répertoire d'installation d'OpenOffice.org, sous-répertoire `Basis/share/config/soffice.cfg/modules` se trouvent une série de répertoires où on reconnaît les noms des applications OpenOffice (par exemple `scalc` pour Calc). Chacun comporte un sous-répertoire `toolbar`. Chaque nom de fichier `xml` de ce répertoire est un nom interne de barre d'outils.

Une fonction Format plus puissante

Le service de formatage des documents Writer et Calc (mais pas Draw ni Impress) peuvent être utilisés pour créer une fonction similaire à la fonction Basic `Format`, mais ayant plus de possibilités pour formater les nombres. La macro `exemplesFormatAPI` donne plusieurs cas d'affichage qui ne peuvent pas être réalisés avec la fonction Basic. À la place, nous utilisons la fonction utilitaire `FormatAPI` définie après la macro principale.

```
rem Code14-03.odt   bibli : FormatageAPI Module1
Option Explicit

Sub exemplesFormatAPI()
Dim d As Variant, s As String, f As String

f = "+# ##0,0" ' en fr-FR le séparateur décimal est la virgule
d = 12345.67
s = FormatAPI(d, f) ' environnement linguistique de l'installation OOo
MsgBox(d & " donne : " & s , 0, "Nombre fr-FR")

' nombre au format suisse (il faut préciser la langue et le pays)
f = "#'##0.00"
d = 12345.67
s = FormatAPI(d, f, "fr", "CH")
MsgBox(d & " donne : " & s, 0, "Nombre suisse")

d =23.65
```

```
f = "# ?/?"
s = FormatAPI(d,f)
MsgBox(d & " donne : " & s, 0, "Nombre fractionnaire")

' format conditionnel (attention aux guillemets)
f = "[<-2]""Glagla !"";[>30]""Canicule !"";0,0"" °C"""
d = 35
MsgBox(d & " donne : " & FormatAPI(d,f), 0, "Température")
d = 19
MsgBox(d & " donne : " & FormatAPI(d,f), 0, "Température")
d = -11
MsgBox(d & " donne : " & FormatAPI(d,f), 0, "Température")

' exemples de formats de dates
d = Now
s = FormatAPI(d, "NNN JJ MMMM AAAA")
s = s & chr(10) & FormatAPI(d, "QQ"", semaine ""WW")
s = s & chr(10) & FormatAPI(d, "hh\h mm\mn ss\s\ec")
MsgBox(s, 0, "Actuellement, cal. européen")

' date actuelle au calendrier hébraïque
s = FormatAPI(d, "[~jewish]DD/MM/YYYY", "iw")
MsgBox(Date & " donne : " & s, 0, "Actuellement, cal. hébraïque")
' date actuelle au calendrier musulman (arabe)
s = FormatAPI(d, "[~hijri]DD/MM/YYYY", "ar", "TN")
MsgBox(Date & " donne : " & s, 0, "Actuellement, cal. musulman")
' date actuelle au calendrier bouddiste (thaï)
s = FormatAPI(d, "[~buddhist]DD/MM/YYYY", "th")
MsgBox(Date & " donne : " & s, 0, "Actuellement, cal. bouddhiste")
End Sub


Function FormatAPI(ByVal v As Double, fmt As String, _
    Optional lang As String, Optional pays As String) As String
Dim sv As Object, idiome As New com.sun.star.lang.Locale

sv = CreateUnoService("com.sun.star.util.NumberFormatter")
sv.attachNumberFormatsSupplier(thisComponent)
if not IsMissing(lang) then
  idiome.Language = lang
  if not IsMissing(pays) then idiome.Country = pays
end if
FormatAPI = "Chaîne de format incorrecte !" & chr(10) & fmt
On Error Resume Next
FormatAPI = sv.convertNumberToPreviewString(fmt, v, idiome, False)
On Error GoTo 0
End Function
```

La fonction `FormatAPI` utilise deux arguments obligatoires : la valeur `v` à formater et la chaîne décrivant le format. L'argument langue est optionnel, éventuellement accompagné de l'indication de pays, par exemple le français de Suisse. La fonction utilise le service `NumberFormatter`, qui a besoin d'un gestionnaire de formats numériques (`NumberFormatsSupplier`) qu'on obtient du document courant, Writer ou Calc. Pour préciser le contexte linguistique, la méthode `convertNumberToPreviewString` utilise une structure `Locale`, décrite au chapitre 7. Un traitement d'erreur permet de renvoyer un texte approprié si la méthode déclenche une erreur pour cause de format incompréhensible.

L'intérêt du formatage API est que les chaînes de format sont exactement celles qu'on peut utiliser via l'interface utilisateur de Calc pour formater une cellule contenant un nombre. On peut donc tester sur Calc un format avant de le recopier dans la macro.

Description

Les différents formats possibles sont décrits dans l'aide F1 pour Calc. Recherchez dans l'index « Descriptions de formats ».

Différences avec la fonction Basic Format

Dans les chaînes de format, le séparateur décimal et le séparateur de milliers doivent correspondre au `Locale` utilisé, contrairement à l'instruction Basic `Format`. Lorsque nous n'avons pas imposé le `Locale`, les exemples supposent qu'il est `FR-fr`. Comme pour `Format`, on doit éviter l'interprétation de certains caractères en ajoutant un \ devant la lettre à ignorer, et encadrer un texte par des guillemets doublés. Dans les formats de date, l'indication de jour et d'année n'utilise pas, en environnement français, le même caractère qu'avec la fonction `Format`.

Fermer complètement OpenOffice

Lorsqu'on pilote OpenOffice depuis un programme extérieur (par exemple depuis VB avec COM) il est possible de fermer OpenOffice après l'exécution du travail. Le codage exemple fourni ici est en OOoBasic à des fins de simplification, mais il n'est pas applicable facilement avec une macro OOoBasic. En effet, vous ne pouvez pas fermer OpenOffice depuis une macro de document, car vous sciez la branche sur laquelle vous êtes assis : vous devez lancer une macro située dans Mes macros ou Macros OpenOffice.org, et depuis OpenOffice, ce qui n'est pas pratique.

Deux problèmes sont à résoudre :

- En tant qu'intervenant extérieur, vous ne devez pas fermer OpenOffice si l'utilisateur s'en sert !
- Si la configuration utilise l'option de démarrage rapide, OpenOffice restera ouvert même en l'absence de document en cours.

Après avoir fermé vos documents de travail, exécutez dans votre langage l'équivalent de ces instructions :

```
Dim collDocs As Object
collDocs = StarDesktop.Components.createEnumeration
if not collDocs.hasMoreElements then ' pas d'autre utilisation en cours
    StarDesktop.SuspendQuickstartVeto = True ' inhiber démarrage rapide
    StarDesktop.terminate ' fermer OpenOffice
end if
```

La fermeture ne s'effectue que s'il n'existe plus aucun composant OpenOffice en cours. La propriété SuspendQuickstartVeto inhibe le démarrage rapide pour cet arrêt, sans changer l'option.

Utiliser le Dispatcher

Le Dispatcher est le mécanisme dont se sert OpenOffice.org pour exécuter les commandes réalisées par l'interface utilisateur, par exemple depuis une entrée de menu. Il est utilisé aussi par l'Enregistreur de macros. Les fonctions lancées ne font pas partie de l'API OpenOffice.org. La plupart sont équivalentes à des fonctions de l'API, mais sous un autre format d'appel, et en général nécessitent que le document soit visible. Certaines possibilités sont seulement accessible par le Dispatcher, et pas par l'API.

Les noms de commande utilisés par les menus et les boutons de barres d'outils peuvent être trouvés assez facilement. Dans le répertoire d'installation d'Open-Office.org, sous-répertoire Basis/share/config/soffice.cfg/modules se trouvent une série de répertoires où on reconnaît les noms des applications OpenOffice (par exemple scalc pour Calc). Chacun comporte un sous-répertoire menubar et un sous-répertoire toolbar. Dans un éditeur de texte, affichez le contenu d'un des fichiers *bar.xml : les commandes de Dispatcher sont facilement repérables avec leur préfixe .uno: et leur signification est en général évidente. Toutes ces commandes sont lancées sans argument. On retrouve la même organisation dans le dossier utilisateur user/config/soffice.cfg/modules, pour les menus et barres d'outils que l'utilisateur a configurés.

La documentation disponible sur les commandes du Dispatcher se limite à un tableau sur le wiki d'OpenOffice.org :

http://wiki.services.openoffice.org/wiki/Framework/Article/OpenOffice.org_3.x_Commands

La colonne de gauche du tableau correspond aux noms des commandes (sans le préfixe .uno:). Ce tableau n'indique pas si la commande nécessite des arguments spécifiques. Le tableau 14-5 reproduit quelques commandes qui n'utilisent pas d'argument ou peuvent fonctionner sans argument explicite.

Tableau 14–5 Commandes de Dispatcher

Nom (sans le préfixe)	Équivalent interface utilisateur
FullScreen	Affichage>Plein écran (et revenir en affichage fenêtre)
Copy	Édition>Copier
Cut	Édition>Couper
Paste	Édition>Coller
Undo	Édition>Annuler
Redo	Édition>Restaurer
Reload	Fichier>Recharger (voir la section « Recharger le document » du chapitre 7).
ClearHistory	Effacer l'historique des dernières commandes (pas d'équivalent interface utilisateur)
UpdateAll	Outils>Actualiser>Tout actualiser
EditDoc	Bouton Éditer le fichier (bascule mode lecture seule/écriture autorisée)
PrinterSetup	Fichier>Paramétrage de l'imprimante (ouvre le dialogue)
PrintPreview	Fichier>Aperçu
ExportTo	Fichier>Exporter (ouvre le dialogue)
ExportToPDF	Fichier>Exporter au format PDF (ouvre le dialogue)
SearchDialog	Édition>rechercher et remplacer (ouvre le dialogue)
FontDialog	Format>Caractères (ouvre le dialogue)
Navigator	Affichage>Navigateur
HelpIndex	Aide en ligne, onglet Index
NewWindow	Fenêtre>Nouvelle fenêtre
CloseWin	Fermer la fenêtre en cours (équivalent d'actionner la case X du coin de la fenêtre)
OptionsTreeDialog	Outils>Options
BasicIDEAppear	Affiche l'EDI
SetInputMode	Dans Calc, met la cellule courante en mode Édition

Rappelons qu'un bouton posé sur un document peut appeler une commande de Dispatcher sans argument, en utilisant ses propriétés Action et URL (voir le chapitre 13, section « Le bouton »).

La routine utilitaire DispatchSimple permet d'exécuter facilement les commandes de Dispatcher qui ne nécessitent pas d'argument.

```
rem Code14-02.odt    bibli : Dispatch Module1
Option Explicit

Sub DispatchSimple(Commande As String, Optional fenetre As Variant)
Dim disp as object, noArgs()

if IsMissing(fenetre) then
  fenetre = StarDesktop.CurrentFrame
end if
disp = createUnoService("com.sun.star.frame.DispatchHelper")
On Error GoTo dispErr1
disp.executeDispatch(fenetre, ".uno:" & Commande, "", 0, noArgs)
Suite:
On Error GoTo 0
Exit Sub

dispErr1:
  MsgBox("Commande inconnue : " & Commande, 16)
  Resume Suite
End Sub
```

Cette fonction comporte deux arguments :
- le nom de la commande, par exemple "PrintPreview" ;
- éventuellement, la fenêtre (Frame) d'un document OpenOffice.org à utiliser (voir la section précédente « La fenêtre du document »).

Voici, en guise d'exemple, comment appeler le panneau de paramétrage de l'imprimante :

```
DispatchSimple("PrinterSetup")
```

Copier-coller

Le copier-coller est parfois la seule solution pour recopier des éléments complexes sur un document, ou d'un document à l'autre. L'exemple suivant remplit la feuille 1 d'un document Calc et recopie la zone dans la feuille 2 d'un autre document, à un autre endroit. Les deux documents doivent être affichés (pas de mode invisible).

```
rem Code14-02.odt    bibli : Dispatch Module2
Option Explicit

Sub CopierCollerEntreDocuments()
Dim doc1 As Object, doc2 As Object, props()
Dim zone1 As Object, zone2 As Object

doc1 = StarDesktop.loadComponentFromURL("private:factory/scalc", _
  "_blank", 0, props())
zone1 = doc1.Sheets(0).getCellRangeByName("B3")
zone1.CharHeight = 16
zone1.String = "Bonjour"
zone1 = doc1.Sheets(0).getCellRangeByName("B2:C5")
zone1.CellBackColor = RGB(100,200,100)
doc1.CurrentController.select(zone1)

doc2 = StarDesktop.loadComponentFromURL("private:factory/scalc", _
  "_blank", 0, props())
zone2 = doc2.Sheets(1).getCellRangeByName("F10")
doc2.CurrentController.select(zone2)

DispatchSimple("Copy",   doc1.CurrentController.Frame)
DispatchSimple("Paste",  doc2.CurrentController.Frame)
End Sub
```

Avant de lancer la commande Copy, nous sélectionnons dans le premier document la zone à copier. La commande Paste effectue le collage à partir de la zone sélectionnée sur le deuxième document. On voit dans cet exemple l'utilité de préciser la fenêtre sur laquelle la commande va s'appliquer.

Lancer une macro d'un autre document

La situation à résoudre est la suivante : depuis une macro lancée depuis un document ou depuis **Mes macros**, comment exécuter une macro située dans un autre document ? Dans l'exemple qui suit, il s'agit de la macro afficher située dans la bibliothèque maBibli du document Afficheur.odt. On suppose que ce document a été préalablement chargé, manuellement ou par programme. Dans ce dernier cas, le document ne doit pas être chargé en mode invisible (option Hidden), et l'exécution de macro doit être activée (option MacroExecutionMode).

Le lancement de la macro s'effectue grâce au Dispatcher, en lui passant une URL particulière.

```
rem Code14-02.odt    bibli : Dispatch Module3
Option Explicit
```

```
Sub lancerMacroAutreDoc()
Dim disp as object, resu As Variant, noArgs()

fenetre = StarDesktop.CurrentFrame
disp = createUnoService("com.sun.star.frame.DispatchHelper")
resu = disp.executeDispatch(fenetre, _
  "macro://Afficheur/maBibli.Module1.afficher(Hello OOo!)", _
  "", 0, noArgs)
if resu.State = 1 then
  MsgBox("Macro exécutée")
else
  MsgBox("Echec de lancement")
end if
End Sub
```

À l'exécution de la macro `lancerMacroAutreDoc`, on verra s'afficher un message « Hello OOo! » qui est produit par la macro `afficher`. Une fois cette fenêtre de message fermée, le message « Macro exécutée » apparaît : la macro appelante ne reprend qu'après la fin d'exécution de la macro appelée. On remarque que dans ce mode d'appel il est inutile de charger explicitement la bibliothèque `maBibli`, puisqu'Open-Office.org le fait.

La macro `afficher` a interprété tout le texte comme un seul argument. Les arguments d'appel de la macro sont séparés par des virgules, chaque argument étant toujours récupéré par la macro comme un `String`.

La méthode `executeDispatch` renvoie une structure `DispatchResultEvent`, dont l'élément `State` contient la valeur 1 si la macro appelée a pu être exécutée, ou la valeur 0 si la macro n'a pu être trouvée. La macro appelée ne peut pas renvoyer d'information à son appelant.

Traitements spécifiques à MS-Windows

Utiliser les ressources propres au système d'exploitation MS-Windows apporte de nouvelles possibilités. En contrepartie, les codages les utilisant ne pourront s'exécuter sur les autres systèmes d'exploitation supportés par OpenOffice.org.

Accéder à la base de registres de MS-Windows

Didier Dorange-Pattoret est l'auteur initial de cette macro, qui lit des clés de la base de registres utilisée par MS-Windows pour afficher la version du système d'exploitation de l'ordinateur. Elle utilise des fonctions situées dans la bibliothèque `ImportWizard` de `soffice`.

```
Sub VersionValue
Const HKEY_LOCAL_MACHINE = &H80000002
Dim sVersion as String
Globalscope.BasicLibraries.LoadLibrary("ImportWizard")

OpenRegKey(HKEY_LOCAL_MACHINE, _
    "Software\Microsoft\Windows\CurrentVersion\")
sVersion = QueryValue(HKEY_LOCAL_MACHINE, _
    "Software\Microsoft\Windows\CurrentVersion\","ProductName")

If sVersion = "" Then
  OpenRegKey(HKEY_LOCAL_MACHINE, _
      "SOFTWARE\Microsoft\Windows_NT\CurrentVersion\")
  sVersion = QueryValue(HKEY_LOCAL_MACHINE, _
  "SOFTWARE\Microsoft\Windows NT\CurrentVersion\","ProductName")
End If
Print sVersion
End Sub
```

On en déduit comment accéder à d'autres clés de la base de registres (dont la structure dépend de la version de MS-Windows).

Utiliser l'API de MS-Windows

Certains développements peuvent nécessiter l'appel de fonctions internes de ce système d'exploitation. Que ce soit, comme dans la section précédente, pour accéder à la base de registres, pour utiliser d'autres fonctionnalités ou encore pour migrer un applicatif existant, Basic permet de les définir pour ensuite les appeler dans les macros comme des fonctions internes.

```
Declare Function RegOpenKeyEx Lib "advapi32.dll" Alias "RegOpenKeyExA" _
(ByVal hKey As Long, _
  ByVal lpSubKey As String, _
  ByVal ulOptions As Long, _
  ByVal samDesired As Long, _
  phkResult As Long) As Long

Declare Function FindWindow Lib "user32" Alias "FindWindowA" _
(ByVal lpClassName As long, _
  ByVal lpWindowName As String) As Long

Declare Function SendMessage Lib "user32" Alias "SendMessageA" _
(ByVal hwnd As Long, _
  ByVal wMsg As Long, _
  ByVal wParam As Long, _
  ByVal lParam As long) As Long
```

L'instruction `Declare` est tout-à-fait analogue à celle utilisée lors des appels d'`API` `win32` depuis d'autres langages comme Visual Basic™. Les habitués ne devraient donc pas être perturbés. Vous trouverez un exemple d'utilisation de ces fonctions dans la macro `InstallVirgule` disponible sur le site fr.openoffice.org. Cependant, l'opérateur `AddressOf` n'existant pas, vous ne pourrez pas utiliser d'instructions `Callback` nécessaires par exemple à l'implémentation de `Hooks`.

Cette technique permet également d'appeler toute fonction dans une DLL que vous auriez créée dans un autre langage. Ajoutons quelques remarques d'utilisation :

- L'utilisation de `Call` pour appeler une routine de DLL n'est obligatoire que si la routine n'a pas d'argument et ne renvoie pas de résultat. L'utilisation de `Call` est interdite si la routine renvoie un résultat.

- La DLL peut être située dans un répertoire quelconque, il suffit d'indiquer le chemin complet en syntaxe MS-Windows. Le chemin peut comporter des espaces ou des caractères accentués.

- Microsoft recommande d'écrire le chemin complet vers la DLL, et pas seulement le nom du fichier DLL, pour éviter l'appel d'une DLL homonyme située dans un autre répertoire et éventuellement malveillante.

- Il faut respecter la casse pour le nom de la fonction dans la DLL, par contre la casse est indifférente pour le nom employé dans le codage.

- Dans la déclaration, tout argument passé par valeur doit être déclaré avec `ByVal`.

- On ne doit pas utiliser `ByVal` pour récupérer un argument de type `String`. De plus, il faut réserver la taille mémoire en initialisant la variable chaîne de caractères à une longueur suffisante, avec la fonction Basic `String`.

- Pour passer une valeur dans un argument de type `Long`, il faut impérativement mettre cette valeur dans une variable intermédiaire de type `Long`.

Manipuler les objets COM

Étant dans le contexte particulier de l'utilisation d'OpenOffice.org uniquement sous environnement MS-Windows, il peut quelquefois être intéressant d'utiliser les technologies propres à ce système d'exploitation.

Toujours depuis nos macros, nous avons la possibilité d'utiliser un pont vers la technologie COM et utiliser les serveurs COM et activeX.

```
rem Code14-06.odt    bibli : Standard Module1
Option Explicit

'Utilisation de MS Word depuis une macro OpenOffice.org
Sub loading_MSWord( )
```

```
Dim oword As Object, odoc As Object

oword = CreateObject("Word.Application")
' l'objet va utiliser l'API de Word
oword.Visible = True
odoc = oword.Documents.Add
odoc.Range.Text = "Hello World!"
End Sub


'Utilisation d'Internet Explorer depuis une macro OpenOffice.org
Sub using_IE( )
Dim IE As Object

IE = CreateObject("InternetExplorer.Application.1")
' l'objet va utiliser l'API d'internet Explorer
IE.Visible = 1
IE.Navigate("http://fr.openoffice.org")
End Sub
```

Le premier exemple instancie MS-Word pour y écrire le fameux « Hello World ! ». Le deuxième exemple lance Internet Explorer avec l'URL d'OpenOffice.org.

Une fois l'objet COM obtenu avec la fonction Basic CreateObject, nous pouvons l'utiliser dans notre macro avec sa propre API comme le montre oword.Documents.Add ou bien odoc.Range.Text.

Il existe une syntaxe qui rassemble la déclaration de variable et l'initialisation par CreateObject :

```
Dim oword As New Word.Application
```

> **ATTENTION API différentes**
>
> Utiliser des API différentes dans un même programme nécessite une certaine rigueur pour ne pas mélanger les concepts. Les macros OpenOffice.org ont leurs propres API et philosophie, les objets instanciés les leurs. Le tout est de ne pas se mélanger les pinceaux et surtout de bien documenter votre code.

Si ces deux exemples ont un intérêt limité (sauf éventuellement à des fins de migration pour l'accès à Word), la méthodologie peut être intéressante sur des applicatifs spécifiques développés avec ces technologies, ou pour utiliser les objets du scripting de MS-Windows : Scripting.Dictionary et Scripting.FileSystemObject.

Piloter OpenOffice.org par COM Automation

Une application sous MS-Windows peut piloter OpenOffice.org pour, par exemple, écrire ou lire un document Writer ou Calc. Mais, contrairement à Word ou Excel, on ne dispose pas d'une bibliothèque de types, donc pas de possibilité d'autocomplétion.

En programmant à travers COM, les noms des propriétés et des méthodes de l'API ne sont pas sensibles à la casse. Les pseudo-propriétés sont aussi utilisables. Les tableaux réels, comme `ElementNames` fournis par certains objets, peuvent être indexés normalement. En revanche, les pseudo-indexations de collections permises par OOoBasic doivent être remplacées par l'usage de la méthode `getByIndex()` de l'objet collection.

Pour chaque langage, la difficulté est de trouver l'équivalent de quelques instructions OOoBasic, notamment :

- créer un objet ayant une structure `UNO` ;
- créer un tableau de `PropertyValue`, avec un index débutant à zéro ;
- créer un tableau « vide » ;
- trouver l'équivalent de `StarDesktop`, `CreateUnoService`, `ConvertToURL` ;
- trouver la valeur correspondant à une constante nommée de l'API.

Dans la section **CodeSnippets** de **OOoForum** http://www.oooforum.org/forum/, vous trouverez notamment le fil de discussion **Using COM for OOo with different languages** qui présente des exemples de programmation COM avec divers langages dont VB, C#, Python, LotusScript, Delphi.

Pour aller plus loin

Le *Developer's Guide* décrit les particularités de l'interfaçage avec COM dans sa section *Professional UNO>UNO Language Bindings>Automation Bridge*. Les détails techniques signalés peuvent répondre à certaines interrogations.
Le SDK fournit plusieurs exemples de pilotage d'OpenOffice.org :
- dans le sous-répertoire `examples/CLI/` : langages VB.NET et C# ;
- dans le sous-répertoire `examples/OLE/` : langages Delphi et VbScript.

Un des auteurs de ce livre a créé des boîtes à outils COM pour les langages de programmation Delphi 7, VBA/VB6, VB.NET, VBScript et JScript. Ces logiciels libres sont téléchargeables sur l'Internet :

- en version française : http://fr.openoffice.org/Documentation/How-to/ indexht-programmation.html (voir en bas de page la section Autres langages) ;
- en version anglaise : VBx OOo tool : http://www.ooomacros.org/dev.php#240562.

Ces boîtes à outils sont conçues pour faciliter le transcodage depuis OOoBasic. Elles sont bâties sur le même modèle : un fichier Zip contenant une bibliothèque de routines dont les noms sont proches de ceux employés par OOoBasic, une liste de constantes, des exemples d'utilisation, et un manuel explicatif. Ce dernier précise en outre les particularités rencontrées pour chaque langage. Vous pouvez vous inspirer de ce travail pour créer l'équivalent dans un autre langage de programmation (et même apporter votre contribution en le mettant en libre disposition).

Voici le transcodage en VBA de la macro Bonjour du chapitre 1, en utilisant les routines de la boîte à outils (imprimées en gras dans ce codage). Aux différences syntaxiques près, on aurait un codage identique dans les autres langages.

```
Sub BonjourVBA
Dim monDocument As Variant, monTexte As Variant, monCurseur As Variant
ConnectOpenOffice
Set monDocument = StarDesktop.CurrentComponent
Set monTexte = monDocument.Text
Set monCurseur = monTexte.createTextCursor
monCurseur.gotoEnd False
monTexte.insertString monCurseur, "VBA vous salue !", False
monTexte.insertControlCharacter monCurseur, _
OOOtextControlCharacterPARAGRAPH_BREAK, False
DisconnectOpenOffice False
End Sub
```

Le mécanisme de *Listener* n'est pas réalisable simplement, car le pont COM d'OpenOffice.org n'implémente pas les primitives de call-back qui seraient nécessaires. Le *Developer's Guide* (à la fin du chapitre *Automation Bridge*) propose une solution de remplacement :

1 Créer une DLL ActiveX.

2 Implémenter dans cette DLL une interface UNO listener qui traitera tous les événements décrits dans la documentation de l'interface du *Listener*.

3 Dans le programme externe, notifier votre *Listener* sur l'objet UNO qui sera la source des événements à traiter.

4 Si nécessaire pour votre application, vous devrez traiter vous-même l'échange de données entre le programme externe et la DLL ActiveX.

L'outil Xray, écrit en OOoBasic, peut être appelé depuis un programme pilotant OpenOffice.org par COM, en utilisant le mécanisme du Scripting Framework. C'est ce que font les boîtes à outils avec une routine du même nom xray. L'exemple suivant en JScript ouvre un nouveau document Writer et fait analyser le document par xray.

```
var maDoc;
maDoc = StarDesktop.loadComponentFromURL("private:factory/swriter",
"_blank", 0, dummyArray);

xray(maDoc);
```

La boîte à outils Delphi comporte en plus sa propre version de Xray, écrite en Delphi.

Envoyer un document par courrier électronique

Il existe deux services de l'API permettant d'envoyer un courrier électronique :

- `SimpleCommandMail` utilise l'application de messagerie fonctionnant en ligne de commande, si une telle application existe. Ceci ne semble pas fonctionner sous Windows.
- `SimpleSystemMail` utilise l'application de messagerie par défaut, ce qui aboutit à ouvrir une fenêtre de votre logiciel de messagerie favori, montrant le message électronique pré-rempli, prêt à être envoyé.

Tous les champs courants peuvent être remplis, à l'exception du texte du message. Pour transmettre une information, on utilisera à la place le contenu d'un ou plusieurs fichiers attachés au courrier.

```
rem Code14-02.odt    bibli : Mel Module1
Option Explicit

Sub EnvoyerE_Mail()
Dim sv As Object, unClient As Object, monMel As Object
Dim enCopie(1) As String, annexes(1) As String ' (exemples)
'sv = createUnoService("com.sun.star.system.SimpleCommandMail")
sv = createUnoService("com.sun.star.system.SimpleSystemMail")
unClient = sv.querySimpleMailClient
if IsNull(unClient) then
  MsgBox("Client de messagerie non disponible", 16)
  stop
end if
monMel = unClient.createSimpleMailMessage
with monMel ' évite de répéter monMel.xxxx
  .Recipient = "BillGates@microsoft.com"
  enCopie(0) = "alain@ici"
  enCopie(1) = "julie@ailleurs"
  .CcRecipient = enCopie()
  .Originator = "inconnu@neant.fr"
  .Subject = "Ceci est un test"
  annexes(0) = convertToURL("C:\Dezip\Icones\etoile_26.bmp")
  annexes(1) = convertToURL("C:\Docs OpenOffice\baratin.txt")
  .Attachement = annexes()
end with
unClient.sendSimpleMailMessage(monMel, 0)
End Sub
```

Le service est d'abord invoqué, puis on lui demande de chercher le client de messagerie (ce terme désigne l'application qui va envoyer le courrier électronique). La méthode `createSimpleMailMessage` du client nous renvoie un objet courrier vide. C'est une structure dont les éléments sont les champs principaux du courrier. Votre client de messagerie acceptera ou non que le champ `Originator` soit quelconque.

L'objet courrier est envoyé au client avec la méthode `sendSimpleMailMessage`. Le deuxième argument peut contenir un des indicateurs suivants, ou les deux, en les additionnant :

```
com.sun.star.system.SimpleMailClientFlags.NO_USER_INTERFACE
com.sun.star.system.SimpleMailClientFlags.NO_LOGON_DIALOG
```

Le premier indicateur envoie le courrier sans afficher la fenêtre du client de messagerie. Le deuxième indicateur n'affiche pas la fenêtre de connexion si l'utilisateur n'est pas connecté ; dans ce cas, une erreur se produit.

Utiliser un serveur web

Comme nous l'avons vu précédemment, OpenOffice.org utilise des URL pour ouvrir les documents. Nous allons détourner ici cette fonctionnalité pour illustrer une utilisation possible d'une macro pour interagir avec un serveur web.

Imaginons un serveur web exposant un script PHP (ou autre) à l'URL http://monsite.com/lescript.php. Ce script attend un argument `prenom` et se charge d'afficher un message de bienvenue dans le navigateur. L'URL à utiliser sera donc : http://monsite.com/lescript.php?prenom=Toto

La macro suivante appelle le serveur, lui passe un prénom et y lit la réponse.

```
sub AppelURL()
  dim lePrenom as string
  dim monURL as string
  dim laReponse as string

  'On demande le Prénom
  lePrenom=InputBox("Quel est votre Prénom ?")

  'On construit l'URL
  monURL=ConvertToURL _
    ("http://monsite.com/lescript.php?prenom=" & lePrenom)
```

```
'Ouverture de la communication
Open monURL for input as #1
   'On récupère la réponse du serveur
lineinput #1, laReponse
close #1
'On affiche le résultat
MsgBox laReponse,0,"Réponse du serveur"

end sub
```

Comme nous le voyons, l'URL est reconstruite par simple concaténation de chaînes de caractères. La fonction ConvertToURL est utilisée pour prendre en charge d'éventuels caractères spéciaux dans la variable lePrenom. Comme la macro doit lire la réponse affichée par le serveur, nous utilisons l'instruction open ... for input sur l'URL.

Le fait d'utiliser monURL comme nom de fichier a le même effet que de l'appeler depuis un navigateur : le script va être interprété et la réponse du serveur produite. Ainsi, dès l'ouverture du fichier, le serveur web est sollicité.

Pour lire la réponse, il suffit d'utiliser l'instruction line input comme on le ferait sur un véritable fichier. L'exemple utilisé sous-entend qu'il n'y a qu'une seule ligne à lire. Une boucle peut être utilisée si ce n'est pas le cas.

Cet exemple simpliste permet d'ouvrir l'horizon à toute sorte d'interaction si, par exemple, le serveur est prévu pour agréger des données ou s'il est couplé à une base de données.

Intercepter un événement : le Listener

Nous savons qu'une macro peut être déclenchée à l'ouverture d'un document, ou à sa fermeture, etc. Nous avons vu dans les boîtes de dialogue et dans les formulaires comment certains événements peuvent être interceptés par une macro OOoBasic. Cette affectation d'une macro OOoBasic à un événement via l'interface utilisateur n'est qu'un sous-ensemble de tous les événements susceptibles d'être analysés. Le mécanisme d'interception d'événements (en anglais *Listener*, signifiant écouteur) offert par l'API est un moyen plus général, donnant accès à un grand nombre d'événements.

La seule source d'information disponible sur les différents événements est l'API. Pour intercepter des événements non accessibles par les moyens ordinaires, il vous faudra étudier les pages de l'API concernant un objet donné et chercher les interfaces dont le nom se termine par Listener.

Par exemple, supposons qu'un objet Machin prenne en charge une interface imaginaire XBlablaListener située dans la branche com.sun.star.truc de l'API. Lorsque vous lirez la page correspondante de la documentation, vous trouverez par exemple trois noms de fonction, correspondant chacune à un événement particulier :

- debuterTravail ;
- faireQuelqueChose ;
- faireAutreChose.

Pour intercepter les événements de Blabla, vous devez vous inscrire comme écouteur. On utilise pour cela, d'une part la fonction Basic CreateUnoListener qui renvoie un objet spécifique, d'autre part une méthode de l'objet Machin, destinée à réaliser la « mise sur écoute ».

```
Dim ecouteur As Object
Dim Machin As Object
' (on suppose que Machin est déjà obtenu)

ecouteur = CreateUnoListener("monGrainDeSel_",
                    "com.sun.star.truc.XBlablaListener")
Machin.addBlablaListener(ecouteur)
```

Le mécanisme d'interception est maintenant en place. Pour chaque événement concernant l'interface Blabla de l'objet Machin, il va exécuter une macro. Le nom de la macro se compose :

- du premier argument de CreateUnoListener, ici ce sera monGrainDeSel ;
- suivi du nom de l'événement, par exemple blablaDebute.

Attention

Le mécanisme d'interception essaye aveuglément d'exécuter une macro de ce nom. Si elle n'existe pas, vous aurez une erreur Basic qui ne vous précisera pas quel est le nom manquant.

Cela signifie que vous devez avoir écrit une macro pour chacun des événements pris en charge, même si vous ne vous intéressez pas à certains des événements. Dans notre exemple, vous devrez avoir *quatre* macros :

```
Sub monGrainDeSel_debuterTravail()
End Sub

Sub monGrainDeSel_faireQuelqueChose()
End Sub

Sub monGrainDeSel_faireAutreChose()
End Sub

Sub monGrainDeSel_disposing()
End Sub
```

La dernière macro concerne un événement toujours présent dans les `Listener`. Il peut être appelé en dehors de toute exécution de macro, en particulier quand le document va être fermé. D'une manière générale, vous devez traiter les événements hérités par un `Listener`.

La structure exacte de chaque macro dépend de l'interface et de l'événement. En général, l'événement transmet une information que vous pouvez obtenir en premier argument de la macro. Certains événements offrent à l'écouteur la possibilité de les approuver ou non (droit de veto). Pour ceux-là, le sous-programme est une fonction renvoyant une valeur `Boolean`. Une valeur `True` accepte l'événement, une valeur `False` le supprime.

Un gestionnaire d'événements est supprimé avec la méthode `removeXxxListener` de l'objet écouté :

```
Machin.removeBlablaListener(ecouteur)
```

Il faut placer la mise sur écoute et la fin de la mise sur écoute au bon moment, compte tenu que vous ne pouvez pas tout maîtriser, par exemple un formulaire qui se connecte à une base de données et déclenche ainsi des événements dès l'ouverture du document, ainsi qu'à la fermeture du document.

Plusieurs programmes peuvent greffer un gestionnaire d'événements sur le même ensemble d'événements. Par exemple, les événements interceptables avec l'onglet Événements des contrôles de boîte de dialogue ou de formulaire sont eux-mêmes traités par un gestionnaire d'événements interne. Lorsque vous approuvez un événement, il se peut qu'un autre gestionnaire soit appelé ensuite, qui donnera son veto. Un événement a lieu seulement si aucun gestionnaire ne s'y oppose.

Pour un premier abord des `Listener`, vous pouvez regarder le jeu `leBOOolier.sxd` disponible sur le site fr.openoffice.org. Un `Listener` sur la frappe de touche dans un document Draw est mis en place pour contrôler l'appui des flèches de direction afin de déplacer un objet Draw. Nous reproduisons ici ce traitement spécifique.

```
Sub RegisterKeyHandler
  oDocView = ThisComponent.getCurrentController
  oKeyHandler = createUnoListener _
          ("MonJeu_", "com.sun.star.awt.XKeyHandler")
  oDocView.addKeyHandler(oKeyHandler)
End Sub
'------------------------------------------------
Sub UnregisterKeyHandler
  on error resume next
  oDocView.removeKeyHandler(oKeyHandler)
End Sub
```

```
'--------------------------------------------

Function MonJeu_KeyPressed(oEvt) as Boolean
  select case oEvt.keyCode
  case 1026: 'Flèche Gauche
    if not isPause then
      bougePanier=-1
      call Deplacepanier(bougePanier)
    endif
  case 1027: 'Flèche droite
    if not isPause then
      bougePanier=1
      call Deplacepanier(bougePanier)
    endif
  case 1281: 'Esc
    arret=true
  case 527: 'Pause
    call TooglePause
  case else:
    ' autres touches
  end select
  MonJeu_KeyPressed=true
End Function
'--------------------------------------------
Function MonJeu_KeyReleased(oEvt) As Boolean
  MonJeu_KeyReleased = False
End Function
```

L'utilisation d'un `Listener` se fait en deux étapes. Il faut d'abord le préparer. C'est ce que fait la routine `RegisterKeyHandler` en utilisant la fonction `CreateUnoListener`.

Comme nous l'avons vu, cette fonction a besoin de deux arguments, le premier étant le préfixe des fonctions d'événement qui seront appelées, le deuxième le type du `Listener` que nous trouverons dans le module `com.sun.star.awt` de l'API.

On y trouvera des `Listener` concernant le clavier, la souris, les menus, dont certains sont énumérés dans le tableau 14-6.

Tableau 14–6 Exemples de Listener

com.sun.star.awt.	Signification
XKeyHandler	Gère un événement de type clavier KeyEvent - Peut bloquer l'événement.
XKeyListener	Gère un événement de type clavier KeyEvent.
XMenuListener	Gère un événement de type menu MenuEvent.
XMouseClickHandler	Gère un événement de type souris MouseEvent - Peut bloquer l'événement.
XMouseListener	Gère un événement de type souris MouseEvent.

Chaque `Listener` est associé à un type d'événement qui est en fait une structure également disponible dans le module `com.sun.star.awt`. Nous ne nous attacherons qu'à l'événement `KeyEven`.

Le `Listener` est alors déclaré par la méthode `addKeyHandler` sur le document. La routine `UnregisterKeyHandler` permet de retirer ce `Listener` avec la méthode `removeKeyHandler`.

Une fois un `Listener` déclaré, tout événement le concernant appellera la méthode concernée associée au préfixe.

Ainsi, pour notre `Listener` de clavier, nous devons définir les fonctions `MonJeu_KeyPressed` et `MonJeu_KeyReleased`.

Chacune de ces fonctions accepte en argument d'entrée un objet de type `KeyEvent` renseignant sur le contexte dans lequel l'événement est intervenu (tableau 14-7).

Tableau 14–7 L'événement KeyEvent

Information disponible	Signification
KeyCode	Code numérique unique - `com.sun.star.awt.Key`.
KeyChar	Caractère unicode transmis ou 0.
KeyFunc	Constante de fonction - `com.sun.star.awt.KeyFunction`.
Modifiers	État des touches mortes (**Shift, Ctrl et Alt**) - `com.sun.star.awt.KeyModifier`.
Source	Objet ayant engendré l'événement.

Notre jeu ne s'intéresse ici qu'au code de la touche afin de pouvoir réagir sur certaines. Ces codes numériques peuvent facilement être obtenus en ajoutant une ligne dans la macro lors de la phase de test

```
print oevt.KeyCode
```

Néanmoins, les touches sont pour la plupart disponibles dans le groupe de constantes `com.sun.star.awt.Key`.

Enfin, nous constatons que ces fonctions sont de type booléen. Ceci est important puisqu'il s'agit en fait de traiter un `Handler` qui va pouvoir bloquer l'événement en évitant qu'il soit transmis au document. Si la fonction retourne `True`, l'événement est bloqué et n'est pas transmis. Si la fonction retourne `False`, l'événement est transmis au document.

Notez enfin, que même si aucun traitement n'est envisagé dans une fonction d'événement d'un `Listener`, il faut quand même la déclarer dans la macro.

Modifier des macros par programmation

L'écriture dynamique de macros

La programmation courante (à 99 %) consiste à concevoir des séquences d'instructions, les écrire au clavier, les sauvegarder dans un fichier, puis exécuter ce fichier. Dans certaines situations, il est intéressant de créer une série d'instructions « à la volée », par programme, et de les incorporer dans l'algorithme de ce même programme. Ceci est parfaitement possible en OOoBasic, avec une petite pirouette.

> **RAPPEL**
>
> Nous avons déjà présenté dans les chapitres 2 et 4 le concept des bibliothèques et des conteneurs de bibliothèques.

Un conteneur de bibliothèque, par exemple `BasicLibraries`, expose plusieurs méthodes permettant de modifier son contenu :

- `hasByName("bibliX")` renvoie `True` si la bibliothèque `bibliX` existe dans le conteneur.
- `getByName("bibliX")` renvoie l'objet bibliothèque correspondant.
- `removeLibrary("bibliX")` supprime la bibliothèque en argument.
- `createLibrary("bibliX")` crée la bibliothèque en argument et renvoie l'objet correspondant. Attention, cette bibliothèque ne contient encore aucun module.

Les méthodes spécifiques des conteneurs de bibliothèques sont documentées dans la branche `com.sun.star.script` aux interfaces :

- `XLibraryContainer`,
- `XLibraryContainer2`,
- `XLibraryContainerPassword`.

De manière très similaire à un conteneur de bibliothèques, une bibliothèque est elle-même un conteneur de modules. Une bibliothèque expose un tableau `ElementNames` listant les noms de modules qu'elle contient. Plusieurs méthodes permettent de gérer les modules d'une bibliothèque :

- `hasByName("moduleX")` renvoie `True` si le module `moduleX` existe dans la bibliothèque.
- `getByName("moduleX")` renvoie une chaîne de caractères qui est le texte complet du module.
- `removeByName("moduleX")` supprime le module en argument dans la bibliothèque.

- `insertByName("moduleX", texteModule)` ajoute le module `moduleX` dans la bibliothèque, le deuxième argument étant une chaîne de caractères contenant le texte complet du module.
- `replaceByName("moduleX", texteModule)` remplace le contenu du module `moduleX`.

Avec ces méthodes, il est assez aisé de créer une bibliothèque, puis de lui ajouter un module ou de modifier ce dernier. Dédiez une bibliothèque à votre module dynamique. Construisez dans ce module une routine `Sub` ou `Function` et appelez la routine depuis le reste du programme (qui reste fixe).

Un exemple plus complexe se trouve dans l'outil Xray, dont nous reparlerons à l'annexe A. La bibliothèque dynamique s'appelle `XrayDyn`. Son unique module contient plusieurs routines dont le contenu est dynamique, ce qui a conduit à systématiser la manière de le modifier. Voyez pour cela dans la bibliothèque `Xray`, module `_Utilities`, les macros `getInfo`, `InsertInfo`, `getModuleText`, `saveModuleText`. Des exemples d'utilisation se trouvent dans le module `Mod3` de la bibliothèque `Xray`.

Modifier les macros d'un autre document

Si vous devez effectuer des modifications systématiques dans des bibliothèques de macros d'une série de documents, la méthode manuelle consiste à ouvrir chaque document, puis chaque bibliothèque, puis chaque module de bibliothèque, pour effectuer la modification si nécessaire, sauver et fermer le document : tâche particulièrement ennuyeuse.

Nous allons, avec une macro, ouvrir un document et rechercher dans chaque module de ses bibliothèques de macros l'apparition d'un mot. S'il est présent, nous ajouterons un commentaire en tête du module. Il suffirait d'ajouter une boucle pour modifier ainsi toute une série de documents.

```
rem Code14-05.odt    bibli : Standard Module1
Option Explicit

Sub ModifMacros()
Dim monDocument As Object, bLib As Object, lesBiblis As Object
Dim uneBibli As Object, lesModules As Object
Dim adresseDoc As String, nomBibli As String
Dim nomModule As String, codageModule As String
Dim motRecherche As String, liste As String
Dim x As Long, y As Long, modif As Boolean
Dim propFich(0) As New com.sun.star.beans.PropertyValue
motRecherche = "servGrad"
propFich(0).Name = "Hidden"
propFich(0).Value = True
```

```
adresseDoc = convertToURL("C:\Docs OpenOffice\Tata.sxd")
monDocument = StarDesktop.LoadComponentFromURL(_
             adresseDoc, "_blank", 0, propFich())
if IsNull(monDocument) then
  MsgBox("Le document n'existe pas", 16)
  stop
end if
modif = false
bLib = monDocument.BasicLibraries
lesBiblis = bLib.ElementNames
for x = 0 to UBound(lesBiblis)
  nomBibli = lesBiblis(x)
  liste = liste & "Bibliothèque " & nomBibli & chr(13)
  uneBibli = bLib.getByName(nomBibli)
  ' charger la bibliothèque pour voir le contenu de ses modules
  bLib.LoadLibrary(nomBibli)
  lesModules = uneBibli.ElementNames
  for y = 0 to UBound(lesModules)
    nomModule = lesModules(y)
    liste = liste & "Module " & nomModule
    codageModule = uneBibli.getByName(nomModule)
    if InStr(codageModule, motRecherche) > 0 then
       ' modification du module : ajout d'un commentaire
      codageModule = "REM --- modifié ---" & _
                     chr(13) & chr(10) & codageModule
      uneBibli.replaceByName(nomModule, codageModule)
      modif = True
      liste = liste & "   mot trouvé" & chr(13)
    else
      liste = liste & "   mot PAS trouvé" & chr(13)
    end if
  next
next
MsgBox(liste)
if modif then monDocument.Store
on Error Resume Next
monDocument.close(True)
On Error GoTo 0
End Sub
```

Pour un effet plus spectaculaire, faites une copie du document Code13-02.sxd du Zip téléchargeable, qui contient plusieurs bibliothèques. C'est le document désigné par Tata.sxd dans notre macro. Nous allons rechercher le mot servGrad dans les modules de bibliothèques.

Le point important est d'utiliser le conteneur BasicLibraries du document à modifier, au lieu du conteneur BasicLibraries ordinaire, qui est celui du document qui a lancé la macro. Le reste du codage utilise les notions indiquées à la section précédente. La chaîne de caractères liste mémorise les bibliothèques et les modules trouvés, avec le résultat de recherche.

Appeler un script écrit dans un autre langage

Il est possible de lancer des scripts créés dans d'autres langages que Basic, et même de lancer un script Basic (normalement depuis un autre langage, car depuis Basic ceci n'a pas d'intérêt). Nous avons créé une routine utilitaire simpleScript qui sert à lancer un script ne nécessitant de transférer aucun argument vers le script appelé. Elle peut renvoyer un résultat fourni par le script.

Dans ce premier exemple, les scripts appelés sont situés dans Macros OpenOffice.org, c'est-à-dire dans la branche Basis/share de l'installation. Ces scripts ne renvoient pas de résultat. L'exemple est en OOoBasic, mais on aurait pu écrire l'équivalent dans un des autres langages de script supportés.

```
rem Code14-07.odt bibli : Standard Module1
Option Explicit

Sub lancerScriptsResidents()
Dim nouvDoc As Object
nouvDoc = StarDesktop.loadComponentFromURL( _
        "private:factory/swriter", "_blank", 0, Array() )
' ces scripts vont écrire sur le nouveau document Writer
simpleScript("HelloWorld.helloworld.js",   "JavaScript", "share")
simpleScript("HelloWorld.HelloWorld.printHW","Java",       "share")
simpleScript("HelloWorld.helloworld.bsh", "BeanShell", "share")
simpleScript("HelloWorld.py$HelloWorldPython","Python", "share")
MsgBox("Cliquez OK pour fermer le document")
nouvDoc.close(True)

' appel d'un script Basic
simpleScript("Gimmicks.AutoText.Main",   "Basic", "application")
End Sub


' appel de script simple, sans arguments
' la fonction renvoie le résultat éventuel du script
Function simpleScript(nomScript As String, langage As String, _
                      emplacement As String) As Variant
Dim mspf As Object, scriptPro As Object, monScript As Object

if emplacement = "document" then
  scriptPro = ThisComponent.ScriptProvider
else
```

```
  mspf = createUnoService( _
      "com.sun.star.script.provider.MasterScriptProviderFactory")
  scriptPro = mspf.createScriptProvider("")
end if
On Error Goto PasScript1
monScript = scriptPro.getScript("vnd.sun.star.script:" & nomScript & _
               "?language=" & langage & "&location=" & emplacement)

simpleScript = monScript.invoke(Array(), Array(), Array())
On Error Goto 0
Exit Function

PasScript1:
Resume PasScript2
PasScript2:
MsgBox("Script non trouvé : " & nomScript, 16)
End Function
```

La syntaxe de l'argument nomScript est propre à chaque langage, vous la devinerez en comparant l'exemple avec l'emplacement réel du script appelé. La difficulté est de composer l'URI qui permet à la méthode getScript d'obtenir le script à exécuter. Pour éviter l'aspect « formule magique » de l'URI d'appel du script, nous l'avons décomposé en ses éléments fondamentaux. Attention, la casse des caractères doit être respectée.

Pour un script différent de Basic, l'argument emplacement peut prendre les valeurs :

- user si le script est dans Mes macros ;
- share si le script est dans OpenOffice.org Macros ;
- document si le script est dans le même document que le lanceur du script.

Pour un script Basic, l'argument emplacement peut prendre les valeurs :

- application si le script est dans Mes macros ou dans OpenOffice.org Macros ;
- document si le script est dans le même document que le lanceur du script.

Le script BeanShell JREversion, qui est dans le même document Code14-07.odt, contient une seule ligne ! Il renvoie une chaîne de caractères représentant la version du JRE utilisée par OpenOffice.org. Voici comment l'utiliser depuis Basic :

```
rem Code14-07.odt bibli : Standard Module2
Option Explicit

Sub versionDuJRE()
Dim v As String
v = simpleScript("Library1.JREversion.bsh", "BeanShell", "document")
MsgBox(v, 0, "Version du JRE utilisé par OpenOffice.org")
End Sub
```

Pour aller plus loin

Vous trouverez un exemple avec transmission de paramètres sur le site OOoForum, à la section Code Snippets : Calling JavaScript from Basic: regular expressions
▸ http://www.oooforum.org/forum/viewtopic.phtml?t=21564
Vous trouverez plus de détails dans le *Developer's Guide*, au chapitre *Scripting Framework>How The Scripting Framework works*.
La documentation API de la méthode invoke vous indiquera comment sont transmis les données entre le script et l'appelant. Elle se trouve à l'interface : com.sun.star.script.provider.XScript

---

Conclusion

Gestion de fichiers Zip, connexion à l'Internet ou envoi de courrier électronique, la liste ne peut être exhaustive. Le chapitre qui s'achève illustre la puissance mise à disposition des macros par l'intermédiaire de l'API. Nul besoin d'ajouter un quelconque composant, les outils sont directement accessibles et à la disposition du concepteur de macros. Ce chapitre clôt l'exposé et l'illustration des macros et de l'API à proprement parler.

La partie suivante, la dernière, donne accès à de nombreux outils et ressources synthétisés pour une consultation aisée.

Outils et ressources

Il nous a paru indispensable de compléter cet ouvrage par une annexe expliquant ce qu'est l'API et comment en obtenir des informations pour aller encore plus loin. Nous présentons ensuite une liste de routines utilitaires (nous en avons déjà utilisées certaines pour simplifier nos exemples). Nous signalons également les ressources Internet incontournables pour qui souhaite se tenir à jour : il s'agit de forums où chercher assistance, ou de sites fournissant des exemples de macros, des documents explicatifs et des outils.

Comprendre l'API d'OpenOffice.org

Cette annexe offre une introduction fort utile à la principale source d'information officielle sur les mécanismes internes à OpenOffice.org. Tous ces documents, en anglais, sont accessibles à un utilisateur confirmé.

Qu'est-ce que l'API ?

L'API (*Application Programming Interface*) d'OpenOffice.org est un ensemble de points d'entrée permettant de manipuler OpenOffice.org – sans en couvrir tous les mécanismes. Sans être liée à un langage de programmation particulier, elle est accessible de manière privilégiée avec OOoBasic, mais aussi avec des langages tels que Java, Python, Delphi, voire d'autres outils de script tel VBscript.

L'API est un système logiciel très complexe par son étendue et par ses concepts ; elle est composée de très nombreux objets héritant les uns des autres. La documentation des objets de l'API est organisée en un arbre dont la racine est :

```
com.sun.star.
```

De cette racine, elle se subdivise en modules, qui sont des groupements de programmes, par exemple :

```
com.sun.star.text.
```

Tout élément de l'API se situe à un nœud de cet arbre, en juxtaposant les branches successives :

```
com.sun.star.text.WrapTextMode.PARALLEL
```

Un module se décompose en un service ou plusieurs, et parfois en sous-modules, comme pour le module `text`.

Un service peut lui-même comporter des services (en anglais *included services*). Il peut exposer des propriétés. Ce sont des « vraies » propriétés (nous verrons plus loin qu'OOoBasic présente aussi des pseudo-propriétés). Un service possède en général une ou plusieurs interfaces. La documentation dit que le service exporte des interfaces, ce qui signifie qu'il les met à la disposition du programmeur.

Une interface contient des méthodes. Ce sont des sous-programmes utilisables à partir de l'objet considéré. Les méthodes utilisent des arguments et renvoient éventuellement un résultat (sous-programme fonction). Certaines interfaces contiennent des attributs ; un attribut s'utilise comme une propriété d'un service.

Chaque argument et chaque résultat d'une méthode, chaque propriété et chaque attribut peuvent être une donnée simple ou complexe :
- une donnée d'un type simple (booléen, entier, flottant) ;
- une constante nommée, qui est un type entier dont les valeurs possibles sont définies avec des noms qualifiés ;
- un objet API, donnant accès à des services, propriétés, interfaces ;
- une séquence de données (elle apparaît dans les langages de programmation sous forme d'un tableau à une dimension) ;
- une structure de données, qui est un regroupement de données accessibles individuellement ; chaque élément de la structure pouvant être une donnée simple ou complexe.

Comme l'API est indépendante du langage, le type simple indiqué pour une donnée doit être « traduit » dans le type de données le plus proche pour le langage de programmation utilisé. Cela peut poser quelques difficultés : par exemple, OOoBasic ne possède pas de type `hyper`.

Un objet API, en dehors des constantes et des structures, comporte un ou plusieurs services. Il y a lieu de distinguer les services pris en charge, directement utilisables, et les services disponibles, qui peuvent être invoqués avec la méthode `createInstance` de l'objet.

Règles typographiques des noms dans l'API

Les noms employés dans l'API suivent quelques règles d'homogénéité :

- Un nom de propriété ou d'attribut débute toujours par une lettre majuscule : `CharFontName`.
- Un nom d'interface débute par un X majuscule.
- Un nom de méthode débute en principe par un verbe (en anglais), commençant par une lettre minuscule : `loadComponentFromURL`.
- Si un nom est composé de plusieurs mots, les mots suivant le premier débutent par une majuscule (sauf le premier) : `createReplaceDescriptor`, `CharFontName`.
- Le dernier terme du nom d'une constante est entièrement en majuscules : `com.sun.star.sheet.Border.RIGHT`.

L'API réelle et l'API selon OOoBasic

OOoBasic a plusieurs avantages par rapport aux autres langages :

- Il est le plus intégré à l'application.
- Il est facile à apprendre.
- Il est conçu pour simplifier l'accès aux primitives de l'API : il n'impose pas de respecter les majuscules et minuscules dans l'emploi des noms de routines et de propriétés.
- Il connaît les valeurs des constantes nommées.
- Il permet d'utiliser directement les interfaces d'un objet, contrairement à C++, Java™ ou ses dérivés.
- Il permet d'utiliser comme une pseudo-propriété le couple de méthodes `get` et `set` manipulant la même donnée interne, contrairement à Java.

Pour toutes ces raisons, les exemples en Java, nombreux dans la documentation, sont bien plus difficiles à lire que leurs équivalents en OOoBasic. À titre d'exemple, voici un extrait de code en Java qui modifie un mot dans un texte Writer et modifie le curseur pour écrire en gras.

```
mxDocCursor = mxDocText.createTextCursor();
XSentenceCursor xSentenceCursor = (XSentenceCursor)
UnoRuntime.queryInterface(XSentenceCursor.class, mxDocCursor);
xSentenceCursor.gotoNextSentence(false);
XWordCursor xWordCursor = (XWordCursor)
UnoRuntime.queryInterface(XWordCursor.class, mxDocCursor);
xWordCursor.gotoNextWord(false);
xWordCursor.gotoNextWord(true);
mxDocText.insertString(xWordCursor, "hello ", true);
```

```
XPropertySet xCursorProps = (XPropertySet)
UnoRuntime.queryInterface(XPropertySet.class, mxDocCursor);
xCursorProps.setPropertyValue("CharWeight",
new Float(com.sun.star.awt.FontWeight.BOLD))
```

Ce code Java nécessite trois variables supplémentaires pour gérer le curseur, une pour chaque interface nécessaire. Voici pour comparaison le code OOoBasic équivalent, qui n'utilise que la variable curseur :

```
mxDocCursor = mxDocText.createTextCursor
mxDocCursor.gotoNextSentence(false)
mxDocCursor.gotoNextWord(false)
mxDocCursor.gotoNextWord(true)
mxDocText.insertString(mxDocCursor, "hello ", true)
mxDocCursor.CharWeight = com.sun.star.awt.FontWeight.BOLD
```

Lorsqu'il existe deux méthodes complémentaires simples, l'une servant à affecter une valeur à une donnée interne, l'autre servant à obtenir la valeur de cette donnée, OOoBasic combine les deux sous la forme d'une pseudo-propriété, utilisable comme une simple variable. Voici deux codages OOoBasic qui réalisent exactement la même chose :

```
Dim Taille As Object
' codage autorisé par OOoBasic
Taille = dessin.Size
Taille.Width = Taille.Width * 2
dessin.Size = Taille

' application stricte de l'API
Taille = dessin.getSize()
Taille.Width = Taille.Width * 2
dessin.setSize(Taille)
```

L'utilisateur OOoBasic ne voit qu'une propriété Size. En réalité, cette propriété n'existe pas, mais elle est un raccourci vers deux méthodes :

- setSize(valeur) qui modifie la taille (en anglais *size*) de l'objet ;
- getSize() qui renvoie la taille de l'objet.

Pour retrouver dans l'API la description d'une propriété d'objet, il est donc nécessaire d'ajouter get ou set s'il s'agit d'une pseudo-propriété. Certaines données internes Xyz peuvent être manipulées seulement par getXyz, ou seulement par setXyz. Dans ces cas, la pseudo-propriété est restreinte à la seule lecture ou écriture.

On accède aux vraies propriétés des objets de l'API de manière plus simple en OOo-Basic que dans d'autres langages comme Java. Exemple :

```
' codage autorisé par OOoBasic
couleur = UneCellule.CellBackColor
UneCellule.CellBackColor = RGB(255,255,204)

' deuxième manière, plus complexe, et aussi valide en OOoBasic
' ici la casse de CellBackColor doit être respectée
couleur = UneCellule.getPropertyValue("CellBackColor")
UneCellule.setPropertyValue("CellBackColor", RGB(255,255,204))
```

Un objet dans une collection est accessible en OOoBasic par une indexation, comme si la collection était un tableau. En réalité, OOoBasic fait appel à la fonction getByIndex de la collection :

```
' codage autorisé par OOoBasic
uneFeuille = monDocument.Sheets(1)

' deuxième manière, plus complexe, et aussi valide en OOoBasic
uneFeuille = monDocument.Sheets.getByIndex(1)
```

Il existe aussi un raccourci OOoBasic pour accéder par son nom à un objet de collection. Nous ne l'avons pas employé car il peut donner des expressions ambiguës.

```
' codage recommandé
uneFeuille = monDocument.Sheets.getByName("Total")

' deuxième manière, valide en OOoBasic, déconseillée
uneFeuille = monDocument.Sheets.Total
```

> **ALLER PLUS LOIN Transcription entre UNO et un langage de programmation**
>
> La technologie UNO implique certains concepts de programmation (types de données, gestion des erreurs, accès aux objets). La mise en équivalence pour un langage de programmation est appelée *binding*. Le *Developer's Guide* décrit au chapitre *Professional UNO>UNO language bindings* les règles de transcription pour les langages Java, C++, Basic, CLI, et l'interface COM Automation.

Les fonctions Basic dédiées à l'API

Tout au long de cet ouvrage, nous avons utilisé plusieurs fonctions OOoBasic qui facilitent l'accès à l'API. En voici une liste plus systématique.

GetProcessServiceManager

L'objet logiciel obtenu par `GetProcessServiceManager` est, en quelque sorte, la mère de tous les objets de l'API. Il permet d'obtenir un service initialisé, soit par défaut, soit avec des arguments. Le premier cas est réalisé plus simplement avec `CreateUnoService`. Le deuxième cas est de la forme :

```
Dim outilService As Object, unService As Object
Dim args(1) ' un ou plusieurs arguments
outilService = GetProcessServiceManager
' - initialiser le tableau args() avant cette instruction -
unService = outilService.createInstanceWithArguments( _
                "com.sun.star.xxx.yyy.zzz", args())
```

Il existe aussi une troisième forme d'initialisation :

```
createInstanceWithArgumentsAndContext()
```

Ces deux dernières formes ne sont utilisées que dans des cas assez particuliers.

Avec COM Automation, le Service Manager est le premier objet à obtenir. Cet exemple en VB.NET obtient le Service Manager, puis l'objet correspondant à `StarDesktop`. Tous les autres services en découlent.

```
Public OpenOffice As Object, StarDesktop As Object
OpenOffice = CreateObject("com.sun.star.ServiceManager")
StarDesktop = OpenOffice.createInstance("com.sun.star.frame.Desktop")
```

CreateUnoService

Cette fonction permet d'obtenir un objet capable de fournir le service donné en argument :

```
Dim demandePasse As Object
demandePasse = CreateUnoService("com.sun.star.task.InteractionHandler")
```

Cette fonction est un raccourci pour :

```
Dim sm As Object, demandePasse As Object
sm = GetProcessServiceManager
demandePasse =
sm.createInstance("com.sun.star.task.InteractionHandler")
```

StarDesktop

Il s'agit d'un objet prédéfini qui est le service de base d'OpenOffice.org. Il est un raccourci pour :

```
Dim monOOo As Object
monOOo = CreateUnoService("com.sun.star.frame.Desktop")
```

ThisComponent

Représente l'objet document en cours ; il est en général équivalent à :

```
Dim monDocument As Object
monDocument = StarDesktop.getCurrentComponent()
```

Cependant, si l'EDI est en premier plan, CurrentComponent renverra l'EDI et la macro ne fonctionnera pas, alors que ThisComponent continue à renvoyer l'objet document. C'est pourquoi ThisComponent est préférable.

Notez que ThisComponent n'est pas une variable, mais un appel de fonction : s'il y a plusieurs documents OpenOffice.org ouverts, elle renvoie le document OpenOffice.org dont la fenêtre est actuellement en avant-plan. C'est pourquoi il est préférable de ne l'appeler qu'au début de la macro et de sauver le résultat dans une variable interne.

ThisDatabaseDocument

Représente le document Base en cours, dans le contexte d'une macro exécutée par exemple depuis un formulaire de ce document. Ce n'est qu'une facilité de programmation, le chapitre 13 montre comment remonter d'un formulaire ou d'un contrôle jusqu'au document Base.

GetDefaultContext

Cette instruction est essentiellement utilisée pour accéder à un *singleton*. Elle est équivalente à :

```
GetProcessServiceManager.DefaultContext
```

DefaultContext est une propriété de l'objet ServiceManager.

Un singleton est un objet API qui ne peut exister qu'en un seul exemplaire. Voici un exemple d'utilisation :

```
dim sv As Object, repExt As String
sv = GetDefaultContext.getByName
  ➥ ("/singletons/com.sun.star.deployment.PackageInformationProvider")
repExt = sv.getPackageLocation("org.toto.test3")
```

CreateUnoStruct

Cette fonction sert à obtenir une structure UNO à l'exécution du programme, par exemple :

```
Dim uneProp As Object
uneProp = CreateUnoStruct("com.sun.star.beans.Property")
```

Habituellement on se contente de déclarer directement la variable :

```
Dim uneProp As New com.sun.star.beans.Property
```

CreateObject

Cette fonction a des usages multiples. Elle peut créer une structure UNO, comme CreateUnoStruct. Elle peut aussi créer d'autres objets OpenOffice ; le seul cas actuellement connu est un objet Collection, apparu pour une meilleure compatibilité avec VBA.

```
Dim coll As Variant ' ne pas utiliser le type Object !
coll = CreateObject("Collection")
```

La déclaration directe est aussi acceptée :

```
Dim coll As New Collection
```

La fonction CreateObject est souvent utilisée pour établir une connexion COM avec un objet externe (voir le chapitre 14).

```
Dim monWord As Object
monWord = CreateObject("Word.Application")
' est équivalent à :
Dim serviceCOM As Object, monWord As Object
serviceCOM = createUnoService("com.sun.star.bridge.oleautomation.Factory")
monWord = serviceCOM.createInstance("Word.Application")
```

Ici aussi, la déclaration directe est acceptée :

```
Dim monWord As New Word.Application
```

CreateUnoValue

Cette fonction sert à transmettre à l'API une donnée quelconque dans un type supporté par UNO. On l'emploie pour des problèmes très particuliers de conversion de type de données vers l'API. Ici, on utilise une variable Basic d'un type Long et on la transmet sous forme d'un type Hyper, inexistant en Basic :

```
oFile.seek(CreateUnoValue("hyper", hxb)
```

Le tableau A-1 donne les équivalences entre type UNO et type Basic. Respectez la casse pour déclarer le type UNO.

Tableau A–1 Équivalence de types UNO et Basic

Type UNO	Type Basic
boolean	Boolean
byte	Non supporté (utiliser un Integer de -128 à +127)
short	Integer
long	Long
hyper	Non supporté (entier à 64 bits). Compatible dans la gamme des valeurs de Long.
float	Single
double	Double
char	Non supporté (utiliser la valeur Unicode en Integer)
string	String (limité à 65535 caractères)
any	Variant

L'équivalent de CreateUnoValue pour une programmation COM consiste à passer par une variable intermédiaire obtenue avec la méthode Bridge_GetValueObject() du Service Manager. Voir le chapitre *Automation Bridge* du *Developer's Guide*.

CreateUnoListener

Permet à un programme de s'enregistrer comme auditeur d'un ensemble d'événements. Nous en avons décrit le principe au chapitre 14.

CreateUnoDialog

Cette fonction sert à créer un dialogue (voir chapitre 11). Les langages non Basic peuvent aussi utiliser des dialogues OpenOffice, mais au prix d'instructions plus complexes. Reportez-vous au *Developer's Guide*, chapitre *Graphical User Interfaces*, *section Accessing Dialogs*.

IsUnoStruct

Cette fonction renvoie True si la variable est une structure UNO. Citons, comme exemple de structure UNO, le descripteur renvoyé par createReplaceDescriptor (voir chapitre 8). Cette fonction permet de distinguer une structure d'un objet véritable, ou d'une donnée simple.

Les variables de structure UNO sont de vraies valeurs, et non des références comme les variables sur les objets. C'est la raison des recopies nécessaires pour effectuer une modification, comme par exemple ici :

```
dim rognure as object
rognure = monImage.GraphicCrop
rognure.Bottom = -2000
monImage.GraphicCrop = rognure
```

EqualUnoObjects

Les variables représentant des objets sont en fait des références sur l'objet lui-même. Il est donc possible d'avoir deux variables pointant sur le même objet. Cette fonction permet de le vérifier.

HasUnoInterfaces

Cette fonction renvoie True si l'objet en premier argument prend en charge toutes les interfaces listées en arguments.

```
if HasUnoInterfaces(monObjet, "com.sun.star.embed.XVisualObject", _
    "com.sun.star.frame.XStorable2") then
```

Cette fonction est parfois utile pour rechercher un objet d'un type particulier dans une collection hétéroclite. Un autre moyen est d'utiliser la fonction supportsService d'un objet pour vérifier s'il offre le service souhaité.

ConvertToURL, ConvertFromURL

Ces deux fonctions Basic font envie aux programmeurs utilisant d'autres langages. En effet, convertir une adresse Windows en URL n'a rien d'évident si l'adresse comporte des espaces ou des caractères nationaux. Pour des adresses de fichiers, ces deux fonctions sont équivalentes au codage suivant, qui utilise le service API FileContentProvider :

```
Dim sv As Object
Dim adr1 As String, adr2 As String, adrURL As String

adr1 = InputBox("Donnez une adresse système")

sv = CreateUnoService("com.sun.star.ucb.FileContentProvider")
adrURL = sv.getFileURLFromSystemPath("", adr1) ' ConvertToURL
adr2   = sv.getSystemPathFromFileURL(adrURL)   ' ConvertFromURL
' adr1 doit être identique à adr2
MsgBox("Adresse système 1 : " & adr1 & chr(13) & _
       "Adresse système 2 : " & adr2 & chr(13) & _
       "Adresse URL : " & adrURL)
```

Un script Python importera le module uno afin d'utiliser les fonctions systemPathToFileUrl et fileUrlToSystemPath qui sont l'équivalent de ConvertToURL et ConvertFromURL, respectivement.

La documentation de l'API et le Software Development Kit

L'ensemble de la documentation est appelé SDK (*Software Development Kit*), conçu à l'origine pour un environnement de développement en Java ou en C++. Depuis la version 3 d'OpenOffice.org, son contenu téléchargeable a été réduit en éliminant le *Developer's Guide*.

Le *Developer's Guide* est un hypertexte expliquant la conception de l'API OpenOffice.org. Il est disponible dans le wiki d'OpenOffice.org à l'adresse :

http://wiki.services.openoffice.org/wiki/Documentation/DevGuide/
OpenOffice.org_Developers_Guide

Ce wiki permet de créer un fichier PDF de certaines parties. Mais le *Developer's Guide* contient de nombreux liens vers la référence API disponible aussi en ligne, et réciproquement, ce qui rend une lecture interactive souvent préférable à une lecture imprimée.

Le SDK est téléchargeable à l'adresse http://api.openoffice.org/SDK/. C'est un exécutable qui installe sur votre ordinateur :

- la référence IDL (*Interface Definition Language*) qui est un gigantesque hypertexte documentant (presque) tous les objets (au sens le plus général) de l'API ;

- les fichiers `*.idl` ayant servi à constituer la référence ; ce sont des fichiers texte où on peut lire les valeurs des constantes nommées ;
- une référence pour le développement en Java ;
- une référence pour le développement en C++ ;
- des exemples (dont ceux employés dans le *Developer's Guide*) ;
- la spécification des formats XML utilisés ;
- divers outils de développement.

Lorsqu'on étudie cette documentation, la principale difficulté que l'on rencontre est qu'elle est conçue pour un développeur Java ou C++ chargé de faire évoluer Open-Office.org ou d'en réaliser une variante. Ce point de vue est intimement mélangé avec les descriptions des fonctionnalités disponibles, ce qui en rend la lecture assez difficile. De plus, et principalement dans le *Developer's Guide*, les exemples sont donnés en langage Java, notablement plus lourd que OOoBasic.

La référence IDL est rédigée par les programmeurs eux-mêmes lors du développement, et compilée ensuite automatiquement. L'ennui, c'est que les programmeurs sont rarement intéressés par l'écriture de la documentation. Aussi est-elle parfois décevante par son aspect répétitif et ses lacunes.

Comment s'y retrouver ?

Nous vous conseillons d'installer le SDK sur votre ordinateur, pour un accès plus rapide, et d'utiliser un navigateur Internet capable d'afficher de multiples pages accessibles sous forme d'onglets.

Dans une installation standard sous MS-Windows, et avec la version 3 d'Open-Office.org, l'ensemble du SDK est installé dans le répertoire `C:\Program Files\ OpenOffice.org 3\Basis\sdk`. Dans ce répertoire, affichez dans un navigateur le fichier `index.html`. La page affichée comporte un lien vers le wiki du *Developer's Guide* et un lien vers *IDL Reference*.

La première page de la référence IDL liste les différents modules qui composent le module `Star`, l'ensemble de l'application. Tout est ensuite décomposé en un arbre avec de nombreuses ramifications. La position d'une page dans cet arbre est rappelée en haut à gauche des pages (par exemple `::com::sun::star::`) et l'organisation des répertoires contenant les pages HTML reflète exactement cette hiérarchie. Lorsque nous indiquons une référence de documentation comme `com.sun.star.drawing.LineProperties`, vous afficherez la page correspondante en suivant, depuis la première page de l'IDL, le lien intitulé `drawing`, puis dans la page obtenue le lien intitulé `LineProperties`, comme on peut le voir sur la figure A-1.

L'autre moyen d'accès à l'IDL, à partir de n'importe laquelle de ses pages, est d'utiliser le lien Index, sur la première ligne du haut de la page. Il vous affiche la page A d'un dictionnaire. Si vous cherchez la documentation sur LineProperties, affichez la page L et recherchez ce mot dans celle-ci, en début de ligne. Vous verrez la ligne :

```
LineProperties - service ::com::sun::star::drawing:: .LineProperties
```

Figure A–1
Une page de la référence IDL

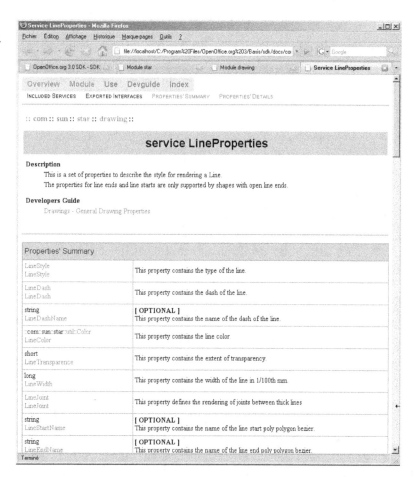

Ici, il s'agit d'un service dont la page de description est accessible par lien hypertexte. Dans bien des cas, vous obtiendrez plusieurs lignes avec le même nom, car plusieurs types d'objets ayant une propriété ou une méthode similaire portent normalement le même nom. Ce sera à vous de déterminer lequel correspond à votre contexte, grâce aux autres informations de la ligne.

Un dernier moyen, très rapide, d'accéder directement à la bonne page de l'IDL consiste à utiliser l'outil XRay.

Xray

L'API offre des fonctions dites d'introspection et de *core reflection* permettant d'obtenir à l'exécution de nombreuses informations sur les objets manipulés. Cependant, ces fonctions sont assez complexes à utiliser.

L'outil Xray, réalisé avec des macros, met en forme ces informations et permet d'étudier les sous-objets. Il est capable de retrouver dans l'IDL la documentation du sous-objet, si elle existe. Les auteurs utilisent intensivement Xray pour étudier la structure des objets et lire leur documentation dans l'API. Sans Xray, cet ouvrage ne serait pas aussi détaillé.

Xray est un logiciel Open Source disponible en téléchargement :

- en version française depuis la page http://fr.openoffice.org/Documentation/How-to/indexht-programmation.html, section programmation Basic, cinquième document ;
- en version anglaise sur OOoMacros http://ooomacros.org/dev.php#101416.

Xray se présente sous la forme d'un document explicatif écrit au format sxw car il est entièrement compatible avec les anciennes versions d'OpenOffice.org. En cliquant un bouton du document, les bibliothèques de macros de Xray sont installées dans Mes Macros.

Pour étudier un objet il est nécessaire d'insérer une instruction dans le codage, pour appeler Xray en donnant cet objet en argument :

```
monDocument = thisComponent
lesFeuilles = monDocument.Sheets
maFeuille = lesFeuilles.getByName("Janvier")
xray maFeuille
```

On obtient le panneau de la figure A-2, où on visualise les propriétés disponibles pour l'objet analysé. En positionnant le curseur sur la ligne d'un élément affiché, il suffit de cliquer sur le bouton Xray pour afficher le contenu de ce sous-objet. L'opération peut être répétée sur différents sous-objets, à plusieurs niveaux.

En positionnant le curseur sur la ligne d'un élément, un simple clic sur le bouton Documentation permet de visualiser sur votre navigateur Internet la documentation API concernant l'objet sélectionné (voir la figure A-3). Pour utiliser cette fonction, il faut toutefois avoir installé la documentation SDK sur l'ordinateur.

Figure A–2
Xray : propriétés
d'une feuille Calc

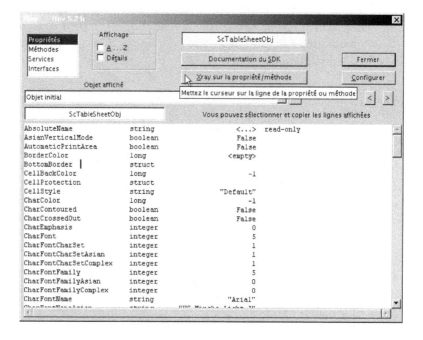

Figure A–3
Xray : voir
la documentation API

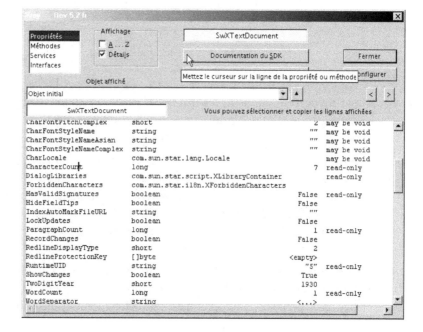

La figure A-4 montre les méthodes offertes par l'objet en analyse. Ici l'affichage est en mode détaillé, et en ordre alphabétique. On peut approfondir l'analyse sur une des méthodes à condition qu'elle ne comporte aucun argument ou encore accéder à sa documentation.

Figure A–4
Xray : méthodes
d'une feuille Calc

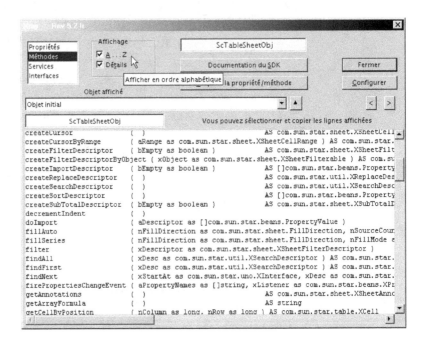

Xray vous permet de lister les services proposés par l'objet et les services disponibles par invocation, ou lister les interfaces prises en charge. Là encore, la documentation d'un service ou d'une interface est directement accessible.

Il faut une certaine expérience de l'API pour ne pas être perdu dans les informations fournies. Comme les objets API héritent pour la plupart des propriétés et méthodes d'un ou plusieurs autres objets, et ainsi de suite, et que vous pouvez analyser un objet interne à un objet, vous retrouvez certaines méthodes et propriétés des « briques de base » d'OpenOffice.org, par exemple `setDelegator`, `getByName`, ou le tableau `ImplementationId`. Certaines propriétés d'objet sont listées mais non disponibles dans le contexte, d'autres renvoient un objet qui n'est autre que l'objet lui-même.

Lorsque vous demandez la documentation à propos d'un élément d'un objet, il arrive que la recherche échoue : la documentation manque, ou l'élément est un « fossile » des temps révolus, ou l'objet n'est pas officiellement utilisable.

Object Inspector

Cet outil permet lui aussi d'explorer un objet API. Il est décrit en anglais à la page http://wiki.services.openoffice.org/wiki/Object_Inspector. C'est une extension écrite en Java. Bien que plus complexe que Xray, il est intéressant pour des développements en Java ou C++ grâce à sa faculté de produire des portions de code.

MRI

Écrit par le japonais Hanya, cet outil est calqué sur Xray. Il est développé en Python sous la forme d'une extension qui introduit un nouveau service. Il est capable de modifier des valeurs de propriétés et d'exécuter des méthodes avec arguments, ce qui peut être utile avec des langages qui n'ont pas la souplesse de l'EDI Basic. La documentation est en anglais et japonais.

Vous trouverez MRI à la page http://extensions.services.openoffice.org/project/MRI.

Conclusion

Cette annexe vous a apporté les connaissances minimales pour étudier l'API. Grâce à Xray et au SDK le développeur pourra progressivement maîtriser les nombreuses possibilités qu'offre l'API.

Le chapitre suivant offre un panorama de routines utilitaires, qui complète utilement les techniques vues au chapitre 14.

B

Routines utilitaires

La plupart des sous-programmes présentés dans ce chapitre ont été utilisés dans les exemples de ce livre. Ils pourront vous être très utiles dans vos projets de macros.

Tableaux de propriétés

Ce que nous appelons tableau de propriétés est un tableau unidimensionnel dont chaque élément est une structure UNO `com.sun.star.PropertyValue`. Un tel tableau est souvent utilisé pour transmettre des informations à l'API OpenOffice.org.

Créer un tableau de propriétés

Le chapitre 7 utilise la fonction `CreateProperties` dans plusieurs exemples, notamment pour l'export PDF. Cette fonction sert à créer en une instruction un tableau de propriétés qui sera utilisé comme argument d'une méthode API, ou parfois comme valeur d'une propriété appartenant à un autre tableau de propriétés. Elle comporte un seul argument qui est un tableau Basic à une dimension, créé dynamiquement par la fonction Basic `Array`. Les arguments de la fonction `Array` sont, successivement, le nom et la valeur de chaque propriété du tableau à construire.

```
rem CodeAnnexeB-01.odt   bibli : Proprietes Module1
Option Explicit
```

```
Function CreateProperties(propList() As Variant) As Object
Dim n as long, x as long

n = UBound(propList)
if n < 0 then
  CreateProperties = Array()
else
  if (n and 1) = 0 then
    MsgBox("Erreur : nombre impair d'arguments", 16, "CreateProperties")
  else
    Dim p(n\2) As New com.sun.star.beans.PropertyValue
    for x = 0 to n\2
      p(x).Name = propList(2*x)
      p(x).Value = propList(2*x +1)
    next
    CreateProperties = p()
  end if
end if
End Function
```

Accéder à une propriété par son nom

Certains objets de l'API se présentent sous la forme d'un tableau de propriétés dont la liste est prédéfinie. C'est le cas des descripteurs de tri pour Calc et Writer.

Ces routines adressent une propriété dont le nom est donné en argument. Rappelons que la casse doit être respectée pour ce nom. La fonction hasProp renvoie True si la propriété existe dans le tableau. La fonction getPropVal renvoie la valeur de la propriété. La routine setPropVal affecte une valeur à la propriété. Ces deux dernières routines déclenchent une erreur s'il n'existe pas dans le tableau de propriété du nom indiqué.

```
rem CodeAnnexeB-01.odt    bibli : Proprietes Module2
Option Explicit

' renvoie True si une propriété existe au nom indiqué
Function hasProp(descr As Variant, nomProp As String) As Boolean
Dim p As Object
for each p in descr
  if p.Name = nomProp then
    hasProp = True
    Exit Function
  end if
next
hasProp = False
End Function
```

```
' renvoie la valeur de la propriété nomProp
Function getPropVal(descr As Variant, nomProp As String) As Variant
Dim p As Object
for each p in descr
  if p.Name = nomProp then
    getPropVal = p.Value
    Exit Function
  end if
next
' la propriété nomProp n'existe pas !
err = 423 ' déclencher erreur : Propriété ou méthode introuvable
End Function


' affecte la valeur valProp à la propriété nomProp
Sub setPropVal(descr As Variant, nomProp As String, valProp As Variant)
Dim p As Object
for each p in descr
  if p.Name = nomProp then
    p.Value = valProp
    Exit Sub
  end if
next
' la propriété nomProp n'existe pas !
err = 423 ' déclencher erreur : Propriété ou méthode introuvable
End Sub
```

Coordonnées de cellules

L'API utilise des coordonnées de cellules en X et Y, débutant à zéro. L'utilisateur emploie plutôt des coordonnées alphanumériques comme A1.

- La fonction adrZoneString renvoie la chaîne de caractères correspondant aux coordonnées de l'objet RangeAddress passé en argument, y compris le nom de la feuille.
- La fonction adresseString effectue le même travail pour un objet CellAddress.
- La fonction nomColonne renvoie le nom de la colonne (A, B, ... CF...) correspondant à l'index de colonne en argument.
- La fonction indexColonne renvoie l'index de la colonne à partir de son nom (A, B, ... CF...) ; cela permet de clarifier les codages en utilisant explicitement les noms de colonne.

Ces fonctions déclenchent une erreur si l'argument d'adresse est incorrect.

```
rem CodeAnnexeB-01.odt    bibli : Cellules Module1
Option Explicit


' renvoie l'adresse textuelle d'une RangeAddress
Function adrZoneString(monCalc As Object, adrZone As Object) As String
Dim z As Object
On Error GoTo horsLimite
z = monCalc.Sheets(adrZone.Sheet).getCellRangeByPosition(_
  adrZone.StartColumn, adrZone.StartRow, _
  adrZone.EndColumn, adrZone.EndRow)

adrZoneString = join(split(z.AbsoluteName, "$"), "")
On Error GoTo 0
Exit Function
horsLimite:
  Resume horsLimite2
horsLimite2:
  On Error GoTo 0
  err = 14 ' adrZone contient une valeur hors limites
End Function


' renvoie l'adresse textuelle d'une CellAddress
Function adresseString(monCalc As Object, adrCell As Object) As String
Dim c As Object
On Error GoTo horsLimite
c = monCalc.Sheets(adrCell.Sheet).getCellByPosition( _
  adrCell.Column, adrCell.Row)

adresseString = join(split(c.AbsoluteName, "$"), "")
On Error GoTo 0
Exit Function
horsLimite:
  Resume horsLimite2
horsLimite2:
  On Error GoTo 0
  err = 14 ' adrCell contient une valeur hors limites
End Function


' renvoie le nom d'une colonne à partir de son numéro
Function nomColonne(monCalc As Object, X As Long) As String
Dim uneCellule As Object
On Error GoTo horsLimite
uneCellule = monCalc.Sheets(0).getCellByPosition(X,0)
nomColonne = uneCellule.Columns.ElementNames(0)
```

```
On Error GoTo 0
Exit Function
horsLimite:
  Resume horsLimite2
horsLimite2:
  On Error GoTo 0
  err = 14 ' X contient une valeur hors limites
End Function


' renvoie le numéro d'une colonne à partir de son nom
Function indexColonne(monCalc As Object, col As String) As Long
Dim uneCellule As Object
On Error GoTo horsLimite
uneCellule = monCalc.Sheets(0).getCellRangeByName(col & "1")
indexColonne = uneCellule.CellAddress.Column
On Error GoTo 0
Exit Function
horsLimite:
  Resume horsLimite2
horsLimite2:
  On Error GoTo 0
  err = 14 ' col contient un nom inacceptable
End Function
```

Rechercher un objet par son nom

La fonction FindObjectByName est inspirée des travaux de Danny Brewer. Cette fonction recherche dans une page de dessin un objet dont le nom est donné en argument. En cas d'échec, la fonction renvoie la valeur Null.

```
rem CodeAnnexeB-01.odt    bibli : Dessin Module1
Option Explicit

' retrouve un objet à partir de son nom
Function FindObjectByName(unePage As Object, _
        nomObj As String, Optional service As String) As Object
Dim objX As Object, x As Long
  For x = 0 To unePage.Count - 1
    objX = unePage(x)
    If objX.Name = nomObj Then
      if IsMissing(service) then
        FindObjectByName = objX ' objet trouvé
        Exit Function
```

```
      else
        if objX.supportsService(service) then
          FindObjectByName = objX ' objet trouvé
          Exit Function
        end if
      end if
    EndIf
  Next
End Function ' renvoie Null en cas d'échec
```

Le paramètre `service` est optionnel. Il permet de ne rechercher qu'un objet proposant le service indiqué. En effet, une page de dessin peut contenir différentes sortes d'objets, et vous pourriez par exemple obtenir une image ayant le nom du dessin que vous cherchez (par programmation, on peut donner le même nom à plusieurs objets d'une page). En vérifiant que l'objet obtenu reconnaît un service caractéristique du type d'objet recherché, nous effectuons une vérification supplémentaire. Le tableau B-1 indique quel service caractérise un objet.

Tableau B–1 Services caractéristiques

Type d'objet recherché	Service caractéristique
Dessin, sauf 3D	com.sun.star.drawing.LineProperties
Dessin 3D	com.sun.star.drawing.Shape3DScene
Image	com.sun.star.drawing.GraphicObjectShape
Objet OLE2	com.sun.star.drawing.OLE2Shape
Contrôle de formulaire	com.sun.star.drawing.ControlShape

Par exemple, pour rechercher seulement une forme dessinée appelée « F3 », nous écrirons :

```
Dim sv As String
sv = "com.sun.star.drawing.LineProperties"
maForme = FindObjectByName(maPage, "F3", sv)
```

En effet, le service `Shape`, trop général, est également proposé par une image. En revanche, vous pouvez être plus précis et exiger par exemple une `EllipseShape`.

Redimensionner une image

Le sous-programme `resizeImageByWidth` redimensionne une image à une largeur donnée, en gardant ses proportions. Après insertion d'une image dans un document, l'objet image fournit à travers sa propriété `Graphic` un objet donnant des informations sur l'image elle-même. Dans ce dernier objet, la structure `SizePixel` nous donne la taille de l'image en pixels. Une règle de trois nous permet d'en déduire la hauteur nécessaire pour la largeur souhaitée. Pour modifier les dimensions, nous utiliserons la propriété `Size` de l'objet image, qui possède une structure équivalente dans laquelle les dimensions sont mesurées en 1/100 de mm.

```
rem CodeAnnexeB-01.odt    bibli : Images Module1
Option Explicit

Sub resizeImageByWidth(uneImage As Object, largeur As Long)
Dim imageInfo As Object, Proportion As Double, Taille1 As Object
imageInfo = uneImage.Graphic
Taille1 = imageInfo.SizePixel
Proportion = Taille1.Height / Taille1.Width
Taille1.Width = largeur ' largeur en 1/100 de mm
Taille1.Height = Taille1.Width * Proportion
uneImage.Size = Taille1
End Sub
```

> **Attention**
>
> L'image doit d'abord être insérée dans le document pour que `Graphic` fournisse des informations sur l'image.

Vous pourrez facilement réaliser sur ce modèle un sous-programme redimensionnant selon une hauteur donnée.

Autre variation, le sous-programme `resizeImageByDPI` redimensionne l'image en respectant une densité de points. Celle-ci est exprimée en points par pouce (en anglais *DPI*). Connaissant la taille d'un pouce, on peut déterminer les dimensions nécessaires en 1/100 de mm.

```
rem CodeAnnexeB-01.odt    bibli : Images Module1
Option Explicit

Sub resizeImageByDPI(uneImage As Object, DPI As Long)
Dim imageInfo As Object, Proportion As Double, Taille1 As Object
Const pouce = 2540 ' longueur en 1/100 de mm
imageInfo = uneImage.Graphic
Taille1 = imageInfo.SizePixel
Proportion = pouce / DPI
Taille1.Width = Taille1.Width * Proportion
Taille1.Height = Taille1.Height * Proportion
uneImage.Size = Taille1
End Sub
```

Traduire un nom de style

Le nom d'un style obtenu par exemple avec la propriété `ParaStyleName` est le nom interne, en anglais. Le nom affiché dans le styliste est dans la langue locale.

La fonction `getLocaleStyleName` renvoie le nom localisé correspondant à un nom interne. Elle emploie trois arguments :

- l'objet document (qui contient les styles),
- le nom de la famille de styles,
- le nom anglais du style.

Cette fonction ne donnera pas de bons résultats dans Impress pour les styles de la famille `Standard` (voir le chapitre 10).

```
rem CodeAnnexeB-01.odt   bibli : NomsStyles Module1
Option Explicit

' renvoie le nom localisé d'un style
Function getLocaleStyleName(leDoc As Object, _
                fam As String, nomStyle As String) As String
Dim uneFamille As Variant
Dim desStyles As Object, unStyle As Object

on Error Goto pbStyle
desStyles = leDoc.StyleFamilies.getByName(fam)
unStyle = desStyles.getByName(nomStyle)
getLocaleStyleName = unStyle.DisplayName
On Error Goto 0
exit function

pbStyle:
  On Error Goto 0
  getLocaleStyleName = "????"
End Function
```

Nous avons utilisé un traitement d'erreur pour renvoyer des points d'interrogation sur les cas d'échec, notamment si le nom de famille de styles ou le nom de style est inconnu.

Le document comporte un exemple de routine utilisant la fonction. Vous remarquerez que si vous entrez un nom localisé, la fonction renvoie ce même nom, grâce à la souplesse de `getByName`.

Adresses URL de fichiers et répertoires

Le document `CodeAnnexeB-01.odt` contient dans la bibliothèque `URLaddresses` plusieurs fonctions facilitant l'analyse d'adresses de chemins de fichiers. Elles sont écrites en anglais pour des raisons d'universalité. Le codage est un bon exemple de la puissance des fonctions Basic `join` et `split`, signalées au chapitre 5.

Toutes ces fonctions (voir le tableau B-2) utilisent des adresses au format URL. Toutes les adresses de répertoires doivent se terminer par le caractère `/`.

Tableau B–2 Fonctions d'adresses URL

Fonction	Argument	Résultat
getDirectory	Chemin d'un fichier	Chemin du répertoire contenant le fichier.
getParentDir	Chemin d'un répertoire	Chemin du répertoire parent.
getFullFileName	Chemin d'un fichier	Nom et extension du fichier, par exemple : `monfichier.odt`.
getFileNameOnly	Chemin d'un fichier	Nom du fichier sans l'extension, par exemple : `monfichier`.
getFileExt	Chemin d'un fichier	Extension du fichier, avec le point, par exemple : `.odt`.

Trier un tableau de données en Basic

Les langages de script Python, Beanshell, JavaScript, disposent d'une fonction intégrée de tri, mais pas OOoBasic. La routine utilitaire `QuickSort` (tri rapide) effectue le tri d'un tableau (`Array`) de `Variant`. Voici la routine principale, avec ses arguments d'appel.

```
rem CodeAnnexeB-01.odt    bibli : Trier Module2
Option Explicit

' myList() : tableau d'éléments à trier
' diffMm : 1 pour tenir compte de la casse
'          0 pour ne pas tenir compte de la casse
Sub QuickSort(myList(), diffMm As Long)
qSort(myList(), LBound(myList()), UBound(myList()), diffMm)
End Sub
```

Vous trouverez le codage complet dans le fichier du Zip téléchargeable. Le tri fonctionne par récursion sur la routine `qSort`, qui appelle la fonction `partition`. Cette dernière compare les éléments deux à deux, ici avec deux appels à la fonction Basic `StrComp`, et effectue la permutation de deux éléments avec une variable intermédiaire `swapping`.

La routine serait similaire pour trier une structure logicielle quelconque : le cœur du mécanisme de tri est dans le comparateur d'éléments de la fonction `partition`.

Dans cet exemple de tri, le tableau de `Variant` sera en pratique un tableau de `String`.

```
rem CodeAnnexeB-01.odt    bibli : Trier Module1
Option Explicit

Sub exempleDeTri()
Dim resu As String, bib As String, biblisMacros() As String
biblisMacros = ThisComponent.BasicLibraries.ElementNames
' trier en ordre alphabétique en tenant compte de la casse
QuickSort(biblisMacros(), 1)
resu = join(biblisMacros(), chr(13)) ' convertir en une chaîne
MsgBox(resu, 0, "Bibliothèques Basic de ce document")
End Sub
```

Pour de grands tableaux, l'algorithme de Tri rapide est plusieurs fois plus rapide que l'algorithme de Tri Shell, publié précédemment sur le site fr.OpenOffice.org.

Rappel des routines utilitaires décrites dans le livre

Il nous a semblé utile de récapituler les principales routines réutilisables que nous avons rencontrées au fil des chapitres du livre.

Dialogue

Le chapitre 11 décrit deux routines :

- La fonction `CreerDialogue` crée un objet dialogue connaissant le nom de la boîte de dialogue et sa bibliothèque.
- Le sous-programme `CenterDialog` centre un nouveau dialogue par rapport à un dialogue père.

Base de données, formulaires

Les routines `ConnecterSource`, `DeconnecterSource` sont décrites au chapitre 12, ainsi que les fonctions de transformation `Apos` et `PointDec` pour écrire des commandes SQL bien formées.

Les fonctions suivantes se trouvent dans le fichier `CalcSQL.ods` qui se trouve dans le répertoire regroupant les exemples du chapitre 12.

- La fonction CALCSQL1 sert à effectuer dans une cellule Calc une requête SQL sur une base de données. Elle renvoie un tableau de résultats.
- La fonction CALCSQL2 importe le résultat d'une requête SQL dans une base de données. Le résultat est obtenu dans un tableau de cellules d'une feuille du tableur.

La fonction FindCtrlShapeByName, décrite dans le chapitre 13, recherche dans une page de dessin une forme correspondant à un contrôle de formulaire dont le nom est donné en argument.

Création et décompression d'un fichier Zip

Le chapitre 14 décrit une bibliothèque de gestion de fichier Zip.

Envoyer une commande au Dispatcher

La routine DispatchSimple, décrite dans le chapitre 14, permet d'exécuter des commandes de Dispatcher qui ne nécessitent pas d'argument.

Conclusion

Les routines exposées dans ce chapitre sont directement opérationnelles. Elles illustrent la notion de « ré-utilisabilité » qui permet de gagner du temps et de l'énergie en pérennisant les développements. Il est inutile de récrire plusieurs fois le même code pour effectuer la même action. Créez vous-même de telles routines ; elles constitueront petit à petit une boîte à outils adaptée à vos besoins, et vous permettront de rester concentré sur l'objectif premier de la macro que vous êtes en train de concevoir.

Voyons maintenant quelles richesses sont disponibles sur l'Internet.

C

Ressources disponibles sur l'Internet

De nombreuses informations, outils et compléments sur la programmation Open-Office.org sont disponibles sur l'Internet. Ils sont une source toujours renouvelée de savoir et d'inspiration.

Quelques conseils

À l'attention de ceux qui n'ont pas encore l'habitude de rechercher des informations sur l'Internet, voici quelques notions de base.

Macros et extensions disponibles sur l'Internet

De nombreuses macros apparaissent dans des échanges sur l'Internet, mais elles ne doivent pas être considérées comme une référence absolue. Elles peuvent contenir des erreurs, être améliorées, correspondre aux premiers essais d'un programmeur ou à des extraits d'un codage plus complexe, etc. Cherchez donc toujours à comprendre les principes utilisés.

Les scripts élaborés et les extensions publiés sur l'Internet, comme tout logiciel, peuvent comporter des bogues. Après une installation, surveillez OpenOffice.org pendant quelque temps afin de confirmer l'absence de perturbation et l'efficacité de l'extension.

Règles de bonne conduite

Parmi les sources d'information, nous citerons des forums web et des listes de diffusion en langue française, anglaise ou autres, tous gratuits. Rappelons quelques principes communs à tous les forums d'entraide :

- Commencez par observer les échanges de messages avant de participer activement ; ceci afin de cerner le domaine des discussions et le niveau technique.
- Cherchez par vous-même avant de poser votre question. La meilleure réponse est celle que vous trouvez en ayant fourni un effort, car cela prouve que vous avez appris quelque chose.
- Ne posez pas une question qui a déjà reçu une réponse récemment ; il existe des moyens de recherche dans chacun des forums.
- Restez poli, évitez le bavardage intempestif, soyez bref et clair dans votre demande.
- Il est très mal élevé de poser dans un forum une question dans une autre langue que celle pour laquelle il est créé.
- N'écrivez pas en majuscules, même pour un titre ; c'est l'équivalent de crier.
- Rappelez-vous que ces forums sont animés par des bonnes volontés, qui ne sont pas rétribuées pour cela.

Utiliser une liste de diffusion

Les listes de diffusion (*mailing lists*) utilisent exclusivement des messages électroniques (e-mails). Ces messages sont diffusés à tous les abonnés de la liste. Pour savoir comment s'abonner, envoyer un message, se désabonner, il suffit d'envoyer un courrier électronique vide à l'adresse xxx-info@yyyy, par exemple prog-info@fr.openoffice.org. Un robot vous renverra un message explicatif, en anglais. Comme c'est un robot, inutile d'être poli avec lui, et inutile d'espérer une réponse personnalisée.

Voici le processus d'inscription que vous devez suivre :

1 Avec le compte e-mail sur lequel vous voulez recevoir les messages de la liste, envoyez un message à l'adresse xxx-subscribe@openoffice.org. Peu importe le contenu, seuls comptent l'adresse de destination et l'adresse du demandeur (la vôtre).

2 Après un certain laps de temps (quelques minutes en général), vous recevrez à votre adresse e-mail un message du robot. Le message est toujours en anglais. Il vous demande simplement de renvoyer ce message depuis votre adresse e-mail. En général, il suffit de cliquer le bouton Répondre sur votre logiciel de messagerie. Ceci a pour but de vérifier que vous avez bien demandé à vous inscrire.

3 Après un certain temps (quelques minutes en général), vous recevrez à votre adresse e-mail un deuxième message du robot, avec un titre comme « WELCOME to xxx@openoffice.org ». Vous êtes inscrit. À partir de maintenant vous allez recevoir une copie de chaque e-mail envoyé sur la liste.

Pour poser une question sur la liste, depuis le même compte e-mail créez un message et envoyez-le à xxx@openoffice.org. Comme vous recevez tous les messages de la liste, vous recevrez votre propre message au bout de quelques minutes.

Pour répondre à un message de la liste, utilisez le bouton Répondre de votre logiciel de messagerie. Ne mettez personne en copie.

> **Attention**
>
> Prenez garde aux messages de réponse automatique : si vous utilisez un répondeur automatique d'e-mail, vous devez l'inhiber pour les messages reçus de la liste !

Pour vous désabonner de la liste envoyez, toujours depuis le même compte e-mail, un message à l'adresse xxx-unsubscribe@openoffice.org. Le processus est similaire à l'inscription : vous recevez un message en retour, vous confirmez en y répondant, et vous recevez finalement un message ayant pour titre « GOODBYE from to xxx@openoffice.org ».

Ressources en français

Le site fr.OpenOffice.org

Ce site incontournable se trouve à l'adresse http://fr.openoffice.org/. Vous y trouverez une section pour télécharger le logiciel OpenOffice.org, et une section Documentation un peu abandonnée.

Dans la page Documentation http://fr.openoffice.org/Documentation/Index.html, vous trouverez des liens vers des pages du domaine de la programmation ; suivez les liens nommés Guides, Macros, Exemples, Outils et Jeux, Programmation.

La page Programmation liste des manuels (HowTo). Certains font double emploi avec notre ouvrage ou sont cités ailleurs, mais nous signalerons ceux apportant des informations complémentaires.

- Dans la jungle de l'API : une expérience vécue d'un essai de compréhension de l'API, racontée sur le mode humoristique.

- Exemples pour BDD : divers conseils de programmation Basic sur les bases de données et formulaires.

La même page Programmation permet aussi de télécharger quelques outils, dont Xray et des boîtes à outils pour COM.

Dans la page des Guides, accessible depuis la page principale du site, vous trouverez le document Éléments de programmation des macros dans OOo. C'est la traduction française d'un document anglais écrit par Andrew Pitonyak. Il contient un grand nombre de « recettes » sur des aspects assez spécialisés de la programmation OpenOffice.org. La traduction étant très en retard sur le document original, consultez plutôt la version anglaise sur son site. Vous y trouverez aussi un document sur les bases de données.

> ▸ En français : http://fr.openoffice.org/Documentation/Guides/Indexguide.html
> ▸ En anglais : http://www.pitonyak.org/oo.php

Le forum de la communauté francophone

Le forum français de la Communauté OpenOffice.org http://user.services.openoffice.org/fr/forum/ est indépendant et ouvert à toutes les variantes. Il est facile à utiliser, toutefois veillez à lire et observer les règles du forum et les messages en Post-it avant de poser une question, sinon vous vous ferez rappeler à l'ordre. Il est conseillé de poster un petit fichier, ou une copie d'écran, pour expliciter votre problème.

La section Macros et API est utilisée pour toutes les questions de programmation.

La section Suprême de Code collectionne des codages de référence. La section Extensions indique des extensions considérées comme particulièrement utiles.

Et ne manquez pas de visiter la section Tutoriels.

Les listes de diffusion francophones

Le site français d'OpenOffice.org, http://fr.openoffice.org/ gère plusieurs listes de diffusions. Lisez la page http://fr.openoffice.org/contact-forums.html qui vous donnera toutes informations utiles. Les questions concernant la programmation et l'API sont posées dans la liste prog@fr.openoffice.org.

Le site The Mail Archive vous permet de consulter sur un navigateur web les messages déjà passés sur certaines des listes de diffusion. Par exemple pour la liste prog, voyez http://www.mail-archive.com/prog@fr.openoffice.org/.

LibreOffice possède lui aussi des listes de diffusion. Actuellement il n'existe pas de liste française spécifique à la programmation, seulement une liste générale users. Pour vous abonner, envoyez un courrier électronique à users+subscribe@fr.libreoffice.org, vous recevrez un message en français expliquant la marche à suivre. Vous pouvez consulter sur navigateur web les messages de cette liste à l'adresse http://www.mail-archive.com/users@fr.libreoffice.org/, ou bien sur le site http://nabble.documentfoundation.org/ sous-catégorie French, puis section Users.

Autres sites

Le site http://oooconv.free.fr/ créé par Laurent Godard présente plusieurs outils dont l'analyse sera instructive : OOoConv, FitOO, BatchConv.

Le site http://bernard.marcelly.perso.sfr.fr/ recèle les dernières versions de documents, extensions et outils de programmation signalés dans ce livre, et quelques autres.

Ressources en langue anglaise

Le forum de la communauté anglophone

Le forum anglais de la Communauté OpenOffice.org http://user.services.openoffice.org/en/forum/ est récent, il utilise le même moteur de forum que son équivalent français. Lui aussi traite indifféremment de OpenOffice.org ou de ses variantes. Les questions de programmation sont posées dans la section Macros and UNO API ou une de ses sous-sections. Les exemples de codages sont dans la section Code Snippets.

Le forum OOoForum

Le forum http://www.oooforum.org/ a un trafic important (et malheureusement parfois envahi de spams). On y trouve en particulier la section *Macros and API*, où on pose des questions sur la programmation et où vous trouverez de nombreuses informations dans les réponses déjà publiées. La section Code Snippets est un répertoire d'exemples de codage.

Les listes de diffusion anglophones

Les listes de diffusion anglaises concernant la programmation sont gérées par différents projets de la communauté OpenOffice.org. Le tableau C-1 indique les listes intéressantes pour un programmeur. Les chefs développeurs d'OpenOffice.org interviennent ici dans la mesure de leur disponibilité. Abstenez-vous d'y poser des questions de débutant.

Tableau C–1 Listes de diffusion anglaises

S'abonner	Sujet de la liste
dev-subscribe@openoffice.org	Développement, en général. Trop nombreux messages pour être utile.
dev-subscribe@api.openoffice.org	Questions concernant l'API.
dev-subscribe@udk.openoffice.org	Questions sur le mécanisme de script et sur les langages de script.
dev-subscribe@extensions.openoffice.org	Questions sur le développement d'extensions.
dev-subscribe@dba.openoffice.org	Questions concernant les bases de données.
dev-subscribe@framework.openoffice.org	Questions sur la structure interne d'OpenOffice.org.
allfeatures-subscribe@openoffice.org	Annonce d'évolution de l'API. Liste en lecture seule.
interface-announce-subscribe@openoffice.org	Annonce de changement d'interface. Liste en lecture seule.
releases-subscribe@openoffice.org	Annonce des versions de développement d'OpenOffice.org.

Le site GMANE permet de consulter facilement des listes de diffusion sans y être abonné. Allez à la page http://gmane.org/find.php et indiquez le nom de la liste souhaitée, par exemple dev@api.openoffice.org.

Le site http://nabble.documentfoundation.org/ regroupe, en version web, toutes les listes de diffusion de LibreOffice. Les listes de langue anglaise sont dans la sous-catégorie LibreOffice ; on y trouve notamment les listes Users, Dev et Documentation. Pour prendre part aux échanges, il est préférable de s'abonner afin de recevoir et d'envoyer des messages par courrier électronique. Pour vous abonner, par exemple, à la liste Users, envoyez un courrier électronique à users+subscribe@libreoffice.org, vous recevrez un message en anglais expliquant la marche à suivre.

Autres sites

Sites de développement OpenOffice.org

Le site du projet API http://api.openoffice.org/ donne accès aux documentations de référence, en particulier le *Developer's Guide*, le SDK et des liens vers le wiki. Il publie aussi des *snippets* fournis par les programmeurs API : http://codesnippets.services.open-office.org/.

Pour les programmeurs aguerris, le site du projet UDK d'OpenOffice.org http://udk.openoffice.org/ est consacré aux développements permettant de programmer OpenOffice.org dans différents langages, dont OOoBasic. Il fournit différents liens et des pages explicatives. Les possibilités de recherche très puissantes de la page http://svn.services.openoffice.org/opengrok/ donnent un accès direct au code source de différentes versions.

L'entrepôt des Extensions

Le site http://extensions.services.openoffice.org/ vise à regrouper toutes les extensions pour OpenOffice.org. C'est donc le site à utiliser pour héberger vos extensions destinées à la communauté. Bien que la plupart des extensions proposées soient gratuites et open source, certaines sont payantes ou avec une licence plus limitative.

Les sites pour télécharger OpenOffice.org

Les sites miroirs d'OpenOffice.org contiennent les fichiers de l'application Open-Office.org en différentes langues et pour différents systèmes d'exploitation. Ils sont répartis sur le monde entier et on y accède en protocole http ou en ftp. Comme ces sites sont des miroirs d'autres applications, le chemin d'accès à la section OpenOffice.org est variable, mais les subdivisions de la section sont identiques.

Les serveurs « étendus » contiennent, outre les versions officielles, les versions de développement et le SDK. Un serveur d'archives conserve les versions anciennes d'OpenOffice.org.

Les pages web de téléchargement d'OpenOffice.org, faites pour un accès simplifié à la version officielle, ne sont pas pratiques pour obtenir tous les fichiers disponibles. Utilisez plutôt un client FTP comme FileZilla pour accéder aux serveurs FTP miroirs d'OpenOffice.org et choisissez de préférence un serveur proche. Le tableau C-2 donne une sélection, la liste complète des sites miroirs se trouve à la page http://distribution.openoffice.org/mirrors/.

Tableau C–2 Quelques serveurs FTP

Adresse FTP	Serveur	Pays
ftp://ftp.free.fr	Étendu	France
ftp://ftp.belnet.be	Étendu	Belgique
ftp://openoffice.cict.fr	Étendu	France
ftp://openoffice.mirror.rafal.ca	Étendu	Canada
ftp://mirror.switch.ch	Étendu	Suisse
ftp://openoffice.mirrors.tds.net	Étendu	USA
ftp://ftp.rz.tu-bs.de	Étendu	Allemagne
ftp://ftp.sunet.se	Étendu	Suède
ftp://archive.services.openoffice.org	Archives	USA

Où se trouvent les langpacks ?

Pour disposer d'une version OpenOffice.org multilingue au niveau de l'interface utilisateur, il est nécessaire d'installer un paquet linguistique (en anglais *langpack*) pour chaque langue.

Comme vous aurez probablement besoin de l'interface anglaise (US), le plus simple est de commencer par télécharger la version complète d'OpenOffice.org dans cette version. Elle se trouve dans la branche `stable/` du répertoire dédié à OpenOffice. Téléchargez ensuite les *langpacks*. Ils se trouvent en général dans les sous-répertoires de la branche `localized/`. Pour certaines langues, le *langpack* n'est disponible que sur les serveurs « étendus », dans le sous-répertoire `extended/` où se trouvent les versions de développement.

BugZilla

BugZilla est une base de données permettant de gérer les rapports d'anomalies (en anglais *issue* ou *bug*) et de demandes d'amélioration. Elle est consultable sur l'Internet. Les rapports BugZilla sont rédigés en anglais, afin d'être compréhensibles par les lecteurs du monde entier. Il est donc nécessaire de connaître cette langue pour utiliser cette source d'information.

LibreOffice a aussi créé une base de données pour ses rapports d'anomalies, hébergée par FreeDesktop Bugzilla : https://bugs.freedesktop.org/query.cgi. L'onglet Advanced Search affiche un formulaire détaillé similaire à celui d'BugZilla. Sélectionnez dans la case Product : LibreOffice.

Rechercher un rapport dans BugZilla

La page d'entrée pour rechercher quoi que ce soit dans BugZilla est :
http://qa.open-office.org/issues/query.cgi

Chaque rapport BugZilla reçoit un numéro. Pour afficher un rapport dont on connaît le numéro, il suffit de remplir le champ en haut à droite, à côté du bouton Find puis de cliquer sur ce bouton.

Si vous cherchez s'il existe un rapport sur un sujet donné, il faut remplir certains champs proposés par le formulaire. Plus vous remplissez de champs, plus la recherche se focalise. La difficulté est de se demander quels mots ont pu être utilisés dans les rapports déjà écrits. Pour éviter des recherches infructueuses, il est préférable de commencer par une recherche assez générale, un mot ou deux dans le titre du rapport, et de restreindre la recherche si elle renvoie un grand nombre de rapports. Souvent il faut essayer des synonymes.

Rédiger un rapport

De nombreux rapports sont écrits chaque jour et les développeurs ont du mal à les analyser. Vous ne devriez en écrire que sur un sujet que vous estimez important et faire une recherche préalable pour éviter de dupliquer un rapport existant.

ATTENTION

On peut écrire un rapport pour seulement deux raisons : demander une amélioration ou signaler une anomalie. BugZilla n'est pas un site pour demander de l'aide, voyez les forums pour cela.

Avant d'écrire un rapport d'anomalie, vérifiez très soigneusement qu'il s'agit bien d'une erreur de l'application OpenOffice.org et non pas d'une erreur de compréhension de votre part, ou d'une mauvaise configuration de votre ordinateur. Simplifiez au maximum les conditions d'apparition de l'anomalie. Joignez si possible un document démontrant l'erreur, par exemple une macro réduite au codage minimum nécessaire. En effectuant ce travail, vous analyserez mieux l'anomalie (et souvent vous verrez qu'elle provient d'une erreur de votre part). Soyez le plus clair possible dans les explications, restez factuel. Pensez que les développeurs ont à lire des dizaines de rapports, en plus de leur activité habituelle.

L'écriture de rapports est réservée aux membres d'OpenOffice.org. Ce n'est pas une société secrète, n'importe qui peut devenir membre, gratuitement et sans engagement. Les pages du site OpenOffice.org affichent, tout en haut à droite, deux liens Register et Login. Cliquez sur Register et remplissez le formulaire. Vous avez maintenant une identité dans le système et un mot de passe.

Pour créer un rapport, vous devez d'abord vous identifier si ce n'est déjà fait en cliquant sur le lien Login en haut des pages. Puis, commencez à la page http://qa.openoffice.org/issue_handling/pre_submission.html. Une fois choisi le domaine principal, vous vous retrouvez devant un formulaire dont il faut remplir au mieux les cases. Ce n'est pas facile les premières fois. Le titre du rapport et le texte explicatif doivent obligatoirement être en anglais. Envoyez le rapport. Un numéro lui sera attribué automatiquement et vous recevrez un courrier électronique à chaque évolution de ce rapport. Utilisez la page web renvoyée pour ajouter éventuellement un fichier. Plus tard, en réaffichant le rapport, vous pourrez ajouter de nouvelles informations, à condition de vous être identifié. Soyez très patient, un rapport peut rester plusieurs mois sans réponse...

Les demandes d'amélioration et rapports d'anomalies sont lus par les développeurs et classés avec un horizon de prise en compte éventuelle (*Target Milestone*). Ceci ne veut pas dire qu'elles seront introduites, car d'autres critères entrent en jeu (ressources, intérêt marketing, complexité). Il arrive souvent que la date prévisionnelle soit reportée à plus tard, faute de temps.

Partager la connaissance

Comme nous l'avons vu dans l'exposé précédent, la communauté est très active en ce qui concerne l'API et les macros. De nombreuses sources sont disponibles et il ne tient qu'à nous, acteurs et utilisateurs, d'enrichir notre connaissance commune.

Vous venez d'écrire une macro qui comble un manque d'OpenOffice.org ou simplement se révèle utile au jour le jour ; il est fort probable que cette macro puisse servir à quelqu'un d'autre. Comme nous apprenons tous de la lecture des macros publiées par d'autres, vous pouvez vous aussi participer en rendant public votre travail.

Pour que les listes de diffusion et forums d'aide soient utiles, il faut que des lecteurs répondent aux questions. C'est une activité purement bénévole et altruiste, qui n'est pas réservée aux spécialistes. Il y a des questions de débutant et des questions complexes, mais aussi des questions sur un sujet que vous connaissez bien. Alors, lancez-vous si vous pensez avoir une solution. Votre contribution sera appréciée et vous apprendrez vous-même en étudiant ces problèmes. Pourquoi s'en priver ?

Conclusion

La richesse des ressources disponibles sur l'Internet, source d'informations dynamique et vivante, est illimitée et nous n'en présentons qu'une partie. N'hésitez pas à en tirer régulièrement profit.

Index